20世纪80年代振兴辽宁的探索与实践

（上）

李长春

人民出版社
辽宁人民出版社

1990 年 4 月 8 日，李长春与沈阳军区司令员刘精松在锦西机场迎接来辽视察工作的中共中央总书记江泽民。

1984 年 8 月，中共中央总书记胡耀邦在火车上听取李长春汇报沈阳经济情况。右一为沈阳军区政委刘振华，右三为沈阳军区副司令员高克。

1986 年 8 月 3 日，全国政协主席邓颖超在大连与李长春亲切握手。

1984 年 7 月，全国人大常委会委员长彭真（前排左九）在沈阳市视察工作时，与辽宁省及沈阳市领导合影。前排左四为李长春。

1987 年 10 月 24 日，中共中央政治局委员、国务院副总理万里（左七）在北京辽宁饭店与出席党的十三大辽宁代表团部分同志合影。右三为李长春。

1989 年 7 月，李长春在大连与正在辽宁视察工作的国家副主席王震合影。

1988 年 8 月，李长春陪同国务院总理李鹏视察大连经济技术开发区期间听取汇报。右二为辽宁省委书记全树仁，右一为大连市委书记毕锡桢。

1989 年 9 月 16 日，李长春与中央顾问委员会副主任宋任穷（左一）、中国工业经济协会会长吕东（左二）一起交谈。

1984 年 7 月 1 日，李长春陪同中共中央政治局委员、沈阳军区司令员李德生（左四）考察沈阳军民共建的南运河带状公园一期工程。左二为陆军某集团军军长刘精松，右二为沈阳市城建局局长徐福权。

1990 年 4 月 8 日，李长春在锦西市与中央军委副主席刘华清（左三）、国务委员兼国防部部长秦基伟（左二）等在一起。

1988 年 5 月 9 日，李长春陪同全国政协副主席谷牧视察丹东冰箱厂。

1987 年 8 月，李长春陪同中央顾问委员会常委余秋里参观沈阳南运河带状公园。

1987 年 12 月 10 日，李长春陪同全国人大常委会副委员长、中国国际信托投资公司董事长荣毅仁参加沈阳中兴大厦建成典礼。

1987 年 11 月，李长春在出席党的十三大期间同部分老同志座谈。右一为全国政协副主席吕正操，右三为全国人大常委会副委员长廖汉生，右四为中央顾问委员会委员郭峰，右五为特邀代表黄欧东。

1986 年 8 月，李长春在全国大学生运动会上与全国人大常委会副委员长楚图南亲切交谈。

1990 年 5 月，李长春与国务委员兼国家计委主任邹家华合影。

1989 年 9 月 23 日，李长春陪同国务委员兼国家科委主任宋健察看本溪市容环境情况。左一为本溪市市长于国磐。

1987 年 9 月，李长春陪同国务委员兼财政部部长王丙乾（左二）考察沈阳新乐遗址。左一为沈阳市市长武迪生。

1987 年 8 月 29 日，李长春陪同中央书记处书记胡启立视察沈阳变压器厂。

1986 年 8 月，李长春与中央书记处书记王兆国在辽宁友谊宾馆合影。左二为辽宁省委书记全树仁，左一为辽宁省委副书记兼沈阳市委书记李泽民，右一为辽宁省委常务副书记孙奇。

1989 年 9 月 23 日，李长春陪同解放军总参谋长迟浩田参加沈大高速公路飞机跑道竣工和试飞仪式。左二为沈阳军区司令员刘精松，左三为辽宁省交通厅厅长连承智，右一为沈阳军区空军司令员曹双明，右二为解放军总后勤部副部长李伦，右三为辽宁省交通厅副厅长孙炜士。

1988 年 11 月 3 日，李长春陪同中央顾问委员会常委伍修权视察沈大高速公路。左五为辽宁省交通厅副厅长孙炜士。

1986 年 9 月，李长春出席党的十二届六中全会，与电子工业部部长李铁映（左二）等合影。左三为辽宁省委书记全树仁，右二为辽宁省委常委、省总工会主席陈素芝。

1985 年 5 月 1 日，李长春与辽宁省委第一书记郭峰在一起。

1985 年 2 月 13 日，李长春和沈阳市委第一书记李涛研究工作。

1984 年 4 月，李长春在沈阳市九届人大二次会议上作政府工作报告。

1987 年 6 月 26 日，李长春在辽宁省委六届四次全体会议上投票，选举出席党的十三大的辽宁省代表。

1987 年 10 月 25 日，李长春作为党的十三大代表会前签到。在这次党代会上，李长春当选为中央委员。

1988 年 10 月 8 日，李长春在辽宁省委六届七次（扩大）会议上讲话。

1990 年 3 月，李长春作为出席七届全国人大三次会议的辽宁省代表，在住地接受首都新闻单位记者采访。

1986 年，沈阳市政府领导班子成员及部分工作人员欢送李长春到辽宁省政府工作。

1990 年 7 月，李长春赴河南工作前，与辽宁省领导班子部分成员合影。前排左一为辽宁省委副书记孙奇，左二为辽宁省副省长赵奇，左三为辽宁省人大常委会主任王光中，右一为辽宁省副省长陈素芝，右二为省政府顾问王纪元，右三为辽宁省政协主席徐少甫，右四为辽宁省委书记全树仁。后排左一为辽宁省副省长肖作福，左二为辽宁省委常委、省委宣传部部长王充闾，左三为辽宁省委常委、省委秘书长于希岭，右一为辽宁省政府秘书长崔玉昆，右二为辽宁省委常委、省纪律检查委员会书记高姿，右三为辽宁省委副书记王巨禄。

1990 年 7 月 4 日，李长春调任河南省代省长前夕，与沈阳市委部分同志话别。左二为沈阳市委常委、市总工会主席李中鲁，前右一为沈阳市委副书记张成伦，前右二为沈阳市委常委、秘书长赵金城。

1990 年 7 月 7 日，李长春赴河南工作前，与辽宁省政府领导班子部分成员合影。前排左一为辽宁省政府秘书长崔玉昆，左二为辽宁省副省长肖作福，左三为辽宁省副省长赵奇，右一为辽宁省副省长林声，右二为辽宁省常务副省长朱家甄。

可爱的辽宁

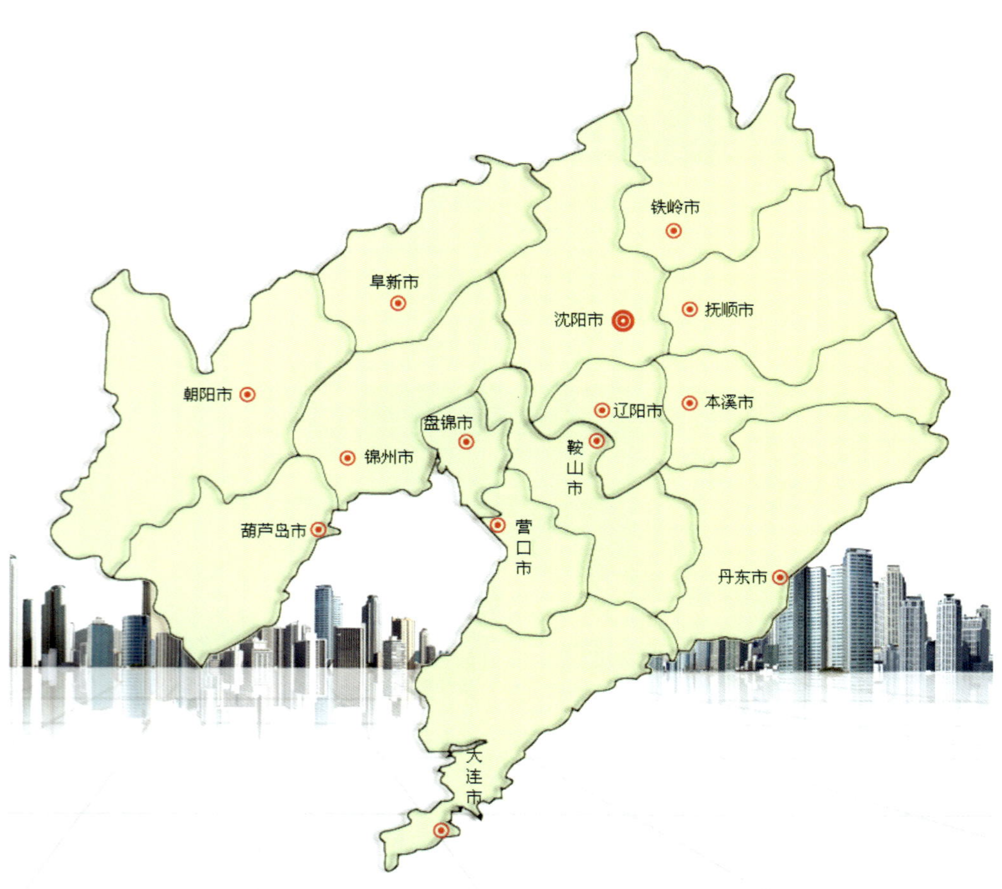

辉煌的历史

1953 年 3 月 9 日，我国第一座自动化的巨型炼铁炉——鞍钢 8 号高炉开炉生产。图为苏联专家在参观出铁的情形。

1956 年 7 月 19 日，我国第一架喷气式战斗机在沈阳松陵机械厂试制成功。国家命名该机为 56 式飞机（后改称歼 5 飞机），在 20 世纪 50 年代至 60 年代中期，是人民空军的主要装备，为保卫祖国作出了贡献。

1956 年 9 月 26 日，大连机车车辆厂成功研制我国第一台“和平型”蒸汽机车，完成了由修转造的历史转变，成为我国第一个蒸汽机车设计制造主导厂。

1958 年 1 月，沈阳第三机床厂试制成功我国第一台四轴自动车床。

1958 年 9 月 26 日，大连机车车辆厂研制成功我国第一台“巨龙型”干线货运内燃机车。

改革的成就

20 世纪 80 年代建设中的大连经济技术开发区。

20 世纪 80 年代建设中的营口经济技术开发区。

沈阳张士经济技术开发区鸟瞰。（摄于 2008 年）

沈阳铁西工业区新貌。（摄于 2009 年）

大连港。（摄于 2008 年）

20 世纪 80 年代的营口鲅鱼圈港。

葫芦岛港。（摄于 2013 年）

锦州港。（摄于 2011 年）

丹东大东港。（摄于 2013 年）

大连船舶重工集团有限公司建造的第一代 30 万吨船坞远眺。（摄于 2006 年）

沈阳南运河带状公园局部鸟瞰。（摄于 2011 年）

本溪市观音阁水库。（摄于 2014 年）

被誉为“神州第一路”的沈大高速公路。（摄于20世纪90年代）

沈阳市文化路立交桥。（摄于 20 世纪 80 年代）

1989 年正式通航的沈阳桃仙国际机场。

1990 年 12 月投入运营的铁路客运站沈阳新北站。

国内第一家国有控股的股份制企业——沈阳金杯汽车股份有限公司。(摄于 20 世纪 80 年代)

耸立于沈阳市区的辽宁广播电视塔。（1989 年竣工）

目　录

（上）

解放思想、更新观念，坚定改革的信心和决心

推进经济体制改革，解放和发展生产力

深化农村改革，壮大农村经济实力

加快城市综合改革，推动国民经济更好更快发展

出版前言

1978 年 12 月召开的党的十一届三中全会，实现了新中国成立以来我们党历史上具有深远意义的伟大转折，中国从此进入改革开放新时期。

20 世纪 80 年代，在我国改革开放历程中具有不平凡的意义，堪称全面破题、确立方向、探索路径的重要阶段。1982 年，党的十二大提出了建设有中国特色的社会主义的历史任务，拉开了全面推动经济体制改革的序幕。1984 年，党的十二届三中全会提出发展社会主义商品经济，初步明确了新的历史条件下计划与市场的关系。同时，鉴于农村改革已取得显著成效，决定把改革的重点从农村转移到城市。1987 年，党的十三大从我国基本国情出发，确立了“一个中心、两个基本点”的社会主义初级阶段基本路线，作出了现代化建设“三步走”的战略部署，明确了推动各个领域改革的基本方针。中央的这些重大方针政策及其实施，为推进改革开放、建设中国特色社会主义奠定了重要基础。

一幅波澜壮阔的改革开放历史画卷，从来都充满了全国各地的鲜活实践和生动创造。辽宁作为我国东北传统工业基地排头兵，沈阳、大连作为国内举足轻重的重工业城市，从实施第一个五年计划开始，就成为国家重点建设的工业基地，为共和国的建设和发展作出了令人瞩目的贡献。这里曾产生了新中国第一架战斗机、第一台机床、第一个钢铁工业基地、第一台内燃机车，等等。然而，由于历史的原因，辽沈也成为我国传统计划经济体制最为典型的地区之一。进入改革开放新时期，辽沈同全国其他地方一样，面临着开启和推进改革的艰巨任务。在 20 世纪 80 年代披荆斩棘、筚路蓝缕的改革实践中，辽沈大地进行了许多富有开创性的探索，同安徽的农村改革、广东的对外开放、江苏发展乡镇企业、浙江发展非公经济的探索一样，辽宁在工业基地的改革探索，为全国的改革开放作出了具有示范意义的贡献。1984 年，国务院批准沈阳为经济体制综合改革试点城市，实行计划单列，并赋予省级经济管理权限。按照中央的决策部署，遵循经济基础与上层建筑协同改革的要求，沈阳大胆探索创新城市综合改革，在企业改革中推行租赁制、股份制、转让制、承包经营责任制等，颁布了全国第一个企业破产法，实施了全国第一家企业破产试点，为破解城市改革难题和突破发展瓶颈发挥了典型示范作用，沈阳成为全国闻名的“改革窗口”城市。大连积极发挥区位优势，加快对外开放步伐，成为全国最早开放的十四个沿海开放城市之一。1988 年，中央作出逐步扩大辽东半岛开放的战略决策。辽宁从本地实际出发，大力推进辽东半岛的开放开发，修建了被称为“神州第一路”的沈大高速公路以及沈阳桃仙机场、营口鲅鱼圈港等大型基础设施，推进大连建设海内外颇具影响的经济技术开发区，全方位深化经济体制改革，完善市场机制，改进宏观管理，在国有企业改革、财政金融体制改革、商品流通体制改革、科研体制改革、行政管理体制改革、劳动制度改革等方面进行了有益探索，为全国改革开放创造了许多新鲜经验。

从 1982 年到 1990 年，李长春同志先后担任沈阳市副市长、市长、市委书记，辽宁省代省长、省长。作为这一时期沈阳市和辽宁省改革开放的直接参与者和重要组织者，李长春同志在当时任沈阳市委第一书记李涛同志、辽宁省委第一书记郭峰同志、辽宁省委书记全树仁同志等的大力支持下，和辽沈广大干部群众一道，坚决贯彻落实中央关于改革开放的方针政策和决策部署，结合本地实际创造性地开展工作，掀起了辽沈大地改革开放的热潮。《辽沈大地改革潮——20 世纪 80 年代振兴辽宁的探索与实践》一书，收录了李长春同志在辽沈工作期间的一些重要文稿，生动地展现出当时辽沈大地改革开放的鲜明特色。

一是牢牢把握解放思想这一突破口，勇于树立改革开放新观念。改革开放的过程始终是不断解放思想的过程。党的十一届三中全会确定在思想上、政治上、组织上进行拨乱反正，为改革开放事业奠定了重要的思想、政治和组织基础。进入 20 世纪 80 年代，我国改革开放从农村向城市逐步推进，但是“左”的干扰和旧习惯势力的束缚在各个方面还普遍存在。改革开放要迈出实质性步伐，首先必须解放思想。本书中的许多篇章，都可以清晰地看到当时思想解放的鲜明足迹。在推进辽沈改革的实践探索中，李长春同志始终重视以思想的新解放开创改革开放的新局面，他和广大干部群众一起在实践中深入总结正反两方面的经验，努力冲破传统观念的藩篱，在一些重大问题上形成新理念新认识，为辽沈的改革开放实践提供了重要的思想动力。比如，在发展社会主义商品经济问题上，李长春同志在《解放思想，更新观念，始终不渝坚持改革开放》（1988 年 5 月）中提出：“在人类历史发展中，原始社会、奴隶社会、封建社会、资本主义社会、社会主义社会等社会形态，自然经济、商品经济、产品经济等经济形态，是两个根本不同的范畴，都是按各自规律发展的，有时交叉，有时并行。由于历史上商品经济的充分发展与资本主义的充分发展基本上是并行的，所以有的同志把资本主义同商品经济混为一谈。要么认为发展商品经济就是发展资本主义，要么认为我国既然可以逾越资本主义充分发展阶段进入社会主义，也就可以逾越商品经济的充分发展阶段。在世界历史发展中，跳越一个或几个社会发展阶段的民族是不乏其例的。我国虽然已经跳越了资本主义的充分发展阶段，但却不能跳越商品经济发展阶段。这是我们破除以指令性计划为主要特征的产品经济，发展有计划商品经济的根本依据。”“在发展商品经济中我们要从姓‘资’还是姓‘社’的思维方式中解放出来，代之以生产力标准的思维方式，只要坚持社会主义公有制为主体，坚持按劳分配为主的原则，我国就不会出现资本主义。可见，坚持改革开放，发展有计划的商品经济同坚持社会主义道路是一致的、缺一不可的。坚持社会主义就必须大力发展有计划的商品经济，只有不断地发展商品经济，社会主义制度才能更加巩固，社会主义优越性才能得到充分发挥。”这些重要的观点和论述，对于当时促进辽沈干部群众进一步解放思想，正确认识改革开放时期出现的新情况新矛盾，坚定改革信念，具有重要的启迪作用。可以说，思想的解放是辽沈大地开启改革实践、奏响改革强音的先导。

二是紧紧抓住城市经济体制综合改革试点这一有利契机，努力打破传统体制机制束缚。1984 年 10 月 20 日，党的十二届三中全会通过了《中共中央关于经济体制改革的决定》，明确提出了以城市为重点加快整个经济体制改革步伐的思路，标志着我国改革开放进入了一个新的阶段。当时，辽宁省城市化水平在全国比较高，但由于传统体制的影响，出现了“三老两差”的状况，即技术老化、产品老化、装备老化，经济效益差、竞争能力差，加快改革已成为城市经济发展的迫切要求。沈阳作为国务院确定的经济体制改革综合试点城市，肩负着在城市改革方面进行探索、为全国改革提供新鲜经验的重任。从1983年开始，沈阳市按照中央的部署，结合自身实际，进行了全方位的改革，涉及扩大国营企业自主权、价格体系改革、流通体制改革、劳动人事制度改革、行政管理体制改革、开发性科研院所企业化改革试点等。李长春同志和广大干部群众一起，对这些方面的改革进行了艰辛探索，既在思想认识上取得了新突破，又在实践中开创了新局面，为全国深化城市经济体制综合改革积累了许多宝贵经验。本书中的许多篇目都记录了这一时期辽沈城市改革的坚实印迹。

三是紧紧抓住深化国有企业改革这一中心环节，不断增强企业活力和竞争力。辽宁作为全国的老工业基地之一，大中型骨干企业较多，对国家建设作出过重要贡献。但是，进入改革开放新时期，辽宁国有企业在传统体制下形成的“铁饭碗”、“大锅饭”的弊端日益凸显。面对这种状况，李长春同志和辽宁、沈阳其他领导同志一起，始终把深化国有企业改革、搞活国有大中型企业放在十分突出的位置，多次深入各地各企业进行调查研究，与企业干部职工群策群力，共同探索增强企业活力的改革途径，先后推出了承包经营、租赁经营、股份制、企业破产、拍卖转制等多种经营方式和所有制形式，不仅为搞活辽宁国有企业提供了体制机制保障，而且有些改革措施是开创性的，为全国改革提供了借鉴。特别是在李长春同志担任沈阳市主要领导期间，沈阳率先在全国开始进行企业破产改革的试点。1985 年 2 月，沈阳市政府颁布了《关于城市集体所有制工业企业破产倒闭处理试行规定》。1986 年 8 月，沈阳市防爆器械厂正式宣告破产，成为我国第一家公有制企业实施破产的企业。1986 年 12 月，全国人大常委会通过了《中华人民共和国企业破产法（试行）》。

四是始终把改革与开放结合起来，积极推动以大连为龙头、以沈阳为腹地的辽东半岛开发开放，为振兴东北老工业基地发挥了带动作用。辽宁有两千多公里的海岸线，有较为雄厚的工业基础和众多的科研机构，具有对外开放的有利条件。加速发展辽东半岛外向型经济，成为 20 世纪 80 年代辽宁全省经济工作的“牛鼻子”。1987 年 3 月，李长春同志代表省政府向辽宁省人代会作政府工作报告时明确提出，根据中央关于“逐步开放辽东半岛”的战略部署，要在开放大连市、建设大连经济技术开发区的基础上，加快辽东半岛与沿海地区外向型经济建设的步伐。此后，李长春同志与辽宁省委省政府其他领导同志一起，多次深入大连、营口、沈阳等地进行调研指导，召开研讨会、经验交流会，制定政策措施，提出工作要求，确定建设项目，形成以大连为龙头、沈阳等中部城市群为腹地的辽东半岛对外开放格局，全力推动辽东半岛对外开放。从本书中的《积极发展辽东半岛外向型经济》、《认清形势，学习先进，加快辽东半岛对外开放步伐》、《以改革推动开放，以开放促进改革》等篇目中，可以看到当时辽宁省委省政府为推动辽东半岛开放开发作出的一系列重要决策部署、采取的很多工作措施，可以感受到当年辽东半岛开发开放的火热场面。

五是始终坚持两手抓，为辽宁的改革开放营造良好社会环境。党的十一届三中全会以后，我国改革开放步伐不断加快，人民生活水平不断提高，但是在引进和借鉴外国先进技术、先进管理经验和优秀文化成果的同时，一些资产阶级的腐朽思想和生活方式也鱼龙混杂地渗透进来，侵蚀着人们的思想，一部分领导干部产生了只重视经济建设、忽视精神文明建设和党的建设的倾向，社会上一些不良现象有所滋长，党内也出现新的不正之风。这些情况影响了改革开放和社会主义现代化建设的顺利进行。同全国一样，辽宁在改革开放的过程中，也面临着如何做到物质文明和精神文明两手抓、两促进的现实问题。李长春同志在沈阳市和辽宁省工作期间，坚决贯彻中央关于物质文明和精神文明两手抓、两加强的方针，始终把社会主义精神文明建设和党的建设摆在重要位置。那个时期，在不断深化经济体制改革的同时，辽宁和沈阳在加强思想政治工作、精神文明建设和纠正新的不正之风方面也做了大量工作，为深化改革、扩大开放营造了良好的社会环境。李长春同志还坚持把为群众办实事办好事，解决关系人民群众切身利益的问题，作为推进改革的重要保障。在担任沈阳市市长期间，他在每年的政府工作报告中，都提出一些需要为群众办的实事，包括城市住宅改造、增加就业门路、改善公共交通、帮扶困难职工等。1983 年 9 月，经李长春同志提议，沈阳市在全国率先设立市长公开电话，直接听取人民群众的意见建议，切实解决群众反映的住房难、上厕所难、就学难、洗澡难等一些具体困难，把党和政府的温暖送到群众的心坎上。

六是始终重视干部队伍建设，为改革开放提供坚强保障。20 世纪 80 年代，辽沈改革进入攻坚阶段，发展处于关键时期，大量的新情况新问题需要去探讨、去解决。同时，在发展商品经济和对外开放的过程中，党内滋生新的不正之风。在这样的新形势下，加强干部队伍建设、提高干部队伍素质尤为重要。作为当时沈阳市和辽宁省的主要领导，李长春同志非常重视干部队伍建设和党的建设，反复强调，在改革发展的实践中，要着力培养一支善于研究新情况新问题，敢于攻坚克难、大胆而稳妥地进行改革，开创工作新局面的干部人才队伍。在辽沈改革实践中，一批批体现“革命化、年轻化、知识化、专业化”要求的优秀干部不断涌现，为深化改革提供了有力的组织保障。他要求各级党员干部坚决抵制各种新的不正之风，切实加强廉政建设，在端正党风和社会风气方面经受考验、作出榜样。关于这些内容，本书中《建设一个廉洁、实干、高效的人民政府》、《端正党风要在治本上狠下功夫》、《转变政府职能，克服官僚主义》等篇目，都有鲜明的阐述。

《辽沈大地改革潮》一书虽然所涉及的主要是辽沈改革开放的探索与实践，但也从一个侧面展示了我国改革开放的艰辛历程，反映了 20 世纪 80 年代中央关于改革开放的一系列重大决策部署是怎样成为广大干部群众的自觉行动以及地方党委政府是怎样把中央的要求和地方的实际紧密结合起来进行创造性探索和实践的。期间，李长春同志作为当时全国最年轻的省会城市市长、市委书记，最年轻的省长，在辽沈进行的改革探索，也引起了全国的广泛关注。本书所收的文稿，尊重原貌、尊重历史，所反映的 20 世纪 80 年代辽沈大地进行的一些重要的改革措施，如国有企业承包经营责任制、股份制、小型国有企业租赁制、国营商店拍卖转制、集体企业实施破产等等，在当时都是具有开创性、突破性意义的改革。随着我国改革开放的不断深入，用今天的眼光来看，当年的改革措施有的也许只是“小菜一碟”，有的在不断发展完善，有的用新的办法取代了，如通过税制改革取代了国有企业的承包经营责任制，用现代企业制度取代了厂长负责制度，等等。改革是一个不断深化的过程，如果没有当年这些初级的改革探索，就不会有今天改革的全面深化，不会有今天这样的大好局面，特别是当年改革实践中体现出的解放思想、实事求是、一切从实际出发的思想路线，敢为天下先的创新勇气，善于破解各种难题的改革智慧，改革没有完成时、只有进行时的坚韧意志等，今天仍然是我们全面深化改革、推动中国特色社会主义事业不断取得新胜利的宝贵精神财富和强大精神动力。本书的出版，有助于人们深入了解我们党领导改革开放过程中所体现的马克思主义方法论，试点——总结经验——面上推广，从个别到一般、又从一般到个别，实践——认识——再实践——再认识的马克思主义认识论；深入了解我国改革开放的全过程，更加深切感受今天改革开放大好局面来之不易，不断增强中国特色社会主义道路自信、理论自信、制度自信，全面贯彻落实党的十八届三中全会精神，在新的历史起点上以更大的勇气和魄力全面深化改革，把我国改革大船一步步推向前进，推动中国特色社会主义事业取得新胜利，实现中华民族伟大复兴的中国梦。

20 世纪 80 年代涌现在辽沈大地的改革热潮和探索实践，辉煌而艰巨，令人振奋，催人奋进，留下了许多改革成果、宝贵经验和有益启示。我们高兴地看到，几十年来，辽沈大地改革热潮一浪高过一浪，特别是进入新世纪以来，改革开放和实施中央关于东北地区等老工业基地振兴战略紧密结合，辽沈大地呈现出勃勃生机。当前，我国改革开放已经进入全面攻坚的新阶段，在以习近平同志为总书记的党中央坚强领导下，辽宁广大干部群众正以更加奋发有为的精神状态，改革创新，锐意进取，加快振兴老工业基地的步伐，辽宁的明天必将更加美好。

人民出版社　辽宁人民出版社

把党的事业接力棒接下来、传下去*

（1983 年 4 月 12 日）

在沈阳市新老交替[1]、机构改革过程中，党和人民对我的工作进行了调整，由副市长兼经委主任调整为沈阳市市长、市委书记，这是党组织和各级干部、广大群众对我的高度信任，也是对我寄予的很大希望。回想起来，如果说这些年我在政治上思想上有些进步、为党做了点工作的话，确确实实是党组织长期全面培养教育的结果，也是在座各级干部积极支持、热情帮助的结果，所以借这个机会，对大家在日常工作中给予的大力支持和热情帮助，表示衷心的感谢！

这次工作的调整，从我个人来讲，自己的实际工作能力、水平与组织上给予的高度信任是有很大距离的。最近一个时期，我常常想，自己确实没有什么高深的资历，也没有做出什么显著的成绩，仅仅是在一个很特殊历史时期，走上了市一级的领导岗位。这个特殊历史时期，主要“特殊”在：一是由于种种原因，特别是“文化大革命”十年整整耽误了一代人，使我们党的干部

---

* 这是李长春同志担任沈阳市市长后在沈阳市局以上干部会议上的讲话。

队伍普遍老化，这样就急需充实一大批中青年同志来改善各级班子的年龄结构。二是党在十一届三中全会以后，制定了新时期的总任务，党的工作重心发生了转移，要以经济建设为重点，这样就需要一大批文化知识程度高一些的同志来充实各级领导班子，来改善各级班子的知识结构。三是由于历史的原因，一些更优秀的同志还没有来得及涌现出来，选择的余地还不是很宽广，当然组织上还是做了大量的工作的，很认真，很严肃，层层推荐，严格考核，但毕竟进行这项工作的时间还比较短，更优秀的同志还没来得及发现。所以我想，我正是在这样一个特殊历史时期走到市一级领导岗位上来的。多年以来，特别是到市领导机关工作以来，在老同志言传身教之下，我增长了很多知识，但是，跟组织上给予自己的担子相比，还明显地感到不适应。主要表现在这么几点上：第一点，就是在思想水平上不适应。过去长期在基层工作，在一个行业、一个部门工作，现在来到市一级领导岗位，这就有个很大的不同，在这个岗位上需要有比较高的政策水平、理论水平和思想水平，能在大量的事物当中抽象提炼出观点、政策、方法，这就与原来在基层处理一些问题截然不同。所以，如果不自觉地提高自己的思想水平，就容易陷入事务主义中，就不容易把工作做好。第二点，就是知识面不适应。在党的培养下，虽然我读到大学毕业，并参加了十几年的工作，但是知识面毕竟还很窄，担负全市这样的领导工作必须有很渊博的知识。经过最近一年多的实践，我也深深地感到，没有广泛的哲学、历史学、社会学、经济学等方面的知识，仅仅靠自己原来所学的技术专业知识，是远远不能适应工作需要的。第三点，就是工作经验尤其不适应。工作经验要靠多年实践的积累才能丰富起来，这不是学

1984 年 5 月 4 日，中共中央总书记胡耀邦在前往朝鲜访问途中到达辽宁丹东，与送行的同志在丹东火车站交谈。左三为中共中央政治局委员、沈阳军区司令员李德生，右一为辽宁省委第一书记郭峰，右三为辽宁省委书记、辽宁省省长全树仁，右四为李长春，右五为辽宁省委书记戴苏理，左一为辽宁省委常委、政法委书记张铁军。

几本书、听几堂课就能建立起来的，尽管在学校学习期间、在参加工作期间，党组织通过多种方法、多种途径对我进行了全面的培养和教育，特别是在参加工作以后，尽管在几个主要“台阶”上，组织上对我都有计划地进行培养锻炼，但是毕竟时间短，有很多比较复杂的问题还没有经受到或经受很少，所以自己的工作经验还有很大的局限性。这样就遇到一个很大的矛盾：一方面历史的接力棒已经交到自己手里，而另一方面自己的实际水平还有很大差距，比较明显的就是这么几个不适应。我原来想，自己的成长是党培养教育的结果，应该按照组织的要求努力去实践，但只是想大树底下好乘凉，在老同志带领下，多做些具体工作，

“学徒期”能够十年、二十年，越长越好，是这样一个心情。根据这次市里新老交替机构调整精神，我就感到自己的“学徒期”也进入了一个新的阶段，由原来的“轻载学徒”转变到“重载学徒”，挑着比较重的担子进行学徒。所以我想组织上作出了决定，各级干部支持，就一定要自觉坚决地按照组织的要求大胆去实践，决不辜负党与人民的重托。方才，李涛〔2〕同志讲了具体要求和实践措施，我感到对自己非常适用，恰如其分，应该在今后的实际工作中很好地去实践，也愿意在实践中接受党和人民的选择，做到能上能下。这是我要讲的第一个方面。

第二个方面，我们新一届政府班子组成了，组成人员减少了一半，年龄结构比原来降低了 8 岁左右，充实了一批新同志。怎样把政府的工作搞好，是全市党员、群众注目的一个大问题。我们班子里几个同志都认识到，做好沈阳的工作是很重要的。沈阳是辽宁的省会，是辽宁的门户、窗口，能不能做好沈阳的工作，直接影响到全省；沈阳又是国家的重工业基地之一，所以，做好沈阳的工作，又直接关系到国家的四化〔3〕建设。同时，我们也认识到，做好沈阳的工作，任务也很艰巨。从现行体制上看，有一定难度，怎样把各方面的力量统起来，要克服很大的困难。由于多年来“左”的干扰和破坏，我们沈阳也是一个欠账比较多的城市，市政建设还不能适应国民经济发展的需要，人民生活的很多方面还感到不便。就工业本身来讲，由于我市是以加工工业为主的工业结构，经常出现“缺米少柴”的情况，原材料、能源常常不足；从社会角度讲，又处于“人多钱少”的状态，劳动效率低，就业压力大。总之，很多事情力不从心。但是，尽管困难很多，把沈阳的工作做好是党的要求、国家的要求，也是人民群众的殷切期望，我们应该按照党和人民的要求，很好地担负起本届政府的职责。我们也看到，做好沈阳的工作，也有很多有利条件，特别是上届政府给我们奠定了比较好的基础，这是我们做好工作的重要根基。上届政府在贯彻国民经济“调整、改革、整顿、提高”的八字方针方面做了大量工作，在市政建设上也搞了几个大的项目，各方面都有了比较好的基础，只要我们坚持依靠各方面的力量，是能够完成党和人民交给的任务的，能够把沈阳

1983 年 4 月 8 日，李长春在沈阳市九届人大一次会议上选举投票。在这次会议上，李长春当选为沈阳市市长。左一为沈阳市原市长王丹波，他在会上当选为沈阳市人大常委会主任。

的社会主义建设事业推向前进的。为此，我们要做到这么几个依靠：一是紧紧依靠党中央，在政治上跟中央保持一致。这是我们做好工作的根本政治保证。特别是党的十一届三中全会以来，中央制定了一系列路线、方针和政策，党的工作重点和指导思想进一步明确了，各方面的具体方针、政策也越来越完善了，所以只要我们在政治上同党中央保持一致，在省委省政府的正确领导下，坚决贯彻执行党的路线、方针、政策，就能把我们沈阳的事业推向前进。二是紧紧依靠市委的具体领导。这是我们做好工作的非常重要的组织保证。政府班子经过调整、改革，在年轻化、专业化上有所加强，应该多做些工作，但是对重大问题、拿不准的问题，要提交市委讨论，要依靠市委一些有经验的老同志，依靠市委的集体领导把工作做好。三是紧紧依靠一大批老同志、老干部，搞好新老合作。老同志是帮助我们做好工作的中流砥柱。我们沈阳有个很有利的条件，就是老干部多，这是一支非常重要的力量。就我们市政府班子本身，也还有几位经验丰富的老同志，所以新老合作，首先从我们班子内部做起；在我们政府范围内也有很多老同志，包括退居二线、三线的一些老同志，很多问题要向他们请教；我们还有几位老市长，这次机构改革以后，分布在市里几个领导班子中，我们也要积极向他们请教，求得他们的支持和帮助。总之，我们要搞好班子内外、政府内外的多层次新老合作，紧紧依靠老同志的支持，做好我们沈阳的事情。四是紧紧依靠广大人民群众，依靠各人民团体、人民解放军驻沈部队、各族各界人士。这是做好我们工作的力量源泉。当前沈阳工作尽管有些困难，但是只要本着“人民城市人民建，人民城市人民管”的精神，充分依靠群众、信任群众、组织群众、宣传群众，就能

1985年4月6日至12日，中共沈阳市第七次代表大会召开。沈阳市委七届一次会议选举李长春为沈阳市委书记（不再设第一书记）。图为第六届、七届沈阳市委常委合影。前排左起：沈阳市委秘书长刘尊田，沈阳市顾问委员会副主任李柯，沈阳市顾问委员会主任王丹波，沈阳市顾问委员会副主任肖佐汉，李长春，辽宁省顾问委员会原主任、沈阳市委原第一书记李涛，沈阳市顾问委员会原主任吴铁鸣，沈阳市人大常委会主任邓仲儒，沈阳市政协原主席李正风，沈阳军分区政委张本岚。后排左起：沈阳市总工会主席赵金城，沈阳市委组织部部长林馥卿，沈阳市委宣传部部长丁世发，沈阳市委副书记张成伦，沈阳市委经济工作部部长刘金增，沈阳市委副书记张国光，沈阳市代市长武迪生，沈阳市重点工程领导小组副组长任殿喜，沈阳市人大常委会党组副书记黄正勋，沈阳市委副书记李泽民，沈阳市委政法委书记王长兴。

够解决很多用行政手段解决不了的问题。在当前资金比较困难的情况下，我们准备多组织一些群众性的集资、协作以及义务劳动等，搞好社会公益事业，解决人民群众生活上一些不方便的问题。五是紧紧依靠各级政府、政府的各个部门及其广大干部。依靠我们本身，加强集体领导，发挥大家的作用，把事情办好。各个部门、各级政府的领导干部都有很丰富的经验，要充分发挥各级政府和政府各部门的作用。在这方面我们准备研究一些新的办法、新的路数，调动各个方面的力量认真做好政府工作。希望各级干部，希望其他各个班子，希望大家，通过各种方式来监督我们政府的工作，通过不同形式对我们的工作给予支持和帮助。

第三个方面，利用这个机会，同各级领导班子中的一大批中青年同志共勉，共同学习。这次我们沈阳市在机构改革中，在组建市的五个班子、各部委办局班子以及处科室班子的过程中，坚决按照党中央的要求，在干部“革命化、年轻化、知识化、专业化”上迈出了较大的步子，一大批中青年同志被充实到各级领导班子里来了，这种干部队伍的新老交替、新老合作，对我们国家和沈阳市都具有重要的历史意义。在这几个大机构改革过程中，我们广大中青年同志都亲眼看到了很多老同志高瞻远瞩、高风亮节，高度负责地向中青年同志主动交班，高高兴兴地退居第二线或第三线，这是非常伟大的胸怀，特别值得我们中青年同志很好地学习。我们不能忘记党组织对我们的培养和教育，不能忘记老同志对我们的支持，不能辜负全市人民对我们寄予的期望。那么，对中青年同志来说，怎样使党放心、使人民满意、使老同志高兴，这是要求我们作出回答的一个非常严肃的问题，我们每一个中青年同志都应该严肃认真地考虑这个问题。最近我想了一下，应该跟广大中青年同志一起共同来学习这样几条：第一条，就是要学习老同志的革命胸怀，增强使命感。这些老同志，有的是大革命时期参加革命的，有的是土地革命战争时期参加革命的，也有一大批同志是抗日战争时期参加革命的，还有很多同志是解放战争时期参加革命的。他们从参加革命那天起，就发誓要为共产主义事业奋斗终身，所以说，我们这些老同志都是职业革命家。那么为什么在今天他们又要主动退出领导岗位，主动向我们中青年同志交班呢？这个伟大胸怀的真谛是什么呢？我想就是为了革命事业，而不是为了当官。所以，我们中青年同志要学习老同志的这种革命胸怀，应该十分明确党和人民把我们安排到领导岗位上来，不是要我们当官，而是要我们把党的事业继续推向前进。我们四十几岁的同志，到本世纪末大约还有十七八个年头，这段时间正是我们国家社会主义建设事业的一个决定性阶段，我们应该在这十七八年里像老同志一样，立志为党的事业献

1985 年 6 月，辽宁省委六届一次全体会议选举产生辽宁省新一届省委领导班子，实现了新老干部的交替与合作，李长春当选为辽宁省委副书记。前排左起：辽宁省委秘书长李启生，辽宁省顾问委员会常委刘异云，辽宁省人大常委会主任张正德，辽宁省顾问委员会副主任胡亦民，辽宁省纪委原书记徐少甫，辽宁省顾问委员会原主任李涛，辽宁省委原第一书记郭峰，辽宁省顾问委员会主任戴苏理，辽宁省政协主席宋黎，辽宁省顾问委员会副主任张新村，辽宁省委原常委、省委政法委原书记张铁军，辽宁省顾问委员会常委葛锡藩。后排左起：辽宁省委常委、省总工会主席陈素芝，辽宁省委常委、省纪委书记高姿，辽宁省委常委白立忱，辽宁省委常委、组织部长尚文，辽宁省委副书记孙维本，辽宁省委书记李贵鲜，辽宁省委副书记全树仁，李长春，辽宁省委常委、宣传部长沈显惠，辽宁省委常委、省军区政委刘东藩，辽宁省委常委、省委政法委书记王巨禄。

身，不是做官，而是做人民的公仆，把党的事业的接力棒接下来、传下去。这也是当前老一辈革命家、老同志非常关心的一件大事。所以我们中青年同志一定要充分认识我们所肩负的历史使命，充分认识党的期望，充分理解老同志的心情，继承和发扬老同志的光荣传统，用实践来很好地完成历史交给我们的重任。第二条，也是老同志非常关心的，能不能做到谦虚谨慎，虚心学习。老同志由于历史原因，没有多少机会学习更丰富的技术知识、管理知识，我们中青年同志如果说有一点专业知识的话，正是由于无数革命先烈献出了自己的生命，换来了新中国的诞生。正是由于中国革命的幸存者——现在的老同志在各个岗位上领导了社会主义革命和社会主义建设，才能够使我们有条件系统接受党和人民的教育。所以要深刻认识我们的知识是党给的，是革命先烈用鲜血换来的，是老同志领导亿万人民群众用汗水换来的，要吃水不忘打井人，时刻注意谦虚谨慎，尊重老同志，而且还要认识到已有的专业知识是代替不了领导经验，代替不了更广泛的知识的。特别是在科学技术飞速发展、四化建设飞速前进的今天，知识老化的周期也越来越短了，只有不断学习、不断更新，才能适应四化建设的需要。当前，我们正处在全面改革的时代，在改革过程中，有许多新情况、新问题需要我们去研究、去解决，这些不是原来固有的知识所能代替的。因此，需要我们不断地学习。在学习的过程中要注意向老同志学习，向实践学习，向群众学习，不断丰富我们的知识领域和领导经验。同时也要系统地学习马克思列宁主义、毛泽东思想，学习党史，这是我们做到坚持党的四项基本原则必备的理论基础。第三条，要尽快地自立，大胆工作，勇于开创新局面。过去有句话，叫作“师傅领进

1987 年 3 月 3 日至 9 日，辽宁省六届人大六次会议在沈阳召开，大会选举李长春为辽宁省省长，43 岁的李长春成为当时全国最年轻的省长。图为辽宁省人大常委会主任张正德（左一）、辽宁省委书记全树仁（右二）、新当选的辽宁省省长李长春同代表亲切交谈。

门，修行在个人”。老同志的支持这是毫无疑问的，方才李涛同志、丹波〔4〕同志都再三强调这个问题，嘱咐老同志要支持中青年同志的工作。但是，作为中青年同志一定要尽快自立，要依靠自己的努力来取得人民的信任。特别是在我们的实践当中，不要患得患失，要看到这是党和人民交给我们的重任，不是我们个人的问题，所以只能前进，不能后退，不能畏首畏尾，要大胆地工作，用责任感和使命感作为自己实践的动力。要充分发挥我们中青年同志思想活跃、肯于钻研的优势，敢于研究新情况、新问题，稳妥而大胆地进行改革，开创新局面。第四条，我们要深入实际，艰苦朴素，密切联系群众。我们走上领导岗位之后，必然要接受客观的检验、实践的检验、人民的检验，所以我们更应该自觉严格地要求自己，要把我们党的好的传统作风、老同志好的传统作风接下来，再很好地传给下一代。要使广大人民群众从我们的言行中增强对端正党风、转变社会风气的信心。我们要坚持调查研究，牢记人的正确思想来源于社会实践，当我们拿不出办法，拿不定主意的时候，要到群众中去、到实践中去调查研究，发现和总结群众当中一些新的创造，集中他们的智慧，形成我们指导工作的方法、政策和意见。第五条，安排和照顾好老同志的工作和生活。许多老同志，以革命的胸怀，为了党的事业，离开了领导岗位。安排好老同志的工作，照顾好老同志的生活，这是中青年同志义不容辞的责任。这个问题，是关系到党的事业能不能继续下去的大问题，是关系到我们党的优良传统能不能很好地传下去的大问题，也是我们中华民族的美德。对老同志我们要本着中央关于政治待遇不变、生活待遇略为从优的政策规定，主动地关心他们，照顾好他们，经常倾听他们的意见，为他们解决好生活、学习各个方面的困难。

我作为中青年同志的一员，一定要按照老同志提出的希望和要求，很好地落实市委的部署，把党和人民交给自己的工作做好，也希望大家给予我支持、帮助和监督，共同做好工作，不负党和人民的重托。

注　释

〔1〕新老交替，是党的十一届三中全会后，我国干部人事工作的一项原

则，就是要使年事已高的老干部摆脱第一线工作的繁重负担，又能以他们丰富的领导工作经验继续发挥作用，使大批德才兼备、年富力强的中青年干部及时选拔到领导岗位上来。1979年11月，邓小平在中央党、政、军机关副部长以上干部会上指出，认真选好接班人，这是一个战略问题，是关系到我们党和国家长远利益的大问题。1980年8月，邓小平在中共中央政治局扩大会议上强调，目前的主要任务，是善于发现、提拔以至大胆破格提拔中青年优秀干部，这是国家现代化建设事业客观存在的迫切需要。1983年3月，中共辽宁省委批准沈阳市委新领导班子，一批年富力强的中青年干部走上领导岗位；1983年4月，年仅39岁的李长春在沈阳市九届人大一次会议上当选为市长，一大批老干部退居二线，实现了干部队伍的年轻化，沈阳市领导干部的新老交替取得重大阶段性成果。

〔2〕李涛，时任中共辽宁省委书记（当时设有第一书记）兼沈阳市委第一书记。

〔3〕四化，即四个现代化，指工业、农业、国防和科学技术的现代化，是我国社会主义建设过程中提出的经济社会发展的战略目标。1954年9月，周恩来在第一届全国人民代表大会第一次会议上所作的政府工作报告中提出，要建设“现代化的工业、现代化的农业、现代化的交通运输业和现代化的国防”，提出了四个现代化的初步构想。之后，四个现代化的内涵不断调整和充实。在1964年底到1965年初召开的三届全国人大一次会议上，周恩来发出号召：“要在不太长的历史时期内，把我国建设成为一个具有现代农业、现代工业、现代国防和现代科学技术的社会主义强国，赶上和超过世界先进水平。”为了实现四个现代化，党中央提出了发展国民经济的两步设想：第一步，在1980年以前，建立一个独立的比较完整的工业体系和国民经济体系；第二步，在20世纪内，全面实现农业、工业、国防和科学技术的现代化，使中国经济走在世界前列。1975年1月，四届全国人大一次会议重申了实现四个现代化的战略目标和两步设想。

〔4〕丹波，即王丹波，时任中共沈阳市委书记兼市人大常委会主任。

改革成就是广大干部群众创造的*

（1986 年 12 月 10 日）

树仁[1]、孙奇[2]、泽民[3]同志并尚文[4]、显惠[5]同志：

即日获悉新华社主办的《半月谈》杂志社按惯例要在年末前评出十大新闻人物[6]，其候选人有我一个，主要是沈阳近两年的改革在全国有较大影响所致。虽然此举是对辽宁、沈阳改革的肯定，对我个人的鼓励，但实感不妥。

其一，沈阳的改革是在省委省政府的直接领导下，自党的十一届三中全会以来，几届领导班子循序渐进、共同努力的结果，特别是郭峰[7]、李涛同志，对沈阳市实现政治上思想上的拨乱反正[8]，推进各个领域的改革，付出了巨大的努力，作出了很多有重要意义的决策，取得了很多重大的成果。我仅仅是向老同志学习，并根据老同志的决策、班子的集体智慧，在一些具体的问题上组织实施罢了。我于今年 6 月份调离沈阳后，泽民同志又和班子的其他成员一道，继续有所发展。特别是 1984 年 7 月份国务院批准沈阳为国家的经济体制综合改革

---

* 这是李长春同志写给辽宁省委全树仁、孙奇、李泽民和尚文、沈显惠同志的一封信。

试点[9]城市后，国家体改委给予精心指导，使改革又获较快进展。所以，如果说沈阳的改革取得了一定成绩的话，从组织领导的角度看，是省委省政府的重视，是国家体改委的关怀，是几届班子共同努力的结果，特别是郭峰同志等老一辈奠定的重要基础的结果。我仅仅是做了一点点工作，如果要宣传，应该宣传老同志。

其二，改革是前所未有的事业，是探索中的事业，全国的改革也都在摸索着前进，沈阳的改革，仅仅是在部分领域甚至是少数企业的探索和试验，还需要实践检验，有一些在大面积推行中，可能问题很大，甚至是不合适的。有一些探索，理论上尚有争论，还没有得到科学的解释。因此在宣传上要留有余地，这关系到全国的改革，关系到辽宁和沈阳的形象，至于我个人的形象是次要的。

其三，位居一定领导职务的党和国家的干部，执行党的决议，贯彻国家的各项政策，是理所当然的事情。况且很多探索都是各级干部和广大群众创造的，领导者只不过是总结、推广了群众创造的经验，因此应该宣传在实际工作中勇于开拓的广大基层干部和群众。

基于以上几点理由，我个人不赞同参加新闻人物评选，也请省委同意我的意见，并以组织名义和新华社正式联系，反映意见。[10]

此致

李长春

1986年12月10日

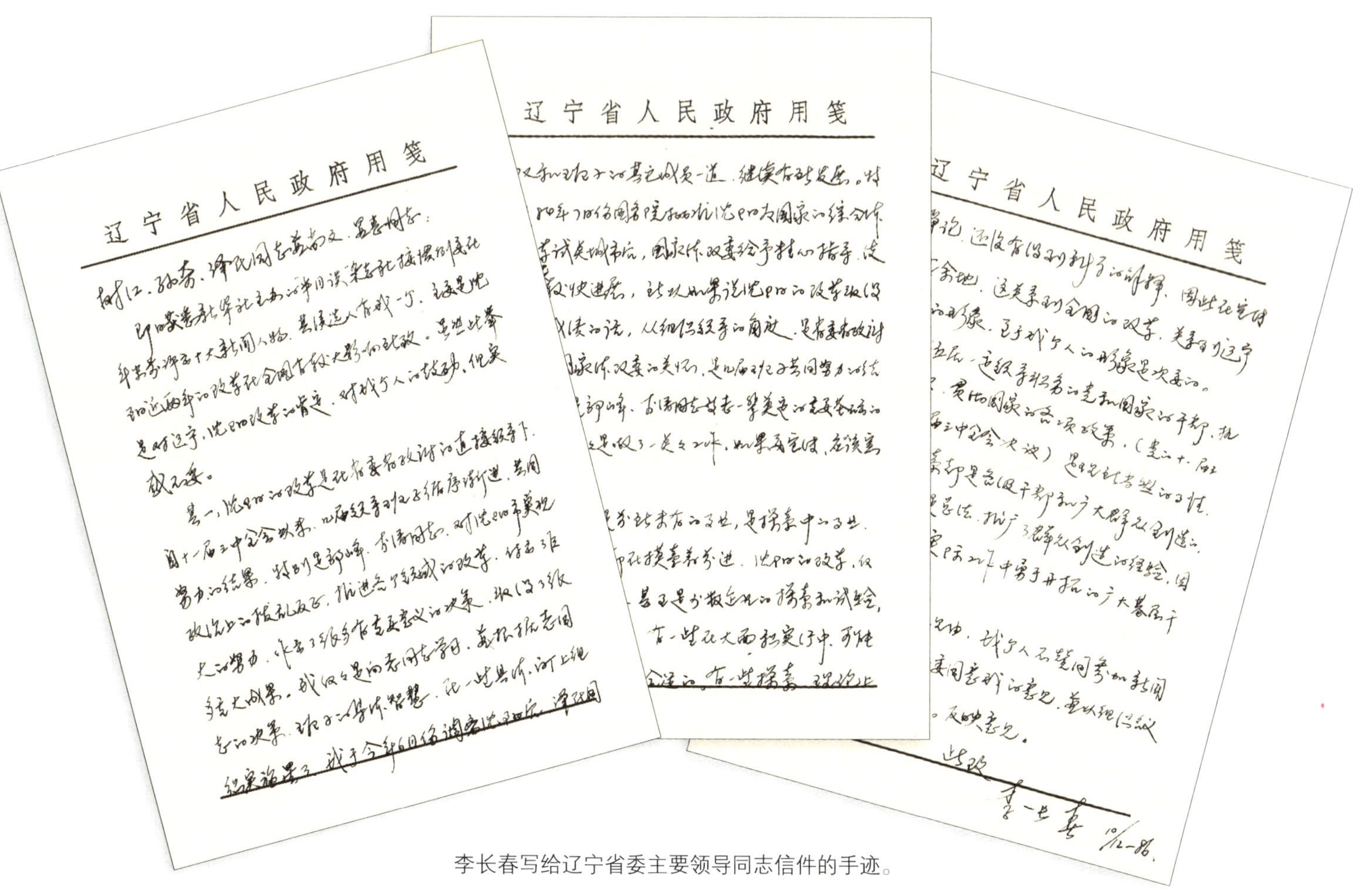

李长春写给辽宁省委主要领导同志信件的手迹。

注 释

〔1〕树仁，即全树仁，时任中共辽宁省委书记。

〔2〕孙奇，时任中共辽宁省委副书记。

〔3〕泽民，即李泽民，时任中共辽宁省委副书记兼沈阳市委书记。

〔4〕尚文，时任中共辽宁省委常委、组织部长。

〔5〕显惠，即沈显惠，时任中共辽宁省委常委、宣传部长。

〔6〕十大新闻人物，指新华社《半月谈》杂志为表彰年度对经济社会发展作出突出贡献的各界人士而组织的一项评选活动。自 1983 年起，开始评选十大新闻人物。1986 年，李长春、邓稼先、刘晨晖、王锡爵、武吉龙、梁凤颖、沈新泉、陈翠婷、胡习华、马朝旭等被评为年度国内十大新闻人物。1988 年后不再开展此项评选活动。

〔7〕郭峰，中共辽宁省委原第一书记。

〔8〕拨乱反正，指“文化大革命”结束后，我们党在思想路线、政治路线和组织路线等方面的正本清源。党的十一届三中全会后，我们党全面开展这项重大工作，有步骤地解决历史遗留问题，使党和国家事业逐步摆脱混乱，走上正轨。通过思想路线的拨乱反正，重新确立了马克思主义实事求是的思想路线；通过政治路线的拨乱反正，把党和国家的工作中心转移到经济建设上来，作出实行改革开放的历史性决策；通过组织路线的拨乱反正，平反了冤假错案，落实干部政策，同时加强干部队伍建设，成功实现了干部队伍的新老交替。1981 年 6 月，党的十一届六中全会通过了《关于建国以来党的若干历史问题的决议》，实事求是地评价了毛泽东的历史地位，充分论述了毛泽东思想作为党的指导思想的伟大意义，科学总结了新中国成立 32 年来的历史经验教训，对一系列重大历史问题作出正确结论，彻底否定了“文化大革命”。《决议》的通过，为全党和全国人民在重大历史是非问题上统一思想提供了正确依据，标志着我们党在指导思想上拨乱

反正任务的胜利完成。

〔9〕经济体制综合改革试点，是 20 世纪 80 年代我国改革开放的一项重要举措。1981 年起，国家先后在沙市、常州两个城市进行经济体制综合改革试点。随后，国务院先后分别批准重庆、武汉、沈阳、大连、南京、青岛、宁波等为经济体制综合改革试点城市，同时对部分试点市实行计划单列，赋予省级经济管理权限。主要任务是：把增强企业活力作为中心环节，以搞活企业推进改革；拓展和发挥城市经济功能，增强中心城市的吸引力和辐射力；探索工农结合、城乡一体化道路，推动城乡经济协调发展等。总之，就是承担国家经济体制改革“试验田”的职能。1984 年 12 月，国务院批准辽宁省政府转报的《关于沈阳市经济体制综合改革试点方案的报告》，沈阳实行计划单列，开始城市综合改革的试点探索。

〔10〕辽宁省委主要负责同志接到李长春的信后，专门进行了研究，认为《半月谈》杂志评选十大新闻人物已成惯例，辽宁省委不便对评选结果进行干预。

解放思想、更新观念，坚定改革的信心和决心

解放思想，转变观念*

（1983年2月2日）

解放思想，就是要使我们的思想从“左”的流毒影响和旧的习惯势力的束缚下解放出来，坚持把实践作为检验真理的唯一标准，不唯上、不唯书，只唯实，彻底清理“左”的影响，彻底冲破旧的习惯势力的束缚，大胆地大踏步地把改革推向前进。

一、积极改革，是开创新局面的根本保证

什么是新局面？我们认为，新局面的主要标志就是以新的思想、新的观点、新的姿态，积极进行改革，力求走出新路子，把工作推进到一个新阶段。如何开创新局面？改革是开创新局面的关键和突破口，只有抓住改革这个中心环节，才能为各项工作的深入开展扫清障碍、铺平道路、增加动力、创造条件。一句

* 这是李长春同志在沈阳市工交企业改革、完善经济责任制座谈会上讲话的一部分。

话，没有改革，就没有新局面。邓小平同志说，要搞四个现代化，必须进行一系列的改革，没有改革，就不可能实现四个现代化。改革要贯穿四个现代化建设的整个过程。最近胡耀邦同志也指出，如同没有拨乱反正就不会有今天的局面一样，不进行一系列的改革就不可能有现代化建设的胜利。中央领导同志的讲话，深刻阐明了改革的极端重要性和紧迫性，完全符合沈阳的实际情况。

首先，从我市前一段改革的实践来看，坚持改革就能前进，改革大有成效。

农村经济改革取得了成功经验，使广大农村出现了生机勃勃、热气腾腾的大好形势。去年，在多年不遇的大旱之年，我市农业仍取得了空前的大丰收，粮食、各种经济作物和菜、肉、蛋、禽、奶等副食品生产均创历史最高纪录，农民收入显著增加，贫困地区面貌大变。凡是到农村走一走的同志，无不为之欢欣鼓舞。为什么曾经让我们最发愁的农业反而走到了前头？最主要的原因是在农村的政策、体制和经营管理方式上进行了从来没有过的大胆改革，使农村经济像火山爆发一样迸发出了极大的活力。

城镇集体经济的改革，已取得了试点经验。一些小型商饮服务企业积极移植农村联产承包责任制的经验，出现了“包字进店、面貌大变”的喜人景象。集体工业企业的改革试点铺开时间不长，效果也十分显著，许多企业迅速扭转了路子越走越窄的困难局面，恢复了生机，出现了活力。市第七工具厂是个长年亏损、资不抵债的集体企业，过去经常靠上级公司借钱开工资，但职工“大锅饭”吃惯了，照样是无任务“等食吃”，有任务也完不成，多次“包车”上访。去年 12 月份，“包”字进工厂，勤奋的人有了奔头，懒惰的人有了压力。虽然今年元旦仍没有发工资，但人心安定、人心思干、人心思变，没有一人上访。大家抢活干，自己掏钱外出揽活，现已承揽到全年70%的任务。工人说，“不靠天、不靠地、扭亏靠自己”，“不能死抱‘铁饭碗’，白吃‘亏心饭’，要砸碎‘铁饭碗’，为四化作贡献”。沈阳铸造厂劳动服务公司，从去年10月实行大包干经济责任制，包干后3个月与包干前9个月的月平均水平相比，工业总产值增长29.3%，利润总额增长46.8%。

事实充分说明，改则行，不改则止，哪一方面的改革有新的突破，哪一方面的工作就有新的进展、新的局面。改革就是破旧创新，必然为夺取现代化建设的胜利提供可靠保证。正如陈云同志所说，改革的意义，不下于50年代对资本主义工商业的改造。因为对工商业的改造是要消灭剥削，正在进行的体制改革则是要打破“大锅饭”，使我国的生产力获得一次新的大解放。

其次，从我市工交工作当前存在的问题来看，改革迫在眉睫、势在必行。

近几年来，我市工交战线虽然在合理组织生产力方面，注意抓了指导思想的转变，取得了一定成效，但在生产关系方面，“左”的流毒影响和旧的习惯势力的束缚还很严重，许多老框框、老套套、老作风、老模式，仍禁锢着我们许多同志的头脑，严重阻碍着生产力的发展。

例如，在所有制结构上，“单一的全民所有制结构是社会主义唯一模式”的观念，在一些同志的头脑中根深蒂固。表现在实际工作上，就是对集体企业盲目进行升级过渡，由区街集体上升为市属集体，由小集体上升为大集体，由民办集体改为官办集体。

同时，照搬全民企业的管理模式，用全民的办法办集体，使集体企业全民化，从而抹杀了集体企业的本质特征，压抑和限制了集体经济的发展。在国营企业中，也有盲目追求“一大二公”[1]的现象，离开生产发展和经济效益提高的实际需要，盲目合厂、并厂、升级、升格，结果使一些企业失去了灵活性和主动性。

又如，在人与人的关系上，职工群众当家作主的问题远远没有解决。在多数企业，广大职工仅仅是生产劳动者，而没有同时也是经营管理者，领导搞决策、工人管干活的现象还比较普遍，广大职工还没有实实在在地体会到自己的主人翁地位，心还没有拴在企业的经营管理、生产发展和前途命运上，致使有的企业生产发生困难，干部一筹莫展，而职工漠不关心。有的企业出现亏损、开不出工资，干部发愁，而职工却离厂闹上访。出现这些问题的主要原因，就是企业的民主管理制度不健全，社会主义民主还没有扩展到企业管理的各个方面，职工群众的积极性、创造性受到了压抑。

再如，在分配关系上，“铁饭碗”、“大锅饭”和平均主义的问题还相当突出。在企业之间，经济利益还没有完全同经营成果挂起钩来，仍然存在着苦乐不均、“鞭打快牛”、吃“大锅饭”的现象。在企业内部，职工的个人所得也没有同责任大小、技术高低、贡献多少挂起钩来，干好干坏一个样的问题没有根本解决。在许多企业，奖金并没有真正发挥奖励超额劳动的作用，完成定额有奖，完不成定额也有奖，奖金基本上人人有份，成了附加工资；各种津贴、补助也不是根据完成生产任务和劳动定额的情况发放，完不成任务，也按出勤天数照发；特别是职工的基本工资，同岗位、责任、贡献相脱节，成了出勤工资和“铁饭碗”。

1978 年 9 月 5 日，沈阳市电器工业公司领导班子成员欢送李长春到沈阳市电气控制设备工业公司工作（前排右二）。

这就严重影响着企业和职工积极性的发挥，使生产的发展失去了内在动力。

另外，在工业管理体制上，企业应有的自主权还没有真正落实，集中过多、统得过死的现象还没根本改变；在工业管理方法上，单纯依靠行政组织、行政手段，而不是把经济手段同行政手段结合起来，更多地依靠经济组织、经济杠杆、经济法规来管理工业的问题也远未解决，工业公司逐步由行政性公司变为经济实体性公司的工作进展迟缓。在工业生产方式上，大而全、小而全，一切都要自成体系的小生产方式，阻碍着生产力的发展；在企业的组织结构上，工业和商业、工业和外贸、生产和科研“两层皮”的问题仍较严重，组建工商、工贸、科研生产联合体的工作还没有取得重大进展；在干部制度上，“铁饭碗”、“终身制”还没有突破，领导干部干好干坏一个样的问题没有解决；在人才使用上，仍然是国家分配、部门所有，靠行政命令调动，而没有广泛实行招聘选贤、择优录用，使人才按生产的实际需要合理流动。

总之，我市亟待改革的问题很多，特别是落后的生产经营方式和“大锅饭”、“铁饭碗”、平均主义的分配制度，已是工交生产发展的严重障碍，也是我们管理水平低、技术进步慢、经济效益差的关键所在，不大力改革、破旧创新，全面开创新局面的奋斗目标就很难实现。

当前，全国各地、各条战线的改革，形势发展很快，潮流势不可挡。工业企业经营管理体制的改革也是大势所趋、人心所向。对于各级领导来说，愿不愿、敢不敢进行改革，是能否坚持党的十一届三中全会以来的路线、方针、政策，同党中央在政治上保持一致的重大问题。党员同志都要树立社会主义社会还要在各方面进行改革这样一个具有重大意义的指导思想，充分认识改革的必要性、迫切性，坚定改革的信念，站在改革的前列，参加改革、支持改革、领导改革，争当改革的促进派，带领广大职工群众，以宏大而坚韧的改革勇气和进取精神，以极大的热情和创造精神，投身到改革中去。通过改革，走出一条适合我市特点的发展工交生产的新路子，全面开创工交工作新局面。

二、解放思想，是搞好改革的首要前提

所谓解放思想，就是要使我们的思想从“左”的流毒影响和旧的习惯势力的束缚下解放出来。从破除陈旧过时的生产关系和上层建筑的某些环节来说，从解放生产力、推动社会前进这个意

义来说，改革也是一场革命，而且是很深刻的革命。它不但触及现存的客观事物，而且必然要触及人们的世界观。因此，就不可避免地出现革新与守旧、先进与落后的矛盾。同农村推行家庭联产承包责任制一样，工业改革也必然会遇到种种阻力和困难，这个问题在我市显得尤为突出。沈阳是全国的老工业基地之一，这是我们很大的优势，但用一分为二的观点看，与一些新兴工业城市和中小城市相比，我们受过分集中的决策体系、单一的计划调节体系、单一的全民所有制结构、单纯的行政管理方法等传统体制的影响更深，老观念、老框框更多，特别是对统收统支、“等靠要”的老套套更为习惯，并且习惯于用大企业的模式管理中小企业，用国营企业的模式管理集体企业，因此“大锅饭”吃得更厉害，改革的思想阻力更大，解放思想的难度也就更大。当前，有以下四点认识问题，需要认真加以解决：

一是认为集体企业集体办、大集体按小集体或合作社的办法办，是“走回头路”；国营小企业划小核算单位，实行经济承包是“倒退”。这种观点，违背了党的实事求是的思想路线，也违背了经济发展的基本规律。看一种生产关系是先进还是落后，唯一标准是看其是否适应生产力的发展水平，凡是适应的就是先进的，否则，就是落后的。生产力发展水平的多层次，决定了所有制结构的多层次和生产经营方式的多样化，对过去那种不适应生产力发展水平的生产关系和经营方式进行必要的改革，恰恰是对“左”的错误的纠正，是一种前进，而决不是什么“走回头路”和“倒退”。

二是认为打破“大锅饭”、“铁饭碗”和平均主义，实行奖勤罚懒，是“适应私心的需要，鼓励‘私’字冒尖”，“否定了社会主义制度的优越性”。持这种观点的同志，对社会主义制度缺乏全面的理解，也背离了马克思主义的物质利益原则。调动人的积极性必须依靠精神和物质两种动力，吃“大锅饭”决不是社会主义制度的优越性，而是从根本上违背了社会主义按劳分配的原则。吃“大锅饭”是苦了干的，养了懒的，快活了调皮捣蛋的，结果是人懒国穷。而实行按劳分配，多劳多得，少劳少得，不劳不得，使得往锅里添米的人多了，吃饭不干活的坐不住了，结果是生产大发展，经济效益大提高，而且国家得大头、企业得中头、职工得小头，这才是国富民强的康庄大道。如果说责、权、利相结合和按劳分配是鼓励“私”字，那么吃“大锅饭”、把企业搞黄，反而是“公”字，显然是荒谬的。

三是认为经济体制改革只是解决财政困难的“权宜之计”，是单纯的利润包干和奖金分配问题。因此，一提经济责任制，就在奖金和留成上兜圈子、做文章，想方设法为企业争利，为职工争奖，甚至偏离国家计划指导，采用不正当手段，谋取不正当利益。必须看到，完善工业经济责任制，是党中央作为实现全党战略目标的一项重大政策提出来的，是振兴我国经济的一项根本大计，是搞活生产、提高经济效益的新路子。经济责任制的核心问题是责、权、利的紧密结合，“责”是前提，“权”是手段，“利”是动力。坚持“责”字领先，而不是“利”字当头，坚持把国家利益放在首位，是实行经济责任制最基本的要求，也是各项改革的重大原则。否则，经济责任制及其他方面的改革就会走到邪路上去。

四是片面强调工农业之间、行业之间以及企业之间的差异和不同，认为经济承包，农业可以搞，工业不能搞；集体企业可以搞，国营企业不能搞；小型企业可以搞，大中型企业不能搞。还有所谓任务不足不能搞，企业盈利不用搞，工作复杂不好搞，奖金太少不值得搞，怕搞乱生产不敢搞，等等。应该指出，工农业之间的差异很大，行业之间、企业之间的情况也千差万别，如何按照工业的特点和本行业、本企业的特点进行改革，确实需要花费更大的力气进行认真探索，而不能简单行事、千篇一律、照搬照套。但是，一切部门都有改革的任务，只有改革的侧重点不同，没有要不要改革的问题。就推行经济责任制的本质而言，无论是农业还是工业，以及所有行业、企业，都是相同的。其根本要求和根本做法，归纳起来大致可以叫作：以承包为中心的，国家、集体、个人三者利益相结合的，职工福利和劳动成果相联系的经济责任制。目的是使企业和职工感到有压力，同时也使他们有条件充分发挥自己的活力。因此，农业可以搞，工业、商业和交通运输业也可以搞；小企业可以搞，大企业也可以搞；集体企业可以搞，全民企业也可以搞；盈利的企业可以搞，亏损企业也可以搞。只要承包合理，生产情况就会迅速改变，生产秩序、劳动纪律就会迅速好转，国家和企业的收入就会大大增加，用于公共设施和福利事业的财力就有了来源，职工的工资也可以提高。因此，所有企业都要毫无例外地大力推行经济责任制。

总之，我们改革的总目标是，走自己的路，建设有中国特色的社会主义。凡属符合人民利益和时代要求的新思想、新创造、新经验，我们都应当采纳吸收；凡属不符合新的历史任务和实践要求的老框框、老套套、老作风，我们都应当敢于抛弃。我们改革的总方针是，从实际出发，全面而系统地改，坚决而有秩序地改。一切地区、一切部门、一切单位，都有改革的任务，都要破除陈旧的妨碍我们前进的老框框、老套套、老作风，都要钻研新情况，解决新问题，总结新经验，创立新章法。当然，大规模的改革，是一件艰巨复杂的事情，有很多问题需要中央制定出政策。但是对于中央已有明确精神的，我们就应大胆改革，中央没有明确的精神，但从实践看必须改革的，可提出试点方案，报上级批准后积极试验。衡量我们各项改革对或不对的总标志是，是否有利于建设有中国特色的社会主义，是否有利于国家的兴旺发达，是否有利于人民的富裕幸福。归根结底，就是要通过改革，打破吃“大锅饭”的局面，充分调动干部群众的社会主义积极性，使生产力较快地提高到一个新水平，创造出更多的新的财富，使国家和人民都能较快地富裕起来。我们必须根据这个总目标、总方针和总标志，解放思想，振奋精神，坚持把实践作为检验真理的唯一标准，不唯上、不唯书，只唯实，彻底清理“左”的影响，彻底冲破旧的习惯势力的束缚，大胆地大踏步地把改革推向前进。

三、加强领导，保证工业企业经营管理体制改革的深入进行

能否搞好改革，关键在于加强领导。全市各级党政领导干部，都要切实把改革作为各项工作的中心环节和第一位的任务，摆在重要议事日程上。各局、公司、企业的党政主要领导同志都要亲自动手抓改革，党、政、工、团齐上阵，拿出改革的魄力和胆略，采取科学的态度和方法，带领广大职工，坚定不移、坚韧不拔，破旧创新、厉行改革。

1983 年 4 月，李长春在沈阳市九届人大一次会议分组审议政府工作报告时发言。左一为沈阳市政协副主席李学盈。

第一，认真研究政策。

对现行政策进行调整，是搞好改革的保证，也是改革成果的具体体现。加强对改革工作的领导，重要的问题就是加强政策领导。也只有在兼顾国家、集体和个人三者利益的原则下，放宽和调整政策，给企业和劳动者应有的自主权和经济实惠，才能使企业获得新的活力、动力和实力，从而促进生产的发展。

各经济工作领导部门和企业主管部门，要积极主动地改革那些不合理的规章制度，进一步向企业放权。对照国务院有关文件精神，企业应有的 12 个方面的自主权，现在真正放给企业的只是少数，有的部门层层设卡，或任意规定附加条件，限制企业行使正当的权利，使企业难以承担它的经济责任。为此，必须把扩大企业自主权的工作推进一步。当前，要首先落实好企业的生产安排权、产品自销权、机构设置权、干部管理权、职工奖惩权等。

各局、公司、企业也要在研究制订政策上狠下功夫。根据中央、省、市的有关政策规定，结合本单位的情况，补充和制订一些具体的政策、办法和细则。例如，以破除吃“大锅饭”、干好干坏一个样等弊端为中心，认真研究分配政策，试行浮动工资、浮动奖金等；围绕节约能源、提高能源利用率，落实能源包干、分档分等发放节能奖金等政策；围绕贯彻《中国共产党工业企业基层组织工作暂行条例》、《国营工厂厂长工作暂行条例》和《国营工业企业职工代表大会暂行条例》，制订具体的实施细则；围绕提高质量、开发产品、技术改造等，广泛实行技术承包政策，从而使各项政策在企业具体化，充分发挥威力。

第二，充分依靠基层企业和广大职工群众进行改革。

胡耀邦同志最近指出，现在百废待兴，应多多提倡人人奋勇争先的风气，不宜层层设卡，贻误良机。各级经济领导机关和企业的主管部门，一定要做改革的促进派，而决不能当“顶门杠”，要满腔热情地支持企业进行改革，充分尊重群众的首创精神，切实帮助企业解决改革中的实际问题和困难。要发动群众、依靠群众搞改革。在改革中，要允许百花齐放、推陈出新、除旧布新。要允许人家成功，也允许走点弯路，不要出点毛病就横加指责、求全责备。在经济责任制的形式上不能千篇一律、照搬照套、搞“一刀切”，就是在一个企业的内部，也不能都搞成一个模式。要鼓励企业学创结合、因地制宜，在群众的实践中选择更为有效的责任制形式。

健全民主管理制度，既是改革的重要内容，又是改革的重要保证，必须十分抓紧。对企业经营管理体制和制度的各项改革、企业的重大生产经营决策、自有资金的分配使用、职工的福利事业等，都要发动广大职工讨论，提交职工代表大会审议通过，并由职代会监督执行，真正实行民主立法、民主执法，集体企业的行政领导干部都要逐步由职工民主选举产生，国营企业对内部的基层单位负责人，如车间主任、班组长等，可以进行民主选举试点工作，从而使改革建立在广泛的群众基础之上。

第三，搞好统筹规划，加强分类指导。

热情支持绝不是撒手不管，改革要坚决而有秩序地进行，不能放任自流、一哄而起。对已取得试点经验的改革，可分期分批有计划地铺开；对没有取得试点经验的改革，要先行试点，然后铺开；对一些政策性很强的改革试点，需经批准后进行。要在深入实际、调查研究，抓试点、抓典型，总结推广先进经验上狠下功夫。工交各局都要组织精兵强将，抓出一批不同形式、不同类型的试点经验。市经委、计委、科委及财政、税务、银行、劳动等部门也要组织力量，会同主管局抓好一批企业改革试点。在改革中，更要加强宏观经济的指导和财政监督，发现问题要及时引导、及时纠正。

企业亏损严重，是我市当前面临的一个突出问题。去年，市属预算内全民企业亏损户数和亏损金额，分别比上年增加 24% 和 36%。对此，不能等闲视之。各级经济工作部门和企业主管部门，都要把抓亏损企业的扭亏作为工作的重点、改革的重点，花大气力，下苦功夫，认真抓好。扭亏的根本出路在于改革。因此，企业主管部门要一户一户地帮助分析亏损原因，制定通过改革扭转亏损的措施。凡经营性亏损企业的主要负责人都要向上级组织立下“军令状”，限期扭转亏损。没有能力扭亏的，可以提出辞职。限期不能扭亏的，则由上级组织就地免职。广大职工可以选贤荐能，经上级批准，把能打开局面的能人送到领导岗位上。各亏损企业要广泛开展“如何摘掉亏损帽子”的大讨论，动员广大干部、党员和群众，厉行改革，埋头苦干，尽快扭转亏损局面。

第四，大力加强改革中的思想政治工作。

改革必然会涉及干部职工的切身利益，必然会出现大量的思想认识问题。只有以对党对人民高度负责的精神，大力加强思想政治工作，及时排除各种思想障碍，才能从根本上保证改革的健康深入发展。当前，要注意纠正“奖金万能”、“思想政治工作可有可无”的错误观点，防止一切靠钱刺激积极性、一切靠罚款解决问题的做法。在整个改革过程中，各级党委都要把加强思想政治工作列入重要议程。当前思想政治工作的重要任务，就是使全体党员和职工受到一次社会主义制度优越性和社会主义经济体制和经营管理方式改革的生动教育，认清改革的重大意义，站在改革的前列，支持改革，参加改革。应当使广大干部和工人群众充分了解，那种躺在社会主义身上吃“大锅饭”的错误政策，是少数职工落后思想得以滋生的土壤，破除这种错误政策，有利于调动广大职工的社会主义积极性，促进生产发展，增加国家和社会的财富，也有利于提高广大职工的生活水平，是完全符合工人阶级当前和长远利益的。同时，要使各级领导干部和广大工人群众发扬共产主义精神，始终把国家利益和集体利益放在首位，正确处理国家、集体、个人三者利益关系，正确处理积累和消费、眼前和长远、生活和生产的关系。

注　释

〔1〕“一大二公”。1958年8月，中共中央政治局扩大会议通过《中共中央关于在农村建立人民公社问题的决议》，决定在全国开展人民公社化运动。人民公社的显著特点就是“一大二公”。“一大”，指人民公社规模要大，并小社为大社；“二公”，指人民公社公有化程度要高。

进一步端正经济工作的指导思想*

（1983年4月14日）

所有企业都要把主要注意力放在提高经济效益上，坚持把提高经济效益作为组织经济工作的根本出发点和落脚点，并贯穿经济工作的全过程。把反映经济效益的指标作为考核的硬指标，尽快建立健全一套以提高经济效益为中心的指标体系。在速度与效益、数量与质量发生矛盾时，速度服从效益，数量服从质量。这样才能做到在提高经济效益的基础上，争取有一个较快的发展速度，实现速度和效益的统一。

去年全国工交工作会议以后，我市经济工作的各部门和企业，开始注意以提高经济效益为中心组织生产，但实际工作仍不够扎实，许多企业的经济效益指标，同曾经达到过的水平相比还有差距，同国内先进水平相比还很落后。必须继续狠抓指导思想

* 这是李长春同志在沈阳市工交、财贸、基建企业领导干部会议上讲话的一部分。

的根本转变，进一步认清提高经济效益的必要性和迫切性。当前，需要解决的认识问题主要有三个：

第一，在增长速度与经济效益的关系上，片面追求产值的倾向并没有从根本上转变过来，重速度、轻效益仍然是当前的一个突出问题。有些企业为了追求高产值而不惜工本，以致造成人财物的严重浪费，甚至产生亏损；有些企业不顾社会需求，盲目生产，造成产品大量积压，只好大幅度削价处理，甚至霉烂变质损坏。去年我市仅部分电子产品和轻工产品削价处理，就影响利润近千万元。据一轻、二轻、纺织三个局调查，今年一、二月份产成品资金占用6800多万元，比去年同期增加了11.9%，而销售收入却没有增长。

第二，在如何对待客观困难与提高经济效益的关系上，有些单位片面强调客观上的增支因素而掩盖主观上的态度问题。一是畏难情绪，看不到企业内部的潜力和有利条件，看不到群众的积极性，在困难面前无所作为，对完成计划缺乏信心；二是埋怨情绪，怨上级经济部门给的任务重，怨协作配套单位不支持，大摆客观方面的难题，而不认真检查主观上存在的问题，不在挖掘内部潜力上下功夫；三是盲目自满情绪，看不到自己的差距，觉得在困难多的情况下，干到现在这种程度就不错了，感到心安理得。

第三，在经济利益与经济效益的关系上，存在片面“向钱看”的倾向。有的把经济利益与经济效益对立起来，甚至错误地认为奖金发得多，效益才能高，这是在新的形势下经济工作指导思想不端正的表现。个别企业领导同志不顾国家利益，为一部分后进职工挣“口袋”，争基数、等机会、争奖金，总想从国家身上挖一块“肉”，在企业内部照样开“大锅饭”，搞平均主义。

这说明，把经济工作转移到以提高经济效益为中心的轨道上来的问题还没有从根本上解决，是影响我市经济效益提高的主要障碍。为了进一步端正经济工作的指导思想，应树立以下几个基本观点：

一是树立速度和效益统一的观点。所有企业都要把主要注意力放在提高经济效益上，坚持把提高经济效益作为组织经济工作的根本出发点和落脚点，并贯穿经济工作的全过程。从生产、运输到流通环节，从宏观经济决策到微观经济活动，都要始终围绕提高经济效益这个中心，进行综合治理。把反映经济效益的指标作为考核的硬指标，尽快建立健全一套以提高经济效益为中心的

1981 年 12 月，李长春（左三）离开沈阳市机电工业局任沈阳市委副秘书长前与沈阳市机电工业局领导班子合影。

指标体系。在速度与效益、数量与质量发生矛盾时，速度服从效益，数量服从质量。这样才能做到在提高经济效益的基础上，争取有一个较快的发展速度，实现速度和效益的统一，使发展速度、销售收入和上缴利润的增长基本上达到同步，并争取上缴利润的增长幅度大于发展速度。

二是树立把国家利益放在首位的观点，正确处理国家、企业、个人三者的经济利益关系。要深刻认识到，确保国家财政收入的增加是关系国家建设的重大问题。只有国家的积累增多了，才有可能集中一定资金用于国家的重点建设。因此，能否把国家利益放在首位，能否为国家增加财政收入作出应有的贡献，对每个领导干部、每个国家工作人员都是一个严峻的考验。试问，如果我们不立足于为国家多作贡献，而是总想从国家身上挖块“肉”，怎能把能源、交通等国家重点建设项目搞上去？ 80 年代不集中力量抓好重点建设，又怎能有 90 年代的经济振兴？没有国家的经济振兴，我们当前的大好形势又怎能持久？对此，各级领导干部都要有清醒的认识，都要从全局的利益出发。应当指出，有些企业的领导干部想方设法为企业多争奖金，看起来好像是在为职工谋福利，实质上定额很低，奖金唾手可得，只能使队伍松松垮垮，甚至是在腐蚀工人阶级的斗志。

为了正确处理三者经济利益关系，保证国家得大头、企业得中头、个人得小头，市委市政府要求各主管局和所有企业，都要采取切实有效措施，严格执行企业的利润留成增长幅度不能超过生产或利润增长幅度的原则。对企业应得的那部分收入，也要按照规定，首先提出生产发展基金，用于企业的技术改造和发展生产，不能挪用后再向国家伸手。零售商业、服务业在保证国家多收、正确处理三者利益的同时，还要注意维护消费者的利益。对于损害消费者利益的，要严肃处理。

三是树立对企业既要搞活又要严格要求的观点。从各级主管部门来说，对企业不要捆死这一条要坚持，但是也要坚持高标准、严要求。这就是说，首先要使企业明确对国家承担的经济责任，坚持把全面完成国家计划、为国家提供更多的积累，作为对国家应尽的义不容辞的义务。我们讲搞活是给企业以动力，搞严是给企业以压力，使企业只有经过艰苦努力才能获得应该得到的利益。只有动力、没有压力是不行的。我们对于管理得好、对国家贡献大、各方面工作先进的企业，要积极支持；对于管理不好、经济效益差、各方面工作落后的企业，不能支持，不能让步，不能照顾情绪；对那些歪风邪气严重、搞歪门邪道、损害国家和人民利益的企业，决不能宽容。只有这样，才能使企业改善经营管理，才能出人才，才能培养出真正的企业家。对企业要求不严，松松垮垮，带不出一支好的队伍。希望各综合部门及各主管局，对企业一定要坚持高标准、严要求。各企业也要严格要求自己，把压力转化为动力，坚决把经济效益搞上去。

增强城镇集体经济改革发展的紧迫性和自觉性*

（1983年10月24日）

企业亏损开不出工资，不是到用户那里去走访，而是跑到上级去上访。哪个企业有饭吃，就把亏损企业往哪个企业合并，因此干饭变成稀饭，稀饭变成米汤，最后“大锅饭”变成了“大碗茶”。一个企业的领导没干好，就换个地方继续当官，使亏损的瘟疫到处蔓延，亏损企业越来越多。对这种状况，要坚决扭转。

当前，发展城镇集体经济的主要阻力是思想认识问题，大体有如下几种表现。

第一种表现是“左”的影响没有肃清，特别是长期以来在生产关系上存在的“左”的模糊认识影响很深。主要反映在：在生产资料所有制上，存在着单一的全民所有制是社会主义唯一模式的影响，重全民，轻集体，更轻视个体；在人与人之间的关系上，存在着领导管说，工人管干，忽视职工群众当家作主的偏

* 这是李长春同志在沈阳市城镇集体经济工作会议上讲话的一部分。

向；在分配形式上，仍然热衷于搞“大锅饭”，甚至有“按劳分配是鼓励‘私’字冒尖”的错误看法。因此，对改革和发展集体经济以及个体经济还抱着怀疑和观望的态度。

第二种表现是因循守旧，被旧的习惯势力捆住了手脚。主要反映在：在工作作风和工作方法上，习惯于改革以前旧的一套，有的热衷于搞部门所有制，习惯于发号施令和单纯行政管理，不愿意把行政办法与经济办法结合起来；有的习惯于“全民模式”，照搬全民的办法对待集体经济，直到现在还在沿用过去“干部上边派，经营上边管”，追求“一大二公”、升级、并厂等一套办法，自认为是“行家里手”，实际是“照抄照搬专家”；还有的企业领导人习惯于封建家长制的领导方法，存在封建思想，不习惯民主制，喜欢自己说了算，不善于通过民主管理把厂办好。

第三种表现是存在懦夫懒汉思想。主要反映在：工作上无所作为，求稳怕乱；思想上满足现状，认为企业不亏损，职工能得奖，别的就啥都不用想了。这些同志不去研究变化了的新情况，不去研究更不去解决新问题。

第四种表现是本位主义和狭隘的小生产思想作怪。这种思想多半反映在集体企业主办单位的领导同志身上，生怕改革丢了人权、财权、物权。事实上，关于主管部门的利益，在市委市政府的文件中已有规定，给予了合法的保证。这里说的“权”和“钱”，是在“规定”以外的东西。

上述思想认识问题，已经成为我们改革向纵深方面发展的障碍，必须很好地解决这些思想认识问题，进一步增强改革的自觉性。

第一，要继续拨乱反正，从建设具有中国特色的社会主义这一高度来认识改革和发展集体经济的重要意义。这不是权宜之计，也不是方法问题，而是建设具有中国特色的社会主义的伟大实践。邓小平同志深刻地指出，所谓建设有中国特色的社会主义，就是把马克思主义基本原理和中国实际相结合，从中国的实际情况出发，建设社会主义。具有中国特色的社会主义，内容很多，其中很重要一条就是在所有制结构上坚持多种经济成分共存，而我们发展集体经济和个体经济，就是在建设有中国特色的社会主义。我们只有从这个高度来认识，才能自觉搞好集体经济的改革发展以及个体经济的发展工作。党的十二大报告指出："由于我国生产力发展水平总的说来还比较低，又很不平衡，在很长时期内需要多种经济形式的同时并存。"还指出："城镇手工业、工业、建筑业、运输业、商业和服务业，现在都不应当也不可能由国营经济包办，有相当部分应当由集体举办。"十一届三中全会以来，党和国家十分重视城镇集体经济和个体经济的巩固和发展，非常强调它们在国民经济中的重要地位和作用。坚持多种经济形式，发展集体所有制经济和个体经济是一项长期的方针，是党中央的重大决策。

第二，从我市城市经济改革的迫切性看，搞好集体经济改革意义重大。去年年初，市委在分析我市经济形势时指出：一方面我们沈阳存在很大优势，是全国重要工业基地之一，有雄厚的物质技术基础；但另一方面，我们在经济工作中受"左"的思想影响和旧的习惯势力的束缚也比全国后发展的地区更严重一些，习惯于单一的计划经济体制和过分集中的决策体系，习惯于统收统支的财政体制。我们在很长一段时间里，把本来是劳动群众集体所有制的企业，变成了"官办"的企业，由街道集体变成区集体，由区集体变成市集体，结果企业失去了动力和活力，本来是财富，最后却变成了包袱。企业亏损开不出工资，不是到用户那里去走访，而是跑到上级去上访。哪个企业有饭吃，就把亏损企业往哪个企业合并，因此干饭变成稀饭，稀饭变成米汤，最后“大锅饭”变成了“大碗茶”。一个企业的领导没干好，就换个地方继续当官，使亏损的瘟疫到处蔓延，亏损企业越来越多。对这种状况，要坚决扭转。我们应看到，东南沿海一些地区的企业是“船小好调头”，而我们一些企业则是“庞然大物”、无所作为，人家企业的产品品种琳琅满目，而我们则是几十年一贯制。出现这种情况是什么原因呢？我们在看到沈阳重工业基地有很大优势的同时，还必须看到，这个重工业城市优势也给我们思想上背上了一个包袱。由于受“左”的思想影响和旧的习惯势力的束缚，搞“大全民”，把国营经济体制上的弊病都延伸到了集体和个体经济上来了，使我们难以前进。

第三，从我市面临的新形势和新任务看，改革和发展集体经济是发展我市经济的战略性措施。当前，我市面临的一个严重情况就是人多钱少、缺柴少米。人多，每年毕业生 8 万人，要安排工作；钱少，原料涨价，产品降价，还遇到能源紧张的困难，加工工业为主的城市面临严重考验。我们是一个老工业基地，国家又不可能给更多的投资安排新的项目。因此，沈阳在四化建设中如何发挥老工业基地的作用，沈阳市的劳动后备军如何开辟新门路安排就业，正严肃地摆在我们面前。集体经济点多面广，经营灵活，投资少，见效快，容纳劳动力多，可以克服人多钱少、缺柴少米的困难。从安排就业角度看，集体和个体经济已为全市安排劳动就业作出了贡献。从发展经济、提高经济效益等角度看，集体经济也作出了贡献。现在国家拿不出钱来办更多的企业，但只要把群众发动起来，就能够求得发展。几年来，正是集体和个体经济的发展，基本解决了我市长期以来“买东西难”、“住旅店难”、“吃饭难”等问题，“做衣服难”、“修理难”也有所缓解。

实践表明，集体经济有巨大潜力，不仅是解决当前困难的有效措施，而且是实现到本世纪末宏伟目标的战略措施。各级领导干部都应把改革和发展集体经济当成一项战略任务认真抓好，在认识上有个新的飞跃，树立坚定的信念，不抓好集体经济的改革发展决不罢休。

正确认识和处理经济体制改革中的四个关系*

（1985 年 3 月 15 日）

我们进行每一项改革，都要充分考虑客观可能性，考虑在宏观上引起的反应，不能只顾眼前、不顾长远，只顾局部、不顾整体，而要自觉地使本地区、本部门、本单位的工作服从服务于整个改革大局。

今年是实施国务院批准我市经济体制综合改革试点方案的第一年，经济体制改革和整个经济工作的任务十分繁重。要进一步统一全市党员干部对改革的认识，把指导思想搞端正。从目前改革中出现的一些新情况新问题来看，一些党员和干部对改革的理解有很大片面性，思想还不够统一。这种理解上的片面性、思想上的不统一，不仅助长了新的不正之风〔1〕，而且也削弱了党对改革乃至整个经济工作的领导。这种状况必须改变。

为此，各级党委要认真组织广大党员干部特别是领导干部，反复学习党的十二届三中全会通过的《中共中央关于经济体制改

* 这是李长春同志在沈阳市党政领导干部会议上讲话的一部分。

革的决定》，学习全国省长会议、中央召开的第二期整党[2]工作会议和经济工作会议的重要文件精神，进一步充分认识改革的必要性和迫切性，正确认识改革的方向和目的，端正改革的指导思想，把思想真正统一到《决定》精神上来，统一到全国省长会议、第二期整党工作会议和经济工作会议的精神上来。当前尤其要认识和处理好以下四个方面的关系。

一是要正确认识和处理好搞活搞富企业和个人致富的关系。去年 11 月，市委提出以搞活搞富企业为中心、加快经济体制改革步伐的政策，现在有些同志对此产生了怀疑，好像强调纠正不正之风、搞活搞富企业的口号也不能提了。这显然是一种误解。大家知道，我们说的搞活搞富企业是有其明确内容的，是要在经济效益不断提高的基础上和保证国家得大头的前提条件下，使企业尽快活起来、富起来，目的是要增强企业自我改造、自我发展的能力，从而形成良性循环，促进生产力的发展。在此基础上，发展集体福利事业，提高职工生活水平，而并不是说企业可以不顾经济效益的好坏，不顾国家利益和企业利益，随意挤占生产发展基金，乱发实物和奖金，竭泽而渔，搞个人致富。在如何搞活搞富的问题上，我们也始终强调要有必要的外部条件，但更为重要的是要眼睛向内，把立足点放在搞好内部改革、调动职工的主动性积极性创造性、加强经营管理上来，切实降低成本、提高效益，而决不能把希望寄托在国家让利退税、产品涨价和搞歪门邪道上。这些思想，经过前段实践的检验，现在看，也都是符合中央关于经济体制改革决定精神的，是符合党的富民政策的，因而是必须继续坚持的。值得注意的是，有的企业领导同志无力经营好企业，看到别的企业奖金多了就眼红，为了取悦群众，也打着搞活搞富的旗号，用乱发奖金作保护伞来维持自己的地位，这是对搞活搞富企业口号的歪曲。

二是要正确认识和处理好主观愿望和客观可能的关系。从主观讲，我们希望尽快完成改革的任务，使国家富强、人民富裕。但是，改革既然是一项极其繁杂的大工程，就不可能在很短的时间内一下子完成，我们国家的底子还很薄，人民群众也不可能在一个早上就富裕起来。所以，改革在总方向、总目标上，必须坚定不移；而在具体步骤、具体行动上，则必须谨慎行事，摸着石头过河，走一步，看一步，总结一步，不能不顾国家和社会的承受能力，切忌盲目攀比，一哄而起，一拥而上。我们进行每一项改革，都要充分考虑客观可能性，考虑在宏观上引起的反应，不能只顾眼前、不顾长远，只顾局部、不顾整体，而要自觉地使本地区、本部门、本单位的工作服从服务于整个改革大局。如果只强调主观愿望，不讲客观可能，提出脱离实际的过高要求，蛮干乱干，那就只会事与愿违，欲速则不达。

三是要正确认识和处理好主流和支流的关系。近几年来，我市的经济形势和政治形势确实很好。国民经济出现了持续稳定协调发展的好势头，城乡人民生活继续改善，安定团结的政治局面稳步发展，这是主流。但是在大好形势下也出现了一些新的不正之风，这些则是支流。对主流和支流，我们必须有一个正确的认识。要注意防止两种倾向，一方面要防止只看到支流，看不到主流，或是把支流当主流，在出现的新情况新问题面前惊慌失措，那就会动摇继续改革的信心，甚至重走老路；另一方面又要防止只看到主流看不到支流，看不到问题的严重性，对新的不正之风掉以轻心，听之任之，那样发展下去，支流也有可能变成主流，造成严重的后果。所以，各级领导同志都要始终保持清醒头脑，在充分肯定成绩的同时，采取坚决有力的措施解决出现的新问题。只有这样，才能不断巩固和发展大好形势，加速四化大业的进程。

四是要正确认识和处理好改革、开放、搞活和严格纪律、加强管理的关系。全国省长会议强调，在改革、开放、搞活的过程中，一定要加强管理，强调纪律性。一方面要改革、开放、搞活，另一方面要讲管理、制度、纪律，二者是相辅相成的。我们要认真学习领会中央精神，决不能把二者对立起来，错误地认为，现在强调纠正新的不正之风，强调加强纪律和管理，又是“收”了，因而在改革、开放、搞活上缩手缩脚起来。必须明确，中央历来强调的是搞活经济，而从来没有说过党风可以“松绑”、纪律可以搞活、管理可以松弛，所以根本不存在什么“收”的问题。对于这一点，各级领导干部一定要有清醒认识。目前，搞经济工作的同志担心抓党风会把改革搞死，搞纪律检查工作的同志担心抓党风会当改革的绊脚石，这都是不对的。搞纪律检查工作的同志要深入经济领域，了解经济工作，参与经济改革，否则，怎么谈得上为经济建设服务呢？搞经济工作的同志也要抓党风，刹不正之风，因为新的不正之风往往伴生于经济活动之中。因此，我们要坚持两手抓，一手抓改革、开放、搞活，一手抓端正党风。我们坚持改革，允许改革中犯错误，但不允许明知故犯、坚持错误，令不行、禁不止。通过纠正新的不正之风，严肃纪律，加强管理，为改革、开放、搞活创造一个安定团结、遵守纪律的良好社会环境，达到促进改革、保证改革的目的。

注 释

〔1〕新的不正之风。1984 年 12 月 5 日，中共中央纪律检查委员会发出《关于坚决纠正新形势下出现的不正之风》的通知，指出在改革的新形势下出现的新的不正之风，极大地危害着党的事业，妨碍经济体制改革的顺利进行，必须坚决纠正，严肃查处。如：一些国家机关、机关工作人员和企事业单位钻改革的空子，利用职权为小团体和个人谋取私利，危害国家和人民利益，给改革增加和制造困难。有的机关干部做买卖，成立各种形式的公司，买空卖空；有的任意涨价，扰乱市场，损害国家和消费者利益。有的搞突击提级提职，扰乱国家机关和事业单位工资制度改革；有的做表面文章，弄虚作假，搞浮夸，欺上瞒下；有的制发服装成风，违反财经纪律，等等。

〔2〕整党，指 1983 年至 1987 年在全党上下开展的整顿党的作风和党的组织的活动。针对“文化大革命”遗留下来的党内思想、作风、组织不纯和纪律松弛的问题，以及存在的同社会主义现代化建设的新形势和新任务不相适应的状况，1983 年 10 月 11 日，党的十二届二中全会通过《中共中央关于整党的决定》，决定对党的作风和党的组织进行一次全面、系统的整顿。整党的基本任务是，统一思想、整顿作风、加强纪律、纯洁组织。整党的步骤是，从中央到基层组织，自上而下，分期分批地整顿。整党的基本方法是，在学习文件和提高认识的基础上，开展批评和自我批评，分清是非，纠正错误，纯洁组织。这次整党从 1983 年冬季全面开始，到 1987 年 5 月基本结束。通过整党，全党在思想、作风、纪律、组织方面有了进步，党内存在的思想、作风、组织严重不纯的状况有了改变，也积累了一些正确处理党内问题的重要经验。

过去五年改革的实践经验*

（1985年4月6日）

实践使我们认识到，要不要坚持改革，对改革坚定不坚定、自觉不自觉，决不是一般的思想方法问题，而是关系四化建设成败和国家前途命运的指导思想和指导方针的问题。所以，在改革的总方向和总目标上，必须坚定不移，不能犹豫徘徊、坐失良机。

过去五年发生的巨大变化，令人振奋鼓舞，但胜利来之不易，是全市各级党组织和各族人民在党中央和省委领导下，经过艰苦奋斗，克服了种种困难后取得的。总结五年来的实践，主要有以下几条经验教训值得我们记取。

第一，坚持解放思想，不断清除“左”的影响，摆脱旧的习惯势力的束缚，端正业务工作的指导思想，这是同党中央在思想上政治上保持高度一致的根本前提。我市举行第六次党的代表大会的时候，正面临着全党工作中心转移、深入进行拨乱反正和国

* 这是李长春同志在中共沈阳市第七次党的代表大会上讲话的一部分。

民经济调整的新形势，能不能进一步解放思想、清除“左”的影响，端正指导思想，就成为我们能否跟上党中央的战略部署，沿着党的十一届三中全会确立的路线继续前进的关键问题。当时和其后的一段时间里，我们对清除政治领域中“左”的影响比较注意，落实党的政策、平反冤假错案、处理历史遗留问题等工作取得了显著成效，但是对经济领域中“左”的影响认识不足、清理不够，因而头两年国民经济的调整工作进展迟缓。1982 年，我们用整风精神总结了头两年调整的经验教训，深刻认识到“左”的错误是经济工作的主体错误，这种“左”的错误表现在基本建设、生产、经营、流通、分配、管理体制以及所有制等各个方面，于是我们进行了比较系统的清理，努力端正指导思想，这才

1985 年 4 月，李长春在沈阳市第七次党的代表大会上讲话。左一为沈阳市委第一书记李涛，右一为沈阳市委副书记李泽民。

使经济工作逐步走上正确轨道，摆脱了被动局面，取得了很大进展。几年来的拨乱反正使我们逐步认识到，“左”的影响不仅表现在政治、经济领域里，在其他领域也严重存在。党中央在指导思想上已经完成了拨乱反正的任务，不等于我们在指导思想上和实际工作中也完成了这个任务。因此，近几年来，我们一直坚持在各条战线、各个领域不断进行拨乱反正，解决转变指导思想的问题，进而推动了各条战线的工作。在拨乱反正过程中，我们认识到，妨碍指导思想转变的原因，除了“左”的影响，还有封建残余和小生产习惯势力的束缚以及资本主义腐朽思想的侵蚀。所以在整党中，我们又实事求是地集中清理了这几个方面的影响，进一步端正了指导思想，使各方面各部门的工作更加自觉地服从和服务于党的总任务、总目标。当然，指导思想的转变不会是一次完成的，特别是在当前全面改革的新形势下，在产品经济向有计划的商品经济转变过程中，只有不断地清除“左”的影响，摆脱旧的习惯势力的束缚，抵制资产阶级腐朽思想的侵蚀，才能跟上形势的发展，把我们的各项事业继续推向前进。

第二，坚持实事求是，一切从实际出发，是开创新局面的关键。开创各项工作的新局面，关键在于“吃透两头”，把党的路线、方针、政策同本地区、本部门、本单位的实际紧密结合起来，既不违背基本原则、偏离总的方向，又不照抄照转、当“中转站”。这就要求我们在吃透党中央的路线、方针、政策的基础上，对本地区、本部门、本单位的实际情况，做到心中有数，并找出其内在联系和规律。五年来，我们在认识沈阳、改造建设沈阳的问题上不断探索，对沈阳市情集中进行过三次调查研究，使我们的认识逐步深化，不仅看到了它的优势，也看到了它的劣势，并从发挥优势、克服劣势出发，确定了“三改三开”的方针，也就是改革经济管理体制、改造老企业、改组工业组织结构和对外对内开放、开发新产业新产品、开发人才。这就使我们改变了过去那种对经济工作的领导就事论事、零打碎敲的状况，为尽快焕发老工业基地的青春，为加快振兴沈阳、繁荣辽宁、服务全国、走向世界的步伐，奠定了基础。当然，我们对沈阳市情的认识并没有完结，还需要继续实践——认识——再实践——再认识，这是因为一方面我们现在的认识是否符合客观实际，还有待于今后实践的检验，另一方面随着改革和建设的发展，市情会发生新的变化，我们的认识也必须与之相适应，研究和确定相应的方针，作出新的决策。实践在发展，认识无边境。认识和改造一个行业、一个企业、一个机关、一个学校、一个县区和一个乡镇，也必须毫无例外地遵循这条马克思主义的认识路线。只有这样，才能使我们的认识不断适应变化了的新情况，不断提高贯彻执行党的路线、方针、政策的自觉性，克服盲目性，发挥创造性，更加卓有成效地去开创各个方面、各项工作的新局面。

第三，尊重群众首创精神，坚定不移、慎重稳妥地进行改革，是振兴沈阳的必由之路。五年来，我们正是沿着这条道路，在实践中探索，在探索中不断前进的。我们的改革同全国一样，是从农村开始突破并取得成功的。在整个改革过程中，我们始终坚持相信群众、依靠群众，尊重群众的首创精神，对群众创造的专业户、重点户和具有集约化经营特点的家庭专业承包大户和合作经营大户等事物，给予充分肯定、热情扶持，及时总结、积极推广，促进了以家庭联产承包为主要形式的农业生产责任制的不断完善和发展，从而在较短的时间内使农业面貌发生了历史性的变化。在农村改革的推动下，我们不失时机地又抓了城镇集体经济的改革，进而将全市经济体制改革的重点由农村转向城市，使改革进入了一个新阶段，开始突破长期形成的僵化和封闭的经营管理模式，促进了全市经济的繁荣和发展。实践使我们认识到，要不要坚持改革，对改革坚定不坚定、自觉不自觉，决不是一般的思想方法问题，而是关系四化建设成败和国家前途命运的指导思想和指导方针的问题。所以，在改革的总方向和总目标上必须坚定不移，不能犹豫徘徊，如果坐失良机，不能理顺经济关系，就会失去群众。但城市改革涉及面广、关系复杂，我们还缺乏经验，因此要充分尊重群众的首创精神，从群众的实践中汲取营养，不能闭门造车。在改革的方法步骤上，又必须谨慎从事，不能操之过急，如果急于求成，草率从事，造成失误，也会失去群众。去年初以来，我们研究制订一系列改革、开放的具体政策和措施，推动了改革、开放的健康发展，但由于对改革中出现的新情况新问题研究不够，致使去年第四季度在宏观经济的某些方面出现了失控的苗头，同时产生了几股新的不正之风，干扰了改革。实践使我们受到了深刻的教育，进一步认识到，改革不仅胆子要大，而且步子要稳，走一步，看一步，总结一步。看准了的坚决改，看不准的先试点，看到不妥当的，就赶快改正。今后每迈出一步都要充分考虑各方面的承受能力和在宏观上会引起什么反应，要把放开、搞活的微观活动同加强宏观调控和管理结合起来，为下一步改革打下基础，为进一步理顺经济关系创造更好的环境和条件。只有这样，才能使改革少走弯路，避免大的震动和失误，才能健康顺利地向前发展，达到预期的目的。

第四，增强党性，端正党风，严肃党纪，是贯彻落实好党的路线、方针、政策和搞好改革的基本保证。社会主义现代化建设的历史任务，对我们党提出了新的更高的要求。能否不断加强党的建设，使各级党组织和广大党员具有坚强的党性、良好的党风、严格的党纪，成为我们能否顺利进行拨乱反正、开拓前进的一个至关重要的问题。几年来，我们坚持两个文明建设一起抓，把党的思想建设作为全社会精神文明建设的支柱，在党内反复进行党性、党风、党纪教育。特别是在端正党风的过程中，我们坚持领导带头、全党动手、层层负责，一股风一股风地刹，进一步密切了党群关系，增强了党的战斗力，保证了党的路线、方针、政策的贯彻落实，促进了全市经济建设和其他各项事业的发展。但是去年在改革、开放、搞活的新形势下，我们曾一度对党性、党风、党纪教育抓得不够，对新的不正之风认识迟，纠正不力。直到后来中央明确提出要坚决纠正新的不正之风，才引起我们高度重视，并采取了相应的措施，坚决加以纠正，才未造成更为严重的后果。正反两方面的实践证明，“党风不正，改革不成”，“加强纪律性，改革无不胜”，党的纪律绝不能“松绑”，特别是在新旧体制转换的过程中，在宏观调控手段和管理制度、管理办法还不完善的情况下，越是放开、搞活，就越要牢记全心全意为人民服务的根本宗旨、坚持社会主义的方向，越要注意抵制资本主义腐朽思想的侵蚀、克服利用职权谋取私利的腐败现象，越要增强党性、端正党风、严肃党纪，为改革创造良好的政治思想条件和社会环境。只有这样，才能保证我们的改革、开放、搞活和其他各项工作沿着正确的方向，从胜利走向新的胜利。

努力实现经济建设指导思想的重大转变*

（1985 年 5 月 17 日）

所有部门、单位和各级领导干部都要牢固地树立起商品价值的观念、市场的观念、投入产出的观念、竞争的观念，在思想上彻底清除阻碍商品经济发展的传统观念，实现全方位的改革开放。实践是检验真理的唯一标准，在改革中我们也要旗帜鲜明地坚持这一条。

党的十一届三中全会以来，我们党在指导思想上实现了一次重大转变，就是使全体党员和各级干部的指导思想转上以经济建设为中心的轨道。现在，党的十二届三中全会明确提出，社会主义经济是有计划的商品经济，在这种情况下，我们又面临着经济建设指导思想上的一次重大转变，就是要使党员、干部的思想转到有计划的商品经济的轨道上来。

长期以来，我们国家的经济体制是从苏联搬来的高度集中的

---

* 这是李长春同志在中共沈阳市委第二期整党工作会议上总结讲话的一部分。

计划经济模式，而沈阳则是这个模式的典型。这种模式在新中国成立初期，为迅速恢复国民经济、巩固政权、奠定工业化基础发挥了积极作用。但长期实行这种模式，也有明显弊端。这种模式与自然经济和“左”的影响结合在一起，使得我们这个老工业基地的经济丧失了活力，使得在这个经济基础之上形成的与之相适应的教育、文化、科技管理体制等上层建筑，也缺乏生机。由于受这种僵化模式的束缚，我们的思想、组织和作风都与商品经济大发展的新形势不相适应。长期以来，我们比较习惯于高度集中的决策体制，企业没有自主权，大小事上边决定；习惯于统收统支的财政体制，下边钱全收上来，谁用钱，再向上边要；习惯于单一的计划调节体制，一切都对计划负责，缺少市场观念；习惯于“一大二公”的经济管理体制，在所有制结构上重全民、轻集体、砍个体，在企业的组织结构上热衷于搞“大而全”、“小而全”，企业越并越大、越并越升级，级升上去了，经济效益却降下来了；习惯于几十年一贯制的科技体制，产品几十年不变样，设计几十年不变样；习惯于统购统销的商业体制和“大锅饭”的分配制；等等。这些是造成我市经济没有活力，造成“三老两差”，即技术老化、产品老化、装备老化，经济效益差、竞争能力差的主要原因。前天，《经济日报》刊登了一张30个城市国营工业企业投入产出经济效益分析的统计表，从中可以看出，我们沈阳只有个别指标是中游，多数指标是下游。当然，这里有经济结构不可比的因素，但是也能说明一些问题，如果每个局、每个企业都和全国同行业的企业比一比，就看出来实际差距了。在工业上，凡是与职工人数挂钩的指标，如劳动生产率、人均创利率等，我们都不行；在商业上，我们的费用指标、人均销售额恐怕

1987 年 11 月 23 日，李长春考察沈阳变压器厂时在食堂同职工共进午餐。

更落后；在建筑业上，也是这个问题。那么，这是不是说我们沈阳的干部、技术人员、工人不行呢？决不是。凡是打出去到外边的，干得都很好。市政工程公司在深圳就干得很好，煤气公司在北京安装煤气管路干得很好，今天我在报纸上看到，自来水公司在珠海特区干得也很好。什么原因呢？关键就是我们这个地区长期以来受僵化模式流毒影响很深。所以，党的十一届三中全会以后，国家开始经济体制改革，我们很多企业在这方面的问题就暴露出来了，上层管理中的问题也暴露出来了。应当承认，我们搞活经营的本事还很少，比南方一些地区确实差得很远。因此，一定要通过整党把各条战线、各行各业的指导思想进一步搞端正，以更好地适应发展商品经济的新形势。

为适应商品经济的新形势，我们提出来要搞活企业、搞活流通、搞活服务、搞活城市。在搞活企业这个层次，我们做了一些工作，通过简政放权，企业开始活起来了，但搞活流通、搞活服务、搞活城市这几个方面差距还很大。比如在流通上，基本还是分配型的商业体制，不善于用经济的办法通过多种渠道向外辐射。前些天，我接到我们市里一个商业部门的报告，要求把某个产品分配权给他们，由他们来办。这说的还是几十年前的老话。你应当用你那个批发企业的经营本事，靠低廉的费用、优质的服务去争得企业好的产品，怎么还能搞官商经营和独家经营这一套老办法呢？这说明分配产品的旧体制在一些同志的头脑中还根深蒂固地存在着。国务院要求中心城市要成为金融中心，我们却还是按行政级次、行政区划分配贷款，其他的全堵死，这怎么能形成一个金融中心呢？我们还有一些工业企业，现在仍然是生产型的，还不是生产经营型的，距离经营开拓型就差得更远了。所有这些问题的根子在思想观念。各部门、各单位和各级领导干部都要认真地检查你那里在思想、观念、作风、规章制度等方面，还有哪些不适应商品经济发展需要的东西，并提高到指导思想转变的高度来认识，切实解决好。所有部门、单位和各级领导干部都要牢固地树立起商品价值的观念、市场的观念、投入产出的观念、竞争的观念，在思想上彻底清除阻碍商品经济发展的传统观念，实现全方位的改革开放。与经济工作相适应，上层建筑的各个领域也要搞好这个转变。对科技体制的改革，中央已经作出了决定，市委准备近期专门开会研究部署。现在中央正在开教育体制改革的会议，不久还要研究文化改革，这都属于上层建筑领域如何进一步适应经济体制改革的问题。因此，无论是经济战线还是上层建筑领域，都要明确提出适应商品经济的新形势，搞好指导思想的切实转变，这是整党和改革结合好的一个关键。

前一段在全国经济生活大好形势不断发展的情况下，出现了一些新问题，主要是宏观经济上有某些失控，集中表现在外汇储备急剧下降、信贷有些失去平衡、消费基金增长过快这三个问题上。为解决这几个问题，国家采取了一些措施。在外汇的使用上，权限上收了，额度大幅度地减少了；在信贷上，银根抽紧了，贷款指标大幅度收缩了；在消费基金上，采取了严格的调控措施，包括严格征收去年的奖金税，严格控制当期的奖金发放量，也包括最近的紧急通知，要求4月份以后消费基金、钞票的发放水平控制在今年3月份的水平上。于是，有些企业的同志就认为现在开始“收”了。那么，我们究竟应当怎样看待国家采取的这些宏观调控措施呢？我看应该有这样几个认识。

一是要认识到自觉遵循经济规律，加强宏观调控，是社会主义有计划的商品经济的一个重要特征，它不是限制搞活微观的消极力量，而是保证微观搞活的具有决定性意义的积极因素，目的是为了创造一个良好的宏观环境，使各个层次的改革沿着健康的轨道继续前进。因此，我们要拥护宏观调控，自觉服从大局。否则，没有宏观调控这样一个笼子，微观搞活就会迷失方向，冲击正常的经济生活，反过来正常的经济生活发生混乱，微观搞活也会遇到障碍，受到挫折。在这个问题上，我们是有历史教训的。比如，1958年搞“大跃进”，正是由于宏观上失去了控制，造成了国民经济比例严重失调，使大好的经济形势中途夭折。这个教训我们一定要牢牢记取。这一次，在宏观调控上出现的一些问题虽然还只是苗头性的，也已经使我们的微观搞活遇到了困难。比如信贷平衡问题，发放的贷款数量过大，就必然造成基本建设规模过大，结果进一步加剧了能源、原材料的紧张状况，使更大范围的微观搞活受到了影响，这是我们都直接体会到了的。去年12月份到今年1月份，大面积地频繁拉闸限电，不仅使企业的微观搞活不能进行，而且使居民的正常生活也受到了很大影响。从原材料来看也是这样。这半年来，由于基本建设规模过大，钢材的供需矛盾日益尖锐，导致价格暴涨，现在市场价一吨已涨到1500至1600元，螺纹钢每吨涨到1700至1800元，这就使企业的微观搞活受到很大制约，有的甚至难以为继。所以，采取宏观调控是保护微观搞活的必要措施。对这个问题要有正确的认识，不要迷失方向。这是第一个认识。

二是要坚信国家的对外开放、对内搞活的政策没有变。当前，主要的矛盾，还是开放得不够，搞活得也不够，对于这一点不能动摇。至于一些具体政策的调整变化，这是可能而且应当的。历史在前进，事物在发展，具体的政策、办法也要随着情况的变化而变化，随着形势的发展而发展。而这种变化和调整，从总的方向看，是前进中的变化，是为保证持续前进的调整，越变化越符合人民群众的利益，越调整越有利于开放、有利于搞活，比如控制消费基金。从去年第四季度开始，由于消费基金失控、增长过猛，商品供应的保证程度有所下降，在一定程度上造成了货币贬值。货币贬值的结果，还是牺牲了群众的利益。现在，国家为控制消费基金，采取了一些具体办法，与过去的某些政策相比确实有了一些调整和变化，但这些调整和变化既有利于宏观经济的大局，也维护了群众的利益。这有什么不好呢？

三是对改革中出现的问题我们要保持清醒的头脑，不必大惊小怪，不必惊慌失措，不能乱了自己的阵脚，不能丧失信心。要在遵循宏观调控的前提下，在减少国家负担的基础上，善于从我们沈阳的实际情况出发，继续灵活、变通，放开、搞活。沈阳的实际情况是什么？最基本的实际情况就是老工业基地，要重点改造。所以，我们改造老工业基地，一刻也不能停。企业也好，财政也好，银行也好，都必须坚定这个信心。还有一个实际情况就是，我们去年宏观经济基本上是健康的，奖励基金多发了一点，但在国家、集体和个人三者利益关系上，还是正常的。这说明我们去年以来所采取的一些办法，方向是正确的，今后还要坚定不移地搞。第三个实际情况是，我市是中央批准的经济体制综合改革试点城市，别的地方不能办的，我们可以先试点。总之，要有信心，要坚定不移地进行改革。

四是要坚持改革的行动方针，要走一步，看一步，总结一步。实践是检验真理的唯一标准，在改革中我们也要旗帜鲜明地坚持这一条。各条战线、各个部门、各个单位要利用当前时机，认真总结前一段的经验，对的就坚持，错的就改正，在正确总结经验的基础上，创造新鲜的经验，把改革继续推向前进。

对当前的物价问题怎么看*

（1985 年 10 月 19 日）

商品价格是由商品的价值决定的，价格是价值的货币表现形式。商品价值是由社会必要劳动时间所决定的。消耗的社会必要劳动时间多，价值就高，当然价格也就要高。供求关系也影响价格。供大于求，价格就要下跌，供不应求，价格就要上涨。价格对调节供求关系起着杠杆作用。我们要摆脱过去那种物价冻结或基本冻结的观点的束缚，适应有计划的商品经济的需要，树立新的价格观念。

物价问题〔1〕，是当前干部和群众议论较多、意见较大的一个问题。在形势和政策教育中，对物价问题需要有一个统一的正确的认识。怎样看待物价上涨，这要做些具体分析。

* 这是李长春同志在沈阳水泵厂座谈会上讲话的一部分，后发表在 1985 年 10 月 25 日的《沈阳日报》上。

一、正确认识价格与价值的关系，树立新的价格观念

商品价格是由商品的价值决定的，价格是价值的货币表现形式。商品价值是由社会必要劳动时间决定的。消耗的社会必要劳动时间多，价值就高，当然价格也就要高。比如，我们生产的优质产品，耗费的社会必要劳动时间多，它的价格就要比同类一般产品高。我们吃芸豆，5 月份的价格就要高于 7 月份的价格。为什么？因为 5 月份，北方气温低，要用暖窖和塑料大棚生产，社会必要劳动时间花费得多，所以价格就要比 7 月份大地生产的芸豆价格高。因此说，商品的价值是决定商品价格的一个重要因素。第二个因素是，供求关系对价格也有影响。供求关系发生矛盾，供大于求，价格就要下跌，供不应求，价格就要上涨。价格对调节供求关系起着杠杆作用。过去，国家对许多商品实行统购包销的办法，这在一定时期有它积极的作用。但是长此下去，一种商品多少年一个价，价值规律失去了作用，对发展生产、繁荣经济很不利。通过改革，把供销体制放开以后，有些商品在长期短缺情况下，自然要涨价。价格一上来，生产者得到了好处，有了生产的积极性，东西多了，价格自然也就下来了。这就是价值规律对生产和消费起的调节作用。我们许多同志，在长期物价冻结的情况下，形成了一种观念，总希望物价长期不动好，其实是一种不正常的情况。旧的观念需要打破，要树立新的价格观念。影响价格的第三个因素是，货币发行量的多少。如果货币发行量失去控制，必然造成货币持有量和商品可供量的失调，致使价格上涨，所以国家再三强调要控制消费基金增长的速度，要求企业发放的奖金一定要同经济效益挂钩。如果工资和奖金失去控制，

票子发行过多，钱“毛了”，就会带来物价上涨。所以，奖金发多了不一定是好事。影响价格的第四个因素是，国家在一定时期为保护某种资源或鼓励利用某种资源而采取的政策性措施，也会带来价格的变化。比如，我国木材资源较缺乏，木材生产周期又长，从树苗到成材需要很多年。为了保护资源，国家有意把木材价格提得高一些。受价值规律的制约，企业想出了许多以钢代木、以塑料代木等办法，这对国民经济的发展和国家的长远利益都有好处。同时，随着对外开放政策的贯彻落实，某些商品国内价格同国际价格相距太大的问题也需要做些调整，使国内价格同国际价格靠近一些。比如，能源、某些原材料和农副产品，我国现价比国际价格低得很多，不调整，会影响进一步对外开放。

弄清楚影响价格的各种因素之后，不难看出，过去我们许多商品的价格是不合理的，必须逐步地进行调整。价格不合理，主要表现在四个方面：一是不同产品之间比价不合理。一些商品的价格不反映商品的价值，也不反映供求关系，特别是矿产品、初级原材料的价格偏低，不利于商品生产的发展，不利于基础工业、加工工业提高经济效益。有些企业靠吃能源、原材料低价的“大锅饭”过日子，怎么能够提高管理水平、努力降低消耗呢？比例不合理，影响了整个社会生产结构、投资结构和消费结构的合理化，影响了国民经济的协调发展。二是同类产品的差价没有拉开，优质不优价，劣质不低价，严重影响了企业采用新技术、加强管理、提高产品质量的积极性，阻碍着技术进步和新产品的开发。三是主要农副产品长期由国家倒挂，结果农业越丰收，国家的补贴越多，这是经济生活中一种很不正常的现象。同时，也不利于农业产品结构的调整，限制了农业生产的发展。四是第三产业同第一、第二产业相比，价格偏低。因此，第三产业没有活力，长期发展缓慢，有的行业甚至日趋萎缩，难以生存。前一个时期，群众反映洗澡难、理发难。为什么难？因为长期以来收费偏低，而煤、电、水调价以后，浴池、理发的价格没有作相应调整，这样，浴池谁干谁赔钱，理发也挣不到太多的钱，所以就没有积极性。看来，要发展第三产业，也得按价值规律办事。因此，我们要摆脱过去那种将物价冻结或基本冻结的观点的束缚，适应有计划的商品经济的需要，树立新的价格观念。

二、物价上涨有三种情况，要进行实事求是的分析

有人说，除了邮票和废旧物收购的价格没有上涨以外，其他价格普遍上涨了。这是一种夸张的说法。其实，这些年，药品和日用消费品，如化纤织物等，都是一再降价的。但总的来说，价格上涨也是事实。物价上涨，大体有三种情况：

第一，国家为了理顺经济关系，对价格体系进行了必要的改革。我国多年形成的价格体系上不合理的现象，对于国民经济的协调发展和满足人民生活需要极为不利。一是影响经济效益提高；二是不利于经济体制改革；三是不利于实行对外开放。所以，价格体系改革〔2〕成了经济改革的关键。主动地改革不合理的价格体系，不是国家要在老百姓身上打什么主意，而是为了理顺各方面的经济关系，促进社会生产力的发展，更好地满足人民群众不断增长的物质文化生活的需要。价格体系改革采取的方针是：放调结合，小步前进。调整价格的方法有两种：一种是对价格严重背离价值的一部分商品，采取行政的办法进行调整，比如

学生用的笔记本价格上调、棉布价格上调、化纤布价格下调，都是这种情况。另一种是通过改变供销体制，采取放开的办法，如猪肉、蔬菜、水果、水产品等，实行议购议销，随行就市。这是符合“放则活、活则多、多则廉”的发展规律的。但是，无论哪一种情况，国家都考虑到了人民群众经济上、心理上的承受能力。有些商品，虽然价格偏低，生产部门赔钱，但没有提价，如肥皂，国家采取减免税和财政补贴的办法，保护生产，保证人民生活需要。有些商品提价后，国家相应采取了调整工资、物价补贴等措施，使人民生活在物价上涨的情况下能够稳步提高，而不至于下降。属于改革价格体系范围的价格调整，要看到它的积极因素，要坚持，不能动摇。

第二，从去年第四季度以来，国家宏观调控上出现一些问题，即基建规模过大，信贷失去平衡，消费资金增长过猛，外汇储备下降，带来部分商品价格上涨。比如，基本建设规模过大，投资过多，必然造成原材料和信贷资金紧张，出现“基建挤生产、生产挤生活”的情况。基建投资中的一部分，如工资、奖金转为消费基金，再加上消费基金本身失控，对市场的冲击很大，部分商品价格上涨。这是前进中的问题，不难解决。国家正积极采取相应的措施，加强宏观调控，缩小基建投资规模，严格信贷和消费资金的管理，目前已经开始见到效果。

第三，由于我们市里管理工作没有跟上，出现了一些乱涨价的情况。群众意见较大，主要是在这方面的问题比较多。党的十一届三中全会以来，经济体制改革由农村到城市逐步展开。过去，我们是单一产品经济的模式，现在是社会主义有计划的商品经济，这是一个很大的突破。在计划管理体制上，由单一的计划调节转变到以计划调节为主、市场调节为辅的轨道上来。经济成分，由单一的全民所有制转到以公有制为主体，实行国家、集体、个人一起上，出现了多种经济成分。这些改革，已经见到了明显的经济效果，大家都从改革中尝到了甜头，得到了实惠，这是谁都承认的。过去买难卖难，许多东西凭票定量供应，家里来个客人都犯愁，满街跑买不到可心的东西，现在大不一样了。但是，改革也带来了一些新情况和新问题。由于新旧经济体制都在起作用，两种市场、两种价格并存，我们的思想和工作都不完全适应，使有些人钻了管理工作跟不上的空子，搞欺行霸市，强买强卖，掺杂使假，哄抬物价，导致部分商品的价格上涨过猛，损害了人民群众的利益。这是我们工作上的问题。市政府已经采取了一些加强市场和物价管理的措施，比如取缔无证商贩，打击欺行霸市、掺杂使假的，处罚哄抬物价的，等等。最近，还根据蔬菜市场供求情况，为保护消费者利益，从9月21日起实行了最高限价。可以相信，正确运用经济、行政和法律手段，这些问题是会逐步得到解决的。

以上三种情况说明，对物价上涨要客观地分析，不能用简单的方法一概肯定或一概否定。不能只看到它的消极方面，还要看到它的积极因素。要从理论和实际的结合上弄清楚一些问题，不能人云亦云。

三、群众生活水平确实提高了，而不是下降了

价格与人民群众生活息息相关，大家关心物价的心情是可以理解的。那么，物价上涨以后，人民群众的生活到底怎么样？

这也需要作出实事求是的回答。

事实是，这几年，人民群众的生活水平确实提高了。

第一，城乡人民的收入普遍增加。从全国的情况看，1984年同1980年相比，工资总额增长了50%左右。其中，职工人均收入，去年比1980年增长了20%以上。沈阳市也是这样的情况。据抽样调查，今年全市居民人均收入可达706元，比1980年人均增加289元。近几年，人均收入平均每年增长11.1%。扣除物价上涨因素，城市居民收入平均每年增长了8.4%。农民的收入，由于原来的基数低，比城市职工增加的幅度更大一些。

第二，城市居民的消费结构发生了明显的变化。有相当多的居民的消费，由量的满足转变为对质的追求，开始从“温饱型”向“小康型”过渡。吃的，粗粮大大下降，细粮大大增加。粮店

1990年3月14日，李长春在沈阳市北行农贸市场考察时与顾客交谈。

售粮，细粮已占87%以上。肉食，1980年是凭票供应，有时还买不到，现在敞开供应，人们买肉都挑挑拣拣了。穿的，呢料、绸缎的销量成倍增长。用的，开始向高档化发展。照相机、电视机、洗衣机等高档日用工业品开始进入普通家庭。电视机，家庭拥有量已达到87%。家庭用电，现在全市一天比过去增加了80万度，从这一点也可以看出生活水平提高的程度。

第三，城乡人民生活条件逐步得到了改善。拿住房来说，多年欠账，住房相当紧张。1980年全市人均居住面积只有3.52平方米。经过几年时间，去年人均居住面积已提高到4.28平方米，今年人均可望达到4.5平方米。“六五”计划期间，全市仅住房的投资就达19亿多元，是新中国成立三十多年以来住房建设投资的1.5倍。城市共建设住宅845万平方米，相当于新中国成立三十多年总和的84.3%。全市已建成25个住宅小区，预计再用十年左右时间，城市现存的小破房就可以全部改造完成，前景是非常好的。全市使用煤气的居民户已达54%，1980年时只占30%。自来水、改造土路、电汽车等公用设施，都有新的增加，给人民生活带来了方便。

第四，城乡储蓄余额大幅度增加。全市现在已达到19.3亿元，比1980年增长了2.7倍。有人说，存款的都是“万元户”。不对，有“万元户”，那是极少数，多数还是居民群众。从房地产公司、汽车工业公司、电缆厂、无线电十二厂发行债券的情况就可以看出，很多人排大队买，有些人还托人“走后门”买，几天时间就抢购一空。哪有这么多“万元户”？

第五，就业人数增加，职工负担减轻。1980年的时候，全市有14万青年待业，从领导到群众都为孩子就业发愁，当时已经成为一种不安定的因素。这几年，随着生产的发展，就业门路广阔，全市已有50万青年就业，每年平均就业人数达十多万人。到去年，全市应该就业没有就业的只有两万多人了，而且这些人中有的是选择工种，有些是复习功课准备升学，真正没有找到工作的是少数。由于就业人数增加，全市职工平均赡养的人口，由过去的1.83人（包括职工本人）下降到1.2人。如果不去掉退休职工，一个职工（除掉自己）负担不到半个人的生活费。

总之，物价上涨是事实，但扣除物价上涨的因素之后，人民生活水平提高了也是事实。完全可以相信，随着改革的深入，国民经济将更加繁荣，人民群众的生活将进一步得到改善。问题的关键，是要推进改革，加强两个文明建设，把各项工作做得更好一些。

注　释

〔1〕物价问题，主要指20世纪80年代我国价格改革过程中出现的物价上涨等问题。20世纪70年代末，国家开始对已经实行30年之久的计划价格体系进行改革，逐步调整和放开了一部分农产品和工业品的价格。1984年10月，党的十二届三中全会通过的《中共中央关于经济体制改革的决定》指出："各项经济体制的改革，包括计划体制和工资制度的改革，它们的成效都在很大程度上取决于价格体系的改革。价格是最有效的调节手段，合理的价格是保证国民经济活而不乱的重要条件，价格体系的改革是整个经济体制改革成败的关键。"1985年6月，国务院批转国家物价局《关于价格改革出台情况及稳定物价措施的报告》，决定废除计划外生产资料价格

的控制，价格双轨制正式成为价格改革的基本政策。由于价格体系的结构性调整，社会总需求超过总供给，生产成本上升，货币发行过多，劳动者收入增加，价格管理体制不健全等因素，加上一些经济单位和个体经营者乱涨价，我国在80年代出现了物价持续上涨的严峻局面，给经济发展和人民生活造成较大影响。这些问题，在国家采取宏观调控、治理整顿等措施之后有所缓解。1992年，随着建立社会主义市场经济体制目标的确立，我国开始探索并逐步完善以市场形成价格为主的社会主义市场价格体制，进一步减少了政府指导价和政府定价的比重。到2008年，绝大部分商品和服务价格均已放开，以市场为主形成价格的机制基本建立。

〔2〕价格体系改革，价格体系是指价格的种类和各种差价、比价之间比例关系的总和。商品在交换过程中，形成不同种类的价格，以及不同种类商品的各种比价，同一商品的各种差价。不同种类的价格、差价、比价形成相互制约的价格关系，构成有机联系的价格体系。故价格体系又可划分为：计划价格体系和非计划价格体系；差价体系和比价体系。在计划经济体制下，我国价格体系不合理，主要表现在同类商品质量差价没拉开，不同商品比价不合理和主要农副产品购销价格倒挂。在经济体制改革过程中，国家逐步下放价格管理权力，积极理顺价格关系，到2008年，我国以市场为主形成价格的机制基本建立。

深化对改革发展客观规律的认识*

（1986年5月14日）

> 改革是在马克思主义基本原理的指导下，进行前人没有进行过的艰苦探索，既没有直接经验，又没有间接经验，不能幻想一下子搞出一个十全十美的方案，轻而易举地取得改革的成功，只能边实践、边认识、边总结，只能走一步、看一步、总结一步，在探索中前进。

改革的春天已经来到了。但有的同志，根据前两年改革出现的一些反复，担心这春天的后面是秋天，怕改革的春风不能常驻，有些信心不足。国外有些经济学家，也在密切注视我们改革的动向，也有的因为我们经常出现反复、曲折，质疑我们的改革能不能坚持到底。对此，我们应当有一个统一的认识，给予正确的回答。

应当看到，前两年我们的改革虽然出现过一些小的起伏，有过一些曲折和反复，但总的趋势还是前进的，是前进中的问题。

---

* 这是李长春同志在沈阳市经济体制改革工作会议上讲话的一部分。

出现这些情况，固然有一些主观上的因素，但总的看来，是由事物发展的客观规律决定的。世界上的一切事物，都有一个共同的发展规律，就是螺旋式上升、波浪式前进，改革也是如此，不会是直线式前进的。前一段改革的实践已经证明了这一点，今后的改革也还将按照这一规律发展下去。为什么是这样一个规律呢？有这样几个理由。

第一，改革具有长期性的特点。改革要破除长期沿用的自然经济、产品经济的旧模式，建立一个与发展社会主义有计划的商品经济相适应的新的经济体制。但是由于多种经济的和社会的原因，我国经济体制改革只能采取分步过渡的渐进方式，是一个长期新旧体制交替的过程，大体可分为三个阶段。第一阶段是改革的初期。这一时期，新体制的因素逐渐增强，但仍然处于弱势；原有体制开始松动，但依然居于主导地位。在城市，我们从集体经济改革开始，这个阶段大体上是从 1982 年到 1984 年；在农村，从出现专业户开始，1980 年至 1982 年大致是这个阶段。第二个阶段是相持阶段。随着改革广泛深入发展，这个阶段新旧体制此消彼长，进入一种均势状态，谁也发挥不了主导作用，两种体制并行，互相摩擦。第三阶段是新体制占主导地位的阶段。改革继续深入，在各个主要经济领域实现了根本性突破，新体制上升到优势地位或主导地位。只有在这个时候，我们才能说改革具有了不可逆转的性质。在新旧体制交替的三个阶段中，情况最复杂、难度最大的是第二阶段。当前，从经济体制改革的总体上看，我们正处于新旧体制交替的第二阶段。而农村改革的某些方面实际上已开始进入第三阶段，农户已成为基本的生产经营单位，获得了比较完全的独立性和自主权。在分配上，农村已彻底打破了

“大锅饭”，经营好的就多得，在城市还未解决这个问题。国家对农业的管理初步由统购、派购，规定播种面积、分钱分物等直接控制方式，变为主要运用价格、信贷杠杆实行间接控制。这表明，农村经济体制从微观基础到调控方式都已初步转上了新体制的轨道。当然，农村改革的很多方面还要继续完善、不断深化，但已开始迈入新旧体制转换的第三个阶段。城市改革相对滞后，作为基本生产经营单位的企业，活力虽有所增强，但距离一个真正的商品生产经营者的要求差得还很远，国家管理城市经济的方式还没有根本改变，管得过多、统得过死的局面还没有打破，原有体制的主导地位虽被动摇，但还在起作用，在新的调控机制与手段没有建立起来的情况下，不得不继续采用一些直接控制的办法，即双轨制[1]。这样做的结果，又强化了旧体制，因此我们还处于阵痛阶段。认识了新旧体制交替的规律，就可以使我们减少盲目性，增强自觉性。

第二，改革具有艰巨性和复杂性。邓小平同志多次强调，改革这样一场革命，不是要推翻哪个阶级，也不是要推翻现有的社会制度，而是社会主义制度的自我改造、自我完善、自我发展。从某种意义上说，改革就是要求我们自己革自己的命。这比起消灭剥削阶级、消灭剥削制度的革命要深刻得多、艰巨得多、复杂得多。改革不仅要对社会各方面的责、权、利关系进行重大调整，而且要改变人们相沿成习的某些思想观念、工作方式和生活方式；不仅要考虑不同层次、不同环节、不同方面的不同要求，而且要考虑各项改革措施的衔接配套；不仅要克服旧的经济模式的阻力，还要排除各种资产阶级思想和新的不正之风的干扰。这多种因素决定了改革是一项极其复杂的社会系统工程，改革的难度非常之大，不可能一帆风顺，出现大大小小的曲折和反复是难免的。

第三，改革具有渐进性的特点。改革是在马克思主义的基本原理指导下，进行前人没有进行过的艰苦探索，既没有直接经验，又没有间接经验，不能幻想一下子搞出一个十全十美的方案，轻而易举地取得改革的成功，只能边实践、边认识、边总结，只能走一步、看一步、总结一步，在探索中前进。同时，改革本身是全面的改革，由于经济生活十分复杂，内容极其丰富，新体制既不会一下子就建立起来，也不会一下子在各方面都十分完善，只能逐步建立、逐步完善；各项改革措施出台以后，也不可能在各个领域、各个环节上齐头并进，直线发展，只能区别不同情况、不同条件，一个环节一个环节地逐步推行。因此，在改革的过程中，一定范围的不协调、不同步、不配套是经常发生的。

由此不难看出，在改革的过程中出现这样那样的问题、矛盾、曲折甚至失误，都带有一定的必然性，对此，我们要有正确的认识。在今后改革过程中，还难免出现这样那样的问题，要有充分的思想准备。有了思想准备，就不至于因为出了某些问题而对改革的方向产生怀疑动摇，也不至于因为盲目乐观而在新的问题和困难面前手足无措。问题和曲折虽然在所难免，但并不等于说我们可以任其发展，也不等于说我们对出现的各种问题无能为力。问题、失误、反复终究不是我们所期望的，我们既要承认问题和失误难以避免，又要在工作中力求减少失误，特别是避免大的曲折和反复。为此，必须对改革热潮的涨落进行具体分析。从前段实践看，大体有三种情况。第一种情况是正常的，而且是必要的。例如，在去年改革迈出重要一步的基础上，今年中央提出了一个“八字方针”，即巩固、消化、补充、改善。按照这个方针，今年改革从整体上没有大的动作，似乎改革的热潮冷了一些、落了一些，但这种冷、落有利于为明后两年的改革迈出较大步伐做准备、打基础，预示着新的改革热潮的到来。所以说，中央的“八字方针”是积极的方针。第二种情况是不太妥当但又难以避免。例如，去年初针对经济生活中的某些失控现象，为加强宏观调控，国家有关部门采取了一些直接干预、行政命令的措施，也难免有些“一刀切”的做法。从改革的要求、从间接管理的要求来看，“一刀切”的做法是不妥的，而且的确带来了一些弊端，但从经济生活中出现的问题来看，作为一种应急措施，却又是必需的。因为新体制没有建立起来，为了纠正某一种倾向，必然还要依靠旧体制的办法来办。第三种情况是，有些曲折、反复不仅不应当发生，而且可以避免。例如，有些部门干预企业的机构设置、人员配备、内部分配，平调企业的税后留利等，挫伤了企业经营者的积极性，这就是很不应该的。市委市政府已经三令五申，有了很明确的规定，但有的部门就是不执行。当然，大多数还是认识问题，没有认识到这样做会给改革带来多大程度的消极影响，但客观上对市委市政府关于改革的决定起了反作用。这是有关部门、一些同志改革意识不强的表现，是主观因素造成的，是不应该发生的。我们总结过去的经验教训，就是为了坚持改革的方向，坚定改革的信心，在出现不可避免的问题和困难时不惊慌失措，同时力求避免各种失误。

注 释

〔1〕双轨制，即价格双轨制，指同一产品的计划内部分实行国家定价、计划外部分实行市场调节价格，是从计划经济体制向社会主义市场经济体制过渡时期的一种价格管理制度。1984 年 5 月，国务院颁布《关于进一步扩大国营工业企业自主权的暂行规定》，规定："工业生产资料属于企业自销的和完成国家计划后的超产部分，一般在不高于或低于百分之二十幅度内，企业有权自定价格，或由供需双方在规定幅度内协商定价。"1985 年 6 月，国务院批转国家物价局《关于价格改革出台情况及稳定物价措施的报告》，决定废除对计划外生产资料价格的控制，价格双轨制正式成为价格改革的基本政策。随后，工业品生产资料价格不断上涨，按市场销售的比重越来越大，品种越来越多，如钢铁、水泥等全面实行了价格双轨制。但同时，其消极作用也逐渐显现：有些企业为了多得利润，想方设法减少计划内产品，增加计划外产品，冲击了国家计划，导致市场秩序混乱。此外，还助长了以权谋私、行贿受贿、贪污腐化等消极腐败现象。1989 年 11 月，党的十三届五中全会《中共中央关于进一步治理整顿和深化改革的决定》指出，要"逐步解决生产资料价格'双轨制'问题"，"变'双轨'为'单轨'"，确立市场导向的新的价格改革思路。国务院从 1990 年开始统一煤炭价格，并逐步取消价格双轨制的商品品种，对于短期内难以取消价格双轨制的商品，适当提高计划价格，缩小两种价格的差距，到 2008 年除了电力等少数产品价格实行国家定价或国家指导价，其余生产资料价格先后放开，价格双轨制基本结束。

不断把改革引向深入*

（1986 年 5 月 14 日）

创造性工作，对于坚持改革至关重要，要求我们在工作中必须有胆有识、敢作敢为，只要是上符合党中央总目标、总政策的精神，下符合本地区、本单位的实际，就不要被旧的条条框框所束缚，要勇往直前。

回顾前一段我市改革所走过的道路，有三个需要正确处理的关系摆在我们的面前。要把改革引向深入，必须进一步正确认识和处理好这些关系。

一要正确处理宏观调控与微观搞活的关系。首先，在思想认识上必须明确，宏观调控与微观搞活是经济有机体在循环过程中的两个基本方面，两者是对立统一的。宏观调控是微观搞活的前提和运行轨道，微观搞活是宏观调控的目标和效果的体现。离开了宏观调控，微观搞活就会偏离正确的方向和轨道，就会出现一放就乱，企业的生产经营就要产生盲目性，整个经济就会陷于无

---

* 这是李长春同志在沈阳市经济体制改革工作会议上讲话的一部分。

政府状态。同样，离开了微观搞活，宏观调控也会偏离方向和失去目标，就会一管就死，使企业丧失生机和活力，整个经济处于低效和僵化状态。在整个经济体制改革过程中，宏观调控和微观搞活是两个重要方面。按照唯物辩证法的观点，矛盾的双方有主有次，决定矛盾性质的是矛盾的主要方面。从目前经济改革的情况看，矛盾的主要方面，仍然是微观如何搞活的问题，或者说是企业还活得不够。而且，这个矛盾的主要方面，恐怕在整个经济体制改革过程中都起作用。所以中央在关于经济体制改革的决定中讲，要把搞活企业作为城市经济体制改革的中心环节。从我市来讲，确有需要加强宏观管理的方面，如个体经营、市场管理等。但从总体上来看，活得不够仍然是主要矛盾，特别是社会主义公有制部分，大中型骨干企业这个微观没有搞活是主要矛盾。我们必须统一这个认识，继续把搞活企业作为城市经济体制改革的中心环节，用微观经济活力的增强与否来检验宏观调控的成效。认清了这一点，我们就要继续坚持解放思想，肃清“左”的流毒和旧的习惯势力的束缚，大胆冲破束缚生产力发展的旧框框，把微观搞活提高到一个新水平。要坚决地解决我们管得过多、统得过死的状况。这两年，在简政放权、搞活企业上，虽然很多部门特别是综合部门做了很大努力，但是按照企业真正搞活的标准来衡量，仍然差得很远。很多企业反映，对技术改造项目、基本建设项目的审批程序，大伤脑筋。办一个项目，手续没有半年到一年跑不下来。所以，我们现在说什么也得下决心冻结机构。增加一个机构，就是增加一个会议源、文件源、手续源、摊派源，实在受不了。还要下决心减少程序、简化手续，下放审批权，把一些直接审批变为间接监督。再有从企业的自我改造能力、自我发展能力看，经过财政体制改革以后，能力有了很大增强，但同发达国家的企业比，我们的企业自我改造、自我发展能力，仍然是很差的。所以我们要解放思想，大胆地给企业让利让税，前提是这些资金必须用于技术改造，不能搞消费，不能成为小集团的利益。

其次，为了正确处理宏观调控与微观搞活的关系，在实际工作中，要自觉坚持创造性地工作，这是关键所在。前不久，胡耀邦同志在视察太行山区的时候，特别对中青年干部提出了两个要求，一个是要创造性地工作，一个是要正确处理党内矛盾。我们认为，创造性工作，对于坚持改革至关重要。之所以要创造性地工作，这是因为，国家各部门根据中央精神制定出的各方面规定，是从全国情况出发的，是从全国各地的具体情况、个别情况中概括、抽象、升华而形成的新的认识。这在认识论上是完成了由个别到一般的过程，是认识的第一次飞跃。而我们贯彻执行这些政策，则是从一般到个别的过程，是认识能动地指导实践的过程，是认识的第二次飞跃。我们国家这么大，各地情况千差万别，中央文件不可能把所有的问题都规定得那么具体详细，对于全国各地的每个具体问题都有现成答案、现成办法，各部门的文件也不一定都符合所有地区的情况。这就需要我们结合本地的实际，创造性地贯彻落实中央的政策，把这些一般性的原则规定，化为解决本地问题的具体办法、具体措施，而不能满足于照抄照转上级的规定。应当指出，前一段我们有些混乱问题，就是少数部门照抄照转、当“收发室”造成的。所以市委提出，照抄照转，在思想上是懦夫懒汉的世界观，在工作上是不负责任的典型的官僚主义。

另外，人们的认识又是无止境的。各方面各部门制订的政策规定即使是正确的，也必须随着实践的发展而发展。对此，毛泽东同志在著名的《实践论》中有过精辟的概括，叫作实践——认识——再实践——再认识，循环往复，以至无穷。我们贯彻中央宏观调控和微观搞活政策的过程，也就是一个再实践、再认识的过程。而新鲜经验正是在再实践、再认识的过程中产生出来的。这就要求我们在工作中必须有胆有识、敢作敢为，只要是上符合党中央的总目标、总政策的精神，下符合本地区、本单位的实际，就不要被不符合形势发展需要的旧的条条框框所束缚，要勇往直前。要坚信，那些在一段时间、一定范围内曾经也许是正确而现在已不利于生产力发展的条条框框规定，迟早会被更新鲜的经验所代替。在这方面我们近几年来是深有体会的。例如，我市为解决浴池等服务业萎缩问题，采取了一些改革措施，对振兴这些行业确实有作用。但是国家有关部门下了文件要求我们停止，而另一个部门写成简报，胡耀邦同志看了以后作了批示：这是为民办了一件大好事。于是批转全国。那个曾经否定过我们的部门又正式下了文件，把我们的经验体现到国家的政策中去了。这件事很说明问题，我们有很多新生事物在发展初期是有阻力的，后期很多被省和国家有关部门纳入搞活的政策中去了。这就说明，认识是无止境的，很多新鲜经验，是通过基层有胆有识的同志创造出来以后，写进新的政策条文中去的。

创造性工作也是国家对试点城市的期望和要求。国家确立沈阳为经济体制综合改革试点城市，为我们大胆探索提供了有利条件。我们各方面的工作，都要真正拿出新鲜经验来，无愧于党中央和国务院对我们的期望。创造性工作的风险很大，有时需要上级当保护伞，保护改革，支持改革，但也要求每个同志大胆创新，不怕承担风险。只有上级当改革的保护伞、下级又能大胆创新，才能真正开展创造性工作。

二要正确处理改革、开放、搞活与纠正不正之风、打击经济犯罪的关系。经济改革、放开搞活与不正之风、经济犯罪没有必然的联系，而且经济改革是克服老的不正之风的重要途径。如多占房子的问题，通过逐步实行住房商品化，就可能解决多占房子的不正之风。当前在经济改革、新旧两种体制转换过程中，由于经济管理上存在一些漏洞和真空，给极少数人以可乘之机，又出现了大量新的不正之风，经济犯罪案件也大大增加了，这些都引起广大干部、群众的强烈不满，影响了他们的积极性，严重败坏了改革的声誉，影响了改革、开放、搞活的顺利进行。因此，保障改革和促进改革，必须要端正党风和打击经济犯罪。邓小平同志说，一手抓改革，一手抓法制。从实践中我们也感到，必须坚持两个两手抓，就是精神文明、物质文明两手抓，改革、开放、搞活和打击经济犯罪两手抓。这两个两手抓的目的，都是为了建设具有中国特色的社会主义，决不能把二者对立起来。每个共产党员都应该深刻地认识到，通过改革加速建设社会主义现代化强国，建设好我们的党，是新形势下两项非常艰巨的任务，缺一不可。没有一个好的党，就不可能建成社会主义。所以，在思想上，必须把这两者看成是建设具有中国特色的社会主义密不可分的两个重要方面。市委重申，改革、开放、搞活要坚定不移，端正党风、打击经济犯罪也要坚定不移。在这个问题上，各级党组织必须统一认识。

在解决思想认识的基础上，在实际工作中要坚持划清政策界限。最近，胡耀邦同志在端正党风工作座谈会上发表的重要讲话中，提出要正确处理党内两种矛盾，即工作上、认识上不同意见的矛盾，个人利益同党和人民利益的矛盾，这对加强党的建设具有重要指导意义。针对前一段遇到的问题，市委、市纪委都作出了一些具体规定。今后，在实践中还会遇到一些新情况新问题，这就要求我们不断研究这些新情况新问题。在实际工作中还要坚持不管做什么工作的，都要坚持两手抓。做经济工作的同志，也要抓党风，要在正确思想的指导下处理经济活动中的问题，准确把握政策规定的度。非经济工作部门的同志，也要投身改革，学习改革的理论和实践经验，学习市委市政府制定的改革、开放、搞活的政策规定，坚持把改革放在首位，保证改革、促进改革。为了正确认识和处理放开搞活与端正党风、打击经济犯罪的关系，还必须在检验工作的时候坚持两个成果一起抓。看一个单位工作如何，一是要看其是否开创了新局面，二是要看其是否按党性原则办事，两个方面不可偏废。

三要正确处理实行厂长（经理）负责制〔1〕与加强党的领导的关系。改革企业领导体制，实行厂长负责制，是城市经济体制改革的一项重要内容。我市从1984年5月开始，根据中央的要求先后分两批在233个企业中实行了厂长负责制。两年来的试点取得了显著效果，增强了企业的活力，提高了企业的素质和经济效益，推动了企业内部的配套改革。但是，前一个时期，对试行厂长负责制也出现了一些摇摆，对此，大家的议论较多，也比较关心。因此，有必要进一步统一思想认识。

一方面，应当看到，实行厂长负责制是企业领导体制的重大改革。中央关于经济体制改革的决定明确指出，增强企业活力主要应该解决好两个方面的关系问题，即确立国家和企业、企业和职工之间的正确关系。而企业领导体制问题恰恰是这两个关系的联结点，它既体现了国家和企业的关系，又体现了企业和职工的关系。因此，努力探索并建立一个具有中国特色的社会主义企业的领导制度，是关系整个经济体制改革的带有根本意义的重要课题。对厂长负责制问题，必须从整个经济体制改革出发来加以认识。

社会主义企业应当建立一种什么样的领导体制？这是三十多年来我国一直在不断探索的一个课题。在新中国成立初期，我们实行的是厂长管理委员会与职工代表会议制度。50年代初，我们学习苏联的经验，实行了一段“一长制”，搞了几年，很快被否定了，代之以党委领导下的厂长负责制。“文化大革命”期间还有个党委领导的“一元化”。经过几十年的实践，特别是党的十一届三中全会以后，随着经济体制改革的不断深入，党委领导下的厂长负责制越来越不适应社会主义商品经济发展和社会化大生产的要求，这种旧的企业领导体制的弊端越来越充分地暴露出来。其一，在社会化大生产的情况下，生产具有高度的连续性，技术要求严格，协作关系复杂，必须建立统一的、强有力的、高效率的生产指挥和经营管理系统。可是，由于实行党委领导下的厂长负责制，企业内部党政不分、以党代政、多头领导、责任不清，许多事情谁都说了算，谁都说了不算，生产经营指挥不灵，很难真正建立起统一的、强有力的、高效率的生产指挥和经营管理系统。其二，社会主义经济是有计划的商品经济，企业是社会主义商品的生产者和经营者，是相对独立的经济实体。日新月异的技术革命、瞬息万变的商品市场，要求企业对社会经济环境的变化迅速作出有效反应，在生产经营上及时作出科学决策，以保证企业目标的实现。但在党委领导下的厂长负责制，则难以达到这个要求。其三，随着国家一系列简政放权措施的落实，企业的所有权和经营权适当分开，企业成为自主经营、自负盈亏、具有一定权利和义务的经济法人，这就同过去把企业当成行政机关的附属物有了很大的不同。实际上，这是强化了企业对国家的责任，要求企业由法人代表来承担法律规定的企业的权利和义务，并对企业的经营成果和盈亏负责，而这又同党委领导下的厂长负责制的体制相矛盾。也就是说，党委领导下的厂长负责制形成的这些难以克服和避免的弊端，已经妨碍了社会化大生产和社会主义商品经济的发展。因此，实行厂长负责制是企业领导体制的重大改革，是经济体制改革中的重要步骤，我们要坚定不移地推行。

从另一方面看，实行厂长负责制，也有利于加强和改善党的领导。党的十一届三中全会以来，邓小平同志经常讲要加强和改善党的领导。那么社会主义企业，究竟怎样加强和改善党的领导呢？过去党委领导下的厂长负责制，除了前面讲过的三个弊端，还有一个弊端，就是企业党组织包揽了企业生产行政工作，使党组织陷于繁杂的行政事务之中。这样，企业的党组织就必然顾此失彼，造成党不管党的不正常现象，结果反而削弱了党的领导。因此，加强党的领导，很重要的一条就是要改善党的领导，在改善中加强。

要加强和改善企业中党的领导，首先要搞清什么叫党的领导。党章明确指出："党的领导主要是政治、思想和组织的领导。"所谓政治领导，就是党的路线、方针、政策的领导；所谓思想领导，就是做好党的宣传教育工作和思想政治工作，发挥思想政治工作的核心作用；所谓组织领导，主要是建立健全党的组织，并通过各级党组织的活动和党员的先锋模范作用，保证党的路线、方针、政策的贯彻执行。在企业里坚持党的领导，决不是让企业党委去包揽所有生产行政事务，一切都由党委讨论决定，更不是让党委书记去直接指挥生产经营。如果把企业党的领导等同于企业的行政工作和生产指挥，实质上是把党组织混同于一般的行政组织和生产组织，不仅不是加强党的领导，而且削弱了党的领导，不利于党在政治、思想、组织上的领导。

任何一个新的制度都有个发展和完善过程，厂长负责制作为一项新的改革尝试，试行的时间还比较短，实践中必然会遇到一些需要我们进一步去解决的问题。如厂长对生产经营的决策权和对行政中层干部任免权的运用，有必要在实际工作中建立起一套具体的程序和方法，从而促进厂长科学决策，端正厂长的用人行为。前不久，市委有关部门搞了一个企业党委加强政治领导和生产经营保证监督条例，尽管还不完善，但毕竟是一次有益的尝试。希望试点企业在实践中不断探索和总结，各方面也都要满腔热情地支持这项改革，使其不断完善，共同完成好企业领导体制改革。至于具体的程序，还需要在实践当中各自总结经验，因厂制宜，进行各方面的探索。市委有关部门也准备在总结经验的基础上，逐步使其规范化。

注　释

〔1〕厂长（经理）负责制，是20世纪80年代党中央在国有企业领导体制改革中作出的重要决定。1984年10月，党的十二届三中全会通过的《中共

中央关于经济体制改革的决定》指出:“过去国家对企业管得太多太死的一个重要原因,就是把全民所有同国家机构直接经营企业混为一谈。根据马克思主义的理论和社会主义的实践,所有权同经营权是可以适当分开的。”“要使企业真正成为相对独立的经济实体,成为自主经营、自负盈亏的社会主义商品生产者和经营者”,“必须建立统一的、强有力的、高效率的生产指挥和经营管理系统”,“只有实行厂长(经理)负责制,才能适应这种要求”。1984年,在国家统一部署下,沈阳等城市开始试点厂长(经理)负责制,进而在全国推行。1988年4月,七届全国人大一次会议通过的《中华人民共和国全民所有制工业企业法》第七条明确规定:“企业实行厂长(经理)负责制。”厂长(经理)负责制突出了厂长(经理)在企业中的中心地位,被赋予在国家委托下全权负责企业的生产指挥、经营管理、干部任免等重大事项的权力,克服了旧的企业领导体制党政不分、以党代政、以党代企、党不管党的弊端,明确了党委和厂长的各自分工,大大加强了党委在思想政治和方针政策方面的领导,加强了厂长对生产经营和行政工作的果断决策与统一指挥。

一切观念和做法都必须适应社会主义商品经济*

（1986年10月27日）

要从理论和实践上深入研究和探索社会主义商品经济的内在规律和发展途径，重视价值规律的作用、市场调节的作用、经济杠杆的作用，增强价值观念、市场观念、竞争观念、信息观念、时效观念、人才观念和全方位对外开放的观念。

按照我国社会主义现代化建设的总体布局，结合我们的实际情况，加强省直机关的精神文明建设，促进全省城乡的改革，必须进一步清除“左”的思想影响和旧的传统观念，形成与社会主义商品经济相适应的思想观念、工作制度和工作作风。为此，需要实现五个转变。

第一，要由小生产和产品经济的旧观念转到商品经济观念上来。要打破把计划经济同商品经济对立起来的传统观念，深刻认识社会主义经济是公有制基础上的有计划的商品经济。发展商品

* 这是李长春同志在辽宁省省直机关经济体制改革务虚会上讲话的一部分。

经济，是社会经济发展不可逾越的阶段，是实现社会主义现代化的必要条件。要从理论和实践上深入研究和探索社会主义商品经济的内在规律和发展途径，重视价值规律的作用、市场调节的作用、经济杠杆的作用，增强价值观念、市场观念、竞争观念、信息观念、时效观念、人才观念和全方位对外开放的观念。

第二，要由唯书、唯上转到一切从实际出发，创造性地工作上来。实现这个转变必须处理好几个关系。一是处理好贯彻中央的总方针、总政策同执行各有关方面具体政策规定的关系。中央的总方针、总政策是各行各业、各项工作的行动指南，具有普遍的指导意义，各级各部门的各项具体政策规定是总方针、总政策在某个方面、某项工作上的具体化，二者总体上是一致的。在贯彻执行具体政策时，必须紧密结合各地的具体实际情况去创造性地贯彻落实。只有这样才能把中央的总方针、总政策落到实处，才是真正同中央保持一致。照抄照转、机械地执行有关部门尚待修订的具体条条、规定，绝不是同中央保持一致，而是教条主义。二是处理好一般和个别的关系。上级的具体政策的制订，是经过大量调查研究对实践进行科学抽象，由个别到一般的过程；我们执行上级的具体政策则是由一般到个别的过程，也就是认识能动地指导实践的过程。实践是检验真理的唯一标准。只有通过能动的实践才能有效地检验认识并使认识升华，创造新鲜经验，指导新的实践，进一步完善上级的具体规定。这样不断循环往复，使我们的认识不断深化，推动实践不断前进。三是处理好执行和创新的关系。再好的方针、政策也不能包罗万象、一成不变，因为客观事物是复杂的、不断发展变化的。我们在执行党的方针、政策过程中总要遇到新情况新问题，研究新情况解决新问题就是创新，只有创新才能使党的方针、政策真正落到实处。所以，我们一定要在与中央的总方针、总政策保持高度一致的前提下坚持一切从实际出发的原则，创造性地工作。

第三，要由高度集权转到分级分权管理上来。要坚决改变过去那种统得过多、管得过死，使企业成为行政机构的附属物的状态。市县和企业能解决的问题，省里就不要管；企业能解决的问题，政府就不要管。要政企分开、简政放权，使企业真正成为相对独立的经济实体，成为自主经营、自负盈亏的社会主义商品生产者和经营者。

第四，要由直接管理为主转到间接管理为主上来。我们必须树立新的职能观，学会运用经济的、行政的、法律的手段进行间接管理。要以经济手段为主，搞好宏观经济调控；综合运用价格、税收、利润、信贷、工资等经济杠杆，来影响和调节企业的经济活动，促进社会主义商品经济的发展；运用法律和监督手段，保证各种经济活动沿着健康的轨道运行。这就要求我们由主要抓“硬件”转为主要抓“软件”，改革过去那种把主要精力放在定指标、批项目、分资金、分物资上面的做法，逐步转到主要搞好统筹规划、掌握政策、组织协调、监督服务上来。

第五，方方面面的工作都要由单纯的“管”转到参与改革、保护改革、服务改革上来。改革不仅需要宽松的经济环境，而且需要良好的社会环境，这就要求我们方方面面的工作都必须从单纯的“管”转到寓管理于服务之中。特别是经济监督、纪律检查和公检法等部门，在改革不断深入、新旧体制经常发生摩擦的新形势下，要准确执行政策和法律、正确解决遇到的新问题，就必须转变思想观念，投身改革、支持改革。

解放思想，更新观念，始终不渝坚持改革开放*

（1988 年 5 月 23 日）

改革开放是一个庞大的系统工程，受经济、社会等多方面因素的制约，要建立一个与发展社会主义有计划的商品经济相适应的经济体制，不可能一步到位，只能采取分步过渡的渐进方式，这就决定了改革中必然会出现一个长期的新旧体制交替的过程。同时，改革又是社会主义制度的自我改进、自我完善、自我发展的过程，它不仅是各方面责权利关系的调整，而且要更新人们相沿成习的某些思想观念、工作方式和生活方式；不仅要考虑不同层次、不同环节、不同方面的不同要求，而且要研究各项改革措施的衔接配套；不仅要克服旧的经济管理模式的阻力，还要排除各种资产阶级腐朽思想和不正之风的干扰。这诸多因素就决定了改革的长期性、艰巨性、复杂性和渐进性。

* 这是李长春同志在辽宁省省直机关以生产力为标准解放思想务虚会上讲话的一部分。

现在，东南沿海一些地区经济发展很快，我省同这些商品经济发达地区相比有明显的差距，主要有：

第一，思想观念上的差距。由于长时间受产品经济和小农经济的影响，我们的商品经济观念差。这是从各级领导到广大群众普遍存在的差距。党的十一届三中全会以后，我们同江苏、广东、山东等沿海各省同时面临着发展有计划商品经济的挑战。但是，由于思想解放的程度不同，经济体制的传统不同，接受挑战和捕捉机遇的能力不同，其经济发展的结果也大不一样。1978年，我们和江苏省的工农业总产值分别为400亿元和402亿元，基本站在同一起跑线上，到1987年我们达到993亿元，人家实现1754亿元，超过我们761亿元；山东省由比我们少39.3亿元，变为超过我们198.8亿元；广东省由比我们少135.9亿元，追至仅少8.8亿元。这个时期的经济发展速度，我们年平均增长9%，江苏为15.3%，广东为13.3%，山东为11.3%。这里虽然有一些不可比的因素，但我们的发展速度不如人家是事实。为什么会这样呢？如果讲客观条件，不论原有的工业基础、资源状况，还是技术力量，我们都不比江苏、广东、山东等省份差。差就差在我们的商品经济观念、参与市场竞争的意识没有人家强。在由产品经济转向有计划商品经济的过程中，人家的思想观念很快就适应了商品经济的要求，及时抓住机遇，并集中精力研究和解决发展商品经济中出现的新情况新问题。而我们的思想却被“左”的和旧的观念束缚，对有利于发展商品经济的政策措施往往心存疑虑，把“一大二公”、统购包销、政企不分、指令性计划、统收统支等自觉不自觉地当成社会主义的本质属性，对这些老的体制老的做法习以为常，改革步伐不快。广东经济发展这么快，原始积累是怎么实现的呢？除了国家给予他们很宽的财政政策外，敢于借外债，也是一个重要手段。而我们是兜里有多少钱办多少事，虽然也利用一点外资，但主要是一些政府贷款。而广东利用驻外机构进行反投资，仅在香港搞起的这类公司据说就有 200 多个。我们在这方面没有打开局面，主要是有些同志对开拓市场，引入竞争机制，发展多种经济成分，实行政企分开、两权分离，推行承包制、租赁制、股份制、转让制、破产制等发展商品经济和社会化大生产必须遵循的规律性的东西，总认为是资本主义的专利品，尽管有一些是我们省首先实行的，但由于有思想阻力，推广很慢。这反映了我们的商品经济观念不强，对发展商品经济中出现的一些新情况新问题，经常是不认识、不理解，对有些问题看得过重或看得不准，因而处理不当，反过来，又影响干部群众商品经济意识的增强。由于思想不够解放，虽然在主观上想加速发展商品经济，但客观上往往软弱无力，不能冲破产品经济观念的束缚，有时左顾右盼，走走停停；有时对改革措施的主导作用认识不足，而对可能出现的副作用比较担心。

思想观念上的差距另一个表现是，不善于用好用活用足国家规定的政策，更缺乏勇担风险、大胆探索、开拓创新的精神，唯书、唯上的思维方式还比较普遍。广东的同志讲，他们在执行上级的政策时，首先研究什么不许干，除了不许干的都可以干；说我们在执行政策时，首先研究什么允许干，除了允许干的之外都不许干。我觉得人家讲的还是有道理的，我们往往遇事翻“本本”、抠条文，凡是“本本”上没有的都不准干，如果干了就认为违反政策。在执行政策上，广东善于把现有的政策用足，在有些问题上敢于创新。我们缺乏胆识，想了不敢干，干了又不敢坚持。这种状况如不改变，全省的改革开放就无法深入。

思想观念上的差距还有一个重要表现，就是我们的改革开放意识没有人家强，自觉不自觉地习惯于旧体制、老办法，特别是出了问题的时候，容易走回头路。而广东在改革开放中出现什么问题就解决什么问题，不管刮什么风也不犹豫、不动摇。就是出现了些失误或消极现象，也是首先分清主流和支流，保护有利于生产力发展的主流，采取措施解决支流问题。如在处理走私问题上，他们提出“一手抓开放，一手抓缉私”，结果开放的步子更大了，走私也被压下去了；在处理精神污染问题上也是如此，他们提出“排污不排外”，划清了界限，开放发展了，也比较好地解决了精神污染问题。在改革开放中，人家认识统一、步调一

1988 年 10 月 19 日，李长春在辽宁省市委书记、市长座谈会上讲话。前右一为辽宁省委书记全树仁，前右三为辽宁省委副书记兼沈阳市委书记李泽民。

致，各部门心往一处想、劲往一处使，只要有利于经济发展，各部门就相互支持、决不掣肘，一往无前、坚持到底。这正是我们需要向人家学习的。

第二，管理体制上的差距。在我们这里，产品经济的僵化体制渗入各个领域、各个角落，成为投资环境不好的重要原因，也是搞活经济的桎梏。近年来，我们在改革僵化的管理体制上做了一些工作，特别是在微观经济、搞活企业上进行了不少改革，也取得一定成绩，但是在宏观上，省市的经济管理体制还没有大动。在上级机关和企业的关系上，政企不分、企业是机关附属物的状况没有根本改变。企业还没有完全成为相对独立的商品生产经营者，机构设置仍不是商品生产经营者的样子。党政机关插手企业的机构设置，使上边的机构一直延伸到企业，同样规模的企业，广东那里内部机构仅是我们的三分之一到二分之一。我们还习惯用检查评比表彰，由行政部门评价企业的老办法，各部门在评比条件上"坐车"，把企业紧紧拴在旧体制的框架上，围着上级机关转。有些企业奖状、锦旗、牌匾"誉满全厂"，就是经济效益上不去，就是不能出口创汇。究竟用什么标准评价企业，值得省直机关部门深思，重新认识我们的工作价值。对检查评比虽不能一概否定，但必须大幅度减少。人家广东、江苏就不是这样，而是把企业推向市场，在市场竞争中论高低，由用户去评价。还有乱摊派、街道检查卫生，企业对此意见很大。

在计划与市场的关系上，长期受计划就是法律这一僵化观念的影响，排斥市场经济。1978 年时南方某省的棉纺工业和我们的规模差不多，人家面向市场、根据需要上项目，棉纺工业迅速发展，而我们严格实行计划管理，上级计划多少干多少，现在人家的棉纺锭已超过我们两倍多。计划方法本身是产品经济、封闭观念的综合平衡，很多事情自己捆住了自己的手脚。我省城市人均住宅排在全国倒数第二位，原因之一是我们僵化地进行限制，结果职工住宅上不去；而南方则能区别对待，灵活变通，解决得比较好。还有计划定点、僵化的指标管理、项目审批程序等，都必须进行反思，搞好改革。我们的市场发育很不健全，金融市场仍然存在垄断，没有形成运用国内国外两种资金的局面。有的厂长说，在我们辽宁是信贷员领导下的厂长负责制，而在深圳，银行之间已经打破了分工界限，各银行主动为企业服务，出现了激烈竞争的局面。我省建筑市场发育也很不完善，投标招标制度没有真正建立起来，建设项目工期长、造价高、卡用户的现象比较突出。总之，我们不能把僵化体制的桎梏作用估计轻了，它像一张无形的网深入社会生活的各个角落，捆住了企业的手脚，外商意见很大。我们许多部门也确实在努力工作，但很多事情是自觉不自觉在强化旧体制，这正是我们的悲剧所在。

机构臃肿、办事效率低，也是旧体制一个突出问题。企业要上一个项目非常困难，要盖一百多个公章，得花一两年时间。广东就不这样，实行政企分开，该企业办的事，政府就不插手，可行性研究就是企业的责任，不用政府部门批准，有的市提出审批项目不过夜，除大型项目外，普遍是当年立项、当年签约、当年建厂、当年投产。出国出境审批也适应对外开放要求，到香港去考察很容易，除了国家批准的渠道以外，还有旅游、探亲、继承财产、国外邀请等渠道，非常灵活。而我们这里要困难很多，基层对此反映很强烈，有些批评既尖锐又形象，说省直机关的办事效率是以“太极拳”的节奏对待“迪斯科”的旋律。外商讲，辽宁的物质条件很有吸引力，就是服务差。

我们在简政放权上尽管有所改进，但全省仍没形成一个合理的权力结构，特别是在事权与财权结合、更好地发挥市县的作用方面，我们仍然存在着定小事、分小钱的现象。上边“统管卡”，下边“等靠要”，是对我们管理体制的真实写照。全省45个县就有38个需要财政补贴，这是长期集中管理、统收统支的结果，也是产生官僚主义、不正之风的重要原因。总之，僵化的管理体制严重地束缚了生产力的发展，我们必须痛下决心进行改革。

第三，物质条件上的差距。我省是国家“一五”时期建设起来的老工业基地，本应具有较雄厚的物质条件，但由于多种原因，特别是传统体制的影响，如统收统支的财政体制，使我们上缴利润任务重，企业改造严重欠账，自我发展、自我积累能力很弱，企业留利水平很低，1986年全省工业企业人均留利791元，仅是北京、上海的二分之一；技术改造任务很重，但改造投资却增长缓慢，1981年到1986年我省的技术改造投资增长1.4倍，而同期江苏和广东却分别增长3.3倍和4.6倍。再如我省担负国家的指令性计划任务重，相当一部分大中型企业的指令性计划仍然占90%以上，国家能保证的原辅材料仅占40%至50%，其余要靠市场调剂，即通过市场组织议价的原材料、生产的产品由国家按计划价格调出，仅此一项，1986年匡算就影响企业获利30多亿元。由于企业留利水平低、技术改造投资增长缓慢，致使长期制约国民经济发展的能源严重不足、部分原材料短缺、通信设施落后等问题没有根本性的改变，城市基础设施和人民生活欠账也很突出。

这些物质条件上的差距，有体制上的原因，也有我们工作上的问题。国家对辽宁主要实行计划体制，也是支撑全国双轨制改革的需要，我们在积极争取国家对我们松绑的同时，也要顾全大局，努力自找工作上的差距。如在利用外资上还没有打开局面，合资企业仅 212 个，占全国的 2%，广东省已有 4000 多个；在发展金融市场特别是发展横向资金融通和联合上，我们的步子迈得不大。目前国家有困难，我们要顾全大局，只能靠深入开展“双增双节”[1]挖掘潜力，在完成财政上缴任务的基础上逐步增加积累，克服这一劣势。

这三个方面的差距，核心还是思想观念上的差距。只有解放思想才能加速改革，冲破旧体制的束缚；只有坚持改革、深化改革，才能改善物质条件。思想观念上的差距，“左”的和旧的观念影响，不仅有深厚的社会根源，也有认识上和体制上的根源。

既然思想观念上的差距有其深厚的社会根源、认识根源和经济体制上的根源，那么，受这种思想观念影响的人就决非少数。作为一种思想倾向、社会意识和心理习惯，不可能只是哪一部分人有，哪一部分人没有。我们省委省政府的领导同志和大家生活在同样的社会环境中，大多数同志又在旧体制下工作过多年或受过多年旧体制的教育，思想上无疑也受到“左”的和旧的影响。全省改革开放中存在的一些问题，主要是我们的思想不够解放。最近，省委常委们坐下来开了两天民主生活会，进一步找了思想上作风上的差距。例如，在贯彻中央的总路线、总方针、总政策中，当我们的实际情况与上级部门的某些具体规定不完全一致时，往往举棋不定，缺乏实事求是、灵活变通、大胆创新精神；在部门的意见和看法不太一致时，我们议多于决，缺乏果断拍板的胆识和勇气；对新旧体制转换中出现的矛盾和问题，不善于用

1986 年 11 月 4 日，李长春在本溪钢铁公司连轧厂考察。左一为公司党委书记董九洲。

改革精神去权衡利弊，有时出现摇摆；我们还没有把转变各级干部的指导思想同突破业务环节的僵化管理模式紧密结合起来，转变工作抓得不实；对省直机关自身建设中的一些问题，我们重视不够，解决问题的决心不大、魄力不足，特别是在机关干部制度改革上疑虑多，没有找出一种使“太平官”坐不住的机制，还存在一定的论资排辈、看政绩不够的问题。这些都不同程度地影响全省改革开放的进程。我们愿意接受省直机关同志们的批评和监督，和大家一起解决思想观念上的差距，进一步解放思想、更新观念，跟上时代发展的步伐。

当前，我们面临着任务艰巨、困难不少、差距很大的严峻形势，但是有利条件也不少。一是机遇好。中央决定辽东半岛开放，为我们振兴辽宁经济创造了非常有利的条件，这是对我们的信赖和期望。二是中央已决定我省实行财政包干，为我们实行更灵活的政策奠定了基础。三是我们有十年来改革开放的基础，正反两方面的经验使我们增长了才干。四是广大干部群众通过学习党的十三大报告和中央关于发展沿海地区经济战略，落实省委省政府年初以来关于辽东半岛对外开放的一系列部署，思想越来越活跃，改革开放意识增强，而且措施也比较具体有力，在很多方面已经有了一个好的开端。在新形势下，只要我们解放思想，更新观念，坚持改革开放，就大有希望。

第一，解放思想，就要确立以生产力为根本标准的思维方式。生产力决定生产关系，生产关系一定要适应生产力的发展，生产力是一切社会发展的最终决定力量，这是马克思主义最基本的原理。党的十三大进一步重申和发展了生产力根本标准的观点，完整系统地提出了社会主义初级阶段的基本理论。因此，解放思想的核心就是牢固地树立以生产力为根本标准的新的思维方式。坚持以经济建设为中心，把方方面面的工作转移到以经济建设为中心的轨道上来；坚持用生产力标准作为考虑一切问题的出发点和落脚点，作为检验一切工作和判断是非的根本标准，作为衡量改革和开放成效的基本依据；坚持把生产力这一根本标准和各个方面的具体工作标准统一起来，各方面工作的具体标准要服从于根本标准。对待条条的批评表扬也要用生产力标准来衡量，凡是适应和促进生产力发展的，都是社会主义需要的、允许的，我们都要肯定，要坚持；凡是阻碍和破坏生产力发展的，都是社会主义不允许的，要坚决冲破，坚决革除。生产力最活跃的因素是人，提高人的素质，也是生产力标准的重要组成部分，因此要把党的建设、精神文明建设和生产力标准统一起来。

第二，解放思想，就要正确理解坚持社会主义道路同坚持改革开放总方针的关系。目前，我们许多同志对党的十一届三中全会以来的路线概括为“一个中心、两个基本点”是理解的，执行也是坚定的。但对两个基本点之间关系的认识还有些模糊，一个比较突出的表现是，对社会主义发展有计划的商品经济有时认识不清，以为发展商品经济就是发展资本主义，把商品经济看成是社会主义异己物，与资本主义等同起来。在人类历史发展中，原始社会、奴隶社会、封建社会、资本主义社会、社会主义社会等社会形态，自然经济、商品经济、产品经济等经济形态，是两个根本不同的范畴，都是按各自规律发展的，有时交叉，有时并行。由于历史上商品经济的充分发展与资本主义的充分发展基本上是并行的，所以有的同志把资本主义同商品经济混为一谈。要么认为发展商品经济就是发展资本主义，要么认为我国既然可以逾越资本主义充分发展阶段进入社会主义，也就可以逾越商品经济的充分发展阶段。在世界历史发展中，跳越一个或几个社会发展阶段的民族是不乏其例的。我国虽然已经跳越了资本主义的充分发展阶段，但却不能跳越商品经济发展阶段。这是我们破除以指令性计划为主要特征的产品经济，发展有计划商品经济的根本依据。人类在发展商品经济过程中共同创造的科学技术，以及与生产力发展水平相适应的组织形式、经营方式、管理手段，包括所有权与经营权相分离，承包、租赁、破产、股份制、企业兼并等改革措施；运用信贷、税收、价格、工资等各种经济杠杆，运用市场机制，完善和发展生产要素市场等，都不是资本主义所特有的现象，而是同商品经济相伴而生的，我们都应加以吸收和借鉴，为发展有计划的商品经济服务。这里不存在姓“资”和姓“社”的问题，在发展商品经济中，我们要从姓“资”还是姓

“社”的思维方式中解放出来，代之以生产力标准的思维方式，只要坚持社会主义公有制为主体，坚持按劳分配为主的原则，我国就不会出现资本主义。可见，坚持改革开放，发展有计划的商品经济同坚持社会主义道路是一致的、缺一不可的。坚持社会主义就必须大力发展有计划的商品经济，只有不断地发展商品经济，社会主义制度才能更加巩固，社会主义优越性才能得到充分发挥。

第三，解放思想，就要大胆探索、创造性地工作。创造性地工作是思想解放的最突出表现，尤其在改革开放的新形势下，更需要提倡创造性的工作精神。大家都知道，改革是在马克思主义基本原理指导下进行的前无古人的艰苦探索，既没有直接的经验可吸取，又无现成做法可套用，只能是在实践中边认识、边总结，在探索中前进。特别是在新旧体制交替阶段，新体制以及与此相适应的政策措施、规章制度尚不完善，仍然难以发挥主导作用的状态下，更需要创造性地工作。既不能把书本上的个别论断作为束缚自己手脚的教条，也不能把实践中已见成效的东西看成完美无缺的模式，必须坚持生活、实践第一的观点，大胆探索和开拓。如果在改革开放的新形势下，我们依然以旧体制下形成的束缚生产力发展的规定条款作为检查和衡量工作的依据，不敢越雷池一步，新的经济管理体制就不可能上升到优势地位，还会有回到旧体制的危险。前不久中央决定，凡是影响沿海经济发展战略〔2〕的规定都要进行清理，我们作为基层，更应该大胆进行探索。

坚持创造性地工作，还要树立新的人才观，敢于起用那些有创造性工作精神的人。仅仅能够原原本本、不折不扣贯彻上级规定的干部，是好干部，但不能说是创造性工作的人才。敢于突破旧的条条框框，创造性地贯彻上级政策措施，提出新的观点、政策、办法，并被生产力标准检验是正确的干部，才能称之为开创型人才。如果把领导干部的主要职责概括为一是出主意，二是用干部的话，那么，按照改革开放精神应赋予它新的含义，就是能出创造性贯彻上级方针政策的主意，用那些具有改革开放意识、开拓创新精神的干部，这是开创辽宁工作新局面的关键所在。

第四，解放思想，就要正确认识和对待在改革开放中出现的新情况新问题。改革开放是一个庞大的系统工程，受经济、社会等多方面因素的制约，要建立一个与发展社会主义有计划的商品经济相适应的经济体制，不可能一步到位，只能采取分步过渡的

1988 年 8 月 5 日，李长春与辽宁省委书记全树仁（左五）在绥中县调研。左二为绥中县委书记王东明。

渐进方式，这就决定了改革中必然会出现一个长期的新旧体制交替的过程。同时，改革又是社会主义制度的自我改进、自我完善、自我发展的过程，它不仅是各方面责权利关系的调整，而且要更新人们相沿成习的某些思想观念、工作方式和生活方式；不仅要考虑不同层次、不同环节、不同方面的不同要求，而且要研究各项改革措施的衔接配套；不仅要克服旧的经济管理模式的阻力，还要排除各种资产阶级腐朽思想和不正之风的干扰。这诸多因素就决定了改革的长期性、艰巨性、复杂性和渐进性，因此，一定范围的不协调、不同步、不配套是会经常发生的。我们不能苛求所有的改革措施都完美无缺，也不能苛求每项改革都能收到立竿见影的效果，有些改革效应要经过较长时间才能充分反映出来。我们一定要注意分清改革的主流与支流、本质与非本质的界限，对改革中出现的一些消极现象，一定要做具体分析、采取正确的对策。改革是我国历史发展中出现的特殊新生事物，尤其是在新旧体制交替中，出现这样或那样的问题甚至失误是难免的，也是不难克服的。有些问题是伴随改革开放必然出现的，只能用改革的办法解决改革中的问题；有些问题是暂时的，随着改革开放的不断深入会逐步地解决。我们不能因为在改革中出现某些消极现象就对改革失掉信心，更不能被非本质、非主流的问题动摇改革的方向，再走回头路。对那些一时看不准、争议较大，又难以统一的问题，不要轻易下结论，可以先试点，善于用生产力的标准去观察、去分析、去引导，特别在经济领域，对一些搞活经济的探索，不要轻易地以僵化体制下形成的规定为依据来处理。我们不能再走“一放就活，一活就乱，一乱就管，一管就死”的老路，要逐步走出一条“放就活，活可能乱，乱就理，理后再活”的新路。对省委省政府提出的目前正在实行的改革开放的政策措施要坚持不懈、坚定不移、坚决贯彻，绝不准动摇，非抓出成效不可。省委分析了全省的形势，认为形势很好，出现些问题不要大惊小怪。现在还要进一步重申，允许在改革开放中由于经验不足出现错误，但绝不允许以任何借口不改革开放。

要正确对待改革中出现的权力和利益关系的调整。从某种意义上说，改革能否获得成功，在很大程度上取决于各种利益关系的调整是否恰当，能否把各个方面的积极性调动起来。改革从根本上讲，是发展社会生产力，进一步改善人民的生活。但我们不能期望每一项具体改革措施，都会给每个人带来直接、均等的利益和好处，在一定时期和一定条件下，一部分人还要做出牺牲。我们应当承认，随着改革的深入和各方面利益的调整，机关干部的收入水平与其他方面相比是低了一些，但我们决不能因眼前的利益而丢掉了清廉的工作作风，更不能因此而影响工作的积极性。经济要发展，党政机关要清廉，是我们机关干部必须遵守的重要准则。对省直机关部门来说，也有一个如何正确认识利益和权力调整的问题。我们不能用个人和部门的利益得失去衡量改革的成功与否，更不能因改革触及自身利益和权力而阻碍改革。形势要求我们继续下放权力，个人收入也不可能大幅度增加，我们要正确认识和处理当前利益与长远利益、局部利益与整体利益的关系，自觉地服从服务于整体的、长远的利益。只要有利于搞活企业、有利于调动基层积极性、有利于促进生产发展，我们就应该积极支持，鼓励企业和基层大胆探索。

第五，解放思想，就要有争创一流工作的精神状态。商品经济的属性特点，决定了直接或间接从事商品经济活动的人员必须具有强烈的竞争意识，不断克服和铲除小生产的安于现状、无所作为的懦夫懒汉世界观。当前要特别注意防止和破除埋怨情绪、消极畏难情绪、盲目骄傲情绪，树立与商品经济观念相适应的精神状态。很多经验告诉我们，搞好改革开放，没有高度的革命事业心，没有强烈的责任感、紧迫感、使命感是根本不行的。我们一些地区和部门改革开放成效之所以不明显，要么因为观念陈旧不敢起步，要么因为魄力不足半途而废，也有一些是由于作风慢慢腾腾、四平八稳而耽误了时间。因此，建设充满生机和活力的社会主义新体制，不仅需要有一个现代的思想观念，同样需要有一个面对困难不气馁，遇到风险不却步，积极进取、拼搏向上、执着追求、坚韧不拔的精神风貌。对那些看得准的问题，千万不能优柔寡断，要说干就干，一抓到底。只要动机是好的，符合生产力标准，效果也好，我们就应予以表扬，视为政绩；对动机是好的，效果不理想，甚至出了毛病，要坚持具体问题具体分析，各级领导干部要多为这种情况当保护伞。当然，对于动机是不好的，效果也是坏的，就要执行纪律。这些情况，在实际工作中要注意划清界限。

注　释

〔1〕“双增双节”，即增产节约、增收节支。

〔2〕沿海经济发展战略，是党中央于 1987 年底制定的一项战略，旨在充分发挥沿海地区广大劳动力资源的优势，有领导、有计划、有步骤地走向国际市场，进一步参加国际交换和国际竞争，大力发展外向型经济。基

本内容是:（1）注重发展劳动密集型出口产业，发展劳动密集型与知识密集型相结合的出口产业。（2）沿海加工业要坚持“两头在外”，即原材料进口和产品销售通过国际市场交换解决。有条件的地方，可以逐步发展替代进口的原配件生产和原材料工业。（3）利用外资的重点应放在吸引外商投资上，大力发展“三资”企业。

“海城经验”的重要意义*

（1988年10月6日）

综合体制改革必须从简政放权、财政包干、突破旧的管理体制入手。换句话说，突破口就在于改革旧的管理体制，这是问题的关键。

1984年以来，海城市根据本地的实际，科学确定了“开发海城、致富人民”，“县事县办、乡事乡办、村事村办”，“放权、让利、开发、搞活”，“先富乡、后富县，先富民、后富官”，“藏富于基层、寓富于人民”等正确的指导思想，制订了发展城乡商品经济的战略规划，全面推进了县级综合改革。短短几年，海城市经济有了很大发展，人民生活有了显著改善。与综合改革前的1983年相比，1987年工农业总产值达到25亿元，增长了1.7倍；国民收入达到14.8亿元，增长了1.3倍；地方财政收入达到10146万元，增长了1.8倍；农民人均纯收入达到808元，增长0.7倍。

---

* 这是李长春同志在辽宁省县级综合改革工作会议上的讲话，后发表在《理论与实践》杂志1988年第10期上。

概括起来，“海城经验”大体有以下几点：一是以增强各级经济活力为目标，实行简政放权、让利基层，形成了县、乡（镇）、村和企业自我激励、自主发展、自我约束的经济运行机制。二是以发展城乡集体经济为主体，实行全民、集体、个体一起上，形成了多种经济成分并存互促的所有制结构。三是以健全市场体系为重点，实行产供销一体化，形成了纵横交错、协调配套的社会化服务体系。四是以强化农业为基础，实行以工建农，形成了优化组合的县乡经济产业配置。五是以提高经济效益为核心，实行横向联合，互利互惠，形成了城乡经济协调发展的新格局。六是以县城为中心，小城镇为基点，实行农村城市化，形成了类型多样、功能齐全的农村集镇群体。

海城市几年来改革的成就是有目共睹的。总结和推广海城的经验不是一般性的工作，它是省委省政府在整个工作部署上的一个重大战略决策。对此，我们应该有一个深刻的理解。我认为，“海城经验”的重要意义有以下几个方面。

第一，“海城经验”证明，发展县乡经济是振兴辽宁的战略措施，是当务之急。现在全省总的形势是好的，但是我们也要看到，在大好形势下还有许多薄弱环节，有一些必须提高到战略的高度来认识，发展县乡经济就是这样一个问题。看形势，就我们国家来讲，从国情出发，首先应该看 8 亿农民，应该看广大农村。而 8 亿农民也好，广大农村也好，都属于县域经济范畴。县本身组成了城乡的结合部、城乡的交汇点。因此，把县的经济搞活了，对于实现本世纪末“翻两番”、对于四化建设、对于农业现代化都有着非常重大的意义。海城的经验证明了通过深化农村改革，发展农村经济，进一步增加农业的投入，发展集约经营，有非常重要的意义。特别是我们省，由于大城市多，大工业多，大企业多，就更容易忽视县乡经济。因此，把发展县乡经济提高到战略高度更有着鲜明的针对性。海城的经验使我们进一步认识到发展县乡经济已经迫在眉睫，它是振兴辽宁的一个重要战略措施。

第二，“海城经验”使我们更加感到，发展县乡经济必须进一步解放思想、更新观念，树立生产力根本标准的观念。海城之所以在短短的 4 年时间，通过综合体制改革取得这样丰硕的成果，重要前提是他们解放思想，更新了与发展商品经济不相适应的观念，牢固树立起生产力标准的观念。总结推广“海城经验”，是我们省委省政府在解放思想上又大大前进一步的重要标志，也是我们确立生产力标准的一个新的实践。因为我们都知道，海城在综合体制改革的初期，也遇到了重重的困难。在那个时候，全国改革的形势还远远不如今天。没有海城同志大胆解放思想、更新观念，是不可能取得今天这样成绩的。我们在全省推广海城的经验，首先必须学习海城的同志们大胆解放思想、更新观念，树立生产力标准这样一个气魄，把这个问题作为学习“海城经验”的重要前提来对待。

第三，海城综合体制改革成功的经验告诉我们，综合体制改革必须从简政放权、财政包干、突破旧的管理体制入手。换句话说，突破口就在于改革旧的管理体制，这是问题的关键。我感到海城提供这样一个新鲜经验，对于全省把改革和发展紧密结合起来有非常重要的意义。我们有些地区改革试点搞得不少，但只是“盆景”，与这个地区的经济发展没有紧密结合起来。海城的经验恰恰是从触动旧的管理体制入手，与本地区商品经济全面发展密切结合起来，所以取得了显著成效。以前，省委第一书记郭峰同志生动地概括过我们旧的管理体制，就是上面“统管卡”、下面“等靠要”。这就是旧体制的真实写照。而我们省，应该说旧的管理体制时间比较长，影响比较深。怎样来突破上面“统管卡”、下面“等靠要”，在这方面，海城为我们提供了新鲜经验。他们从财政包干入手，实现层层包干。财政包干以后，相应地给县、乡下放一定的管理权力，这也是一种重要的配套改革和必要手段。在这方面，海城的同志敢于从实际出发，创造性地开展工作，极大地调动了各级干部的积极性，在整体上初步建立了一个生机勃勃的体制，这在我们过去的体制中是不可想象的。长期以来，很多县之所以经济困难，存在“等靠要”的思想，主要原因还在于我们上面的“统管卡”。不是我们县的同志不愿意把群众发动起来，建立起一个富有生机勃勃的机制，而是他们没有这个权力。所以，海城的经验使我们悟出了道理：要想全面振兴县乡经济，必须从综合体制改革入手，必须从触动过去的管理体制入手，而在整个管理体制里面，简政放权、财政包干是突破口。

第四，“海城经验”也实践了省委去年在农村工作会议上提出的振兴辽宁农村经济的新路子。“海城经验”之一，就是发展城乡联合，发挥大城市多、大企业多、大专院校多、科研单位多的优势，办好城乡一体化，大力发展以乡镇企业为重点的多种经营，全面发展农村商品经济。我们去年概括了这条新路子的三个环节：第一个环节是城乡联合，大搞城乡一体化，带动乡镇企业的发展。我们在海城的几个点都看到了这个情况。他们发挥鞍钢老工人的优势和沈阳一些高等院校的优势，培养自己的技术人才，上计算机管理。沈阳农业大学与海城的东部山区长期合作，搞“花果山”等。第二个环节是增加对农业的投入，强化农业基础，发展集约经营。这点我们在西柳镇看得很清楚，二、三产业搞起来了，有更多的劳动力从农村中、从土地上转移出来，发展了一批经营规模在100亩以上的大户，规模经营为集约经营带来了一定的条件。所以，海城在全面发展商品经济的同时，农业不是萎缩了，而是发展了，壮大了。从它的东部山区或者西部平原都可以看到这一点。第三个环节是城乡通开，健全了社会化服务。

第五，海城从发展商品经济需要出发，走出了一条转变政府职能、发展社会化服务的新路子。我们过去对农村深化改革之后怎样搞好社会化服务有一些实践和经验，海城在这方面做得更突出、更鲜明。我们过去在办公室里往往设想建这个站、那个站，增加编制、增加事业费，即靠我们“官办站”。现在海城已不存在这个问题。他们乡政府的助理甚至走出政府，去领办实体。把这些站都办成实体，自身的服务能力壮大了，赢得了农民的欢迎，也促进了我们党政机关转变职能，从直接管理转向间接管理，从政府行为转为按经济规律办事，这方面他们创造了很丰富的经验。

“三辽”地区开发建设的几点启示*

（1989 年 9 月 24 日）

掌握了科学技术，就能把劣势变为优势，把资源变为财富，开辟出更多的致富门路。现在，生产领域、产业部门的生产技术还相当落后，学校和科研院所虽然也有一些有水平的论文，但是真正转化为生产力的很少，解决不了两者结合这个问题，社会财富就积累不起来。所以，应该坚持把经济建设作为科研院所的主战场。

三年来，“三辽”地区[1]在开发建设中创造了许多成功的经验。尽管这些经验各有千秋、各具特色，但其共性都是以生产力为标准，从本地的实际出发，把发挥我们党的政治优势和开发资源优势结合起来，把宏观扶持和微观搞活结合起来，把发展商品经济和改变人们的精神面貌结合起来，形成了一种激发内部活力、综合开发建设的运行机制。“三辽”地区开发建设给我们的

* 这是李长春同志在辽宁省“三辽”地区开发建设经验交流会议上讲话的一部分。

启示，大体可归纳为五个方面。

第一，转变观念、解放思想，发动群众、自力更生，是加速开发建设的前提。

“三辽”地区开发建设速度不快，经济发展缓慢，除了自然、社会等客观原因外，在主观上一个重要的原因是，受传统观念的束缚和“左”的思想影响。1986年省委省政府作出关于开发建设“三辽”地区的决定以来，我们各级领导干部在思想观念上有了一个很大的转变，并且用新的思想观念来武装群众。从一些先进地区的经验看，在以下几个方面有了很大变化。

一是从历史唯物主义观点出发，把改变贫困落后的基点放在发动群众、自力更生、艰苦奋斗、奋发图强上，摆脱了长期以来等待上级救济、外边“输血”的老路子，努力增强自身的造血机能，由救济扶贫转向开发扶贫。阜新这个地方的农民过去没有什么商品经济观念，现在转变了观念，庭院经济、家庭果园和蔬菜大棚如雨后春笋般地发展起来。阜新县国华乡十家子村，过去是一片贫瘠的河滩，他们发扬自力更生、艰苦奋斗精神，改造河滩，发展庭院经济，现在成了一个葡萄种植村，每个农户经营规模都很大。什么原因呢？很重要的一条就是观念转变了。过去我们理论上承认历史唯物主义观点，即人民群众是历史的真正创造者，但是没有把这个观点很好地付诸实践。我们领导干部的观念转变以后，用新的观念发动群众、组织群众，并且用科学技术武装农民，农民掌握了致富的本领，就能创造出新的奇迹。这些先进典型的实践，对我们各级干部来说，也是一次历史唯物主义的再教育。我们必须把开发建设、脱贫致富工作的基点打在依靠群众、发动群众、自力更生、艰苦奋斗上。

1989年9月24日，李长春在辽宁省“三辽”地区开发建设经验交流会议上讲话。

二是紧紧围绕党的十一届三中全会以来的路线，坚持“一个中心、两个基本点”，从小生产的旧观念和产品经济的观念中解放出来，树立有计划的商品经济的新观念，在改革开放中脱贫致富。“三辽”地区的开放，不仅是面向国外的开放，而且也是面向国内广大地区、先进地区的全方位开放。许多地区都制定了对外开放和对内搞活的政策，比如阜新市在改革开放后走新的路子，采取大面积的承包、租赁和横向联合，实行全方位开放，把全国各行各业的排头兵请到阜新来对口帮带，使得一些企业在当前外部条件比较困难的情况下扭亏增盈，取得了明显的经济效益。

三是从本地的实际情况出发，发挥优势，扬长避短，形成具有本地特色的完整的开发建设新路子。也就是说，由过去眼睛向外转向眼睛向内，由过去一阵风、简单地跟着干转向在科学态度的基础上创造性工作。很多地区都加深了对市情、县情、乡情的认识和了解，明确了开发建设的指导思想和发展战略，在解放思想、转变观念中，积累了比较丰富的经验。他们通过开展认识市情、县情、乡情的大讨论，总结过去开发建设上的经验教训；通过组织县乡干部到发达地区学习考察和请专家学者讲课、作报告，开阔视野，开化头脑；通过选派思想解放、商品经济意识强的干部到基层任职，促进带动基层思想观念的转变；通过总结宣传本地开发建设、脱贫致富的典型，激发人们自力更生、艰苦奋斗的精神。这些办法，都对思想观念的转变起到了很好的作用。各市县都有很多很好的做法，比如像阜新市通过开展“重新认识阜新，加快建设阜新”的大讨论，转变了人们的思想观念，坚定了信心，激发了人们发展商品经济的热情，确定了把粮食生产作为经济发展的基础，畜牧业、庭院经济和乡村企业作为经济发展的支柱，取得了明显效果。铁岭市从辽北的实际出发，确定了以粮食生产为基础、多种经营和乡镇企业协调发展的战略，加快了农村经济的全面发展。

第二，依靠科学技术进步，开辟脱贫致富门路，是贫困地区加速开发建设的重要法宝。

通过三年多来开发建设的实践，我们深刻认识到，掌握了科学技术，就能把劣势变为优势，把资源变为财富，开辟出更多的致富门路。许多市县在经济开发中，自觉贯彻省委省政府“科技兴辽”的方针，大力推广应用先进科学技术，积极开发利用各类科技人才，增强了自我积累和自我发展能力。

一是在省委省政府的统一部署下，选派了科技副县、乡

（镇）长，加强各级领导班子对科技工作的领导。三年来，共为“三辽”地区选派了1名科技副市长、24名科技副县长、403名科技副乡（镇）长。这些同志在当地党委和政府的直接领导下，深入实际、调查研究，艰苦奋斗、努力工作，在两年多的时间里做出了显著成绩，受到了干部和群众的高度赞扬，发挥了很好的作用。

二是开展了大面积的科技承包活动。1986年以来，省农科院依靠本系统的科技优势把各学科的人才、技术、信息集中起来，实行综合配套，承包了阜新县农村科技推广应用课题，取得了粮食、畜牧业及水果、蔬菜的全面丰收。去年，农科院又与阜新市签订协议，搞大面积的科技承包，计划粮食产量到1990年由现在的6亿公斤达到10亿公斤。今年虽然发生严重春旱、伏旱和秋吊〔2〕，但粮食产量仍可以达到去年的水平。承包人大部分是中年以上科技人员，在农村搞了十几个科研基点。他们放弃城市生活，放弃对孩子升学的辅导，放弃复习外语晋升职称，长年坚持在农村基层，搞试验田，培训农民，走家串户宣传普及农业科技知识。省农科院所走的路，是一条知识分子、科技人员和广大工农群众相结合的道路，是一条把科研成果迅速转化为生产力的道路，是一条把理论和实践紧密结合的道路。他们的实践，不仅使科研成果转化为生产力，而且还大大增强了广大农民的科技意识，在普及科学技术上作出了重要贡献。他们的经验为广大科技人员、科研院所在新的形势下如何为四化建设服务，指引了一条新的路子。省委省政府还要进一步总结农科院的经验，在全省各级各类院所进行推广。

三是总结、推广科技示范乡、村、户的经验。各地和各级工作队都抓了一批科技示范乡、村，用看得见摸得着的典型，启发干部群众走科技致富的路子。在这方面，我还要提一下沈阳农业大学的做法。1986 年，沈阳农业大学选择建平县马场乡为科技扶贫综合示范区，派出了科技扶贫团，并派出了一位副教授任建平县科技副县长。经过三年来的艰苦细致工作，在种植业、畜牧业、庭院经济、资源工业、人才开发等方面进行了开发试验，收到了较好的效果。马场乡的科技示范，推动了全县科技兴农活动的广泛开展。农科院在阜新县沙扎兰科研基地组织的六项旱作农业技术规范化栽培，地块是 4000 亩，同样在大旱之年，临近的地块是一片黄，而规范化栽培地块是郁郁葱葱，亩产仍达千斤左右，说明科学技术潜力很大。原来有很多农民观望等待，今年经过大旱的检验，更多的农民相信了科技。像这样的问题，在学校

1986 年 11 月 9 日，李长春考察辽宁省农科院阜新沙扎兰试验基地。左三为阜新市副市长、辽宁省农业科学院副院长李庆文，左四为阜新市市长张惠新。

和科研院所的实验室里是解决不了的。现在，生产领域、产业部门的生产技术还相当落后，学校和科研院所虽然也有一些有水平的论文，但是真正转化为生产力的很少。解决不了两者结合这个问题，社会财富就积累不起来。所以，应该坚持把经济建设作为科研院所的主战场。我们已责成省人事厅到农科院的科研基地做些调查，研究根据实践成果的情况来调整评定科技职称的政策，让那些对四化建设作出重要贡献的科研人员，既有名又有利。

四是开展科技培训活动，提高农民素质。据不完全统计，三年来“三辽”地区共举办16049期技术培训班，培训了近50万人次，举办科普讲座1920次，受教育的达到160多万人。我们在阜新县国华乡十家子村看到，从农民到村支部书记都会一门技术，村干部经常到每户进行技术指导，这就表明技术培训在偏远的山村都已经取得了显著效果。

五是从科学技术需要出发，加速农村教育结构的改革，使农村学校为科技兴农服务。许多地区在这方面有了很好的经验，如阜新县国华乡办的林果职业高中，已经成为果树专业户的摇篮。学生一入学，家长就支持他们把果树栽起来，一边学习一边管理果树，等学生毕业了，家里果树也长起来了，群众说是“人苗树苗一齐长”。同时，把学校附近的农村作为学生实习的课堂，带动了周围的农户发展果树，为农村教育适应农村商品经济发展走出了一条新路子。

第三，发展横向联合，做到优势互补，走城乡经济协调发展的路子，是开发建设的重要途径。

总结一些市县的成功经验，主要有以下几种联合形式：一是市与市之间大跨度的对口支援。1986年省委省政府作出沈阳市、大连市、鞍山市对口支援铁岭市、朝阳市、阜新市的决定以来，各市把搞好对口支援看作是开发建设“三辽”、加快脱贫致富的实际步骤，制定了对口支援措施。三年来，六市之间共签订联合协议321项，引进资金近亿元，年创产值2亿多元，新增利税3000万元，促进了双方经济的发展。二是引进省内外先进企业对后进地区的落后企业实行对口帮带，既在经济上互惠互利，又体现社会主义大协作的精神。特别是阜新市在省内外引进一批先进企业在互惠互利基础上进行了帮带，效果很好。三是以城市为单位，发动城市的大中型企业以扶持乡村企业为目的，实行带乡包村。从1987年开始，一些市在帮扶乡村开发建设、脱贫致富工作中，实行企业长年带乡包村的办法，发展乡村企业。四是城市工矿企业与县乡联合开发，或者企事业单位同“三辽”地区共建副食品生产基地。开发建设“三辽”以来，全省有一批城市工矿企业主动到“三辽”地区的县乡搞联合开发，输送了大批技术、物资和人才，发展了一批新的企业，拯救了一批亏损单位。如东北制药总厂和彰武县淀粉厂的联合，一方面解决了东北制药总厂所需的淀粉原料，另一方面也使地方企业上了一个档次，效益明显改善。此外，在开展横向联合中，还涌现出许多不同行业、不同部门、不同生产要素之间的联合形式，进一步强化了联合的基础，使联合双方都获得了较为明显的效益，显示出城乡联合的巨大优势。

第四，积极开发资源，注重生态建设，把经济效益、社会效益和生态效益紧密结合起来，是加速开发建设的关键。

“三辽”地区开发建设正反两个方面的经验教训，使广大干部群众认识到，必须把资源开发和生态建设放在同等重要的位置上，如果只抓开发，忽视生态建设，或者单纯注重维持生态环境，而不积极合理地开发利用资源，都将受到自然规律、经济规律的惩罚，难以走上脱贫致富之路。省委省政府作出开发建设“三辽”地区的决定，强调把经济效益、社会效益和生态效益紧密结合起来。很多地区通过实践，走出了一条以生态效益为基础，把生态效益、经济效益和社会效益紧密结合的新路子。他们注意处理好两个关系：一是利用和保护的关系，即在保护好现有资源的前提下，科学合理地开发利用资源。二是眼前利益和长远利益的关系，即在合理利用现有资源的同时，注意培育和开发新的资源，为永续利用奠定基础。本溪县从1986年以来，坚持开发与建设并重的方针，一手抓经济开发，一手抓生态建设，提高了生态的循环和转化功能以及输出能力。建平县立足资源、面向市场，以农林牧为基础产业，以加工和矿产、建材业为主体，系列开发，综合利用，发展拳头产品，建设商品基地，改善了生态环境，推动了经济发展。1986年以来，全县新造林35万亩，造林保存面积累计达到265万亩，森林覆盖率由新中国成立时的2%提高到26%。他们改造小老树，建设速生林，小流域综合治理60多万亩，累计控制水土流失面积400万亩，效果比较显著。

第五，加强党和政府的领导，是加快“三辽”地区开发建设的根本保证。

首先，要抓好各级领导班子的建设。实践证明，哪里有个好班子，哪里变化就大。很多地区在加强基层班子建设、选准带头人方面都积累了好的经验和做法。义县县委提出，肯干会干者奖、肯干不会干者帮、不肯干不会干者调、本地无合适人选派干部去带。本着这样的原则，对干部队伍作了比较大的调整，先后提拔了21名思想解放、能力较强的乡局级领导干部，调整了41名农村基层干部，把能够坚持“一个中心、两个基本点”的能人推向商品经济的主战场。他们还建立了各级干部任期目标责任制，强化了乡村干部的事业心和责任感，加速了脱贫致富的步伐。铁岭市对村级干部引入竞争机制，效果很好。过去你让我干，所以有“等靠要”思想，现在是我要带领群众干，因而责任感增强了。过去很多村集体经济薄弱，花钱就靠跟农民要，引入竞争机制后，很多村集体经济发展起来了，减轻了农民负担，效果很明显。

其次，注意抓党员的先锋模范作用。各地普遍开展了党群共同致富小组活动，进一步密切了党群关系，增强了党在群众中的威望。如到目前为止，铁岭市有95%以上的村开展了这项活动，共建立党群共同致富小组2万多个，新开发致富项目1万多项。

再次，注重抓方针政策的制定。铁岭市受海边、城边、路边“三边先富”的启发，经过反复调查论证，从沈长铁路沿线的14个乡镇中选择5个乡镇，建立了经济特别试验区，市委市政府制定了30条政策，给“特区”建设和发展创造宽松的环境。去年5个乡镇完成工业总产值比前年同期增长118%，实现利税比前年同期增长57.1%，使其他乡镇看到了榜样，学到了招法，增强了商品经济意识。锦州市为了加速贫困地区的经济开发，制定了关于鼓励到贫困地区进行经济和科技开发的14条优惠政策，取得了显著效果。

最后，注意选派得力干部。通过组成工作队、工作组，协助基层搞好开发建设和脱贫致富工作，也是一条重要的成功经验。三年来，省直和中直单位先后抽调了2000多名干部组成工作队，深入7市24县95个贫困乡（镇），实行“四定一不变”，即定单位、定县乡、定任务、定目标，一定四年不变的帮扶责任制。多数单位把支援“三辽”地区开发建设纳入领导议事日程，有些单位的领导同志，还经常深入县乡现场办公，就地解决实际问题。有些业务部门组织专家深入县乡帮助解决技术、管理难题，把本部门行业优势和实现帮扶结合起来。目前，在全省范围内已初步形成一个多层次、多渠道支援“三辽”地区开发建设的局面。

注　释

〔1〕“三辽”地区，指辽东、辽西、辽北三个地区。

〔2〕秋吊，东北方言，意即秋旱。

坚定扭转工业生产被动局面的信心和决心*

（1990 年 6 月 13 日）

> 社会主义优越性的充分发挥和吸引力的不断增强，归根结底取决于生产力的发展。各级党委和政府一定要牢固树立以经济建设为中心的指导思想，方方面面的工作都要围绕这个中心，服从服务于这个中心，绝不能离开这个中心，更不能背离这个中心。

对我省工业生产存在的矛盾和问题，国家已在力所能及的情况下给了很大支持，涉及全局的问题，国家已经和正在采取一系列措施。省委省政府认为，解决市场疲软，首先是精神不能疲软；抑制生产滑坡，关键是思想不能滑坡。当务之急是要统一思想、振奋精神，依靠广大干部群众千方百计把工业生产搞上去。当前，必须在以下几个问题上形成社会共识。

第一，必须统一对治理整顿[1]形势的认识。要充分肯定前一段治理整顿的成效，如果在这一点上认识不足、肯定不够，就

---

* 这是李长春同志在辽宁省经济工作会议上讲话的一部分。

有可能对坚持治理整顿、深化改革方针产生怀疑和动摇情绪，这将是影响经济走出困境的最大思想障碍。同时，也要高度重视治理整顿中出现的新矛盾和新问题，比较突出的表现就是工业产成品严重积压、生产速度下滑过猛，停产半停产企业增多，以及亏损企业和亏损额上升，核心的问题是市场疲软。我们对治理整顿的决心不能动摇，具体措施要审时度势、灵活掌握、适时调节。要特别认识到，当前治理整顿的关键是，在继续坚持和改进总量控制的同时，把治理整顿的重点转到调整结构和提高效益上来。总之，要充分认识治理整顿、深化改革是积极的方针，我们目前的困难是多年积累下来的，只要采取正确的措施是完全可以克服的。

第二，必须统一对扭转工业生产被动局面必要性和紧迫性的认识。我们提出这个问题，绝不是小题大做，因为当前工业生产的严峻局面如不迅速扭转，将给我省经济建设、社会发展和人民生活带来难以预料的诸多困难，不仅影响当年，也将影响明后年，甚至更远；不仅削弱我省的经济实力，也将影响人心和社会稳定。一是工业生产持续低速运行，经济效益大幅度下降，导致财政收支无法平衡，不仅全省递增包干任务难以完成，而且会由于预算安排不能实现，也将直接制约包括农业、文教、卫生等在内的各项事业的发展。二是工业生产长期低速运行，亏损企业有增无减，一些企业的工资和正常补贴支出也将发生困难，严重时会导致人们思想混乱，影响社会的安定。三是工业生产低速运行，停产半停产企业难以迅速恢复生产，不仅会大量增加企业富余人员，也会给不断成长起来的社会劳动后备大军安置带来更大的困难，就业矛盾将更加突出。四是工业生产低速运行，企业效益大幅度下降甚至亏损，使企业的留利水平也大幅度降低，自我改造、自我发展能力明显减弱。今年前5个月，全省地方预算内工业企业留利总额只有1.6亿元，仅仅是去年同期的五分之一，如果扣除鞍钢、本钢和辽河化肥厂三大户，企业留利仅仅是去年同期的十分之一，不仅会影响企业当年甚至会影响后两年的技术改造和新产品开发。这种局面如不迅速改变，将导致我省工业技

1988年6月，李长春在锦西化工厂视察工作。前排右一为锦州市市长胡占山。

术、工艺、产品水平更加落后。五是今年是“七五”计划的最后一年，也是治理整顿关键性的一年，工业生产被动局面如不尽快改变，不仅直接影响当年而且也会导致“七五”国民经济和社会发展计划难以完成，治理整顿也很难达到预期目标，改善群众生活也将成为一句空话。更重要的是，因为我省是国家的重要工业基地，是财政上缴大户，我们上不去，将要拖国家的后腿，将影响全局。因此，我们说扭转工业生产被动局面，非同小可、事关重大，不仅是个经济问题，而且是一个严肃的政治任务。今年已经过去近一半的时间了，时不我待、刻不容缓，特别是现在全国绝大多数省市区的经济发展都在迅速回升，我们必须奋起直追，迎头赶上。

第三，必须统一和加深对党的基本路线的认识。这是动员方方面面力量，共同扭转工业生产被动局面的强大思想武器。党的“一个中心、两个基本点”的基本路线，是一个有机的整体，坚持四项基本原则和坚持改革开放这两个基本点，都要统一于经济建设这个中心，在任何情况下都不能动摇。社会主义优越性的充分发挥和吸引力的不断增强，归根结底取决于生产力的发展。各级党委和政府一定要牢固树立以经济建设为中心的指导思想，方方面面的工作都要围绕这个中心，服从服务于这个中心，绝不能离开这个中心，更不能背离这个中心。另一方面，进行经济建设也必须坚定不移地坚持四项基本原则这个立国之本，坚定不移地坚持改革开放这个强国之路，两者缺一不可。当前，要加强党的建设，加强思想政治工作，使其更好地为经济建设这个中心服务，同时在这个大前提下，在当前经济生活中还要特别注意处理好以下几个关系。一是正确处理好调动经营者的积极性与全心全意依靠工人阶级的关系。全心全意依靠工人阶级是我们党的性质和社会主义制度决定的，同时也要充分认识到，企业经营者是工人阶级的一部分，是广大职工的带头人，是相对独立的商品生产经营者的法人代表，没有经营者的积极努力，办好社会主义企业也是不可能的。我们绝不能把广大职工和经营者对立起来，要把两者的积极性统一到办好社会主义企业上来。二是正确处理搞活经济与执行纪律的关系。搞活经济、促进生产发展，是经济工作的基本出发点，而执行纪律是维护正常经济秩序、保证经济健康发展的必要条件。其目的都是为了更好地发展社会生产力，促进社会主义现代化事业。因此，要正确认识两者的关系，一定要防止把二者对立起来。坚持在国家法律法规允许的范围内搞活经济和坚持执行纪律是一致的，既要搞活经济，又要执行纪律。三是正确处理宏观管理与微观搞活的关系。社会主义经济是否充满生机与活力，取决于千千万万个企业这些细胞的活力，也取决于宏观经济管理的合理和有效，这是一个问题的两个方面。在宏观调控下搞活微观经济是有计划商品经济的客观要求，宏观调控必须是保证经济活动充满活力的宏观调控，微观搞活必须是宏观管理下的微观搞活，宏观调控是为了实现全社会生产要素的优化配置，是为企业微观经营活动创造良好的外部环境，二者既不能脱节，更不能对立，要把两者统一起来。

第四，必须坚定扭转工业生产被动局面的信心和决心。目前我省工业生产形势虽然严峻，但战胜当前困难的有利条件也很多。一是全国治理整顿已经取得比较明显的成效，宏观经济状况正在逐步改善，特别是随着国家和省委省政府采取促进生产措施的进一步落实，我省工业生产已开始出现了令人鼓舞的回升势

1989 年 11 月 18 日，李长春出席抚顺市乙烯工程奠基仪式。左一为中石化总公司副总经理盛华仁，左二为抚顺市乙烯工程副总指挥刘甲增，左四为辽宁省副省长朱家甄，右二为抚顺市人大常委会主任李盛图，右三为抚顺市政协主席张旗，右四为抚顺市委书记刘振华。

头。二是能源、原材料紧张局面有所缓解，电煤到货率和发电水平有所提高，国家又给我省增加一些流动资金，为发展工业生产创造了有利条件。三是随着对外开放的深入，我省外向型经济有了很大发展，出口创汇继续保持较高的增长势头，利用外资大幅度增长，这对于解决市场疲软和资金短缺的问题十分有利。四是农业生产形势好，不仅农作物长势良好，而且乡镇企业仍然保持较高的增长势头，这使我们各级领导干部有更多的精力抓好工业生产，当然也要树立抗灾夺丰收的思想，不能麻痹大意。五是全省上下人心思定，社会稳定，为经济的发展创造了十分有利的大气候。特别是通过贯彻党的十三届四中、五中、六中全会精神，党的建设得到进一步加强，党与人民群众的联系更加密切，凝聚力和战斗力进一步增强。思想政治工作得到加强，我省强大的产业大军战胜困难、艰苦创业的光荣传统将会在新形势下发扬光大。这些政治优势必将化为巨大的物质力量，更好地服务于经济建设这个中心，将更加激发广大干部群众的社会主义积极性。只要我们充分利用这些有利条件，就一定能够战胜困难、渡过难关，使工业生产尽快走出困境。

第五，必须有一个好的精神状态。这是把工业生产搞上去的关键。从前一段情况看，尽管同样处于市场疲软、资金紧张的经济环境，但有的市县（区）、部门和企业，仍然充满生机与活力。事实证明，哪个地区、哪个部门、哪个企业的精神振作，创造性地工作，形成一个有利于经济建设的小气候，哪个地区、哪个部门、哪个企业人心就齐，办法就多，干劲就高，形势就好；反之，就会困难重重，一筹莫展，坐失良机，生产滑坡，甚至人心不稳。因此，把工业生产搞上去，不仅需要物质条件，更需要精神条件；不仅需要方方面面的支持，更需要眼睛向内，励精图治、挖掘潜力。在严峻经济形势下，能否以大局为重，以高昂的精神状态带领群众渡过难关，这既是对各级领导班子的严峻考验，也是对每个共产党员、每个领导干部、每个企业经营者的严峻考验。希望所有企业的党政领导者越是在困难的时候，越是要讲党性、讲责任、讲全心全意为人民服务，继续发扬勇于为国分忧、勇挑重担的奉献精神，带领职工共渡难关。各级领导干部要带头自觉克服消极畏难、无所作为的情绪，纠正“等靠要”思想，不讲消极话、牢骚话、泄气话，振奋起不怕艰难险阻、一往无前的革命精神，激发全心全意为人民服务的巨大热情，拿出非凡的魄力和勇气，带领广大干部群众把工业生产搞上去。

注　释

〔1〕治理整顿，即治理经济环境，整顿经济秩序。1988 年 9 月，党的十三届三中全会指出，当前我国经济存在的困难和问题不少，突出的是物价上涨幅度过大，必须在坚持改革开放总方向的前提下，对经济进行治理整顿。治理经济环境，主要是压缩社会总需求，抑制通货膨胀；整顿经济秩序，主要是整顿目前经济生活中特别是流通领域中出现的各种混乱现象。1989 年 11 月，党的十三届五中全会进一步指出，继续坚定不移地执行治理整顿和深化改革的方针，是克服当前经济困难，实现国民经济持续、稳定、协调发展的根本途径。到 1990 年，治理整顿取得明显效果，通货膨胀得到控制，产业结构调整开始起步，流通领域混乱局面得到初步改变，国民经济保持了一定增长速度。1992 年 3 月，李鹏在《政府工作报告》中指出，治理整顿的主要任务已经基本完成，作为经济发展的一个特定阶段可以如期结束。

推进经济体制改革，解放和发展生产力

以改革创新精神推进经济体制改革 *

（1983 年 5 月 11 日）

改革那些束缚生产力发展的老框框、老套套是当务之急，是振兴经济的必由之路，是解放生产力的重要措施。要弄清社会主义制度优越性和“大锅饭”的界限，认识到“大锅饭”的管理体制本身就是从根本上否定社会主义的分配原则，只有克服平均主义，才能有效地调动广大职工的生产积极性。

从破除陈旧过时的生产关系和上层建筑的某些环节来说，改革是一场革命。它不但触及现存的客观事物，而且必然要触及人们的传统观念。因此，不可避免地存在着革新与守旧、整体与局部、长远利益与眼前利益等各种矛盾。这就要求我们必须加强思想政治工作，使广大干部和群众摆脱“左”的错误影响和旧的习惯势力的束缚，解放思想，开拓前进，使我市经济管理体制的改革有一个新的突破。当前，要着重搞好三个方面的教育：

---

* 这是李长春同志在中共沈阳市委常委扩大会议上讲话的一部分。

一是进行改革的极端重要性和紧迫性教育。要组织干部反复学习胡耀邦同志《四化建设和改革问题》的讲话，确立社会主义社会还要在各方面进行改革这样一个具有重大意义的指导思想，认清改革经济管理体制是全面提高经济效益、实现社会主义现代化的重要保证。要继续清除“左”的影响，充分认识以“大锅饭”为基础的企业经营管理体制和以“一大二公”、“等靠要”为基础的经济管理体制的弊病，当改革的促进派。要从分析本部门、本单位亟待解决的问题入手，运用看得见、摸得着的典型事例，引导干部和职工认清改革那些束缚生产力发展的老框框、老套套是当务之急，是振兴经济的必由之路，是解放生产力的重要措施，从而以满腔的革命热情和积极进取的精神，投身到改革中去。

二是进行国家、集体、个人三兼顾教育，坚持把国家利益放在首位。要对职工进行工人阶级的历史使命和革命传统教育，增强主人翁责任感，把搞好本职工作同实现共产主义远大目标紧密联系起来，在经营承包中提倡共产主义思想，发扬工人阶级大公无私、团结协作的精神，在企业中形成一个学先进、作贡献、讲协作、讲风格、抢困难、让方便、增效益的社会主义新风尚。

三是进行“三正当”教育，坚持高标准、严要求。所有企业都要教育干部和职工树立起只有经过艰苦努力，采取正当手段，通过正当途径，才能获得正当利益的思想，眼睛向内挖潜力，积极为国家作贡献。当前，特别要注意防止和克服某些领导干部迎合部分群众的落后意识，与国家争利的不良现象，纠正那种转弯抹角从国家身上“挖一块肉”，以及在商业、服务业中损害消费者利益的不正当做法，坚决抵制“一切向钱看”、损公肥私、损人利己等个人主义、本位主义思想，从而把职工群众的积极性引导到为促进经济发展、提高经济效益，为国家多作贡献的正确轨道上来。

通过教育，使各级干部和职工群众弄清几个认识问题：一是弄清社会主义制度优越性和“大锅饭”的界限，认识到“大锅饭”的管理体制本身就是从根本上否定社会主义的按劳分配原则，只有克服平均主义，才能有效地调动广大职工的生产积极性。二是弄清“吃饭”与“建设”、眼前利益与长远利益的关系，认识到使国家得大头，保证能源、交通等重点建设，才能使集体利益和个人利益建立在可靠的基础上，因而要多为国家作贡献，支援国家重点建设。三是弄清压力和活力的关系，认识到只有自觉给自己加压力，把指标、定额、基数建立在平均先进的基础上，才能带出一支过硬的职工队伍，使企业的生产经营持续发展。而不能把定额、基数定得很低，只顾职工多得利益，不顾国家增收，从而助长“向钱看”的思想，这样不仅职工的积极性不能持久，而且也会腐蚀职工队伍。四是弄清货币投放量与社会可供商品量的关系，认识到在企业没有增加对国家贡献的情况下，如果社会产品的增长跟不上，多发奖金，其结果就会带来货币贬值、物价上涨，这就从根本上损害了人民群众的利益。

企业在改革中面临的课题很多，需要我们在实践中去探索。当前重点是进一步完善企业内部各种形式的经济责任制，改革吃“大锅饭”的管理体制。目前，要解决少数同志片面认为国营企业在工资、奖金不放开的情况下搞改革，没多大“油水”的错误思想。否则，企业内部的经营承包责任制就难以搞好。这里，我给同志们介绍一个情况。我市财政包干收入 1982 年比 1978 年短收4.13亿元。初步分析有这样几个因素：一是国家财政通过征收烧油特别税、提高银行贷款利率等途径，调到国库一块，为3700万元。二是国家调低产品价格和提高原材料价格，使利润转移到外省市一块，为2600万元。三是因职工队伍增加24万人，增加工资支出3.14亿元，奖金总额增加了1.05亿元，这一块是我们自己吃掉的。四是我市自己留下一块。去年市属全民企业的利润留成额为1.93亿元。五是损失浪费了一块。主要是企业亏损额增加，消耗严重，致使成本升高，以及报废处理商品的损失等。从以上分析我们看出，调到国库与利润转移这两部分是客观存在，两者合计也只有6300万元，而损失浪费掉的一块，则完全是我们工作方面的问题。属于我们自己吃掉的一块和留下的一块，则是减少国家上缴收入的主要因素。这个问题很值得我们研究。再从奖金支出情况看，1982年比1978年多发出奖金1.05亿元，而从全市总体上来说，所创造的财富并没有增加。这说明当前的问题并非是奖金少，而是如何使奖金真正起到奖励超额劳动的作用。希望各企业仔细算一算你们那里支出奖金的经济效果账，看一看每元奖金的产值率和利税率是多少？与本单位的历史最好水平及国内同行业先进水平相比的差距如何？这样就可以使我们头脑更清醒，从而把眼睛向上、压基数、争奖金，转变为眼睛向内，扎扎实实地改革吃“大锅饭”的管理体制，建立起一套纵横配套，责、权、利结合的经济责任制体系，坚持按劳分配，奖勤罚懒，努力挖掘企业内部潜力。只要在经济体制改革中把完善企业内部的经济责任制这个重点抓好了，就可以调动职工的积极性，取得实实在在的经济效益，为国家作出更多的贡献。

去年以来，我市经济战线在合理组织生产力方面注意转变指导思想，取得了一定成效，但是在实现经营方式合理化、经济结构合理化、组织结构合理化等调整和改善生产关系方面的问题还很多，需要我们以改革和创新的精神去研究探索、开拓前进。当前，我们要认真搞好以下十个方面的经济体制改革：

一是继续搞好企业内部经营承包责任制和各种形式的经济责任制。集体经济的改革，要按照市委市政府提出的“经济独立、自主经营、独立核算、自负盈亏、按劳分配、民主管理”二十四字方针，继续有计划有步骤地推广试点经验，加快改革的步伐。今年安排的第一批进行改革的2072个集体企业，已提出方案并经主管部门批准实行经营承包的只有1158个企业，占55.9%，其余企业仍停留在测算指标、拟订方案阶段，这些企业在上半年应该有所突破。在此基础上，再安排第二批、第三批集体企业的改革，争取年底基本完成。全民企业的内部经济责任制，要围绕打破“大锅饭”的管理体制加速推行。

二是在国营企业推行利改税〔1〕。这是党中央、国务院对经济管理体制改革的一个重大措施。今年除个别行业和亏损企业外，要有计划地全面推行利改税，取代企业对国家大包干的办法。实施的总原则还是管住两头，一头是把企业搞活，一头是在企业每年新增加的利润中，国家得大头、企业得中头、个人得小头。

三是进行开发性科研院所的企业化改革试点。我们要利用国家采取鼓励技术转让政策的有利条件，大力加强科研院所同企业的各种形式的联系，采用有偿转让或建立科研生产联合体等办法，搞好开发性科研院所企业化的改革，以推动研究院所更好地为经济建设服务，解决研究院所的“大锅饭”、“铁饭碗”问题。

市化工研究所已经迈步，要帮助其逐步完善并注意总结经验，然后在面上推广。

四是改革现行商业经营管理体制。为了发挥我市传统贸易中心城市的作用，要通过改革实行多渠道的商业流通，减少流通环节，要给零售商店和基层供销社更多的经营自主权。要坚持国营、集体、个人多种经济并存、多渠道流通。农村供销社的体制改革，要大力发展农商经营，把流通与生产、开展供销业务与农民的经济利益结合起来，更好地为促进农村经济发展服务。

五是要进行企业的生产后勤和生活后勤的社会化试点。通过试点，逐步对企业的机修车间、工具车间以及铸、锻、电镀、热处理等专业工艺加工车间、工段、小组实行独立核算，自负盈亏，既对本厂服务又面向社会，在此基础上进行改组、联合，实行工艺专业化。企业的食堂、托儿所、卫生所、液化气站、汽水站、开水房等生活后勤部门，也要积极进行社会化的试点，改由厂办集体承担，做到独立核算，自负盈亏。

六是改革现行的用工制度，坚持择优录用和合同用工的方向。企业要按照批准的劳动计划面向全市招工，实行德、智、体全面考核，并优先从经过职业培训的毕业生中择优录用，逐步以择优录用取代包分配的办法。还要试行合同工制度，做到能进能出。

七是试行各种形式的浮动工资，改革奖励制度。要认真总结9个全民企业的部分车间进行浮动工资试点的经验，研究扩大试点范围的办法。对于整顿验收合格、生产任务饱满、产品适销对路的企业，要进行工资总额浮动的试点。坚决改变那种出勤就拿工资，干活就要奖金的现行工资、奖励制度中的弊病。整顿计件工资，使其随贡献大小上下浮动。

八是搞好行政性公司改革为企业性公司的试点。自行车工业公司等单位，要继续加快试办企业性公司的步伐。有的原行政性局也要积极进行改革试点，汽车拖拉机工业公司已提出改为经济实体的方案，有关部门要抓紧研究实施。纺织、电子两个原为局的公司及其他公司也要抓紧研究制订改革方案，进而按行业和产品建立新的经济联合体。

九是广泛建立工业内部及工农、工商、工贸、科研机构、生产单位之间各种形式的经济联合体。围绕上短线产品和拳头产品，对企业进行改组和联合，组织各种松散的经济联合体。

十是按照条块结合、归口管理、统一规划的原则，改革现行的市、县割裂的经济管理体制。市各经济管理部门要打破市、县、区的行政区划界限，把管理职能从市区延伸到两县、四个郊区，把市管县的经验推广到经济各部门。

注　释

〔1〕利改税，是指 20 世纪 80 年代把国营企业（后改称“国有企业”）上缴盈利变为按国家规定税种、税率上缴税金的改革。在党的十一届三中全会以前，我国的国营企业基本上没有自有资金，盈利全部上交，国家统负盈亏，企业事实上是国家的附属物。1983 年 2 月，国务院批转了财政部《关于国营企业利改税试行办法（草案）的报告》，并发出通知指出，实行利改税，是经济管理体制改革的一个重要方面。同年 4 月 24 日，国务院批转《财政部关于国营企业利改税试行办法》。利改税改革分两步走：第一

步，从 1983 年 6 月 1 日起，实行“税利并存”，即对国营企业普遍征收所得税，同时国营大中型企业的税后利润采取多种形式上缴国家。到 1983 年底，全国实行“利改税”的国营工业、交通、商业企业累计达 10 万多户。第二步，从 1984 年 10 月 1 日起，由“税利并存”转为“以税代利”，即国营企业将应当上缴的财政收入按 11 个税种向国家交税，税后利润自主安排使用。这两步利改税改革，一方面使企业可以分得一部分税后盈利，能够用自己的资金进行企业的革新改造；另一方面使企业逐步摆脱了中央各部和各级地方政府的直接隶属关系，保持相对的独立性。

要重视发挥智囊团的作用*

（1984 年 2 月 2 日）

重视思想库、智囊团建设，把科学决策建立在智囊团科学研究的基础上，从经验决策发展到科学决策，是我们各级领导干部面临的一个非常重要的课题。

党的十一届三中全会以来，全党全国工作重心转移到经济建设的正确轨道。经过一系列的政治思想上的拨乱反正和经济上的整顿改革，我国的经济形势和社会面貌呈现出一派欣欣向荣的景象。

目前，我国正经历着一场巨大而深刻的变革，其规模之宏大、任务之艰巨，以及对中华民族历史影响之深远，都不亚于民主革命年代。在一个贫穷落后、拥有十亿人口的大国，要想在几十年内建成高度民主、高度文明的社会主义强国，在国际共运史和人类文明史上，至今还没有成功的先例。我们面临的任务是十分艰巨复杂的，有一系列的理论和实际问题需要研究和解决。最

* 这是李长春同志发表在《理论与实践》杂志 1984 年第 2 期上的文章。

近西方一些国家及苏联都在谈论“第三次浪潮”[1]和“第四次产业革命”[2]的问题，这对我国既是一个严峻挑战，又是一个良好机遇，值得我们严密注意，认真研究。

面对如此复杂的局面，要完成这样空前伟大的任务，加速四化的进程，关键在于正确的决策，这无论对整个国家或某个地区，例如像沈阳这样的经济中心城市来说，无疑都是非常重要的。而要正确决策，如果没有广博的知识和各方面专业人才是不可想象的。重视思想库、智囊团建设，把科学决策建立在智囊团科学研究的基础上，从经验决策发展到科学决策，是我们各级领导干部面临的一个非常重要的课题。

现代智囊团是大工业的产物，而决策机关与智囊机构从管理体制上实行专业化分工的理论，只是到了近代才提出来的。它一旦作为一种科学出现，就迅速被推广到社会再生产过程的各个领域，并对各国经济的发展起着越来越大的作用。

第二次世界大战以后的几十年内，科学技术与大工业生产以前所未有的速度迅猛发展，科技成果运用于生产过程的周期越来越短；劳动生产率对科技成果的依赖从本世纪初的5%到20%，急增到60%至80%，个别部门达到100%。西方一些专家学者普遍认为，21世纪将是信息自动化的时代。并指出，发展中国家如能及时运用世界科技成果，将会使工业化进程从300年缩短为50年。科技进步正迅速改变着经济和整个社会面貌，同时又向社会发展提出了一系列的新问题。一方面科学的门类愈分愈细，出现了许多边缘科学、交叉科学，同时又需要强有力的综合。科技的社会性，从来没有像今天表现得这样明显。随着科技和大工业的迅速发展，现代经济和社会各个领域，可资参照的信息纷繁复杂。一个有价值的情报、一条好的建议，可以使一个企业起死回生；一个错误的决策，也可以使一个企业一蹶不振或走向倒闭，严重的甚至会使一个国家的经济发展推迟许多年。经济发展与决策水平、决策水平与智囊团作用，已形成一个密不可分的有机整体。

社会主义经济建设是社会化的大生产，现代经济管理是一个巨大的系统工程。一个现代化的企业就是一个系统，一个现代化城市就是一个大系统，不仅涉及战略发展目标、方针和措施，以及城乡经济网络的合理化，而且还涉及工业的改组联合、科技进步、商业流通、交通运输、劳动就业等社会生活的诸多方面。要解决如此复杂的问题，仅限于决策机构本身的努力是不够的，那种集决策与参谋于一身的时代已成为过去。加之当代科技进步异常迅速，学科和门类之繁杂已达到空前的程度，要有效利用世界科技成果为四化建设服务，只靠少数人显然也是不行的。因此，在经济建设上给决策机关增设负责超前工作的研究班子——智囊团，已成为现代领导体制中的重要组成部分。这也是党的群众路线在决策工作中的具体体现，也是重视知识分子的表现。

党的十一届三中全会后，随着党的工作重心的转移，党中央在组织路线上，大力推进各级领导班子的革命化、年轻化、知识化、专业化，为提高决策水平奠定了重要的基础。但掌握决策权的各级领导班子，丝毫也不能忽视或低估了思想库、智囊团的作用。因为任何人的知识都是有限的，即使专家出身的领导者，也必须善于集中群众的智慧，调动各方面的积极性。

总结我们过去的工作，有些重大问题往往是在没有专家论证的情况下盲目决策的。就沈阳市而言，党的十一届三中全会后，

1988 年 5 月 31 日，李长春与辽宁省委、省政府咨询团大连组成员合影。前排左四为大连市委书记毕锡桢，右四为辽宁省委副书记孙奇，右五为大连工学院（现大连理工大学）前院长、中国科学院院士钱令希。

国民经济虽有所发展，但对怎样焕发这个老工业基地的青春、为四化作出更大贡献，一时还拿不出一套可行的方案，一些带全局性、战略性的问题，至今还没有大的突破。顾眼前多、想长远少，就事论事、忙忙碌碌，满足于“小步不大天天走、成绩不大年年有”。这种精神状态，要振兴沈阳经济是不可能的。所以市委近年来反复强调克服“左”的影响，解放思想，转变作风，在建设有中国特色的社会主义上努力创新和改革，振兴沈阳经济。在开展对外经济合作和技术引进工作中，刚开始时我们愿望强烈，但对这一工作不熟悉，又没有及时发挥智囊团的作用，心里干着急，就是迈不开步。为打破这种被动局面，我们组织了“沈阳市对外经济合作顾问委员会”，聘请了工商、科技工作者及在外经工作中有经验的 23 位同志当顾问，帮助我们出点子、找渠道，使工作很快变被动为主动，取得了进展，也使各级领导受到了深刻教育。在去年开展的战略大讨论中，我们邀请各方面的专家学者和基层的同志参加论证，他们提出了许多宝贵的意见和建议。“沈北褐煤加压气化”二期工程，有全国出名的专家、教授帮我们论证，使我们心中有了底，胆子也大了。在解决沈阳水源不足和水质污染问题的讨论中，一位专家提出与大伙房水库“换水”的建议，可以同时解决上述两大难题，这个颇有价值的设想对我们启发很大。从这些切身的体验中，更加深了我们对组建和发挥智囊团作用的认识。为了更好地发挥智囊团作用，当前需要解决好以下几个问题。

第一，要进一步提高各级领导的认识。由于小生产习惯势力和家长制领导方式的长期影响，过去我们比较重视一线指挥部门的建设，把决策与参谋混为一体，在强调科技重要性时又忽视了“软科学”人才的作用，舍不得下力气去加强智囊团的建设。智囊团的建设既是科学决策之所必需，又是民主决策的重要体现。四化建设是开创性的事业，各级领导必须以战略家的眼光、开拓者的气魄、事业家的责任感，把重视和发挥智囊团作用提到落实党的十二大路线的高度来认识，切实摆到议事日程上来。

第二，要花大力气抓智囊团建设。智囊团建设包括组织建设、思想建设和业务建设等，从人力物力上搞一点投资是划得来的，这种投资产生的巨大效益是无法用数字计算的。各类研究人员都要努力学习马列主义、毛泽东思想，提高思想及理论政策水平。特别是搞社会科学研究的同志，应当使自己成为一个马克思主义者，能够自觉运用马克思主义的立场、观点和方法分析和解决现实问题。组织上要选派党性强、作风好、有开创精神和组织才干的干部担当这方面的组织领导。研究人员应有相当的理论功底和一定的实践经验，知识广博、思路敏捷、视野开阔，有头脑、有韬略，具有敏锐的观察力和综合分析能力。在坚持四项基本原则的前提下，提倡科学民主，允许各抒己见，严禁把学术问题人为地扯到政治上或人与人的关系上去，不能把人们搞得谨小慎微，把研究工作变成死水一潭。要创造好的学风，研究问题既不能人云亦云，也不能固执己见，要有坚持真理、服从真理的优秀品质。业务上除了互相借鉴、取长补短外，还应有计划地搞好培训，把研究与学习结合起来。在知识爆炸的今天，无论对一个机构还是个人，已有的知识是远远不够的，要不断地扩大知识的领域。为了不断提高科研人员的素质，要建立必要的考核制度，对基础确实太差、不适合做研究工作的同志应及时进行调整，不能滥竽充数、因人误事。

第三，要正确处理行政决策与智囊团的关系。二者是依靠和服务的关系，是科学决策、民主决策、有效决策的不同层次。智囊团着重于前期准备，决策机关负责决策实施，二者为了一个共同目标各负其责，分工不分家，形成一个不可分割的有机整体。作为市一级的研究机构，要紧紧围绕市委市政府的中心工作，既不是搞宏观理论研究，也不是搞具体问题的论证，而应进行中观经济和应用理论的研究，把中央有关方针政策创造性地应用于沈阳地区，以自身的研究成果提供给决策者选择采纳，当好决策参谋。各级领导要学会利用智囊团的聪明才智，主要领导要经常与他们交流思想、沟通情况、拟定课题，帮助他们解决工作中的困难。必要的会议要请他们参加，有关文件要给他们阅读，主动听取并尊重他们的意见，千万不能把二者搞成“两张皮”。

第四，要加强对各种智囊机构的统一领导和相互协调。我市智囊机构虽然刚刚搭起架子，但规模已相当可观，现已初步形成高等院校、科研机关、市的调研机构、二三线的老同志、基层企业及各科协学会的六路大军。市委市政府的科技情报所、计委经济研究所、政策研究室，都是市委市政府的智囊。计委是市政府管理全市经济工作的综合部门，具有双重性，既是职能部门又是参谋部门，在组织和发挥智囊团作用上是牵头单位，负有组织协调的责任。我们还打算不定期地聘请国家各部委、省厅局的一些同志为建设好沈阳提供咨询服务。基层大中型企业也要建立自己的智囊。通过这些工作，使上上下下的各路大军形成一个系统网络。目前尤其需要加强综合部门的力量，逐步使决策程序科学化，不失时机把各种研究讨论引向深入，推进到可行性、实质性的研究阶段，拿出可资决策的成果。

注　释

〔1〕“第三次浪潮”，是美国未来学家托夫勒 1980 年出版的同名著作中提出的一个概念。他把人类科学技术的每次巨大飞跃作为一次浪潮，认为每次新的浪潮都冲击着前一次浪潮的文明，并建立起相应的经济类型，从而决定社会面貌。第一次浪潮是农业革命，第二次浪潮是工业革命，第三次浪潮的主要技术是电子工业、宇航工业、海洋工程和遗传工程。

〔2〕“第四次产业革命”，指 20 世纪 70 年代以来以信息技术、生物技术、新材料技术、新能源技术、激光技术、新制造（加工）技术、空间技术、海洋技术等高技术的出现为标志的技术革命。

政府的经济管理职能应当改革*

（1984 年 10 月 2 日）

政府在工业管理体制中的职能与现代工业发展存在着一系列不相适应的矛盾，工业管理体制必须改革，核心问题是如何转变政府在工业管理体制中的职能。关键是要明确政府和企业在经济活动中的职能定位，真正做到大的方面管住、小的方面放开搞活。

我们目前的工业管理体制，基本上是一种政府管理企业、企业依附于政府，政企合一、企业参政式的管理体制。这种体制决定了不论是中央还是地方政府，都负有繁重的管理企业的任务。各级政府都直接管企业的结果，使管理层次多、企业“婆婆”多，企业有经济责任而没有自主权，严重束缚了企业发展的手脚。政府在工业管理体制中的职能与现代工业发展存在着一系列不相适应的矛盾。因此，工业管理体制必须改革，核心问题是如何转变政府在工业管理体制中的职能。当前，中央特别强调要

* 这是李长春同志发表在《理论与实践》杂志 1984 年第 10 期上的文章。

发挥中心城市在管理经济、组织生产经营活动中的作用。在这种情况下，更应该把城市政府机构在现代工业管理体制中的职能、作用及其如何改革的问题搞清楚。

一、要明确政府和企业在经济活动中的职能定位

中央决定充分发挥中心城市的作用，并把中央及省属企业下放给中心城市。这样一来，工业管理体制中的问题是否就全解决了呢？不是这么容易。企业下放，只是为工业管理体制的改革创造了先决条件，问题的解决还在于中心城市本身的工作，在于城市能不能做企业的“开明婆婆”。也就是说，企业下放后，中心城市还有个如何使自己的政府管理职能适应企业改革的问题。应当看到，工业管理体制的改革是一个复杂的系统工程，目的是通过改革走出一条中国式的发展经济的新路子。如果企业下放后，中心城市仍旧按老一套办法管理企业，不仅会穿新鞋走老路，而且会使中心城市变成一个地方割据式的新的块块所有制的壁垒。因此，工业管理体制改革工作也自然要求中心城市本身简政放权、政企分开，使政府在工业管理体制中的管理职能有个根本的转变。

城市政府管理职能的改革，关键是要明确政府和企业在经济活动中的职能定位。政府部门要真正做到大的方面管住、小的方面放开搞活。从总体上来说，生产能力建设、职工总数、劳动报酬总额等，对宏观经济影响较大，决策权应集中于政府；而在生产能力既定下的产供销活动，在职工总数既定下的干部任免、人员调动和企业内部机构设置，在劳动报酬总额既定下的具体分配

办法等围绕生产经营活动的决策权，对宏观经济影响较小，应由企业自行决策，各级政府不加干预。要按照《国务院关于进一步扩大国营工业企业自主权的暂行规定》，对企业实行简政放权。同时，对政府的管理职能还要做好如下调整。

彻底改变靠政府行政命令包揽企业经济活动的做法。政府应充分利用税收、物价、信贷等经济杠杆，对企业经济活动进行干预。如对那些质优、价廉、低耗、社会经济效益高、市场急需的产品，就要实行鼓励政策，反之则用经济手段予以限制，而不采用简单的行政命令迫使企业“上”或“下”。对企业的关、停、并、转等调整工作，也要逐步通过经济办法、法律途径来实现。

要为企业创造一个大家都来平等竞争的市场条件。一个城市所有的工商企业，不论是国营还是集体、个体，都一律不分大小、不论亲疏，在竞争面前人人平等。在同一行业，政府对其中各企业的税收、物价等政策应一致。当前，政府对个体工商业、农村工业、城市知青创业实行某些扶持政策，这是在现阶段使其顺利渡过创业阶段而采取的临时政策，随着这些企业的发展，它们同国营工业企业之间存在的某些不平等现象应逐步减少，不然就难免存在保护落后问题。

城市政府部门要管行业而不直接管企业，不再直接指挥企业的日常生产经营活动。要着重搞好行业管理，面向全社会、全行业，管好方针政策、统筹规划、综合平衡、组织协调、监督服务。要制定经济法规，用经济法规代替行政干预。随着经济体制改革不断深入，用经济的办法干预企业应越来越占据主导地位，行政命令的办法应逐步减少。为适应这种新形势，政府部门应加强调查研究工作，不断研究新情况，适时制定有利于经济建设的经济法令、法规和政策。

二、政府管理职能要有利于引导企业发展横向经济联系

中央、省属企业下放，并不是工业管理体制改革的终结。就企业本身而言，还有个企业组织结构的改革问题。企业组织结构的改革，总的方向应该是大力发展企业间的横向经济联系。在生产专业化水平还不够高的情况下，这种企业间的横向组合，要根据经济规律本身的要求，实行自由联合。同时，政府管理职能要有利于引导企业发展横向经济联系，加强对企业组织结构改革的组织协调工作，合理组织各种形式的联合，这也是政府管理职能改革的重要内容之一。改革后的企业组织结构应大体有如下几种形式。

对于少数协作关系紧密或由一个主导厂出最终产品，其他厂只出配套件的若干企业，可组织成为半实体性公司，政府要赋予该公司经济法人地位，即双层法人，但公司的主要职能是为企业服务，而不包揽企业的经济活动。目前情况下，还不宜组织过多的实体性公司。

企业间没有紧密的协作配套关系，但属于同行业的若干企业，目前仍由行政性公司领导的，要对这类公司加以改造。可以改造成一个行政管理层次的行业协会组织，主要任务是协助政府制订长远规划、协调同行业的产供销活动及企业间的联合协作、组织技术交流和为企业提供信息或咨询服务。逐步地，这类公司不再作为企业的“婆婆”。

更多地组织一些社会性专业服务公司，如广告公司、包装装

潢公司、技术咨询公司、物资供应公司、销售服务公司、成套设备公司、人才服务公司等，同政府和企业都没有隶属关系，是纯营业性公司。它们不行使政府职能，而只是为企业产前、产中、产后服务，同企业在等价交换、互惠互利的前提下进行商品交换或营业服务。事实说明，这些社会性服务公司的专业化程度越高，服务质量越好，企业对它们的依赖性越强，它们的作用就越大。因此，社会性专业服务公司必然蓬勃发展、前景广阔。

要鼓励企业根据生产活动的需要，在互惠互利的前提下，自发地组织一些跨地区乃至跨国的民间公司，这有利于引进、移植、推广、消化国内外先进技术。

三、城市政府管理职能的改革要与国家宏观经济改革相配合

城市政府管理职能的改革，在某种程度上要受到国家宏观经济改革的制约，主要是受国家计划体制、价格体制和财政体制的制约。同时，城市政府管理职能的改革也必然促进国家宏观经济的改革。因此，二者是相辅相成的，应该互相配合。

在计划体制方面，为了实行简政放权，最大限度地缩小指令性计划、增加指导性计划是必要的。因为在现阶段，计划体制实行“包罗万象”、“一统天下”的指令性计划，管得过多、过细、过死，忽视指导性计划和市场调节，造成产销脱节、不能满足复杂多变的社会需要。同时，国家计划通过各级政府下达，那么，指令性计划过多，就成为政企不分的重要因素之一。因此，在国家宏观经济改革中，应逐步减少指令性计划，扩大指导性计划和市场调节，除对重点建设项目、重点援外项目和重要出口产品等

实行指令性计划外，其他都应逐步放开。

在价格体制方面，现阶段价格与价值背离的现象还较突出，而且由国家统一控制的产品价格也过多。为了平衡产销矛盾，国家不得不靠行政干预对某些产品实行补贴、倒挂等措施。这种干预越多，政企不分的现象必然越严重。而且，由于某些产品的“官价”同该产品的价值不等，一些企业的经营成果并不能如实反映出来，造成行业与行业之间、企业与企业之间的苦乐不均，影响企业充分利用市场机制开展竞争的积极性。所以国家在宏观经济改革中，应逐步减少“官价”的比例，减少在价格体制上的行政干预，以鼓励企业在平等的条件下开展竞争。

在财政体制方面，国家应通过宏观经济改革，逐步改变现行的同地方“利润包干”、“比例分成”的财政体制。因为这种体制把地方政府的财政收入同地方政府管理的企业联系了起来，加重了政企不分。地方政府为了保证财政收入，就要靠自己管的企业，就要保护自己管的企业，即使是落后企业，这就易于形成新的地方经济割据，必然阻碍全国宏观经济的发展。而如果把“利润包干”或“比例分成”的财政体制改为通过确定地方税种、收地方税的办法，解决地方财政收入，就可防止产生地方经济割据的局面。由于企业不管设在哪里，都要承担分别向国家和所在地纳税的义务，所以这样做不仅不会减少国家收入，而且有助于政企分开，有助于城市政府管理职能的改革，也有助于企业跨地区的经济交流。那些经济不发达但资源丰富的地区，不仅不会阻止技术先进的企业到那里经营和开发，而且会创造条件吸引他们到那里去，这有利于各地经济发展。

改革的步子要再大一点*

（1984 年 12 月 31 日）

深圳、广州的改革全面而深刻，它们紧紧围绕发展商品经济这一总目标，牢固确立市场的观念、竞争的观念、效益的观念，全社会迸发出空前的活力，创造了惊人的深圳速度。因此，我们学习它们的经验，就是要在破除传统的计划经济体制的影响、发展有计划的商品经济模式上迈出更大的步子。

今年沈阳市在改革开放上迈出了关键性的两步：一是国务院批准沈阳为经济体制综合改革试点城市，实行计划单列，赋予省级管理权限。这是经济体制重要改革，今后经济工作在主动向省政府汇报、争取省政府支持的同时，还可直通国务院，还可以组建市国际贸促分会、开展民间国际经贸活动，同时国家对沈阳的支持力度也加大了。二是市委市政府决定在深圳、广州、厦门设

* 这是李长春同志南方考察后在沈阳市各委、办、局领导干部会议上讲话的一部分。

立办事处，借助东南沿海和经济特区的优势，方便与港澳台和外商的联系，引导他们来沈阳搞经贸合作，改善外商不愿意来东北与沈阳合作的状况。同时还可以加强传递经贸信息和特区工作经验并学习借鉴，推动我市改革开放加快发展。经过 9 个月的筹建，前几天驻深圳办事处举行了开业大会，港澳台的来宾近 200 人，深圳市党政主要领导同志也来参加祝贺，我参加了这次盛会，宣传了沈阳，建立了联系。借此机会，我还考察了深圳、广州两市，收获很大。深圳、广州的改革全面而深刻，它们紧紧围绕发展商品经济这一总目标，牢固确立市场的观念、竞争的观念、效益的观念，全社会迸发出空前的活力，创造了惊人的深圳速度。因此，我们学习它们的经验，就是要在破除传统的计划经济体制的影响、发展有计划的商品经济模式上迈出更大的步子。下面，我就如何学习他们的经验，推动我市的改革开放，讲点具体的意见。

一、关于城市建设和建筑业改革问题

这次去深圳，体会很深的是深圳在建筑业改革上、在城市建设改革上，步伐大、速度快、效益好，有很多经验值得我们借鉴。一是规划先行。不仅是从城市建设本身，也是从整个城市的发展需要出发，按照繁荣经济、有利生产、方便生活原则，制订城市发展的总体规划。在实际工作中，不是一事一找地方、项目来了现找地方，而是事先都统一规划好，搞商品化建设，先建好了，谁用谁买。这样，整个城市建设就从小生产转向了大生产。二是组建开发公司，用经济办法进行开发性建设。开发性建设资金来源全部是贷款，现有城市住宅开发公司、南海石油深圳开发服务公司、广东核电服务总公司、深圳市房地产公司、工业发展服务公司和信托投资公司等6个公司，按照总体规划，互相竞争，不搞独家经营。我们也要向这个方向发展，不搞独家经营。三是住宅和公共建筑全部商品化。工厂都是标准厂房，内地可以买，海外客商来买也行，现在这些工业厂房基本上都卖出去了。日本一些大厂商如三菱、松下都在那里买了标准厂房，搞独资企业。四是从设计到施工都采取招标的办法。通过这几年的招标，显示出速度快、经济效益好的活力，已形成三个王牌：在道路建设上，是沈阳的市政公司；在土建上，都是江苏的省队、市队、县队；在基础工程上，“几通一平”主要是广东省一个土建工程公司。深圳市有一个第四建设工程公司，干了一个工程，因为质量不好，谁也不用，现在只能发70%的工资。1981年深圳准备修建国际商业大厦，两幢楼，每幢20层，都是办公楼，总建筑面积5万多平方米。起初用分配任务的办法，把工程给了一家建筑公司，要价是每平方米580元，工期需两年。后来，感到这个办法不能加快特区建设，便采取招标办法，实行“三包”，包造价、包工期、包材料。结果被另一家公司中标了，每平方米398元，工期由原来的两年变成一年半，执行结果还提前了两个月，共节省投资940万元，缩短工期8个月。所以，后来一律采取招标办法。建设民宅，过去没招标前，建6层的民宅是6个月，8层的民宅是8个月。现在，6层的民宅是110天，8层的民宅是125天。一座53层的国际贸易中心，30层到50层，是3天1层。他们搞的湖心大厦，两幢22层大楼，只用115天，超过了香港的速度。深圳所有的20层以上的高层建筑，没有超过一年工期的。有的建筑采取上边施工、底下营业，用创造的利润偿还建筑费。建筑项目都采取昼夜施工，建设速度惊人。

我市建筑业今年以来搞了一些改革，也取得了显著效果。但总的看，我们的改革还是小打小闹，当然很多问题不是建筑企业本身的问题，市政府领导特别是我的思想也不够解放，改革还仅仅是解决建筑企业内部分配关系上的一些问题。在建筑企业和用户之间以及由此产生的社会效果方面，改革的步伐还不大。差距主要表现在质次、价高、周期长。质次，既有施工上的问题，也有设计上的问题。总的看，设计单调，施工粗糙，不重视装修。这次到南方看了一些建筑，人家的活非常细，重视装修。价高和周期长是联系在一起的，主要是还没解决建筑企业吃用户“大锅

1988 年 4 月，李长春在广东和中央顾问委员会委员任仲夷（右二）及夫人合影。

饭”的问题，工期没封死，造价没封死，“管吃管添”。如不采取大包的办法，施工过程中的很多问题就扯不清楚。我们必须在思想上有一个新的认识。经济工作主要是四个环节，生产、分配、交换、消费。建设就是生产，是经济工作的第一个环节，如果不在建筑业上有一个大的改革，我们在第一个环节上就打了败仗，就不可能和先进地区竞争。

为此，我提五点建议。一是从明年开始，把目前企业内部的百元产值工资含量包干扩展到甲乙双方的关系上，反映到社会的宏观效果上，要实行大包，包工期、包材料、包质量。现在市级项目都已不存在国家分配材料的问题，都是市场调节。市物资部门能解决的，按定额拨到施工单位；市场调节部分，由施工单位组织力量解决，其人工费用算到工程费内。二是要进一步开放建筑市场，在全国范围内招标。沈阳的建筑队伍、市政队伍，技术水平是不低的，煤气公司到北京施工是好的，市政公司到深圳施工也是好的。关键是要解放思想，鼓励竞争，破除封闭，开放建筑市场，把全国最先进的建筑队伍引到沈阳来，通过竞争锻炼我们的队伍。三是在施工上，可否也采取昼夜施工。我们冬季时间长，如夏季还不昼夜施工，我们的建设速度就没有办法跟人家竞争。所以围绕昼夜施工，在原材料供应上、在管理上，有什么工作要跟上，都需要研究。四是解决以大规模的商品化、社会化代替小生产的问题。可否通过一到两年的努力，住宅商品房由现在的 60 万平方米搞到基本上全部商品化、社会化；逐步取消各单位自己组建临时的基建办、搞自己的项目的办法。公共建筑也要在商品化方面大大前进一步，以解决一事一找地方，用户申请一次指标、要一次地皮、找一次施工单位，手续一办就要半年、一年，手续繁、效率低的问题。五是规划要先行。规划部门要解放思想，根据党的十二大提出的翻两番的宏伟目标这一要求，迅速调整，在规划思想上冲破过去的框框，提高土地利用率，压缩建筑物的间距。广州、深圳第三产业很发达，地皮价值很高。我们跟人家比，土地利用率很低。如果我们间距压缩到一点零水平，大约土地平均可节约四分之一。如果省四分之一土地，动迁费和配套费在50%以内，老区改造就可加快速度。总之，建筑业改革是当务之急，明年我市面临着一批重点工程，要以改革的精神建设好这些重点工程，通过几年的努力，把建筑队伍素质大大提高一步，在北方形成一流的建筑队伍，使我们的建筑业成为地方财政收入的一支重要力量。明年的目标是，二十几层的高层单体建筑一年拿下来，这样速度就上去了。二三季度是施工的大好季节，整个设计、确定项目都往前提，要昼夜施工，等到入冬时，骨架已起来了，光剩内部装修，可以冬天干，争取一年拿下一个高层。有了这样的速度，沈阳振兴、腾飞就有希望了。按照这个改革思想，银行要发挥监督作用，凡是没有实行“三包”的，不付款。我建议城建、建筑业的领导同志，带领有关人员到深圳再考察一下，然后开一次建筑业深入改革的会议，推动建筑业的改革。

二、关于大力发展第三产业的问题

深圳、广州都把第三产业作为改善城市投资环境的一个重要方面来抓，也把它作为地方财政收入一个重要支柱来抓。深圳第三产业有这样几个特点：一是跨行业经营。第三产业来钱快、周转快、经济效益好，大家都来办。工业办、建筑业办、文化事业也办，开饭馆的也搞旅馆，开旅馆的也搞游艺场所。相比之下，我们沈阳的第三产业处于很落后的状态，要把界限打开，大家都可以办，开展竞争。二是公园、游乐场所发达，而且全部企业化。我在深圳看了一下西丽湖度假村，完全靠贷款，靠利用外资，规模宏伟、气势磅礴，有水上的，有陆地上的，有各种高档游乐设施，还有别墅。每个周六、周日，有大批的香港游人到这个地方旅游、度假。类似这样的度假村深圳有 7 处，全部是企业化经营。三是大众化和高中档相结合，采取灵活的经营方式。既有大众化的东西，也有高中档的东西，以适应各类消费者的需要。高档的服务业，除了饭菜按正常标准收费外，根据宾馆的等级，加收不同水平的服务费。我们也要采取相应的灵活政策，搞高、中、低档相结合。四是第三产业经济效益好。深圳的第三产业今年收入 4.6 亿，是地方财政的支柱。新园宾馆是政府建的，租赁给一个香港人经营，每个月交 120 万利润，其余全不管了。就这一个宾馆，一年就收入 1400 多万元，相当于我们全市服务业利润的总和。广州第三产业也很发达，建成了一批高级宾馆。

借鉴南方发展第三产业的经验，我提出几点建议：一是在思想认识上要有个新的提高。现在，我们的第三产业远远跟不上第一产业和第二产业发展的需要，阻碍了第一、第二产业向更大规模的社会化、商品化方向发展，阻碍了尽快从自然经济中解脱出来、发展商品经济的速度。所以，各个部门、各个方面都要把发展第三产业作为一件大事来抓。二是要切实拿出规划。这次市委全委（扩大）会议明确提出来，要把第三产业放到一个重要位置上，有关部门要尽快提出振兴沈阳第三产业的规划。在这个规划

1984 年 12 月，李长春出席深圳沈阳经济技术开发公司开业典礼。

里面，要使第三产业有个空前发展，形成市一级、区一级、街一级的商业、服务业网。要动迁一批临街门市房，办商饮服修。每个区在两三年内都要建一所比较现代化的自选商场，要有计划地发展一批高中档的商饮服修业。深圳有一批国际水平的商场，广州的白天鹅宾馆、中国大酒楼也是世界一流的，而我们沈阳第三产业却相当落后，就从商场门面的装潢上看，人家的都是各种彩色瓷砖装饰，而我们的却破烂不堪，所以我们也得搞一批高中档的，发挥其示范和带动作用。还要重点突破做衣服难、洗澡难、住宿难、吃早点难等问题。要把发展旅游业作为第三产业的一个重要内容提到议程上来，公园也要用企业化的办法搞好经营，要上一批高档的游乐设施。要加速开发沈阳文物，光停留在“一宫两陵”水平上吸引不来游人，要以“方城”为重点，搞起“清朝一条街”，在旅游点上有个新的发展。要把棋盘山风景区规划好，还可以开辟市内旅游线路和市际间旅游线路。要发展一批为生产服务的新兴第三产业，如咨询服务公司、信息中心、软件中心等。要规划一批具有特色的商饮服修街，把沈阳的特色突出出来，还要把全国各地的好东西引进来。三是要研究搞活第三产业的政策。对大众化的东西要保护好，严格管理物价，不能乱搞浮动价格，否则群众有意见。对于高中档的，价格可以放开。旅店也可以分甲乙丙级，把档次拉开。高中档的在正常收费外，允许收一定的服务费。旧的商服网点要整修，把中街、太原街作为重点，按照上次提出门面新、牌匾新、橱窗新、陈列新等“四新”要求，明年一定要见效。对于整修门面，可采取企业自筹和国家在税收上照顾相结合的方法，帮助商饮服修网点面貌焕然一新。还要提出动迁门市房的政策，对规划区的门市房要限期动迁，谁动迁谁使用。要吸引全国各地客商和郊区农民来沈办第三产业，特别要吸引港商来投资，要研究这方面的政策。总之，用三五年左右的时间，沈阳第三产业要有一个大的发展，使之也成为我市财政上的一个重要支柱。

三、关于工业上水平问题

世界上一些知名经济学家曾经预言，从现在起到21世纪初，世界经济发展的重心要转移到西太平洋地区，包括中国、日本、东南亚这一带。而我国的东南和华南地区，也就是珠江三角洲这一带，将成为西太平洋经济的中心地区，长江三角洲地区的势头也看好。目前，我国经济发达区域的布局，也确实出现了从50年代的东北地区向南方转移的迹象，珠江三角洲以及海南岛的开发将以更高的速度发展。所以，华南、华东地区很快就会成为西太平洋经济的中心地区。一是我国南海油田的开发，将给这个地区注入新的血液。现在深圳专门开辟了一个地区，作为南海油田开发的后勤基地，负责设备供应、机修，还要搞炼油和油的深度加工，将很快使这个地方富起来。二是有特区的优惠政策。特区所得税比全国平均水平低得多，进口关税全免，条件好。三是这个地区有善于经营的传统。现在珠江三角洲的发展速度比长江三角洲还要快，如佛山已成为一个新崛起的产值近百亿的新型城市。

从深圳、广州的市场上看商品产地的构成，感到我们的轻纺工业正处在危机之中。第一，我们名优产品的地位不是在加强而是在削弱。比如啤酒，全国各地发展高档啤酒的速度很快。深圳从德国引进一套年产五万吨的啤酒生产线，大连跟日本合作生产麒麟牌啤酒。而我们的雪花牌啤酒，量上不来、包装装潢落后、登不上大雅之堂，在全国的影响在缩小。再如味精，我市的红梅牌味精深圳的超市里有，不是质量不好，而是价格没有竞争力。高压锅在超级市场上也看到了，但摆在一个角落里，无人问津。在深圳的超级市场里，摆的炊具全部是不锈钢的、电热的、高档的，那些琳琅满目的东西，没有一件是沈阳的产品。我们的名优产品在发达地区没有形象，地位在下降。第二，轻纺产品中新的重点品种，我们上得不快。如洗衣机，东北唯一在深圳超级市场摆着的，是营口友谊牌洗衣机；收录机，全部是当地产的、高档的；电视机，除了进口的，就是当地合资生产的；电冰箱，有北京的，没有东北产品；空调器，也是当地产的。我们的产品没有竞争力。第三，我们的日用产品也都停留在低档水平上。在广州、深圳，调羹、盘子大都是不锈钢的；食品，大量是软包装；饼干，十个小饼干，装进一个精美的小包装。我们除了炊具、餐具基本上还停留在铝制品水平上，饼干是用大口袋装的。所以，我们的轻纺产品在经济发达地区打不进去。

为改变这个局面，我也提几点建议：一是思想上要有危机感，千万不能满足于现状。我市轻纺、电子工业同自己比有前进，但跟全国发达地区比，我们的地位在下降；我们自己认为比较名优的一些产品，在经济发达地区没有影响。这就要求我们增强把轻纺、电子工业搞上去的紧迫感和自觉性，要把这种思想深入到每个企业的厂长、干部和职工之中，使他们了解自己的产品在全国是什么水平。要组织一批企业的厂长到经济发达地区的超级市场看一看，为什么我们的产品没有打进去？可以从那些地区买一些样品，在我们工厂搞对比展览。通过各种形式来提高我们的认识，增强紧迫感。二是轻纺、电子的有关局以及市里的综合部门，应把现有的产品排排队，也建立起“三个梯队”。第一梯队，就是现在的拳头产品，包括啤酒、味精、高压锅等，再进一步提高，巩固名优产品的地位。不能满足还有销路，不能仅往不发达地区销售，而是哪个地方先进就要打进哪里。要打到深圳、打到广州、打到上海去。第二梯队，就是新兴的耐用消费品，包括收录机、电视机、电冰箱、洗衣机，各种毛纺织品等。要尽快把世界上最新的技术引进来，从产品到装备到软件，全套地引进来，用最短的时间迎头赶上，千万不能满足于在低的技术水平上苟延残喘，要通过引进重新树立形象。第三梯队，是下一步的方向性产品。要本着往前赶的精神，提前上马，抓紧上高档、上优质，使我们的产品结构、技术结构，从现在的低档水平向高中档进军。三是处理好计划调节和市场调节的关系。现在，我们的计划观念太强了，很多同志把时间都花在争取上级给定点、列入计划上，而实际工作进度落后于人家。结果，电视机总厂争取到了计划定点，而无线电十二厂没定点，可是现在无线电十二厂生产的百花牌电视机，名气比沈阳牌的还大。我们沈阳的很多家用电器也是把力量放在跑定点上，可是营口洗衣机厂没有定点，但通过搞引进技术，质量上来了，用户都买它的产品。所以，我们的思想要有一个大的突破，从僵化的模式中解放出来。还要强调重视产品宣传、市场开发，把争取上级部门认可转向争取市场认可上来。我们有一些产品，并不是很落后，而是不重视宣传，所以在市场上影响不大。比如我们的机械工业和产品，这次到深圳，看到那些批发机构、超级市场，到处宣传的都是重庆机床厂等企业的产品，而看不到沈阳这样一个以机械工业为主的城市的形象。

四、关于城市交通问题

大城市的交通问题是个全国性问题，包括广州、北京，情况都很严重，但也要看到有些好的做法。深圳搞了一些桥，搞了一些立交，全是采取集资的办法。我们在广州通往深圳的路上，在两个收费站停下来交钱。广州和深圳之间正在搞高速公路的投标，要建高速公路。深圳和广州市内出租汽车各有三千多辆，个人承包、相互竞争、招手服务。联系沈阳的情况，也提几点建议：一是要大力发展出租汽车。本着大家动手的精神，交通部门可以办，服务部门也可以办，实行招手服务，以解决公共交通拥济的问题。二是要通过贷款和集资，建一些城市立交。现在看来，不从这方面找出路不行，就是采取建委提出搞苏家屯立交的办法，先贷款，建成后进桥收费。争取从明年开始，每年搞一处大型立交，通过几年的努力，逐步改变交通堵塞状况。三是要尽快规划好沈阳通往卫星城的高速公路。能不能争取 1990 年前搞起来一条到虎石台、苏家屯的高速公路，这对于促进两个工业区的发展很重要，能够更好地吸引技术力量，方便职工上下班。四是要大力发展中部城市群之间的交通。深圳、广州、福州之间，现在搞了高级旅游车，路上供几顿饭，补充了铁路运输的不足。如果我们也这样搞，就方便了城市群之间的联系。五是要研究迅速发展空运、水运和海运的问题。华南华东地区将成为西太平洋

1985 年 4 月，李长春参加沈阳市文化路立交桥建设项目论证。右一为沈阳市顾问委员会副主任李澄，右二为沈阳市市长武迪生。

发达区的中心，怎样发展和华南华东地区的交通运输，包括买一些飞机和民航合营、发展空运的问题，需要提到议程上来研究。六是我们近期建设地铁的可能性不大，可否研究搞个“天铁”，利用新开河河床上空，搞空中电车，打通南北交通干道，应抓紧进行可行性研究。市内的繁华区，也可以考虑建一些小天桥，造型精美一些。对交通问题要全方位考虑，政府交通管理部门不能只管几个直属企业，要管市内外、城市之间的全方位交通。

五、关于工资、消费和物价改革问题

深圳基本上是沿着高工资、高消费的路子走的，但现在还是个过渡的阶段，还不能说已是高工资，只是比内地高了一点。他们结合向高工资、高消费的过渡，实行了价格体制的改革，除了房租，全部放开，目前的工资水平还没有达到房租按经济规律办事的程度。现在看，价格放开，效果是好的。首先是推动了搞活经济。有一些东西，初期价格是高一些，现在已明显地回落了，有些比我们这里还便宜得多。比如市场上的水产品普遍比我们便宜，活的淡水鱼一块二角一斤。广州、深圳蔬菜价格也全部放开了。广州放开以后，刚开始价格上涨幅度很大，但现在大约比没放开前也只高了39%，而且没放开之前，蔬菜的利用率基本上是吃一半扔一半，现在是吃八成扔两成，总起来算，群众是满意的。深圳现在吃的是高档，用的是高档，生产的也是高档，繁荣了经济，整个地区的发达程度大幅度提高，这就是高工资、高消费、物价放开带来的结果。这就给我们提出了一个新的课题，要求我们在思想上重新认识低工资、低消费这种模式，对于推动经济的发展是弊大于利的。在提高认识的基础上，我们要敢于在提高经济效益的前提下，让职工增加收入，让职工富起来。在思想上解决这个问题后，我们在实际工作中就不至于一遇到类似的问题总怕职工多得，总是从限制职工收入的角度来考虑问题。要牢固树立这样的观念，只有在提高经济效益的前提下，敢于让职工增加收入，才能提高或增强职工承受物价改革的能力，才能推动物价改革；只有在物价改革上不断有所前进，才能更好地搞活经济。换句话说，在收入问题上，“平价”工资是对付不了议价商品的，怕收入多自然对物价改革就没有承受能力。物价改革不前进，就不能体现价值规律，经济就没有活力，经济发展的速度就慢。因此，在物价改革上，既要慎重，又要有所作为。在适应不同消费者需求方面，要稳住大众化的需求，同时发展高中档的。市政府曾经讨论，明年蔬菜改革要前进一步，五个品种采取订购的办法，其他品种敞开。敞开后，肯定要出现涨价的问题，这不要怕。怎么解决这个问题？就是对经济效益高的企业，要扩大工资总额和经济效益挂钩的范围。基本工资有个全国标准的问题，我们不是特区，但是可以在奖金方面搞活一点，以提高职工的承受能力。对于国家机关和事业单位，在蔬菜价格放开后，要采取临时补贴办法，提高大家的承受能力。其他统购统销的商品，也要有计划地逐步放开。对待这个问题，既要稳妥，又要前进，这就要求我们做好方方面面的工作，保持一个前进的姿态。

统计工作在改革发展中大有可为*

（1985 年 1 月 10 日）

要想搞好城市这个大系统，就必须运用系统工程的原理，使它成为闭环系统，使系统能够根据客观效果迅速作出反馈，驱动领导机关自动进行调节，使领导能够发出正确的调节指令。统计这个系统既能定量反馈，把经济、政治、社会发展情况反映上来，又能作定性分析，这是领导作决策的重要依据，特别是统计部门是独立的第三方反馈系统，客观公正，这是各业务部门的反馈所不能替代的。因此，运用好反馈系统至关重要。

刚才，翁志坚同志对沈阳市的统计工作给予了高度评价，也对我重视支持统计工作表示感谢。实际上，我没做什么，工作都是他们干的。我只是给他们加了一些工作，让他们多受了些累。你们出的题目还没来得及考虑，恐怕谈不清楚，供参考吧。

先谈点对统计工作的认识。我感到，城市工作是一个很大的

* 这是李长春同志与中国统计出版社翁志坚、钟守洋同志的谈话。

系统，也是一个系统工程。这个系统有经济工作、城市管理、政权建设三大部分。怎么把这个系统搞好，运用自如，这是当市长的首先要考虑的。我在学校是学自动控制的。我感到，要想搞好城市这个大系统，就必须运用系统工程的原理，使它成为闭环系统，实际上就是把自动控制的闭环系统运用到城市工作上来，使系统能够根据客观效果迅速作出反馈、驱动领导机关自动进行调节，使领导能够发出正确的调节指令。要把城市工作当作一个闭环系统，这就需要有信息、有反馈。全市的工作，与基层不一样，不能像厂长那样在厂里转一圈就都了解了，当市长不能处处都亲自去看，不能都用自己的肉眼、感官去了解，这就要运用政府这部机器，运用好反馈系统。我认为，政府的反馈有几个部门，一个是政府办公厅的调研部门，一个是政府的信访部门，我们还搞了一个市长公开电话[1]，他们把政府需要的信息，包括群众最关心的具体问题反馈回来。但是，只有这两条渠道还不够，他们主要是定性反馈，还必须有统计这个系统，必须依靠这三个反馈系统才能完成闭环系统。各职能部门本身也应对本系统的工作进行反馈，但其客观性差。统计这个系统既能定量反馈，把经济、政治、社会发展情况反映上来，又能作定性分析，这是领导作决策的重要依据，特别是统计部门是独立的第三方反馈系统，客观公正，这是各业务部门的反馈所不能替代的，所以统计能起耳目的作用。如何运用这个反馈系统，对能否驾驭这部机器至关重要。统计部门还能在长远战略问题上作出科学的预测，是研究长期经济发展战略问题的参谋机构。所以，统计部门既是反馈系统，也是领导者的智囊团和思想库。

从这两年的实践来看，统计部门确实起了一些很好的作用。

第一，它及时地对领导部署的工作落实、执行情况进行反馈，使你知道安排的工作下边落实得怎样，以便再发出新的指令。去年9月，有一期统计资料反映住宅竣工进度不好，有情况、有分析，我批给了分管建筑的副市长，他召开专门会议，反复研究，采取了许多措施。现在看，住宅竣工面积可以达到去年水平。这样的事很多。第二，它收集了全国各大城市的资料，及时提醒我们发现工作中的问题，在横向比较中揭露矛盾，使我们看到了差距，增加前进的动力，便于明确努力的方向。这方面，我压他们也是很厉害的，要求一个行业一个行业与兄弟城市进行比较，要求很细。看到他们搞的几个材料，很受启发。我是从工业部门来的，过去对建筑业、第三产业不太了解，通过统计材料发现了问题，敦促加快了建筑业的改革和第三产业的发展。我们和各个部门打交道，他们往往对自己的工作估计得满，看不到不足，如果全听他们的，只靠这一条渠道了解情况，那将误大事。所以，通过统计这一渠道可以找到差距。第三个作用，为制定全市的战略目标提供了科学的依据。为了配合搞长期规划，他们论述了翻两番的可能性，搞了好多专题资料，很多我已列入永久性保存的资料里去了。

统计局在实际工作中注意把统计工作搞活，除按国家统计系统规定完成统计上报任务外，还搞了不少专题分析，供领导参考，还有快速报表，每月经济活动情况5号就能拿上来，使领导知道动态，到一定阶段还搞一些永久资料。去年年初，我在全市作了一个形势报告，全靠他们提供的大量资料作素材。

我也分析了一下，统计局的工作应该说也开创了新局面。最近我们正在进行年终总结，大约有四分之一到五分之一的委、办、局能得到市长特别奖，统计局在可能得奖的范围之内。分析一下原因：第一，统计局在1983年机构调整后，领导班子比较健全，都是热心统计工作的内行，又善于做好思想工作，调动员工的积极性。第二，去年6月，市政府提出机关改革，抓政企分开，搞责任制，统计局对政府机关的改革是严肃认真的，岗位责任制搞得是比较好的。第三，领导比较重视知识分子政策，把知识分子安排得好，千方百计集中资金，建点住房，把大家的积极性调动起来，使大家看到了希望。最后一条，市政府领导同志特别是主管市长都很重视，出题目、加任务，使他们有一个明确的方向。他们提出要解决手段问题，政府也是支持的，买了台微机。统计局确实很辛苦，经常加班，有时我晚上给他们打电话，要数字，都有人在。

从政府讲，统计局的工作还有差距。一个是计算手段落后。要想办法用现代化计算机形成统计网络。现在我们在撤销行政性公司中也遇到了这个问题。过去由局对公司，现在直接对企业，单位太多，搞不起。统计只好放在公司，这又是行政性的工作，所以感到有矛盾。我们想，市里要形成网络，每个填报单位有一个终端，通过网络都集中到统计局。不解决这个问题，时效就始终跟不上。从全国来看，也急需地方与国家统计局之间、各城市统计局之间都形成网络，这个工作可以请国家统计局搞，市内的我们搞。第二，从总体看，资料很好，具体看，有些统计资料质量还不够高，有的分析还有不准确、不科学，论点论据牵强附会的地方，有待进一步改进，人员的水平也不平衡。第三个问题，统计工作怎样适应改革的形势，有些问题还要研究。如对物价，还停留在过去“稳定不动”的老模式上来分析，没有按党的十二届三中全会精神来看待物价问题。再如工业总产值，农村工业这一块，还是在以生产队为基础的认识下统计的。队办的都算农副业，这都不适应改革的形势。这不是一个市能解决的，得国家统计局统一改。前一个问题是我们自己的事，我们自己要改。现在改革在深入，七个计划单列市要制定一套新的指标体系来进行对比。关于改革，我给统计局还出了一个题目：工业总产值的计算方法，还是过去那种产品经济的计算方法，产品生产出来就可以统计产值，这在过去指令性计划、单一计划调节、产品统调统配的情况下是对的。现在按有计划的商品经济的观点来看，企业仅完成生产过程还不能算商品，必须进入流通领域进行交换，才体现出价值。所以，统计的依据，不能产品入成品库“验收入库”后就算数，必须延伸，用户买了，交了提货单，才能算产值。商品经济就应该这样。这样做，对国家意义很大。产品验收入库，不能反映使用价值，可能在库里积压一两年，最后报废了。这是一种自己哄自己的办法。用户买去了，进入了社会，有使用价值，这样的数据才比较真实。这样，就得统计销售产值，而不能统计“入库”（成品库）产值。我们一个市统计销售产值工作量很大，对国家、对市，得搞两套。如果国家统一改过来，就可以省不少力。第四个问题，从政府角度来看，统计这支队伍，知识分子较多，又无钱无物，在后勤保证上的改善也需要加快步伐。我们虽然是大市，但过的是穷日子，财政收入上缴的比重很大，有点蜡烛精神，照亮了别人，消耗了自己。今年准备从建行贷点款，建点房子，知识分子多的地方多照顾一点。

关于市统计局统计分析所起的作用，事例很多。如在改革奖金分配中，统计部门也提供了很多信息。去年，商业部门改革，发现给国家上缴下降了，个人收入大幅度增加，三者关系摆得不正。我们采取了一些改革办法，过去奖金是按人头砍，后来调整为和利税挂钩。经统计局分析，改革后，每元钱奖金所创的利税大幅度增加了。所以，我们奖金与利税挂钩比国家早一年。也有些资料，他们是从中间环节得到的，质量不好。如能源节约，可能是从能源办来的，效果就不好，不如第一手来的反馈好。

统计部门有一个思想很明确，就是既要完成上报任务，又要完成地方任务。你这个部门对全市工作起了比较大的作用，自然就重视你；你的工作处于可有可无的状况，自然就会处于被遗忘的角落。有的主管部门有“文革”遗风，报喜不报忧，统计部门要公正。我也给他们讲，你们大胆分析，有些问题拿不准的，发的面可以小一些，只发给领导同志就行。但你得力求准确，只要讲得准，即使说得深些，所涉及的部门也服气，如果情况和他们的看法不一致，可以事先沟通一下，也可以摆到桌面上研究。

注　释

〔1〕市长公开电话。为了接受群众反映问题，听取群众对政府工作的意见建议，1983 年 9 月 18 日，沈阳市设立了市长公开电话，这是我国首部市长公开电话。

顺利推进价格体系改革*

（1985年4月3日）

社会主义也必须发展商品经济，这是大幅度提高劳动生产率不可逾越的阶段。因此，价格必须和价值统一起来，必须充分尊重价值规律，按价值规律办事。商品价格要真正反映其价值量，商品价值量要通过市场交换体现出来，因此价格要反映供求关系。任何行政干预都代替不了价值规律的作用。要认识到，价格一成不变，只能阻碍商品经济的发展，从根本上损害人民群众的利益。

当前形势很好，改革价格体系有很多有利条件，但也存在一些困难和问题，必须统一认识，在思想上、工作上、物资上为价格改革创造必要的条件，确保价格改革健康顺利地进行。

一是要统一思想、统一步调。中央在关于经济体制改革的决定中指出，“价格体系的改革是整个经济体制改革成败的关键”。

---

* 这是李长春同志在沈阳市党政干部会议上所作关于价格改革问题动员报告的一部分。

可见价格改革意义重大。党的十一届三中全会以来，农村改革取得了巨大成功，如果我们再经过若干年的努力把城市改革搞成功，就会加快实现四化的进程。相反，如果搞不好，出现曲折，就会影响整个经济的发展。所以，要统一思想、统一步调。

第一，要和中央保持一致。党中央和国务院对价格改革，采取十分慎重的态度。我们必须按照中央的统一部署稳步前进，但从这一时期发生的一些事情来看，在和中央保持一致上，有些情况应引起我们各级领导的重视。去年第四季度以来，新的不正之风越刮越大，正在危害着我们的改革。有些同志不是站在国家的立场上想问题、办事情，往往只考虑局部利益，不考虑整体利益；只顾眼前，不顾长远；只讲需要，不顾及国力的可能。如果只为小集团利益，乱涨价，乱发奖金，乱涨工资，就将破坏价格改革的进行。所以在价格管理、奖金发放、调整工资上，都要按国家政策执行。各级干部要和中央保持高度一致，有利于价格改革的话就说，有利于价格改革的事就做，不利于价格改革的话坚决不讲，不利于价格改革的事坚决不做。

第二，对价格问题要有新的认识。长期以来，我们对主要农副产品、日用消费品实行的是统购包销政策。这项政策在某一时期，特别是在国民经济恢复时期，在生产力水平低下和人民生活水平不高的条件下，为保证人民生活的最低需要是必要的。但从发展商品经济来看，必须适时改变这种购销体制和价格体系，否则将成为发展商品生产的障碍。长期以来，由于受僵化模式的影响，人们思想中存在一种错觉，认为在社会主义条件下价格是一成不变的，搞产品经济、国家调拨是天经地义的。党的十一届三中全会以来，我们党总结了社会主义建设的经验，特别是十二届三中全会《决定》，在理论上澄清了这个认识。社会主义也必须发展商品经济，这是大幅度提高劳动生产率不可逾越的阶段。因此，价格必须和价值统一起来，必须充分尊重价值规律，按价值规律办事。商品价格要真正反映其价值量，商品价值量要通过市场交换体现出来，因此价格要反映供求关系。任何行政干预都代替不了价值规律的作用。要认识到，价格一成不变，只能阻碍商品经济的发展，从根本上损害人民群众的利益。

第三，要充分相信党和政府是全心全意为人民服务的，相信党的十二届三中全会《决定》是正确的，相信价格体系改革的措施是从广大群众根本利益和长远利益出发的。国家并不是要从群众身上得到什么，而是从广大群众根本利益和长远利益出发，为理顺价格付出了很高代价。只有明确了这个认识，才能使大家自觉实践，即使出现一点问题，也能通过上下一齐努力，很好解决问题。

第四，无论是工业生产、农业生产还是商品流通，都要适应商品经济发展的新形势，在指导思想上有一个根本转变。搞工业生产的同志，要加强经营管理，增强对原材料提价承受能力，努力降低成本，降低原材料消耗，不要把提价部分转嫁到消费者身上。搞农业生产的同志，要摆脱统购统销的思想，多了解市场，搞好预测，下决心引导广大农民在市场竞争中学会“游泳”。搞商品流通的同志，思想上也要有一个大的转变，过去认为商业只是商品的分配部门，其实商业也是企业，也要加强经营管理，降低费用，搞活流通。特别是国家对某些商品取消暗补后，商业要从根本上破除“大锅饭”，要给企业自主权，不保护落后，让企业真正投身到市场竞争的行列中去。

二是加强宏观调控，搞好综合平衡。价格体系改革是整个经济体制改革的重要组成部分，不能就物价论物价，需要各方面的配合。因此，要以财政信贷、物资的平衡来统筹安排。一要严格控制物价，防止物价发生大的波动。一切重大的价格改革措施和重要的商品价格、非商品收费标准的调整，必须按照党中央和国务院的统一部署和物价管理权限执行。二要严格控制现金支出，清理各种奖金、补贴和发放的实物，超过规定的要一律照章纳税；加强工资性支出、生产资金使用的核定和检查监督，整顿事业单位的奖金制度；大力压缩行政性开支，控制社会集团购买力。三要大力组织货币回笼。积极增产适销对路的日用消费品，适当进口部分高档耐用消费品，投放市场，回笼货币；银行要大力组织各项存款和储蓄，吸收社会游资；还要通过积极处理库存积压商品等办法来回笼货币。四要积极做好商品供应，努力提高服务质量。各级商业部门要积极组织货源，扩大购销，搞好物资储备，特别是对容易受到冲击的某些日用工业品，更需要采取有力措施，保证市场供应。国营商业要积极发挥主渠道作用，平抑市价，千方百计满足消费者的需要。

三是加强物价监督检查，坚决刹住乱涨价歪风。当前，一些企业和个人擅自提价、变相涨价、倒买倒卖比较严重，群众反映强烈。为了保证价格改革的顺利进行，各县、区，各部门要根据最近国务院和省政府通知的要求，大力加强物价管理和监督检查。市委、市人大、市政府准备在 4 月份组成由领导同志亲自参加的物价检查团，深入重点部门、重点单位和问题较多的薄弱环节，进行物价检查。各县、区，市有关局的主要领导同志也要组织力量，对本地区、本部门的价格执行情况进行一次全面的检查，按照国务院要求逐项落实。对乘改革之机乱涨价、变相涨价、缺斤短两、掺杂使假、乱收费的单位和个人，从严查处，除了没收其非法收入外，还要处以罚款，绝不能让他们在经济上占便宜，严重的要吊销营业执照。对那些坐地转手倒卖、投机倒把、牟取暴利、扰乱市场的，要严厉打击，构成犯罪的要依法制裁。各部门要加强物价机构，已经撤并的，要予以恢复。要进一步建立健全各项物价管理制度，广泛开展“物价计量信得过”活动，动员群众参加物价监督检查。

四是做好这次价格改革的宣传工作。根据国务院有关文件以及市委宣传部编发的宣传提纲，结合本地区、本部门职工思想情况，做好宣传工作，将这次价格改革的意义、目的、内容、步骤、方法向广大群众解释清楚。采取先党内后党外、先干部后群众的办法，层层动员，做到家喻户晓。宣传部门可以组织经济学家给各级干部作报告或举办讲座，讲解价格改革的意义和有计划的商品经济问题，不断提高大家搞商品经济和进行价格改革的自觉性。各大专院校要把思想工作做细，搞好后勤工作，提高食堂管理水平，使学生能够正确认识和对待这次价格改革，以防止出现波动。各级干部和党、团员，要带头支持这项改革，模范地遵守纪律，不传谣、不信谣、不抢购。对党员、干部参加抢购的要严肃处理。各级纪律检查部门要把搞好这方面的检查作为当前工作的重点，工会、青年团、妇联等群众团体要密切配合做好工作，以保证价格改革的顺利进行。

抓好劳动制度改革*

（1986年7月13日）

进行劳动制度改革，对于推动整个经济体制的改革将发挥重要作用。人是生产力最活跃的要素，招工用人权是企业最重要的自主权之一。企业有了用人的自主权，就可以按照生产经营的需要，把需要的人招进来，把应该辞退的职工辞退出去，做到能进能出。这将有利于提高职工队伍素质、严格劳动纪律、改进劳动组织、优化劳动力结构、提高劳动生产率，有利于增强企业活力，有利于形成富有生机活力的社会主义经济新体制。

国务院即将颁布以用工制度为重点的四项劳动制度改革，即国营企业实行劳动合同制、改革用工制度、辞退违纪职工和职工待业保险等四项暂行规定。这是新中国成立以来我国劳动制度的一次重大改革，是整个经济体制改革的一个有机组成部分，是搞活企业的一项重要措施，对于逐步建立起具有中国特色的充满生

* 这是李长春同志在辽宁省市委书记、市长会议上讲话的一部分。

机与活力的社会主义劳动制度有着十分重要的意义。各级党委和政府一定要按照中央的要求，统一思想、加强领导，精心部署、协调行动，务必把这项重大改革认真抓好。

我国现行劳动制度是50年代逐步建立和发展起来的，历史上起过积极作用，但长期没有随着情况的变化进行相应改革，存在不少弊端。党的十一届三中全会以来，结合发展多种所有制经济形式，改变了过去单纯靠全民所有制单位吸收城镇待业青年就业的局面，基本上解决了历年积累下来的待业青年就业的问题，并在用工制度方面进行了改革试点，取得了一定的成绩。但是，从劳动制度的总体上看，还没有进行根本性的改革。国营企业在用工制度方面，还存在统得过死、包得过多、能进不能出、一次分配定终身的状况。企业缺乏选择职工的自主权，职工缺乏选择职业和工作单位的自主权。特别是前几年为缓和劳动就业的矛盾，实行“子女顶替”和“内招”的办法，虽然当时起过一定的作用，但流弊暴露得越来越多，造成企业职工队伍素质下降、结构不合理、内部亲缘关系复杂、生产经营管理困难。因此，改革现行的招工、用工制度，坚持德、智、体全面考核和择优录用，已势在必行。

第一，劳动制度改革是发展社会化大生产和商品经济的客观要求。社会化大生产的特点之一，就是科学技术日新月异、生产技术基础不断变革，为此需要一支能够适应技术进步要求和作风过硬的职工队伍，使生产力的诸要素实现更合理、更有效、更优化的结合。这种结合，靠原来的“子女顶替”、一次分配定终身的“大锅饭”和“铁饭碗”，是无法实现的。现行劳动制度，压抑了劳动人民聪明智慧、刻苦勤劳、遵守纪律的传统美德，已经成为生产力发展的障碍，违背了社会化大生产和商品经济发展规律。

第二，劳动制度改革是经济体制改革的一个重要组成部分，是搞活企业这个中心环节的重要方面。进行劳动制度改革，对于推动整个经济体制改革将发挥重要作用。人是生产力最活跃的要素，招工用人权是企业最重要的自主权之一。企业有了用人自主权，就可以按照生产经营的需要，把需要的人招进来，把应该辞退的职工辞退出去，做到能进能出。这将有利于提高职工队伍素质、严格劳动纪律、改进劳动组织、优化劳动力结构、提高劳动生产率，有利于增强企业活力，有利于形成富有生机活力的社会主义经济新体制。

第三，劳动制度改革可以使社会的每个成员有可能根据社会主义建设的需要和自身的条件，适当地选择职业和工作单位，更好地体现劳动者作为社会主人的地位，增强职工主人翁责任感，激励每个职工各尽所能地为社会主义建设服务，促进生产力的发展。

经济体制改革是一场深刻变革，这次劳动制度改革也不例外，必然会触动人们的传统观念和旧的习惯势力，在思想上和心理上都会有不同程度的反响，同时也必然会涉及广大职工的切身利益，引起个人利益的一些调整。劳动制度改革涉及面广、政策性强，工作也有一定的难度。所以，要按照中央提出的要求，切实做到改革要坚决，步子要稳妥，精心筹划、精心部署、精心指导，把工作做细做扎实，把可能出现的问题和困难估计得充分一些，把实施方法、步骤想得周到一些，以保证改革的顺利进行。

搞好劳动制度改革，当前要抓紧实施前的思想准备和组织准备。思想准备工作，主要是搞好思想发动和宣传教育工作。要采取自上而下、先党内后党外的步骤进行思想教育，组织各级领导、广大党员学习中央文件和中央领导同志的讲话，提高认识、统一思想，增强贯彻执行劳动制度改革有关方针政策的自觉性。暂行规定颁布后，要组织广大干部、职工学习暂行规定和宣传提纲，利用各种宣传手段讲明改革劳动制度的目的、意义和必要性、迫切性。我省试行劳动合同制的试点工作已经 3 年了，截至今年 5 月，全省实行合同制工人已达 21 万人，改革已有一定基础，广大干部和群众对新的招工、用工制度并不陌生，对取消“子女顶替”、“内招”办法和辞退职工已有一些尝试。我们要充分利用这一有利条件，总结典型经验，有组织有计划地进行宣传教育，动员大家积极支持改革、投身改革。在深入进行思想教育的同时，一定要注意搞好调查研究，对在执行暂行规定时可能出现的各种问题要有足够的估计，并要研究需要采取的相应措施，把工作做在前面。

组织准备工作，主要是贯彻国务院《国营企业实行劳动合同制暂行规定》，省、市、县（区）劳动部门要设立劳动保险机构，配备必要人员。贯彻《国营企业职工待业保险暂行规定》，要加强和充实各级劳动服务公司力量，搞好劳动部门干部培训。省政府还要拟定贯彻暂行规定的实施细则，具体要求待召开专门会议再进行部署。为加强对这项改革工作的领导，省委省政府决定成立辽宁省劳动制度改革领导小组，各市也要建立相应的领导机构。

搞好劳动制度改革，不仅需要劳动人事部门，还需要财税、金融、公安、司法、纪委、工青妇、宣传、企业主管部门的通力协作，密切配合。要把劳动制度改革同继续纠正不正之风结合起来，防止招工中各种不正之风的发生，如搞变相“内招”、“突击招工”、“突击提干”和“顶替风”等，保证劳动制度改革暂行规定的顺利实施。

关于经济体制改革和当前几个突出问题*

（1986 年 12 月 16 日）

解决经济建设中权力高度集中的问题是改革的大方向，不解决这个问题，整个经济机制就不会有活力。在基本建设和技术改造方面，“管吃管添”、由上边包办一切的“保姆”体制不打破，扩大再生产领域就活不起来，技术改造就上不去，投资效益也难以提高。作为投资主体的企业，责任、权力没有结合起来，是投资效益难以提高的关键所在。要建立起分级分层次的决策控制体制，增强中心城市和企业的自我改造、自我发展、自我约束能力。

一、关于计划体制改革问题

关于下放基本建设、技术改造项目审批权限，大部分同志是赞成的，感到这样做很有必要，但也有一些同志，特别是厅局的

* 这是李长春同志在辽宁省计划会议上总结讲话的一部分。

同志担心审批权限下放以后，宏观管理跟不上，会出现大量重复建设，造成浪费；担心市里没有足够的力量做前期工作，“七五”的重点项目上不去。也有一些市里的同志担心建设期间资金渠道和物资渠道不通畅，投产以后能源、原材料的供应渠道不通畅，影响工程建设和发挥投资效益，等等。这些担心是有一定道理的，是在从旧体制向新体制过渡阶段难免出现的问题。但是，解决经济建设中权力高度集中的问题是改革的大方向，不解决这个问题，整个经济机制就不会有活力，这也是我们在经济体制改革务虚会期间共同认识到的。在基本建设和技术改造方面，“管吃管添”、由上边包办一切的“保姆”体制不打破，扩大再生产领域就活不起来，技术改造就上不去，投资效益也难以提高。作为投资主体的企业，责任、权力没有结合起来，是投资效益难以提高的关键所在。我们下放项目审批权限的目的，就是要把企业搞活。要建立起分级分层次的决策控制体制，增强中心城市和企业的自我改造、自我发展、自我约束能力。企业生存发展所需外部条件的落实，是发挥各级的积极性去解决好呢，还是仅仅发挥上边一个积极性去解决好呢？我看还是发挥各级的积极性更好一些。审批权限下放以后，各级政府、各级管理部门要努力办好生产要素市场，使金融、物资、劳动、科技体制的改革与我们这次会议确定的计划体制改革相配套，为企业的生产经营和扩大再生产创造比较宽松的环境，为企业充分运用自己的权力创造良好的市场条件。

关于缩小指令性计划和统配物资范围问题。一些同志担心原有的物资供应渠道中断，物资市场又没有形成，会影响明年的生产建设。但这项改革措施是大势所趋，为了增强企业特别是大中型企业的活力，要本着省政府提出的坚持前进、平滑过渡原则，积极、稳妥地逐步缩小指令性计划的范围，相应地减少统配物资的范围和数量。我省的企业之所以活力不够，一个重要原因是国家指令性计划比重过大，企业自主支配的产品比重太小。对于使用国家统配物资的企业来说，这种“保姆”体制助长了“等靠要”，如不及早采取措施加以解决，就会越来越被动。国家分配统配物资比重大的企业，长期以来是靠廉价的工资、廉价的原材料、廉价的能源等条件获得发展的，但是经济体制改革的方向恰恰是要逐步冲破这些条件。比如工资是要逐步增长的，提高电价也势在必行。随着体制改革的深入发展，企业靠廉价能源、原材料发展生产的条件将不复存在。根据目前掌握的情况，国家明年分配我省的统配钢材减少 40.8%，约 21 万吨，扣除废钢铁不上缴折合的成材以及不再上收地方小钢铁 5%的任务，实际减少 18%，这对靠廉价原材料生存的企业将是一个很大的冲击。南方一些沿海省份的企业，是在长期的市场竞争中成长起来的，对商品经济有很强的适应性。而我们的企业多数是在“摇篮”中长大的，如果不尽快培养企业适应商品经济的能力，那么将难以生存和发展。经济体制改革的总体方向已经定了，早适应就早主动，越晚适应就越被动。所以我们要缩小指令性计划的范围，相应减少国家统配物资的范围和数量，给企业以发展横向经济技术联合的必要条件，给物资市场的形成提供必要的物资支持，这是发展有计划的商品经济的需要。既然上调量减少，那么分配量也相应减少，这就需要大家共同来承担，共同提高消化能力。明年省定的指令性计划产品有些要减少 10%，是比较合适的，但不搞一刀切。会后计经委会同有关部门制定一个具体的分配原则。需要说明，统配物资减少了，社会总资源并没有减少，本质上是渠道和价格的问题。这就要看谁有本事通过横向联合建立稳固的物资协作渠道，谁能善于利用国内国外两个市场、计划内计划外两个渠道解决物资供应问题，谁能通过降低消耗、挖掘潜力、消化平议价差提高经济效益，也就是看谁能在激烈的竞争中有更强的适应性，求生存、求发展。明年减少的统配数量并不太大，不会引起很大的震动，但对那些长期靠低价统配物资过日子、没有一点抵抗能力的“宝宝”企业，恐怕要有很大震动。要帮助这些“宝宝”企业尽快学会自己走路。同时，我们应该看到所有的企业，特别是长期以来在计划经济模式下成长的企业，都有过商品经济这一关的问题。要坚定不移地推动这些企业过好这一关，早晚都得过，早过早主动，晚过就被动。

二、关于财政体制改革问题

大家都认为这也是个很大的改革，也都赞成。但有少数同志感到本部门要办一些事情用钱不那么方便了，有的同志感到，过去到省里各部门转一圈就能要点小钱，改了以后就不那么容易了。关于这个问题，需要进一步统一思想、统一认识。这次我们采取了一些财政体制改革的措施，是贯彻省直机关改革务虚会精神的一项重要内容。改革的方向，主要是进一步打破统收统支的旧体制，进一步完善分级包干、分级负责、权责利相结合的新体制。对于省财政长期以来用在各个市县比较稳定的一部分，下放各市，进入财政基数，完善各个市自己当家理财、自我发展、自我约束的权责利结合的体制。省本级财政上的专项资金也要进一步下放。这次下放了2.4亿元，放到各市的体制内。今后省本级的财力主要用于关系全局的重点建设，省不再越级管理，不再直接安排县的项目，强化市管县的体制。企业的事情由企业作为投资的主体，发挥企业的主观能动性。市里的事情主要靠市自己去办。形成一个分级决策、分级管理、分级控制的体制。这样改有很多好处，第一个好处是可以减少省直各部门直接分钱分物的工作量。分配这2.4亿元，得用很多人、很多精力到处跑，一个项目一个项目地看。改革之后就能够腾出很多精力，用更多的时间搞调查，研究方针政策、行业规划，进行咨询服务和监督检查，有利于提高全省经济工作的领导水平。小智者治事，大智者治人，睿智者治法。小智者治事，就是搞分小钱；大智者治人，就是善于用干部，把大家的积极性调动起来，知人善任；睿智者治法，就是更高明的人善于立法，拿办法，出点子，"摇羽毛扇"。现在省里需要更多"摇羽毛扇"的人。如果我们不进行这样一个改革，客观上大家就没有精力考虑更高层次的东西。第二个好处是便于基层在"笼子"内自主地安排，提高资金使用效果，也有利于克服个别地方形成的"等靠要"的思想，省市县各自办好自己应办的事。权利和责任都放下去，各市各县在平等条件下开展竞争，省检查市县的工作，有利于形成一个富有生机和活力的机制。第三个好处是有利于完善市管县的体制。通过计划体制和财政体制改革，省今后就不再越级管理了，不再直接安排县的项目，这有利于强化市管县，有利于城乡一体化，有利于建立科学的行政管理体制。个别市对县的领导不太得力，从体制上看，县里直接往省跑，省直接安排县里的事，市里就不便于领导县。我们这样改，既坚持了不挤不占市县的利益，又加强了省的监督检查工作。对放下去的资金要保证原来的用向，不准挪用。农业投资因为有它的特殊性，今后相当长的一段时间内，省里不考虑农业投资的下放问题。教育资金下放之后，一定要保证用于发展教育事业。各级财务部门特别是省财政厅，要会同省主管部门加强监督检查。省审计部门也要把这项改革措施纳入审计业务。

三、关于粮食挂钩政策问题

为了鼓励粮豆生产和定购任务的完成，实行粮地挂钩、粮肥挂钩、粮油挂钩、粮钱挂钩、粮物挂钩的“五挂钩”。粮肥、粮钱挂钩是国家采取的措施；定购粮食和责任田的面积、质量挂钩，是改变协商定购的办法；粮物挂钩是各个市用紧俏的和优质

1988 年 8 月，李长春在辽宁省兴城县考察。

名牌日用商品奖售给交粮大户。对这些措施大家都赞成。但有的地区提出，这样挂钩使“三辽”地区吃亏了。这个说法不准确。实行这些挂钩政策，省里特别考虑了铁岭这个商品粮基地的利益，而且对于有商品粮调出任务的市，在挂钩上还有优惠。这个措施恰恰支持了“三辽”地区发展商品粮。油料作物的生产也是我省的一件大事，也应该在挂钩政策上给些优惠。为了解决好食用油这个大事情，省政府决定对花生、葵花子等油料作物由省里定购的部分实行两挂钩，就是折合粮食同化肥、柴油挂钩，用以鼓励油料作物的生产。请省计经委同农口商量一下，统筹调剂解决这个问题。关于棉花问题，已经有专门奖售肥的办法。必须看到，对我省来讲，在农作物里面，摆在第一位的还是粮食。要从全省这个大局出发，对粮食生产给予更大的优惠政策。

四、关于外汇平衡问题

目前，国家外汇储备已经下降到警戒线以下，没有能力再为地方组织进口大量的原材料了，把原由中央统一进口的15种物资下放给地方一部分，用地方自有外汇进口。下放给我省的进口任务是7536万美元，扣除沈阳、大连的，是5200万美元。按现行的外汇分成体制计算，省本级一年掌握的外汇只有3000多万美元。这些外汇每年有一半用于给各行业、各企业组织进口材料，另一半已经安排引进技术、设备、仪器仪表。省本级没有能力承担下放进口任务。全省留成外汇，按去年出口额大约是2.5亿美元，其中有三分之二在生产企业里，其余在各市和省各主管部门，外贸出口部门也有一点。进口原材料维持生产和进口设备搞技术改造，在用汇方面矛盾很大。经过再三研究，省里没有什么好的办法，目前只能采取这样一些措施。第一，这 5200 万美元的进口任务如数下放，由市和各企业自筹解决；第二，对于少数在全国有影响的产品所需部分原材料，国内确实不能生产的，省里可以择优扶持；第三，各级都要压缩非生产性用汇；第四，千方百计组织需要进口原材料的企业，在技术上、设计上研究采用国内的材料替代，减少进口；第五，立即派人到四面八方去调剂外汇；第六，个别需要大量进口的原材料，特别是化工原材料，凡是省内能够生产的，要采取临时措施，超产部分要看省内平衡，价格可以商议，使用这些原材料的企业要主动找生产企业搞横向联合。除此之外，省市两级计经委要加强协调、衔接，各行业的主管部门在行业内部也要加强衔接和协调。省里要继续向国家呼吁，请求支持，但是我们要立足于自己千方百计解决问题。国家下放进口任务中，比较突出的是进口 4 亿斤小麦的任务，需用外汇 2200 万美元，我们实在没有能力承受，但又涉及我们整个粮食的平衡，现在还没有研究出好的解决办法，准备专门调查研究一下，向国家汇报后，再同各市商量。

五、关于行政性公司的改革问题

行政性公司的改革方向已经明确了，就是要把责、权、利全面下放到企业，改变用庞大的行政机构去驱动经济运转的局面。行政性公司在过去那种体制下，做了大量工作，为经济发展作出很大贡献，现在，它的历史任务已经完成了。行政性公司体制改革的目标，一是从行政办法转向以经济办法为主，把经济办法同行政办法、法律手段结合起来；二是从过去高度集权决策体制转向分级负责、分级决策、分级约束；三是从过去纵向的经济运行机制逐步转向横向的经济运行机制。在当前两种体制并存的特殊时期，如何把行政性公司处理好，省里总的态度是要坚决转轨变型，不是在“撤”字上下功夫，而是在“转”字上下功夫。行政性公司要转变成经营型企业、服务型企业，做到独立核算、自负盈亏，成为经济法人，跟下面的企业在行政领导关系、财务关系上脱钩，有条件的也可以转成联合生产经营型。有的还可以转成行业协会，由会员厂民主选举产生，成为企业和政府之间的渠道，反映企业的意见，为企业服务。确实不能转的，只好撤掉。丹东市近几个月在这个问题上进展很快，形势比较好。各市可以学习丹东市的做法。对省直的行政性公司，我们坚持这样几条：第一，解决把责、权、利下放给企业的问题。第二，把行政性公司变为经营服务型企业，自主经营、独立核算、自负盈亏，跟主管厅局脱钩，不要用行政权去做买卖，不要搞官僚资本。确实不能转的，按国家要求撤掉。第三，对于机构改革过程中省里原来一些厅局变成局级公司，跟一般行政性公司不一样，要具体问题具体分析，区别对待，请省体改办、省编委负责调查研究，一个一个地拿出意见，由省里最后定。

发展社会主义商品经济要求行业管理部门转变职能*

（1987 年 7 月 10 日）

行业管理部门职能转变搞不好，经济体制改革就难以深入。国家对企业的管理方式，要由过去的直接管理转变为间接管理，从以“硬件”（分钱分物）为主的管理转变为以“软件”为主的管理，从主要依靠行政的办法管理企业转变为主要用经济、法律的办法管理企业，从单纯的“管”企业转变为为企业的经济活动搞好服务，从只管直属企业转为下放直属企业，面对社会全行业。

最近一个时期，我们抓了一些行业管理部门的企业下放问题。化工局等单位对这项工作认识快、态度明朗、旗帜鲜明、工作主动，表明他们对改革方向的认识是清楚的，改革意识是比较强的。但也有部分专业厅局的同志感到工作前途渺茫，表现比较消沉，这表明我们一些同志对行业部门转变职能的认识还有一定距离，必须尽快加以解决。

---

* 这是李长春同志与辽宁省部分厅局领导干部谈话的要点。

行业管理部门转变职能是发展社会主义商品经济的客观要求，是经济体制改革的重要任务之一。

按照党的十二届三中全会的《决定》，经济体制改革所要达到的目标，是建立具有中国特色的、充满生机和活力的社会主义经济体制。这种新体制是按照发展社会主义商品经济的客观要求建立的，打破了过去产品经济条件下那种僵化的管理模式。为了实现这一目标，《决定》要求经济改革分为三个层次进行。一是微观机制的改革，主要解决企业是行政机关的附属物问题。通过实行厂长负责制等三个条例〔1〕，改变企业无人负责、无法负责的状况。在分配上，通过改革分配制度，完善经济责任制，解决职工吃企业的"大锅饭"，企业吃国家"大锅饭"和谁对国家负责的问题。使企业回归到自主经营、自负盈亏、自我发展、自我约束的本质属性上来。二是建立市场机制，通过对经济运行机制的改革，实现经济活动由纵向运行转为横向运行；通过建立完善的市场机制，使企业由过去单纯对行政部门负责转变为对市场负责，对国家和人民群众的实际消费需要负责。企业从国家部门分配原材料、资金，转向面向生产资料市场、资金市场。三是调控机制的改革，使国家对企业的管理方式由过去的直接管理转变为间接管理，从以"硬件"（分钱分物）为主的管理转变为以"软件"为主的管理，从主要依靠行政的办法管理企业转变为主要用经济、法律的办法管理企业，从单纯的"管"企业转变为为企业的经济活动搞好服务，从只管直属企业转为下放直属企业，面对社会全行业。

以上三个层次的改革，同行业部门职能的转变有着极为密切的联系。职能转变搞不好，经济体制改革就难以深入。因此，搞好职能转变不仅是发展社会主义商品经济的客观要求，而且也是经济体制改革的重要内容。经济改革越是深入，对转变职能的要求就越迫切。我们对此必须有足够的认识。

行业部门转变职能后，不是无事可干，而是任务更重了，标准要求更高了。

有的同志认为，行业部门转变职能后前途渺茫，说“不管钱不管物，说话不算数”。这是一种错觉。不能说管钱管物这些具体事才叫有事干，不管钱管物就没事干。古人说过，小智者治事，大智者治人，睿智者治法。“睿智者”是指有更高智慧的人，具有“睿智”的人，才适宜去做研究法律、法规、规章、规划等工作，而具体的事务性工作只需要有“小智”的人干就可以了。这说明实行行业职能转变后，行业部门要干的事更不简单了、更

1988 年 6 月 7 日，李长春在鞍山广播器材厂考察。前排左四为辽宁省人大常委会主任王光中，右四为辽宁省委书记全树仁，右三为鞍山市市长马延利。

艰巨了，要求标准也更高了。那么，行业部门职能转变后的行业管理工作都有哪些呢？我初步考虑，大体有这样几项工作要抓好。

一是制订规划。制订行业发展规划是政府赋予行业管理部门的重要任务之一，是行业管理部门的主要责任，其中包括重大的技术改造规划、新技术新产品发展规划等。这就要求行业管理部门要及时掌握世界先进技术的发展方向和国内外的重大经济信息，善于进行科学决策，不断开辟新的领域。

二是研究政策。职能转变后，行业部门不再直接调度企业的产供销生产活动，也不再直接管理企业的人财物具体业务，这些都应该是一个独立核算的经济法人按照一定的经营目标去独立完成的工作。那么，行业部门不直接管企业后，靠什么招法把企业的积极性调动起来呢？要靠政策，靠技术政策和经济政策。实践证明，处理具体事务是必要的，我们党历来提倡干实事，但处理一个个具体事务只能解决局部问题，而从实际出发提出科学的政策，则能解决全局问题。

三是检查指导。党和政府关于发展经济的各项方针、政策在你那个行业、那个部门是否落实了，要靠行业部门检查指导。目前，从我们部门内部机构设置的情况来看，下发指令和信息的偏多，而抓检查指导、抓反馈的较少。要把下边的情况及时反馈给政府，就必须加强检查指导工作。

四是协调服务。前三条任务带有“软件”性质，而这一条是“硬件”。我初步考虑，可否立这样一条规矩，凡是企业需要，而自己又办不了的事，需政府为企业服务的事，由你们办，即协调服务；凡是企业在国家政策允许的范围内自己能办的事，你们就不要管。简而言之，就是“企业能办的不管，企业不能办的服务”。服务，分为产前、产中、产后服务。产前服务主要是提供商品经济信息，搞好新产品鉴定。有一些奇缺的原材料，目前企业自己解决仍有困难的，行业部门要帮助解决。随着改革的深入，这项工作也要由细变粗。产中服务主要是帮助企业协调同电力供应、工商税务、卫生防疫、计量检测、公安行政等部门的关系，为生产经营的顺利进行创造条件。产后服务主要是帮助企业开展好展销、联销等销售活动。商品经济越发达，单个企业进行销售越困难；竞争越是激烈，越需组成大的销售网络。

总之，行业管理部门职能转变后，任务不是轻了而是重了，要求不是低了而是高了，希望我们各个部门在这方面作出新的贡献。

精简行政管理机构既是经济体制改革的重要内容，也是政治体制改革的内容之一，但行业管理机构还是要有的，目前只是在机构粗细程度上、管理职能转变上进行改革，使机构设置更合理、更协调、更精干、更便于提高效率，而不是一律大砍大杀。希望同志们思想稳定，廉洁奉公，积极工作，大胆探索。

注　释

〔1〕三个条例，指1986年9月中共中央、国务院正式颁发的《全民所有制工业企业厂长工作条例》、《中国共产党全民所有制工业企业基层组织工作条例》、《全民所有制工业企业职工代表大会条例》。

加强对改革问题的研究*

（1987 年 8 月 20 日）

改革是大势所趋，人心所向，不可逆转。要树立强烈的改革意识，百折不挠，不怕碰钉子，不怕挨骂，不怕失误，不怕牺牲点个人利益。同时，改革的过程是同旧传统观念、旧习惯势力决裂的过程，是前人没有干过的事业，没有现成经验可借鉴，带有一定的探索性、风险性。所以，我们要始终坚持一条，允许改革有失误，但不允许不改革。当然也不能有重大失误。

体制改革委员会的工作与政府其他部门的工作不一样，至少有三点区别：一是体改委工作的综合性较强；二是需要从理论上探索的问题多，理论与实践的结合更紧密，重点是搞“软件”、出招法，不像其他有关部门，主要是管钱、管物，是搞“硬件”；三是这个工作对立面较多。省委务虚会上提出要破“左”除旧，破“左”，大概都会自觉去搞，但是对旧的，就比较顽固，有的人还要坚持。而改革

* 这是李长春同志在辽宁省体制改革委员会主任会议上讲话的一部分。

正好和一些人的想法对立，久而久之，体改委就有可能挨骂。如果我们的意志不坚强，就会得出“出力挨骂不讨好”的消极结论。应该看到，现在改革的形势越来越好，党中央支持我们搞改革，党的十三大的主题是改革，改革是大势所趋，人心所向，不可逆转。人们要求解放生产力，向往富裕生活，这个潮流谁也阻挡不了。鉴于上述情况，在体改委的工作方法上，我想提以下几点要求。

第一，要加强体改部门队伍的自身建设。一是要自觉学习理论。要学习马克思主义哲学和政治经济学、科学社会主义，主要是政治经济学、科学社会主义。学习点基本理论，再学习点实用科学，如市场学、物价学、国民经济计划学，使我们的工作能够更自觉地接受理论的指导，更自觉地把实践深化成理论，这样才能使我们的认识更加深刻、宣传更有说服力。二是要树立强烈的改革意识，百折不挠，不怕碰钉子，不怕挨骂，不怕失误，不怕牺牲点个人利益。目前，尽管全社会改革意识越来越强烈，但是改革的过程是同旧传统观念、旧习惯势力决裂的过程，是前人没有干过的事业，没有现成经验可借鉴，带有一定的探索性、风险性。所以，我们要始终坚持一条，允许改革有失误，但不允许不改革。允许改革有失误，其中也包括搞改革工作的体改部门同志。当然也不能有重大的失误，即方向性的失误，小的失误在所难免，但也要划清界限，要把由于官僚主义的不负责任与由于没有经验的改革失误而造成的损失区别开来。体改部门的同志一定要敢于坚持真理，敢于做工作。三是要善于深入实际调查研究，善于发现新鲜经验、新鲜事物，善于把群众创造的大量经验加以总结升华，找出有内在规律性的东西，提出指导全局的思想、方法、政策。这是体改委干部的基本素质。

第二，要在体改委外围形成一个较强大的智囊团、思想库。体改委是省委省政府改革决策的参谋部，但是也要受到编制的限制，不可能将各方面的专家都容纳进来。要提高省委省政府决策科学化、民主化的水平，就要联系一批专家学者。为此，体改委要广交朋友，要与企业家、理论家交朋友，与农村大户交朋友，也要与经济研究中心、社科院等单位一起配合，定期给专家出题目，开研讨会。

第三，要有针对性地召开改革理论讨论会、改革报告会、改革务虚会。为了增强改革意识，提高群众的改革承受能力和统一干部的思想，要针对一些问题召开理论讨论会，解疑释惑。像前两天，针对实行厂长负责制中存在的问题，省委宣传部等部门召开了理论讨论会，较好地解决了有些基层企业党委书记思想上还没有完全想通的问题。如果不解决好认识问题，硬用行政办法推，改革不会收到事半功倍的效果，很可能事倍功半。搞理论讨论会，一可集思广益，提高决策水平。二可提高大家的理论水平、认识能力，有利于统一认识。三可做些舆论准备，增强社会和人们的承受能力，这是很重要的。改革就是要把党中央、国务院的精神变成广大人民群众的自觉行动，使之真正成为全党全民为之奋斗的事业。再如物价问题，也可搞研讨会，研究怎么认识物价问题、怎么搞好物价改革。前两年价格放开，对发展生产起了好作用，但也要看到物价指数上涨过快，可能会超出群众承受能力和国家承受能力。在旧体制向新体制转换过程中，物价改革的步伐如何掌握，类似这些问题，可有计划地进行一些讨论。还有些问题，体改委主任可出面搞些报告会，报告可长可短，讲的东西可深可浅。主要是你们出面多讲些，可以采取对话会、座谈会、报告会等形式。用各种形式进行宣传，把改革变成全民为之探索、为之奋斗、为之分担困难的事业。

采取多种措施稳定市场物价*

（1989 年 8 月 30 日）

当前，物价工作所面临的形势仍然是很严峻的。从现在开始，我们对物价工作要有一个更艰巨、更困难的思想准备。在这种情况下，怎样实现全省控制物价的目标，怎样落实国务院三令五申的要求，稳定市场、控制物价工作也进入了一个新的阶段。最近一两个月的形势与我们原来的预计有很大的变化。问题首先出在农业上。7 月上旬预计全省是一派丰收的景象，8 月上旬预计是平年，到现在预计是灾年。持续了一个多月的高温干旱使农业的形势急转直下，粮食的减产已成定局，这就给市场的稳定、物价的稳定带来了困难。现在一些地区已经出现了粮价开始上涨，粮价的上涨带来饲料价格的上涨，冲击养殖业等，带来一系列连锁反应。前些天瓦房店小猪崽十元钱买三只，昨天看了个材料说一元一只，有的还不要钱白送给粮库办的养猪场。我建议粮库趁这个机会收一收，给群众一个保护价，把它养起来，特别是对母猪要保护一下，因为母猪生长周期大约要两年。大豆减产幅度很大，大约连普通年景的五成也没有，估计就是三四成左

* 这是李长春同志在辽宁省稳定市场物价经验交流会上的讲话。

右，损失很大。花生减产也很多，整个油料减产五成以上。玉米各地情况不一样，好的减一成，还有的减二三成，辽南一些地区减到五成以上。水稻由于有电力保障供应，靠电泵汲水，情况好一些，但个别地块也出现干裂，总的来说不会减产很多。工业上，由于长期给农业让电，从5月初直到8月份，工厂基本上开三停四，高耗能企业基本全停下来。所以，在工业生产的黄金季节，5、6、7月的生产都比1至4月下降，但比去年同期略有增长，主要靠调整结构。原材料企业都是负增长，保了一些轻工、电子、纺织这些耗能较低的行业。工业亏损面增加，财政收入1至6月份包干收入全省增长2.5%，1至7月变成减0.9%。当前，平抑物价的一个很重要手段是增加财政补贴，现在看这个手段已大大弱化，所以给下一步控制物价工作带来严峻局面。由于农业受灾，能源、水出了问题，灾情影响不是一两个月就能消除的，明年全年的形势也将受到严重影响。由于粮食减产，给购销盘子的平衡带来了问题，定购任务的完成很艰巨。口粮、饲料要千方百计保证，至于行业用粮肯定要压下来。如果无法保证，就会给稳定物价带来问题。

在这种情况下怎么办？首先，在积极向国家反映的同时，要立足于发动群众、自力更生、艰苦奋斗，千方百计把困难克服到最小程度。当前必须采取两项应急措施。一是从财政角度，现在开始要勒紧腰带，一般情况下，除了吃饭，不再拨款、支出了。准备渡灾年，保吃饭。各方面财政支出都要紧缩，要体现过紧日子的精神。二是千方百计安排好粮食生产和管理，要加强后期的粮食生产管理，把损失降到最低限度，同时要加强市场管理，粮食向省外调出必须经过批准。

其次，要加强市场物价管理，防止由于人为的因素带来全面涨价。要认真贯彻全国物价工作会议精神，这次会议也是一次动员，我省物价管理进入了新阶段，希望大家做好准备，对今年上半年物价涨势趋缓、人心较安定的形势不能有丝毫满足，不能松劲，更不能骄傲。有些同志到外地出差回来说：辽宁的形势还比较好。不能为此感到满足，因为我们下一步的工作还很艰巨，稳定物价很困难，有可能我们提出的目标要遇到新的困难。今年低于去年三个百分点的目标不变，虽然有灾情，物价上涨幅度也要比去年有所回落。我们向下做工作，仍然是方针不变、口子不松。

再次，要加强集贸市场管理。当前国家围绕压缩总需求、增加总供给采取了许多措施，整顿流通秩序方面工商部门也做了大量工作，但是在物价管理上，集贸市场有薄弱环节，似落实又非落实。我们能否参照黑龙江的经验搞一个集贸市场管理工程？集贸市场在过去的十年改革开放中，对活跃辽宁经济、改善城乡人民供应、促进工农业生产起了很好作用。但是，我们也应看到，对这个新事物，我们在管理上一直是很薄弱的，市场存在着强买强卖、掺杂使假、哄抬物价、缺斤少两、克扣消费者等现象，长期处于没有办法解决的状态。由于管理工作没跟上，课税的依据也不完善，容易带来不正之风，或者是一次性包税，造成国家的财源流失。通过税收杠杆调节财源的功能也不完善，造成社会分配不公，出现“端起碗来吃肉、放下碗来骂娘”的现象。怎么能在治理整顿中使集贸市场的管理强化起来，已经严肃地提到我们政府面前。

关于集贸市场管理工作的要点，我谈几点思路，供大家参考。第一，强化市场管理。一要整顿集贸市场秩序，强化工商管理。强调持照经营、取消无证经营，采取坚决措施，凡是参加市场交易，都要遵守市场规则，服从工商部门管理，亮照经营。二要进场经营、取消场外经营，把加强市场建设纳入市场管理日程。市场建设要搞多层次的，以适应不同消费水平，但必须有专门场地。有些商品也可以搞点商亭，统一编号，进场经营，避免场外交易，逃避工商、税务部门管理。三要市场交易票据化。我们现在距市场交易票据化的目标很远，过去没有这个大气候，搞起来很难，现在这个气候已经具备，要下决心搞票据化。这样可以按章征税，物价可以加强监督。实现票据化需要各部门密切配合，做些艰苦细致的工作。税务部门统一印制票据，统一编号；物价部门要规定批零差率[1]，不管绝对价格，体现农贸市场随行就

1987 年，李长春考察沈阳市铁西区九路农贸市场。

市；工商部门要加强票据运行的监督，做到进货有凭证，销售有发票。

第二，强化税收管理。改变包税、估税为以票据为凭证，按照国家税法课税。从进货到批发这个环节，工商部门有些办法，对零售怎么办，需要税务部门想点办法，可每季从课税额中抽出一部分，对发票实行摇奖。消费者从集贸市场买货，都主动向经营者要发票，批发也搞一部分奖励。

第三，强化价格管理。凡是经营国家定价商品的，不论进货渠道、进价高低，一律执行国家定价；经营国家指导价的商品，按照当地物价部门的作价原则和批零差率作价；凡是放开的商品，在批发环节可以放开，在零售上要按物价部门制定的批零差率执行，管率不管价。日常的价格管理，由工商部门负责，实行政策宣传板、价格参考板、评比板，实行物价签、信誉卡的“三板一签一卡”。为使集贸市场价格接受监督，集贸市场要设举报电话、举报箱和公平秤，发挥群众的监督作用。

第四，在集贸市场发挥政治优势，实行法律、经济、行政、思想政治和组织工作手段等“五管”齐下，管好市场。要把党员业主组织起来，发挥他们的模范带头作用，通过个体协会的组织来贯彻落实各级政府的精神，强化他们自我管理、自我教育的机制，开展评比活动。对违反规定的，要给予必要的行政、经济、法律的制裁，经济上罚款，行政上吊销执照、停业整顿。

第五，加强集贸市场建设。现在的市场容量和设施离大家都进场经营还有很大距离，从现在开始到明年，要用一年的时间集中建设集贸市场，配合集贸市场管理工程。资金来源主要靠集贸市场收费，包括罚没款。

注　释

〔1〕批零差率，指以百分率表示的批零差价。所谓批零差价，是表示同种商品在同一时间、同一市场上批发价格与零售价格之间的差异。

实行从紧的财政信贷政策*

（1989年12月3日）

明年货币信贷规模，要大体维持在今年的水平上。财政支出除了重点建设资金和必要的价格补贴外，其他支出都大体维持今年的水平，有的还要做些压缩。

一要实行贷款倾斜政策。缓解资金紧张矛盾的着眼点，不能寄希望于信贷有更多的增加，而是要逐渐适应和学会在紧缩的大环境中运行和发展，认真贯彻“控制总量，调整结构，保证重点，压缩一般，适时调节”的货币信贷政策，最大限度地减少资金缺口。要根据各级政府确定的重点建设项目、重点企业和重点产品目录，落实贷款计划。对新增的流动资金，优先支持能源、交通、原材料、农副产品、出口产品的生产和收购，支持大中型骨干企业和“三资”企业〔1〕。

二要抓好“三角债”清理工作。要选择一些重点企业，清理占欠款，努力做到清理一点、搞活一串，减少流通环节，解决一套物资占用几套资金的问题。要抓好依法清贷，大力清收到期、逾期、呆滞贷款，搞活资金。要认真清收个人拖欠公款和银行贷

---

* 这是李长春同志在中共辽宁省委六届九次全体会议上讲话的一部分。

款，继续深入搞好清仓利库工作，减少不合理的资金占用。在城市企业之间，要大力推行商业票据制度。

三要整顿金融秩序，搞活资金。要执行现金管理规定，扭转资金“体外循环”的状况。继续完善和发展现有的融资网络，搞好短期资金拆借，补充企业自有资金的不足。适当开放企业的融资市场，在国家政策允许和规模范围内，可以批准重点企业发行短期融资券和企业债券。支持企业以产品融资形式引进资金，实行分户管理，做好适时调节。

四要进一步加强税收征管工作。严格税收法纪，认真检查和严肃处理偷税、漏税和抗税的不法行为。所有流通领域的公司和不符合国家产业政策的企业，享受的减免税待遇一律取消。要抓好重点税源的征管，加强对一般企业特别是集体企业、私营经

1989 年 12 月 3 日，李长春在辽宁省委六届九次全体会议上作报告。

济、个体经营者和党政机关直接领导的企事业单位的依法征税工作。要建立健全征收手段，强化税务队伍，整顿税收秩序，制止偷税漏税。

五要大力压缩和严格控制财政支出。采取实际措施，过几年紧日子，停止一切不必要的支出，推迟一切可以推迟的支出。从明年起，适当减少省对市的专项补贴，计划明年实现财政自给的县要按期兑现，财政补贴市县的标准一律不得超标。继续压缩社会集团购买力，实行严格的财政经费包干，控购指标不得突破。所有行政、事业单位一律不准再购置小汽车，对现有的小汽车编制重新核定。省市县乡机关两年内不再增加行政编制和人员，事业单位也要严格控制，同时要大力减少会议、文件。凡有稳定收入的事业单位，要适当减少财政拨款，有条件的要逐步做到经费自给。要加强现金管理，清查小金库，防止财政上的跑冒滴漏。要整顿报刊、杂志，减少财政补贴。继续清理各种学会、协会、中心等，不该由财政补贴的一律停止补贴。要整顿各种价格补贴，改进补贴办法，尽可能减轻财政负担。明年财政支出的安排原则是，一保吃饭，二保农业、教育，其他支出在今年水平上要适当压缩。各方面工作都要顾全大局，各项开支都要量入为出。

注　释

〔1〕“三资”企业，指中外合资企业、中外合作企业、外商独资企业。

深化农村改革，壮大农村经济实力

把农村改革引向深入*

（1986 年 1 月 22 日）

> 要加速产业结构的调整，使农村形成与生产力水平相适应的农业生产经营规模。只有调整产业结构，才能把农村富余的劳动力从土地上分离出来，使种田的农民有个适度的经营规模，从而大大提高农业劳动生产率，增加农民的收入，提高农业生产水平，这是农村经济需要引导的重要思想。农村经济向社会化、专业化、商品化转化，调整产业结构是前提，加强社会化服务是保证，推广现代农业科学技术是手段，发展各种类型、多样化、新的合作与联合是方向。

重视发展地区性合作经济组织，建立统一经营和分散经营相结合的双层经营体制，这是市委最近半年经过大量调查研究提出的指导我市农村工作的一个重要思想。实行家庭联产承包责任制，极大地调动了广大农民的积极性，大大促进了我市农村经济

---

* 这是李长春同志在中共沈阳市委农村工作会议上讲话的一部分。

的发展，但也出现了新的矛盾，一些一家一户做不了的事情制约了家庭联产承包责任制的进一步发展，农村完善合作制的任务急需提到日程上来。实行家庭联产承包责任制是党的长期政策，必须坚持不变，但是如果只停留在家庭经营的层次上，而不及时完善统一经营这个层次，就会影响农村的分工分业，影响农村商品经济发展。因此，建立和完善地区性合作经济组织是当务之急。目前，农村各地生产力发展水平不同，统分程度各异。在这种情况下，地区性合作经济组织首先是要把一家一户做不好或做不了的产前、产中、产后的服务担负起来，使家庭承包建立在高度社会化服务的基础上。在发展社会化服务的同时，特别要重视广开生产门路、发展多种经营，只有这样才能把种田的劳动力从土地上分离出来。当然，对不同地区的地区性合作经济组织，可以从低级逐步发展到高级。经济比较落后的地区，可以由村民委员会代行村联社的职能。随着服务内容的增加、经营门路的拓宽，再逐步把地区性合作经济组织健全完善起来。实践证明，双层经营体制建立得越早越主动，越晚越被动。

要加速产业结构的调整，使农村形成与生产力水平相适应的农业生产经营规模。只有调整产业结构，才能把农村富余的劳动力从土地上分离出来，使种田的农民有个适度的经营规模，从而大大提高农业劳动生产率，增加农民的收入，提高农业生产水平，这是农村经济需要引导的重要思想。通过社会化服务和调整产业结构，要逐步建立起一批适当规模的家庭农场。在我们这个地区，农村经济组织的模式大致可分两种，一种是以家庭经营为主要形式、建立在高度社会服务基础上的家庭农场，一种是以统一经营为主要形式建立在统一经营、专业承包基础上的合作农场。当然，前者是主要形式。我们在引导农民深入改革的过程中，要千方百计使种植业和养殖业有一个适度的经营规模，这是稳定粮食生产、发展农村商品经济的重要一环。实现这一目标的前提，是调整产业结构。农村经济向社会化、专业化、商品化转化，调整产业结构是前提，加强社会化服务是保证，推广现代农业科学技术是手段，发展各种类型、多样化、新的合作与联合是方向。

要做好扶贫工作。为了便于指导扶贫工作，应该通过调查研究，对于贫困地区、贫困户制定出一个具体标准。按国务院的要求，贫困区主要指温饱问题没解决，也就是“衣不御寒，食不果腹”。这一情况，在我市农村是极少数，只是个别村的农户。但是，目前经济不发达的乡（镇）和村，还有不少。怎么办？主要是帮助寻找致富门路，大力发展商品生产。一般说，这些地方比较偏僻、交通不便、信息不灵。他们的致富门路不要单纯从发展工业入手，要从实际出发，把发挥资源优势和大市场结合起来，从城郊型农业特点出发，寻找最佳优势产业。城郊型农业，要在“鲜、活、细”上下功夫，在“种、养、加”体系上做文章。上次，我到老观坨乡大坨子村看了一下。过去这个地方很穷，现在他们按价值规律和市场需要，大力发展塑料大棚，每平方米一冬可出八至十元钱，一百平方米就能出一千元。这个办法投资少、见效快，一般农户都能做到。我市有半年时间不能生产蔬菜，在这段时间里，除自贮的菜外，基本是靠从南方调入。我们可以把发展大棚蔬菜生产作为不发达地区的致富门路，同时也可以满足冬季蔬菜需求。要认真规划一下，主要通过两个途径，一个是建设大棚的工厂化，一个是速冻保鲜，在几年时间内，逐步实现我市鲜菜地产化。第一步先满足我市消费市场需求，在此基础上，

1989年7月7日，李长春在铁岭市法库县农村查看庄稼病虫害等情况。左一为铁岭市市长杨新华。

进一步发展成为供应北纬四十度以北地区的冬季蔬菜生产基地。贫困地区发展商品经济，需要在信息、技术上给予支持，市科协、技协、农科所要坚持科技下乡、科技开发、科技扶贫。对贫困地区发展乡镇工业，要在税收上给予更大的优惠，有关部门要进一步研究有关具体政策，以提高他们以工补农的能力。各县区要根据自己的实际情况，成立扶贫领导小组，像前段救灾那样，由有关部门、有关干部包村包户，把扶贫和救灾结合起来抓。

要进一步挖掘资金潜力、用好用活支农资金。近几年来，我们对农业的投入有所减少，这对农村经济的持续稳定发展是十分不利的。为了弥补欠账，特别是提高农业机械化、集约化、良种化水平，需要广泛挖掘资金潜力，努力增加农村经济自身的积累，提高农村自我改造、自我发展的能力。在资金的运用上，要逐步由拨改贷，逐步扩大有偿使用的比重，缩小无偿拨款的比重。还应当体现一个原则，就是要分级负责，村、乡（镇）、县区分级负责。目前，我们有很多资金渠道都可以挖掘。

第一个渠道，就是在乡（镇）、村一级进一步放宽政策，就地以工补农、以工补菜、以工补奶、以工补渔。市有关部门对如何在村一级、乡一级就地以工补农，要拿出一些具体的政策来。还要组织城市的大工厂按照经济规律，从农村实际情况出发，帮助县区在那些适合发展工业的地方，大规模地发展乡镇工业，就地大规模地以工补农。这是增加农业投入的一个大头，这个方面要大挖潜力。

第二个渠道，市财政通过体制让给县区的资金，主要应该用于农业的投资。县区为发展本身的事业用一些是可以的，但是要有相当一部分用于农业投资上。若不往农业上用，就得收回来，否则又走回下边报项目上边拨钱的老路上去了。我看，最好的办法还是给你一个体制，你直接用，这样也可以加速政府各个部门职能的转化，从分钱分物中解脱出来。市财政局要和县区商量个比例，以便于检查监督。同时，国家对农、林、水各业减免的税收，一定要用于各业的自我改造、自我发展上。在这方面，请审计局、税务局、财政局配合有关部门加强审计，看看运用得怎么样。

第三个渠道，要发挥好农业银行和信用社的作用。农业银行是解决农业信贷资金的主渠道，请农业银行根据我市农村经济的发展情况，特别是在去年遇到了较大自然灾害的情况下，千方百计多争取贷款额度，把资金搞活，保证农村各业发展的需要。需要指出的是，我市乡镇企业发展是健康的，在贷款问题上，一定要想方设法予以支持。对于信用社，也请农行给予支持，把信用社真正办成农民群众自己的金融机构，支持农村各业的发展。

第四个渠道，要改革农业基础设施的管理体制，实行企业化管理。要迅速扭转在公共基础设施管理上吃“大锅饭”、损失浪费严重的状况。今后，凡是能够实行企业化管理的，都要实行企业化管理，建立经济责任制，建立提折旧、提大修费的制度。小型农田水利设施，还可以包给农户。今年，对于一些排灌设施的维修，县区没有能力的，市里可以给些补助，但是需要有企业化管理的配套办法，保证生产再循环。

第五个渠道，市和县区要以财政为后盾，在两个层次上开辟金融市场试点工作，把资金搞活。我市是国家确定的五个金融改革试点市之一，各县区在开辟金融市场的过程中，可以建立起以

1990 年 2 月 25 日，李长春考察本溪观音阁水库建设现场。前排右一为本溪市市长于国磐，右二为辽宁省常务副省长朱家甄。

县区财政为后盾的地方投资公司。财政上可以用于支农的资金，市和县区两级的支农周转金以及从其他方面吸收的游资，统统拿到投资公司来，用经济的办法扩大贷款金额，实行拨改贷。这是一个很大的改革。各级政府部门要逐步从分钱分物中解脱出来，研究方针政策。财政部门除了事业费外，可以把机动财力纳入到投资公司。投资公司按经济规律，同经济法人发生贷款关系，这样就可以避免官僚主义、不正之风等弊端。建立地方投资公司，从经济角度上看，也有很大好处。市里可以明确，凡是由投资公司贷款的，视同国家银行贷款，产生的效益税前还款。为了支持农村经济的发展，市一级财政要采取以下办法：一是进一步研究藏富于基层企业的具体政策，步伐要大一些；二是进一步巩固通过体制给县区让利的政策；三是对水利工程、农田基本建设和扶贫要给予补助金，这是无偿拨款的；四是逐年扩大周转金，周转金是有偿使用的，县区这一层次的拿到县区投资公司，市这层的拿到市投资公司，专款使用。随着改革的深入，有偿使用的比重要逐渐扩大，无偿拨款的部分要逐渐缩小。市里的资金特别是支农周转金、打井补助、困难救济等，要突出重点，着重用于不发达地区和贫困地区。总的原则就是，要挖掘资金潜力，用好用活资金，以提高农村经济自我改造、自我发展的能力。

要稳定粮食和蔬菜生产。在整个农村产业结构调整过程中，粮食和蔬菜生产一定要稳定。从我市情况看，现在无论是粮，还是菜，都仅是低水平的自给有余。大灾之年，就是不足的问题了。特别是随着养殖业的发展，用粮的数量将会逐渐增加。随着工业的发展，工业用粮每年也将大大增加。城市的吃菜，不仅是个经济问题，而且是一个政治问题。去年八九月份，蔬菜问题就成了社会上一个很尖锐的矛盾。所以我们在调整产业结构过程中，一定要稳定粮食和蔬菜的生产。重要的是面积要稳定，解决好占用农田的问题。据统计，近五年我市被占用的农田已达十万多亩，相当于两个中等乡的规模，这个速度是很惊人的。现在，征用农田都是经过市政府认真研究的。另外，城市建设方针也进行了调整，以改造老区为主，还算处于政府有效控制的状态。而农村地区占用农田，还处于无政府状态，这是个很严重的问题。农村的乡镇企业，还是得相对集中地建在中小集镇上，要讲究房地产经济。对退耕还林、还牧、还渔或改种其他经济作物的，要在周密调查研究的基础上，慎重稳妥进行。对蔬菜生产的面积，要有计划地发展郊区基地菜田的面积。要进一步落实好国家支持粮食生产的各项政策，落实好以工补农政策，落实好生产资料和粮食、蔬菜生产挂钩的办法。除国家供给的生产资料外，在我市范围内，也要进一步研究发展农用生产资料的生产。

要进一步完善市管县、城带乡，推进城乡一体化。市管县、城带乡这个经验是辽宁搞的。从过去几年农村经济发展的实践看，市管县、城带乡这一办法起了很好的作用。乡镇工业的发展之所以这样快，与农村和城市大工厂的密切配合，与城市抽调一批干部到各县乡支持乡镇工业的发展分不开。但是，怎样自觉地总结、升华这个经验，特别是在新形势下怎样赋予其新的内容，我们研究得还不够，实践中还不够自觉。在整个城市综合改革的过程中，需要进一步总结、完善、升华这方面的经验，以指导我们今后做好这方面的工作。我们从事各个方面工作的同志，在当前农村经济发展的关键时刻，要充分认识农村经济在我市国民经济中的地位和作用，正确认识农民的富裕程度，正确认识农村经济自我改造、自我发展的能力。当前，在城市中，特别在工厂中流传着“老大穷、老二富，不三不四暴发户”〔1〕的说法，前一段出现的对农村大车进城卡得多、罚得多的问题，就是在这种思想下产生的。近几年，农村是有了很大改善，但是富裕程度还不像人们想象的那样。宣传上也有不准确的地方，使方方面面产生了这个错觉。实际上农村不发达地区的面还是比较大的，作为一个大城市，没有商品生产发达的农村做后盾，各项事业是搞不好的。

各综合部门，特别是经济工作的综合部门，要坚持统一规划，按照城乡一体化来考虑我们的国民经济。特别是在向国家争取项目时，要把农村项目纳入计划，积极争取。最近，水稻优质米项目已列入国家计划。目前，有关部门要争取把北方冬季蔬菜生产工厂化、新民县建设畜牧业基地列入国家项目。要认真总结新民县综合体制改革试点的经验，研究怎样在发展城乡经济中进一步发挥县区作用。各个部门都要注意为乡镇企业的发展提供信息、提供科技，培训技术力量。能不能组织乡镇企业的厂长到城市的对口企业当一当班组、车间的副职，接受点正规训练。市里的农业大学，要对农村乡镇企业的管理干部进行培训。市委组织部门应继续研究从城市向县区增派干部的问题，增强城乡交流。希望各个部门对市管县、城带乡，多动脑筋、多出主意，进一步推动城乡一体化进程。

注　释

〔1〕“老大穷、老二富、不三不四暴发户”，“老大”指工业企业的工人，

“老二”指农民，“不三不四”指从事长途贩运等各种形式经商的商贩。改革开放初期，农村改革先行一步，农民成为改革的最先受惠者。随着搞活流通，逐步改革统购统销的流通体制，从事经商活动的也很快得到了实惠。随着城市改革特别是国有企业改革的推进、效益的提高，企业职工收入也在逐渐增加，但增长幅度相比农民、商贩等要小，故当时社会上流行这样一句顺口溜。

发展农村经济要广开门路*

（1986 年 6 月 19 日）

这次来新民县，是我到省里工作后第一次外出调研，也是本次辽西之行的第一站。我们在芦屯乡看了电缆十分厂，走访了长期困难户张淑琴家；在梁山镇了解了马连岗子村种草兴牧、共同致富的成功经验，实地察看了柳绕地区水田开发改造进展情况。尽管是走马观花，但印象很深。总的感到，这两年新民县的工作有很大起色，特别是确定为经济体制改革综合试点县后，进步很快，省委很重视，几位省领导都对新民县给予了充分肯定。

沈阳市农村工作会议召开之后，你们明确了工作方向。通过组织去南方学习，你们发展经济又有一些新的路子，解决新问题也有一些好办法。如在保护猪鸡生产、发展乡镇企业等方面试行的自筹资金办法，对全省都有借鉴意义。在流通改革上，你们迈的步子也很大，过去是“万人马帮”，各顾各的，现在是抓集体服务，建农贸公司，面向省内省外两个市场搞竞争。你们建立的农工商贸总公司很好，一无“婆婆”，自主经营；二无“媳妇”，没有下属单位拖累；三无包袱，没有人员、资产等方面的历史负

* 这是李长春同志在辽宁省新民县调研时的谈话要点。

担，这样就可以放手让它去竞争，肯定会有竞争能力。其他产业发展也有新的步伐，庭院经济、细粮生产、经济作物等都有新发展。

1986 年 9 月，李长春在农贸市场与个体户交谈，了解农产品销售情况。左一为沈阳市委秘书长刘尊田。

从改革开放以来的实践看，抓商品生产必须先抓好流通。新民县可以在沈阳市北行搞一些畜禽鲜肉销售点和国营单位竞争，今后就得走这条道，单靠国营一个渠道不行。国营企业宰的猪用冷库冻起来，居民不愿吃冻肉，国家还要倒挂补贴。采取多渠道竞争，价格才能浮动，居民才能吃到新鲜肉，流通要靠改革。

庭院经济要形成规模。新民地多、院套大，交通条件好，发展庭院经济具有一定优势。北方地区搞棚菜，成本太高。对于发展棚菜生产的农户，政府要采取一些补偿措施。开始一次性搞投资困难点，补上去了，发展了，有了收入了就不用再补了。发展起来以后，关键是抓好产前、产中、产后的服务。

对于畜牧业，也要给予相应的补助支持。你们提出，补助也等于补助粮食，这个认识是对的。不要市场一波动，生产就波动。现在农村小生产意识的痕迹还很浓，市场一有点波动就调头，要支持大户和专业户，市场有了波动也能主动挖内部潜力、积极参与市场竞争，不会轻易退出市场。交换方式也要改变，把各个层次的销售渠道打开，你们与食品加工厂挂钩销售就是个好办法。县里开畜牧会，开得正是时候，交流一下经验很必要。

县直企业全省普遍办得不好，要大胆进行改革。新民县乡镇企业发展势头不错，你们乡镇企业产值一至五月份增长38%，速度很快，超过全省35%的发展速度。与沈阳市的国营大厂进行联合，是一个很好的办法，但要争取让他们把分成的利润暂时留下来，放在厂里滚雪球。国营大厂下来搞联合，省市都要大力支持，但不能停在行政号召上，也不要搞平调，主要用经济政策吸引。沈阳市规定大企业到乡镇搞联合，所得的利润三年不缴税，如果不拿回厂，继续免税，这等于在农村企业建了个小金库。乡镇企业所得税可以就地补农，直接调动乡村积极性，发达的乡可上交一部分。辽宁大企业多，是个优势，联合搞好了就能把乡村带起来。

建立基层金融组织这件事，要加快进度，资金市场不形成，会阻碍商品生产发展。新民县是经济体制改革综合试点县，沈阳市是金融体制改革试点城市，要充分利用这个条件，把资本市场试点搞起来。改革试点县要建投资公司，独立核算，可和市里共同出资，包括上级拨的各种支农周转金，要支持新民把资本市场组织起来。市农村工作会议召开已经半年多了，这个问题现在还没落实下来，新民要搞出经验，你们是全省改革试点县嘛。农村资金，除乡镇直接以工补农外，县里方方面面的拨款都要通过投资公司，上边条条不要干预县，这样做就可以使政府从直接管理变间接管理，把分钱分物变为调查研究、搞好服务。除投资公司外，农行要积极筹集资金支持乡镇企业发展。现在乡镇企业不是太多，而是太少。对困难地区的自有资金比例可适当放宽。困难地区乡镇企业投产后可以三年免交所得税，留给企业，再免三年留给乡，用于以工补农或发展新的企业，通过滚雪球的方式，加速乡镇企业发展。

工作队要发挥好多方面的作用*

（1986 年 11 月 7 日、10 日）

贫困地区的干部思想观念要来个突破，增强改革意识，这是一个带根本性、战略性的任务。靠上几个项目不能从根本上解决问题，要彻底脱贫致富，不在思想观念上来个大转变是办不到的。必须用全新的思想、全新的办法，大胆探索脱贫致富的路子。

工作队的同志下去干什么？一是送思想，特别是要宣传商品经济的思想，帮助县委县政府促进各级干部更新观念，形成和商品经济相适应的思想观念、工作制度和工作作风。二是搞些调查研究，帮助完善规划，明确工作重点。三是研究脱贫致富的政策、办法，同时配合县委县政府充分地、创造性地运用省委省政府已确定的支持“三辽”地区经济开发的有关政策。四是送科学技术，开展科技扶贫。工作队要起桥梁作用，上下沟通情况，传

* 这是李长春同志在听取辽宁省彰武、阜新两县“三辽”工作队负责同志汇报时的讲话。

送城乡信息，帮助引进新技术。五是提高队员自身的思想觉悟、理论水平。工作队下来没有带钱、带物、带项目的任务，资金、物资按正常渠道办，但通过你们帮助县里组织论证，可能会使争取项目的根据更充分些。省里在近五年内每年拿出1000万元，作为“三辽”地区经济开发的专项资金，有偿低息、周转使用。这笔钱不砍块平均分配，谁的项目效益好就给谁，择优贷款，工作队可以起桥梁作用，推荐好的项目。县里也不要指望工作队给带钱、带物，工作队主要是帮助基层提高造血功能，而不是亲自来输血，可以穿针引线，但不分钱分物。不要因为没有带钱、带物而有压力，我们考核工作队的工作，也不以这个为标准。

关于工作队的人员结构问题，我们也觉察到年纪轻的多了些，

1986年11月10日，李长春在阜新市阜新蒙古族自治县他本扎兰乡考察时同村民亲切交谈。左二为阜新市市长张惠新。

骨干力量少了些。这主要是由于时间仓促，工作还没有经验，今后可以改进。但从另一方面看，年轻人更需要锻炼，他们有他们的长处，工作经验也是在实践中积累的。在新形势下派工作队下基层，没有现成的经验，还在摸索之中，明年就有一定经验了。工作队要根据现有人员的结构特点，发挥优势、扬长避短，从多方面发挥作用。县委县政府对工作队的工作很支持，这很好。

关于工作方法，工作队要在县委县政府的领导下，围绕全县的中心工作起参谋作用。县以上工作队的纵向活动，主要是研究工作队的工作安排、交流工作经验、搞好自身建设、做好思想政治工作等。在工作步骤上不要急躁，要扎扎实实一步一步地做好工作。总的看，工作队下来以后，工作情况要比原来预想的好，涌现出了一些好的典型。工作队本身要注意总结，省“三辽”办公室也要通过简报随时进行交流。省里将在适当时机召开经验交流会，推动“三辽”地区的经济开发工作。

贫困地区的干部思想观念要来个突破，增强改革意识，这是一个带根本性、战略性的任务。宣传商品经济的思想，帮助基层干部更新观念，也是工作队一项很重要的任务。靠上几个项目不能从根本上解决问题，要彻底脱贫致富，不在思想观念上来个大转变是办不到的。必须用全新的思想、全新的办法，大胆探索脱贫致富的路子。省“三辽”办可以把贫困地区脱贫致富的典型摄成录像先宣传一下，以促进贫困地区干部思想观念的转变。

通过一年的工作，工作队应在以下几方面取得成效。一是通过干部培训，办学习班、组织参观等，使基层干部商品经济的观念有明显的增强，并充分利用当地资源优势，加快农村商品经济的发展。二是通过请专家帮助论证，调查研究，使县里的发展规划更加完善。三是帮助县里提高现有企业的经营管理水平，通过组织企业诊断、制定改革方案等办法，使其取得较明显的经济效益。四是搞好横向联合，通过经济技术洽谈会等形式，促进各种形式的经济联合，发展一批新项目。在精神成果方面，要使全体队员通过参加开发“三辽”的工作实践，增强群众观点，提高为人民服务的自觉性，使省直机关这个层次的干部，在今后工作中更多地想到广大群众的利益，克服官僚主义，提高工作效率。

城乡经济联合是发展农村经济的新路子*

（1987 年 2 月 27 日）

实践证明，现代化的过程就是人口城市化的过程，随着工农结合、城乡结合以及城乡差别的缩小，从事农业的人口将越来越少。城乡联合带动乡镇企业，形成与其相适应的若干农村小城镇，将成为我们国家实现工业化、城市化的新路子，这也符合社会主义经济建设客观规律。

促进农村商品经济的新发展，关键是推动农村经济改革，找到农村经济发展的新路子。近两年，随着商品经济的发展，城乡经济改革相汇合，我们多方位地开展了城乡间和地区间的横向联合，使城乡两个优势更好地结合起来了。可以说，城乡经济联合的路，是城乡两个优势相结合的路，是城乡经济比翼齐飞的路，是全面振兴辽宁经济的必由之路，是一条具有辽宁经济特色的新路子。

---

* 这是李长春同志在中共辽宁省委农村工作会议上总结讲话的一部分。

首先，这条新路子符合当前发展农村经济的客观需要。促进城乡横向联合，带动乡镇企业发展，一可以吸收一大批农村剩余劳动力，使他们从土地上解放出来，使土地进一步集中，发挥规模效益，提高劳动生产率；二可以为增加农业投入积累资金和扩大资金来源；三可以使基层有手段去平衡农村各业收入，保持各业均衡发展。也就是说，通过乡镇企业的发展，可以不断增强农村自身实力，增加农业的资金积累，实行以工补农，强化农业基础，实现农业的集约化经营，从而提高农业的经济效益，使农村各业协调发展。

其次，这条新路子符合社会主义经济发展的客观规律。世界上很多资本主义国家在工业化过程中，都出现过城乡经济对立、工农业失调，一边是发达的工业，一边是贫弱的农业，很少有几个国家能够做到工农业的同时发展。无产阶级革命导师都曾提出过消灭城乡差别的任务。马克思提出，把农业和工业结合起来，促使城乡对立逐步消灭。恩格斯也说过，大工业在全国的尽可能平衡的分布，是消灭城市和乡村的分离的条件。列宁在俄国十月社会主义革命后不久就提出，社会主义的任务是使工业和农业接近并且统一起来。实践证明，现代化的过程就是人口城市化的过程，随着工农结合、城乡结合以及城乡差别的缩小，从事农业的人口将越来越少。城乡联合带动乡镇企业，形成与其相适应的若干农村小城镇，将成为我们国家实现工业化、城市化的新路子，这也符合社会主义经济建设客观规律。

再次，这条新路子对推动城市经济发展也具有重要意义。我们一些城市的有关部门、大型企业，虽然在城乡联合上做了大量工作，但是认识还不够自觉、高度还不够。应当看到，乡镇企业特别是乡镇工业的发展，可以促进城市工业组织结构的改革，进一步打破过去在产品经济僵化模式下所形成的“大而全”、“小而全”，形成以大中型国营企业为骨干，以城市集体和乡镇企业为两翼，城乡结合、军民结合、高中低不同技术层次相结合的工业组织网络，使工业组织结构趋于合理化。比如，沈阳汽车工业的发展，就形成了一个城乡结合、按照城市和农村组成高中低不同技术层次的工业网络，走出了一条投资少、质量好、发展快的新路子。乡镇企业的发展，还可以促进整个国民经济的产业结构、企业结构的调整。我们省历史上形成的产业结构是重型结构，重工业太重，轻工业太轻；在经济结构上，第三产业不发达；在企业结构上，大中型企业多、小企业少；在所有制结构上，全民的多、集体的少；在地域分布上，城市的多、农村的少。乡镇企业发展形成异军突起、多家竞争的新局面，可以缓解我们一些城市长期以来存在的住宿难、吃饭难、服务难；填补我们在轻纺、食品工业方面很多空白；促进制造业的专业化分工，解决“大而全”、“小而全”，优化企业组织结构；在建筑市场上形成多家竞争，促进缩短工期、降低工程造价，取得比较好的社会效益。随着这条新路子不断深化，我们相信对城市经济、对整个国民经济的意义将越来越显示出来。

最后，这条新路子对我们省实现本世纪末国民经济总产值翻两番的奋斗目标也有着非常重大的意义。实现翻两番的目标，广大农村是重要的一翼。以乡镇企业来讲，1986 年我们乡镇工业产值达 120 亿元，比上年增加 32.8%，一年增长接近 30 亿元，大约相当于我们搞了一套 30 万吨乙烯工程的产值。但我们的产值与江苏比，还相差 400 亿元，其中主要是小企业、乡镇企业有比较大的差距。所以从本世纪末翻两番这个角度来看，需要城乡经济比翼齐飞，需要乡镇企业大发展，这是投资少、见效快、走捷径的一条新路子。

从以上几个方面认识这条新路子的重要意义，就要解放思想、统一认识，加快走好这条路子的步伐。当前要抓好三个环节。

第一，通过城乡联合继续大力发展乡镇企业，是发展农村经济的前提。这次省委省政府作出了《关于开展城乡横向经济技术联合兴办乡镇企业的若干政策规定》，强调的就是这个前提。发展乡镇企业、发展横向联合的关键，一是要解决思想问题，二是要解决政策问题。希望各市县结合自己的情况，制定一些对城市的企业、大专院校、科研单位更有吸引力的政策。而对于城市的大企业、大专院校、科研单位，则要转变观念、提高认识，更加主动自觉地与农村搞联合。发展乡镇工业，还要继续坚持发展与提高并重，继续坚持大、中、小企业一齐上。

第二，要增强农业自身实力，实行以工补农，强化农业基础，实现农业集约化经营。所谓集约化，简单地说，就是不断增加农业投入，通过多投入实现多产出。在总体多投入的基础上，同少投入多产出结合起来，这是一个问题的两个方面，并不矛盾。在推动集约化经营上，这条新路子解决了增加投入的渠道问题。国家各级财政要继续增加对农业的投入，这是坚定不移的。同时还要立足增强农村经济自身积累、自我发展的能力，这样可以大大加快实现集约化的步伐。这就要求进一步对乡镇企业放宽政策，坚持藏富于基层、藏富于民、就地以工补农的指导思想。就地以工补农，可以调动各地的积极性。否则，如果还像过去那样集中上来再往下分，就助长了基层“等靠要”思想，强化了

“保姆”体制，不利于形成富有生机活力的机制，而且很多是用来搞了上一级财政本身支出膨胀的东西，甚至盖楼堂馆所等不急需的东西，并没有返到基层用到农民身上。就地以工补农，这里有个跟地方财政矛盾的问题，因为老企业纳税已纳入本级财政分配结构里去了。对新建企业，新增长这部分要开明，宁可我们本级财政勒紧裤带，也要使基层富裕起来，使农业基础加强起来，增加农业投入。

第三，城市各个经济部门要为农村商品经济发展提供广泛的社会服务。我们各个经济部门都要从城乡分割的管理状态转向城乡贯通，延伸服务，为城乡联合提供流通服务、技术服务、资金服务、信息服务、人才服务、劳务服务。长期以来，市工业主管部门把直属企业看成嫡系，把嫡系之外的力量都看成是异己的力量，甚至把发展乡镇企业作为以小挤大、以落后挤先进、应该关停并转的对象，这种观点是错误的。要通过城乡联合的新路子，使主管部门从管一部分企业转向管社会全行业，逐步做到管行业不管企业。这是经济体制改革的一个重要任务。

全面发展农村商品经济*

（1987 年 3 月 3 日）

粮食生产情况的好坏，对整个改革和建设具有决定性的影响。要用战略眼光对待农业生产，正确处理发展粮食生产同发展多种经营、调整农业内部产业结构、发展商品经济和其他各行各业的关系，把粮食生产摆到重要位置上来。

当前，要继续贯彻执行“决不放松粮食生产，积极发展多种经营”的方针，深入搞好农村改革，合理调整产业结构，增强农业后劲，争取粮食有较大幅度的增产，促进农村商品经济持续、稳定、协调发展。

农业是国民经济的基础，粮食又是农业的基础和调整产业结构的前提条件。粮食生产情况的好坏，对整个改革和建设具有决定性的影响。尤其是我省工业比重大、城市人口多，主要靠本省

* 这是李长春同志在辽宁省第六届人民代表大会第六次会议上所作报告的一部分。

1985 年 8 月 27 日，李长春与群众一起抢修辽河大堤。

解决粮食问题，更需要用战略眼光对待农业生产。要正确处理发展粮食生产同发展多种经营、调整农业内部产业结构、发展商品经济和其他各行各业的关系，把粮食生产摆到重要位置上来，立足抗灾夺丰收，力争今年粮食生产恢复到 1984 年的 1425 万吨的水平。要严格控制乱占滥用耕地，稳定粮田面积，努力提高单位面积产量，在保证粮食生产稳定增长前提下，大力发展经济作物和多种经营。要从建设农业良性生态环境、加强农业物质技术基础的战略目标出发，尽可能增加投入，坚持以工补农，搞好水土保持，改善农业生态条件和生产条件，增强农业后劲。今年要继续搞好辽河干流的整治，加固堤防，整修河道，抓紧清障，修复水毁工程，确保达到防洪标准。同时，要重点加强我省中部和北部商品粮基地建设，加速改造中低产田，有计划地兴建一批大中型防洪除涝工程，加紧治理主要中小河流，努力提高防洪除涝标准。要进一步加强现有防洪除涝工程的维修，通过推行企业化管理，更好地发挥工程效益。要坚持省、市、县、乡分级负责制，省主要负责大河干流治理和大型水库建设；中小型水库和河流以及田间治涝工程，主要由市、县、乡发动群众治理和建设。在建设粮食生产基地的同时，要进一步搞好林草、果品、畜牧、油料、海水及淡水养殖等生产基地及大中城市郊区蔬菜副食基地建设，积极开展农垦农工商企业联合，促进农、林、牧、副、渔各业全面发展。要不断加强现代化农业科学技术的研究和推广工作，搞好气象预测预报，认真安排好化肥、薄膜、农药、农机具的生产，积极帮助农用企业加速技术改造步伐，更好地为农业服务。

继续完善粮油购销体制，进一步调动农民的积极性。要通过宣传教育，使农民明确粮食合同定购是自己应尽的义务，必须千方百计保证完成。要不断充实完善定购合同的经济内容，实行粮肥、粮油、粮钱、粮田挂钩，有条件的地方还可以实行粮物挂钩，如粮食与紧俏商品之间的挂钩，鼓励农民签订定购合同。要继续坚持省对市粮油购、销、调的包干政策，压缩平价销售，打破在粮食销售上吃“大锅饭”的局面。为鼓励粮食生产，对商品粮基地县的乡镇企业，在税收上给予更加优惠的照顾，增强就地以工补农的能力。

以发展乡镇企业为重点，继续调整产业结构，促进农村分工分业，加速农村商品经济向专业化、集约化、社会化方向发展。

发展乡镇企业可以吸收大量劳动力，使土地向种田能手集中，提高规模效益和机械化水平，从根本上稳定粮食生产。我省大中城市多、大中型企业多、大专院校科研单位多，农村自然条件比较优越，资源开发利用的潜力很大。要从本地实际情况出发，充分利用这些优势，认真搞好乡镇企业的发展规划和合理布局，加快发展速度。通过制定优惠政策，广泛开展城乡横向经济联合，实行以城带乡、以乡促城，有计划有步骤地发展一批具有竞争能力的优势行业和名优新特产品，逐步建立起具有本地特点，以大中型骨干企业为龙头，以城乡集体经济为两翼，以农村小城镇为纽带，大中小相结合、高中低不同技术层次相结合的城乡一体化经济格局。通过发展乡镇企业，就地以工补农，加强农业物质技术基础，推动农业集约化，增强农村经济自身发展能力，大幅度提高农业生产率和经济效益，走出一条适合省情的发展农村经济的新路子。

从强化服务入手，进一步巩固家庭联产承包责任制，完善乡、村合作组织，实行分散经营与统一经营相结合的双层经营制。要坚持宜统则统、宜分则分、统分结合的原则，重点完善村一级集体经营层次，壮大集体经济实力。要搞好产前、产中、产后服务，逐步形成以家庭经营承包为基础，以专业和地区服务体系为纽带的社会化大生产的格局，从根本上完善提高家庭联产承包责任制。还要注意研究解决农村深入改革中出现的新情况新问题。

以完善农副产品合同制为重点，搞好交换方式的改革，逐步形成多层次、多渠道、多种形式的农村商品流通体系。大力完善购销合同制，对国家定购品种，必须签订定购合同并严格按合同办事；对国家放开的品种，也要积极推行购销合同制，在保证完成出口任务的前提下坚决放开、搞活。深入进行农村流通体制改革，坚持国营、集体、个人一起上。各级供销社要充分发挥农村商品流通的主导作用，从多方面为农村发展商品生产服务。基层供销社、分销店可以实行租赁或承包经营，个别经营不好或地处偏僻的，经社员代表大会讨论，可试行转制出卖。要积极引导农民进入流通领域，开辟新的流通渠道，鼓励和支持农民兴办形式多样的个体或合作流通企业，把农村商品流通搞活。

完善机制，加速推进农业集约经营*

（1987 年 7 月 14 日）

家庭承包制极大地调动了千家万户的积极性，必须巩固，这个大政策不能动摇。在巩固家庭联产承包责任制的基础上，怎样实现规模效益，推行机械化，发展集约经营，需要探索。要进一步深化改革，使生产关系适应生产力发展的需要。

沈阳郊区的形势很好，干部群众的精神状态很好。探索改革，夺取丰收，形势喜人。当前农业面临的一个重要问题是要进一步深化改革，使生产关系适应生产力发展的需要，总的是围绕怎么加速实现集约经营。

第一，关于怎样使土地逐步向种田能手集中，发挥规模效益，已成为稳定粮食生产的重要问题。这个问题关系到社会化服务，关系到同家庭承包两者的关系。家庭承包制极大地调动了千家万户的积极性，必须巩固，这个大政策不能动摇。在巩固家庭

* 这是李长春同志在沈阳市新城子区大辛二村调研座谈会上讲话的一部分。

联产承包责任制的基础上，怎样实现规模效益，推行机械化，发展集约经营，需要探索。一种是在家庭承包基础上，通过适当调整生产关系，发展服务组织，达到耕作、施肥、翻耙、收割等几个统一；另一种是在自愿的条件下，一些农户特别是一些兼营户，自觉自愿地把土地转让给专业大户。目前看，这两种办法都是可行的。当前，出现的一些农户私下转让承包土地的问题，还需要观察、研究。但前提是在面上不要动摇家庭联产承包责任制，所做的调整，要尊重农民的意愿。现在，靠国家大幅度调整粮价不可能，还是要靠规模效益，集约经营，因此要大胆探索。

第二，关于农业投入机制怎么完善的问题。家庭联产承包责任制调动了农民的积极性，但也存在投入机制不完善的问题。一

1988 年 12 月 12 日，李长春在辽宁省委农村工作会议小组讨论会上发言。

是地力的投入机制怎么完善，白茬地越来越多，地力下降，这是摆在我们面前的一个亟待解决的问题。怎么让农民多投农家肥、保证土地的有机质含量，一方面需要有个“小立法”，纳入承包合同；另一方面在积肥的措施上要落实。像五五村的经验就可以推广，他们的农业服务站主要搞积肥，实行以工补农，投资三万多元，购买五挂大车，搞积肥、代耕、代运，一年后就可以自负盈亏，还搞折旧，这个经验很好，在全省面上有指导意义。二是劳务积累要落实。国家对治理大江大河规定 15 至 20 个义务工，各乡、村对基础设施建设也需要劳务积累，也要带有“小立法”性质。当然，有的义务工出不来，换成钱，也可以。没有基础设施，一家一户的土地构不成生产力。不搞基础设施建设，光靠吃老本，欠账会越来越严重。三是对公积金全省落实得很不好。有的提留〔1〕上不来，有的只够干部开工资，公积金落实不下去，农业发展不会有后劲。四是各级建立农业发展基金的问题。各种免税措施免的税款一部分用于乡镇企业扩大再生产，一部分用于支援农业，不准挪作福利基金或用于扩大分配。省里在研究免税措施时曾考虑过两种办法：一种是先把税款收上来，然后再把免税部分往下拨；一种是就地免给你。前一种对基层来讲容易产生“等靠要”，对上也容易产生不正之风。省里反复研究，确定采取后一种办法，就地留给你，谁工作上去了就补给谁。另外可以自己安排一些大项目、小项目。这样做当然也有弊端，就是宏观上没有一个管理办法，要完善这个机制，确保乡、村把这笔钱投入到农业上来。方才一个村的同志说，减免的所得税留给企业扩大再生产，产品税、增值税作为发展农业基金，一年后再把所得税的一半挪为农业发展基金，这样滚几年，农村的形势会大大好转。对县区这个层次，省里也是有类似政策的。全省有二十几个县减免了农业税，对减免的农业税要作为县农业发展基金；县区超收分成多给的那一块，也要用于农业发展基金，不能干别的。此外，市、县还有专项基金，是随项目走的，机制比较完善。现在的问题是县区、乡、村、户四层投入机制不完善，一方面自留的部分不往农业上投，另一方面靠贷款让国家多拿钱，到了国家承受不了的程度。同时，各项财政补贴都进到各家各户去了，农户没有用于生产投入，而是转为消费，造成推动商品涨价。对此各级干部都要有清醒认识，采取措施，进一步完善投入机制。

第三，关于农村服务组织怎样完善经营机制问题。现在的农村经济组织作为企业要有活力，不能让人家吃你的“大锅饭”，在农民感到合理的情况下，也要收取一定服务费用。那种管吃管添的干法没有活力，弄一个就是一个包袱。包括农村的机耕站、水利管理站等，都要完善经营机制。但另一方面，这些服务组织也不能以营利为目的，微利就行。对这些经济组织，初期扶持一下也是必要的。

第四，关于完善农村各业之间利益的调节机制问题。必要的差别要有。但由于价格没理顺等，出现付出的劳动和得到的利益相差很大。各业得不到均衡发展，比如种粮和养对虾的收益相差大，出现了把稻田改为养虾池，种粮的把果苗栽到承包田里的现象。从国家讲要尽量完善税利调节机制，但一时还做不到，对这种利益调节，就要靠各级组织在深化改革中来完善这些机制。比如，占用一亩耕地，要交纳一定的垦复金，用以提高单产和开地。有的要收取资源费，用于发展农业，这跟减轻农民负担是两码事。

第五，关于加速完善双层经营体制问题。家庭承包是行之有效的，但必须使为之服务的手段跟上来，与社会化大生产联系起来。一方面需要纵向服务组织，另一方面还需要区域性的服务组织，两方面都要搞。现在看，完善村这级的农业服务是当务之急，可以解决积肥、代耕、代运的任务。不搞农业服务，只靠各户各干各的，就只能是白茬地，不能实现机械化，解决不了运输，产前买有困难，产后卖也有困难。

注　释

〔1〕提留，指从农村收入中提取统筹金，作为乡村两级部分开支。在实行家庭联产承包责任制前，是以生产队为单位提取的。20 世纪 80 年代实行家庭联产承包责任制后，转为向农民提取。征收的主要费用项目是“三提留”，即由村一级组织收取的公积金、公益金和集体管理费，以及“五统筹”，即由乡一级政府收取的计划生育、优抚、民兵训练、乡村道路建设和民办教育方面的费用。2003 年全国推行农村税费改革时，农民上缴的统筹提留款全部取消。

探索农田基本建设新模式*

（1987 年 10 月 9 日）

> 从当前大量的实践看，思想认识问题不在群众，关键在于领导能不能有一个好的精神状态，能不能有一个敢于负责、善于领导的气魄，能不能有一个迅速改变你领导的那个地区面貌的决心。要大胆地破除“等靠要”的懦夫懒汉世界观，破除畏难情绪，破除盲目骄满情绪。

当前，要不断提高对搞好农田基本建设重要意义的认识，进一步增强紧迫感、责任感。就此，我着重谈以下几点。

第一点认识，农田基本建设是当前进一步巩固完善家庭联产承包责任制、处理好统和分关系的一项重要措施。家庭联产承包责任制给农业生产带来了很大的变化，使我省的农业生产在党的十一届三中全会后有了很大发展，农业“瘸腿”的状态有了很大改善，国民经济开始比较协调地发展。但是，我们也要看到，当前家庭联产承包责任制面临着急需进一步完善的问题。家庭联产

* 这是李长春同志在辽宁省农田基本建设工作会议上讲话的一部分。

1988 年 8 月，李长春在兴城考察农田基本建设。

承包后，确实出现了一些新情况新问题，亟待我们各级干部去研究，提出新的解决办法。随着家庭联产承包责任制的不断深入，越来越暴露出一家一户不能够胜任的那一部分工作，怎样通过统一管理、统一服务来做好这部分工作，推动家庭联产承包责任制的进一步发展，是一个迫切的问题。换句话说，在统一管理和分户经营两者之间，需要很好地结合。这里比较突出的就是农田基本建设，它不是一家一户所能办得到的，它的系统性强，社会化程度高，需要组织起来，统一标准、统一施工，然后再和日常的分户管理、分散经营结合起来。如果说前几年广大农民还没有认识到这个问题的话，那么现在农民已经很迫切地提出了这个问题，已经成为广大农民的一个迫切要求。特别是连续两年的水灾，使这个问题更加突出了，而我们的各级领导还没有适应这种变化了的形势，如果不积极作为，就不能适应家庭联产承包责任制发展的需要了。同时，随着家庭联产承包责任制的深入发展，遇到了农业投入亟须增加与投入机制不完善的新矛盾。随着客观形势对农业发展水平的要求越来越高，进一步实现集约化经营，也亟须我们迅速地改变投入机制不完善的状况。如怎样提高地力，而不是吃老本；怎样完善劳务投入，把这些基础设施在国家经济水平允许的情况下搞起来；怎样把多年失修甚至失效的工程恢复完善起来；怎样为高水平的集约化经营增加新的投入。这都给我们提出了亟须完善投入机制的问题。另外，当前还遇到了怎样使分散经营同商品经济迅速发展、同社会化专业化水平不断提高等客观形势相适应的问题。也就是说，提出了怎样提高规模效益，怎样迅速地由传统的小生产方式向集约化经营发展的新课题，怎样进一步增强农业后劲、上一个新台阶的问题，怎样进一步巩固、完善和发展家庭联产承包责任制的问题。

大力加强农田基本建设，可以促进家庭联产承包责任制的巩固、完善和发展。因为，搞大规模的农田基本建设，可以促进双层次经营体制的迅速恢复和建立，这是由这项工作的性质决定的。大规模农田基本建设的社会化程度高、集体活动性质强，有利于在原来分散经营的情况下处理好统分结合。因为这需要强有力的统的措施，需要完善统的机制，需要迅速地形成双层次经营体制，这样就增强了为一家一户分散经营服务的能力，就使家庭联产承包制建立在更加可靠的基础上。大规模展开农田基本建设，本身就是增加农业投入并不断完善机制的过程，也必然促进和完善农业的投入机制。因此，当前我们大力组织农田基本建设，是一项深化农村改革的措施，是把农村改革同建设、把改革同发展有机结合起来的重要措施。

第二点认识，大力加强农田基本建设，是进一步增强我省农业后劲，使农业上新台阶的关键措施。我省耕地面积少、城市人口多、经济比较发达、农业劳动力的增值速度比较快，同时在整个国民经济结构中农业长期是短腿。国家明年经济工作的指导方针，叫做“两个稳定，三个收紧”，即稳定经济、稳定物价，财政收紧、信贷收紧、投资规模收紧。分析起来，稳定经济、稳定物价的关键是稳定市场，而稳定市场是跟农业生产紧密联系在一起的。今年稳定市场我们采取了一些措施，但有很多是权宜之计，是临时性的办法。稳定市场的根子在于把农业生产搞上去，农业生产上不去，市场是没有办法稳定的，只好采取下指标、摊派、征购，这是计划经济的老办法，是没有办法的办法。今年，全省 13 个城市大约有 10 个市到现在已经发肉票了，这表明农业生产仍然是困扰我们的一个关键问题，仍然是当前稳定经济、稳定市场的关键问题。物价上涨的核心也是农业问题，因为在物价上涨因素里面，占物价指数 70%的是吃的东西上涨，就是粮、油、肉、蛋、蔬菜这些东西，造成的矛盾很尖锐，没有办法只好采取限价措施，包括有些收购的农副产品也搞点限价，结果是农民有意见，城市消费者也有意见，说什么“工资像眉毛，物价像胡子，眉毛长得慢，胡子长得快”。知识分子也有意见，说什么“搞导弹的不如倒腾鸡蛋的，搞脑外科手术的不如剃头的，搞微机的不如搞烧鸡的”。为了稳定物价，各级财政都拿出了巨额补贴，造成今年财政支出增长幅度最高的是补贴。巨额的补贴，使本来要干的事情没钱干，特别是与形成体现价值规律的商品经济体制机制是相悖的。这是大家都遇到的矛盾。还有一些潜在的矛盾，比如我们现在每月供应半斤油，还要靠进口豆油来解决，我们自己的油料作物不行啊。什么原因呢？我们就那些地，价格对种粮有利，大家就把种经济作物、油料作物的地都种粮了。如果经济作物一调价，大家又种经济作物，粮食就更紧张了。老话讲要居安思危，实际上我们还没有居安，市场经常处于不稳定状态。因此，对农业问题决不能掉以轻心。农业搞不好，县长、市长、省长都不安稳。相反，农业搞好了，县长、市长、省长就安稳了一多半。所以，农业问题不仅仅是个经济问题，也是一个严肃的政治问题，应该引起各级领导干部的高度重视。农业是国民经济的基础，粮食是基础的基础，而农田基本建设又是保证粮食稳产高产的基础。农田基本建设上不去，机械化、增加化肥、农

1990 年 5 月 10 日，李长春参加本溪观音阁水库奠基仪式。右二为辽宁省副省长肖作福，右三为辽宁省政协副主席彭祥松，右四为辽宁省副省长赵奇，右五为辽宁省委书记全树仁，左一为日本水利专家丰田高司，左三为日本驻沈阳领事馆总领事高乔迪。

膜都无从谈起。我们提出农业要向集约化的方向发展，就要大搞农田基本建设，它既是集约化的内容本身，又是实现集约化的基础。

第三点认识，农田基本建设还牵涉到保护生态环境、保护人民群众生存环境，是关系子孙后代的百年大计。农田基本建设搞得好坏、山水田林治理得怎样，直接关系到地区的生态环境好坏、关系到子孙后代生存。这个问题当代可能体会不到，但它有个“癌变”的过程，是个积累效应，搞得不好，子孙后代要骂我们。

提高认识、统一思想，还要解决加速农田基本建设的基点问题。基点要放在自力更生、艰苦奋斗，发动群众治理江河上。为什么呢？一条是从国家当前的经济状况出发。我们是一个发展中国家，尽管这几年有了很大发展，但是经济上还很困难，主要表现在财政上。这些年社会总财富空前增长，群众手里的钱大大增多了，但是各级财政集中的那一部分所占比重却越来越小。我省从 1980 年到现在，农民手里的钱以每年 11.8％的速度增加，而财政每年仅增长 6.75％。也就是说，群众手里的钱多了、各级财政的钱相对增长少了，预算外的多了、预算内的相对增长少了。就国家来说，还有地方财政增得多、中央财政增得少的问题。在这种情况下，我们把基点放在发动群众、自力更生、艰苦奋斗上，是“双增双节”运动在农村工作中的具体体现，是顾全大局、为国分忧，支持国家深化改革、稳定经济。这还关系到我们党多年形成的光荣传统，能不能在社会主义建设中发扬光大。中央再次重申勤俭建国、艰苦奋斗的精神，并且把它作为社会主义精神文明建设的重要内容。勤俭建国、艰苦奋斗的精神在农村工作中发扬光大，首先就要体现在发动群众、依靠群众，自力更生、艰苦奋斗改善生产条件上，这是党的光荣传统，也是中华民族的光荣传统。现在有个别地方出现农民富裕以后缺乏正确的引导，赌博成风，这个问题必须引起我们的高度重视。要始终坚持两个文明一起抓，引导农民把资金用到改变家乡、改变山河、扩大再生产上来。要看到，目前群众的负担能力有了较大的提高，党的十一届三中全会以前，我省农村人均收入仅200元，还搞了很多农田基本建设，如今人均收入500多元，应该搞得更好。这里主要是要解决认识问题。发动广大群众去搞与他们的利益密切相关的公益事业，不是乱摊派，不是增加负担，是正常生产经营活动，是维持简单再生产和扩大再生产的正常投入。发动群众搞公益事业、基础设施建设，也不是过去那种“左”的大呼隆，是相信群众、依靠群众的党的群众路线在社会主义建设时期的体现。当然，我们不能再搞过去那种不尊重科学、不尊重专家、不尊重群众意愿的蛮干。只要是经过充分论证，确实关系群众的切身利益，又得到多数群众拥护的，就要坚决地、积极地去干，不管农村还是城市都应该这样。城市也要组织义务工，搞义务劳动，体现人民城市人民建的方针。要规定农村劳力义务积累工，城市居民也得有义务工，这些都是公民应尽的义务。从当前大量的实践看，思想认识问题不在群众，关键在于领导能不能有一个好的精神状态，能不能有一个敢于负责、善于领导的气魄，能不能有一个迅速改变你领导的那个地区面貌的决心。要大胆地破除“等靠要”的懦夫懒汉世界观，破除畏难情绪，破除盲目骄满情绪。

深化农业投入机制改革*

（1988 年 10 月 13 日）

过去，我们在财政上统收统支，农业逐步形成了一个僵化的投资体制，即上边“管吃管添”的“保姆”体制和下边的“等靠要”思想，成为影响农业自身活力的桎梏。随着农村改革的不断深化，对这种僵化体制必须进行改革。这既是增强农业自身活力的需要，也是改进政府投入机制的举措，还是推动全社会重视农业的重大改革。

农业的投入必须增加。今后，随着生产的发展，全省各级政府对本地区财政增收部分，要保证有足够的比重用于农业投入，不断强化农业这个基础。同时，农业的投入还必须进一步改革。深化农业投入机制改革，是农村改革的一个重要方面。过去，我们在财政上统收统支，农业逐步形成了一个僵化的投资体制，即

* 这是李长春同志在辽宁省农田水利建设第一届“大禹杯”竞赛总结表彰大会上讲话的一部分。

上边“管吃管添”的“保姆”体制和下边的“等靠要”思想，成为影响农业自身活力的桎梏。随着农村改革的不断深化，对这种僵化体制必须进行改革。这既是增强农业自身活力的需要，也是改进政府投入机制的举措，还是推动全社会重视农业的重大改革。而我们开展的“大禹杯”竞赛活动[1]，就是对这种僵化体制的一个有力的冲击。

在深化农业投入机制的改革中，首先，要进一步完善农业的投入机制，核心就是由过去上边的统收统支和下边的“等靠要”，转变为分级包干、分级负责；由上级的静态分配，转变为引入竞争机制，“以奖代补”、“以奖代拨”；由过去的无偿拨给，转变为有偿使用，这种改革，主要是对有直接效益的工程而言。至于农田基本建设，不完全是这种情况，应当由过去主要靠国家投资，转向在国家适当补助的前提下，主要靠包括农民在内的全社会对农业投入。也就是说，要坚持国家、集体、个人一起上，共同增加对农业的投入，按分级负责、分级制约、分级建设、分级管理的原则，逐步建立起富有生机活力的、适应农村商品生产新形势的投入体制。国家和省主要补助那些关系全局性、战略性、综合性的大型骨干工程，如大江大河的治理、大型水库的修建、大型商品粮基地的建设和农用生产资料的建设项目。省里围绕这些方面将要进一步增加投入，准备加速辽河的治理，组织力量开发辽河三角洲，加速以商品粮为重点的综合性基地建设。同时，正在规划几个重要的农用生产资料生产项目，包括锦西30万吨化肥项目、为农膜提供原料的大型乙烯设备项目等。市、县、乡、村，主要靠地方财力和发动群众集资投劳，搞好中小型工程的修建、中小型河流的治理和田间工程的施工。对于小型工程，今后省里不再直接管到工程上，主要是采取“以奖代补”的办法，谁干得好就奖给谁。同时，还要通过实行财政包干体制和政策，逐步扩大直接留在基层就地投入的比重，把体制内的尽量都留在基层，以强化分级包干、分级负责，弱化统收统支、分钱分物。这样做，有利于调动基层的积极性。对于国家投资和补助性工程项目的修建，要坚持把财权和事权紧密结合起来，实行责任包干，避免过去那种财权和事权相分离、“一竿子插到底”的弊端。

其次，要通过引入竞争机制，改变平均主义、吃“大锅饭”的传统做法。对于基础工程，要广泛地推行“以奖代补”，在农业投入上引入竞争机制，大家先干起来，谁干得好就给谁奖励。

1988 年 10 月 13 日，李长春在辽宁省农田水利建设第一届“大禹杯”竞赛总结表彰大会上颁奖。

这样，就从根本上扭转过去那种“给多少钱办多少事，不给钱我就不干”的现象。对于有直接效益的项目，要通过投资公司实行拨改贷，有偿使用。只有这样，才能提高农业资金的使用效益。也可以实行与定购紧俏农副产品相挂钩的办法，按投资的比例合理确定交售农副产品的数量。各市政府都可以采取这个办法，多定购一些农副产品来稳定市场。各级投资公司在投资、信贷安排上，一定要有适当的比重用于农业。具体执行上也要引入竞争机制，谁的效益好就优先给谁贷款。在农业投入机制上，还要注意调节好农村各业的合理负担和合理分配。对于水果、水产、药材等经济效益高的产业，要严格按照国家规定征收特产税。对于各业之间效益相差比较悬殊，国家特产税还不足以调节的，可以由市县政府确定支农调节费、资源费等，用于农田基本建设和支持粮食生产。在今年的“大禹杯”竞赛活动中，许多地方已经采取了这样一些办法。例如盖县每株果树提取两元钱，用于农田基本建设。这些办法都是可行的，应当加以推广。

再次，要进一步解决“重建轻管”的问题。对那些有直接经济效益的新建工程，要效仿改造中低产田打井的办法，逐年提取折旧费，专款专存，用于工程的更新维修，建立起符合经济规律的运行机制。过去有些地区打了不少井，结果到现在能用的只有三分之一。究其原因，就是因为打井的钱都是上边无偿分配的，没有按照经济规律运行，所以直到现在缺零部件还跟上边要钱。这种经营农业的办法是不行的，是“管吃管添”僵化体制的表现，必须改革，建立良性循环的体制机制。另外，对于那些以生态效益为主的基础性建设，在上级补助的基础上，还必须实行政治动员、经济补偿、行政干预相结合的办法，确保农业基础设施的建设。现阶段如果过早地取消行政干预，就可能使我们的经济生活出现混乱。因此，必要的行政干预还不能少，特别是在那些没有直接经济效益的基础设施建设方面，还要实行政治动员、经济补偿、行政干预相结合。在这方面，朝阳市这几年处理得比较好，在荒山治理上进展较大。国家也好，联合国也好，给他们的补助都是很微小的，他们主要靠政治动员，靠强有力的行政领导，靠坚持不懈的干劲。各地还可以根据自己的实际情况，总结群众创造的经验，不断改革、完善农村投入的机制。当然，这些改革和办法，毫不意味着减轻各级政府的责任，而应当千方百计地挤出更多的资金往农业上投入。特别是当前在安排资金上，各级财政有超收的，一定要保证往教育和农业上安排。

注 释

〔1〕“大禹杯”竞赛活动，指 1987 年开始在辽宁全省开展的群众性农田水利建设竞赛活动。辽宁省过去基本上处于靠天吃饭的状态，旱涝等自然灾害经常发生，农业生产基础非常脆弱。特别是 1985 年和 1986 年连续两年席卷全省的罕见洪涝灾害，给农业生产带来很大损失。凤城满族自治县领导在灾害面前，想到了古代大禹治水的故事，于是发动全县群众以“大禹杯”竞赛形式掀起了治河热潮，展开农田水利建设大比武，迅速提高了抵御洪涝灾害能力。1987 年，时任辽宁省省长的李长春在调研中充分肯定了凤城经验，当即拍板予以推广，在全省普遍开展以改变全省农业条件和生态环境为主攻方向，以防洪、治涝、灌溉和水土保持为主要内容，以建设旱涝保收的高产稳产农田为根本目的的农田基本建设“大禹杯”竞赛活

动。据统计，竞赛活动开展10年间，全省共投入人工24亿个，投入资金83亿元，完成土石方70亿立方米。通过竞赛活动，辽宁的农业综合生产能力得到大幅提高，抗击自然灾害能力显著增强，为跨入全国农业大省行列奠定了坚实基础。辽宁“大禹杯”竞赛活动，曾被水利部作为先进经验在全国推广。

与种粮大户谈粮食问题*

（1988年11月29日）

这次我到辽阳来，主要还是想再了解一下粮食生产问题，看看我们农民朋友还有些什么困难需要帮助解决。我记得第一次到你〔1〕家是去年刚开春，那天还下小雨，当时我们是蹚着泥水进的你家院子。听镇里的领导介绍，你和3个儿子承包了510亩地，是远近闻名的种粮大户。当时，我就说，我和你交个朋友，今后常来常往，听你说说心里话。前两次我来，你提了一些意见，但看得出还是因为我们见面少，你还有些放不开。今天我是第四次来了，我们已经是老朋友了。我交你这个朋友，一是希望你在农民中起个示范作用，二是想通过你这个渠道，了解农民的呼声和反映。希望你说真心话，反映一下当前粮食生产还存在哪些问题。

刚才你说现在土地承包，村干部考虑的只是承包费问题，谁给的价高，就包给谁。有的农民高价承包土地后，种一些来钱多的经济作物，如西瓜、香瓜等，到秋后，花钱到市场上买粮交售；土地一年一招标，承包费越抬越高，不利于调动种粮农民的

---

* 这是李长春同志走访辽宁省辽阳县黄泥洼镇头台子村种粮大户姚绍家时谈话的一部分。

1987 年 12 月 29 日，李长春到辽阳市辽阳县黄泥洼镇头台子村看望种粮大户姚绍家。

1987 年 12 月 29 日，李长春应姚绍家请求，为其孙女取名姚巧慧。

积极性。你提的这个问题很重要。今后，土地经营要引入竞争机制，要和售粮数量挂起钩来，以确保粮食种植面积；同时，承包费也要和土地种植品种挂钩，也就是说，种粮户的承包费要相应低一些，种经济作物的承包费要高一些，区别对待，合理负担，这样有利于调动农民种粮的积极性。对待你这样的种粮大户、交粮大户，不仅政治上要给荣誉，经济上也要给实惠，这样，粮食生产才能持久。要完善土地承包责任制，土地承包责任制要相对稳定，春节前要落实好这项工作，给农民吃“定心丸”。

另外，你刚才反映的粮食生产“三挂钩”〔2〕物资没有兑现的问题，也是一个需要解决好的重要问题。“三挂钩”问题，关系到党和政府与农民关系的问题，必须严肃对待。政府说话就应该算数，不允许任何一个地方存在“三挂钩”的资金、物资不落实的问题。对挂钩物资不落实问题，一定要查清楚。属于哪一级的问题，哪一级就要负责解决；该给物要给物，该付差价款的要付款，已欠的账要兑现，落实的情况要反馈给我。明年，绝不允许再出现这种情况。

最后，非常感谢你讲了真心话，提出了很好的意见。借这个机会，我也想给你提几点希望，供你参考。第一，希望你再交一个科技人员做朋友，搞好科技投入，靠科学技术种地、养猪，起好科技示范作用。种地不能只靠胆子，还得靠科技，你得在这方面多动脑筋。明年秋后我再来，希望看到你能拿出几招新技术。第二，要坚定种粮信心，对土地要敢于投入。国家的政策是不会变的，只能是向着有利于调动农民种粮的积极性方向发展。第三，中央已召开了农村工作会议，省里马上也要开，中心思想是要夺取明年农业的大丰收。在这方面，希望你带头做好准备，争取明年粮食生产大丰收。到那时候，我再来看你。

注　释

〔1〕指姚绍家，辽宁省辽阳县黄泥洼镇头台子村人，辽宁省种粮大户、辽阳市市级劳动模范，曾当选辽阳市人大代表，2009年因病去世。李长春在辽宁工作期间曾多次看望姚绍家，了解党的农村政策落实情况及粮食生产问题。1987年李长春在走访姚绍家时，应其请求，为其出生不久的孙女取名姚巧慧，即聪明能干，心灵手巧之意。现在，姚巧慧在头台子村为孩子们办起了“巧慧看护班”。

〔2〕“三挂钩”，指1986年10月国务院发出的《关于完善粮食合同定购制度的通知》中提出的粮食合同定购同供应平价化肥、柴油及发放预购定金“三挂钩”的政策。1987年6月25日，国务院发出《关于坚决落实粮食合同定购“三挂钩”政策的紧急通知》，强调定购挂钩的化肥、柴油和资金要及时供应，保证兑现，对违法乱纪行为和不正之风要认真查处，决不姑息。

狠抓农业综合开发*

（1990年2月19日）

农业综合开发，是促进整个大农业向深度和广度进军的一项战略性措施，是我省农业突破徘徊、实现高产稳产、登上新台阶的重要途径。综合开发主要包括两个方面，一方面是对现已利用的资源，要狠抓高产稳产、低产变高产，千方百计提高单位资源的利用率和产出率，使现有农业综合生产能力有一个较大的提高。另一方面是对目前尚未利用的资源，通过抓重点开发，从总体资源上为我省农业开辟新的生产领域，形成新的生产能力，使整个农村生产力有一个新的提高。

"八五"期间，要在全面规划整个大农业开发的基础上，搞好以粮食生产为重点的山、水、田、土、林、路综合治理与开发，逐步提高粮食和主要副食品自给水平，促进农、林、牧、副、渔各业的全面发展。计划改造中低产田800万亩，建设高产稳产农田1500万亩，开荒100万亩，形成年增产40亿斤粮食的生产能力，再加上一般农田增产10亿斤，实现年增产粮食50亿斤的目标是有可能的。我们要从大农业的角度出发，积极利用多

---

* 这是李长春同志在中共辽宁省委农村工作会议上讲话的一部分。

年来农业区划和农业自然资源调查成果，认真制定好综合开发的总体规划和分步实施计划，使农业综合开发沿着健康的轨道不断前进。

要重点搞好辽河平原的综合开发。辽河平原是我省重点产粮区，在全省粮食生产中占有举足轻重的地位。“八五”期间，要紧紧抓住这一地区粮食产量高而不稳的突出矛盾，坚持抗旱与治涝两手抓，逐步实现稳产、高产再高产。综合开发的重点是三个方面：一是进一步搞好现有商品粮基地县建设，采取修建防洪、治涝、灌溉等农田水利工程，改造中低产田，发展辽、浑、太三大河流滩地小麦生产等项措施，建设高产稳产的高水平商品粮基地。二是继续搞好辽河三角洲综合开发，这项工程已列入国家开发计划。要充分发挥国营农垦企业物质技术力量比较强的优势，先期搞好大洼小三角洲综合开发的配套工程建设。同时，充分做好为辽河三角洲开发配套的白石水库前期准备工作，争取尽早上马。三是要加快辽西北地区昌图、康平、法库、彰武、阜新、新民等 6 个县的综合开发。这一地区现有耕地 1240 万亩，占全省耕地面积的 24%，农村人均占有耕地 4.2 亩，比全省多 1.9 亩，其中单产 400 斤以下的低产田有 500 万亩，发展粮食生产的潜力很大。还有 145 万亩宜农荒地，468 万亩草原可供开发。要通过修建农田水利工程、田间防护林网工程和改良土壤、培肥地力等综合措施，治理易涝碱地和风沙薄地，在重点搞好宜粮荒地垦复和稻麦开发的前提下，大力发展畜牧业、水产业和林业生产。

其他各市县也要根据本地区的条件，确定自己的开发项目，集中连片地进行综合开发。朝阳地区要加快 300 万亩重点田的建设，继续实施“温饱工程”，努力改善农业生产条件，走节水农业、雨养农业[1]的发展道路，争取到“八五”末期贫困面貌有明显改变。东部山区各市要在重点搞好生态环境建设的同时，本着以林为主、林粮结合的原则，合理开发利用农业资源，保护好现有耕地，加快修复水毁耕地，改造中低产田和冷浸田[2]，严禁上山开荒。到 1995 年，治理冷浸田 45 万亩，恢复和新修一批高标准水平梯田，有条件的地方要以自流灌溉为主，适当发展水稻生产。同时，在贫困山区实施“温饱工程”，不断增强东部山区的粮食综合生产能力。大连和锦西地区要大力搞好粮食生产，努力增加粮食总产量，同时继续发展经济作物、水果和水产品生产。

在抓好粮食生产的同时，要重点搞好副食品生产和多种经营，把“菜篮子工程”和发展多种经营纳入到综合开发总体规划中来。其中，商品粮生产基地要充分利用粮多、秸秆多的优势，

1986 年，李长春与辽宁省副省长白立忱研究抗洪抢险工作。

建设肉、蛋生产基地；东、西部地区要充分利用草场资源多的优势，建设草食家畜家禽生产基地；大中城市郊区和靠近城区的县要充分利用交通方便、经济实力强的优势，建设近、中、远郊相结合的蔬菜、禽蛋、奶类生产基地；沿海和淡水水面比较多的地区，要充分利用海淡水养殖资源丰富的优势，建设水产品生产基地，发展集约经营，逐步形成我省区域化、专业化、集约化的副食品生产新格局。

要大力发展蔬菜保护地生产。搞好温室、塑料大棚等蔬菜保护地建设，并结合本地区的实际情况，积极推广大洼县利用塑料大棚种菜、养猪，棚下建沼气池发展生态农业的经验，大力发展淡季鲜细菜生产，逐步把我省辽南地区、中部地区和辽西部分地区建设成为鲜细菜生产基地，在保证省内市场供应的基础上，通过发展边境贸易，把产品打入国际市场，使我省冬季大棚鲜细菜成为对苏联远东地区进行贸易的拳头产品。

注　释

〔1〕雨养农业，指无人工灌溉，仅靠自然降水作为土壤水分来源的农业生产。随着时代的发展，其内涵也有所扩大，包括施行人工汇集雨水、自然降水补偿灌溉等。

〔2〕冷浸田，指山丘谷地受冷水、冷泉浸渍或湖区滩地受地下水浸渍的水田。

大力发展林业，创造良性生态环境*

（1990年2月19日）

生态环境建设，是人们赖以生产和生存，确保农业持续稳定发展，造福子孙后代的千秋大业，而森林又是陆地生态系统的主体，具有涵养水源、保持水土、调节气候等多种功能。因此，要从加快林业建设入手，动员和组织全省人民，搞好以东部地区水源涵养林和水土保持林、西部地区水土保持林、平原地区农田防护林、沿海地区海防林等为主体的四大防护林体系和以速生丰产用材林、木本粮油经济林、薪炭林为重点的三大基地建设，加快绿化辽宁的步伐，为实现农业高产稳产、增强农业发展后劲、改善我省生态环境奠定一个良好基础。到本世纪末，基本实现绿化辽宁的目标。

东部地区，要本着经济效益、社会效益和生态效益三兼顾的原则，重点搞好水源涵养林和水土保持林建设，积极推广丹东市“三结合、三为主”的经验，即治山与治水相结合，以治山为主；治上与治下相结合，以治上为主；植物措施与工程措施相结合，以植物措施为主，把水源涵养林、水土保持林建设同山区立体开

* 这是李长春同志在中共辽宁省委农村工作会议上讲话的一部分。

发紧密结合起来，调动农民营林的积极性，加快山区绿化和群众致富的步伐，走林茂粮丰、林兴民富的良性循环道路，更好地发挥东部山区绿色屏障和水资源基地的作用。

西部地区，要继续坚持以水土保持为中心，以造林种草为重点的水土保持林和“三北”防护林建设〔1〕，大搞荒山、丘陵绿化和封山育林，加快小流域和山、水、田、土、林、路综合治理，积极修筑水平梯田，不断改善生态条件，努力发展粮食和干鲜果品的生产，增加群众收入。

中部平原地区，包括38个平原和半平原县（区），要以营造速生丰产用材林为重点，分区、分片建设好农田防护林网，并结合农田水利基本建设，搞好防洪除涝、改土治碱等工程建设。

沿海地区，要充分发挥水产和水果生产条件好、经济实力比较雄厚的优势，千方百计地调动国营、集体和个人营林积极性，逐段逐片地营造海防林带，使这一地区逐步走上以渔以果养林、以林保粮保渔保果的良性循环道路。

在大力建设四大防护林体系的同时，各级政府要积极组织广大干部群众，大搞全民性的义务植树运动，把绿化辽宁作为加快两个文明建设的重要内容。特别是各级党政机关领导要带头承包绿化山头工作，为群众作出表率。要积极开发利用太阳能、风能和地热能资源，进一步搞好农村能源建设，节约烧柴，保护好绿色植被。

要认真贯彻落实《森林法》、《草原法》和《环境保护法》等有关法律法规，加强以护林护草、防止污染为重点的生态环境的管理和保护工作。依法加强对石场、矿场和参场、蚕场、柴场的经营管理，严禁破坏生态环境的乱开滥采和上山开荒、栽参等掠夺性生产，严格防控对水资源污染，做到依法造林种草，依法护林护草，依法保护好水资源。

注 释

〔1〕“三北”防护林建设，指在我国西北、华北和东北建设的大型防护林体系工程，1978 年被列为国家经济建设的重要项目正式启动实施。

增强绿化意识，加速林业建设*

（1990年3月12日）

实践证明，搞好林业建设，不仅可以为国家经济建设和人民生活提供工业原料和其他林副产品，更重要的是能够发挥涵养水源、保持水土、防风固沙、改良土壤、调节气候、净化空气等多种效益。抓林业，从根本上说，就是抓发展生产、繁荣经济的基本条件，就是抓人类生存的条件。

新中国成立以来，特别是党的十一届三中全会以来，我省林业建设取得了十分可喜的成绩。全省森林覆盖率已达28.7%，比新中国成立初期增长了1.2倍；森林蓄积量达1.24亿立方米，比新中国成立初期增长了86%。这对维护我省自然生态平衡，繁荣农村经济，促进工农业生产发展，起到了重大作用。但是，从全国来看，我省还是一个缺林少材的省份，不仅森林覆盖率低、分布不均，而且在造林成活率、保存率、中幼林抚育以及森林资

* 这是李长春同志发表在《辽宁日报》上的文章。

源合理开发利用等方面，都存在一些亟待解决的问题。因此，大搞植树造林，保护森林资源，增加国土绿色植被，改善生态环境，逐步提高森林的生态效益、社会效益和经济效益，是摆在全省人民面前的一项重要任务。

发达的林业，是国家富足、民族繁荣、社会文明的重要标志之一。实践证明，搞好林业建设，不仅可以为国家经济建设和人民生活提供工业原料和其他林副产品，更重要的是能够发挥涵养水源、保持水土、防风固沙、改良土壤、调节气候、净化空气等多种效益。辽宁是全国重工业基地之一，搞好林业，对促进整个国民经济的发展，对推动社会主义精神文明建设，都有着极其重要的战略意义。我省历年电力能源紧张、水资源不足、工农业生

1986 年 11 月 20 日，李长春在辽宁省实验林场红松人工林内，听取林场党委书记石振启工作汇报。

产不稳的重要原因之一，就是林业建设跟不上工农业生产和人民生活日益增长的需要。所以林业建设搞得怎样，不仅直接关系到工农业生产的持续稳定发展，也直接影响人民生活的改善。“林业是农业的保姆，是水利的源泉。”抓林业，从根本上说，就是抓发展生产、繁荣经济的基本条件，就是抓人类生存的条件。所以党中央、国务院一直把发展林业列为基本国策之一。现在，全省尚有1700多万亩荒山没有绿化，有7000多万亩水土流失面积没有得到有效控制，如不抓紧治理，不仅辽西地区生态条件会继续恶化，就是山清水秀的辽东地区，也存在着“辽东变辽西”的潜在危险。我们必须千方百计地提高全社会的绿化意识，动员全社会力量，把这项关系到经济振兴、国土保安、国家富足、民族兴旺的千秋大业抓紧抓好，抓出成效来。

造林绿化的成效是否显著，关键在于各级领导对林业工作是否重视。许多地方的先进经验证明：哪个地方领导认识高，哪个地方林业建设和改革就有新的发展；哪个地方领导真抓实干，哪个地方林业就生机勃勃。这里必须指出的是，植树造林、绿化祖国是全民的事业，是一个系统的产业工程，只靠林业部门抓是不够的。去年，省政府已经和各市政府签订了造林绿化、保护森林责任状。总的目标是：到本世纪末全省基本实现绿化。各地要抓住重点，明确主攻方向，有计划、有步骤地加以实施。省政府确定的造林绿化任务，各市都已认定，这是个硬任务，不能打一点折扣。各级政府特别是各级领导干部要切实把这副重担挑起来，要像广东省那样，领导干部真抓实干。要从省长、市长做起，各级领导干部都办绿化点，各级机关都要包山头、包工程项目，应该把这种实干精神坚持下来、发扬下去，把已办的绿化点再完善提高一步。各级组织、人事部门要按各级领导干部任期指标进行监督检查，并作为考核领导干部政绩的一项重要条件。城市要把以绿化为重点的“绿叶杯”活动既轰轰烈烈又扎扎实实地开展好，农村要通过“大禹杯”竞赛活动，实行山、水、林、田、路综合治理，推动林业建设的发展。

加快城市综合改革，推动国民经济更好更快发展

全国翻两番，沈阳怎么办*

（1983年5月21日）

经济管理还不适应变化了的新形势，基本上属于以“大锅饭”为基础的企业经营管理体制和以“一大二公”供给制为基础的工业管理体制，我们的企业大多数还是生产型，没有过渡到生产经营型，还不善于开辟两个市场，不善于由单一计划经济转为计划经济为主、市场调节为辅，不善于依靠技术进步。因此，迫切需要我们在经济建设的指导思想上有一个根本转变。

一、沈阳在全国经济发展中的战略地位

党的十二大提出到本世纪末全国工农业年总产值翻两番。研究和制定沈阳的经济发展战略规划，必须适应全国经济建设发展的总要求，必须从沈阳的市情出发，正确认识沈阳在全国经济建

* 这是李长春同志在深入开展“全国翻两番，沈阳怎么办”大讨论和制定中长期规划动员会上讲话的一部分。

设总布局中的地位和作用。

首先，沈阳占有优越的地理位置和丰富的自然资源。沈阳地处松辽平原南部，市区南部、北部和西部有丰富的煤炭和油气资源，东南、东北山区非金属矿储量也较丰富。沈阳周围与钢都鞍山、煤都抚顺、煤铁之城本溪、煤电之城阜新、化纤之城辽阳和新建的煤炭基地铁法毗邻，形成了以沈阳为中心的密集城市群，具有发展工业的优越条件。沈阳农村地势平坦，土质肥沃，光照充足，雨量与温度适宜，又靠近大城市，具有发展现代化农业的良好条件。沈阳位于沈山、沈哈、沈大、沈丹、沈吉五条铁路干线的交叉点，是沟通关内与东北三省的咽喉和枢纽，具有扩大生产和发展流通的便利条件。正是依托这些有利条件，沈阳较早发展成为东北地区最大的工业基地和贸易中心，工业总产值、商品和物资的吞吐量在全国各大城市中都居于前列。可以说，沈阳具有的这些优越自然、地理和经济条件，在全国是不多的。有人把沈阳与周围的城市群比作“东方鲁尔”[1]，是有一定道理的。

其次，沈阳有比较雄厚的物质技术基础和强大的生产能力。新中国成立前，沈阳是一个以修配为主的殖民地半殖民地经济性质城市。新中国成立后，第一个五年计划时期，国家在沈阳重点建立了机床、风动工具、电线电缆、矿山机械、通用机械、电力机械等机器制造工业；50 年代末到 60 年代初，又相继建立了燃料、动力工业，冶金工业和汽车、拖拉机制造业以及一批国防工业；70 年代，塑料、合成橡胶和合成纤维三大合成材料和电子等新兴工业也相继发展起来，从而使我市发展成为一个门类比较齐全、综合性的社会主义工业城市。目前，沈阳拥有工业企业 3300 多家，工业职工 120 多万人，固定资产原值 78.6 亿元。去年工业生产总值达到102.6亿元，财政总收入达到14.4亿元。大型机械工业企业是国家经济的命脉。沈阳许多机械产品面向全国，担负着支援全国的重要任务，在全国占有举足轻重的地位。从主要产品的产量看，车床占全国的18%，钻床占全国的15%，镗床占全国的13%，凿岩机占全国的65%，气压机占全国的23%，暖风机占全国的38%，大型变压器占全国的28%，高压断路器占全国的50%。其他一些有色金属、化工医药、轻纺产品等，也都在全国占有一定比重。近几年，轻纺工业也有了进步，沈阳的味精、高压锅、钢锹、啤酒在国内有较高的声誉。

再次，沈阳的科学教育事业比较发达，科技力量比较雄厚。全市有独立的科研院所128个，科研部门职工占全省的49%，在全国各大城市中居第五位，专业门类比较齐全，有许多应用技术研究中心。全市有大专院校19所，中等专业学校和技工学校137所，是人才开发的重要基地。在贸易、金融、信息等方面，也是辽宁以至东北地区的中心。

总的来说，沈阳依托优越的经济条件和自然条件，建立和发展起了一个重工业城市。它不仅是辽宁的政治、经济中心，也是东北地区的经济中心，还是全国实现四化建设的重要基地之一，在全国经济建设的总布局中占有重要的战略地位。

过去的30多年，沈阳在发展自身的同时，为全国经济建设提供了大量机器设备、相当数量的建设人才和建设资金，为“三线”建设〔2〕作出了重要贡献，发挥了重工业基地的应有作用。今后在四化建设中，仍然有条件也有责任发挥更大的作用。近几年来，由于贯彻执行调整、改革、整顿、提高的方针，我市国民经济开始走上健康发展的轨道。经济结构、产品结构和企业组织结构，进一步趋向合理。到1982年，轻工业占整个工业的比重，已由“五五”时期的31%提高到40.2%，重工业尤其是机械工业，扩大了服务领域，产品的适应性有了一定提高。调整了投资使用方向，轻重工业开始趋向协调发展，长期失调的“骨肉”关系有了一些改善。企业组织结构也出现新的变化，建立了一批新的生产联合体和生产、科研联合体。各行各业经过整顿和技术改造，企业管理有所加强，产品的制造技术水平得到提高。这些都为进一步发挥沈阳重工业基地的作用，加快经济发展打下了基础。

二、当前我们面临的新形势

在看到我们优势的同时，也要看到我们存在的问题，以及面临的新情况新形势。

一是迫切需要我们在经济建设的指导思想上有一个根本转变。党的十一届三中全会以来，党中央和国务院对经济工作实行了以计划经济为主、市场调节为辅[3]和对外开放、对内搞活经济等一系列正确的方针政策，并采取了许多改革措施，调动了各地区、各企业和广大劳动者的社会主义积极性。但是，经济工作中多年来“左”的影响、旧的习惯势力的束缚还没有完全解决。经济管理还不适应变化了的新形势，基本上属于以“大锅饭”为基础的企业经营管理体制和以“一大二公”供给制为基础的工业管理体制，我们的企业大多数还是生产型，没有过渡到生产经营型，还不善于开辟两个市场，不善于由单一计划经济转为计划经济为主、市场调节为辅，不善于依靠技术进步。

二是对现有企业进行技术改造是我市经济发展的紧迫任务。

我们长期在物质技术基础上存在“三老”问题，设备老化、技术老化、产品老化，严重影响了竞争能力的提高。据对全市10个工业局的4.88万多台金属切削机床和锻压设备调查分析，役龄在15年以上的占36%，在10年以上的占64%，还有17%的设备超期服役需要报废，有的全国骨干企业的设备平均役龄高达20年以上，以致效率低、精度差，保证不了产品质量。在工艺方面，无论是冷加工还是热加工，多数还是沿用五六十年代的传统加工方法。许多新技术，如真空冶炼、电子计算机控制、激光技术等，还远没有普遍应用。特别是测试手段落后，已严重影响了产品质量的提高和新产品的开发。由于设备陈旧，工艺、技术落后，产品水平受到很大影响。据对2800种产品分析，绝大部分产品属于五六十年代水平，同国外相比大约落后20年。

三是我们受传统经济体制束缚比较深，面临着积极稳妥地推进经济体制改革，增强活力，充分发挥沈阳中心城市作用的紧迫任务。我市工业集中，门类比较齐全，客观上有发展生产的综合优势。但在经济管理体制上，条块分割、领导多头、管理分散，割裂了企业间内在的经济联系，大中小企业不能有机结合，造成社会经济效益差，影响了中心城市作用的发挥。在微观层面，由于“大而全”、“小而全”，企业吃国家的“大锅饭”，职工吃企业的“大锅饭”，微观经济效益也很差。

四是发展后劲严重不足，面临着在努力发挥现有工业基础作用的同时，如何积极争取后备项目、争取国家项目，增强后劲的紧迫任务。从全国经济发展形势看，许多先进地区发展了一些新项目，还储备了一些项目，而沈阳近期没有什么新项目，也没有储备，发展速度呈下降趋势。30多年来，总的来看，我市工业总产值增长速度是高的，但解剖一下，1960 年以后，增长速度逐渐减慢，低于全国、全省，60 年代出现了 10 年徘徊，70 年代基本上没有什么大型项目，工业总产值仅增长 1.4 倍。而北京、广州、南京、上海、武汉、大连等城市都增长近两倍或两倍以上。近 20 多年来，沈阳与原来工业产值比沈阳高的城市的差距越来越大，原来不如沈阳的城市与沈阳的距离越来越小，有的已经超过了沈阳。比如，1960 年，广州、武汉工业总产值只分别相当于沈阳的 35% 和 41%，目前这两个城市已先后超过了沈阳，使沈阳在全国的位置由第四位降到第六位。一些规模比沈阳小的城市如大连、南京等也正在迅速赶上来。1960 年，大连、南京的产值分别只为沈阳的 47% 和 29%，现在却上升到近 80%。

分析现状，研究未来的经济发展，要求我们从沈阳的战略地位出发，努力探索扬长避短、发挥优势，促进经济稳步协调发展的新途径，通过深入调查研究和群众性的大讨论，制订一个正确指导经济发展的战略和规划，是一项刻不容缓的任务。

三、需要重点突破的几个重大问题

关于改革长期束缚我们的传统经济体制问题，党的十二大之后，中央在推进农村改革的同时，正在着手研究城市改革问题，我们争取先行试点。现就我们自己需立即着手行动的几个问题，讲点意见。

（一）关于能源和水源问题。能源和水源是制约我市国民经济发展的重要因素。我市是全省乃至全国的耗能大户，年耗能折合标准煤大约 720 万吨，而自身燃料动力工业比重很小，绝大部分依赖国家调拨。因此，供需矛盾更加突出。市计划部门根据今后 20 年国民经济发展和人民生活水平提高的需要，同时考虑到技术进步、结构调整和节约等因素，初步预测，到 2000 年我市能源需求总量折合标准煤大约为 1460 万吨，比 1980 年的 705 万吨增长 1 倍多，平均每年增长 3.7%。这些能源如何解决？只能一部分靠开发建设和调入，一部分靠节约。为此我们一方面要抓好经国家批准的能源建设项目的落实，做好建设的前期准备工作；另一方面要抓好节约，提高能源利用率。现在我市能源利用率大约只有 27%，比工业发达国家要低 20%以上，也略低于我省 28%的平均水平，这说明我们节约潜力很大。今后要努力降低消耗，力争使单位产值耗能量平均每年下降 3.3%，使能源有效利用率达到 40%左右，接近现在发达国家的底线水平。这就要求我们树立综合节能观念，把能源潜力变成现实生产力。

关于水源问题。1981 年我市日用水量为 172 万吨，据预测，到 2000 年可能达到 375 万吨，比 1981 年增长 1.2 倍。用水矛盾很突出。一是供水不足，现在大约日缺水 25 万到 30 万吨；二是过量开采，造成地下水水位大幅度下降。据实际观测，在市区北部以及铁西地区 140 平方公里范围内，1977 年平均下降了 1.04 米，1978 年下降 1.61 米。如按现在的速度开采下去，再过十几年，沈阳的地下水恐怕就要枯竭。还有个水质恶化的问题，大量工业污水、生活污水使地下水严重污染。水的问题，数量、质量上的矛盾都很突出。怎么解决？也是一方面积极开发，另一方面靠节约。在开发方面，对石佛寺和李官堡水源正在开发建设，预计全部建成投产后，日供水量可增加 60 万吨。再长远怎么办？能否考虑从大伙房水库引水，增加城市供水，甚至设想从辽河引水。在节水方面，潜力也是很大的，目前工业循环用水率仅34.4%，据说上海已达到60%，大连达到75%，如果2000年以前我们能达到65%，就等于新建了一个日供水100万吨的水源地。因此，要在节水方面多下功夫。

（二）关于老企业技术改造问题。要使沈阳的经济有个较大发展，必须狠抓老企业的技术改造。技术改造是推动技术全面进步的手段，为此要做到三个更新：一个是产品的更新，一个是技术工艺的更新，一个是装备的更新。产品落后，销售就会发生堵塞，再生产就会中断。三个更新的核心是产品更新，以产品的更新带动其他的更新、带动技术改造。我们可不可以设想今后20年，在技术结构、产品结构上有一个根本性变化，重点行业、重点企业的技术装备、生产手段、重点产品的制造技术有一个大的改观？其中机械工业作为装备国民经济各部门的重要部门，应当先走一步，有个超前期。

怎样搞改造，很重要的一点是在最近的5到10年能不能主要依靠技术引进、利用外资，加速技术改造进程。50年代我们为迅速建立起实现工业化必备的基础，迅速填补一批空白，曾经从苏联大批引进技术、设备，使沈阳在很短时间建立起比较雄厚的工业基础。此后，由于种种原因，我们耽误了几十年。能不能在比较短的时间内，仍然像50年代那样，大批地引进先进技术，尽快把失掉的时间抢回来，争时间、抢速度、上水平，通过正确的政策和不懈的努力，很好地消化掌握先进技术，以求跟上或赶上世界水平。这就是我们加速技术改造的重要战略措施。

党的十一届三中全会以来，我们也搞了一些技术引进，但进展很慢，只搞了58个项目，其中包括补偿贸易、外汇贷款、买方信贷、许可证贸易、中外合资等，共用外汇2550万美元，国内配套资金7089万元。而上海从1980年到1982年底，利用外资项目404个，总额3800万美元，今年还要落实2400个技术引进项目。天津提出，在“六五”后3年每年引进技术的规模为2亿美元。相比之下，我们的步伐太小，速度太慢。因此，当前的技术引进，非得摆到工业发展的重要议程上来不可。如何确定具体的目标，请大家讨论。

技术改造的核心是资金问题。沈阳市预算内工交企业1982年利润留成1.97亿元，折旧费企业提留6000万元，加上上缴后返回的6000万元，共3.17亿元，另外每年提供技改的贷款大约2.2亿到2.5亿元。这5亿多元，如能集中80%用于技术改造，8年时间就可以把市属预算内工业企业的设备全部更新一次。所以，资金问题并非无路可走，关键看是不是有一个明确的技术发展战略。我市每年留成外汇790万美元，加上国家分配的地方外汇130万美元，共计920万美元。每年外汇贷款，预计争取1000万美元是问题不大的。就是说，每年可得到2000万美元的外汇，如果再搞些合资经营、利用外资的项目，资金就更充足些。如何筹来技改资金，也请大家出主意。

（三）关于大力发展城镇集体所有制企业问题。大力发展城镇集体企业，是今后我市经济发展的重要战略措施。目前我市有2600多个集体企业，产值约占全市工业总产值的20%。江苏经济近年发展很快，其中一个重要因素是大力发展城乡集体企业，集体企业产值占全省工业总产值的70%。市委要求大力发展城镇集体企业，我看这方面要突破两个问题：一个是要进行生产关系的调整，不再以全民的模式办集体企业，真正贯彻市委提出的“经济独立、自主经营、独立核算、自负盈亏、按劳分配、民主管理”二十四字方针，切实把集体企业办成群众集体所有的企业，这就要大力推进集体企业改革。再一个是要解决统一规划和组织领导的问题，真正做到拾遗补阙。今年一季度城镇集体企业产值增长16%，全民企业仅增长5.1%，可见集体企业潜力很大，只要政策对头、加强领导，还能以更快的步伐前进。集体经济的发展速度究竟以多少为宜，还有待大家讨论后拿出意见。

（四）关于加快农业发展问题。我市农业应重点发展三个方面：一是粮豆基地，一是副食基地，一是社队工业。去年全市粮豆总产量34.5亿斤，创历史最好水平。初步设想，本世纪末达到47亿斤。主要措施是改造中低产田，提高单位面积产量，把

1984年5月30日，李长春考察沈阳市大东区辽沈路第一小学。

一批亩产400斤以下的低产田和400到600斤的中产田加以改造，挖掘增产潜力。要逐步建立起产量高、商品率高、劳动生产率高、生产专业化、农工商相结合的副食品生产基地，以适应人民生活需要，请县、郊区的同志着重考虑。比如，蔬菜能不能在基本稳产在25亿斤的情况下，对质量、品种和上市时间提出更高要求？到本世纪末，能不能使生猪饲养量增长一倍，达到282万头？使奶牛增长两倍，达到2万头？使牛奶增产2.5倍，达到1.2亿斤？使淡水鱼增长10倍以上，达到1.8万吨？这些都提出来请大家讨论。

大力发展社队工业，只有社队工业发展了，农村才能加速实现现代化。农村社队工业的总产值能不能有更大发展？在方向上，能不能逐步做到以农副产品为原料的加工工业主要在农村搞？能不能把劳动密集型的产业逐步向郊区扩展，使城市主要发展技术密集型产业和改变城市"大而全"、"小而全"，不断优化企业组织结构？能不能逐步闯出一条依靠群众集资办工业的路子，靠农民投资入股发展社队工业？这些问题也请同志们考虑。

（五）关于人才培养问题。实现科学技术进步关键是人才。1981年我市共有高等、中等专门人才79814人，占职工总数的5.7%。据有关部门预测，"七五"期间需要增加49000多人，这些专门人才完全靠国家分配是不可能满足需要的。我们要立足于本市，广开门路，多种形式办学培养人才。目前，沈阳大学已经开办，今年准备扩大招生，要继续把它办好。还要争取公办、民办相结合，正规学校、业余学校、多种补习班相结合，面授、函授、电视教育相结合等各种形式办学，并鼓励自学成才，搞好在职职工的培训。一些单位如各个工业局、工业公司要花一些力量，培养适合本系统使用的各方面人才。当然，教育是与经济基础联系在一起的，究竟搞多大规模，希望大家展开讨论。

以上问题都是我市今后经济发展和社会发展带有战略性的问题，是重点中的重点。这几个问题解决好了，我市的发展速度就能更快些。

注　释

〔1〕鲁尔，是德国重要的工业区，位于德国西部、莱茵河下游支流鲁尔河与利珀河之间的地区。

〔2〕“三线”建设，指自 1964 年开始，党和国家为加强战备，在我国中西部地区进行的大规模国防、科技、工业和交通基本设施建设。所谓“三线”，是指包括云、贵、川、陕、甘、宁、青、晋、豫、鄂、湘等十一个省区的战略大后方。从 1965 年起，“三线”建设进入实质性实施阶段，并于 1965 年至 1966 年形成第一个高潮。“文化大革命”期间，“三线”建设受到严重冲击。1969 年后，鉴于当时严峻的备战局面，“三线”建设重新大规模、高速度展开。进入 70 年代，随着国际关系的逐步缓和，我国开始注重“三线”与沿海地区建设的并重发展。从 80 年代初起，国家又对“三线”建设开始实施全面调整与改造。“三线”建设改善了我国的国防工业体系；在西部地区建成了一大批机械工业、能源工业、原材料工业的重点企业和基地，极大地改善了我国的工业布局；先后建成一批重要铁路、公路干支线，改善了西部地区的交通条件，促进了当地经济发展和社会进步。

〔3〕以计划经济为主、市场调节为辅，是我国改革高度集中的计划经济体制初期提出的调节经济运行的原则。1981 年 6 月，党的十一届六中全会《关于建国以来党的若干历史问题的决议》指出：“必须在公有制基础上实

行计划经济，同时发挥市场调节的辅助作用。”1982年9月，党的十二大具体阐述了其内涵：“我国在公有制基础上实行计划经济。有计划的生产和流通，是我国国民经济的主体。同时，允许对于部分产品的生产和流通不作计划，由市场来调节，也就是说，根据不同时期的具体情况，由国家统一计划划出一定的范围，由价值规律自发地起调节作用。这一部分是有计划生产和流通的补充，是从属的、次要的，但又是必需的、有益的。”并强调指出：“正确贯彻计划经济为主、市场调节为辅的原则，是经济体制改革中的一个根本性问题。”

关于把铁西工业区作为利用外资、引进技术的重点改造开发区的建议*

（1984年3月22日）

以提高经济效益和社会效益为中心，以适应国家能源、交通等重点建设项目和全国技术改造的需要为主要服务方向，以充分利用对外开放的条件大力开展利用外资和国际合作为根本途径，适应新技术革命的要求，依靠科技进步、管理进步和人才开发，把工业企业改造和城市基础设施改扩建紧密结合，通过改组联合，调整布局，把铁西工业区改造成现代化的工业区，为国家在工业区总体建设上探索经验。

铁西工业区具有比较雄厚的技术、物质基础，是沈阳市工业主要精华所在，在全国也有重要的地位和作用。

一、铁西工业区的地位和作用

第一，铁西工业区全民所有制企业约占全市一半，机械装备

---

* 这是李长春同志向国家有关部委所作汇报的一部分。

工业在全区工业中占有显著地位。1982年铁西工业区市属以上全民企业的固定资产原值30.3亿元，占全市全民企业的46.7%；工业总产值38亿元，占全市48.5%；利税总额7亿元，占全市54.8%；上缴利润总额3.2亿元，占全市65.3%。在铁西工业区全民工业中，机械工业企业占50.7%，职工人数占60.2%，固定资产原值占63.4%，工业总产值13.6亿元，占35.7%。由于机械装备工业企业比较集中，相互协作、配套的条件较好，可以组织成套生产、成套供应。

第二，有一批全国同行业的排头兵和骨干厂。在铁西工业区的工业企业中，属于“一五”期间156项重点项目的有3个，占全市的一半，现有大型企业30个，占全市的58.8%，中型企业40个，占全市的50%。这里有一批全国行业排头兵企业，如沈阳水泵厂、变压器厂、鼓风机厂、气体压缩机厂、风动工具厂、机床一厂等，机械工业部的行业研究所设在这些企业里。还有一批全国骨干企业，如沈阳冶炼厂、重型机器厂、电缆厂、高压开关厂、低压开关厂、东北制药总厂等。这些企业生产规模大、技术力量强，如沈阳变压器厂生产的50万伏超高压、大容量变压器，沈阳水泵厂生产的大型、高压、特殊水泵，沈阳鼓风机厂生产的用于石油化工的大型透平压缩机在国内都是具有较高水平的产品，而且是主要生产厂家。

第三，有一批在全市、全国占有举足轻重地位的主导产品。铁西工业区生产的产品产量在全国同类产品中的比重，占50%以上的有凿岩机、高压断路器等；占30%以上的有电力电缆、钢芯铝绞线、黄金等；占20%以上的有变压器、气压机、味精等；占10%以上的有车床、蓄电池等。在全市获得国家金质奖的7

种产品中，铁西工业区生产的有5种，占71%，在全市获得国家银质奖的36种产品中，铁西工业区生产的有24种，占66.7%。

第四，为国家建设作出了较大贡献。铁西是在全国支援下建设起来的工业区，建成以后，又为全国社会主义建设提供了大量的机器设备、技术人才和资金，国家“大三线”建设和内地不少骨干企业是由铁西工业区的企业迁去或支援建设起来的。

第五，铁西工业区是以机械装备制造工业为主的工业区，担负着用先进设备装备国民经济各部门的重任，如重型机械、机床、成套输变电设备、机泵阀适用机械设备等，其技术改造要走在前面，要有一定的超前期。

二、铁西工业区存在的主要问题

但是，由于历史原因，目前铁西区存在许多矛盾和问题，限制了铁西工业区的发展，老工业基地的作用难以充分发挥。这些矛盾和问题主要表现在：

一是企业布局不合理。铁西工业区形成的历史跨度大，各个历史时期不断地扩建造成工厂密集，厂区建筑系数越来越高。以沈阳市机电工业局所辖的31个国有企业为例，平均建筑系数为63.2%，其中沈阳变压器厂为70.2%，沈阳高压开关厂为82.1%，大型产品在时间和空间上难以周转。不同行业的工厂混杂在一起，食品工业和有污染的企业混杂在一起，生产精密设备的企业和排放粉尘量多的企业混杂在一起，在工厂区甚至厂内插建了一些民用住宅和其他生活福利设施，在居民区内插建了一些工厂。由于布局不合理，不仅限制了生产，使应该发展的企业得不到发展，也影响了人民生活。

二是企业设备陈旧，工艺技术落后，专业化程度低，产品水平不高。长期以来，由于偏重外延扩大再生产，忽视内涵扩大再生产，再加上传统经济体制中实行统收统支的财政体制，使这些“共和国的长子”在为国家作出重要贡献的同时自身没得到技术补偿。铁西区的企业设备更新改造欠账十分严重，有的甚至连简单再生产也难以维持。1982 年铁西区全民工业企业固定资产净值占原值比重已下降到 56.8%，比全国平均低 9.8%。特别是一些重点企业固定资产净值占原值的比重更低，比如，属于“一五”期间 156 项重点工程的沈阳机床一厂为 44.5%，属于骨干企业的沈阳标准件厂为 33.9%。铁西工业区内市机电工业局所属重点企业设备役龄超过 20 年的约占三分之一，有些新中国成立前的设备和失去精度的设备还在使用。工艺技术、测试手段也很落后，很多企业难以达到国际标准。铁西工业区企业分别隶属国家、省、市的几十个部门，分散投资、重复建设严重，造成企业结构“大而全”、“小而全”，各企业几乎都是独立的动力系统（供电、供气、供热）。机电局所属 31 个国有企业中，铸造、锻造、电镀热处理厂点有 65 个，专业化社会化程度低。

三是城市基础设施与工业发展不相适应。当前矛盾比较突出的是交通拥挤、堵塞。铁西区内交通干线普遍狭窄，交通拥挤、堵塞，城市道路和大企业铁路专用线都是平面交叉，道口多达 47 处。运输效率低，交通事故多，限制了生产的发展，职工上下班也很困难。

四是环境污染严重。铁西工业区企业集中，污染源多，虽经治理，但大气和水质污染仍很严重。铁西区降尘量超标 5 倍，铅粉尘超标1—7倍。铁西肇工明渠氰化物超标2倍，挥发酚超标335倍，下游水源严重污染，已不能饮用。环境污染不仅严重危害人民健康，也影响了一些产品的质量。

综上所述，利用外资，引进技术，重新改造和开发铁西工业区既有必要，又有可能。首先，铁西区工业高度集中，物资技术基础较雄厚，改造和开发这个工业区，不但对沈阳市，而且对辽宁省，对全国的四化建设都具有重要作用。其次，铁西工业区由于长期未得到改造，企业正在日益老化，其地位和作用正在逐渐削弱，进行改造既是当务之急，也是长远之计。第三，铁西区企业大多担负着全国重点建设的任务，提供机械电器设备，产品水平的高低，关系到新建企业的现代化水平，因此技术改造必须要有一个超前期。第四，铁西区利用外资，引进技术，有良好的条件。铁西区工业集中，协作条件好，配套能力强，城市基础设施有一定的规模，在此进行改造投资省、见效快。铁西工业区的大企业多，全国许多行业研究所都设在这里，技术力量雄厚，引进技术消化吸收快。

三、利用外资、引进技术改造铁西工业区的总体思路

对铁西区从工业到城市基础设施进行总体改造的指导思想是：以提高经济效益和社会效益为中心，以适应国家能源、交通等重点建设项目和全国技术改造的需要为主要服务方向，以充分利用对外开放的条件大力开展利用外资和国际合作为根本途径，适应新技术革命[1]的要求，依靠科技进步、管理进步和人才开发，把工业企业改造和城市基础设施改扩建紧密结合，通过改组

联合，调整布局，把铁西工业区改造成现代化的工业区，为国家在工业区总体建设上探索经验。

第一，发展知识、技术密集型工业，成为引进、消化、转移先进技术的基地。主导产品要达到当代国际先进水平，为国家提供精密、高效、节能的机械和微电子技术结合的机械产品和其他优质产品，并面向世界，有相当数量的产品打入国际市场。

第二，实现生产高度社会化、专业化。逐步形成铸造、锻造、热处理、电镀和模具制造中心，测试计量中心，信息、计算、管理中心，动力中心，物资储运、供应中心，职工培训中心，达到生产专业化、生活服务社会化。

第三，使城市基础设施适应工业发展、人民生活改善的需要，建设安静、清洁、优美的环境，安全、顺畅、高效的交通运输系统，健全、方便、舒适的生活福利设施。

要紧紧围绕引进和改造两个方面下功夫。引进，就是要以先进技术、科学管理等软件和关键设备为主。充分挖掘生产潜力，开发新产品，提高产品水平，提高铁西工业区总体经济效益。为此，在总结沈阳鼓风机厂引进电子计算机技术进行技术改造经验的基础上，陆续在其他一些骨干企业推动计算机技术和传统制造业的结合，建立计算和指挥中心，形成网络，对生产过程、物资仓储运输、协调专业化生产等进行综合性的科学管理。

改造，就是要以机械工业为主。机械工业在铁西工业中所占比重最大，为适应国家四化建设的需要和进入国际市场的要求，机械工业要超前发展。根据铁西区机械工业的现有基础，改造计划以发展冶金、矿山成套设备，输变电设备，电站辅机成套设备，石油化工的主机和配套设备，精密、数控机床和自动化生产线，电控设备，拖拉机、旅行车等为重点，提高设计制造水平，建立标准化、系列化生产，实现成套生产供应。

环境治理要与工业改造同步进行，以根治污染源为主、提高水质和大气质量为重点进行综合治理。加快沈阳发电厂的三期工程建设，扩大集中供热范围，减少大气污染；加强污水治理，建立集中的污水处理场，重点解决污染源，经过处理的水要达到灌溉标准。制定铁西工业区的易地建造规划并和张士开发区建设紧密结合起来。

四、利用外资、引进技术，把铁西工业区作为总体改造开发区的几点建议

为了加速铁西工业区改造的步伐，请国家批准把铁西工业区列为利用外资、引进技术的总体改造开发区，并采取一些特殊的政策：

1. 鉴于铁西工业区改造任务重，资金又严重不足，按现行折旧率，更新一次需 30 年，这种情况很不适应改造的需要，请国家允许从今年开始到 1987 年止，铁西工业区企业的折旧率每年递增 1%。同时允许铁西工业区工业企业按销售额提取 1% 的资金作为新产品开发和技术改造费用。

2. 铁西工业区许多企业生产的产品大都是为全国重点建设服务的，由于当前价格体系不尽合理，虽然产品的社会效益很好，但企业的利润很小，利用贷款进行改造的还款能力差。因此，请国家批准铁西工业区企业改造可用增长的利润部分实行税前还款，以加快改造步伐。

3. 为了吸引外资对外商来铁西工业区合资经营进行企业改造，比照特区的待遇，将所得税率降低到15%。

4. 为使利用外资、引进技术改造铁西工业区顺利实现，建议国家赋予沈阳与省一级相当的权限，即对1000万元以下的技术改造项目和500万美元以下的利用外资、引进技术的项目，由市审批，报省和国家有关部门备案。与此相适应，凡在上述权限内由市批准的项目，有关进口设备和涉外活动，包括组团出国考察和对外洽谈签约，也应由市审批，报上级有关部门备案。

5. 在铁西工业区改造过程中，在一定时期内出口额不会太大，换汇能力低，为加强引进技术和设备的支付能力，建议国家每年拨给一定额度的外汇和相应的配套人民币贷款。在友好国家政府间的长期低息贷款中，拨给我市一定的贷款额度。

附：

国务院批准铁西工业区总体改造列入“七五”计划

2月17日，市领导同志在中共沈阳市七届三次全会上宣布，沈阳市铁西工业区总体改造，经国务院正式批准，现已作为重大区域性改造工程列入国家“七五”计划和全国工业区域现代化改造试点。对于像铁西工业区这样的工业密集区进行区域性总体改造，在我国还是新的探索。

铁西是有60年历史的以机械工业为主的老工业区，面积近40平方公里。有主要工业企业470多个，其中一些工厂是国家骨干企业。铁西工业区的规模和企业集中程度，无论是国内还是国外都是少见的，在我国经济建设中具有重要地位。但这里，设备、工艺、产品老化，生产结构和布局不合理，工业区和生活区相互混杂，交通拥挤堵塞，环境污染严重，基础设施同经济发展不相适应。因此，对铁西工业区实行优先的区域总体改造是十分必要的。近几年来，有关专家、学者、经济理论和实际工作者，曾反复对铁西工业区总体改造进行论证和研究。中央领导同志曾亲自实地视察并多次作出重要讲话和具体批示，中共辽宁省委和省政府对此也很关心和支持，外省、市和国外一些经济界人士对这项总体改造也寄予关注。根据我市现已制定的初步规划，到2000年左右，将分期、分批、有计划、有步骤地将铁西逐步建设成为布局合理、技术管理进步、生产专业化、服务社会化的现代化工业区。具体目标是，以建设大路为界，南为生活区，北为工业区。全区要建立5个社会化服务中心：集中供热中心、物资仓储中心、货物运输中心、职工培训中心、医疗卫生中心。工业区以实现生产专业化和社会化为目标，大力实行改组联合，重点发展一批专业化生产厂点，形成以中心厂为核心，以专业厂为骨干，以重点专业化生产厂点为基础的多层次协作网络，建立铸造、锻造、热处理、电镀和模具制造专业厂或示范中心。对南部生活区，在改造艳粉、路官、十四路等老居民区的同时，建设滑翔机场和双喜村两处现代化生活住宅区，将兴顺街等处建成商业区，兴华大街建成科技文化和娱乐区。

国务院对沈阳市铁西工业区总体改造，给予了优惠政策待遇。这些优惠政策待遇主要是，国家将给沈阳市增加一些银行专项贷款，用于重点扶持铁西工业区专业化协作和机电产品出口，对社会经济效益好，而企业收益不明显的项目，允许铁西工业区在保证财政、外汇上缴的前提下，在本区该行业或地方财政收入中统筹还款；企业在技术改造期间，影响原有生产能力和经济效益的项目，铁西工业区在不影响沈阳市财政上缴的前提下，可以相应调整企业的生产计划和税收上缴计划；对中外合资、合作经营或外商独资经营的属于技术知识密集型项目以及能源交通项目，按项目报批后，其企业所得税可减15%。

（《沈阳日报》1986年2月19日，记者韩白云、郑铁）

注　释

〔1〕新技术革命，指以新技术群尤其是微电子技术为中心展开的现代技术革命。源于20世纪40年代以来出现的以现代科学成就为基础的新兴技术，如信息技术、激光技术、生物技术、新材料技术、新能源技术、空间技术、海洋技术等。

加快城市综合改革步伐*

（1984 年 6 月 18 日）

实现工业组织结构合理化，是提高宏观经济效益的一项必要措施。只有改革“大而全”、“小而全”的工业组织结构，才能发展社会化大生产，提高企业应变能力和产品竞争能力。要进一步狠抓改革工业组织结构，逐步建成以国营经济为骨干，以城乡集体经济为两翼，大中小结合、城乡结合、军工民用结合、厂校结合、技术密集与劳动密集型结合的，轻重工业协调发展的高度专业化、社会化的合理工业组织结构。

加快城市综合改革步伐，要着重抓好以下十个方面的工作。

第一，做好利改税第二步改革的准备工作。利改税是经济管理体制的一项重要改革，有利于促进国营企业建立与健全经济责任制，进一步把经济搞活，调整和完善国家与企业之间的分配关

* 这是李长春同志在沈阳市九届人大常委会第八次会议上所作报告的一部分。

系，保证国家财政收入稳定增长。从去年6月开始，根据国家和省的统一部署，我市对国营企业试行了利改税的第一步改革，调动了企业和广大职工的积极性。不少企业在能源和原材料供应紧张的情况下，做到了增产增收，一批企业实现了降价增收或限产不减收，企业留利增长，税利及时入库，对超额完成去年的上缴税利任务起了重要作用。利改税第二步改革将进一步调整和完善国家同企业的分配关系，为企业实行盈亏责任制创造条件。通过税收，把企业应上缴国家的收入集中上去，把企业由于价格、能源等因素形成的级差收入上缴国家。运用税收这个经济杠杆缓解由于价格不合理而造成的矛盾，通过适当调整产品税，起到调节生产的作用，恢复和开征房产税、土地使用税、车船使用税和城市维护建设税，作为地方财政的固定收入来源，为财政体制改革创造条件。目前正在进行核定调节税率等各项准备工作，以保证从第四季度开始，在我市推行利改税的第二步改革。

第二，扩大国营工业企业的自主权，把企业搞活。为了解决企业吃国家“大锅饭”的弊端，调动企业生产经营的积极性，按照责权利相结合的原则，必须相应扩大企业的自主权。国务院已经发布《关于进一步扩大国营工业企业自主权的暂行规定》，在生产经营计划、产品销售、价格、物资选购、资金使用、资产处置、机构设置、人事劳动管理、工资奖金和联合经营等十个方面，给企业以应有的权利。国务院文件下发后，我们要求政府各部门结合实际情况研究制订实施细则，并对过去下发的文件进行清理，废除一些不利于企业扩权的规定，积极支持企业创造有利于改革的新办法，我市还选择了29个企业和一个局级工业公司进行厂长（经理）负责制试点。进展较快的中捷友谊厂、市合金厂、市薄板厂等企业，已在干部管理、人事制度和分配制度等方面进行了一些改革，并收到初步效果。计划在抓好试点的基础上，结合利改税第二步改革，再进一步推广。

第三，完善企业内部的经济承包责任制。为了改变职工干多干少、干好干坏一个样的状况，改革“大锅饭”的分配体制，国营工业企业正在层层落实和完善企业内部经济承包责任制。中捷友谊厂对一线工人实行计件工资制，对中层以上干部实行岗位工资，在第二、第三两个车间进行改革试点后，过去不愿倒班、经常缺勤和工作中“拿一把”的职工有明显变化，调动了职工的积极性，5 月份产量创造了历史最高水平。市绒织厂将 20%基本工资与奖金捆起来浮动，市床单厂对机修车间实行了承包等，这些改革都收到了明显效果。在此基础上，对于固定资产原值不超过 300 万元、年利润 30 万元以下的小型国营企业包括商办工业，允许实行全民所有、集体经营，或者实行个人租赁、个人承包。

第四，按照经济合理和专业化协作原则改革工业组织结构。实现工业组织结构合理化，是提高宏观经济效益的一项必要措施。只有改革“大而全”、“小而全”的工业组织结构，才能发展社会化大生产，提高企业应变能力和产品竞争能力。从去年下半年开始，我们以优质名牌产品为龙头，组织 283 个企业联合协作，取得了初步成效，今年第一季度产值和盈利分别比去年同期增长 17.4%和 55.2%，高于全市平均增长水平，还组建了洗衣机、电视机、汽车发动机和微处理机等 8 条“新龙”。以城市为依托的城乡联合协作迈开了新步伐，试行了产品零部件扩散和技术转让的招标办法，促进了乡镇工业发展。我们要进一步狠抓改革工业组织结构，逐步建成以国营经济为骨干，以城乡集体经济为两翼，大中小结合、城乡结合、军工民用结合、厂校结合、技术密集型与劳动密集型结合的，轻重工业协调发展的高度专业化、社会化的合理工业组织结构。

第五，改革建筑业和基建管理体制。建筑业历来有承包的传统，任务比较明确，国家同企业的关系比较容易划分，牵动面较小，而且建筑产品的销路有保证，因此在城市改革中可首先进行建筑全行业改革。改革要围绕缩短工期、降低造价、提高工程质量和投资效益来进行。从4月份开始，按照“全民所有、集体经营、独立核算、自负盈亏、按劳分配、民主管理”的二十四字方针，在市建一公司进行全面改革试点。公司成立理事会，实行经理负责制，按百元产值工资含量17%对上级进行全员承包后，分包给工区和包工队，实行高不封顶、低不保底，还实行了工长和包工队长的岗位津贴。试点两个多月来效果很好，预计到6月末，这个公司主要经济技术指标都将超过年计划的50%以上。在试点的同时，我市建筑业还普遍进行了百元产值工资含量包干等方面的改革。今后，要推行设计选评制，使建筑设计单位向企业化方向发展，组建房地产开发公司，加快老城区改造，抓好公共建筑产品商品化试点；开放建筑市场，实行建筑安装工程招标制，面向城乡，面向全国。

第六，加快流通体制改革步伐。为了适应大力发展商品生产和商品交换的要求，按照促进生产、安排好人民生活的精神，改革流通体制，就是要把原有的按行政区划、行政级次统一收购和供应商品的流通体制，改变为开放式、多渠道、少环节的流通体制。市委、市政府5月召开流通体制改革会议后，副食系统已有260个门点实行独立核算，45个单位划小了核算单位，市百货批发站也在进一步划小核算单位。蔬菜经营改革工作有了新的进展，已有40个商店和79个村进行产销挂钩，肉蛋直接进城，使经济效益有了提高，建在村上的民办供销社已发展到38个，另有56个村在抓紧筹建。当前，要抓紧工业品贸易中心、生产资料贸易中心、农村土特产品和乡镇企业产品贸易中心的筹建工作，计划在9月洽谈会前开业；尽快搞好工业品批发机构的调整，做好省二级批发站的下放接收工作；在全市饮食、服务、修理业和小的零售商业中，进行由企业自己确定经营活动方式、劳动组织和分配办法的综合改革试点，取得经验后逐步推广；筹建乡供销联社和在农村建立地区性贸易中心的工作，也要在取得试点经验后逐步铺开。通过城乡流通体制改革，尽快形成城乡畅通、地区交流、纵横交错、四通八达的流通网络，发展社会主义的统一市场，以充分发挥沈阳贸易中心城市的作用。

第七，进一步改革和发展集体经济。为了振兴沈阳经济，我们在城市改革中把集体经济改革作为突破口，尝到了甜头。今后还要继续清除“左”的思想影响，破除单一的全民所有制是社会主义唯一模式的观念，进一步改革和发展集体经济，带动城市改革的深入开展。1982年9月，市委、市政府提出的改革集体经济的“二十四字方针”，促进了集体经济的发展，去年全市集体工业增长速度达到了19.3%，实现利润增长34%，上缴利税增长32%。今年市委经济工作会议后，市政府又对改革和发展集体经济的有关政策，作出了20条补充规定，特别强调要在改革分配制度的基础上，解决自主权和民主管理问题。当前，要着重抓厂办集体改革这个薄弱环节，巩固和完善改革成果，努力实现城市集体工业年总产值和利润增长20%的奋斗目标。

第八，搞好科研体制改革。科技是生产力。要把我市科技优势充分发挥出来，就必须改革现行的吃“大锅饭”和“两层皮”的科研体制，面向经济建设搞科研，依靠科技进步来发展经济。沈阳市化工设计研究所改革研究课题靠国家下达、经费靠上级分配的方式，面向生产搞科研，实行科技成果有偿转让；改革领导体制和机构设置，由民主选举的所长自行“组阁”；改革分配办法，实行课题承包、奖勤罚懒的技术经济责任制。他们的经验在国务院科技领导小组、国家体改委和国家科委召开的座谈会上作了介绍。我们要在全市从事技术开发和推广应用的科研单位中扩大试点，并逐步结合各自的实际推广，逐步由事业费开支改为有偿合同制，实现经济自立。市财政拨款的事业费，用于资助重大科研项目和添置仪器、设备。科研单位内部实行课题承包后，可以自由结合组成课题组，促进人才流动，并使一些贡献大的科技人员能较多地增加收入。

第九，改革劳动人事制度。为适应城市改革需要，要进一步改革劳动工资管理制度。在定员编制内，企业有权在市内全民所有制企业之间直接调动职工，进行劳动力余缺调剂；从沈阳出去的有中级技术职称的专业人员，本人愿回来，取得所在单位同意后，我市又有单位需要，可以调回；在主管部门核定的劳动计划内，企业根据生产需要可随时提报招工计划，由主管部门公开招工、择优录用；企业内部的奖金分配，可采取记分计奖、计件超额工资、岗位津贴等形式，有条件的企业还可搞自费工资改革。市内各系统之间、机关和企事业单位之间的人事调配权，由市人事局下放给各部门、各单位；要建立机关干部考核制度，在推行岗位责任制基础上，对各级干部进行德、能、勤、绩的全面考核，以考核工作成绩为主，把考核结果记入档案，作为职务升降和晋级的依据。

第十，广开财源，把财政搞活。当前我市发展经济和社会事业一个突出矛盾是资金不足，为解决这个问题，我们打算研究一些生财、聚财和用财之道，把财政搞活。一是要从过去花死钱转变为想办法搞活钱，如用议价燃料、动力、原材料发展生产，允许各部门、各单位利用自有资金投资，从事开发性生产或搞跨地区合资经营等。二是要从过去伸手要钱转变为开发财源，对园林、市政工程等吃城建费和事业费的事业单位，逐步实行企业化管理，做到经济自立。三是要从使用预算内资金转变为同时使用、筹措预算外资金，把社会闲散资金集中起来用于经济建设。四是要从给一些科技项目无偿拨款转变为发放有偿贷款和入股提成，促进资金周转和提高投资效益。五是要从过去单一渠道向银行贷款转变为多条渠道、多种方式筹集建设资金。如通过地方信贷和发债等直接融资，直接利用城乡居民的资金；进行各种灵活贸易，直接利用外资；吸引国内一些地区和企业来沈兴办企业或投资改造等，以适应我市经济建设和社会发展的需要。

此外，对文化、教育、城建、物资供应、卫生等方面的体制改革，也要有领导有步骤地配套进行，要抓紧调查研究，制定试点方案，积极争取上级批准进行综合体制改革试点。

当前，改革有利条件很多，全国范围内大力进行城市改革的形势鼓舞着我们，国家的政策越来越具体，我们也在实践中积累了一些经验，特别是省委省政府十分支持我们的改革，赋予我市省级经济管理权限。我们要解放思想，增强信心，扎扎实实地工作，以加快我市城市综合改革的步伐。为此，必须相应地改善和改革政府工作，特别要抓好以下四个方面。

一要适应城市改革新形势的需要，加快简政放权。市政府各部门简政放权总的原则是：在市政府与县、区政府之间，要把县、区政府能管得了管得好的工作，由市放给县、区；在政府各综合部门与各经济主管部门之间，要把各经济主管部门能办得了办得好的工作，由综合部门放给各经济主管部门；在经济主管部门与企业之间，要把企业应有的权利，由局、公司放给企业。如把过去由市管的部分环卫、房产等城市建设管理方面的工作，放给市内五个区政府；把过去由市管的翻建住宅审批、限额以下的基建审批、更新改造资金的使用等经济建设和管理方面的权限，放给县、区、局等。

二要推进政企分开。凡是能直接从事生产经营活动、实行独立经济核算、承担经济责任的经济管理部门，都应改为经济组织，实行政企分设。政府应按照经济活动的规律和要求，运用经济杠杆、依靠经济组织管理经济。汽车、农机、电子、纺织和计算机等工业公司要继续向经济实体公司过渡，其余有条件的经济管理部门也要进行探索。实行利改税的第二步改革后，将开征城市维护建设税，按企业缴纳的产品税、增值税和营业税的一定比例，直接向企业征收，同时取消从预算中拨的5%城市维护费和工商附加税。我们对依靠城建费和地方财政拨款的一些事业单位，也要进行改革，逐步改为企业化管理，逐步压缩按实有人数领取事业费比重，向经济自主过渡。政府今后使用地方税搞城市建设和社会发展事业时，采取各种形式的招标制、工程承包制；对经济建设不再无偿拨款，改变一些企事业单位吃政府“大锅饭”的状况，把有限的地方税收入用好，提高社会经济效益。

三要加强智囊团、思想库建设，提高政府决策水平。要发挥经济发展战略研究中心和科学技术发展战略研究中心的作用，为政府及时提供咨询性意见。同时，要以统计局、计委的经济情报所和科委的情报部门为依托，筹建经济信息中心，建立全市经济信息网络，逐步过渡到应用计算机管理；筹备设立法规研究中心，依靠法规管理经济工作。政府各部门要由过去着重抓“硬件”，转变为主要抓“软件”；政府机关要把主要精力放在调查研究、制订政策、检查监督、协调服务上，更好地为经济建设服务。

四要改进领导方法，转变机关作风。政府机关的各项工作，都要服从服务于四个现代化建设总目标，积极参加改革、支持改革，要建立科学的工作秩序，各级干部实行逐级负责，一级抓一级，各司其职，各负其责，不搞越级指挥。要改革机关人事、考核、奖惩制度。一是开展对各级负责干部实行任期制试点，如在任期内工作有成绩，能够开创局面，期满后可继续连任，有特殊贡献的可提职晋级；如不胜任工作，不能开创局面，就自动辞职或免职，属于市委管理或由市人大任免的干部，由政府报市委或报请市人大任免。二是机关工作人员实行招聘制试点，对新补充的工作人员，实行招聘制，做到能进能出。三是实行机关干部奖惩制，把现行的年终经费节约奖用活，拉开档次，进行奖励；设立政府特别奖金，奖励对开创局面有突出贡献的人员；对有特殊贡献的还实行有期限的浮动一级工资奖励。四是实行人员合理流动，机关现有工作人员经过考核，不适合政府机关工作的，给一定的考验期，经考验仍达不到要求的要调离现岗位；实行政府同基层之间的人员交流，通过合理流动，提高干部的素质。

实行计划单列和经济体制综合改革试点是振兴沈阳的重要举措[1]

（1984 年 6 月）

不仅企业需要扩大自主权，而且中心城市也同样需要扩大自主权。否则，中心城市在计划制定、经济管理、基本建设、技术改造、利用外资引进技术等方面仍处于无权的地位，这种状况继续下去，就会使中心城市在某种程度上丧失组织生产、组织流通的功能，就不会有活力。

沈阳作为老工业基地，在社会主义建设中作出了较大贡献。但是，改革开放以来，由于长期实行计划经济体制，以及其他种种原因，致使沈阳的经济地位和作用有所削弱，与国家的要求，与全市人民的愿望都不相适应。目前与兄弟城市比，沈阳发展速度显慢，在全国大中城市中，工业总产值 50 年代居全国第三位，60 年代降为第四位，到了 80 年代又降到第六位。特别是沈阳作为国家重要技术装备制造基地，担负着装备国民经济各部门的重要任务，国家实现四化，装备制造基地要先行，而目前沈阳的状况，难以适应形势的需要。为了尽快振兴沈阳经济，更好地发挥中心城市的作用，担负起用先进技术装备保障国民经济各部门的历史重任，努力开创沈阳经济工作新局面，沈阳市要求国民经济计划在国家单列，并在沈阳进行经济体制综合改革试点，成为国家进行经济改革的试验田。

一、振兴沈阳经济需要解决的主要问题

要使沈阳这个老工业基地重新焕发青春，必须立即着手研究解决以下几个主要问题。第一，必须打破现行的条块分割和按行政区划管理经济的体制，充分发挥沈阳的经济和地理优势以及中心城市的作用。目前，在沈阳的3492个工业企业中，中央企业86个，分属于中央32个部、局管理；省属企业42个，分属于21个厅局管理。由于条块分割、多头领导、重复建设、重复投资、自成体系，使许多企业形成了“大而全”、“小而全”的封闭式生产，无法发挥中心城市在组织经济方面的作用，严重影响了经济效益。

第二，要使沈阳的经济起飞，必须进一步“松绑”放权。当前，不仅企业需要扩大自主权，而且中心城市也同样需要扩大自主权。否则，中心城市在计划制定、经济管理、基本建设、技术改造、利用外资引进技术等方面仍处于无权的地位，这种状况继续下去，就会使中心城市在某种程度上丧失组织生产、组织流通的功能，就不会有活力。

第三，老企业亟待改造，新产业亟待开拓发展。当前沈阳面临的一个突出问题是，在长期计划经济体制下，国家对企业的利润、折旧实行统收统支的财政体制，企业严重欠账，造成企业技术老化、装备老化、产品老化，经济效益差、竞争能力差。从

60年代以后，沈阳基本上没有大的新建项目，老企业也未得到更新改造，这是沈阳发展缓慢的根本原因。由于投资锐减，全市工业固定资产净值占原值的比重已由1957年的74%下降到1983年的57.2%，在全国20个大城市中是最低的一个。许多企业几乎吃光了老本，连简单再生产也难以维持，在这种落后的设备、工艺和技术条件下，难以生产出先进的技术装备来武装国民经济各部门。

第四，必须进一步解决城市欠账，为振兴经济奠定稳固的基础。党的十一届三中全会以来，随着各种关系的调整，城市建设有所加强，但由于积累下来的欠账太多，当前城市生活中交通拥挤、水源不足、住房紧张、文化卫生设施少、环境污染严重等问题仍然突出，亟待解决。例如，新中国成立以来，随着社会经济的发展，沈阳市人口由106万增加到273万，增长1.56倍；城区面积由83.7平方公里增加到164平方公里，增长1.2倍，可是，与生产建设和人民生活密切相关的城市基础设施却没有得到相应的发展。

上述问题的存在，不仅影响老工业基地为国家继续作出大的贡献，影响沈阳工农业生产的发展，而且也影响到人民生活。要想彻底解决这些问题，出路只有靠改革，靠“松绑”放权，靠经济振兴。

二、狠抓“两改三开”，振兴沈阳经济

“七五”期间，沈阳市要狠抓“两改三开”。“两改”，即技术改造、经济改革；“三开”，即开发人才、开发新的产业、实行

进一步对外开放，为后10年全面振兴打好基础。

经济改革，在中观层次上，主要是通过企业改组，打破“大而全”、“小而全”的生产方式，以优质名牌产品和成套设备为中心，组织“一条龙”专业化协作，发展多种形式的经济联合；以工艺专业化为基础，建立全市5大工艺专业化生产中心；在生产组织上，要从内向型转向外向型，适应社会化大生产和参加国际竞争的需要，充分发挥沈阳经济技术优势，开展跨地区的经济联合和国际间的经济合作。

在微观层次上，要通过经济改革给企业“松绑”放权，使企业、生产、流通以至整个城市都活起来，同时要相应地改革人事、劳动、工资等制度，克服吃“大锅饭”的弊病，使企业真正做到外有压力、内有活力，成为自主经营、自负盈亏、自我发展、自我约束的经济法人。

在人才开发方面，要新建扩建沈阳大学、农业大学等6所地方高等院校，建立5个在职干部的培训中心，实行正规教育和业余教育相结合，地方办学和委托国家大学代培相结合，国内培养和引进国外高级技术人才相结合，使科技人员占职工的比重由现在的4.7%提高到14%以上。

在新产业开发方面，要围绕沈阳的优势行业、优势技术和优势资源，开发与新技术密切相关的新的生产领域，发展知识、技术密集型产业，重点是微电子、机器人、激光及真空设备、核能机械、光导通讯、生物工程以及石油、褐煤的综合利用等。

在对外开放方面，要进一步加快扩大利用外资引进技术的速度和规模，从今年开始，到1990年，每年利用外资和外汇贷款要争取达到1亿美元。在全国重点开放城市和国外建立技术引进和经济合作的窗口。为适应新产业开发和对外开放的需要，拟开辟3至5平方公里面积的张士新兴工业区。

三、沈阳实行计划单列，进行经济体制综合改革试点，是加速老工业基地振兴的重要前提

沈阳是一个以机械工业为主的老工业基地，担负着为国家重点建设和国民经济各部门改造提供先进技术装备的重任，全国实现四化，沈阳应当超前，先“化”一步。因此，改革当前的经济管理体制，加速老工业基地的改造和开发，是振兴沈阳的需要，也是加速全国四化建设的需要，是刻不容缓、迫在眉睫的战略任务。为了实现这一战略决策，我们经过反复讨论认为，振兴沈阳经济的一个极其重要前提，就是国家对沈阳实行计划单列，并作为东北地区省会市进行经济体制综合改革的试点城市，这将对充分发挥沈阳中心城市的作用具有重大意义。

第一，请国家批准沈阳实行计划单列，把沈阳市作为相当于省一级的计划单位，从1985年起，在国家计划中单列户头，扩大市的计划决策权和经济管理权。实行全面计划单列后，对固定资产投资、财政、信贷、能源、物资等主要计划指标划定基数，作为今后制定计划的依据，全国计划会议和全国性的部门、行业会议，工业排产、商业供货、物资订货会议以及各种有关的经济工作会议，把沈阳市视同省一级单位对待。

第二，请国家在沈阳进行经济体制综合改革的试点。

一是请国家赋予沈阳市省一级的经济管理权限。主要是在技术改造、对外引进、基本建设方面，享受省一级的审批权限，项

1984年9月5日，李长春在沈阳市国际经济技术合作洽谈会上致辞。左二为辽宁省副省长王光中。

目由市审批，报省和国家有关部门备案。同时给予上述权限内项目的出国考察、对外洽谈签约等对外开展经济技术活动的审批权；省管商品的定价权、调价权、企业产品减免税权也应由市审批，同时报省有关部门备案。

二是下放中央和省属企业。除关系国计民生的重要经济部门和少数大型骨干企业继续由国家各部管理以外，其他的中央、省属企业原则上全部下放沈阳市管理，打破条块分割，按照国家行业发展规划和专业化协作的原则以及经济合理的要求，组织全地区的经济活动，发展多种形式的经济联系，形成合理的产业结构、产品结构和企业组织结构。为了发挥沈阳军工企业拥有较好设备和较强技术力量的优势，探索军工生产和民用生产相结合的新路，应对军工企业实行双重领导，地方与中央有关部门共管，军工产品以有关部门为主，民品生产以地方为主，利用军工企业的技术优势，军民结合，组织科技攻关，开发一批技术先进、对全国经济发展有影响的产品，实行“荣誉共享、利益均沾”。

三是赋予沈阳市技术改造的特殊政策，以探索老工业基地焕发青春的新路子。沈阳市工业基本上属于劳动密集、资金密集的传统工业，知识、技术密集型的新兴产业薄弱，面临着新技术革命的挑战。根据国家对机械工业技术改造要超前发展的要求，建议国家继续把沈阳作为重点技术改造的城市之一。沈阳一半的工业企业集中在铁西区，希望国家在经济体制改革中把铁西区作为老企业集中区域改造的试点。

四是改革流通体制，把沈阳建设成为东北地区最大的流通中心。建议把国家一级站、省二级站和市三级站合并为一体，在此基础上建立工业品贸易中心、农副产品贸易中心和生产资料交易中心，打破固定的行政供给区域，把经济辐射面进一步扩大到省内和东北其他两省。除国家计划统管的物资和商品外，其他物资和商品由市统一组织购销和调运。超计划生产的商品和非计划生产的商品，由企业自销，促进城乡经济繁荣。

五是组织公路、航空和公铁联运，发挥沈阳交通枢纽作用。凭借沈阳6条铁路干线和5条公路国道以及电信枢纽，按照物资流向和经济合理的原则，打破地区行政界限，组织跨省的公铁联运，进一步扩大沈阳作为物资流转中心的作用，配合大连对外经济开放和国际大陆桥的建设，承接大连口岸日益扩大的物资集散，把沈阳作为大连港的运输腹地，组织运输网络，提高运输能力与公路的通过能力，与此同时，开辟国际航线实行客货联运，把沈阳建成东北地区的航空港。

注　释

〔1〕本文是李长春同志向国家有关部门所作的关于沈阳市国民经济计划在国家单列和进行经济体制综合改革试点汇报提纲的一部分。汇报得到了时任国家计委主任宋平、国家体改委副主任安志文、国务院副秘书长李灏、国家计委副主任柳随年等同志的支持。1984 年 7 月，国务院批准沈阳为经济体制综合改革试点城市，实行计划单列，并赋予省级经济管理权限。

把城市改革不断引向深入*

（1984 年 7 月 6 日）

进一步解放思想，是搞好改革的重要前提；制定必要的政策规定，是进行改革的重要保证；点面结合，先试点、后推开，是改革深入的主要途径；主要领导深入实际、精心指导，是推动改革的重要一环。

为了把城市改革不断引向深入，要根据整党的精神，坚持边整边改的原则，加速改革的步伐。有一些问题能改的，必须马上整改。我这里就当前改革中要注意的几个问题，再强调以下几点。

一、要认真总结前一段改革的经验

进行城市综合改革，没有现成的模式和经验，我们只能从各条战线、各单位一点一滴的突破开始，在探索中前进，这就需要

* 这是李长春同志在沈阳市经济改革工作会议上讲话的一部分。

我们及时总结改革的实践经验。

近两年来，特别是今年以来，我们城市各方面的改革都已起步，虽然发展还不平衡，但都有了一段实践，积累了一定的经验。把这些经验总结好，推广开来，必将使更多的单位从中得到启发，并通过更多单位的实践，积累更多更新的改革经验。因此，市委要求全市各单位，要在不断进行新的改革的同时，认真回顾总结改革以来所走过的历程，实事求是地找出改革中不足的方面，尽快加以改进；对于成功的经验要敢于坚持、敢于推广，使其开花结果，成为全社会的财富。从前段一些单位的实践来看，有这样几条经验是值得肯定和借鉴的：进一步解放思想，是搞好改革的重要前提；制定必要的政策规定，是进行改革的重要保证；点面结合，先试点、后推开，是改革深入的主要途径；主要领导深入实际、精心指导，是推动改革的重要一环。

各级领导机关肩负着领导和指挥改革的重任，更要切实转变工作作风，改进领导方式。领导干部要深入基层，深入实际，调查研究，了解新情况，解决新问题，帮助基层企业总结新经验，取得领导改革的主动权。在深入基层的过程中，要特别注意抓好典型，总结好经验。经验的水平反映我们工作的水平，典型的高度标志着我们改革的高度。各级领导机关都要下一番功夫，抓出代表改革方向、具有时代特点、过得硬、叫得响的典型。

面对当前这样一场伟大的变革，我们一定要彻底摒弃官僚主义的工作作风和形式主义的领导方式。这里要特别说一下关于检查团的问题。市委认为，企业反映各种检查团泛滥成灾的问题，必须解决。今后凡属经常性的工作不要组织检查团到基层去，而应由上级部门经常深入下去了解情况，帮助企业解决问题。属于阶段性、突击性的工作，确实需要组织检查团进行检查的，要由上一级批准。其成员要少而精，不要从企业借人；要克服“钦差大臣”的作风，树立为基层服务的思想，做企业的良师益友；严禁检查团挑吃喝、挑礼节，否则，企业有权拒绝招待，并向上级反映，有关部门要严肃处理。

二、经济体制改革必须促进经济效益的提高

改革就是要围绕着建设有中国特色社会主义这个总目标，革除生产关系和上层建筑中那些不适应生产力发展的部分，以促进生产力的发展、满足人民日益增长的物质文化需要。具体来说，经济改革要做到提高经济效益、增加国家财政收入和改善人民生活。这三条中关键是提高经济效益。因此，无论是工业企业、商业企业，还是基建交通企业的改革，都要紧紧把握住这一条。各部门、各单位都要牢固地树立起改革必须提高经济效益的观念，并通过具体有力的措施来保证实现。同时，要对广大干部、职工不断进行改革目的和正确处理国家、企业、职工之间关系的教育，使他们真正认识到，改革不只是权力和利益的分散，放权、让利是为了增强活力、发展生产、提高经济效益，从而自觉地为四化建设尽职尽责、多作贡献。采取各种形式的经济责任制，都要有先进合理的定额，既要使承包者感到不是可望而不可即，又要使他们承担一定的压力和风险。要注意防止有些人采取压低承包基数的办法，从国家和企业身上“挖肉”。企业的干部实行岗位津贴或职务津贴，一定要在承包以后，建立健全岗位责任制的前提下进行。各综合部门一方面要简政放权，该放宽的政策一定

要放宽，另一方面也要加强监管，对那些乱摊成本、粗制滥造、降低质量、偷工减料、掺杂使假，损害国家利益、侵犯消费者利益的单位和个人，要采取有效措施坚决加以制止，该罚的要重罚，要罚到其难以承受、不敢再犯的程度，其中触犯刑律的要绳之以法。只有这样，才能保证改革健康发展，达到提高经济效益的目的。

三、要搞好横向改革和联合协作

加速经济建设和社会发展，最大限度地提高经济效益，光有纵向的改革还不够，还必须进行横向的改革。就是说，要围绕提高经济效益这个核心，以中心城市为依托，在城乡之间、地区之间、经济部门、各行业和企业之间，按照客观规律建立起科学的横向联系。只有这样，才能使改革配套成龙，朝着纵横相通、同步协调的方向发展，取得最佳的综合效益。这也是走出一条具有中国特色的社会主义道路的重要内容。

进行横向改革，当前要抓这样几件事：一是要抓好行业的改组和联合，特别是工业的改组和联合。就是要把“大而全”、“小而全”，不合理的组织结构，改为以国营工业为骨干、以城镇集体经济和农村工业为两翼，大中小结合、军民结合、城乡结合、高中低不同技术层次相结合的专业化协作的社会化大生产的组织结构。要通过改组、联合，带动全市工业的发展，这是振兴沈阳工业的一个战略措施。二是要尽快把沈阳建设成为东北地区最大的商品流通中心。沈阳的大门要向全国、向世界开放，欢迎各地区、各省市和各国到沈阳来办企业，特别是办商业企业。要制定

1984 年 12 月，李长春出席沈阳与兰州结为友好合作城市签字仪式。左三为沈阳市委第一书记李涛，左一为沈阳市常务副市长张鸿钧。

规划，拿出一套鼓励的政策。轻纺工业要迎接新挑战，敢于同全国的优质名牌较量。市里准备开一次轻工工作会议，规划 30 种产品，给予特殊政策，支持轻工业的发展。轻纺工业各局要切实把这项工作抓好。除开放商业市场外，建筑市场、运输市场都要向全国开放，真正把沈阳建成流通中心、交通中心、金融中心、科技服务中心。三是要发展跨地区经济联合和协作。通过各种形式的联合，把沈阳和周围一些城市有机结合起来。由于历史原因和交通枢纽的位置，沈阳有影响和带动整个东北地区的作用，所以我们的工作一定要上去。只有这样，才能充分发挥沈阳这个中心城市的作用。

四、要妥善解决改革中出现的问题

改革是一场破旧创新的革命，必然会带来和引起一些新的问题。对此，各级领导既不要大惊小怪，又不能放任自流，要因势利导，既要大胆积极地进行改革，又要妥善地加以处理，使改革沿着健康的轨道前进。当前遇到的一个新情况，就是怎样调动方方面面的积极性投入到四化建设中来。企业内部实行经济承包和精简机构以后，干部和职工都精简了一批。对这部分人要进行转化，不能变成消极因素，更不能使矛盾激化。各个企业一方面要加强思想政治工作，另一方面要对富余人员区别不同情况，进行妥善安排。有些企业在这方面取得了一些经验，值得借鉴。比如，对过去曾为企业发展作出了重要贡献的干部，当他们下来时，发给荣誉证书，安排做适当的工作；对有业务技术专长的，让他们在业务技术岗位上继续发挥作用；对有这样那样问题的，个别履行免职手续，稳妥处理。对富余的职工也采取了很多办法进行安置：对有培养前途的，进行培训，培养高一级的技术工人；对不胜任原工作的，广开门路进行安置；对年龄大、身体不好的，有的办理病退，有的干脆养起来，等等。这些办法都是可行的。总之，各个企业要特别注意，对这些富余人员决不能扔下不管，要充分肯定他们为企业发展所作的贡献。要调动一切积极因素，使广大职工理解改革，支持改革，投身改革。但是，对那些因改革触及其私利、极端个人主义恶性发作、走上破坏改革犯罪道路的，要敢于斗争，运用法律武器，交由司法部门予以严惩。政法部门要站在改革的前列，服务改革，支持和保护改革。

各级宣传部门要配合改革，从理论和实践的结合上，有针对性地说明一些问题。各新闻单位都要大力宣传锐意进取、大胆改革的单位和个人，大造改革的舆论。但是另一方面又要慎重从事，不要乱提口号，乱造名词，乱封“头衔”，不要再提谁是“改革派”，谁是“保守派”，制造新的对立。要允许认识上有差异，并从积极方面加强引导，使之不断提高认识，把改革变成自觉行动。

力争让沈阳的空气质量一年好于一年 *

（1985 年 11 月 25 日）

迪生[1]、殿喜[2]同志：

环保局应成为我市环境治理的综合部门，既要监督检查，又要抓典型，总结经验推广之。此件所建议的内容（如发展 10 吨以上大锅炉，推广上点火型煤，改造锅炉，审查联片供暖）就应由环保局负责协调、督办，该找哪个局就找哪个局研究，不能旁观、评论，要进入角色。市、区两级环保部门切实负起责任。环保部门不是学术研究机关，是直接推动工作的部门，让环保局独立设，就是更好地发挥综合推动的作用（因环境本身是综合性很强的工作）。市、区两级环保工作人员对全市烟囱要管起来，经常巡回检查。当前主要是责任感问题，不是街道办事处的问题，市、区两级的作用没发挥。另外，市政府要支持环保局大胆工作，要像劳动局、财政局那样，让他们出头露面。他们有权找机电局、房产局、劳动局研究工作，要使我市的空气质量一年好于一年。

---

* 这是李长春同志在沈阳市环保局关于《沈阳市消烟除尘工作情况》上的批语。

注　释

〔1〕迪生，即武迪生，时任沈阳市代市长。

〔2〕殿喜，即任殿喜，时任沈阳市副市长。

城市建设要突出为经济建设和人民生活服务*

（1987年8月25日）

从经济角度说，城市是从事第二、第三产业人群的集中居住地和承载二、三产业的载体，没有第二、三产业的发展，也就没有城市建设事业可谈。因此，城市规划要把经济建设纳入进来，创造良好的工作环境、生活环境、投资环境，为推动经济发展、搞活企业服务，也为提高人民生活水平服务，并不断提高服务水平。

根据我省的实际情况，我认为城市建设方针应坚持以改造老城市为主，坚持为经济建设、为人民生活服务，创造良好的工作环境、生活环境、投资环境，努力向绿化、美化、净化和城市功能高效化的“小四化”进军，把我省城市建设成为经济繁荣、环境优美、生活方便、文明富庶的现代化城市。

所谓以改造老城市为主，主要是根据我省土地比较紧张，人

---

* 这是李长春同志在辽宁省城乡建设系统改革与思想政治工作经验交流会上讲话的一部分。

均耕地少和大中型城市多，城市规模又较大这两个方面提出来的。这也符合国家提出的“控制大城市规模，合理发展中等城市，积极发展小城市”和“十分珍惜、合理利用每寸土地”的基本方针。要不要以改造老城区为主，建设新区为辅，这是我们过去在城市建设中常争论的问题。现在从实际情况看，除新建市外，绝大多数城市应遵循这个原则。

城市建设要为经济建设和人民生活服务，其中为人民生活服务是不言而喻的，没有分歧。现在特别提出为经济建设服务，在这方面过去的认识并不自觉，甚至有的排斥经济建设。把上项目当成包袱，不注意创造良好的投资环境吸引工程项目、吸引投资，甚至有排斥外来投资、把国家项目挤跑和把市容与繁荣对立起来的现象。党的十一届三中全会提出新时期全党工作都要以经济建设为中心，城市建设要从指导思想上进行调整，以适应这一转变。要从过去单纯为人民生活服务一个服务，改为既为人民生活服务又为经济建设服务两个服务。从经济角度说，城市是从事第二、第三产业人群的集中居住地和承载二、三产业的载体，没有第二、三产业的发展，也就没有城市建设事业可谈。因此，城市规划要把经济建设纳入进来，创造良好的工作环境、生活环境、投资环境，为推动经济发展、搞活企业服务，也为提高人民生活水平服务，并不断提高服务水平。

创造良好的工作环境、生活环境、投资环境，主要是增强城市的吸引力，吸引国内外的人才、技术和资金。50年代搞项目，是国家定了要地方支持。现在搞招投标，谁投资环境好，谁经济效益高，谁自筹资金能力强、技术力量强，谁才能争取项目，城市建设得有这个观念。现在人事制度改革了，人才要合理流动。

如果城市三个环境不好，对人才就没有吸引力，至于吸引国外投资就更要求有好的环境了。所以提出创造良好的工作、生活和投资环境是非常必要的。

提出“小四化”，绿化、美化都很明确，净化主要指治理环境污染，城市功能高效化重点是，交通、流通、通讯“三通”必须高效化。要用城建工作的“小四化”促进国家的“大四化”。

以上概括起来，就是一个为主、两个服务、三个环境和“小四化”。根据这个方针谈点具体意见。

第一，关于加速治理污染问题。我省重工业城市多，又地处北方，冬季取暖时间长，环境质量问题很大，使我省一些城市环境污染在全国有很高的“知名度”。据国际卫星提供的图片资料，上面看不清我省的一些城市，特别是本溪，大气污染程度相当严重。本溪第一，抚顺第二，鞍山第三，沈阳第四。这些年这几个城市环境虽有很大改善，但污染仍然都超标。建议以治理大气污染为中心，搞个五年规划，经过五年努力使这个问题有个根本性变化。能否在这几方面采取坚决措施：一是管住工厂的烟囱。对工厂的烟囱要建立档案，组建监察队伍，严格监视。对每个烟囱都要限期改造。对限期不解决的，要严格执行环保法。对冒黑烟的烟囱要像过街老鼠那样人人喊打，全民共讨之，使厂长、职工都感到自己工厂冒黑烟在全市人民面前是个过失。油改煤问题，省里商量对尚未动工的准备暂停一下。油改煤对环境影响很大，还到处都是煤堆，一刮风满城都是。二是提高气化率水平，改变居民燃料构成。特别是鞍钢、本钢扩建，生产要增加焦炭，城建部门可以与他们联合，吸收项目投资，搞副产品煤气。三是扩大联片供暖。建议各市搞点“小立法”，取消小锅炉，扩大联

1984 年 4 月，李长春在沈阳市东陵区五三乡参加义务植树活动。右一为沈阳市常务副市长张鸿钧。

片采暖的面积，减少烟囱数。四是加速发展热电结合。现在几个市在搞，如大连、沈阳、抚顺等，有条件市都要搞，既解决电的问题，又解决热源问题。热力网是我们城市很薄弱的环节，要把建热力网像建电力网、上水网、下水网那样列入日程。五是发展型煤。现在的蜂窝煤光能做饭，代替不了取暖。能否把家庭打煤坯变成社会化大生产，发展型煤厂，由工厂代替居民打煤坯，这点费用现在群众能承担得了。当前，一般住户门前都有三堆：煤堆、土堆、砖堆，弄得环境很不好，一打煤坯把人行道、马路都占上了。搞了型煤还得解决服务问题，几天给住户送一次，这点北京解决得好。要通过这五个措施，加速城市空气净化的进程。要开展评无烟区工作，搞个综合评价环境质量的办法，定期通报，形成比、学、赶、帮的热潮。

第二，关于加速住房建设问题。住房要采取多形式、多渠道、多层次的办法进行建设和开发。我们这几年大规模的成片改造，效果是好的，但是与当前群众住房的迫切要求仍不相适应。能不能区别对待，对棚户区继续搞成片改造；对不够成片的，不一定采取成片改造办法，有的房子还能住，就不要扒。现在主要是搞雪中送炭，不要锦上添花。不够大面积棚户区的，就地搞点、线改造，保留一批十年内不用改造的房子。对一些规划上不是主要的地方和短期内不会去改造的地方，也可以学天津的做法，采取自筹、公助、群帮，搞简易二层楼，低层高密度，特别是中小城市和县城完全可以这样搞。现在工厂人多，能不能三个人的活两个人干，抽出一个人搞住宅建设。奖金可少发点，拿出来建住宅。个人再自筹一点，把买彩电、冰箱的钱缓一缓，先建住房。如果做到自筹、公助、群帮，在住宅商品化没有全面推开前，也是调动群众积极性的办法。同时，也要积极研究走商业开发的路子，完全依靠国家筹集资金大规模建房是不行的。当前住房建设还有个问题就是动迁户动迁时间太长。为了使住房建设进度加快，要采取和动迁户签订合同的办法。过去只是行政办法，动迁时很迅速，回迁时遥遥无期。有的动迁户四五年不能回迁，到处流浪，给家庭和社会都带来很大问题。搞动迁合同，一般在两年以内必须回来，回不来是谁的责任罚谁，要给动迁户以必要补偿。

第三，关于绿化问题。这几年城市绿化进步很大，外地人到我省来都有好评，说过去重工业城市的单调枯燥状况有改变，但绿化水平和质量都比较低。从目前情况看，植树问题不大，关键是草坪水平太低。能不能在近几年内把攻克草坪关作为城市绿化的重点，在品种上要研究适合辽宁气候的品种，绿的时间长一些。植草坪光专业队伍不行，要发动群众，与“门前三包”〔1〕结合起来，特别是企事业单位的大门口，要包绿化。要加强绿化管理，现在植完的草坪，踩得很厉害，剪草设备也没有，杂草丛生。还要扩大栽花的面积，能不能在重点开放城市、省会城市做到一年三季有花，特别是多栽一些木本的花，像丁香、玫瑰。在市面要搞些拼装式的花架，组成大型立体花坛、花篮，使环境和谐。临街楼房的平台现在都摆破烂，很不美观。当然，有管理问题，也有生活水平问题。建议在平台上放些花盆。将来新建的住宅能不能搞两面平台，背面的放破烂，临街的放盆花，如吊兰。还要搞垂直绿化和平面绿化。有些楼顶可以利用起来，变成绿化场所，搞一批空中花园。这几年栽树发展较好，关键是树种单调，冬季绿色太少了，能否做到花三季开放，树四季常青。有条件的市，郊区苗圃要扩大成森林公园，调节小气候。街道两旁要采取乔、灌结合的办法形成绿墙。有些高墙深院不好拆的墙，可以搞立体绿化，有些楼房外观不太美，旧的、灰的，搞点爬山虎，增加绿化面积。根据不同街道规划种植不同树种，使树木本身就成为城市一景。植树还有个成活率问题，要完善管理，由绿化队伍、街道包干。

第四，关于建筑物造型和色调问题。辽宁老城市多，普遍色调暗淡，人家来一看就感到枯燥乏味，与南方比我们的建筑造型也显得呆板。最近几年虽然花了许多钱，但效果不理想。在大面积改造时，如果我们不注意这一点，把过去许多很有风格的建筑物都扒掉了，都变成“火柴盒”式，就不像样子。我们千万别犯这个历史性错误。建筑物的单体造型和街道立面要结合。不同城市、不同街道要有不同风格。建议重点城市组织专家开展城市建筑风格讨论会，总结城市的历史、文化沿革，树立不同的风格，不能到处都是“火柴盒”，也不能一搞高层就都是“高低柜”。建筑设计思想要解放，取费制度要改革。要解决标准化、系列化和多样化、新颖化相结合的问题。标准化、系列化要有，主要搞零部件的标准化，利用标准设计，像搭积木似的组合成各式各样的建筑物。设计取费要改革，今后对套用标准图的要大大降低取费标准。设计取费要和复杂系数结合起来，对于不需设计，按现成图纸复制的图纸只能论斤卖。我们的高级工程师不少，都搞成这样水平怎么能行？我看不是设计人员水平低设计不出来，而是我们的体制、办法不行，把本单位的经济效益和社会效益搞脱节了。建设厅在这方面要有所作为，拟定个突破的办法，省政府可以批转。为了鼓励设计部门发挥创作精神，也可以搞点优秀设计评比活动，接受群众检验。要把设计水平和职称晋升联系起来。建筑物的布局要高低错落，不要一条线。注意造型的变化，使人一到这个城市就会感到轻松愉快。这里的关键是指导思想和政策问题，综合起来看是个文明程度问题。要求每幢楼都不重样，标准可能太高了点，但起码临街的不要重样。要推动建筑市场、设计市场对全国开放，要有竞争，画地为牢就很难改变面貌。色调要淡雅些，把“夜朦胧，鸟朦胧”的状态改变一下。哈尔滨每两年都对楼房涂刷一次，像洗脸一样，而且建筑涂料也有保护建筑物、提高寿命的作用。我们对主要街道也可以两年涂刷一次，不要求非搞瓷砖贴面不可，那样造价太高。文化路有几幢楼粉刷后就很好，在主要街道上搞一搞，不是搞形式，而是作为提升文明程度的标志，作为提高建筑物寿命的措施。房产部门要加强对房产的维护管理。有许多房子不整洁，掉砖、掉灰、掉色的都有，没人管，这个状态不行。楼房布局有的要高低错落，有的要前后错落。要使建筑物单体成为艺术品，整体是个美丽画面。有些第三产业的网点能否成为小品式的建筑。现在有些是用大破棚子一支，很不雅观。可以设计出十几种棚子供挑选，漂亮一点，美观一点。网点是个很好的点缀，也应纳入城市规划管理。高层建筑应相对集中，既有林立之感，又便于配置基础设施。

第五，关于城市美化。一个是沿街一些空地要最大限度地搞成街旁游园，像沈阳市的黄河大街那样，开辟小绿地、街旁小景。人行路宽的可搞成沿街公园、沿街绿地。沿街公园和绿地可以隔不远留一些座位，供群众休憩。今后，凡是群众不方便的地方就是城市建设工作的对象。要增加城市雕塑，最好与街道、与

1986 年 11 月 6 日，李长春陪同国务院副总理李鹏为铁路沈阳北新客站建设工程奠基。

单位结合起来，搞成寓意相应的雕塑。广州叫羊城，五羊的雕塑很醒目，也很漂亮。这两年来，我省不少城市也搞了一些，大连搞了，沈阳中山公园搞了孙中山像，中医学院搞了李时珍像。当然，重点城市可以在资金允许的情况下搞一点，因为这毕竟属于锦上添花的事，我们还是要先办雪中送炭的事。有条件的市我赞成推荐市花、市树、市鸟、市徽。城市围墙也是个美化中的大问题，现在有很多围墙影响城市美化，能不能动员一下，尽量搞成围栅、透墙。实在搞不了的，表面装饰一下，能不能搞广告、立体绿化，要与城市总体环境协调起来。今后新搞的建筑一律不搞围墙，要搞透栅。

第六，关于解决城市裸露地面问题。城市裸露地面覆盖意义很大，可以提高城市空气质量，减少尘埃，提高生产企业的清洁度，还能提高整个城市的文明水平，应该有步骤地展开。第一步，要动员机关、企事业单位把庭院覆盖先搞起来。建议试行征收地面裸露费，收的费集中起来搞市里裸露地面覆盖。可先给个期限，在多长时间里搞起来，到时不搞的，用经济办法制约。再就是道路的覆盖问题，应把没有覆盖的土马路尽快覆盖起来，然后再分期分批解决人行道的覆盖问题。软硬覆盖要结合起来，可栽草坪，也可铺水泥方砖。现在沈阳很多马路、人行道覆盖起来了，但机关单位门口仍然是土面、砂子面。可以采取与“门前三包”相结合的办法，加快覆盖速度。要下决心解决一些单位门前的土台子，不然一下雨土就冲到马路上。要充分利用每年市民十二个义务劳动日，把群众充分发动起来，实行“人民城市人民建”。这是个决心问题，不是个经济问题。

第七，关于城市道路和交通问题。城市经济发展了，人口增多了，带来了城市交通拥挤问题。为缓和交通紧张状况，载重汽车应尽可能夜间通行。同时，交通标志要完善。现在无论市外公路，还是市内马路，交通标志都不完善。有条件的街道，要把自行车、机动车行驶路线隔开，闹市区要搞人行过街天桥，通过各种方式提高城市公共交通水平。可以试行把各单位自备车调动起来，为全社会服务。道路拓宽、立交桥建设与经济实力有关，各市要因地制宜地去搞。

第八，关于市内通讯问题。随着城市功能高效化，要提高市内通讯的水平。这几年有很大变化，能否在此基础上完善新建小区的通讯设施，搞点交换机，使电话进入家庭。费用由用户单位出，政府有条件也可以帮助一点。市内繁华区搞点公用电话亭，初期可请补差老工人管理一下，这是受广大群众欢迎的。

第九，关于历史文物、文化遗迹保护问题。搞城市建设要注意把历史文物、文化古迹保护下来。许多远不如我国历史悠久的国家都非常重视文物的保护，我们作为文明古国就更应该重视了。过去“文革”造成的损失无法挽回，现在一定要作为城市建设中的一个大问题。建议各市通过普查确定一批市级文物，由市里立法保护起来，有条件的要为开放服务。城市建设要为文物配套服务，比如文物古迹周围的道路、环境等要相适应，使其具备开放的条件。城建部门本身也要圈定一批有价值的历史文化古迹，名人住宅、代表一定风格的典型建筑物，如好的四合院等，都可以保留一批，形成民族风格。要保留和恢复一些重大历史事件的场所，如“九一八”遗址、日俄战争遗址等。

第十，关于环境卫生问题。一个要调整清扫时间。职工正在上班，清扫扬灰尘怎么行？能否在夏时制早上六点前，冬季早上七点前结束清扫，形成习惯。再一个要把清扫和保洁紧密结合起来。保洁工一定要坚守岗位。很多城市上午看还挺好，下午看就不像样了，下班时就更脏得不得了，关键是保洁跟不上。重点路面夏季要搞点洒水车，一方面增加空气湿度，另一方面洗刷道路灰尘。现在有些重点街道就是中间跑车的一条干净，两侧都是灰尘。城市的垃圾包括冬季炉灰，能不能下决心不准落地，都先装垃圾箱然后运走。请沈阳市先带个头，凡是垃圾箱不完善的都完善起来；凡是炉灰都要管起来，不能往马路上一堆了事。扫雪已经成为好习惯，问题是堆到马路两侧，第一天是白的，第二天就黑了，很不卫生。建议重点街道把雪及时清运出去，按“门前三包”由各单位出车。垃圾、污水处理场建设耗资很大，能不能由“土”到“洋”，先搞点垃圾处理场，不能随便往郊区一扬，城市干净了，郊区又很脏。

第十一，关于城市管理问题。要从严治城、依法治城，城市管理要靠法规。我们的城市管理之所以不能保持经常化，主要是缺少内在机制，还是靠政治运动的办法，发动的时候好一阵子，过后又不行了，不是从严治城、依法治城。重点城市通过人大搞些条例。要建立监察队伍，对区长、市长负责，对城市建设的各项工作实行有效监督，改变城建部门工作质量无人监督的现象。首先要检查环卫、房产、城建的工作。如发现临街房屋缺砖少瓦就罚房产部门；早七点过了垃圾还没清扫就罚环卫部门。市长、区长要重视城市建设。分管市长要全力抓，应该成为“马路市长”，每天转一圈，哪儿不顺眼就督促，逐步使城市尽善尽美。

注　释

〔1〕“门前三包”，指临路（街）所有的单位、门店、住户担负一定范围的市容环境责任和城市管理任务，主要是包卫生、包绿化、包秩序。“门前三包”始于20世纪70年代，是我国城市管理发展过程中的一项重要措施，具有广泛的群众性、现实性和长期性，在城市管理中发挥着独特的作用。

推动环境建设与经济发展相协调*

（1987 年 10 月 21 日）

要运用城市生态系统的理论，科学组织城市的经济、社会活动，逐步健全合理的城市生态结构。把城市环境综合整治重点，放在防治煤烟型大气污染和水体污染上。

城市环境的综合整治，要以经济建设、城乡建设、环境建设同步规划、同步实施、同步发展作为指导思想，把城市环境的综合整治同城市的改造、建设紧密结合起来，做到和经济发展协调一致、相互适应。目前，应该做好以下几方面的工作。

第一，综合社会、经济和自然等多种因素，特别是发展外向型经济的要求，编制好城市环境建设规划，划定城市功能区，实行环境质量的分区管理。要运用城市生态系统的理论，科学组织城市的经济、社会活动，逐步健全合理的城市生态结构。

第二，把城市环境综合整治重点，放在防治煤烟型大气污染

---

* 这是李长春同志在辽宁省城市环境建设工作会议上讲话的一部分。

和水体污染上。大气污染是我省一个突出的环境问题，尤其是本溪、鞍山、抚顺和沈阳较为严重。今年4月，国家环保局曲格平局长到本溪检查工作时说，他到过国内外许多城市，还没有见到过像本溪市这样污染严重的城市。解决大气污染的根本措施，是改变燃料构成、热电联产、集中供热、联片采暖、推广型煤等，这些措施已列入国家防治煤烟型污染的技术政策之中，各地也正在认真贯彻实施。最近，国家颁布了《大气污染防治法》，为大气污染防治提供了法律依据。这里需要强调两个问题，一是推广型煤，二是建设烟尘控制区。前不久，国务院环境保护委员会第十次会议和在太原召开的全国大气污染防治工作会议，都研究了发展型煤和建设烟尘控制区的问题，确定要在不断提高气化率和实行集中供热的同时，大力推广民用和工业型煤，这是解决大气污染的一条重要途径。近几年我省型煤生产虽有一定发展，但仍不能适应需要，主要是政策上存在一些问题，例如价格问题、加工能力问题等。由于受方方面面条件的限制，这些问题很难一下子彻底解决，但只要领导重视，采取一些扶持、优惠的经济政策，我省型煤生产就会有一个大的发展。有些省市实行“补贴总包干，节余留成”，减免所得税、营业税等办法，我们都可以借鉴。

烟尘控制区的建设，是城市环境综合整治中为群众办的一件实事。两年来，我们已取得很大成果，今年还要建成157平方公里烟尘控制区，并且由烟尘控制区发展到烟尘、噪声双控制区，这是很受群众欢迎的。各市政府要根据省里的部署，加强领导，认真抓好这项工作，建设以市内行政区为单位的大面积烟尘、噪声控制区，建成一批、巩固一批，使这项工作规范化、制度化，力争在1990年前，全省主要城市的市区都达到烟尘控制区的标准。

城市水体污染和饮用水源的污染是另一个突出的环境问题，在城市环境综合整治中也要作为重点。关键是抓好两个环节，一是抓住污染源，加强对工业企业的排放管理，结合企业技术改造治理工业企业污染，最大限度地减少污染物的排放。一些条件具备的地区，可试行工业废水排放申报登记制度和发放排污许可证制度。对城市饮用水源要严加保护，防止污染的进一步蔓延，在保护的同时要做好用水计量、定额限量的管理，提倡一水多用和节约用水。二是抓紧主要城市的污水处理厂等基础设施建设，利用好世界银行贷款的有利条件，有关城市要在省项目办的统一规划部署下，认真安排好这项工作。

第三，认真解决好城市各类噪声污染，包括交通噪声、社会噪声、工业噪声和施工噪声，特别是城市交通噪声的污染。到1990年前，沈阳、大连、鞍山、抚顺、丹东、营口等城市力争实现市区内主要街道机动车禁鸣喇叭，实现拖拉机不进城。解决噪声污染，在技术上并不是十分困难的，关键是管理。各地公安部门和环保部门要把这项工作纳入日程、配合协作、严格管理，切实把城市噪声降下来，给群众创造一个安静的环境。

第四，调整工业结构和布局，减少污染源。对那些经济效益低、污染严重又无法或无能力治理的工厂企业，各地计划管理部门、企业主管部门要认真调查清楚、制订规划，下决心限期关、停、并、转。要限期整治一批位于居民区、城市繁华区、风景游览区的污染扰民企业。对这些企业的整治，国家和省已经有一些经济优惠政策，关键是决心要大，措施要有力。

第五，扩大城市绿化面积，调整城市生态结构，改善城市环境质量。各地城建部门要加快城市绿化进度，争取在三年内全省主要城市要消灭裸露地面，实现市区内“黄土不见天”。

第六，强化城市环境的监督管理。各级政府和有关部门要从改善群众的生活环境和发展外向型经济的需要出发，制定相应的环境政策和行政法规，使环境立法渗透到各经济部门和社会活动的各个领域。最近，省政府发布了《关于加强工业企业环境管理的规定》，明确了企业环境保护的指标同其他指标一样作为考核企业的主要指标。明确规定，企业污染严重、环境管理不善，不能参加升级评审。省政府的规定，是当前对企业由直接管理向间接管理的转变中重要的环境管理政策，各级政府和省直各部门都要认真贯彻执行这个规定，今后一段时间内，工业企业的环境管理能不能走上正轨，就看是否认真执行这个规定了。

在强化城市环境的监督管理工作中，各级环保部门要充分行使监督职能，要组建专业的、和群众相结合的环境监督管理队伍。今年 5 月，省政府批转了省环保局关于在全省建立环保监察员制度的报告，各市要尽快组织好环保监察员队伍，认真开展工作。今年采暖期间，各市的环保监察员都要上岗，环保监察车要开起来，要一个烟囱一个烟囱地管理，建立档案，敢于碰硬。对环境污染的监督也可以落实到街道、单位，发动群众进行环境管理。这样上下都动起来，城市环境状况一定会有改善。

加速沈大高速公路建设*

（1988年12月23日）

吸引外资必须改善环境，交通、通讯是重要的硬环境。谁打好整顿环境这张牌，谁就能抓住机遇。要坚定不移地把沈大公路建设搞上去。

今年是沈大高速公路[1]开工以来建设速度最快、任务完成最好的一年。11月3日东北解放40周年之际，沈大高速公路两端共131公里正式通车剪彩，国家有关部门领导同志对沈大高速公路建设很满意。省政府分别对沈大高速公路、桃仙机场和大连和尚岛电厂三个工程建设发了嘉奖令，认为这是省内重点工程中进度快、质量好的三个大工程。嘉奖令肯定了工程建设中施工、指挥人员的成绩，也包含了对工程大力支持的方方面面的表扬。去年，各大企业支援沈大公路的物资都按时、保质、保量地完成了任务，我代表省政府对各大企业给予的支持表示感谢。

最近，省政府常务会议正式批准了沈大公路1989年建设进度

---

* 这是李长春同志在企业支援沈大高速公路建设座谈会上讲话的一部分。

安排。为什么在治理整顿中还要加速沈大高速公路建设？第一，这体现了治理整顿中有保有压的原则。压就要压计划外基建、压楼堂馆所等项目，保就要保能源、交通和通讯等基础设施建设。提出调整的任务，就是因为能源、交通、通讯跟不上国民经济发展的需要，尤其当前煤电运全面紧张，核心问题是运输。现在辽宁需要的煤运不进来，没有煤就发不了电，而我们许多产品又运不出去，特别是上海、广州、郑州等几个要道，只能满足我们需要运量的20%，而且这种状况不是在短时间内能缓解的。这就给我们提出一个问题，要把交通作为调整的一项根本任务抓紧抓好。当然，全国也有大的交通建设规划，如修建大秦铁路等。我省自己也要求修建沈阳至山海关第三条铁路，原想先搞山海关至锦州一段，看样子也得等到“八五”时期，短时间内解决不了。辽宁

1988年9月，李长春考察沈大高速公路建设现场。左三为辽宁省交通厅副厅长孙炜士。

最现实的就是发展海上运输，现在大连、丹东、营口等海港建设都有了新的发展，突出的问题是如何把货物运到海港。沈阳至大连的铁路运输已高度饱和，当然，沈大铁路也有改造的问题。现在省里能使上劲的就是公路建设，首位的就是沈大公路。这里一是要充分利用大连港，二是要把中部城市群与鲅鱼圈港〔2〕连起来，这样就使企业特别是大企业的物资能从港口运进运出。因此，我们在治理整顿中把交通运输作为调整的首要任务，把加速沈大高速公路建设作为解决辽宁交通问题的主要措施。

第二，这是按照中央一再强调的，在治理整顿中实施沿海地区经济发展战略坚定不移。我们基于这样一个考虑，现在正面临发达国家产业调整，环太平洋国家经济发展和日元升值急于寻找市场这样一个机遇，我们是沿海省份，如何抓住机遇在治理整顿中改造我们的经济环境，这是刻不容缓的问题。一些改善供给、吸引外资，特别是利用老企业做中方股本与外方合资的项目要搞好。而吸引外资必须改善环境，交通、通讯是重要的硬环境。另外，这次调整与以往几次不同，是在对外开放的条件下进行的，谁打好整顿环境这张牌，谁就能抓住机遇，搞好调整工作，所以我们要坚定不移地把沈大公路建设搞上去。

第三，加速沈大高速公路建设还要重申“政治动员、行政干预、经济补偿、各方支持”的方针。政治动员没问题了，各方支持是必不可少的条件，完全按国家计划安排，资金、原材料都有缺口，这样大的工程光靠市场调节也很困难。唯一办法就是利用省内大企业多的优势，大家支持，然后服务大家，共同为辽宁的经济发展出力。

现在看，修公路受益最大的就是大企业，省里也是为增强这些大企业的竞争能力创造条件。支援不是无偿的摊派，而是请大家给一点平价的材料。我们不向企业要钱，但要一点平价材料、产品不可避免。沈大公路建设只要些原材料，观音阁水库建设可能还要动员一些人力。我们理解企业的困难，煤电运紧张，首先受害的就是大企业，明年企业负担会继续增大，如不把公路建设好，就不能缓解困境，困难的时间会更长。

方才听了几个企业的厂长、经理的表态，表明了大家在当前困难的情况下支持这个工程的决心，这很不容易。本来完成国家指令性计划就要组织很多议价原材料，还要给你们增加任务，这是非常困难的。希望你们继续开展“双增双节”运动，挖掘企业潜力，调动大家的积极性，把热爱家乡、热爱辽宁落实在行动上，共同完成任务。也请各位转达我们对企业职工的感谢。请交通厅连承智厅长考虑，沈大公路沿线立交桥，能否用为沈大公路建设作出贡献的大企业及产品名称命名，提高企业的知名度。

注 释

〔1〕沈大高速公路，指沈阳至大连的高速公路。1984 年 6 月动工，1990 年 9 月全线通车，全长 375 公里，全封闭，全立交，1990 年建成时为双向四车道，2004 年改建为双向八车道。沈大高速公路把沈阳、大连、鞍山、营口、辽阳 5 个大中城市连接起来，成为辽东半岛的“大动脉”，也是当时中国最长的高速公路，被誉为“神州第一路”。

〔2〕鲅鱼圈港，位于辽宁省营口市南约 60 公里处，是深水不冻港。1983 年鲅鱼圈港区建设工程被列为国家“七五”重点建设项目。

电力建设既要抓紧，又要改革*

（1989 年 1 月 25 日）

大型基础设施建设要按经济规律办事。大型建设工程要坚持改革，施工单位要实行招标制代替行政分配制；要坚持实行经济合同制，将其纳入法制轨道；要实行物资供应总承包；投资要实行有偿使用的原则。要抓住以上环节进行改革，使我省的电力建设闯出一条新路。

电力是辽宁振兴的“牛鼻子”，各级政府要把电力建设排在经济工作的重要位置。谁认识得早谁就有主动权，认识晚了，就被动。大连湾电厂建成了，去年大连市的工业产值就增长14.9%，今年还可能达到这个速度。有电就有速度，没有电就没有速度，当然我们需要的是适当的速度。下面就我省电厂建设问题讲几点意见。

一是要充分认识辽宁发电厂扩建的重要地位。电力建设既是

* 这是李长春同志在辽宁发电厂扩建工程现场办公会上讲话的一部分。

经济问题，也是政治问题。大面积拉闸停电，学生不能正常学习，经济环境治理不好，各方面工作上不去，物价稳定不下来，都会造成政治后果。辽电的扩建是近期解决我省经济困难的关键，早投产一天，困难就早缓解一天。省长办公会一致认为，辽电扩建是全省建设的重点，要求各方开绿灯，保证按期完成，请各有关部门充分理解辽电建设的重要性。可以说，辽电扩建投产之日就是辽宁电力开始走出谷底之时。

二是要把目标定下来。辽电扩建，第一台机组越早建成越好。如能实现原定计划 29 个月投产，给予轻奖；实现 25 个月投产，要给予重奖，奖金在电厂提前投产所取得的效益中支付。要根据这个目标安排施工进度，把各方面工作用合同形式定下来，

1989 年 2 月 2 日，李长春到铁岭清河电厂慰问职工。

由省建委代表政府与有关企业签订合同。省计经委、物资局要与建委合作完成任务。大连湾电厂创造了利用国外设备新建电厂实现 24 个月投产的高水平，辽电应该在利用国产设备扩建工程上创“三高”，即高水平、高速度、高质量。如能实现这一目标，省政府要予以嘉奖。

三是大型建设工程要坚持改革。第一，施工单位要实行招标制代替行政分配制。招标要面向全国，不能局限在本地区、本部门。要真正实行招标，不能搞议标[1]。实践证明，招不招标大不一样，不招标就会躺在工程上管吃管添；实行招标，可以节约很多投资。第二，要坚持实行经济合同制，将其纳入法制轨道。在合同和法律面前人人平等，按合同办事，有奖有罚。合同中要制定保包条件，包投资、包工期、包质量。第三，要实行物资供应总承包。靠行政协调是落后的办法，施工企业要同物资承包公司签订供应合同，确保建设工程所需物资。第四，投资要实行有偿使用的原则。电力建设要按经济规律运行，电要合理作价，从电厂收益中偿还投资，并使之积蓄资金，再搞电力建设，做到可持续发展。我们要抓住以上四个环节进行改革，使我省的电力建设闯出一条新路。

四是大型基础设施建设要按经济规律办事。沈大公路建设中提出的“政治动员，行政干预，经济补偿，各方支援”四句可作为大型基础设施建设的方针，也适用于电力工业建设。要逐步增加经济的办法、法律的办法，辅之以必要的行政的办法。希望各方面要密切配合，通力合作，早日把辽电扩建工程高质量完成好。

注　释

〔1〕议标，指谈判性采购，是采购人与被采购人之间通过一对一的谈判，达到采购目的的一种采购方式，不具有公开性和竞争性。

交通建设是基础设施建设的重中之重*

（1989 年 7 月 18 日）

交通、能源是长期制约我国以及我省国民经济发展的薄弱环节。抓住了交通、能源，就抓住了经济建设的牛鼻子，就能使国民经济持续、稳定、协调发展。要把交通建设作为改善辽宁投资环境、加速辽宁对外开放的硬环境建设的一项重要任务来抓。而加快建设沈大高速公路是全省交通建设的最紧迫的任务。

交通部在我们省召开高等级公路建设经验交流现场会，我们感到很荣幸，同时也感到不安。感到荣幸的是，这是对我们公路建设的鼓励和鞭策，将使我们更好地借这次会议的东风，加快我们的公路建设。特别是在这次会议上有国务院领导同志、国家有关部门的领导同志和这么多省市的领导同志，来检查指导我们的工作，是我们学习全国各地经验的好机会。感到不安的是，我们的工作做得还很不够，就高速公路建设本身，还有很多不完善的

* 这是李长春同志在交通部高等级公路建设经验交流现场会议上的讲话。

地方，就整个交通建设，差的就更多。我们要通过这次会议，进一步找差距，很好地学习邓小平同志关于加强基础设施建设的讲话精神，使我们的工作尽快赶上来。刚才，交通部钱永昌部长在讲话中，对我省公路建设给予了肯定，我们感到评价太高，确实不敢当。事实上，我们到很多兄弟省市去学习，他们有很多经验值得我们学习。我曾经去广东学习经验，他们在公路、桥梁的建设上都有很多好的做法，如民办公助，敢于贷款搞建设，有偿使用等，都使我们很受启发。在这次会议上，我省主管副省长林声同志和交通厅厅长连承智同志，将把我们以沈大高速公路为重点的公路建设情况详细地向大家作汇报，不是介绍经验，而是请大家来检查我们的工作。

1989 年，李长春与交通部部长钱永昌共同研究辽宁交通发展规划。

在汇报之前，我想讲几个情况。第一个情况是，沈大高速公路的建设，经历了一个统一认识的过程。开始是想把沈阳至大连的公路由三级路改造成高等级即一级路，以适应由于公路运力不足，造成大连港到港货物严重压港、需要加速疏散的迫切要求。当时省政府主要领导全树仁〔1〕同志、李贵鲜〔2〕同志，根据这个情况，作出了建设沈大高等级公路这样一个决策。开工建设以后，全国经济建设形势发展很快，交通运输“瓶颈”问题日益凸显，围绕着是加快发展铁路运输还是建设高速公路，争论很激烈。与此同时，大连对外开放步伐进一步加快，沈阳至大连的公路长期超负荷运行的状况更加突出，仅靠沈大铁路运输严重不适应，对建设以大连为中心的沿海城市群和以沈阳为中心的中部城市群形成了严重制约。经过对车流量的测定，我们明显感到即使建成一级公路仍然难以适应新的需求。但在建设高速公路的问题上，当时省内还有很多不同的意见。后来我们就提出分段高速，即沈阳到鞍山段建成高速公路，其余仍是一级公路。在沈阳至鞍山这一段建成后，我们搞了个竣工仪式，请当时任副总理的李鹏同志剪彩，还组织省“四大班子”领导坐车从沈阳直驶鞍山参加仪式，一路畅通，大家心旷神怡，都亲身体会到了高速公路的优越性。于是，在交通部的指导和支持下，我们决定一步到位，全线建成高速公路。首先我们认识到，不断深化经济体制改革，进一步搞活经济，对交通运输提出了新的要求。经济要搞活，交通必须通畅。群众说，要致富，先修路。其次我们认识到，交通、能源是长期制约我国以及我省国民经济发展的薄弱环节。抓住了交通、能源，就抓住了经济建设的牛鼻子，就能使国民经济持续、稳定、协调发展。我们辽宁作为重工业基地，实践中对此感受更深。再次，在国家加速对外开放的总政策指导下，我们进一步认识到，加速基础设施建设是对外开放的前提条件，其中交通、能源、通讯是重中之重，是基础的基础。因此，我们把交通建设作为改善辽宁投资环境、加速辽宁对外开放的硬环境建设的一项重要任务来抓。而加快建设沈大高速公路是全省交通建设最紧迫的任务。还有，随着经济体制改革不断深入，我们对于地方政府职能转变，也有了一个新的认识。我们感到，地方政府在经济建设中，要从过去那种主要抓微观的、企业的生产协调，转向为企业的生产经营活动创造良好外部环境。而加强交通、能源、通讯建设，恰恰是为企业创造好的外部生产条件、地方政府职能转变的一项重要内容。基于以上四点认识，我们从上一届班子开始，就把改善我省的交通、能源、通讯为主的基础设施，作为政府工作的首要任务，并且用这样的认识来统一各级政府的思想，认识提高了，就出现了公路建设的新局面。

第二个情况是，我们树立了大交通的观念，注重搞好全省交通建设的规划。主要是从建立海、陆、空立体交叉，海内外全方位开放的交通网络出发，搞好交通建设规划。交通建设是周期长、投资大、见效慢的工作，因此更需要有长期打算，有周密的规划。几年来，我们围绕形成以大连为首，包括丹东、营口、盘锦、锦州在内的“五口通商”的港口群，在扩建大连港的同时，在丹东新建了大东港，并于去年 10 月 1 日实行了对世界开放；在改造营口老港的基础上新建的营口鲅鱼圈港，也在去年 7 月对世界开放；正在建设的锦州港，预计今年 10 月也将对世界开放，而且我们正规划在盘锦建设以出口石油化工产品为主的新港口。通过这些步骤，逐步实现“五口通商”的格局。以沈大高速公路为重点，形成从辽东半岛前沿的大连到以沈阳为中心的抚顺、鞍山、辽阳、铁岭中部城市群腹地的公路交通大动脉，用高速公路把前沿与腹地连接起来。在这个基础上，进一步形成以沈阳为中心，通往中部各个城市的高速公路网。下一步还要考虑用环绕辽东半岛的环海公路，把五个港口城市连接起来。在铁路建设上，我们积极申报、争取建设沈阳至山海关的第三条铁路，估计在“八五”期间能够动工。进一步加快沈阳至大连的铁路电气化改造，加速建设海城到岫岩和丹东通往大东港的地方铁路。正在会同黑龙江、吉林规划通往丹东港的“东边道”〔3〕，缓解中长途铁路压力。还要加速航空港的建设。目前，大连机场经过改造

1986 年 7 月 17 日，辽宁省委书记全树仁（前排左二）与省长李长春听取沈大高速公路建设情况汇报。前排左一为辽宁省副省长彭祥松，左三为辽宁省交通厅副厅长孙炜士，右一为辽宁省交通厅厅长连永智。

已经实现了国际通航。作为中部城市群共同国际机场的沈阳桃仙机场今年 4 月已经通航了，并开辟了对香港的航线，大约在 8 月份可开放对苏联的航线，并进一步使它成为连接东北亚几个国家的国际枢纽机场。丹东、朝阳、锦州等区域机场，都已经陆续通航。另外，还要进一步完善为石油化工服务的管道运输体系。这样，努力形成一个海、陆、空立体交叉的运输网。

所谓海内外全方位开放的交通网络，第一个层次，就是要解决辽宁省内，特别是辽东半岛交通的畅通。第二个层次，要解决辽东半岛与腹地，包括吉林、黑龙江、内蒙古东部地区间交通的畅通。方才钱部长讲到的几条大动脉当中，我们省就有两条，其中一条就是把沈大高速公路延伸到吉林的长春和黑龙江的哈尔滨，我们一定要按照交通部的要求，把它建设好，使辽东半岛更好地为东北地区服务，成为东北地区对外开放的窗口。第三个层次，就是从辽东半岛通过港口和航空线路通往世界各地，成为我国沿海地区中基础设施方面投资环境比较好的地区之一。我们按照这个思路已经形成了规划，并正在组织实施。有些工程需要几届政府扎扎实实地干下去，到本世纪末才能全部实现这个规划。

第三个情况，我们在建设中遇到的最突出矛盾是资金问题。交通部给了很大支持，几年来多位部长多次来辽宁指导工作，我们也非常清楚当前国家整个经济状况。在这种情况下，我们坚持不等不靠、先干起来、再争取各方面支持的指导思想，提出了“十六字”方针。第一条叫“政治动员”，要实现我们的规划，还是要思想先行，做好思想政治工作。第二条叫“行政干预”，凡是涉及政府职能的、政策性的问题，都要给予优惠，实行政策倾斜。第三条叫“经济补偿”，凡是涉及群众利益和企业利益，

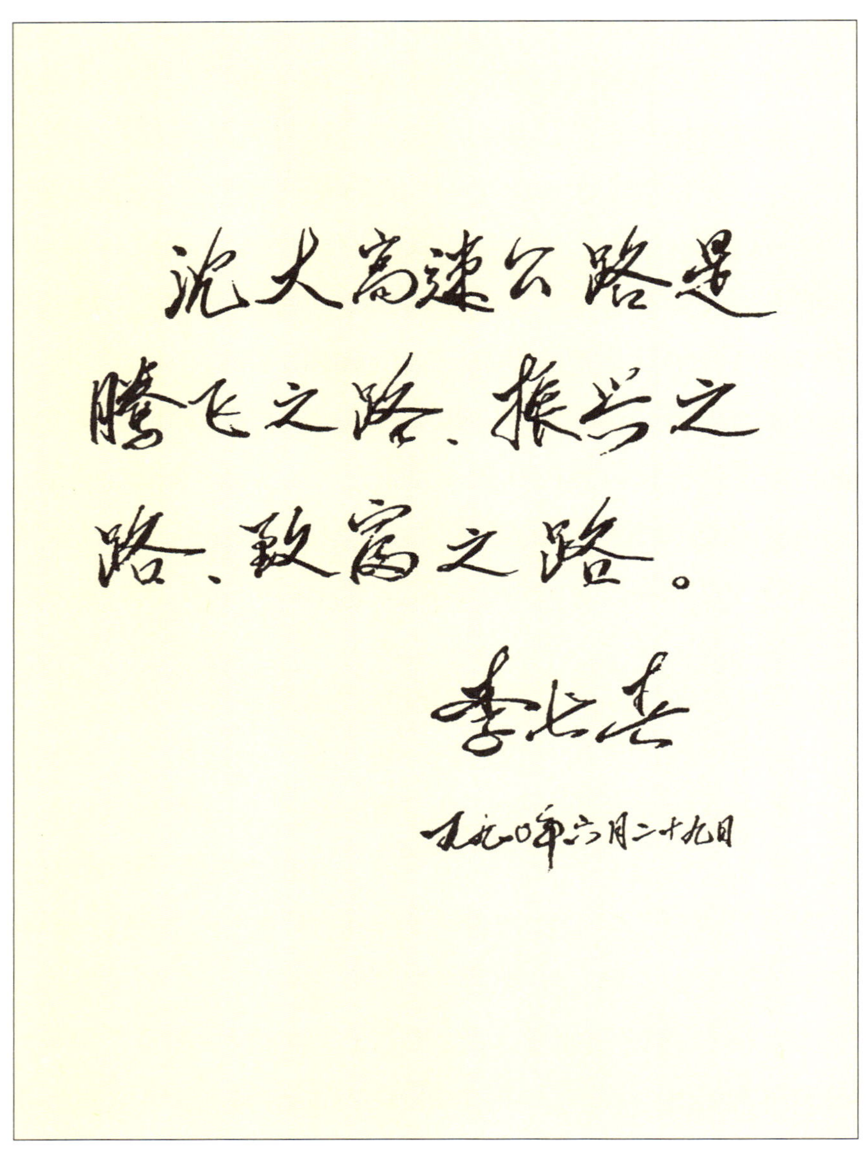

沈大高速公路是腾飞之路、振兴之路、致富之路。

李长春

一九九〇年六月二十九日

李长春为沈大高速公路全线开通题词。

要在政治动员和行政干预的基础上，给予经济补偿，力求按经济规律办事。第四条叫“各方支持”，大家都要开绿灯。从实践上看，在当前比较困难的情况下，“十六字”方针使我们的工作能够比较顺利地推进，效果还是好的。

最后一个情况是，建设沈大高速困难很大，而要管好就更难。社会上传统观念、人们旧的落后意识和现代化设施之间形成了强烈反差。为此，我们又提出一个“十六字”方针，叫作“集中统一、高效特管、各方协作、各司其责”。按照这个方针，我们实践了 8 个月，虽然问题还很多，但总的趋势是在逐步理顺。铁路是高度集中统一，公、检、法一应俱全的半军事化管理，高速公路管理并不需要像铁路那么严，但又要比普通公路严格得多。我们正在努力探索一个介乎于普通公路和铁路之间的高速公路管理模式，实现一个相对集中统一的管理，做到管理与处理事故高效、迅速，把高速公路作为一个小“特区”实行特管。方方面面要密切协作，路政、收费管理和安全管理两大块在集中统一的前提下，要各司其责。不能用行政管理代替依法管理，在执法上要严格按照现有法律和司法程序来办。虽然目前矛盾还比较多，但我们要在国家各有关部门和方方面面的支持下，争取把这个工作越做越好。

注　释

〔1〕全树仁，1983 年任中共辽宁省委书记（当时设有第一书记）、辽宁省省长，1986—1993 年任辽宁省委书记。

〔2〕李贵鲜，1982—1985 年任辽宁省副省长，1985—1986 年任中共辽宁省委书记。后相继担任安徽省委书记、中国人民银行行长、国务委员、全国政协副主席等职务。

〔3〕“东边道”，指从北至南，沿中俄、中朝国界走向的一条铁路，全长约 1380 公里，北起黑龙江省牡丹江市的绥芬河，南抵辽宁省大连市。

以改革和艰苦创业精神组建好锦西市*

（1989年7月30日）

经国务院批准，我省正式组建锦西市[1]。这是我省区域规划和建设的一件大事，是振兴辽西地区的一项重大举措。省委省政府对此高度重视，今天专门在这里召开现场办公会，研究解决具体问题。今天上午，有关市的领导进行了对话，交换了意见，树仁同志作了动员讲话，我完全赞成。关于组建锦西市涉及到的一些具体问题，如区划问题、编制和干部问题、机构设置问题、开办经费问题、组织领导问题等，在这次现场办公会上都进行了充分讨论，取得了共识，接下来要认真落实。我再强调几点。

第一，要充分认识组建锦西市的重要意义，大家共同担负起建设辽西的任务。建立锦西市是省里多年的酝酿，最近一两年也经过深入调研，目的就是要更好地发展辽西地区经济，现在看，条件是成熟的。而条件要成熟，首先要求经济条件要成熟。省委省政府对在锦州工作多年的老同志，对锦州历届市委

---

* 这是李长春同志在辽宁省锦州市召开的组建锦西市现场办公会上讲话的一部分。

市政府的工作给予肯定。这些年来，锦州有了较快的发展，没有这个基础和经济辐射力，要想组建锦西市也是不可能的，这是我们很多同志共同努力的结果，是辽西发展创造的一个很好的条件。这也有利于完善市管县的领导体制，一个市管八九个县，没有办法，调整后，不论是对锦州、锦西和朝阳，都完善了市带县的体制，有利于加强基层政权的作用，发挥中心城市的辐射带动作用。锦州地区在全省的地位十分重要，是重要的交通枢纽，毗邻渤海。农业方面有独特的条件，还有山区的农业经济和丰富的水果资源，有几个县又是商品粮基地。工业方面也有一批国家重点企业和十分重要的矿产资源。锦州市和新组建的锦西市在辽东半岛开放区，享有特殊的政策。因此，辽西走廊在我们省的经济发展中，将会发挥巨大作用和潜力。锦西市组建后，锦州具体的负担会减轻一些，作为中心城市的作用将会进一步得到发挥，希望锦州抓住机遇，焕发青春。省里对辽西走廊要统筹安排，特别是对天然气，在利用这部分资源上，要发挥锦州这样比较老的工业城市的作用。同样锦西市、朝阳市也会在所辖地区更好地发挥作用，各方面工作会有新的发展。这叫比翼齐飞，共同发展。希望锦州在处理与其他几个市的关系上，像老大哥一样，发挥更重要的作用，也希望辽西各个市打破行政区划的限制，加强地区间的经济协作。要本着改革精神加强合作，不要再搞大而全、小而全，被经济规律自然辐射的地方，要发挥地区的作用，利用地区的优势，增进辽西地区经济的联合，为加快振兴辽西作贡献。

第二，要以改革的精神和艰苦创业的精神组建好锦西市。这次组建锦西市和以往有很大不同，一是在国务院已经确定不再搞机构升格的情况下特批的。主要强调锦西不是新组建市，原来就有葫芦岛市，是恢复市，不是批新市，是在机构改革、解决党政机关人浮于事、办公效率低这样一个背景下批的。二是党的十三届四中全会提出要多办实事，我们就是按这一精神来组建锦西市的。现在国务院批准了，我们就要重视这个问题。因此，要以改革的精神和艰苦奋斗的精神建好锦西市。要建成“小政府、大社会”这样一个试点市。在这一过程中，思想上、观念上可能会产生一些碰撞，这就要求锦西市筹备小组要有比较强的改革意识，要有冲破阻力困难的气概，为省市改革闯出路子。从组建市一开始，就给锦西人民以好的思想、好的作风，把比较强的艰苦创业精神树立在全市人民面前，包括在办公楼、车等问题上，都要体现艰苦奋斗、艰苦创业的精神。我们相信锦西市筹备小组，会按照省委省政府的要求，以崭新的面貌，使锦西在辽西走廊发展中发挥应有的作用。

第三，要顾全大局，遵守纪律，完成好当前的工作。从今天开始，几市之间，凡是不利于团结的话不讲，不利于团结的事不做，要讲党性、讲风格、讲原则。在划分编制、干部、经济指标中，既要讲原则，又要讲风格，锦州要支持锦西，锦西的干部是从四面八方来的，一定要搞五湖四海，任人唯贤。要加强思想政治工作，做好走、留干部的思想工作。锦西的干部反应挺积极，但有的还要到连山区工作，要做好思想动员工作。要讲纪律，不能搞突击提干，突击分钱分物，要加强领导，避免出现这类问题，把市的组建工作做好。

第四，要加强组织协调。要按今天会议确定的各项原则以及区划、编制、干部、机构设置、开办经费、企业划转、经济计划指标分劈等问题的方案，抓紧落实到位。整个锦西市的筹建工作宜早不宜迟。组建锦西市的机构要本着这么几个原则。一是市和区政权机关几大班子的组建问题，这涉及到法律程序，需要一段时间，要在今年内都解决好，明年 1 月 1 日几大机关正式按市的职能运转起来。二是在组建过程中，建议锦西市筹建领导小组要坚持两手抓，一手抓筹备，一手抓好当前的工作。要把两手抓运转起来。有关业务班子，要本着宜粗不宜细的原则，把主要的机构一个月内先搞起来。省里面从 8 月 1 日开始各业务方面的工作，要体现锦西的户头。所以市筹备领导小组要一手抓建市的筹备，一手抓当前的工作，做到两不误。三是对目前完全不能承担的，要依托锦州市，两市可以商量。因为在筹建中要有大量问题商量，可以建立个会商制度，由邵秉仁〔2〕、于均波〔3〕同志召集。

为加快筹建工作，省里要加强协调工作。干部问题，由省委组织部协调组织干部的调转安排工作。省政府这边，已明确七人小组，帮助组建锦西市，由办公厅牵头，省计委、经委、物资局、编委、体改委、民政厅共同参与，办公厅于德泉同志牵头，其他部门由一位副职参加这项工作。从今天开始，有关方面在干部问题上，调转任用都冻结，服从组建锦西市。朝阳也好，锦州也好，特别是锦西，要冻结，服从组建锦西市。必要的开办经费，省财政要先预支一部分。其他有关业务工作，省政府有关部门尽快与锦西市对接，帮助他们尽快运转起来。

最后，希望锦西市的干部增进团结，也希望辽西地区市与市之间增进团结，充分利用辽西各方面优势，加快辽西振兴，为完成辽西振兴的任务而奋斗。

注　释

〔1〕锦西市，是当时辽宁省新组建的一个地级市。1985 年 1 月，国务院批准撤锦州市锦西县设立锦西市（县级）。1989 年 6 月，国务院批准锦西市升格为地级市。1994 年 10 月，锦西市更名为葫芦岛市。

〔2〕邵秉仁，时任中共锦州市委书记。

〔3〕于均波，时任锦西市筹备工作领导小组组长。

增强环境保护的紧迫感*

（1990 年 6 月 23 日）

一个城市、一个地区的环境质量怎么样，是衡量这个地区主要领导干部文明程度的标志，有没有科学素养和文化素养的标志。环境问题已经迫在眉睫，一定要把生态保护好，给后代留下一个好的生活、工作和生产环境。

这次环境保护会议，省政府去年就开始酝酿，感到应该开一个高水平、高级别的环境保护会议，把全省的环保工作推动一下。所以，经过大约半年的时间准备，召开了这次会议。这是一次很重要的会议，不是一般的业务会议，是推动我省社会主义现代化建设事业的一个非常重要的会议。

环保工作能不能在我们整个推进四化建设的事业中摆到一定的位置，关键是思想认识问题。所以，我想第一点还是强调思想

---

* 这是李长春同志在辽宁省环保会议上的讲话，后发表在 1990 年 6 月 27 日的《辽宁日报》上。

认识，特别是我们各级领导干部的思想认识，我们搞工业的各级领导干部的认识。归根到底是我们领导干部要极大地增强环境意识。这是我们过去在对客观事物的认识上非常薄弱的一个环节，也是我们发展中国家面对的一个制约条件，并且是容易忽视的一个方面。所以这次会议，实质上是唤起全省各级干部环境意识的一次重要会议。在这个问题上，我自己也经历了一个认识过程。我大学毕业以后，就分配到工厂，然后到工业公司，又到一个工业管理部门，直到担任沈阳市副市长兼经委主任的时候，分管工业，仍然对环境保护工作认识不足。我在沈阳市工作的时候，我们政府班子里面有一位副市长分工管环保工作，他的环境意识很强，给我很深的影响。但思想上有很大转变，是从当市长做全面工作以后。从管工业的副市长到市长，我感到在环境意识上，有

1989年9月，李长春听取本钢一钢厂污染治理工作汇报。右六为本溪市市长于国磐。

一个很大的进步，那就是进一步认识到社会主义生产的目的究竟是什么。管工业的也好，管环保的也好，大家的主观愿望都是要改善人民生活，最大限度地满足人民群众物质文化需求。但是由于角度不同，实践的内容不同，往往在认识上还有片面性。在做全面工作以后感到，过去的认识很狭窄、很片面，实际上与自己的愿望是背道而驰的。

1983 年初，我第一次到英国，给我很深的感触。因为过去，我从资料上知道，伦敦是烟雾城市，泰晤士河因污染见不到鱼。五十年代初伦敦发生了烟雾事件。现在，伦敦的环境治理得非常好。以前我们没有出去看，以为沈阳的空气不错了，也感觉不到环境有什么不好，照旧生活，没有什么大事。到英国一看，烟雾事件早已成为历史，不存在了，泰晤士河有了鱼。整个城市没有用一次燃料作能源的，都是用电，有的用煤气，这算差一点的。城市里面没有一处裸露地面，不论是大街小巷，全是软硬地覆盖，所以深感到我们环境差距很大，深感到我们在贯彻社会主义生产目的上，存在很大的片面性，深感我们在实行全心全意为人民服务的宗旨上，还远没有尽责。我们密切联系群众的光荣传统，在新的历史时期还远远没有充分体现。

我们搞对外开放，更要增强环境意识，认识到不加紧治理环境问题，我们的投资环境就不可能改善，就不可能搞好对外开放。环境问题已经迫在眉睫，已经成为搞好对外开放的重要障碍。

刚才，林声〔1〕同志从社会主义生产的目的上，从全心全意为人民服务的宗旨上，从我们党的无产阶级先锋队性质上，从发扬党密切联系群众的光荣传统上以及推进对外开放、改善投资环境等几个方面论述了加强环境保护、环境治理的重要性。我感到讲得都很深刻。在这里我再重申一下，认识问题必须摆在各级领导面前，要牢牢确立环境意识。

要抓住重点，特别是对影响我们辽宁经济社会发展和人民群众意见最大的环境问题，要坚持不懈，抓住不放，抓出成效来。主要是四个方面：一个就是大的生态建设，治山治水，治沙治风。这是保证我们辽宁3800万人民繁衍生息的基本条件。一定要把生态保护好，给后代留下一个好的生活、工作和生产环境。二是重点抓住水资源污染问题。这已经严重地摆在我们的面前。水是生命之源。省有省的任务，市有市的任务，企业有企业的任务，逐级落实责任，保护好我们的水源。要在国家的支持下，利用世界银行贷款，解决水资源污染问题。三是大气污染，特别是以各种工业烟气为重点的大气污染。要推广我们过去创造的好经验，把无烟区建设的经验等，一个区一个区地推进。通过联片采暖、提高气化率，增加二次能源比重，搞热电联产等多种办法。四是提高城市综合环境质量，继续推进城市的绿化、美化和净化。通过“绿叶杯”竞赛活动这种形式，继续改善城市环境。我想这四个重点一定要抓住不放。

要切实加强领导。环境质量、环境的治理就是要由地方政府负责，就是要省长负责、市长负责。作为经济细胞的企业要对社会负起责任来，要有强烈的社会责任感，在企业就是“谁污染谁治理”，真正落实环境保护法。一个城市、一个地区的环境质量怎么样，是衡量这个地区主要领导干部文明程度的标志，有没有科学素养和文化素养的标志。所以各级主要领导干部一定要把环境保护纳入重要议事日程，要亲自监督检查。我们的区长，主管环境的市长，每天早晨上班之前，要在城市里转一圈看看，改善环境质量的措施落实得怎么样。烟囱是有数的，哪个冒黑烟一看很清楚。也不用搞很复杂的机构，我说就像沈阳这个城市，组织 10 个人的摩托车队，就可以监视很清楚。关键是领导干部要重视。

环保部门的工作要加强起来，要敢抓敢管。各级政府的环境综合部门，不仅仅是组织监测，评价环境的质量，也不仅仅是要给各级政府当参谋，你本身就是执法部门，而是要根据国家的环境保护法，理直气壮地，大胆地负起责任来。要对重要的污染源逐个地建立档案，一个项目一个项目地去落实治理规划，定期检查。必须要把这个工作抓细，不能一般号召、笼而统之。对于量大面广、治理难度大的问题，不仅要监督它，要求它，还要帮助找出治理办法来，总结经验，引进外面的先进技术，切实加以治理。

各地要发动群众，把群众的积极性调动起来。我们很多事情只要把群众发动起来就不难解决。特别是生态建设，治山治水，城市环境的改善，软硬覆盖，植树、种草、种花，完全靠政府投资没有那么大力量，还得从我们的国情出发，充分发挥我们的优势。党的领导、群众路线就是优势。凡是放手发动群众，相信群众，依靠群众，敢于领导的，这样的地区环境变化就快。凡是在那里等、靠、要的，就没有变化，这样的应该狠狠地批评。解决环境问题，就是当地政府的责任。当然有一些大的流域性的问题，这个要上级政府组织。属于你本市、本县的问题，就是你们自己的责任，你也不要找别人了。跨市的、跨流域的、跨地区的治理工作，由上级政府组织。我想将来各级政府分工就按这个线

1989 年 8 月 27 日，沈阳市万名大中专学生参加首次星期日义务劳动。图为李长春和同学们一起劳动。

来分。

再就是我们要不断地开展评比、选优活动，用先进来促后进，来带动面上的工作。要定期公布各市的环境质量。初期别评环境最差的地方，给他个时间。先树好的典型，随着工作的逐步深入，你那个地方还不重视起来，措施还不得力，效果还看不出来，咱们再发动群众评评环境最差的市、最差的县、最差的企业，让那些头头们坐不住，增强点紧迫感。

总之，这几年，全省总的趋势是各级政府越来越重视环保，主要领导也越来越重视，环境质量在很多方面逐步得到改善。但是我们欠账很多，我们是老工业基地，在环境意识上是经历了一个过程的。过去在我们的财政制度里面，还没有把改善环境体现到产品的成本里面去，所以长期以来欠了账，我们又是重型结构，高耗能、高污染，环境保护的任务很艰巨，大家要增强紧迫感。回去以后，要向市委、市政府认真汇报这次会议精神。一定要通过这次会议，把我省的环境工作提高到一个新的水平。

注　释

〔1〕林声，时任辽宁省副省长。

目　录

（下）

搞好微观主体改革，
不断增强企业活力

以改革推动开放，把辽东半岛对外开放不断引向深入

加快推动科技进步，使科技和改革成为振兴老工业基地的“两个轮子”

坚持“两手抓”，夺取改革发展和精神文明建设双丰收

切实为群众排忧解难，充分调动广大人民投身改革的积极性

抓好干部队伍建设和廉政建设，为改革开放提供坚强的政治保证和组织保证

结语篇：
心系辽沈　殷殷期望

附　录

搞好微观主体改革，不断增强企业活力

以改革精神整顿和建设好企业领导班子*

（1983年3月22日）

要下大力气提高企业领导班子的经营管理和科学技术素质。大中型企业经理、厂长要具备能够运用现代化科学管理知识管理企业的技能；能够结合企业实际运用价值工程、行为科学、目标管理、质量管理等现代化管理方法；能够正确执行以计划经济为主、市场调节为辅的方针，掌握国内外同行业生产技术情报和市场动态，根据市场预测确定正确的经营方针。

整顿好领导班子，是搞好企业整顿、保证改革顺利进行的关键。用改革的精神整顿和建设企业领导班子，就是要把领导班子的革命化、年轻化、知识化、专业化大大向前推进一步。领导班子的配备，一定要严格按照中央和省委提出的要求来进行。要进一步肃清“左”的思想影响，纠正对知识分子的偏见。打破“论资排辈”等旧观念、老框框，大胆选拔一批年富力强、德才兼

* 这是李长春同志在沈阳市第三次企业整顿工作会议上讲话的一部分。

备、熟悉业务、有组织领导能力、善于打开局面的专业人员进领导班子。在领导班子配备中，要注意结构合理，按照企业的特点和生产经营管理的要求，科学地把人才组织起来。班子中既要有工程师，又要有经济师和会计师，以实现整个班子“配套成龙”，并实现新老干部的合作交替。整顿领导班子必须解放思想、坚持标准、大刀阔斧地进行，不能采用改良的方法，把领导班子搞成“过渡班子”、“平衡班子”、“安置班子”。领导班子是不是整顿好了，最终要由实践来检验，要看企业的局面打开没有，面貌改变没有，经济效益提高没有。就当前一个阶段的整顿工作来说，可以用以下四条标准来衡量：一是领导班子的人数、年龄达到了中央要求，克服了老化、臃肿现象，比较精干了。二是领导班子成员具有的文化水平、专业知识能适应四化建设的需要，结构比较合理，专业也比较配套了。三是党委领导下的厂长负责制建立起来了，党委机构健全起来了，党政有明确分工了。四是领导班子软弱、涣散状况消除了，有朝气、有干劲、团结战斗，真正成了领导职工建设社会主义的带头人和实干家，职工比较满意了。

选拔领导干部必须彻底打破过去长期单纯依靠组织部门“关门主义”和神秘化的老办法，大胆实行“开门”选贤。国营企业的领导干部，可采取民主推荐、民意测验、组织考核、党委集体讨论、主管部门审批的办法。可选择条件比较好的企业进行民主选举试点，经过群众推荐（个人自荐）、组织部门考核、民主选举、上级审批任命。对于技术力量和领导力量薄弱的集体企业，可以实行从外单位招聘领导干部。

在整顿领导班子中，要注意新老交替和工作的连续性，老同志既要做好本职工作，又要选贤荐能，搞好传、帮、带。相信我们每一个干部都能以革命事业为重，用正确的态度对待班子调整。对于班子调整后退居二线的老同志，一定要妥善安排好他们的工作和生活。这些老同志是革命事业的宝贵财富，他们顾全大局，从党的事业出发，主动退居二三线工作，为新老干部的合作交替带了好头。我们要认真学习他们的这种精神，虚心听取他们的意见，并使他们各得其所。

要采取多种培训措施，下大力气提高企业领导班子的经营管理和科学技术素质。大中型企业经理、厂长要具备能够运用现代化科学管理知识管理企业的技能；能够结合企业实际运用价值工程、行为科学、目标管理、质量管理等现代化管理方法；能够正确执行以计划经济为主、市场调节为辅的方针，掌握国内外同行业生产技术情报和市场动态，根据市场预测确定正确的经营方针。通过三年左右的时间，所有大中型企业的经理、厂长都要争取达到相当于大学或大专企业管理专业的水平。因此，各级党委、政府有关部门和大中型企业，都要对培训工作统一规划，明确分工，分级负责。市里拟采取以下几条措施培训干部：一是市委准备成立管理干部进修学院，作为市培训中心，拟第一批招收500名干部进行培训。二是通过大专院校代培或函授、电大、业大等多种形式把企业的领导干部都组织在专业培训网内。三是通过刊授大学辽宁分校，组织在职干部进行培训、系统地学习企业管理知识、提高企业管理水平。四是通过晋升技术职称培训班的学习，使干部的专业知识水平有新的提高。

选准配好企业领导班子*

（1984 年 10 月 19 日）

城市经济体制改革的中心环节就是给企业以活力，把经济建设搞上去。企业将越来越成为相对独立的经济实体，充分利用两种资金、两种技术，在国内外两个市场上开展竞争。今后企业的兴衰，不仅取决于上级的决策，而且将更多地取决于企业领导者的“四化”程度。要顺利完成城市经济体制改革任务，需要做好一系列准备工作，其中按照“四化”方针调整好企业领导班子，就是准备工作中的重要一项，这是搞好城市经济体制改革的组织保证。

建设高文化结构的领导班子，是党中央向全党提出的一项重要任务，它既有紧迫的现实性，又具有重大的战略意义。对此，我们必须有足够的认识，给予高度重视。

---

* 这是李长春同志在沈阳市企业领导班子建设工作会议上所作报告的一部分。

一是从四化建设需要看，必须调整好企业领导班子。党的十二大确定了党的总任务和总目标，而组织路线要为政治路线的实现起保证作用。从现在的企业领导班子成员看，特别是主要领导，有很多是从解放战争时期和经济恢复建设时期提拔起来的，他们在社会主义建设中作出了很大贡献，表现出来的优良作风、组织才能和恪守党内生活准则的坚定性都教育和影响着广大中青年干部。但是，我们也要看到，如今进行四化建设，这些同志有的年龄毕竟大了，有些力不从心；有的由于历史原因，文化水平毕竟低一点，知识面窄一些，难以胜任企业发展的要求。人类历史告诉我们，科学技术是整个社会生产力的重要组成部分，甚至是推动社会生产力发展的第一要素。社会主义现阶段最根本的任务是发展生产力，而知识分子从整体来说，是这种先进生产力的代表，让他们当中的优秀分子走上企业的领导岗位，已经成为历史发展的必然。在占世界人口四分之一、经济落后的中国实现四个现代化，是伟大壮丽的事业，是人类进步事业的创举，也是中国共产党人所担负的历史责任。完成这样的事业，必须有一批符合“四化”〔1〕要求的干部来承担。很明显，企业现代化程度的高低，生产发展的快慢，经济效益的好坏，在很大程度上取决于企业领导工作的水平。世界上所有发达国家，无一不是因为有高知识结构的企业领导集团，才在竞争中立于不败之地的。充分显示社会主义制度的优越性，以更高的速度发展生产力，实现翻两番的宏伟目标，更需要建设一个政治强、有文化、懂技术、会管理的专业配套、结构合理的企业领导班子。

二是从迎接新技术革命挑战看，必须调整好企业领导班子。目前，新技术革命正在世界兴起。可以预料，它必将带来工业生产的新飞跃、劳动生产率的大幅度提高和更大规模商品经济的发展。这种形势的出现，对我国四化建设、对我们每个企业既是一个挑战，又是一个新的机遇。这就要求企业的领导者具有推动技术进步、吸收当代世界最新技术成果、创造新的生产力的能力，提高决策水平，实现从经验决策到科学决策的转变。而科学决策，就要求领导者有更敏锐的嗅觉，更高的战略眼光，占有更多的信息，掌握更丰富的知识，也就是必须具有足够的科学素养。要适应这种形势的需要，文化水平低、缺乏科学技术和科学管理知识是不行的。这是关系一个企业、一个城市、一个地区兴衰沉浮的大问题。

三是从城市经济体制改革需要看，必须调整好企业领导班子。党的十二届三中全会的中心议题是搞好城市经济体制改革，这是在农村经济体制改革取得重大成果的基础上，党中央作出的又一重大决策。城市经济体制改革的中心环节就是给企业以活力，把经济建设搞上去。企业将越来越成为相对独立的经济实体，充分利用两种资金、两种技术，在国内外两个市场上开展竞争。今后企业的兴衰，不仅取决于上级的决策，而且将更多地取决于企业领导者的“四化”程度。要顺利完成城市经济体制改革任务，需要做好一系列准备工作，其中按照“四化”方针调整好企业领导班子，就是准备工作中的重要一项，这是搞好城市经济体制改革的组织保证。

四是从沈阳市在四化建设中所处的地位和面临的新形势看，也必须调整好企业领导班子。沈阳是国家在“一五”计划期间重点建设起来的老工业基地，具有发展经济的优势。但是这些优势在过去很长时间里没有得到充分发挥，经济发展缓慢。近几年，虽然在速度上还可以，但没有后劲、没有储备、没有竞争精神。这种状况主要是传统观念束缚和经济管理体制不合理造成的，但同一些领导班子素质不高也有重要关系。有的企业已经明显暴露出满足于企业不亏损、职工能得奖的小农经济意识，不考虑走向世界，不积极拼搏，有的企业领导缺乏现代化管理的概念。今年7月，国务院批准我市进行经济体制综合改革试点，实行计划单列，赋予省级经济管理权限，这是国家从全局出发作出的决定。作为重工业基地，我市在国家四化建设中占有重要地位，特别是机电工业还担负着为国家重点建设、为国民经济各部门的改造提供先进技术装备的重任。使沈阳这个老工业基地焕发青春，为搞活东北地区的经济，为全国的经济建设作出应有贡献，这是摆在我们面前的十分光荣而艰巨的任务。要完成这个任务，客观条件已经基本具备，关键是人，关键是领导班子。只有把党性强、作风正、视野宽、有后劲的知识型、经营型、开拓型的干部选拔到企业领导岗位上来，才能不辜负国家对我们的重托，才能完成和实现市委提出的振兴沈阳的基本任务和战略目标。

在调整领导班子工作中，有些思想问题需要认真解决。有的同志说，有些班子充实了一些中青年知识分子，结构有了变化，应当稳定一段。有的同志提出疑问，怕班子再度调整会给生产和经济效益带来影响，认为还是稳当一点好。有的同志感到调整班子的标准过高，要求过急，难于达到，是不是又搞“一刀切”了。还有的同志对年龄偏大、文化偏低，但身体还好、工作也可以的干部要调出领导班子不理解，感情上过不去。产生这些认识问题的主要原因，一方面是对建设高文化结构领导班子的重大意义认识不足，缺乏紧迫感和责任心；另一方面是有的同志站在个人和局部角度看问题，对自己的去留缺乏正确认识。各单位要通过学习贯彻中央和省以及我市企业领导班子建设工作会议精神，进一步提高认识，端正指导思想，切实把企业领导班子调整好。在调整企业领导班子的过程中普遍碰到了优秀中青年干部难找、缺少领导经验的问题。我们应该看到，在经济建设实践中，特别是在整党过程中，已经和正在成长起一大批优秀人才。各级党委一定要细致深入地去发现和考察他们，务必冲破那些过时观念的老框框的束缚，务必排除派性和种种闲言碎语干扰，务必不要搞烦琐哲学、求全责备。只要我们这样做了，大批优秀中青年干部就会脱颖而出。当然，中青年干部有缺乏经验的问题，但这种经验完全可以而且必然能够在实践的锻炼中逐步取得，我们决不应该以各种理由排斥和压制年轻干部。中央一再强调进行社会主义现代化建设必须尊重知识、尊重人才，同一切轻视知识和知识分子的思想和行为作斗争。进一步调整企业领导班子的过程，实际上也就是这样一个过程。总而言之，只要我们都有紧迫之感、责任之心、战略眼光，就能够站在高处、看在远处、想在大处、干在实处，圆满地完成任务。

由此可见，在企业领导班子建设上，我们要坚持这样的指导思想，那就是进一步贯彻干部“四化”方针，最大限度地把党性强、作风正、文化高、年纪轻、有创新精神的干部选进企业领导班子，以改善班子结构，提高领导素质，加快我市经济发展步伐。调整后的新班子要相对稳定五至八年，为工业起飞提供可靠的组织保证。

第一，全市今明两年调整企业领导班子的主要任务。今明两年我市各类企业调整领导班子的具体要求是：大中型骨干企业的厂长（经理）、党委书记都要达到大专文化程度，党政副职要有三分之二以上达到大专文化程度和具备相应的专业知识。同时，要实现梯形年龄结构，即班子成员要由五十岁左右、四十多岁、四十岁以下的人组成。要注意选拔三十多岁的优秀干部进班子。超过五十五岁的一般都要退下来。

第二，要把厂长和党委书记选准配好。这是调整好企业领导班子的重点。实践证明，一个企业的主要领导者情况如何，往往决定着班子的水平，也决定着企业发展的快慢和经济效益的高低。这次中央和省委在提出调整班子标准时，专门就厂长、党委书记提出要求，也表明了配好正职的重要性。因此，在调整企业领导班子过程中，一定把厂长、党委书记作为重点首先选准配好。大中型骨干企业的领导班子，按照市委下放干部管理权限的规定，应该由局（公司）管理，但考虑到这次调整班子任务重、要求高、时间紧的特殊情况，市委有关部门也要投入一定的力量同各局（公司）一起抓好这项工作。各局（公司）对大中型企业领导班子的调整情况，要及时向市委汇报，以便更好地做好调整班子的工作。

第三，要大胆地尽快选拔重用四十岁左右的优秀知识分子。这些同志一般是“文革”前和“文革”初的高等院校毕业生，他们中有不少人的思想基础和政治素质都比较好，文化知识基础比较扎实，又有较丰富的实践经验，正处在年富力强时期，已成为企业骨干，完全有能力挑起管理企业的重担。在过去的一段时间里，“左”的思想干扰和某些旧习惯势力的束缚，严重影响了他们的成长和进步，现在中央和省委都严肃提出了这个问题。对此，我们必须站在党的事业立场上，深刻理解、正确对待。要看到，把这些同志提拔起来，放到重要岗位上，是企业领导班子“四化”建设的核心问题。这些同志走上领导岗位以后，不仅能在当前的经济建设中发挥作用，而且会在90年代我国经济起飞中大显身手，同时也为今后领导班子的正常交替打下良好基础，避免再出现班子成员大上大下的情况。各级领导同志一定要从四化建设的全局和长远利益出发，真心实意把四十岁左右的优秀知识分子选进领导班子，使他们在实际工作中不断提高领导水平和业务能力。

第四，要坚持新时期用人标准，大胆起用开拓型干部。这次调整企业领导班子从根本上讲是开创新局面的需要，是四化建设的需要。因此，能不能把注意力集中到选拔忠于党的事业和勇于改革创新的年轻干部上来，这是企业领导班子建设好坏的关键。各级领导干部以及组织、干部部门，要以革命的胆略和气魄，为祖国的四化大业建设好企业领导班子。选拔干部时，要始终坚持德才兼备、以德为先，既要重视学历也要重视真才实学，要注意考察干部的组织领导能力、经营决策水平以及是否能够开创新局面。同时，要注意整个班子的总体素质。要注意掌握好以下三点：一是把好政治关。干部“四化”，要在革命化的前提下实现干部队伍的年轻化、知识化、专业化，因此革命化是前提，它包括政治方向、政治立场、党性修养、为人民服务的宗旨等。要把党性强、觉悟高、作风好作为首要政治条件，即人品要好。同时，把思想解放、勇于改革、实事求是作为选拔干部的一个重要政治条件，坚决防止“三种人”〔2〕以及反对十一届三中全会以来党的路线、方针、政策的人，经济上有严重问题和违法乱纪的人进领导班子。二是对那些有某些缺点毛病，包括“文革”中犯有一般性错误但做了深刻检讨、取得群众的谅解，党的十一届三中全会以来表现好、工作上有胆有识的干部，要放手使用。三是对有争议的干部要做具体分析。弄清是非，分清主流和支流，凡是符合“四化”要求的，特别是那些敢于坚持原则、坚持改革的干部，要坚决支持他们进班子，决不能因为有争议而影响使用。

中央和省委都提出，今后企业里不再设顾问。现有顾问，凡年过六十的都要退下来，放手让新班子工作。在调整企业领导班子过程中，要注意加强“第三梯队”建设，并落实对他们的管理、培养、考核等工作。

第五，要妥善安排和使用退出班子的同志，注意发挥他们的作用。从企业全面整顿以来，我市经济战线已有1500多名领导干部先后退出了企业领导班子，在今后的一个时期还会增加。妥善安排和使用这些同志，注意发挥他们的作用，不仅是落实党的干部政策的需要，而且对于新班子大胆负责地开展工作，以及顺利地进行新老干部的合作与交替，都具有十分重要的意义。

要做好这项工作，必须首先解决思想上尊重老同志的问题。这些老同志大多是解放战争和新中国成立初期参加工作的，几十年中为党的事业作出了重要贡献，为企业的生存和发展做了大量有益的工作。他们在企业干部队伍中处于承前启后的重要地位，尽管退出了领导班子，但他们是党和国家的宝贵财富，仍然是四化建设不可缺少的重要力量。他们主动退出领导班子，积极推荐优秀年轻干部接替自己的工作，这种行动本身就是一种贡献。最大可能地安排好这些同志的工作、学习和生活，是各级领导同志，特别是中青年同志不可推卸的历史责任。对这些同志的安排和使用，总的原则是因人制宜、因厂制宜。对达到离退休年龄的，要按规定离退休；虽然不到年龄，但体弱多病、难以坚持正常工作的，可根据本人意愿，提前离退休；对达到离退休年龄、身体健康的，也要采取多种形式进行安排和使用；对年纪不算大、有培养前途但文化偏低的，可通过不同途径补习文化知识；各方面条件较好的，也可在参谋或咨询性质的机构任职，发挥智囊团的作用，有的也可以应聘到乡镇集体企业或其他单位工作，也可以在企业里安排其他力所能及的工作。这些同志退出班子以后的待遇问题，本着“新的新办法、老的老办法”的原则，企业整顿以前的，保留原待遇不变，企业整顿以后进班子的，不再保留原待遇。

注　释

〔1〕“四化”，指干部队伍的革命化、年轻化、知识化、专业化，是我们党干部路线的重要内容，是新时期确立的干部队伍建设的指导方针，体现了德才兼备的要求。1980年8月，中共中央政治局扩大会议提出，要在革命化的前提下实现干部队伍年轻化、知识化、专业化。革命化是前提，是对干部思想政治素质方面的要求，即坚持马列主义、毛泽东思想和党的正确的思想路线、政治路线，坚持社会主义道路和党的领导，具有全心全意为人民服务的思想观念和道德准则。年轻化，是对干部自然条件的要求，旨在实现新老干部队伍的合作与交替，防止和消除干部队伍的老化和僵化现象，以保持党的路线、方针、政策的连续性，保证党和国家的长治久安。知识化，主要指干部必须具备一定的文化程度和知识水平，要求干部具有较多的文化科学知识，能够掌握和运用现代自然科学、社会科学和科学管理知识，以利于改善和加强党对现代化建设事业的领导。专业化，主要指干部的专业水平和业务能力，要求干部成为有专业知识、懂技术、会管理、精通业务的内行，不断提高领导水平和执政水平。

〔2〕“三种人”，指在“文化大革命”中追随林彪、江青反革命集团造反起家的人，帮派思想严重的人，打砸抢分子。

搞活大中型企业要树立五个观念*

（1985 年 6 月 1 日）

所有企业都要树立起市场的观念、竞争的观念、投入产出的观念、科学决策的观念、经济杠杆调节的观念。

当前，搞活大中型企业，对于把沈阳市各方面的改革引向深入具有重要的指导意义，所有企业都要树立起以下几个观念。

一是树立市场的观念。要由过去单纯对计划负责、不问市场需求，转到适应复杂多变的市场、满足不断增长的社会需要上来，把市场作为企业经济活动的归宿。长期以来，我们的企业只会一套本领，即只会在企业内部组织生产，而商品经济要求我们有三套本领，即善于及时根据市场需要来决定和调整生产方向、善于科学地组织企业内部生产活动、善于广泛开拓市场，加速完成所生产的商品进行交换的过程。青海和甘肃的同志讲，在西北的市场上基本就没有沈阳商品的概念。什么问题呢？就是我们

* 这是李长春同志在沈阳市大中型企业领导干部会议上讲话的一部分。

长期以来不懂得开发市场，不懂得占领市场。一方面我们有些轻工企业发展上不去，另一方面我们的市场还在逐步萎缩。上海、江浙等地区经常到西北搞各种展销会、专柜，而我们在那里没有影响。虽然我们也想在西北开拓市场，但收效甚微，关键是思想认识问题没有解决。

二是树立竞争的观念。要由过去否定竞争、惧怕竞争、不会竞争转到敢于竞争、乐于竞争、善于竞争、保护竞争上来，在竞争中求得企业的生存和发展。所谓敢于竞争，就是要有强烈的竞争意识，敢于打破封闭、割据和垄断，敢于敞开工厂的大门、行业的大门、部门的大门、城市的大门，拆除各种堡垒，展开积极的竞争。我们不仅要对外开放，也要对内开放，要广泛开展国际国内的商品交换，把国外和全国各地好的东西引进到我们的市场上来，把我们的东西打到国外和国内的市场上去。现在我们的流通环节还不够活，主要表现是商业批发独家经营和垄断的状况没有根本改变。比如过去的规定说，工业销售公司只能销售本系统生产的产品，这个观念是很落后的，不是商品经济的观念。应当明确，只要经工商部门批准，是一个经济法人，除国家规定的紧俏东西不准随意扩大批发范围以外，其他都可以经营。前几天李涛同志到菜市场回来说，那个菜市场卖的猪肉都是大肥膘，还挺脏，一元七角二分一斤，没人买，就是不降价。这说明竞争的局面还没有真正打开。我们规定的是浮动价格，理应浮动起来，为什么浮动不起来呢？还是官商在作怪。当然与渠道不广也有一定的关系，比如猪肉的批发，基本上还是国营批发部门独家经营，没有竞争。只有多渠道批发，才能形成竞争的局面，做到货畅其流。所谓乐于竞争，就是要把竞争当作一件乐事，看成是促进企业发展的一个外部压力，只要把压力变成动力，就会使企业在竞争中不断得到发展。所谓善于竞争，就是要努力增强竞争的实力，完善竞争的办法，有一套长期、有远见的竞争策略。所谓保护竞争，就是指各级经济部门和各级领导，要把发展竞争、支持竞争和为企业创造竞争的条件作为重要职责，特别是市政府的各个部门要给竞争者创造平等的竞争条件，而不是保护一方面，排挤一方面。在竞争中，要坚持优胜劣汰的原则。我们有的企业可能竞争不上去，凡是这样的都表明它的个别劳动时间多于社会必要劳动时间，说明它落后，其产品不被市场所承认，完全应该由市场淘汰它。各级主管部门不能再像过去那样千方百计去保护落后。

三是树立投入产出的观念。要从重产值、产量，靠多投入求多产出，转到重固定资产创利税率、资金利用率、劳动生产率，力争少投入多产出上来。长期以来，我们对产出是重视的，产值、产量增长的幅度也不低，但用投入产出法来衡量，我们很多经济指标，无论是在活劳动的投入产出上，还是在物化劳动的投入产出上，都比外地的先进企业落后。这与我们长期没有树立起投入产出的观念，有很大的关系。

四是科学决策的观念。要从经验决策转到科学决策上来。长期以来，我们习惯于经验决策，这是一种自然经济条件下，小生产者领导方式的突出表现，而发展商品经济和搞社会化大生产就必须改进领导方式，注重科学决策。进行科学决策首先要求具有必要的信息量，这就需要开发信息、掌握信息，包括市场信息、技术发展信息、社会经济政治信息等。不掌握信息就去搞决策，以其昏昏，使人昭昭，是不可能作出正确决策的。进行科学决策还要把个人决策和集团决策结合起来，也就是要重视思想库、智囊团的作用。特别是大中型企业，其经济活动量大、面大、影响大，要适应商品经济的需要，就更需要实行科学决策。

五是树立经济杠杆调节的观念。要从单纯依靠行政命令管理经济，转到主要依靠经济法规、经济杠杆去引导经济上来。现在有些经济管理部门仍然是一讲管理监督，就事事都得他审批，这就造成了政企不分，使简政放权的措施不能落到实处，这种状况必须彻底改变。长期以来，我们不善于运用经济杠杆来管理经济，不善于用政策、措施去调动人们的积极性，只会搞行政命令处理具体事务，这也是小生产的产物，是与发展商品经济的新形势不相适应的，必须改变。

以上说的这些转变都是经济范畴的，上层建筑领域也要适应商品经济的需要，继续搞好指导思想的转变。这是今后相当一段时间内，全市各级党组织实现党对经济工作领导的重要任务。

实行租赁制，努力探索搞活企业的途径*

（1985 年 8 月 18 日）

体制机制问题是制约国有企业发展的关键，而如何使企业经营者、职工和企业紧密结合起来，成为一个利益共同体，又是关键中的关键。其中，最核心的问题，是如何有效地打破两个“大锅饭”，即“企业吃国家的大锅饭、职工吃企业的大锅饭”，而落实企业自主权又是重要前提。

我今天来，主要是了解一下汽车汽油泵厂实行租赁制后的生产经营状况。你们厂是我市首批实行租赁制的国有工业企业之一，我对你们始终比较关心。去年 10 月，也就是在你们厂实行租赁制三个月后，我曾来看过，对你们勇于改革的决心表示了赞赏，并对搞好生产经营提出了一些希望。平时，我也通过多种渠道关注着你们企业的发展变化。

在国营小企业和集体企业中推行租赁制，是我市企业改革的

* 这是李长春同志在视察实行租赁制后的沈阳汽车汽油泵厂时的谈话要点。

一个重要举措。去年6月，市委市政府在慎重研究的基础上，先后选择2家小型工业企业和13家商业企业进行租赁制经营的试点，其中就包括你们汽车汽油泵厂。在招投标过程中，原厂长凌方遒同志通过投标、答辩、考核等程序，在众多投标者中一举夺魁，顺利拿下汽车汽油泵厂的租赁权，成为企业的法人代表。之后，你们在厂内从机构设置、内部分配、用工制度等方面，进行了大刀阔斧的改革，充分调动了职工群众的积极性，有效地促进了企业生产。刚才我听你们在汇报中说，今年上半年，全厂利润比租赁前增长了13倍，职工收入提高了53%。这是一个非常可喜的变化。过去，你们厂产品滞销、连年亏损，又背着大批退休职工的沉重包袱，已经到了濒临倒闭的境地。实行租赁制仅半年多时间，就发生了如此显著的变化，大大出乎我们的意料。我对你们企业面貌发生的巨大变化表示欣慰，对你们改革所取得的成果表示高兴。这里面，凝结着企业班子成员和全厂职工所付出的巨大努力和辛劳，我代表市委市政府对你们表示感谢和祝贺。从你们厂的实践来看，你们的租赁制改革是成功的，你们所进行的企业经营方式的改革探索也是符合党的十二届三中全会精神的，大方向是正确的。

为什么你们这个厂子还是原来的厂子，还是原来的厂长，职工队伍也未变，会在这么短的时间内发生如此大的变化呢？我看，关键是体制机制问题。在原来的体制下，厂长是你凌方遒，却搞不好；体制转换后，厂长还是你凌方遒，却搞好了。你们的成功实践充分证明，体制机制问题是制约国有企业发展的关键，而如何使企业经营者、职工和企业紧密结合起来，成为一个利益共同体，又是关键中的关键。其中，最核心的问题，是如何有效地打破两个“大锅饭”，即“企业吃国家的大锅饭、职工吃企业的大锅饭”，而落实企业自主权又是重要前提。

一是通过实行租赁制，打破企业吃国家“大锅饭”的局面。在租赁时，承租人与出租者签订了承租合同。合同规定，承租人经营得好，照章缴纳税金和租金后，剩余盈利在企业和承租者个人之间按比例分成；经营得不好，也要照缴租金，不足部分用承租人和担保人的财产抵补。这样，就用合同的方式，强化了承租人和企业的责任与义务，使企业真正成为自负盈亏、自主经营的主体，企业经营者只能背水一战，毫无退路，改变了企业干好干坏一个样、企业吃国家“大锅饭”的局面。

二是通过实行租赁制，打破了职工吃企业“大锅饭”的局面。租赁经营取消了租赁者的工资奖金，还要以个人财产作抵押，由保人担保，虽然风险很大，但也给经营者带来了压力和动力，有利于强化经营者的责任。承租人在管理中具有自主权，有权同每个职工签订聘用合同，能真正落实按劳分配的原则，使你这个厂长在企业里面更有权威了，指挥也更灵了，职工的积极性和主人翁精神也被调动起来了，扭转了职工吃企业“大锅饭”的状况。体制转换后，企业职工的精神面貌发生了可喜变化，大家以厂为家，积极支持改革、参与改革，“厂兴我荣、厂衰我耻”的观念显著增强。

三是租赁经营有利于落实企业的经营自主权。长期以来，在传统管理体制和思想观念支配下，国有企业处于党政机关的附属物状态。中央三令五申要求落实企业经营自主权，但落实起来却很难，各方都向企业插手，就连企业的机构设置企业都没有权。租赁经营后，各部门各方面就不敢再干预企业了，因为要负经济责任了，所以企业效率提高了、活力增强了。

小型国有企业实行租赁经营，虽然仅仅是经济体制改革中企业经营方式改革的一个方面，但它所面临的问题和矛盾却是纷繁复杂的，要解决这些问题和矛盾，需要全社会的共同努力。对你们经营者来说，要想取得成功，无非就是两条：一是要紧紧依靠党的领导，二是紧紧依靠全体职工。你们已经在租赁制改革中迈出了可喜的步伐，下一步，要鼓足勇气、坚定信心，不断进行新的探索，不要有任何顾虑，只要是符合中央精神和企业实际的改革措施，就大胆地试、勇敢地闯。因为我们正处于改革的试点阶段，试点本身就意味着探索和风险。我们沈阳作为国家经济体制综合改革试点城市，坚持改革就是与中央保持一致，有所探索也是与中央保持一致，我们有责任为国家的改革蹚路子。既然是试验和探索，就不要怕失败，不要怕非议，对了的我们要坚持下去，错了的就改。

除了在实践中不断探索试验之外，你们还要加强理论学习和理论探讨。你们在企业经营方式改革方面摸索出了一条新路子，但不能仅仅着眼于企业的管理方式、管理程序等方面的改革，要放开眼界，看得更宽、更高、更远，带动更多的企业和企业经营者和你们一道走出办好社会主义公有制企业的有效途径。所以，我给你们提出三个题目，希望你们认真思考和研究：一是国有企业为什么要改革，二是改什么，三是怎么改。总的要求，就是在国有企业改革中，你们既要出实践成果，又要出经验成果，充分发挥先行一步的示范带动作用，带动千千万万的中小企业加入到改革行列，组成一支全民参与的改革大军，把我们的事业推向前进、推向胜利。

实施企业"破产法"十分必要*

（1986年1月4日）

客观经济规律表明，只要有商品生产，价值规律就起作用，就必须遵循价值规律，就必须按价值规律去处理商品生产全过程中发生的一切问题。从"破产法"本身来看，它也并非是资本主义的"专利"，而是不同的历史时期，相同的商品生产、价值规律的产物。在我国实施企业"破产法"，不仅不会破掉社会主义制度的优越性，相反由于它能够适应客观经济规律和经济改革的要求，从而有助于社会主义经济的发展。

1985年2月，沈阳市向全市集体企业颁布了《关于城市集体所有制工业企业破产倒闭处理试行规定》。这个规定在国内引起强烈反响，外电对此也很关注。人们对我国第一次出现的这个初步的"破产法"，给予了基本肯定，但也有些同志对在社会主义企业实行"破产法"的合理性、必要性表示半信半疑。因此，

* 这是李长春同志发表在《经济日报》上的文章。

我们有必要对这一问题进一步展开讨论。

淘汰破产企业是经济规律作用的必然结果

商品生产的迅速发展带来了这样一个新的问题：一些资不抵债的落后企业在竞争中失利，造成连年亏损，甚至将生产老本赔光，连工资都发不出来，影响安定团结。但长期以来，我们在理论上并不承认社会主义企业有破产一说。因此，在实践上也就没有一个完善的办法，对亏损企业要么由国家包赔，要么用行政手段责令扭亏，至于对一部分长期不能扭亏（实际上已濒临破产）的企业实行关停并转，也往往是关不了、停不起，也转不活，而只能靠行政命令往盈利企业一“并”了事。企业所欠债务不是由国家财政一笔勾销，就是由与之合并的企业背着；企业负责人被平调到另一个企业，照旧当“官”，甚至还得到晋升。职工的工作也由国家包下来，工资照发，甚至奖金照拿。这样虽然在账面上看减少了一个亏损户，但这笔亏损账转到了国家那本账上。企业没破产，却破了国家的财。不仅如此，如果该破产的企业不破产，这种不良现象就会像瘟疫一样传播蔓延开来。由此可见，所谓社会主义企业不存在破产问题，只是自欺欺人而已。因为客观经济规律表明，只要有商品生产，价值规律就起作用。价值规律决定了商品生产中的竞争者必然会有盈有亏，有胜有败。

有的同志说，我国实行的是有计划的商品经济，企业之间的竞争是在生产资料公有制前提下的竞争，不同于资本主义无政府主义的生产方式所造成的“大鱼吃小鱼”，我们企业在竞争中失利也不同于资本家的破产倒闭，因而不能套用“破产倒闭法”处理竞争失利的企业。不错，这些同志确实找到了社会主义企业与资本主义企业性质不同之处。但只要进行商品生产，就必须遵循价值规律，就必须按价值规律去处理商品生产全过程中发生的一切问题。如果为了与资本主义划清界限，就不考虑价值规律对社会主义的作用，就难免要受到客观规律的惩罚。从生产资料所有制性质来看，不能说破产只是财产私有者的命运。一个国家生产资料再“公”，如果管理不好，也有走向经济崩溃的可能。这种经济，与企业经济破产无本质不同。从“破产法”本身来看，它也并非是资本主义的“专利”，而是不同的历史时期，相同的商品生产、价值规律的产物。社会主义社会既然还存在商品生产，那么与之相联系的某些范畴，诸如货币、利润、盈亏、破产等，也就有其存在的客观必然性。所不同的，只是由于社会主义生产资料公有制这一优越性的存在，将决定我们有比资本主义更自觉、更完善、更及时地解决企业破产问题的方针、政策、办法，保护好职工的合法权益。

实施“破产法”是完善经济责任制的客观要求

从企业内部来看，我们虽然建立起各项经济承包责任制，但还不能说已经把企业每一成员的利益同本企业的命运联系在一起了，因为企业亏损后虽然要影响职工收入，但并不能从根本上给企业负责人以及全体职工以应有的压力。用过去行政办法解决企业严重亏损问题，使企业职工和企业的命运毫无联系，这样的企业怎能办好呢？而破产处理，是用经济法律的形式，让当事者承担损失的一种淘汰办法。这就把企业全体成员和本企业的命运拴在一辆战车上，职工就会从切身利益上关心企业的成败，否则，全体职工就要承担企业亏损、破产的后果，为此付出代价。

从企业横向关系来看，实行破产倒闭处理办法也势在必行。目前，我们企业间的联系日益扩大，但用什么办法来保护这种横向联系的经济利益呢？要靠经济合同和经济法规。但如果没有“破产法”，许多经济合同纠纷也难以处理。

从企业与国家的关系来看，我们虽然建立了企业与国家之间新的分配关系，要求企业尽到为国家提供利税的责任。但由于这种经济责任制还不够完善，因此，一旦企业出现严重亏损，就不但不能给国家作贡献，反而要国家出钱堵亏空，或者长期占用银行资金。实施企业“破产法”后，企业不仅要承担给国家上缴利税的责任，同时也要承担企业破产损失的责任。凡由于企业经营不善，而造成企业破产的，要追究企业领导人的责任，包括对企业领导干部停发工资，只发生活救济金。这样，企业与国家的关系，就完全地按经济办法确定了下来。企业领导人也不得不考虑这个问题的严重性了。

从企业与上级主管部门的关系来看，实行“破产法”，也是加速政企分开的有效措施。在过去的经济生活中，经常发生上级主管部门错误地干预企业的经济活动，却不负任何经济责任的现象。这种在政企不分基础上产生的官僚主义瞎指挥之所以长期存在，经济法制不健全是一个重要原因。有了“破产法”后，企业一旦破产倒闭，要追究破产者的责任，凡是由于上级机关错误的行政干预而造成企业破产的，则要由上级机关负责。从而有利于企业回归自主经营、自负盈亏的企业法人的属性。

承认破产的目的是减少破产，妥善应对破产

我们承认破产的目的，是为了预防破产，尽量减少破产。怎样才能减少破产呢？我以为应当注意做好以下几项工作：一是加强企业的思想政治工作，教育企业职工树立长远观念，正确处理眼前利益和长远利益的关系。二是要切实简政放权，使企业真正成为自主经营、自负盈亏的商品生产经营者。三是要使全体职工切实行使当家作主的权利。四是不搞消极的关停并转。五是要帮助企业背水一战，尽快摆脱困境。总之，在我国实施企业“破产法”，不仅不会破掉社会主义制度的优越性，相反由于它能够适应客观经济规律和经济改革的要求，从而有助于社会主义经济的发展。

增强企业活力是经济体制改革的中心环节*

（1986 年 7 月 13 日）

紧紧抓住搞活企业这一中心环节，增强企业的活力而不是削弱企业的活力，是经济体制改革最重要的任务。

增强企业活力，特别是增强大中型企业活力是整个经济体制改革的中心环节，也是发展生产、搞活经济的基础。近几年，随着经济体制改革的不断深入，企业的活力确实比过去增强了，但真正搞活的企业还为数不多。从全国看，大约不到 20%，我省也大体如此。因此，紧紧抓住搞活企业这一中心环节，增强企业的活力而不是削弱企业的活力，是经济体制改革最重要的任务。当前要重点解决好以下几个问题。

第一，继续落实企业自主权。在当前国家实行双轨制的情况下，要坚持逐步减少企业的指令性计划，扩大指导性计划和市场调节的部分。国家计划外超产的产品、试制的新产品，允许企业

---

* 这是李长春同志在辽宁省市委书记、市长会议上讲话的一部分。

自销或调剂原材料。各级物资部门、企业主管部门以及各种物资供销公司、销售中心等，不得用政府部门的力量和影响，胁迫收购允许企业自销的产品和紧俏产品。

要落实企业机构设置权。国务院和省政府的文件明确规定，企业有权自行确定机构设置和人员配备，但目前多数企业无法做到，原因主要是一些上级部门仍在行政干预。我们再一次重申，任何部门不得硬性规定或以不评先进单位、不评优质产品、检查不验收等手段干预企业机构设置和人员配备比例；也不得为对口机构和人员争编制、争级别、争待遇。今后如再发生哪个部门干预企业机构设置和人员配备比例，要视为侵犯企业自主权的行为追究责任。

要落实企业工资、奖金分配权。国务院和省政府在有关文件中已明确规定，企业可以根据自己的特点自选工资形式。去年有些企业进行了工资形式改革试点，但在企业工资套改中又受到了冲击。今后不仅允许，而且应该提倡企业根据自己的特点选择和实行不同的工资、奖励形式和分配办法，特别是集体企业，在工资、奖金分配上更要灵活多样。企业在自主权范围内对分配制度的改革，各部门要积极支持、引导、帮助，不得干预。上级部门对企业和工作人员进行奖励或补贴，谁奖励谁拿钱，不得搞“上边请客，下边花钱”。

第二，坚决落实搞活企业的经济政策。两年来，省政府及省直有关部门为增强经济发展后劲，相继作出了对企业减税让利的一些规定，但一些地方和部门为了局部和眼前利益，拒不执行或者增加许多限制条款卡企业。各地、各部门要增强执行政策的严肃性，对减税让利的政策不得截留或紧缩。在贯彻执行中确有实际困难的，应报请省政府和有关部门批准后个别处理。下半年财政收入任务很重，各地、各部门务必注意，不要把以前制定的搞活经济的政策措施砍掉。在这些方面，要认认真真地学习南方的经验。

第三，坚决制止向企业乱摊派。这个问题中央已三令五申，但至今仍未刹住。四面八方都伸手向企业要钱要物，企业实在难以承受。省政府在《转发国务院关于坚决制止向企业乱摊派的通知》中，要求各市在7月10日以前对乱摊派的情况进行一次全面检查，并写出书面报告，请各市认真执行。

第四，狠抓搞活企业的薄弱环节，要在政策上为解决薄弱环节创造条件。上半年我省军工生产下降幅度较大，集体企业生产出现了少有的发展缓慢的现象，拖了全省后腿，下半年要突出抓好放开搞活军工和集体企业。按照中央的要求，国防科技工业一是要转，二是要改。转就是实行战略转变，把军工力量纳入国家经济建设的轨道；改就是改革军工体制，建成军民结合型的新体制。为了实现战略转变和完成体制改革任务，把军工企业搞活，凡是有条件的要积极划小核算单位，把生产民品的专业分厂或车间划出来，独立核算，自负盈亏，享受地方免征所得税、调节税三年的照顾和其他优惠政策，免税部分全部留给企业用于民品开发。

对城镇集体企业准备采取两项重要政策。一是为鼓励集体企业积极进行技术改造，允许技术改造全部投资的70%税前还款。二是超上年利润部分减半征收所得税的规定，再延续执行三年。还有几项放开搞活措施，已提交正在召开的省轻工会议讨论，待进一步修改后，正式下发。

在抓好简政放权的同时，一定要继续搞好企业内部各项改革。除了搞好劳动制度改革外，下半年要重点抓好两个环节：一是要继续推行和完善厂长负责制，进一步搞好企业领导体制的改革。中央书记处最近在讨论三个条例时进一步重申了实行厂长负责制的问题，各级领导一定要统一思想，继续把这项工作抓紧抓好。为不影响劳动制度改革出台，厂长负责制仍在原定试点范围内进行，使其进一步完善提高，待中央三个条例正式颁发后，再召开企业领导体制改革试点工作会议，进行研究部署。二是要落实和完善企业内部各种形式的经济承包责任制。今年5月市委书记、市长会议召开后，各地狠抓了经济责任制的落实，但目前仍有四分之一左右的企业经济责任制还没有落实，已落实的企业也有待根据工资调整后出现的新情况新问题，加以改进和完善。各地在落实经济责任制中，在分配上要注意把企业当年目标与长远目标结合起来，防止搞“当年红”。

企业要通过内部外部改革来促进发展*

（1986 年 7 月 26 日）

当前，我们在经济管理上，管得过多过死，活力不够仍然是主要矛盾。自觉地不断摆脱旧体制，逐步向新体制过渡是当前经济管理的重要步骤。城市政府的职能是要把经济、法律、行政的手段结合起来，搞好宏观管理调控。目前，要在政府还权于企业、简化审批手续提高工作效率、研究搞活企业的政策措施三个方面有所突破。

振兴辽宁，我认为当前特别要抓紧抓好大中型企业的改革、改造。关于改革的问题，我讲几点意见，供大家参考。

首先是怎样增强改革意识、增强改革愿望的问题。当前的问题，从宏观看，既有新旧体制交替过程中的正常现象，也有一些本是积极的东西，只是原来的观念不适应，要用改革的观念来看问

---

* 这是李长春同志在辽宁省锦州市部分大中型企业厂长座谈会上讲话的一部分。

题，还有一些是要改而没有一下改好的问题。企业要通过内部和外部的改革来促进发展，对企业内部存在的问题，根本的解决办法在于改革。例如，目前企业的原材料、技术改造、基本建设三材不足，如果用改革的观点来看，议价材将越来越多，平价材将越来越少，这是由计划经济向商品经济转变的积极成果，我们一时适应不了，要尽快适应。我们要把增强改革意识作为领导干部适应改革形势发展的一个重要标志，用改革的观点来看待和研究干部。

其次是改革从哪里着手的问题。要狠抓横向经济联合，抓住不放，促进纵向的简政放权，打破条块分割。要促进企业组织结构合理化和自身改造，利用方方面面的力量，开阔视野、提高能力。横向经济联合的潜力和能量都很大，要注意搞以城带乡，促进城乡一体化发展。要把横向经济联合作为一个中心环节，带动和促进各方面的改革，形成一批大的企业集团、企业群体，建立良好的经济关系和合理的经济结构。

再次是要在打破企业内部“大锅饭”、完善企业内部经济责任制上狠下功夫。重要的是在企业的领导体制、企业内部承包合同制等方面深入进行改革。企业内部领导体制和承包经营责任制〔1〕的改革年初有所回头，还要注意坚持。在大企业内部，类似国家对企业统得过多过死的状况要进一步改变。因此，要在原有的改革措施前提下，继续搞好划小核算单位和经营单位，它是经济责任制的发展和延伸。从全省来看，搞活大企业非常重要，这种做法对搞活大企业正是一个好的措施。

围绕改革外部条件、为企业创造良好的环境方面还有很多文章要做。当前，我们在经济管理上，管得过多过死、活力不够仍然是主要矛盾。自觉地不断摆脱旧体制，逐步向新体制过渡是当前经济管理的重要步骤。城市政府的职能是要把经济、法律、行政的手段结合起来，搞好宏观调控。目前，要在以下三个方面逐步有所突破。

一是政府要还权于企业。要扩大企业的自主权，改变企业是政府机构附属物的状况，企业要有应当具有的各种权力。如小商品的价格权，可不可以下放给企业？像陶瓷厂蓝边碗的价格，市里可以定，当然要考虑市里物价总的指数。高档的可把价格权放给企业，随行就市，否则企业不活，怎么能谈得上自我改造和自我发展呢？又如企业应该有自我发展的资金，政府不要把企业收干榨尽。要大力支持改革。凡是涉及企业改革、扩大企业自主权引起的个人上访，只要是该项改革经过企业职工代表大会通过的决议都要支持，要坚定不移地支持改革，同时做好上访人员的思想工作。

二是要研究简化审批手续，提高工作效率。认真为企业服务，真正促进改革。当前有关固定资产投资的项目审批立项太慢、太难，锦州市可不可以大胆试验，凡是企业自有资金的项目，能不能只要市计委、建委盖章即为审批，需要贷款的，再加上银行。

三是研究搞活企业的政策措施，包括搞活小商品价格、税收，加速老企业技术改造等方面的政策。有些问题可以自己搞，可以先试点，大的政策要按照管理权限审批，但是你们要积极反映，否则上边也不是那么了解情况的。

注　释

〔1〕承包经营责任制，是我国 20 世纪 80 年代在经济体制改革过程中实

行的一种企业经营管理制度，即在生产资料所有权不变的条件下，根据所有权与经营权适当分离的原则，以承包经营合同形式，确定所有者与经营者的责权利关系，使企业做到自主经营、自负盈亏。企业承包经营责任制是企业改革深入发展的产物，是我国经济体制改革的一个创举。1982 年，首都钢铁公司首开承包制改革的先河。随后，全国各地一些企业也先后进行承包经营责任制试点。1987 年 1 月召开的全国经济工作会议明确了承包经营责任制的内容。1988 年 2 月，国务院发布了《全民所有制工业企业承包经营责任制暂行条例》。实行承包经营责任制，把经营者的责权利结合在一起，有利于正确处理国家、企业和职工三者的利益关系，对保证国家财政收入有重要作用；有利于贯彻按劳分配原则，调动职工积极性；有利于改革企业经营方式，扩大企业自主权，促进企业技术改造，增强企业活力和后劲。

军工企业要加速实现战略转变*

（1986年10月15日）

必须要解决军工企业的转轨变型，才能实现军民结合型的战略转变。转轨变型，一定要由生产型向生产经营型转变，科研生产型向科研生产经营型转变。实现军民结合型的战略转变，不是简单地调整产品结构，不是简单地搞一点技术服务，而是涉及到企业的思想观念、管理体制、经营方式的深刻变革。

新形势下，军工企业要适应国防科技工业战略转变的需要，适应国防科技工业改革的需要，加速实现战略转变，一个是要从单一军工型向军民结合型转变，一个是从生产型向生产经营性转变。加速这个进程，解决发展中遇到的问题，核心是更新思想观念，要在指导思想和实际工作上来个大的转变。

从指导思想上要解决什么问题呢？就是要从传统体制和旧的思想观念的束缚中解放出来，树立商品经济的新观念。树立这

* 这是李长春同志在辽宁省军民结合工作会议上总结讲话的一部分。

个新观念，关键是学习经济体制改革的理论，增强改革意识。当前，改革是摆在我们国家面前的头等大事，是我国实现共同理想的首要任务。党的十二届六中全会，提出共同理想和最高理想，把理想、道德分了一下层次，提出把我国建设成为社会主义强国作为共同理想，同时，也强调了实现这个共同理想，必须把改革摆在各项工作的首位。“六五”期间，我国社会主义建设取得巨大成就，从中不难看出，只有改革才能前进，只有改革才有出路。我们的改革在世界上引起了很大震动，可以说，经济体制改革是社会主义国家在探索社会主义事业中共同遇到的一个突出问题。这个突出问题，就是怎样按照马克思主义的科学社会主义原理，在实践中结合各自的国情和实际，来建设好社会主义。

马克思主义的科学社会主义理论，从《共产党宣言》发表，到现在将近有 140 年的时间。在这 100 多年中，马克思主义有了很大的发展。从科学社会主义理论的提出，到苏联第一个社会主义国家的建立，大约经历了近 70 年的时间，马克思主义最后发展成为无产阶级革命的理论。那么，从 1917 年到现在，几乎又过了一个 70 年。在这 70 年里，马克思主义的科学社会主义理论，仍然继续发展。在政治上，在占世界人口近四分之一的大国里建立了无产阶级专政的政权；在经济上，建立了生产资料公有的经济制度，并且很快地使一些经济贫困的国家开始走上富强的道路。这是科学社会主义理论在这 70 年发展的一面。但是，由于苏联的霸权主义和中国的“文化大革命”，使得社会主义国家在政治上出现了一些问题；在经济上，几乎所有的社会主义国家都陷入了僵化的模式，使社会主义制度在充分解放社会生产力方面的优越性没有得到充分的发挥。因此，怎样建设社会主义，就成了所有社会主义国家都要探讨的大问题。我国在十一届三中全会之后，中央提出了一系列改革措施，从理论到实践上都有了很大发展。在理论上，我们提出了社会主义经济是有计划的商品经济，在实践中提出并实行了一系列改革措施，使我国国民经济开始走上稳定、协调、发展的路子。实践告诉我们，改革是当代共产党人坚持和发展马克思主义的重大实践。坚持马克思主义，关键在于能够在新的历史条件下，不断地推进和发展马克思主义。

从我省的情况来看，改革也是老工业基地焕发青春的当务之急。我省各方面的条件都比较好，有比较雄厚的工业基础，有比较强大的科技力量，有比较好的地理条件，有 2100 公里的海岸线，公路、铁路密度排在全国的前列。特别是同沿海一些省份比，我省有着丰富的资源，是别的省份无法比的。但是，我们也有一个最大的劣势，就是长期以来在僵化模式下所形成的思想观念、管理体制、运行机制和工作作风。在当前经济体制改革的形势下，尽管我们的工作在很多方面也有很大进展，但总体上活力不够。当前，我们遇到的一个突出问题，就是拥有传统技术的地区、企业，受到国内大规模引进技术的挑战。我们辽宁在传统技术上是有一定优势的，但从全国乃至国际上看，技术进步已经突破了循序渐进的规律，谁只要能把国外的先进技术直接引进来，谁就可以跨越式发展。目前，辽宁在技术水平上，已经受到了引进技术规模比较大的地区的严重挑战，过去的传统技术优势正在下降。同时，我们也遇到了企业的技术消化能力、生产能力、经济效益与进一步开放市场之间矛盾越来越突出的挑战。

必须承认，长期以来我们是在计划经济体制下靠廉价工资、廉价原材料、廉价能源进行生产，取得经济效益。随着经济的发

1987 年 4 月 29 日，李长春考察沈阳飞机工业（集团）有限公司时，听取公司经理唐乾三介绍情况。

展，职工的工资不会长期这样低，会不断增长，同时，由于价格体制改革，那种吃便宜原材料的时代，也正在发生变化。这就给我们这个长期靠廉价工资、廉价原材料得到经济效益的老工业基地提出一个严峻的考验。同时，在国际市场上，我们也受到很严峻的挑战。世界经济的重心正在向亚太地区、环太平洋地区转移。我国沿海省份，是亚太经济区的一个重要组成部分。当前，国际产业结构正在调整，本来是吸引外资的好时候，但是，我们的投资环境与台湾地区、南朝鲜比，竞争能力不强。与东南沿海比，也有很大差距，在一些传统产品的市场上，台湾地区、南朝鲜表现出更强的竞争能力。这表明，辽宁这样一个老工业基地必须把改革放在首位。不改革、不增强我们内在体制、机制的活力，是没有办法解决这些困难的。

改革也是军工企业更新观念，加速战略转移的突破口。辽宁军工企业长期以来是高度的计划产品经济模式，任务靠上级下达，材料靠上级分配，资金靠上级拨款，产品靠上级调拨，实行统收统支的财政体制，实行供给制的体制，形成“保姆”式的经济体制。由于这样一个经济体制，使我们的军工企事业单位，在思想观念上，在工作制度、管理体制上，在工作作风上，对商品经济更加不适应。因此，不在思想观念上有一个大的突破，实现军民结合型的战略转变是不可能的。要彻底清理传统模式的影响，树立商品经济的新观念。这对军工企业实现战略转变至关重要。

从实际工作来看，必须要解决军工企业的转轨变型，才能实现军民结合型的战略转变。转轨变型，一定要由生产型向生产经营型转变，科研生产型向科研生产经营型转变。实现军民结合型的战略转变，不是简单地调整产品结构，不是简单地搞一点技术服务，而是涉及到企业的思想观念、管理体制、经营方式的深刻变革。

一是加速以增强企业活力为重点的企业内部改革。长期以来，我们的大中型企业，特别是军工企业内部活力不足。在这一点上，全民不如集体、大企业不如小企业、军工企业不如民用企业。加速以增强企业内部活力为重点的企业内部的改革，实际上就是在微观机制上进行深入变革，使其从执行型变成活力型。比如，划小核算单位，实行严格的经济承包责任制，改革分配制度，打破“大锅饭”。要用各种办法，解决企业的职工和企业的命运结合在一起的问题。比如，通过职工入股搞集资，建设新的生产能力。按照中国人民银行的规定，可以向企业发放不超过本企业固定资产 30% 的股票。可在民品生产中试行划小核算单位的基础上，开展多种经营，各自为战。

二是一切从市场需要出发，着眼于市场，服务于市场，建立市场观念，增强市场意识。过去我们产品经济旧模式的一个重要特征，就是企业面向上级各级部门。建立市场的新观念，就要求企业要面向市场，而不是面向上级部门，不是请上面给规划、给任务。任务来自哪儿？来自市场，要向市场要任务。长期的僵化模式就是靠计划定点安排生产，而往往计划反映不了市场的真实需要。除了一些大型的、关系国民经济全局的企业外，其他各种企业的任务都应该主要来自市场。各级政府是要做宏观调控和管理，但这仅仅是“桥梁”式的、“红娘”式的、“媒介”式的，企业活力最根本的是要通过市场调查，按照科学决策程序进行决策。因此，军工企业要根据市场的要求，组建销售队伍，建立信息网络，开展市场调查，提高企业的知名度，提高产品的覆盖率。在运行机制上，要从纵向运行转向横向运行；在生产要素上，要面对市场解决问题，而不是面向上级。目前，沈阳正在开辟资金市场、劳务市场、生产资料市场，明年还将进行钢材市场试点。资金市场，就是要从由国家、上级拨款，转向社会各个方面集资入股，国家贷款虽有一些，但是也满足不了需要，况且还要具备条件。还要向国际市场找资金，开辟多种资金渠道。总之，企业方方面面的工作，都要围绕市场转。要重视企业的经营管理。过去只搞生产管理是不行的，要既抓生产管理，也要抓经营管理。只有这样，企业才能在商品经济的大海里学会游泳，在竞争中求生存、求效益、求发展。过去军工企业不计成本，军品成本实报实销，再加上 5% 的利润，这些做法在商品经济条件下行不通了。

1987 年中国人民解放军建军六十周年之际，辽宁省领导前往长海县慰问海军驻大连岛礁部队。二排左一为辽宁省委秘书长于希岭，左四为李长春，右二为大连市委书记毕锡桢，右三为辽宁省顾问委员会常委刘异云，右五为辽宁省委书记全树仁。

商品经济的一个重要特点，就是用社会必要劳动时间确定价值，个别劳动时间不被市场所承认。所以，过去那种不计成本的办法是不行的。当前有些军工企业上了一些民品，但在经济效益上多半不过关，除了受议价材料影响以外，更主要的是整个管理体制、经营方式不适应大批量的生产，不适应市场竞争的新形势。军工企业必须克服企业信息闭塞，市场应变能力差，在面向社会、市场、消费、出口等方面，缺乏知识和经验的弱点，代之以先进的经营方法、思想和战略，使军工科研和生产沿着现代经营管理方向进行发展。只有这样，才能确保企业立于不败之地。

三是大力发展横向经济联合。这是军工企业向军民结合转变的一个重要途径。因为当前就民品市场来讲，也不是那么容易转的，很多民品在市场上老大、老二、老三位置都排好了，你往里挤是很困难的，怎么办？就要先从发展横向联合入手，以技术和资金为纽带，组成各种形式的企业集团，你有优势你就当龙头，没有优势就当龙身、龙尾。要在发展短线产品生产上，在老企业技术改造上，在对引进设备的消化、吸收、创新、填补国家空白上，在专用设备和工、模具的制造上发挥优势，大搞横向联合。

四是大力开展对外开放。军工企业要解决面向国外国内两个市场，尤其是国外市场的问题。从这些年的实践看，哪个企业对外开放意识强，哪个企业与国外经济结合得紧密，它的技术进步就快，竞争能力就强。所以，推进对外开放，是军工企业一个重要的出路，也是一个很大的优势。军工企业总的来看管理基础、设备条件是好的，特别是在当前日元升值，企业家向外找出路的时候，军工企业要抓住这个机会，通过与国外合作生产，打入国际市场上去，这是一个很重要的动向。当前，南朝鲜和台湾地区的出口结构也正在发生变化，由过去的劳动密集型为主，开始向资金、技术、知识密集型转变。那么，他们过去出口的劳动密集型产品也可通过合作生产拿到我们这里来，但起点要高，直接瞄准国外市场，直接寻求利用外资的渠道，来提高我们的竞争能力。

总的就是，在思想观念上，在实际工作上，要有这么两个转变。这样才能使我们军工企业真正实现战略转变。希望军工企业以崭新的精神面貌、全新的思想观念、高超的经营本领，成为我省四化建设的生力军。

拍卖制是小型国营商业服务业改革的好形式*

（1986 年 11 月 5 日）

对于小型的便民服务商店，拍卖制是成功的，减轻了政府负担，方便了居民群众，经营者个人也得到了实惠，取得了政府、店主和群众都满意的效果，是一件一举多得的好事。

今天，我专程来建华副食店看一看，了解一下拍卖后的经营情况，也为高艳〔1〕同志撑撑腰、打打气。看了之后，很高兴，很受鼓舞。高艳经营的这家副食店，是沈阳市首批实行拍卖制的三家国营副食店〔2〕中的一家。从前一段来看，经营状况取得了明显改善，发生了积极变化。归纳起来，有以下几点：

一是经济效益明显好转。在拍卖之前，这家副食店一直亏损，政府不仅要给它免税，每年还要给它补贴。过去店里有五六个员工，包括经理、采购员、出纳员、会计、营业员。这次通过竞拍，高艳取得了这家副食店的所有权、经营权，你自己既是营

* 这是李长春同志在沈阳市实行拍卖制的建华副食店调研时的谈话。

业员，同时又兼出纳和会计，爱人抽空帮助采购进货，父亲打更兼夜间售货。因此，人员比过去明显减少，经济效益显著提高。现在，每个月的营业额有六七千元，净收入五六百元，不仅实现了扭亏为盈，而且还能够向政府缴税了。

二是方便了居民群众。过去，国营副食店基本上是别人上班它上班，别人下班它也下班，群众买东西很不方便。现在，不仅营业时间延长了，每天早上六点至晚上十点营业，长达 16 个小时，而且晚上关门后，父亲打更值夜时还能卖东西，随叫随开门，等于一天 24 小时营业，大大方便了群众。

三是经营思想进一步端正。拍卖后，这家副食店不仅增加了商品种类，店里商品达到 170 多个品种，比过去增加了 70 多种，而且还经营了一些微利的民需小商品。过去，很多小商品不赚钱，比如大酱 8 分钱一斤，卖一斤大酱利润不到 1 分钱，很多国营副食店不愿卖。但大酱又是东北千家万户不可缺少的，群众对此意见很大，市政府还要责成商委派检查组督促检查副食店卖大酱的情况。建华副食店拍卖之后，开始自觉卖大酱。为什么过去的老大难问题现在解决了？高艳，刚才我问了你这个问题，你的回答使我很受启发。你说卖大酱尽管不赚钱，但是家家都需要，来买大酱的人顺便就买了其他东西，这样整个店的人气就旺了，促进了销售。可见，通过实行拍卖制解决了长期困扰政府的问题，由过去行政方式推动卖大酱变成了店家自觉卖，由外在压力变成了内生动力，群众也满意了。

从这家副食店改革的情况来看，对于小型的便民服务商店，拍卖制是成功的，减轻了政府负担，方便了居民群众，经营者个人也得到了实惠，取得了政府、店主和群众都满意的效果，是一件一举多得的好事。沈阳市有关方面要认真总结这项改革的成功经验，逐步加以推广。同时，也请高艳同志相信党的政策，你在改革的试点中发挥了带头作用，党组织和各级领导会支持你的，希望你放心大胆地干下去，进一步提高服务质量，把这家副食店经营好。

注　释

〔1〕高艳（1955 年—　），女，1974 年参加工作，在沈阳市皇姑区小学副食品门市部先后做营业员、记账员。1986 年 9 月 9 日，通过竞拍购买了皇姑区小学副食品门市部（后改为建华副食店），拍卖起价为 4000 元，经过 16 轮竞价后，以 9000 元的价格成功购买。2006 年，因城市改造拆迁，建华副食店停业。

〔2〕另外两家为皇姑区文南副食店、振兴副食店。

搞活企业资金要走出新路*

（1986年11月12日）

当前，一些企业遇到了资金困难，直接影响了生产和经营。阜新市这个情况也很普遍。出现这个困难主要还是因为在资金使用上基本上还是原来的老形式，就是靠财政拿钱，靠银行贷款，没有走出新的路子。怎么搞活企业资金，是不是可从以下三个方面进行一些探索。

一是把由上级给钱的办法变成给政策。给政策，能够调动企业挖掘潜力的积极性。政策也是钱，但那是潜在的钱。可以对重点改造的企业分分类，全市算算总账，财政还是要有个稳定的增长，不增长不行，各项事业都在发展，大家都要求不上缴也不行。在这个前提下，采取各种形式的灵活政策。可以让一部分不具备全部利改税条件的企业退出利改税。比如有的企业可以采取递增包干，每年上缴财政以后，剩下都留给企业搞技术改造，专款专用。有的也可以定额承包，一年上缴多少，超过这个数的就可以留下搞改造。只有采取这些不给钱而是给政策的办法，才能调动企业职工搞创收的积极性。

---

* 这是李长春同志在辽宁省阜新市部分骨干企业厂长座谈会上讲话的一部分。

二是搞资金市场，拆借资金。要使企业从过去面向财政、面向国家银行要钱转向面向社会资金市场筹资。资金市场的形成有多种办法，国家的银行要形成短期拆借市场，要利用时间差搞活。各专业银行之间，本市银行和外地银行广泛地搞横向联合，互相拆借。利用资金呆滞的时间，充分发挥资金作用，而且还可以组建新的金融机构。省里同意你们搞地方投资公司，以财政为后盾，通过金融的办法，把可以用于工业生产的资金有偿地使用。也可以把我们财政上处于间歇状态的资金不放在银行，而是放到投资公司，投资公司再以受托形式经营财政资金，还可以开展各种形式的信贷业务，如搞抵押贷款、设备租赁、票据贴现等。设备租赁的潜力就很大，我们经常遇到甲企业有设备，乙企业需要设备却没有钱买，那么通过金融机构这个媒介，搞抵押贷款，可用资产作抵押，整个企业也可抵押，采取租赁的办法让两个企业互通有无。

三是广泛吸引社会资金。阜新市人均收入水平在全省来说是比较高的，可以从社会上吸收一部分资金，转向发展生产。现在职工住房大都由单位包，有些职工就把富余的钱拿去买高档商品了，结果冲击了市场。能不能把这部分钱拿出来，用于老企业改造，或者用于住宅建设。住房建设要搞商品房，卖给职工，这样就可以把职工的钱由高档商品消费转向住宅建设。还可以采取本企业职工入股的办法，这样做既有利于筹集资金，又能够调动企业职工的积极性，把自己的命运和企业命运连在一起，真正关心企业命运。阜新市很多企业带有原材料生产的性质，当前国家经济发展的特点是加工工业发展快、原材料短缺，要利用我们原材料生产加工企业的优势吸引境内外资金，加速技术改造，加快企业改建扩建。

所有制形式和结构改革要大胆突破*

（1986年11月12日）

城市企业也存在所有制改革这个问题，既有探索新的公有制实现形式的任务，也有改变单一公有制、发展个体经营的所有制的结构调整任务。因此，要加快所有制形式和结构的改革。

发达国家不存在企业长期亏损这个问题，但在我们这里为什么成了长期的社会现象？主要是没有一个严格的经济责任，国家的企业亏了赚了没人管。农村改革，由过去大家对生产都不关心转变成大家现在的生产积极性都很高，很重要的原因就是在所有制形式上进行了改革，即对集体所有制的实现形式进行了变革，实行了集体所有、家庭承包，农民成了土地的主人。城市企业也存在所有制改革这个问题，既有探索新的公有制实现形式的任务，也有改变单一公有制、发展个体经营的所有制的结构调整

* 这是李长春同志在辽宁省阜新市部分骨干企业厂长座谈会上讲话的一部分。

任务。因此，要加快所有制形式和结构的改革，在以下几个方面大胆探索。

搞承包租赁。这实际上是更严格的厂长负责制。一些亏损企业、亏损边缘企业，都可通过张榜招标、考核答辩，经过公证部门公证，大面积地搞。不能再允许企业长期亏损下去了。

搞股份制。目前有两种形式，一个是职工内部入股，一个是社会募集，引入战略投资者。不论哪种方式，都会强化经济责任制，都比我们目前的国有独资效益好。对此，建议先在中小企业搞，要加快股份制改造的步伐。

搞拍卖。小型的商业、服务业企业，规模比较小，拍卖给个人经营，效果很好。我们国营商业企业，特别是副食品店之类，又有财会、又有出纳，还得安排“打更”的，小店也不大，连几个营业员都养活不了。如果卖给个人，国家稳拿税收，商店服务态度好了，营业时间也长了，品种也多了。最近我到沈阳市拍卖的几个小店看了看，效果不错。其中一个叫建华副食品商店的，营业面积不到10平方米，过去4个营业员，另外加一个“打更”的。一年下来，国家补贴2000元钱。现在9000元卖给个人了，品种增加了，服务也更周全了。大酱是我们东北人生活中少不了的一样东西，但国营副食品店都不愿卖，因为不挣钱。过去我们用行政检查，督促副食品店非得卖大酱，现在不用检查也卖了。新的店主说大酱虽然利薄，但家家户户都需要，来买大酱的顾客多了，把别的品种也带动起来了。营业时间过去是早八点到晚五点半，现在是早六点到晚上十点，很受老百姓欢迎。过去一年亏损2000元，现在一年向国家交2000元。这个例子就很有普遍意义。今后商业网点建设可不可以走新的发展路子，建成以后登报，在什么地方，多大面积，谁来经营，或者卖房子，或者租赁，可以搞个体的，也可以搞合作的。过去我们的办法是交给商业部门，财政拿垫底费，商业部门再安排自己的孩子进去，搞成国营的，弄不好又亏损，为什么不走这个新的路子呢？银行只要开辟贷款就行，谁有能力经营，银行就给谁贷款，计算一年商户交多少税和房租就行了，这样商业的活力就有了，这样就能有效解决我们资金不足和第三产业不发达的问题。

对长期亏损的企业，还可以实行破产倒闭和拍卖相结合的办法。长期亏损的企业已经没有能力跟踪市场，没有能力进行自我整顿、自我调整，租赁也解决不了问题，怎么办？那就实行破产，在社会的范围内资源重组，把企业整体拍卖，卖给有经营能力的人。原来的职工，人家愿意用多少就用多少，不愿意用另招，你就待业，然后从拍卖出去的企业征收破产基金解决待业职工的基本生活问题。社会主义宁可开“救济饭”，也不能开“大锅饭”。这个办法一旦实行，实际上真正走到破产这一步的是极个别的。但是，意义在于用这个办法逼着企业背水一战，切断后路，下真功夫把企业办好。

搞好增强企业活力的配套改革*

（1986年12月15日）

当前企业活不起来有许多原因，企业感到有“十难”，即扩权未落实，政策多变，搞活难；资金短缺，周转难；原材料涨价，消化难；指令性计划任务重，物资没保证，组织生产难；分配中出现了新的平均主义、“大锅饭”，调动职工积极性难；自有资金少，技术改造难；摊派多，负担重，应付难；“婆婆”多，关卡多，办事难；党政不分、政企不分，处理关系难；形式主义的检查、评比多，接待难。这些“难”集中反映了企业外部权力过分集中，企业自主权没有很好落实，企业内部改革不配套，适应不了形势发展的需要。下一步就是要围绕解决这些困难，有针对性地进行改革，使企业真正活起来。因此，要围绕搞活企业这个中心环节进行一系列配套改革。

第一，经营方式改革要有大的突破，在所有制形式的改革方面进行新的探索。

经营方式改革和所有制形式改革总的可以概括为五个字：

---

* 这是李长春同志在辽宁省城市经济体制改革现场经验交流会上总结讲话的一部分。

包、租、股、转、破，即承包经营、租赁经营、股份制、拍卖转制和企业破产。

要进行以承包经营和租赁经营为重点的经营方式的改革。实践表明，这是实行所有权和经营权两权分离的好形式。特别是对租赁制要有一个新的更高的认识，它是把法律办法引进企业管理、实行法律办法与经济办法相结合并用于经营管理的有效形式。通过强化经营者的责任，做到责、权、利相结合，充分调动经营者的积极性，有利于解决企业领导体制不顺的弊端，强化厂长负责制；有利于克服上级部门和外界干预企业的弊端，落实企业自主权；有利于推进企业内部配套改革，形成强有力的指挥系统。所以，在租赁经营方面全省要迈出更大步伐。明年大中型企业可实行各种形式的经营承包责任制，在企业内部进一步完善划小核算单位的改革，实行车间（分厂）承包或租赁经营，亏损、微利的中型企业也可进行租赁经营试点，小型工商企业则要广泛推行租赁经营和承包经营。

要在探索股份制方面有新的突破。集体所有制企业要普遍推行股份合作制，并将其作为变官办为民办的中心环节，这也正是集体企业改革生产关系的核心，即集体所有、自主经营、独立核算、自负盈亏、按劳分配、民主管理。小型国营企业要最大限度实行集体企业的经营管理方法，也要广泛推行股份制，使劳动者和生产资料紧密结合起来。除此，还可在个别大中型国营企业中进行试点，积极发展以大中型骨干企业为龙头的不同所有制企业参资入股的企业集团。在新建、扩建企业中要大力推行股份制，使之成为新型股份制企业。有些全民所有制小型商业、服务业企业，特别是长期亏损、微利的小型商服企业，可由当地财政、银行、工商行政管理部门和企业主管部门共同核定资产，由企业主管部门公开拍卖或折股出售，转为个体经营或合伙经营。对拍卖转制企业，允许购买者分期偿付资产价款。

要把探索所有制形式改革、解决两权分离，同实行企业破产倒闭处理结合起来。六届全国人大常委会讨论通过了《中华人民共和国企业破产法（试行）》，确定自全民所有制工业企业法实施满三个月之日起试行。我们要广泛宣传，积极做好各方面准备，以便适时试行。破产法普遍试行之前，可先在全省小型国营企业和集体企业中试行破产倒闭办法。为了适应破产法的实施，要重申和制定进一步扩大企业自主权的若干办法，使企业真正成为自主经营、自负盈亏的商品生产者和经营者。还要积极开展“小型巨人企业”活动，对搞得好的要给予奖励。各地在实践中，要注意总结经验。

第二，认真贯彻中央的三个条例，全面推行厂长（经理）负责制。

企业领导体制改革，重点是进一步理顺企业内部行政与党组织、职代会之间的关系。理顺这三者关系，关键在于明确厂长是一厂之长，是企业的法人代表，对企业的生产经营负有全面责任，处于中心地位、起中心作用。从明年开始，我省所有国营企业要全面推行厂长（经理）负责制，积极推行厂长（经理）任期目标责任制和任期终结审计制。各地要认真做好全面贯彻三个条例的准备工作，明年上半年，对全省大中型国营企业要按企业领导体制改革的要求，选配好厂长、书记。对小型国营企业和集体所有制企业的厂长（经理），则要创造条件，积极稳妥地进行民主选举制、招聘制的试点，改变以往靠上级委派的单一做法。

改革企业领导体制是一件大事，各级党委和政府都要加强对这一工作的领导。社会主义事业需要一大批企业家。要鼓励厂长（经理）大胆探索，努力实践，成为社会主义的企业家。各级党委要把培养一批企业家作为人才培养的重要任务。全社会要重视企业家的劳动，提高他们的社会地位，承认他们的经济利益，保护他们的合法权益。

第三，全面落实国务院扩大企业自主权规定，深化企业特别是大中型企业内部的配套改革。

1984 年 5 月国务院作出的扩大企业自主权的十项规定，至今还没有得到很好的贯彻落实。各地要切实把企业应有的生产经营计划权，产品销售、作价权，物资选购权，资金使用权，资产处置权，机构设置权，人事劳动权，工资奖金分配权和联合经营权落实到企业，任何部门、单位都不得中间截留、上收和干预。

要在企业内部分配制度改革上取得突破性进展。进一步打破平均主义和“大锅饭”，企业在不超出工资总额和缴纳应缴奖金税的前提下，有权自主决定适合本单位实际情况的多种多样的分配方式，各级行政机关包括主管部门都不得干预。职工原有的工资级别可以只作为档案工资，供调转工作和离退休时用，现有全部或一部分工资同奖金可以合在一起。通过落实经济责任制，实行按劳分配，把工人所得同企业的经济效益、个人的劳动成果紧密地挂起钩来。对于实行任期目标责任制的企业厂长（经理），凡全面完成任期内年度责任目标的，从下一年开始，经营者的个人收入可以高于职工平均收入的一至三倍。作出突出贡献的，还可以再高一些。完不成年度责任目标的，扣减厂长（经理）的个人收入。

企业内部的机构改革要迈出大的步子。长期以来，我们商品经济不发达，可是管理企业的行政机构却特别“发达”，而且上下对口，造成企业内部机构重叠。一个大型企业设五十多个处室，两千来人的中型企业设三十个科室，比上海、江苏同等企业几乎多一倍。实践证明，行政机构“发达”，恰恰是商品经济不发达的表现。企业是经济组织，是经济法人，主要任务是生产经营。那种按“企业是无产阶级专政的基层单位”和“时刻准备打仗”要求设置的企业机构，非改不可。所有企业都要对现有机构进行一次认真清理和整顿，企业有权按商品经济发展的需要设置机构，任何部门都不得干预。省、市可以选择几个大中型企业进行“特别试点”，在企业内部人事制度、机构设置、分配制度等方面的改革上要有更大的突破。

第四，以建立新型企业集团为重点，大跨度发展横向经济联合。

横向经济联合是商品经济发展的必由之路和必然结果，既是搞活企业的需要，也是冲破条块分割体制的一项有效措施；既有利于微观机制的不断完善，又起着推进宏观调控机制和经济运行机制改革的作用。为了推动横向联合不断向纵深发展，省、市都要制定一些推动、促进联合的优惠政策。各级政府一定要给企业以横向经济联合的自主权，省里将公布十五条优惠办法，各地也要从实际出发，制定适合自己特点的有吸引力的优惠政策。

建立新型企业集团有利于增强经济实力和竞争力。发达国家的经济发展经历了一个由单个企业之间的竞争到企业集团之间竞争的过程，这也是商品经济发展的客观规律。要充分发挥我省大中型企业多和钢铁、机械、石油化学工业的优势，本着自愿互利、积极引导的原则，通过兼并和各种形式联合合作，促成一批以大型骨干企业为龙头，由广大中小企业参加，用技术和资本作为纽带，形成一个城乡结合、军民结合、科技教育与生产结合、大中小企业结合的具有很强竞争力的企业集团。这种企业集团要体现出生产要素之间的优化组合，带有股份制的特点。资金和技术也是我省许多老企业改造的两大关键要素，要运用类似补偿贸易以及共分利润和产品等办法，广泛吸引省内外的资金和技术，用以加快我省老工业基地的改造步伐。能源和某些原材料短缺也是制约我省经济进一步发展的两大关键问题，要通过向外地投资入股的办法，大力发展我省原材料、能源新基地。

第五，加强企业的自我积累、自我改造和自我发展，增强企业发展的后劲。

各地要结合简政放权和财力状况，继续减免轻纺工业和其他重点技术改造的大中型企业的调节税。从明年开始，所有企业用自有资金增创的利润，都只收所得税，不收调节税，所得税税率调低到 40%。对纺织产品和某些轻工产品，还要适当降低产品税和增值税税率。对工业企业，要全面实行分类折旧，逐步提高折旧率。对技术比较密集的机械、电子行业，经财政部门批准，还要实行加速折旧办法。目前仍由上级部门集中掌握的 30% 的折旧基金，要全部留给企业，并继续免征能源、交通建设基金。集体企业一律免交统筹基金。

要继续缩减向企业下达的指令性产品的品种和数量计划。根据国家规定，除国务院各部门，各省、自治区、直辖市和计划单列市外，其他市和单位一律无权向企业下达指令性计划。省下达的减少了 8 种，统配量每年压缩 10%。要采取坚决有效措施，制止向企业摊派。各市要抓几个典型严肃处理。

第六，加速发展生产要素市场，为搞活企业创造良好市场条件。

明年重点启动发展金融市场，除沈阳、大连的金融市场要进一步深化外，各市要按省政府的统一部署进行金融体制改革试点。一是要有步骤地开放金融市场，积极建立与发展短期资金拆借市场，以及票据、实物租赁市场。二是要发展多种金融机构，实行国营和集体、中央和地方一起上。省里将组建信托投资公司，各市可以财政资金作引子，发展城市信用合作社、信托投资公司，要努力争取全国性金融机构在我省落户。要发展多种金融机构，把过去靠行政拨款，最大限度地改为靠金融机构实行有偿使用资金。三是要会同主管部门对基层专业银行逐步实行企业化管理试点，创造条件把专业银行由分配资金的行政机关，改革成名副其实的自负盈亏的金融企业，使它们既承担贷款的风险，又可获得经营的利益。要逐步打破各金融机构的分工界限，形成金融企业竞争局面，变单一渠道的直接信用融通为多渠道的横向资金融通，改变那种画地为牢、彼此封闭的旧体制。同时，还要大力发展和完善社会主义商品市场，进一步形成包括生产资料市场、技术市场、劳务市场和消费品市场在内的市场体系，为增强企业活力创造宽松的环境。

第七，大力推进对外开放，为企业跻身国际市场提供广阔天地。

对外开放是不可动摇的基本国策。开放本身就是重大的改革，企业是对外开放的主角，搞活企业必须对外开放。要争取国家批准，赋予一些特大型企业外贸自主权，并从体制、政策、制度方面为其创造直接参与国际竞争的条件，引导企业学会运用两种资金、两种资源、两个市场的本领来巩固发展自己，把更多产品打入国际市场。要制定各种优惠政策，形成“小气候”，增强利用外资、引进技术的吸引力，改造我们的老企业。还要创造条件，积极办好合资、合作和外商独资企业。

搞好企业的对外开放，是为了早日实现辽东半岛的全面开放。以大连为前沿的沿海城市群和以沈阳为中心的中部城市群组成的辽东半岛，历史上就是东北对外开放的重要窗口，对全国经济发展有着重要作用。振兴辽宁及东北经济必须开发和开放辽东半岛。要把辽东半岛的对外开放切实摆到各级领导的重要议事日程上来，使整个辽东半岛的经济由内向型逐步转为外向型。外向型经济要以出口为龙头，辽东半岛的各县都要按“贸工农”型调整产业结构，大力发展出口种植业、养殖业、矿产业和加工业。要加快经济开发区建设，力争把大连经济开发区建成独具特色的全国一流的经济开发区，加快营口鲅鱼圈出口加工区建设，大力推进引进技术、引进资金，整体改造沈阳铁西工业区和张士易地改造开发区的进程。要从改善投资环境入手，加快对外开放基础设施建设，特别是服务设施要具有时代特色。要把我省分散的旅游点连接起来，进行综合开发、综合服务，搞出知名度较高的旅游场所。要大力培养外经、外贸人才，以适应对外开放迅速发展的需要。要积极探索外贸体制改革，理顺外贸领导体制，解决机构分散、重叠和经贸分家的弊端。外贸要按照发展商品经济的需要，打破画地为牢、行政干预过多的局面，企业有权自主选择对外出口的窗口。外贸收购、出口权要逐步实行全部放开，创造条件把生产企业推向对外贸易的第一线，给生产企业更多的自主权。在这方面省市外贸部门要有所作为，有的要积极向国家有关部门汇报，争取支持。

当好企业破产改革的“试验田”*

（1986年12月25日）

我们年年抓扭亏为盈，但是有些企业还是年年亏损，吃财政补贴。所谓“关、停、并、转”，对相当一部分企业来说，往往是关不了、停不起、转不活。最后，只有靠行政命令，让盈利企业吞并它，结果又把一个好企业也拖下水，使亏损像瘟疫一样蔓延。这种状况不能再继续了，对那些经营不善、长期亏损、整顿无望的企业，不能总是用行政办法“关、停、并、转”，应当用市场的办法破产倒闭。企业有兴有衰、有生有死，方能良性循环。破产制度本身不姓“资”而姓“商”。

沈阳是国内第一个提出并实行企业破产的城市。一段时间以来，沈阳市防爆器械厂的破产拍卖事件，引起了海内外的广泛注意，也有一些媒体为此专门采访我。

企业破产改革是在1983年开始启动的，形成文件第一稿的

* 本文根据李长春同志接受香港《广角镜》杂志采访时的谈话整理而成。

时候是在1984年八九月份，在年底前经过几次修改正式定稿，经过包括沈阳市人大、司法机关、各工业局、总工会的讨论，在1985年2月，由沈阳市政府正式颁布了《关于城市集体所有制工业企业破产倒闭处理试行规定》。因为名称比较长，人们就把这个规定通俗地叫作“破产法”。

为什么要搞“破产法”，这与我自己在工业系统里的各个环节的经历有很大的关系。因为我在企业里面，直接在生产班组劳动过，也做过技术工作以及技术负责人，参加过工厂里每个月的例行生产会议，同时在工厂参加过全国的订货会，了解过国家计划管理体制的一些情况，后来在工业公司待过，又到过工业局，又到市政府做负责工业的副市长兼市经委主任。经历这些环节的过程，使我有一个深刻的感受：我们目前的企业，没有一个市场竞争、自负盈亏、自我改造、自我发展的机制，存在着严重的企业吃国家的“大锅饭”、职工吃企业的“大锅饭”的状况，但到头来，企业的领导者和职工却不关心企业的命运。往往是企业经营得不太好了，上级部门很着急，左调整领导班子，右调整领导班子，但是除了上级着急之外，其他人都不在乎！被派去的新领导，开始时有几分热度，一看确实困难很大，他也不愿意搞了，也希望上级尽快把他调到一个比较舒适的企业，因为可以按原级别照当“官”不误，有的“运气”好还能提拔。结果，他越在这样的企业搞不好，组织上给他调动的可能性就越大。从领导上来看是这么一个情况。从职工来看呢，企业办得不好，奖金发不出去，越奋斗越艰难，不如破罐子破摔，这样上级就采取办法了，要么就把这个厂合并到经营好的企业去，要么就把职工拆散分到经营好的企业中去，工资不少拿，还按月发奖金，所以，企

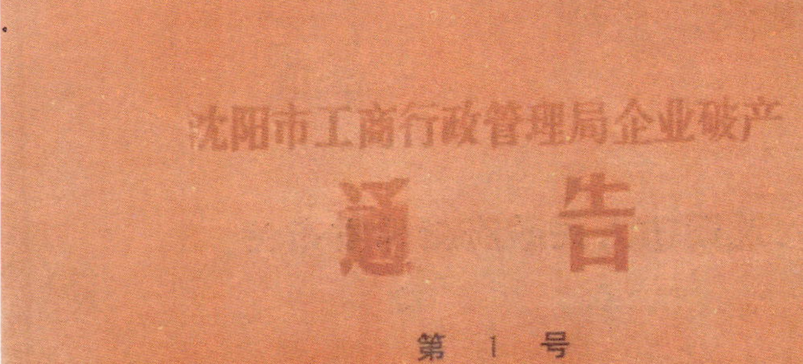

沈阳市工商行政管理局企业破产

通　告

第 1 号

根据沈阳市人民政府《关于城市集体所有制工业企业破产倒闭处理试行规定》，沈阳市防爆器械厂于一九八五年八月三日被正式宣告破产警告，进行整顿拯救，限期一年。但是，一年来虽经企业和各方面努力，终因种种原因，该厂没能扭转困境，所欠债务无力偿还，严重产不抵债。根据企业申请，主管部门同意，经研究决定沈阳市防爆器械厂从即日起破产倒闭，收缴营业执照，取消银行帐号。有关企业善后事宜，由《沈阳市防爆器械厂破产监督管理委员会》依照沈政发1985（24）号文件精神全权处理。

特此通告

一九八六年八月三日

沈阳市工商行政管理局关于沈阳市防爆器械厂破产的通告。

沈阳市人民政府新闻发布会
会　　序

（一九八六年八月三日）

主持人：周勇顺（市人民政府副秘书长）

一、宣布开会

二、市工商行政管理局副局长魏玉书宣布关于沈阳市防爆器械厂破产倒闭通告

三、市工商行政管理局收缴市防爆器械厂营业执照

四、市企业破产倒闭处理领导小组组长洪建生宣布市政府关于成立市防爆器械厂破产倒闭处理监管会的批复和监管会人员名单

五、原市防爆器械厂厂长王刚发表谈话

六、市工商行政管理局副局长魏玉书宣布对市农机三厂、市五金铸造厂延长整顿拯救期限的决定

七、市五金铸造厂厂长周桂英发表谈话

八、沈阳市副市长李中鲁发表谈话并答新闻记者问

九、闭会

沈阳市人民政府关于沈阳市防爆器械厂破产倒闭新闻发布会会序。

业垮了，职工还得了好处。从社会上看，竞争中优的不胜、劣的不汰，就这样，亏损像瘟疫一样在公有制企业里蔓延，形成社会上又一种形式的不公正。

我在沈阳电器工业公司当经理的时候，下面有一个厂叫沈阳市直流电机厂，因为当时直流电机市场缺货，原来的市直流电机厂在沈阳大西门的居民区，已不适应发展的需要。于是公司筹集资金，并在国家机械工业部的支持下，在新城子区[1]建了一个现代化新厂。经过市里协调，铁路部门支持，职工可以坐火车通勤，条件比原来的里弄工厂真是鸟枪换炮了。可是，就是这样的企业，派了几批领导都没搞好，甚至发展到这样的程度：谁积极想把工厂搞好，谁就遭到谩骂。记得当时有个分管销售的副厂长，从全国订货会上拿到单子，回厂后职工就骂他，说如果厂子拿不到订单，经营搞不好，不就把我们调回城里去了嘛。因为这个新厂在市郊，职工乘火车上班不如原来在家门口方便，所以这个厂不少人都这么想。我深深地感到，靠传统的管理办法，企业根本办不好，必须研究一个新的办法，把企业经营者、职工和企业的命运紧密联系在一起，形成一个同呼吸、共命运利益共同体的机制，使职工真正能够成为企业的主人，“厂兴我荣”、“厂衰我辱”。不解决好这个问题，我们社会主义的企业就办不好。

解决好这个问题，仅仅靠发奖金这个办法还不行。企业经营差的少得奖金，经营好的多得奖金，这当然对，但还很不够。因为亏损到没有奖金的地步了，奖金的激励作用就失效了，就容易产生破罐子破摔的消极做法，而在传统体制下，企业经营者和职工反而会因企业垮掉而分到好的工厂中去。在这样的情况下，企业领导者和职工反而会欢迎企业垮掉。加强企业的思想政治工作固然很重要，但在体制上有明显不顺的情况下，靠思想政治工作来弥补，效果也是有限的。联系到这些情况，我们考虑到，是不是也应该搞“破产法”，把企业和职工的命运联系起来。另一方面，在社会生活中也出现这样的情况，经营不好的企业，欠了其他很多企业的债务，使债权人经济上受到很大的损失，甚至出现过受损失的企业去法院控告这个欠债企业，但是法院一查该企业的账本确实没有钱，虽然作出了欠债还钱的判决，但也无法执行。这样做，事实上就等于债务不受法律保护。

我在当机电工业局领导的时候，也曾为这类的事情到法院去交涉过，法院方面也向我摆了大量这类案件，没有解决的办法。这使我感到，这样下去的话，其结果是“优者不胜，劣者也不败”，对好企业也是一种不公平。这种状况下，我们就无法建立优胜劣汰机制，也就无法建立起正常的经济秩序。

由此我也联想到，债务应该受法律保护，欠债必须得还账，还不上账必须得用资产来赔偿。只有建立起这样的办法，企业和企业之间才能真正按照经济规律办事。出于以上这些考虑，我到沈阳市委市政府担任领导后，对于怎样探索办好社会主义企业的路子问题，我感到沈阳应该有所作为。

最初提出这个问题，是在1983年沈阳市委一次整党学习会上。当提出来时思想上也有疑虑，我将我的想法讲了，当时我说:“我们年年抓扭亏为盈，但是有些企业还是年年亏损，吃财政补贴。所谓‘关、停、并、转’，对相当一部分企业来说，往往是关不了、停不起、转不活。最后，只有靠行政命令，让盈利企业吞并它，结果又把一个好企业也拖下水，使亏损像瘟疫一样蔓延。这种状况不能再继续了，对那些经营不善、长期亏损、整顿无望的企业，不能总是用行政办法‘关、停、并、转’，应当用市场的办法破产倒闭。企业有兴有衰、有生有死，方能良性循环。至于破产处理办法，究竟姓‘资’还是姓‘社’，目前还没有文件依据，大家可以研究。我看，不能把这个办法看成是资本主义的专利。”我讲到要这样办，风险也很大，因为当时社会上思想阻力很大，理论上的界限也分不清。但我的想法得到了好几位常委的支持。这时候，市委秘书长刘尊田同志推荐了一篇阐述破产法的文章，还当场念了几段。常委同志们都对我的想法表示支持，大家都认为，对长期亏损、资不抵债的企业，应当实行破产处理，破产制度本身不姓“资”而姓“商”，一致赞成作为国家综合体制改革试点城市，沈阳应该先搞“破产法”试验，当时的市委书记李涛同志在会上作了明确的结论，提出了做好这项工作的具体要求。在市委的明确支持下，又请教了国家有关专家，并得到了国家体改委的支持和指导，于是在 1984 年就具体由市里的集体经济办公室来启动，首先从集体企业开始。因为我们当时考虑到，为了避免理论上的争论，集体企业先搞是没有问题的，因其本身就是自负盈亏，它的资产就是企业和职工所有的，这与全民所有制企业的资产是全社会的、破产是破谁的产在理论上弄不清有所区别。而且这种理论上的不清晰还涉及 50 年代劳动法大纲，与现有的法律相矛盾。

当“破产法”的稿子拿出来以后，得到大多数人的赞成。特别是 1984 年 10 月，党的十二届三中全会通过的《中共中央关于经济体制改革的决定》一公布，我们感到出台的时机到了。十二届三中全会明确了社会主义经济是有计划的商品经济，肯定了社会主义要有竞争，肯定了优胜劣汰的原则，这样我们就找到了理论根据。原则上理论上的问题，可以说三中全会已经解决了。我们认为，企业的破产倒闭办法，不姓“资”，而是姓“商”，是商品经济的产物，它是解决三中全会决定里讲的“优胜劣汰”的一个制度性、法律性的办法。所以，有中央经济体制改革的决定，我们认为“破产法”完全站得住脚，接下来主要是看哪一个城市能提供实践的经验和做法。

当时我们也估计到，这个“破产法”出来后，肯定对全国是个很大的冲击，也可能遭到各方面的反对。但我们考虑到，一下子由国家制订这样的法规，也是困难的，因为它跟人们的传统的思想观念有很大的差距，国家也需要有一个“试验田”，先拿出些经验来。沈阳是在1984年7月被国家批准为经济体制综合改革试点城市，所以从责任感的角度，我们感到，沈阳应该当这个“试验田”，应该把这个信号打出去。打出去本身，意义就很大，它对人们的传统观念是个很大的冲击。在这种情况下，我们决定拿出我们国家第一个规范企业破产的经济法规。这样，在征求各方面意见后，市委、市政府作出决定，1985年2月份，这份法规出台了。

作为行政性法规，可以不用经过人大审议通过，即便如此，在这个法规出台前，我还向沈阳市人大常委会主任王丹波同志作了书面报告，他批示完全赞成。

出台以后对企业是个很大的震动。当时沈阳有市、区属集体工业企业3000多家，其中严重亏损的有43家。经过几个月的调查研究，按照破产条件，我们向经营不善、连年亏损、资不抵债的沈阳市防爆器械厂、沈阳市五金铸造厂、沈阳市农机三厂3家企业发出了“黄牌”警告。1985年8月3日，沈阳市政府举行了新闻发布会，庄严地宣布对上述3家企业发出破产警戒通告。

第二天，中央和省市3家党报都在头版显著位置刊发了沈阳3家企业受到破产警戒通告的新闻，引起了国内外的强烈反响。被亮“黄牌”的企业，更是开了锅。五金铸造厂全厂职工都震动了，他们明白了怨天尤人、害羞怕丑都无济于事，只有迅速行动起来挽救危局，才是唯一正确的选择。在同破产倒闭命运的搏斗中，全厂职工紧紧地团结起来，对臃肿的机构做了“大手术”，厂级机关干部由40人减为8人，干部分别下车间，层层承包。几名技工提出恢复铸造产品，主动要求承包铸造车间。一些老工人主动出厂揽活，假日也不休息。厂长说:“自亮‘黄牌’以后，生产比以前好指挥了。”由于上下团结一心，积极性、主动性空前提高，该厂1985年当年就结束了连续亏损的历史。农机三厂的干部和职工自从受到“黄牌”警告后，都像变了人似的。厂领导说:“职工从来没有像现在有这么高的劳动热情，这才显出了主人翁的精神。”由于采取了切实整顿措施，自亮“黄牌”还不到5个月，该厂就走上了复苏之路，当年就实现利润30.9万元。

沈阳市防爆器械厂由于各方面素质均很差，整顿无效，只好宣布破产。一些老工人眼泪汪汪地说:“这个厂是我们一块砖、一把泥盖起来的，没想到二十年后被几个败家子给败了。”1986年8月3日，沈阳市政府再次举行新闻发布会，由沈阳市工商行政管理局正式发布沈阳市防爆器械厂破产倒闭的通告，沈阳在全国走出了企业破产的第一步。

沈阳市政府对3家严重亏损企业亮“黄牌”，并最终对沈阳市防爆器械厂实施破产，对全市企业敲响了警钟，尤其是对那些严重亏损企业的干部和职工震动最大。他们说:“市政府这下可动真格的了，如果再亏下去，我们厂也要破产，‘大锅饭’吃不成了。”于是，各厂纷纷采取措施振兴企业。据有关部门统计，仅1985年年底，就有9000多个小型企业摆脱了困境，展现了新的生机和活力。

由此可见，搞“破产法”的试验，不是消极措施，而显示它应有的生命力。现在走过来了。从实践看，“破产法”已经被越来越多的人所接受。但作为当时来讲，风险很大，但也不能说我们是一时冲动，我们是经过长时间的酝酿，感到这是整个搞活企业配套改革的一个重要组成部分，也感到社会主义的企业，如果没有破产这一条的话，企业就不可能有足够的压力，没有足够的压力，也就不可能有足够的活力和动力，全社会就不可能有一个公正健康法治的经济秩序，市场竞争的优胜劣汰

1986年8月3日，沈阳市政府宣布沈阳市防爆器械厂破产。这是我国第一家破产的集体所有制企业。

机制也就无法形成。

沈阳推行“破产法”是全市几大领导班子共同决策、共同下决心的结果，不是哪一个人决定的，做具体工作的是集体经济办公室，经过大量的调查研究，提出初稿，然后市人大法规研究室，市法院、检察院等各方面帮着修改，最后形成。应该说，它是沈阳市广大干部群众积极探索的结晶，不是哪一个人做出来的。

现在回头来看，沈阳当时的探索还是有意义、有价值的，为全省乃至全国的改革发挥了“试验田”的作用。

注　释

〔1〕新城子区，是沈阳市的一个城区，2006 年 10 月更名为沈北新区。

下大气力搞活大中型企业*

（1987 年 6 月 16 日）

我们改革企业经营机制、领导体制以及其他经济运行机制，都是党中央、国务院总结了新中国成立三十多年来的经验教训以及人民群众创造的现实经验加以肯定和推广的。这些改革都是在坚持社会主义公有制和按劳分配的原则下，调整生产关系、发展社会生产力的重要措施。我们必须注意排除干扰，不断增强改革意识，坚定不移地把改革深入下去。

努力把大中型企业搞活，对于推动全省经济发展起着决定性的作用。当前，我们的任务就是要以提高经济效益为中心，以深化改革为动力，振作精神，增强信心，努力把大中型企业搞活，从而促进整个经济的发展。

* 这是李长春同志在辽宁省搞活大中型企业经验交流广播电视大会上讲话的一部分。

一、统一思想，坚定信心

当前，深化改革、搞活企业不断取得新的进展，但同时也面临着一些实际问题和实际困难。在这种情况下，许多单位抱着积极、正确的态度，坚持改革，狠抓效益，取得了令人瞩目的效果。也有部分同志却是另一种状态，有的改革意识不那么强，对外界关于某些改革措施的议论，往往辨别不清，抱着一种踌躇不定的态度；有的对承包经营的意义缺乏足够的认识和正确的理解，缺乏经营者应有的勇气和魄力，不肯为国家承担风险，或者徘徊观望，或者要求国家减税让利，为承包指标争争讲讲；也有的面对困难一筹莫展，只强调客观因素，缺乏积极进取的精神。这些都是影响改革、搞活的思想障碍，是当前亟待解决的问题。

我们必须正确认识和理解改革、开放、搞活与坚持四项基本原则的关系，进一步增强改革意识。党的十一届三中全会以来确定的新时期党的基本路线有两个基本点：一个是坚持四项基本原则，这是治国之本；一个是坚持改革开放，这是强国之路。两者相辅相成，缺一不可，我们对哪一个也不能偏废；两者是统一的，基本目的是最大限度地发展中国特色社会主义、发展社会生产力。邓小平同志指出：“马克思主义最注重发展生产力。”“社会主义的优越性归根到底要体现在它的生产力比资本主义发展得更快一些、更高一些”。“贫穷不是社会主义。”我们改革企业经营机制、领导体制以及其他经济运行机制，都是党中央、国务院总结了新中国成立三十多年来的经验教训以及人民群众创造的现实经验加以肯定和推广的。这些改革都是在坚持社会主义公有制和按劳分配的原则下，调整生产关系、发展社会生产力的重要措施，同两个基本点是完全一致的。当前，在经济领域里主要的还是要防止“左”的和旧的思想影响。我们必须注意排除干扰，不断增强改革意识，坚定不移地把改革深入下去。

必须正确认识实行各种承包经营责任制的重要意义，端正在承包中的某些不正确态度。大家都很清楚，企业长期在单一的计划调节下运转，最大的弊端就是所有权与经营权没有分开，责、权、利不统一。这几年通过放权让利，企业增加了一定的经营自主权，这是完全必要的，但是还不足以使企业真正活起来。实行各种承包经营最大的特点，就是它以具有法律效力的合同形式，确立国家同企业的责、权、利关系，使企业真正成为相对独立、自主经营、自负盈亏的经济实体。这样具有较高的政策透明度，既可确保国家财政收入的增长，又可使企业经过努力有利可得，经营越好，所得利益越多。可见，实行各种形式的承包经营责任制，是目前搞活企业可供选择的较好途径，是建立新型企业经营机制的一项重大改革，而绝不是简单的利益分配。可是，有的同志却有一种错觉，总认为改革就意味着国家减税让利，这种想法是片面的，是不符合改革本意的。其实，这几年国家能让的已经让了，我们不能企望国家超过财力的承受能力搞改革。那种在改革中不想下力气、担风险，只想向国家要好处的思想，要认真加以扭转。

必须正确看待前进中的困难，树立知难而进的决心和信心。当前最突出的实际问题是部分原材料涨价，它给相当一部分企业带来很大困难。我们要承认这个事实，不正视这一点是不对的。现在的问题是有些同志把主观因素和客观因素搅到了一起，用客观因素掩盖主观因素，这也是不对的。我省既是消耗原材料的大户，也是生产原材料的大户，就全省来讲，两者相抵，可以冲销成本增值的大部分，企业之间会不平衡。同时也应该看到，企业成本增加也不完全是由于原材料涨价，原材料消耗上升也是一个比较普遍的现象。这说明，我们在企业管理上还存在不少缺陷。还要看到，原材料涨价也不是完全不可克服的，只要工作做好，也可以把它消化掉。比如沈阳弹簧厂，在原材料涨价、市场并不景气的情况下，坚持改革，扩大生产和销售，今年头5个月利润一直保持增长的势头。辽宁电子铝箔厂今年头5个月实现利润比去年同期增长53%，相当于去年全年的总和。本溪工具厂面对主要原材料涨价的挑战，通过积极扩大适销对路产品和出口产品，今年1至5月份实现利润比去年同期增长40%以上。这些实例都说明，关键在于人的精神状态。只要我们端正认识，振作

1990年，李长春考察沈阳电缆厂。右二为厂长徐有洋。

精神，深化改革，挖掘潜力，就能够增强消化能力和应变能力，适应商品经济的冲击，把经济效益搞上去。

二、加速推行“一包五改”

改革中出现的矛盾，还要通过深化改革来解决。要把大中型企业搞活，卓有成效地提高经济效益，必须进一步搞好“一包五改”。一方面要积极推行和完善各种形式的承包经营责任制，另一方面要深化企业内部的五项配套改革，即认真改革领导体制，切实落实好厂长负责制；改革组织管理结构，坚决划小核算单位；改革劳动人事制度，实行管理人员招聘、聘任制和工人择优组合制；改革分配制度，实行同劳动成果挂钩的浮动工资制；改革企业的经营运行机制，变封闭式经营为开放式经营，充分释放大中型企业潜在的能量。通过上述改革，真正建立起适应商品经济发展、富有勃勃生机的企业经营机制。

我们所讲的承包经营，是就广义而言，它包括具有承包指标和经营风险在内的各种经营责任制。由于各个企业的具体情况不同，可以采取不同的承包办法。一般来说，在产供销基本正常、技术改造任务较重的大型骨干企业，可以推行“双保一挂”，即保上缴利税的递增幅度，保技术改造任务，实行工资总额同上缴利税挂钩；在生产基本正常、潜力较大的企业，可以实行上缴利润递增包干；对多数企业来讲，都可以采取上缴利润包干，超收按比例分成的办法；对微利企业可采取上缴利润（所得税）基数包干，超收全留，欠收自补；对亏损企业实行减亏包干，欠收不补；在部分企业中可以试行企业经营责任制和资产经营责任制；

在暂时不具备实行上述承包经营条件的企业中，都可以实行厂长任期目标责任制。对于小型企业要进一步推行租赁承包经营，同时各地还可以探索其他更好的办法。无论采取哪种承包经营形式，都要在完成省下达的财政任务的前提下，坚持自费改革。各地要按上述原则，把没包的企业尽快包下去，不完善的要把它完善起来。在承包的过程中，要兼顾国家和企业两方面利益，合理确定承包基数和递增比例，既要确保国家财政收入的增加，也要使企业经过努力能够实现超收多得；在承包期限上，既要考虑企业的特点和原来的基础情况，又要尽可能同“七五”计划、厂长任期相衔接；在工作中，既要积极、果断，加快步伐，又要坚持从实际出发，成熟一批搞一批，保证各种承包经营健康发展。

各种承包目标的实现，最终取决于企业内部的科学运转。因此，必须在实行各种承包经营的同时，抓住领导体制改革与分配制度改革这两个重点，认真搞好其他各项配套改革。目前我省大多数国营企业都实行了厂长负责制，但人们的观念并没有相应地转变过来。我们必须充分认识，实行厂长负责制特别是实行承包经营以后，厂长已经不再是政府委派的“官员”，而是一个承担经营风险的经营者；在经济关系上，他成为联结国家与职工的纽带，行使着一种比较特殊的使命。因此，厂长应该具有相应的社会地位和权威，领导机关要承认他的地位，企业内部也必须尊重和维护他的权威，全社会都要改变旧观念，用新的眼光来认识和对待企业的经营者。对于经营者的选择，要坚决改变单纯依靠组织人事部门考核任命的办法，而是要按照一定的政治标准和业务水准，采取公开招标、群众推举与组织考核相结合的原则，实行招聘制、聘任制和任期制。对小型集体企业，还可试行民主选举的办法。在落实厂长负责制的过程中，理顺党、政、工三者关系，三个方面要互相尊重，密切配合，共同办好社会主义企业。

在确定经营者的基础上，要根据企业原来改革的进展情况和进一步搞活的需要，深化和完善其他各项改革。要改变大中型企业管理跨度大、生产要素匹配不协调的状况，适当划小核算单位或经营单位，并且运用商品交换、合同体系和内部信贷手段，来增强企业每个环节的自觉行为。改革劳动人事制度，要从解决人员臃肿入手，精简机构，定编定员，然后对各级管理人员采取层层招聘、考聘、推选或聘任的办法；对工人则实行择优录用，优化组合，并鼓励和帮助编余人员进行技术培训和开辟新的生产门路。现在，多数企业的劳动分配还没有彻底打破平均主义的“大锅饭”，这是企业内部改革的一个重点内容。总的目标是取消固定工资加人头奖的办法，实行与劳动成果挂钩的各种浮动工资制。在不突破劳动工资总额、按规定缴纳奖金税的前提下，可以采取全额浮动、部分浮动，也可以搞超额计件或全额计件，还可以实行结构工资制。

三、千方百计把经济效益搞上去

我们深化改革、搞活企业，是为了创造更多的社会财富。因此，必须把推行“一包五改”同“双增双节”很好地结合起来，千方百计地把经济效益搞上去。

要按市场需求加速调整产品结构，提高企业的消化能力和竞争能力。各市、各企业要对产品进行分类指导，对名优短线、适销对路和创汇产品，要千方百计扩大生产；对平销产品，要努力提高产品质量，进一步扩大和占领市场；对滞销产品，要严加限制。各企业都要积极开发新产品，努力提高产品档次。要采取有效措施，克服原材料短缺的困难。凡省内生产的计划内原材料，必须保证供应；计划外的紧俏原材料，要由省、市计委在价格和供应渠道上加以协调，以保证生产需要。要努力挖掘企业库存，并以市为单位积极开办物资、设备租赁市场，把企业中闲置的物资、设备吸引出来，搞好调剂工作。要组织好进口原材料和进口替代，以保证一些企业生产的正常进行。

要千方百计扩大销售，积极处理积压产品。鼓励企业用各种方式扩大产品宣传，积极参加展销会，以提高产品的知名度，扩大销售渠道。各地可采取销售承包的办法，按销售费用的一定比例计奖或提成。但要严禁借机推销伪劣产品，不许以其他手段中饱私囊。

要认真贯彻厉行节约、反对浪费的方针，发扬艰苦奋斗、勤俭建国的精神。所有企业在各项经济活动中，都要加强管理，精打细算，讲成本、求效益，大力降低消耗。凡是超过产品物耗标准的，必须尽快降下来。坚决紧缩财政支出，严格控制社会集团购买力，特别是经济效益不好的企业，原则上今年不许购置非生产性设备。目前有的企业利润减少，奖金却增加，这种状况是不能允许的。对工资和奖金的发放，要严格按照国家规定和承包合同执行，严禁滥发奖金和实物，防止消费基金继续膨胀。坚决杜绝生产中的损失浪费，坚决反对讲排场、比阔气等铺张行为，坚决反对官僚主义作风。对于官僚主义造成的严重损失，必须认真追查，严肃处理。各级领导和各个企业，都要认真抓好安全生产，确保各项生产顺利进行。

要在增加生产、减少支出的同时，努力做好增收工作。由于今年头几个月财政收入增长情况很不理想，下半年必须采取有效措施，确保财政收入逐月有较大幅度的增长，努力完成全年的财政收入计划。凡完不成上缴任务的，要由各市用自有财力补足。要抓好扭亏增盈工作，坚决扭转亏损增加的局面。特别是对潜力大、问题多的亏损大户，要一个一个地进行解剖分析，抓住症结所在，认真落实扭亏增盈措施。对经营性亏损企业，要坚持自负盈亏，财政不予补贴。对扭亏中作出重大贡献的，要给予表彰和奖励。

企业改革、技术改造、加强管理是搞活小企业的必由之路*

（1987年9月22日）

我们在集体企业和国营小型企业生产关系上长期以来急于求成、急于求纯，盲目搞升级过渡，“一大二公”，合作变小集体，小集体变大集体，大集体变全民，街属企业上升为区属，区属上升为市属，不顾生产力的发展，盲目合厂并厂，党组织由支部升总支，总支升党委，干部级别高了，群众的积极性没了，经济效益下来了。干部在这个企业搞不好，又易地当官，使亏损像瘟疫一样扩散。各级领导要不断增强改革意识，拿出勇气和魄力，采取坚决措施，深化小企业改革，使其生产关系调整到适应其生产力发展的水平上来。

* 这是李长春同志在辽宁省搞活城镇集体企业和国营小型企业经验交流广播电视大会上讲话的一部分。

一、依靠技术进步，狠抓技术改造

企业要在激烈竞争中立于不败之地，必须依靠技术进步，狠抓技术改造，这对于小企业尤为重要。小企业规模小，但并不意味着一定会比大中型企业落后，搞得好，产品水平和效益水平完全可以超过大中型企业。小企业的技术进步、技术改造要充分考虑自身的特点，因地制宜，因厂制宜，不能贪大求洋。要充分利用小企业“船小好调头”的有利条件，通过改造老设备、旧工艺，采用新工艺、新技术，开发新产品，适时调整产品结构。要重点发展有地方特色的产品、拾遗补缺的产品、为大中型企业配套的产品，发展工艺专业化生产，积极移植新技术、新产品。要做到“人无我有，人有我新，人新我廉，人廉我转”，靠不断增强应变能力和竞争能力取胜。技术改造一定要注意从实际出发，充分考虑到小企业自有资金少、还贷能力低、技术改造资金不足的特点，把改造重点放在投入少、产出多、见效快、效益好的“短、平、快”项目和有助于增强企业后劲的项目上来，尽快改变企业工艺技术落后的面貌。要采取多种措施充分调动职工群众技术革新的积极性，广泛开展小革新、小发明、小创造活动和合理化建议活动，并按国家有关规定给予奖励。各有关部门要在宏观上加强对小企业技术改造的指导和协调工作，防止决策失误，盲目生产、重复建设，一哄而上、一哄而下。各级计委、经委要把集体企业和国营小企业技术进步纳入长期发展规划之中，在考虑工业布局和项目布局上，要允许选择一批投资省、见效快的项目安排到县区企业，帮助县区建立骨干企业，带动整个县区工业技术进步。小企业要善于多方筹集资金，注意积累和消费的关系，克服分光吃净的倾向，要善于运用资金市场，从职工中筹集资金等。财税部门和金融机构要善于在小企业中培植财源和税源，重点扶持有前途的技术改造项目。

二、改善企业管理，努力开发人才

目前小企业缺乏竞争能力，很重要的原因是管理基础薄弱，企业素质低。因此，我们必须把强化小企业的内部管理作为一项重要工作去抓。加强企业管理工作的重点要放在“二高一降”上来，即提高产品质量、产品水平，降低物质消耗。针对小企业的特点，在管理上要突出“严、细、全、快”四个字。“严”就是从严治厂，严格管理，奖罚分明。对屡教不改、严重违反厂规厂纪的职工，厂长有权予以除名。“细”就是实行精细管理。要加强财务监督和企业内部的经济核算工作，厉行节约，反对浪费，严格控制费用支出。“全”就是实行全员、全面、全过程管理。要以提高产品质量为中心，开展全面质量管理工作；以降低物质消耗，提高企业经济效益为目的，建立健全企业内部核算网络，加强车间和班组核算；以提高劳动生产率为重点，开展全员管理和全员培训工作。“快”就是充分发挥小企业灵活的特点，做到信息快、决策快、新产品研制和投产快。要向管理要质量、要水平、要效益。

在商品经济条件下，企业之间的竞争，说到底是人才竞争。集体企业和国营小企业技术、管理落后，产品落后，缺乏竞争能力，很大程度上是因为人才奇缺。因此，要特别重视人才的开发，不仅要善于发现人才、培养人才、合理使用人才，而且要充分利用社会上大专院校、科研单位的科技人员和离退休人员等技术力量，努力挖掘人才资源，建立社会科技依托力量。也要鼓励党政机关的干部离职或停薪留职到小企业去搞承包。从一些搞活的小企业经验看，企业经营者素质的高低是企业有无活力的决定因素之一。各地要把集体企业和国营小企业法人代表的培训工作纳入到计划之中。各市企业主管部门和财政、税务等部门，还要定期举办各种训练班，重点培训小企业的各类专业管理人员。在政策上要继续鼓励技术人员向集体企业特别是县区企业流动，科研单位、大专院校、大企业要为小企业积极提供信息、技术服务，鼓励科技工作者到小企业兼任技术顾问。

三、增强改革意识，加快改革步伐

当前，影响小企业改革工作深入的主要障碍，首先是少数企业的主管部门和企业领导人的思想还不够解放，改革意识不强，对改革还缺乏紧迫感。有的是怕担风险，怕犯错误，不敢改；有的是安于现状，固守旧体制，不想改；有的是缺乏经验，又不积极进行探索，等待上面拿出现成的办法，不会改。其次，有的地区和部门领导还不够得力，只有一般号召，没有从小企业的特点出发，扎扎实实地去抓试点，亲自得到第一手经验，抓不住主要矛盾，选不准突破口，所以迟迟打不开局面。第三，对改革的意义和措施宣传得不够，政策不落实，不兑现，也助长了一些人的犹豫、观望。这也包括我们省里在如何进一步研究政策、落实政策、加强宣传教育上做得还很不够。我们这次会议就是总结、宣传和推广改革的先进经验，树立典型，指明改革的方向、重点和有关的改革措施，以统一思想、提高认识、振奋精神，把小企业的改革引向深入。

增强改革意识，进一步统一思想，首先要深刻认识十一届三中全会以来党的基本路线的两个基本点。社会主义建设的实践告诉我们，改革是不可逆转的大趋势。维持束缚生产力发展的旧体制、旧秩序，肯定是没有出路的。要深刻地认识坚持四项基本原则和坚持改革开放是十一届三中全会以来党的基本路线的两个基本点，缺一不可。二者是相互依存、相辅相成的辩证关系，不能把它们对立起来。我们的原则是，允许在改革中由于经验不足出现失误，但绝不允许固守旧体制，阻碍改革。改革是前无古人的事业，是一项庞大的系统工程，很难预先设计出一套完美的方案，也没有现成的经验可供借鉴，只能在实践中探索前进。观望等待，最终只能是继续维持现状。唯有继续解放思想，不断增强

1988 年 6 月 7 日，李长春在鞍山化纤毛纺织总厂调研时，听取厂长王忠懿介绍情况。

改革意识，以“敢为天下先”的精神，大胆探索，开拓前进，才能深化改革，不断取得新成果。

其次，要充分认识搞活城镇集体企业和国营小型企业的重要意义，进一步增强紧迫感。各级领导要明确在目前形势下，城镇集体企业和国营小企业在国民经济中所处的地位和所发挥的作用。第一，这批小型企业是联结城乡的经济纽带，是城乡结合、以城带乡、实现城乡一体化的重要阵地。多年来的实践证明，在城市大中型企业的帮助和带动下积极发展小型工商企业，既是调整全省产业结构的需要，又是推动农村劳动力向非农业部门转移的重大战略措施。因为这种产业结构的调整和农村劳动力的转移，是发展商品经济和逐步实现农村工业化、城市化，以及整个国民经济现代化的必由之路。我省城市众多，待业人员逐年增加，产业结构很不适应市场需求，大工业多，地方工业很不发达，财力也不足，积极发展小型企业尤为重要、尤为迫切。因此，必须通过改革，把小型企业搞好、搞活，使大中型企业和小型企业互相配合、协调发展。第二，在目前大中型企业逐渐搞活的新情况下，众多的小型企业面临着严峻的挑战。我省的许多小型企业是在大中型企业被旧的体制捆住手脚的条件下，乘隙发展起来的，当时它们的生存和活动空间是比较大的。现在，随着改革的深化，大中型企业逐渐放开了手脚，以其雄厚的技术装备在产品、原料、市场诸方面同小企业展开了激烈的竞争。如果小企业不改革，不在经营机制和产业及产品结构方面进行调整，仍然停留在原有水平上，将有相当一部分很可能在竞争中被挤垮、被淘汰。我们对这种新的形势必须有足够的认识。第三，就目前小企业的经营状况看，也必须改革。不少企业多年亏损，难以继续生存下去，甚至个别企业已成为政府的包袱和社会的不稳定因素。所有这一切，就决定了小型企业的改革势在必行，非改不可，不改就无法求得生存和发展。

特别是我们要深刻认识我国正处于社会主义初级阶段，要自觉清除在搞活小企业方面的“左”的影响。中国是一个经济、文化落后的国家，社会主义建设不能无视这种经济、文化落后的状况，不能无视没有经过商品经济充分发展阶段这样一种情况。因此，根据我们国家的实际情况，需要经过一个社会主义的初级阶段。在这个阶段，第一，我国社会已经是社会主义社会，中国要坚持搞社会主义；第二，要补商品经济不够发达这一课。也就是说，要在社会主义条件下发展商品经济，使生产力有较大的发展。因而在生产关系问题上，在所有制问题上以及在分配问题上都应当充分考虑、照顾这些情况，不能急于求成、急于求纯。我们在集体企业和国营小型企业生产关系上长期以来急于求成、急于求纯，盲目搞升级过渡，“一大二公”，合作变小集体，小集体变大集体，大集体变全民，街属企业上升为区属，区属上升为市属，不顾生产力的发展，盲目合厂并厂，党组织由支部升总支，总支升党委，干部级别高了，群众的积极性没了，经济效益下来了。干部在这个企业搞不好，又易地当官，使亏损像瘟疫一样扩散。总之，教训十分深刻。我们这个地区由于历史原因，僵化模式的影响更有典型性，旧体制在小型企业的所有制形式、经营方式、分配形式上表现比较突出。因此，要自觉地、坚定不移地破除“左”的影响和旧的僵化模式。各级领导要不断增强改革意识，拿出勇气和魄力，采取坚决措施，深化小企业改革，使其生产关系调整到适应其生产力发展的水平上来。

推动厂办集体经济在深化改革中健康发展*

（1987年9月26日）

我省厂办集体经济是在党的十一届三中全会以后，为安置城镇待业青年、落实政策、搞活经济而发展起来的新型集体经济。目前，厂办集体经济已进入一个新的发展阶段，拥有厂点2万多个，职工200多万人，成为具有辽宁地方特色的一支重要经济力量。同几年前相比，厂办集体经济发生了根本变化，一是由安置型发展成为生产经营型，二是经济实力有了显著增强，三是与主办厂的关系发生了明显变化，从附属物状态向经济独立方向转变。实践证明，大力发展厂办集体经济，采取“扶上马、送一程”，扶而不包、管而不死的方针是正确的。

厂办集体经济的地位和作用越来越鲜明地显示出来。它的作用主要表现在：一是调整了所有制结构，为我省通过集体经济途径发展地方经济探索出一条新路子。二是调整了企业结构，发展了和主办厂的协作关系，为改革“大而全”，推动专业化协作，进而搞活国营大中型企业提供了一种好形式、好途径。三是扩大了劳动就业，稳定了社会秩序。四是开辟了税源，增加了地方财

* 这是李长春同志在辽宁省厂办集体经济座谈会上讲话的一部分。

政收入。五是调整了产品结构，发展了轻工业、建筑业和第三产业，满足了人民生活多方面需要，促进了经济协调发展。我省厂办集体经济之所以能够迅速发展壮大，取得这么大的成绩，除了有国家政策扶持和厂办集体企业自身努力外，各级城镇集体经济办公室和各有关部门也作出了积极贡献。特别是得到了国营企事业单位的大力扶持和帮助，在这一点上，可以说国营企事业单位是立了大功的。

总结我省发展厂办集体经济的基本经验，主要是：不断提高对发展厂办集体经济重大意义的认识，端正指导思想；充分利用国营厂矿企业的经济技术优势，搞好扶持工作；按照集体经济的性质和特点搞好厂办集体经济的改革，改变效仿国营企业的管理模式；坚持放宽搞活的方针，为厂办集体经济的改革、发展创造宽松的环境；调动主办厂和厂办集体企业两个方面的积极性，理顺二者关系。只要我们坚持这些基本经验，加强领导，就一定能够把厂办集体经济继续推向前进。

省委省政府发展厂办集体经济总的指导思想是：充分利用国营大中型企业的雄厚经济技术优势，利用集体经济这种生产关系与现阶段生产力水平的适应性，利用国家对集体经济实行比较宽松的政策，继续大力发展具有辽宁特色的厂办集体经济，打破国营企业“大一统”的经济模式，不断深化厂办集体企业的改革，使两种所有制企业取长补短、共同发展，建立起互相促进的“一体两制”经济，为振兴辽宁作出更大的贡献。

第一，进一步提高对发展厂办集体经济重大意义的认识。首先，发展厂办集体经济是安置城镇就业人员的需要。我省大中城市多，城镇人口多，安置待业人员仍然是一个大问题。发展厂办集体企业是解决这个问题的重要渠道。在就业问题上要更新观念，目前各单位采取把自己的子女就业包下来的办法有许多弊病。今后，除少数地处偏远的工矿区外，要逐步实行面向社会公开招工，择优录用，一般不再采取本单位包自己子女就业的办法。为给全社会增加就业机会，需要大力发展厂办集体企业，广泛吸纳社会劳动力。其次，发展厂办集体经济是国营厂矿企业自身发展的需要。发展厂办集体经济，有利于国营厂矿企业打破“大而全”、“小而全”的格局，走专业化协作的道路。在改革中，要以大中型国营骨干企业为龙头，以城乡集体经济为两翼，实行城乡结合、军民结合、高中低不同技术层次结合，大力发展经济联合和协作，逐步形成专业化、社会化的工业组织网络。再次，发展厂办集体经济是调整经济结构、产业结构的需要。要改变我省国营经济在各个领域占统治地位的旧格局，建立多种所有制经济长期并存、合理布局的新格局；要改变我省重工业过重、轻工业过轻、第三产业很不适应的旧格局，建立轻重工业和第三产业均衡发展、合理布局的新格局，其中很重要的一个途径就是发展厂办集体经济。这是8年来的实践经验所证明了的一个好办法。

第二，进一步明确工作方针和工作原则。发展厂办集体经济是长期的任务，要继续坚持谁办谁管的原则，做到两种经济一起抓、两支队伍一起带、两个效益一起上。主办厂要改变单纯安置或撒手不管的思想，继续扶持厂办集体企业的发展。厂办集体企业也要改变等、靠、要、躺等消极依赖思想，树立自立自强、艰苦创业的精神，努力开创自我积累、自我发展的新局面。要理顺主办厂和厂办集体企业的关系，处理好行政上领导与被领导的关系，法律上两个法人的平等关系，财务上“两清”（财产要划清、往来账目要清）和债权的关系，业务上相互支持、相互配合的协作关系，经济上等价交换和互惠互利的关系，感情上相互尊重、相互理解的关系。

第三，进一步深化厂办集体企业的改革。厂办集体企业的改革，应从实际出发，采取分类指导的办法。要按照“经济独立、自主经营、独立核算、自负盈亏、民主管理、按劳分配”的原则进行配套改革。主办厂和有关部门要把人财物、产供销的权放给厂办集体企业，使他们充分行使自主权，核心是解决财产所有权、收益分配权、民主管理权。省委省政府搞活城镇集体经济的办法，都适用于厂办集体企业。要进一步引入竞争机制，深化企业改革。要在搞好承包经营责任制、租赁制和股份制上狠下功

1988 年 10 月 23 日，李长春在铁岭市水泥纸袋厂调研。左三为铁岭市委书记徐文才，左四为铁岭市市长杨新华。

夫，特别是作为集体企业，要大胆实行股份合作制，使财产集体所有人格化，以调动广大职工的积极性，把企业搞活。厂办集体企业要建立健全职工大会或职工代表大会制度，实行民主管理。要大力推行厂长负责制、厂长任期目标责任制和任期终结审计制。厂长的产生可以采取主办厂推荐、集体企业聘用与职工代表大会选举相结合的办法，也可以从外面招聘厂长或经理。厂办集体企业的厂长、经理必须保持相对稳定，除个别确实需要调离和罢免的，经主办厂和有关部门提出建议，由职工代表大会讨论同意外，任何人不得随意将厂办集体企业的厂长、经理调离或免职。

第四，加强对厂办集体企业的领导。主办厂要认真贯彻党和国家关于发展集体经济的方针政策，指导厂办集体企业的发展方向，把厂办集体企业的发展规划纳入主办厂的总体规划中去，统筹规划、全面安排，搞好宏观指导、协调服务和技术支援。各级政府、各个部门都要关心和支持厂办集体企业的改革和发展，研究解决有关政策问题和实际问题，帮助疏通技术改造、基本建设等渠道，增加企业发展后劲。

企业家是民族的希望*

（1987年12月10日）

一个国家的经济要发展，民族要振兴，离不开企业家们的艰苦努力。建设有中国特色的社会主义，需要一支宏大的企业家队伍。企业家的称号既不是上级委任的，也不是自封的，而是在竞争中产生，并为社会所承认的。一个企业家应该有远大的理想、较强的国家观念、群众观念和浓厚的商品经济意识，即市场观念、竞争观念、质量观念、效益观念、法制观念和科学的人才观。

企业家，是我国经济改革中诞生的一大批新人物，已大步闯入了我国的经济生活和政治生活，引起了全社会的普遍关注。党的第十三次全国代表大会的召开，党在社会主义初级阶段基本路线的确立，为企业家的茁壮成长创造了良好的环境和条件。大张旗鼓地宣传优秀企业家的事迹，对立志要做一名社会主义企业家

* 这是李长春同志为报告文学集《明星企业家》所作的序言，后发表在《辽宁日报》上。

的同志来说，无疑是个巨大的鼓舞。一个国家的经济要发展，民族要振兴，离不开企业家们的艰苦努力。事实表明，一个不重视企业家的民族是没有希望的民族。在我国，企业家的地位和作用越来越受到重视，这是改革不断深化的可喜成果，完全符合马克思主义基本原理和我国目前社会主义建设的具体实际。

建设有中国特色的社会主义，需要一支宏大的企业家队伍。我们为什么要提出重视企业家的地位和作用呢？

第一，企业家是社会生产实践活动的重要组织者。按照历史唯物主义的观点，生产力是社会历史发展前进的最终决定力量。企业是从事社会生产活动的细胞，而组织社会细胞进行生产活动的，是从工人、农民、知识分子队伍中锻炼成长起来的组织者——企业家。在现代技术高度发展，竞争机制广泛适用于经济生活的今天，企业家的作用更加重要，对一个企业的兴衰，甚至一个民族的荣辱，都起着不可忽视的重要作用。应该把一支高水平的企业家队伍的成长，看作是国家和民族的希望。

第二，企业家是创建有生机活力的社会主义企业的主将。无论是工业生产，还是农业生产；生产资料的生产，还是生活资料的生产；民需用品的生产，还是军需用品的生产，都是靠企业组织开展起来的。企业是各种生产活动的舞台，而这个舞台上的主角是谁呢？是生产经营活动的领导者——企业家。我们要大力发展社会生产力，就必须注意培养和造就成千上万个现代企业家，发挥他们的聪明才智，把企业经营好、管理好。企业家是把党的方针政策落实到基层，极大地提高广大职工社会主义建设积极性的桥梁，是把科学技术和管理知识融为一体而从事复杂劳动的劳动者，是在企业处于中心地位、起中心作用、对企业负全面

1989年，国务院总理李鹏主持召开辽宁大中型企业厂长、经理座谈会后与大家合影。前排左四为辽宁省委书记全树仁，右四为李长春。

责任的法人代表。忽视企业家的作用，由政府直接推动企业的运营，企业是不会有活力的，生产力是不会迅速发展的。把企业家推到发展社会生产力的第一线，才能使企业真正充满生机活力。

第三，企业家是经济体制改革的尖兵。改革既是一项前无古人的伟大事业，同时也是一项十分艰巨而复杂的系统社会工程，实现走自己的路，建立起具有中国特色的、充满生机活力的社会主义经济体制的宏伟目标，不是一朝一夕能够完成的，也不能指望国家短时间拿出一个完整的方案，然后一声令下就把什么问题都理顺了。没有探索、试验的过程，任何改革都是不能成功的。而站在改革实践最前列的，恰恰是那些有作为、改革意识较强的企业家。他们不仅要勇于提出改革的具体意见，亲手制订改革行动方案，甚至要担很大的风险。我省在改革中创造出的租赁制、企业破产、小型国营企业拍卖转制、股份制等改革措施，经过几年的实验，已取得可喜的成果，有些已得到国家认可并在更大范围内推广。正是这批改革的尖兵，在本来没有人走过的地方走出了一条光辉的路。总之，建设社会主义事业，需要社会主义的企业家，他们的使命是极其光荣而伟大的。在我们社会主义国家里，企业家的地位和作用应得到各方面的充分重视，他们的艰苦劳动应得到社会的充分尊重，他们所获得的合法权益应得到社会的充分承认。

实践证明，只有生动活泼的经济改革，才会为企业家们提供广阔的天地。改革开放以来，各地按照中央的要求，进一步解放思想，勇于探索，朝着建立起具有中国特色的、充满生机活力的社会主义经济体制的目标不断深入改革，开始建立起新的市场机制，创立平等竞争的环境和条件，一大批企业家正在崛起。但是，我们也必须清醒地看到，我们的改革还是初步的，新旧体制交替过程中还会出现许多新的矛盾，企业内部改革的深化还要依靠有胆、有识、有作为的企业家团结广大群众去探索去开拓。我们各级领导的重要责任，就是要为一大批企业家脱颖而出创造条件，使他们茁壮成长，成为新时代的闯将。

作为一个经济工作者、一个企业负责人、一个厂长，能不能成为一个企业家，还要取决于自身的素质和主观努力。也就是说，当上了厂长不一定都能成为一个合格的企业家。企业家的称号既不是上级委任的，也不是自封的，而是在竞争中产生并为社会所承认的善于经营企业的专家。一个企业家应该有远大的理想、较强的国家观念、群众观念和浓厚的商品经济意识，即市场观念、竞争观念、质量观念、效益观念、法制观念和科学的人才观。

竞争要求企业家要有“不干则已，干必第一”的精神。不仅要争同行业第一，争全国第一，还要争世界第一。没有较强的竞争意识，怕担风险，不敢争先，就算不上一个合格的企业家。

当改革的大潮在神州大地涌动之际，一大批才华横溢的企业家脱颖而出，他们肩负着国家和民族的期望，以经济学家的头脑、哲学家的思维、政治家的气魄、外交家的纵横、军事家的果断、战略家的眼光，驰骋于改革开放的广阔天地，自立于世界企业之林，堪称一代精英！

实行"一厂两制"是大中型企业走向国际的新路子*

（1988年3月29日）

大中型企业要走向国际大循环，关键是在国际市场上要有一定竞争力的产品，否则我们就只能进不能出，循环不起来。在大中型企业中，拿出一个分厂、一个车间和外商搞合资，即一厂两制，是一条切实可行的走向国际大循环的新路子。

大中型企业多且经济、技术实力强，是辽宁经济的一大特色。经过37年的建设和发展，辽宁已成为大中型企业在全国最多的省份。这些大中型企业虽然只占全省工业企业总数的3%，但拥有的固定资产、实现产值、利润和上缴利税在全省工业中却占有极其重要的地位。到1986年，大中型企业固定资产原值占全省工业企业固定资产原值的78.7%，实现利税占75.8%，上缴利税占84%。由此可见，这些大中型企业，确实是辽宁经济的"台柱"，是我省经济发展的火车头。

* 这是李长春同志发表在《辽宁日报》上的文章。

从实际出发，制定相应的政策和策略，是我们党历来的行动准则。为此，在最近结束的辽东半岛对外开放工作会议上，省委省政府提出了以出口创汇为龙头、“两个拳头〔1〕往外打”的走向国际的发展战略。其中一个拳头是把一大批大中型骨干企业直接推到国际市场第一线，把大中型企业的改造纳入国际经济大循环，在国际市场的竞争中改造提高自己。确立把一大批大中型骨干企业直接推到国际市场第一线的发展战略，是按照党的十三大精神，正确认识我省省情，从实际出发制订本地区的经济发展战略以及政策措施的具体体现，是完全必要和切实可行的。“两个拳头往外打”，完全符合辽宁的实际，是具有辽宁特色的经济发展战略。

我们必须清醒地看到，辽宁虽然具有相当雄厚的经济基础，有较强的经济实力，但是也有先天不足和思想上、工作上的明显差距。我们不具有广东、福建等省那样的优势，他们在海外有一大批华侨、有一大笔侨资，有特殊的地理位置，又有一大批具有相当经济实力的乡镇企业。我们必须依靠我们的优势，特别是要依靠我们的一大批在国家经济生活中具有举足轻重地位，其中相当一批是全国同行业“排头兵”、“国家队”的大中型骨干企业。大中型骨干企业参加国际大循环意义很大。一是自身可以得到改造，实现高水平的技术改造和学习借鉴现代企业管理理念。二是可以逐步改变我们的出口产品结构，提高出口产品的技术附加值。三是可以改善内循环的水平，向国民经济各部门提供更多更好的基础原材料和技术装备。只要我们一手抓住具有较大生命力的乡镇企业，依靠我省自然资源丰富和劳动力素质好、价格低的优势，积极发展“三来一补”〔2〕；另一手通过采取“一厂两制”

等改革和开放相结合的措施，切实把一大批大中型企业推向国际市场的第一线，走出大中型企业参加国际大循环的新路子，辽东半岛对外开放的前景必然是十分广阔的。

一、实行"一厂两制"是利用外资、引进技术的迫切需要

大中型企业要走向国际大循环，关键是在国际市场上要有一定竞争力的产品，否则我们就只能进不能出，循环不起来。辽宁的大中型企业虽然有较强的经济实力，但是由于过去长期受僵化的经济模式影响和旧的传统观念束缚，许多大中型骨干企业管理滞后、设备陈旧、工艺落后、产品性能老化，企业缺乏生机和活力，发展后劲不足。要改变这种不适应走向国际大循环的状况，就必须加速对外开放、利用外资、引进技术、改造老企业的步伐，否则我们的差距只能越来越大。要加速利用外资、引进技术的步伐，企业必须有足够的外汇和配套资金。从目前情况看，我们的国力有限，企业的留利水平又不高。也就是说，按照老办法、老套路，国家和企业都拿不出更多的资金搞利用外资、引进技术的工作。在依靠国家给拨款或者给外汇改造企业的老办法行不通的情况下，企业到底应该怎么办？辽阳印染厂、沈阳助剂厂等企业的经验表明，实行"一厂两制"，用更灵活更实际更有效的办法利用外资，引进先进管理经验和生产技术，是一条切实可行的走向国际大循环的新路子。

何为"一厂两制"？"一厂两制"是指在一个大中型企业中，拿出一个分厂、一个车间和外商搞合资，既有全民所有制（或劳

动群众集体所有制），也有中外合资所有制；既有我们常规的管理模式，也有由外商按通常国际惯例管理企业的管理模式。简而言之，“一厂两制”就是一个企业允许有两种所有制和两种管理体制同时存在。

实践表明，通过实行“一厂两制”，外商不仅带来了资金，而且带来了技术，带来了管理经验和严、细的工作作风，还带来了销售网络和国际市场的商品经济信息，取得了投资少、见效快的功效。按照这条新路子利用外资、引进技术有如下具体好处：

一是可以节省大量投资，在稳定经济的基础上加速对外开放。从前段实际情况看，借外债自己办企业特别是办大型企业，建厂周期长，产品销不到国际市场上去，还债能力差，往往使我们背上包袱，效果不佳。当前，怎样在深入改革、扩大开放的同时，保证国民经济的稳定，不至于冲击财政信贷，是非常重要的问题。实行“一厂两制”，实际上是一种直接吸引外商投资的新形式，可利用现成的厂房作为中方股本，不需增加更多的配套资金，外商用先进技术设备和关键技术软件投资入股，就可以实现和外商合资、合作经营，从而有效地解决资金不足问题。

二是有利于深化企业内部改革，从根本上提高企业的管理水平。我们的一大批大中型企业，虽然经过企业内部改革，强化了厂长（经理）在企业的中心地位和中心作用，多年形成的吃“大锅饭”问题也有了一定程度的改变，但是在企业劳动人事制度、干部制度、分配制度等“高难动作”的改革上，由于习惯势力的束缚，仍作为不大，企业人浮于事、劳动效率低、管理不严、制度不严等现象并没有从根本上得到扭转，远远不适应国际竞争的需要。这些深化企业改革所遇到的阻力和难题，单靠企业内部自我改革进展较慢，会丢掉当前的国际机遇。目前，我们有必要借用外界力量来冲击一下陈旧观念和落后的管理模式，促进新旧体制的交替。在企业实行“一厂两制”，就是实现这一想法的有效办法。在一个企业，划出一“角”（一个分厂或车间），划出一“品”（一种产品），或者划出一“线”（一条生产线），同外商合资、合作经营，或聘用外商来管理，实行“一厂两制”，把国际上先进的、适应国际竞争的管理模式引入企业内部，形成一个样板，并逐步用这个样板影响和渗透到整个工厂。让外商直接管理，这是实行“一厂两制”的关键。让他们用国际惯例管理企业，就会使落后的管理模式和陈腐观念从根本上受到冲击，极大地提高企业管理水平。

三是有利于企业现有技术装备得到彻底更新改造。实行“一厂两制”，可通过外商以技术软件或设备引进形式同我合资经营或参资入股，使企业的技术水平、产品水平得到极大提高。我们的一些大中型企业虽然存在技术落后、设备陈旧问题，但并不是所有技术都落后、所有设备都不适应生产的要求，而是在关键技术、关键设备上同世界先进水平差距较大。实行“一厂两制”后，就可通过引进少量关键设备和技术，使生产手段提高一步，使产品水平上一个台阶，而且可以变一次性引进技术为连续性引进技术。

四是有利于训练干部，提高管理人员的素质。目前，我们企业内部的技术人员或者管理人员的水平还不高，而外资企业管理人员一般都是通过竞争选拔出来的，因而他们的才能是比较全面的。技术人员一般都会实地操作，从作风上来看，外商管理人员作风严、细，执行规章制度一丝不苟，管理方法灵活，讲究实效，特别是有时间观念，千方百计提高效率。我们的老一套疲沓作风，例如不负责任、敷衍了事、不讲标准甚至软磨硬泡等，确实应该让外商的扎实作风冲击一下。通过实行“一厂两制”，我们应当利用外商管理企业的机会，老老实实地学几年，使我们广大管理人员的素质从根本上得到提高。

五是有利于产品出口，增加创汇。目前，我们的大多数企业同国际市场都有一段较长的距离，这主要表现在：企业对国际市场的行情不熟，渠道不通，不知道国际市场上需要什么，不知道如何使自己的产品适应国际市场的需要。一句话，我们的许多大中型企业还没有走向国际市场第一线，还没有学会同外国人做生意。要使企业尽快走向国际市场，就必须想办法缩短企业同国际市场的距离。实行“一厂两制”，聘请外商经营或者同外商合资、合作生产国际市场需要的产品，就是最好的办法。把外商吸引进厂，自然就带来了国际市场的行情；按外商的要求组织生产，产品在国际市场必然有销路；生产出的产品和外商共同经销，必然就有销售渠道。总之，走出去或者请进来，都是走向国际市场第一线的具体路子。实行“一厂两制”，让外商和我们共同关心产品质量和产品出口，这使出口创汇从根本上得到了保证。

二、实行“一厂两制”必须完善企业内部配套改革

不论是用“一厂一角”或“一厂一品”、“一厂一线”的方式实行“一厂两制”，也不论是实行两种所有制或者两种管理体制，

厂方同外商的关系必须是彻底的经济关系。实行两种所有制的车间要独立核算，实行两种管理体制的要经营承包或者技术承包，用合同说话。总之，吃外商“大锅饭”人家是不会干的。为了用经济办法确立同外商的关系，企业内部必须完善各种配套改革，这是实行“一厂两制”的前提。内部配套改革主要包括以下几个内容：

一是对富余的职工要有安排办法。企业人员多、效率低是我们的一大通病。划出一个车间交外商管理后，外商在用人问题上必然精打细算，并按国际惯例考虑劳务成本，合理用人。让人家“带病作业”是不行的。那么经考试、考核筛选下来的富余人员怎么办？企业必须下决心走出一条妥善安排富余人员的新路子，这是能否实行“一厂两制”的关键。应采取多种办法使冗员各尽所能、各得其所，要严格实行退休制度，使那些到退休年龄的职工退下来。对于不适应现岗位生产作业而又有培养前途的青年工人，应组织他们进行业务培训，提高他们的生产技能，并适时择优安排上岗生产作业。企业内部可开辟劳务市场，允许部分富余人员根据自己的条件到内部劳务市场寻找适合自己的工作，也应该允许富余人员到社会上的劳务市场寻找适合自己的工作，劳动部门应准许其工龄连续计算。有条件的，愿意自谋职业的，企业、社会应大力支持。

二是改革干部制度，实行选贤任能。实行“一厂两制”后遇到的一个实际问题就是精简干部，干部队伍必须精干，管理人员必须一专多能。要根据需要对原有干部制度进行改革，要用招聘制、任期制代替委任制和终身制。对不称职的干部，要下决心拿下来，把他们充实到基层。实行“一厂两制”，就是要用崭新的管理办法办企业。干部将就着用，工人对付着干，管理还是老一套；用的是新设备，管理还是旧体制，让外商就范，企业是搞不好的，实行对外开放就成了一句空话。

三是要完善按劳分配制度。企业实行“一厂两制”后，外商将用新的办法组织生产经营，因此劳动生产率将会得到较大提高，同时工人和管理人员付出的劳动量也必然增大。所以，在由外商经营管理的分厂里，工资制度也必须做相应的改革。应根据生产发展情况和盈利水平，合理计算劳务成本。应准许实行“一厂两制”分厂（车间）的职工先富起来，他们的工资可以高于一般车间工人的工资，并允许工资随效益浮动，上不封顶下不保底。也要允许外商手中有一笔灵活支配的奖励基金，使他们能够随时奖励作出突出成绩的工人和管理人员。这部分职工获得较高收入后，可以通过实施职工向企业参资入股、提高住房储蓄、养老金保险、医疗保险等措施，将“暗补”变“明补”。

三、实行“一厂两制”必须进一步改善社会投资环境

企业是社会的重要组成部分，社会是企业活动的舞台。企业实行“一厂两制”，要求有比较良好的社会投资环境。各级政府和社会组织要强化为企业生产经营服务的功能，完善社会服务和社会保障体系，以保证企业生产经营活动的正常进行。

一是各级领导机关要积极引导广大群众破除僵化经济模式的影响和旧的小生产、封闭式的传统观念。教育广大群众用社会主义初级阶段的理论正确认识我国的国情，用崭新的商品经济观念

看待“一厂两制”这一新事物。实行“一厂两制”不是要脱离社会主义轨道，而是深化改革、加速开放、大力发展社会主义现代化建设事业的重要措施，中方的生产资料仍然是国家的，企业职工仍然是国家的主人，企业的经营活动都是在党和国家的大政方针指导下进行的，并不违背国家的政策法令，所以没有改变以生产资料公有制为基础的社会主义性质。对发达国家中发展商品经济的规律性东西，不能认为是资本主义属性，而是社会化大生产的客观规律，也是我国发展有计划的商品经济所需要的。正如党的十三大报告中指出的那样：“社会主义优越性的充分发挥和吸引力的不断增强，归根到底，都取决于生产力的发展。”我们检验是非的唯一标准，就是要看是否有利于发展社会主义生产力。通过实行“一厂两制”，加速了企业利用外资、引进技术、增加出口创汇的步伐，发展了社会生产力，这是对国家有利，对集体和个人也有利的大好事。

二是政府管理部门要进一步下放权限，实行政企分开，扩大企业自主权。实行“一厂两制”，使企业微观经营活动发生了深刻变化。作为政府机关和经济管理部门，要适应这一新情况，就必须加速自身的改革。目前，政府机关和经济管理部门仍然存在权力过于集中的问题。要改变政府部门评价企业的老办法，这是检查团屡禁不止的根源，要让企业在市场竞争中去较量，让用户和社会去评价，严控无意义的检查团、表彰会。为了保障企业的合法权益，必须坚决贯彻政企分开的方针，只要企业合法经营，任何组织和个人都无权干涉企业的活动。同时，各级组织应千方百计为企业生产活动创造方便条件，提供优良服务。要改革政府机关和经济管理部门的管理制度，简化层次和手续，改变部门重叠、办事效率低的状况，使外商满意。

三是要解决好资本评估和财政问题。评估企业的资产要坚持实事求是，合情合理，做到互惠互利，使外商有利可图，我们也要有利可图。特别是搞“一厂两制”的都是老企业，为增强吸引力，不宜作价过高。搞“一厂两制”还会遇到财政问题，按合资企业的优惠待遇，所得税率降低，地方财政收入会受到影响。一方面，我们要实行“一厂两制”的企业，一般应是急需改造、没有后劲的企业。这样的企业，财政作出暂时的让步，实质是培植了税源，财政部门应该开明。另一方面，目前真正能按“一厂两制”办法搞的企业还是少数，不会有大的影响。

四是要进一步建立和完善各类市场。要搞好资金市场，搞活外汇调剂中心和各级金融组织，使企业在资金市场中有权选择使用内资和外汇。要搞活生产资料市场，解决好原材料供应渠道问题。办好劳务市场，解决企业短缺人才，帮助企业安排多余人员。对实行“一厂两制”的企业要信守合同，未经外商同意，上级部门不得随意更换中方管理人员，搞轮流“坐庄”。他们从人才市场聘用的人员，各有关部门应支持放行。此外，还要办好为企业服务的信息业、咨询业，建立完善为企业生产经营服务的社会服务和社会保障体系。

外商来我国工作，希望有一个气候宜人、整洁优美的环境，所以还必须加强城市建设和城市管理工作，提高社会文明水平。要使外商有文体活动的场所，有完善的医疗保健设施，有安全感。从某种意义上来说，一个地区、一个单位主要领导同志的文明程度，决定了这一地区、这一单位的文明程度。所以，地方主要领导同志应加强对城市文明建设的领导，教育、引导群众改变不文明的习惯，对目前一些地区仍存在的脏、乱、差等问题要下决心予以治理。

注　释

〔1〕两个拳头，一个拳头指大中型骨干企业，一个拳头指乡镇企业。

〔2〕“三来一补”，指来料加工、来样加工、来件装配和补偿贸易。

大中型企业要学习模范乡镇企业的成功经验*

（1988年9月15日）

乡镇企业经营机制的真谛，就是一切面向市场。通过学习他们的经验，所有企业的经营者都应研究一下，如何引进乡镇企业的经营机制，紧紧围绕市场进行本企业的内部改革。

过去，我们往往以为乡镇企业产品质量基本不过关，粗制滥造；用高额“回扣”手段搞推销，让人信不过；乡镇企业完全是小生产的管理作风，内部经营方式也是小作坊式的，不科学；乡镇企业技术力量差，不重视科学技术，更谈不上人才培养。在科学技术快速发展的今天，如果回过头去引进乡镇企业的经营机制，不等于倒退吗？那么，大中型企业是否需要引进乡镇企业的经营机制，乡镇企业的管理经验是否有值得大中型企业学习之处呢？在此，我向大家推荐一个模范的乡镇企业——鞍山自行车零件七厂。

* 这是李长春同志在鞍山自行车零件七厂调研后撰写的调查报告的一部分。

这个厂1976年末建厂，地处鞍山市腾鳌镇，仅有137人，是生产自行车球架的专业厂。建厂11年来，他们由一个险些倒闭的小厂一跃成为全国生产同类产品的最大专业厂家，产品已为全国20多个省、市、自治区的80个自行车厂（包括凤凰、永久、飞鸽牌的生产厂）及零件厂配套，并销往美国、泰国、马来西亚和香港等地，成为全国同类产品第一个打入国际市场的厂家，而且产品、产量、质量、全员劳动生产率、全员人均利税率、产品覆盖率等各项指标均居全国同行业之首。

一个小小的乡镇企业，为什么能够有如此之大的能量？靠小作坊那套管理方式能够发展这样快吗？只靠“回扣”推销产品能打入国际市场吗？调查中我得出了答案。

一、靠信得过的产品质量赢得用户，靠周到的服务质量占领产品市场

厂长郝国栋向我介绍，质量是企业的生命。他们狠抓产品质量，靠质量来赢得用户的信任，靠服务来占领产品市场。

一是制定了一整套切实可行的质量管理制度。具体为七检、六不、五填写。七检：自检、互检、专检、首件检、循环检、定时检、重点检；六不：不合格的材料不入库、不入库的材料不投产、上道工序不合格不进入下道工序、不合格的产品不验收、不验收的产品不入库、不入库的产品不出厂；五填写：填写检查记录、填写机动卡片、填写代号卡片、填写原始信息反馈卡片和工序流程卡片，并制定了从材料进入到产品出厂的检测标准。他们不但“法制”健全，纪律也很严明。厂里规定，工人凡质量达不

到标准的，轻者扣发工资和奖金，重者除名。我了解到，这几年该厂就有 5 名职工因生产的产品质量多次达不到标准而被除名。我想，仅这一点大中型企业就应很好学习。

二是加强基础工作，完善检测手段。有人认为乡镇企业生产的产品基本上是“糊弄”，能用卡尺测量就不错了，根本谈不上用千分尺、百分表等精密量器具检测了。但我在调查中发现，这个企业人人都用专用量具检查产品质量，而且建立了全国同行业一流水平的质量检测中心。为了提高产品质量，该厂先后自制和购进了 300 多件通用、专用量器具，他们在这方面是舍得花钱的，先后投资了 100 多万元，从而使工艺装备和检测手段达到国内先进水平。

三是注意服务质量，用周到的服务来争取用户、占领市场。他们从实践中悟出了一条道理：要想产品能够占领市场，必须产品质量和服务质量一齐抓；要想用户之所想，急用户之所急，帮用户之所需，树立社会主义企业的经营道德观念。上海自行车三厂生产第一批出口凤凰牌自行车时，球架经过多次筛选，决定使用该厂产品，但只需 1000 件，价值仅有几百元，而且要立即到货。接到电报后，他们立即派经营办主任带着产品前往上海，第二天就把货送到上海自行车三厂，从而保证了产品出口任务的完成。可靠的质量和热情的服务感动了这个生产全国名牌自行车的厂家，该厂决定同他们签订长期订货合同。一次周到的服务，不但使自己的产品增加了销路，而且扩大了产品的声誉——凤凰牌自行车用的是鞍山自行车零件七厂生产的球架。一些大中型企业此时恐怕会想，1000 个球架，不值几百元，整个产值还不够来回的飞机票钱，值得吗？我认为，不但值得，而且这种服务作风是值得一些大中型企业学习的。

二、以现代化的经营方式和国际惯例管理企业

在许多人的印象中，乡镇企业的生产方式一定是小作坊式的，管理水平和方法也是小生产式的。鉴于此，大中型企业要引进乡镇企业的经营机制无疑是倒退。我在调查中发现，这个厂的内部经营机制和企业管理方法不但不亚于大中型企业，而且还要比某些企业高出一筹，值得好好学习。

一是精干的管理机构。这个厂虽有 137 名员工，但只有 6 名管理人员，厂长兼书记，不设副厂长。厂办只有一名主任，既处

1986 年 11 月 1 日，李长春在鞍钢视察工作时与职工亲切交谈。左一为鞍钢党委书记张羽。

理日常事务又兼文书档案和打字记录。供销员兼汽车装卸工，出纳员兼描图员又兼接待室服务员。两个车间主任均是“连踢带打”，生产调度、考勤记录、统计所有行政管理事务全部一人承担。除2个车间主任外，其余4名管理人员均在一个办公室合署挂牌办公，效率相当高。说到这里，可能有些大中型企业的同志会说，乡镇企业人少，设几个管理人员就行了，像我们上千上万人的大企业，没有足够的管理人员怎么行呢？那么，这里我们不妨计算一下这个厂职工和管理人员的比例，137∶6，即为100∶4.4，也就是说，该厂的管理人员只占职工总数的4.4%，而我们有些大中型企业职工和管理人员的比例又是多少呢？所以说，要提高效率必须减少层次，管理人员必须精干，这一点值得所有企业学习。

二是严格、先进的管理方法。这个厂虽说是个乡镇企业，但在企业管理上努力采用现代化管理方法，从严治厂。从1986年10月开始，这个厂先后购置了2台电脑，生产管理、仓库管理、销售管理和劳动工资管理全部采用微机技术。此外，他们的各项企业管理的基础工作也都实现了标准化、规范化和程序化，每个人都有工作标准和规范，并全部输入电脑，以利于检查和咨询。他们还根据每个职工的不同工种和生产中的不同工序制订了工作流动卡片，按程序进行传递，工作忙而不乱，生产秩序井然。

三是厂内实行严格的承包责任制。他们针对乡镇企业职工人员构成基本上是农民和镇内待业青年的特点，从工人一入厂就着手进行厂规、厂纪的教育，并以承包责任制为中心，制定了严格、科学的奖罚标准。他们把每个职工的工作量划分为若干个小指标，同各类人员岗位责任和经济责任紧密地结合起来，分工明确，责任全部落实到人，在此基础上实行超额记分计奖，并进行严格的考核。比如，他们把一线生产人员的产量定为30分，完成定额为基本工资，每超过定额1%加3分，以此顺推。完不成定额的不仅不发奖金，还要按比例扣发基本工资。对管理人员则按其工作职责和厂长临时交办的任务考核其工作差错率，按差错次数和程度进行处罚。对于经常完不成定额的工人和工作差错率高的管理人员，在“黄牌”警告期满仍无进步的，则予以除名。

四是重视生产环境建设和职工生活福利。这个厂不但经营管理上完全按国际惯例进行，而且有良好的生产环境和优越的职工福利。他们自筹资金53万元建造了2000多平方米的厂房大楼，职工动手建造了立体花栏和蓄水池，厂区全部植上了草坪，一进厂区就使人心旷神怡。职工食堂物美价廉，厂区还建有太阳能淋浴室。为了解决乡镇企业职工的后顾之忧，厂里为每个职工都办理了社会养老金保险，从而使职工在退休后每人每月可得到15元的生活费。

三、重视科学技术，不惜重金培养和招聘人才，提高企业生存能力

科学技术就是生产力。我在调查中发现，这个厂对于科学技术的重视程度和取得的成效令人赞叹。该厂原来的职工平均技术等级只有1.3级，137名职工中只有一名工程技术人员。他们从实践中认识到，为了提高企业的生存能力，必须采用先进的科学技术，通过各种途径建立起一支能打硬仗并服务于日常生产的工程技术人员队伍。只有这样，才能使企业在现代科学技术蓬勃发

展的今天立于不败之地。他们采取了如下办法来提高企业的科学技术水平。

一是立足于长远，培养自己土生土长的科学技术人员。1982年，他们在资金相当贫乏的情况下，毅然决定送出4名青年职工到大学深造，并签订了毕业后保证回厂服务的公证合同。现已毕业回厂3名。这3名同志在本厂的生产中发挥了重要作用。在不到2年的时间里，他们不但能完全独立管理本厂的微机室，包括独立设计程序，还同其他同志一起搞成了双冲头落料、自动接料手、自动分料器、装珠器等几十项技术革新，直接创造价值每年可达十几万元。用厂长的话说，这是一次性投入4万元（每人培训各1万元），一年净赚回14万。工人们也十分赞赏厂长的这一长远眼光。

二是大搞横向技术联合，从厂外引进智力。他们认识到，一个乡镇企业只靠自己的技术力量实现生产的飞速发展是不可能的，还必须借人生财。他们先后同鞍钢设计院等单位签订了技术合作合同，制定了切实可行的技术改进方案。1984年，在鞍钢设计院的帮助下，制造了一台自动开卷机，投资5万元，投入生产后一年之内不但全部收回投资，而且盈利4万元。他们还利用鞍钢设计院技术力量雄厚的条件，请他们定期为本厂职工上技术课，搞技术培训，使全厂工人的技术素质得到了普遍提高，到1988年上半年，全厂工人平均技术等级已由原来的1.3级提高到3.2级。

三是不惜重金聘请技术人员，为本企业服务。他们高薪聘请了一位有丰富技改经验的技师，专门为厂里设计制造简单的机械手，以此提高生产能力，保证产量由几十万件到近亿件的飞跃。这名老技师到厂半年后，先后为厂里设计制造了4台自动送料装置，加上付给这名老技师的劳务费用，总成本才4千元，而投产后每台设备单机日产量则由原来手工操作的3万件提高到10万件，只此一项每台每年就可多创造价值20万元，大大提高了劳动生产率。

从他们的经验看，乡镇企业的经营机制特点是：

（一）乡镇企业没有“铁饭碗”，是“泥饭碗”，企业本身国家不管其盈亏，不包不管；干部实行聘任制，没有“铁交椅”可坐；职工实行合同制，表现不好就要被除名。所以企业、干部、职工始终处于背水一战的境地，有一种危机感和紧迫感，迫使他们奋发向上。

（二）正因为没有“铁饭碗”，也就无“大锅饭”可言，真正实行按劳分配，按功行赏，档次分明，利于调动干部、职工的积极性。

（三）没有上级主管部门这个“婆婆”，有的只是市场这个真正的企业衣食父母。国家不包不保，企业产销只有完全靠市场，靠信得过的产品质量赢得用户，靠周到的服务质量占领产品市场。

（四）一切以生产和企业利益为中心，机构精干，管理人员少，办事效率高。

（五）不惜重金培养和招聘人才，增强企业的技术能力，将技术进步与产品质量和企业生存紧密结合起来。

鞍山自行车零件七厂的实践，回答了一个发人深省的问题，为什么一个条件、实力如此薄弱的乡镇企业能做出这样的成绩，而我们有些大中型企业（也包括一些效益好的集体企业和小型国营企业）却做不到呢？乡镇企业经营机制的真谛，就是一切面向市场。通过学习他们的经验，所有企业的经营者都应研究一下，如何引进乡镇企业的经营机制，紧紧围绕市场进行本企业的内部改革。

探索和试行新的企业经营机制*

（1988年10月18日）

> 企业实行股份制，可以明确企业产权关系，有利于克服短期行为和建立自我约束机制，是具有长远战略意义的改革措施。要有选择地出售一批小型国营企业和城镇集体企业，促进所有制结构改革。积极组织引导长期亏损企业通过兼并、拍卖、破产或租赁经营等办法，加速扭亏增盈。

富有生机和活力的经营机制，是企业发展的内在动力，要不断进行新的探索和改革。

一是试行企业股份制经营。企业实行股份制，可以明确企业产权关系，有利于克服短期行为和建立自我约束机制，是具有长远战略意义的改革措施。明年全省要扩大试点，力争在股份制经营方面迈出新的步伐。各市要选择少数效益较好、信誉较高的大

* 这是李长春同志在中共辽宁省委六届七次全委（扩大）会议上讲话的一部分。

中型国营企业试行公开向社会发行股票；一般全民所有制企业，可以试行企业内部职工入股式的股份制；集体企业可以广泛地实行股份合作制经营；企业间的横向联合和企业集团可以广泛地实行参股式股份制。

二是把乡镇企业经营机制引进国营和城镇集体企业中来。乡镇企业之所以具有旺盛生机与活力，很重要的原因是自主经营、自负盈亏，没有“大锅饭”和“铁饭碗”，这正是大中型企业特别是国营企业所欠缺的。要把长期亏损的国营企业和城镇集体企业，通过企业市场由优秀的乡镇企业兼并、合营或由农民企业家承包、租赁。今后，新办的中小企业不能再照搬国营企业模式，要按乡镇企业方式组建，实行真正的自主经营、自负盈亏、自我约束。

三是有选择地出售一批小型国营企业和城镇集体企业。将一批亏损和亏损边缘的小型国营企业、城镇集体企业，出售给私人、职工集体、乡镇企业或其他经济实体，可以促进扭亏增盈，减轻国家负担，增加财政收入，把消费资金转化为生产资金，同时对改革所有制结构，明确产权关系有着实际意义。目前出售小企业的难点：一是个人资金量小，买不起；二是被出售企业的职工不好安排。因此，出售小型企业一定要注意从实际出发，采取多种形式，可以把企业整体出售，也可以切块出售；个人可以买，集体也可以买；本企业职工可以买，社会也可以买；本地区可以买，外地和国外也可以买。出售企业是一项较为复杂的工作。出售前，一定要充分听取职工意见，搞好资产评估，合理作价，集体企业的出售，要由全体职工作出决定；出售后，一定要处理好债权债务和出售后的资产收入问题，妥善安排职工的出路，试行职工随企业产权一块走，退休劳保由社会统筹，企业缴纳保险金。要积极组织和引导长期亏损企业，通过兼并、拍卖、破产或租赁经营等办法，加速扭亏增盈。

深化企业改革的几个关键问题*

（1989 年 8 月 20 日）

关于企业领导体制问题。厂长负责制不变，这是《企业法》[1]明确的。要深刻领会《企业法》的核心内容：一是厂长是企业的法人代表，二是厂长在企业生产经营的决策与行政指挥中处于中心地位，三是厂长要两个文明建设一起抓。企业党组织也是三条：在政治上起核心作用，对思想政治工作实行领导，对贯彻党的路线、方针、政策和实现企业的生产经营目标发挥保证监督作用。企业生产经营的重大问题，由厂长决策，但决策要实现科学化、民主化。省委省政府认为，当前我省经济形势比较严峻[2]，急需企业千方百计克服困难，把生产搞上去。总的精神是稳定企业，企业内部决策程序、工作秩序等暂时都不动。有些具体办法，企业还可以探讨，不断完善。几年来的实践证明，当好企业厂长，必须要有较强的党的观念和群众观念，否则是不行的。因此，厂长要不断增强这两个观念，善于搞好两手抓，在企业重大问题决策中要主动征求党委的意见和职代会意见。党的基本路线是一个中心、两个基本点，两个基本点是为经济建设这个中心服

* 这是李长春同志在辽宁省经济工作座谈会上讲话的一部分。

务的。企业是经济组织，各项工作都要围绕经济建设这个中心来进行。企业党组织要支持厂长工作，要在组织动员群众，贯彻党的路线、方针、政策和实现企业经营目标上实行政治领导，对群团组织实行政治领导，企业党组织具体的工作规范也可以在探索中逐步完善。我们还认为，再好的制度也要靠人的合作来实现。希望企业的厂长、党委书记紧密团结，克服困难，把生产搞上去，要进一步携起手来，探索如何办好具有中国特色社会主义的企业。今后，凡是中央对企业领导体制作出进一步规定的，都以中央的决定为准。

关于承包责任制问题。最近国务院全体会议决定，地方财政包干、外贸外汇包干、铁路和煤炭行业包干以及企业实行的各种

1988 年 2 月 16 日农历除夕，李长春来到鞍钢慰问坚守生产一线的职工。左二为鞍钢总经理李华忠，右一为鞍山市委书记程喜昌，右二为鞍山市市长马延利，右三为鞍钢党委书记张羽，右五为辽宁省副省长左琨。

承包制度等，都要继续贯彻执行。企业实行的各种承包制度，既包括国家和企业之间的承包、租赁等经营责任制，又包括企业内部的各种承包制度。制度本身要坚持不变，至于在内容上承包基数是否合理，承包指标是否科学，应该在总结经验的基础上不断完善，不能把内容的完善说成制度的改变和政策多变。省委省政府办公厅近期转发了省委政研室和省体改委《关于发展和完善全民所有制企业承包经营责任制若干问题的意见》，各地可参照执行。

关于深化企业改革、搞活企业的行之有效的措施和过去下放的权限问题。省里的态度是：凡是党中央和国务院作出明确规定的，都要按中央的规定办；凡是中央没变的，我们要继续执行；对于省、市政府确定的各项改革包括深化企业内部改革的措施，凡是符合中央文件精神的，要继续执行。对不符合中央宏观要求的，由省、市政府调查研究后，提出调整意见，以红头文件为准，在省、市政府没调整前，任何部门无权改变，但可以向省、市政府反映意见。对省、市政府过去的决定，现在看来有问题的，责任由省、市政府承担，不追究企业责任。对过去省、市有过规定，现在监察、检查部门作为问题检查的，一方面要尊重监察、检查部门的权力，另一方面大家可以把问题汇总上来，由计经委、体改委会同监察、检查部门调查研究，分清是非后，提出具体处理意见。

关于加强企业思想政治工作问题。要抓好中央有关文件精神的贯彻落实，改变企业思想政治工作出现的“空档”状况，迅速增强思想政治工作的凝聚力。当前思想政治工作的重点是，一手动员职工，千方百计克服困难，把生产搞上去；一手抓好统一思想，把思想认识统一到党的十三届四中全会精神上来。各级行政领导都要坚持这两手抓，并支持党委对思想政治工作实行领导。

关于对厂长队伍的基本估计问题。同意各市谈的意见，我省企业厂长（经理）大多数是好的，特别是大中型企业的厂长（经理），他们同企业党组织一道，率领企业职工，坚定贯彻党的十一届三中全会以来的路线、方针、政策，大胆开拓、勇于创新，在深化企业改革、提高效益上是有成效的，为经济稳定发展、政治安定团结的好形势作出了重大贡献，涌现出了一批有觉悟、有胆识、有作为的经营者，为振兴辽宁经济作出了突出的贡献。全省人民要充分肯定他们的劳动，这是厂长队伍的主流。但确有少数经营者受资产阶级思想的侵蚀，没有过好改革关、开放关、权力关，蜕变成了腐败分子，给企业造成很大损失，玷污了改革的声誉，给社会造成很坏的影响。这些人代表不了企业家，对这样的人进行坚决查处是必要的。至于舆论导向上，总的看没出现大的偏差。今后，可以更多地表扬一些党性强、作风好、清正廉洁的企业家，同时要有选择地揭露个别腐败堕落的经营者。

当前企业组织生产的困难很大，在继续加强对企业的监督、管理的同时，方方面面要支持企业搞活经济，保护企业的合法经营和正当权益。既要坚决惩治贪污受贿、中饱私囊的违法者，又要正确对待由于经验不足在改革中出现失误的企业家。在保护企业家积极性的同时，也要特别注意调动广大职工的积极性，把两个积极性统一起来，增强职工的主人翁责任感。

注　释

〔1〕《企业法》，指《中华人民共和国全民所有制工业企业法》，1988年4月正式颁布，同年8月开始实施。

〔2〕经济形势比较严峻，主要指1989年国内经济出现了一些困难，集中表现在，一是通货膨胀明显加剧，物价上涨过快，直接影响人民群众生活；二是经济总量不平衡、结构不合理，经济比例关系严重失调；三是建设规模膨胀，能源和原材料供应极度紧张，许多重点建设项目受到影响。同全国一样，当时辽宁省也遇到了比较突出的综合性困难，农业方面，旱情进一步发展，3000万亩农田不同程度受灾，400万亩绝收，农业生产受到严重影响；工业方面，电力供应十分紧张，关系国民经济全局的很多重要产品继续被迫减产，企业生产滑坡，严重影响了财政收入；一直制约辽宁经济发展的资金、能源紧张局面仍然没有缓解，统配电分配量逐月下降，煤炭短缺，个别城市过冬用煤都很紧张。同时，资金双“三角债”（企业之间的三角债，企业、银行、财政之间的三角债）恶性循环，严重制约了工业生产的增长。

以改革推动开放，
把辽东半岛对外开放不断引向深入

热忱欢迎中外企业来沈阳投资兴业*

（1984 年 3 月 27 日）

今年 9 月，将在沈阳举办国际经济技术合作洽谈会。这次洽谈会是根据平等互利原则，通过中外合资经营、合作生产、来料加工、来件装配、补偿贸易、租赁贸易和许可贸易等形式，引进国际先进的、适合我国国情的技术和设备，广泛开展经济技术合作，以加速沈阳市现有企业技术改造和现代化建设的步伐。

大家知道，沈阳具有优越的地理位置、良好的自然条件和雄厚的物质技术基础，形成了较强的综合开发能力，长期以来为国家重点建设工程和全国各地提供了大量的成套设备，支援内地建设了一批企业，还为全国各地输送了 11 万名技术骨干人员，为支援国家建设作出了贡献。同时，也越来越多地吸引世界各地人士与我们开展经济技术交流和合作。特别是我国实行对外开放政策后，沈阳的对外经济技术合作与交流有了更大发展。近几年，沈阳平均每年接待来自世界 50 多个国家和地区的 1 万多名参观旅游者，同世界上 30 多个国家和地区建立了经济贸易和科学文

---

* 这是李长春同志在北京出席中华全国新闻工作者协会俱乐部举行的中外记者招待会时谈话的一部分。

1984 年 3 月 27 日，李长春在北京出席中华全国新闻工作者协会俱乐部举行的中外记者招待会时介绍沈阳经济发展和对外开放情况。

化关系。沈阳市成批出口的服装、纺织品、压力锅、味精、普通车床、自动车床等产品，在国际市场受到赞扬和好评。从 1979 年至 1983 年，沈阳已有近百个企业采用各种形式与国外厂商开展了 134 个项目的经济合作。由于双方共同努力，都取得了较好的效果。沈阳水泵厂从联邦德国引进新技术，双方建立了合作生产、共同出口的贸易关系，产品质量水平有了提高；中美合资经营的沈美日用品有限公司，也取得了劳动生产率和经营效益成倍提高的好成效。根据我国实行对外开放的方针，今后我们将进一步发挥沈阳的优势，发展对外贸易，积极利用外资，引进新技术，开拓国际劳务合作和工程承包，扩大国际上的经济技术的合作与交流。为此，我们将对前来投资及合作的港澳台同胞和外国厂商，提供方便条件并简化手续。

在9月份的洽谈会上，我们将提出200个合作项目（其中沈阳120个），这些项目包括机床、电工、通讯机械、农机汽车、电子、化工、冶金、建材、轻工纺织行业。除这些重点行业的一批重点项目外，我们将根据现有企业技术改造的需要，陆续提出一批新的经济技术合作项目。欢迎各国朋友们提出各自感兴趣的合作项目，随时来沈阳洽谈。对于合作方式，我们愿意同各国厂商进行具体讨论。对于世界各地来沈阳进行独资经营和我们到世界各地合营，以及劳务合作、工程承包等方面的经济合作项目，我们也愿意进行合作。为了鼓励来沈阳进行经济技术合作的投资者，在保证技术水平的前提下，我们现汇引进国外先进技术和设备时，将优先考虑来沈阳的投资者和合作者。

我们愿意和各国厂商，通过各种形式，广泛地开展经济技术合作。我们热忱欢迎世界各地工业界、商业界、金融界的朋友们、先生们，随时与我们洽谈合作项目，并光临9月份在沈阳举办的洽谈会，与我们真诚合作。

欢迎外商来辽宁投资*

（1986 年 10 月 17 日）

各位来宾，各位朋友，各位同志：

首先，请允许我代表辽宁省人民政府，对各位来宾和朋友光临《辽宁省人民政府关于鼓励外商投资的规定》新闻发布会表示热烈的欢迎和衷心的感谢！

我们这次发布会是在我国刚刚公布《国务院关于鼓励外商投资的规定》后举行的，是按照国务院关于不断致力于创造良好的投资环境和进一步改善外商投资企业生产经营条件的精神，结合辽宁省的具体情况，向诸位介绍辽宁省人民政府为办好外商投资企业所采取的一些更加开放的优惠措施。

实行对外开放政策以来，我国已将吸收外商投资作为对外开放政策的一项重要内容和促进我国经济发展的一项重大方针。我们辽宁省经过几年来的努力，吸收外资、兴办外商投资企业从无到有，规模从小到大，取得了可喜的进展。从 1979 年到今年 9 月底，我省已经批准建立外商投资企业 138 家，总投资额

* 这是李长春同志在《辽宁省人民政府关于鼓励外商投资的规定》新闻发布会上的讲话。

为 4.9834 亿美元，外商投资额达 2.1904 亿美元，占总投资额的 44%。在中外双方的共同努力和诚挚合作下，到目前为止，全省已建成投产或开业的外商投资企业有 64 家，占总数的 46%。这些企业大多数已取得了较好的经济效益。在提到这些成果时，应当着重指出，那些具有远见卓识的第一批投资者，与我们共同经历了创业的艰辛，谅解了我们在起步和前进中遇到的缺陷和困难，他们着眼于长远和未来，对合作的前途充满信心。对此，我们表示赞赏和钦佩。

辽宁省吸收外资、举办外商投资企业虽然取得了一定的成效，但是，无论从规模还是发展速度上，都远不适应我省国民经济发展的需要，同辽宁在全国所处的经济地位很不相称。辽宁经过新中国成立三十多年的建设，已经形成了以钢铁、石油化工、建材等原材料和机械制造工业为支柱，拥有 1.9 万多个企业的工业基地，不仅工业密集、商业繁荣，而且形成了以大连为中心，营口、丹东为两翼，包括锦州、葫芦岛在内的密集港口群，构成了我国北方对外开放的重要门户。同时，形成了以沈阳为中心，包括鞍山、抚顺、本溪、辽阳、铁岭在内的中部城市群。前沿港口群和腹地城市群的结合，构成了辽东半岛全面推进对外开放的新态势。其中，大连市经国务院批准被列为 14 个沿海开放城市之一，那里兴建的经济技术开发区正在顺利进行；营口市和沈阳市的铁西工业区也经国务院批准享受了开放城市的主要政策。此外，辽宁省气候宜人、资源丰富、市场广阔、交通方便，这些都为我们发展经济、开展国际经济技术合作，提供了良好的条件。

为了加速辽宁省老工业基地的改造和振兴，国家已把我省列为“七五”期间技术改造和基本建设的重点地区之一。辽宁经济发展需要更多的资金、技术、人才和科学经营管理经验。因此，“七五”期间以至今后的很长时期，我们都将坚定不移地实行对外开放，特别是要把吸收外资，包括国际金融组织贷款、各国政府贷款、商业贷款和举办外商投资企业放在十分突出的位置。“七五”期间我省计划吸收外资15亿美元。通过中外合作，引进具有国际先进水平的设备、技术、管理经验，将优先安排机械、电子、冶金、化工、医药、建材、轻工、纺织、食品等行业的技术改造，争取在五年内使其中的相当一部分产品达到国际70年代末或80年代初的水平。这次会上我们提供了一批合作项目，供诸位选择，今后我们还将陆续通过各种渠道和方式对外介绍合作的信息。

1988年7月，李长春率领辽宁省政府代表团访问美国期间，与乔治·布什副总统在白宫会谈。

各位来宾，各位朋友，各位同志：

保证外商投资有利可得，是我们由衷的愿望和一贯的政策。正因为这样，当前，我们特别注意发挥劳务和其他费用比较低廉等优势，使外商在辽宁投资生产的产品比在世界其他地方投资生产的产品在国际市场上具有更明显的竞争力。为进一步鼓励外商投资的积极性，辽宁省人民政府制定了新规定。规定的主要内容包括：允许外商投资企业自主经营和管理，确保并给予一切必要的自主权；对暂时外汇平衡有困难的外商投资企业，视各市能力抽调部分地方自有外汇，帮助外商投资企业解决外汇不平衡问题；优先安排外商投资企业的中方股本资金及外商投资企业所需的流动资金和其他信贷资金；对外商投资企业视不同情况延长减免所得税期限，给予某些税收优惠；降低场地使用费；按当地国营企业待遇，优先保证供应外商投资企业正常生产、经营所需的物资；成立精干、高效、具有权威性的机构，简化手续，提高办事效率。我们特别欢迎外国投资者来辽宁投资举办能生产出口产品或能提供先进技术的外商投资企业，一经有关部门审核确认，我们将对这两类外商投资企业给予更加优惠的待遇。这次发布会上，我们首批公布了16家产品出口企业和先进技术企业名单，并将迅速兑现政策。今后我们还将陆续审核、公布这两类企业名单，给予优惠待遇。为了更好地吸收外资，我们正在致力于加强能源、交通、通讯等基础设施的建设。目前，机场、港口、公路等已得到改建和扩建，服务行业的面貌也正在逐步得到改善。请诸位相信，经过我们坚持不懈的努力，一定能够为外商投资企业的建立和发展，创造出一个良好的外部环境。

各位来宾，各位朋友，各位同志：

举办外商投资企业，是我国对外开放的产物，时间不长，经验不足，加上我国经济管理体制改革正在逐步深入，旧的体制在某些方面仍在起作用，因此难免会发生这样或那样的困难和问题。但是，我们对解决这些困难和问题满怀信心，事实上我们正在认真研究和解决。我确信，我们的投资环境将会越来越好。今天举行这个发布会，公布《辽宁省人民政府关于鼓励外商投资的规定》，就再一次表明了我们的积极态度和诚意。

今后五年内，辽宁这个老工业基地的振兴和大规模技术改造，将为举办外商投资企业提供更为广阔的领域，带来更多的机遇。在座的各位新闻界人士、各位来宾、各位朋友、各位同志，如能广泛地宣传和介绍这次发布的规定，我们将不胜感谢。借此机会，也请诸位转达我们对各国工商界人士的致意，欢迎他们到辽宁来看一看，欢迎他们到辽宁来投资。我们期待着更多的外国投资者采取各种方式到辽宁探讨和开拓中外合作的途径。我确信，在平等互利的基础上，中外双方在辽宁的合作一定会取得更加丰硕的成果。

大连经济技术开发区建设要处理好四个关系*

（1987年3月16日）

建设开发区是国家实施对外开放战略的一项重大决策，批准建设大连经济技术开发区体现了中央对我们的信任。建设好大连开发区，不仅对大连而且对全省甚至东北地区都十分重要，因此，怎样在较短的时间内把大连开发区建设成为一个高水平的试验田、样板田，是我们全省的紧迫任务。建设开发区和推进辽东半岛乃至全省外向型经济，是点和面的关系，由点带面，因此一定要全力推动、促进这个点。

这次到大连经济技术开发区进行调研，留下了很好的印象。一是感到开发区用比较短的时间，在基础设施建设上、公用设施建设上取得了比较快的进展，初步创造了一个必备的而且也是比较良好的投资环境。我第一次来看的时候是1984年春节，那时

* 这是根据记录整理的李长春同志在大连经济技术开发区建设现场办公会上讲话的一部分。

还是一片荒野，现在有了这么大的进展，应该说速度相当快，成绩很大。二是感到这两年多时间，开发区落实了一批比较好的项目，特别是坚持外向型战略，坚持引进国外资金和国外技术，产品主要面向出口，这个宗旨体现得比较好。三是感到开发区在完善投资环境上打下了良好的基础，开发区在国内、国外有了比较高的知名度，短短两年多的时间，扩大了我们的影响，提高了我们的服务水平，完善了一些政策法规，包括吸引外资的政策，有了一个比较精干、办事效率高的管理机构。这三条，给我留下了比较深刻的印象，使我感到开发区有前途、有希望，能够在不远的将来成为我省对外开放的一个重要窗口。

兴建大连经济技术开发区，是省委省政府推动辽东半岛对外开放，建设以大连为龙头、以沈阳等中部城市群为腹地的外向型经济区的一项重大举措，对于加速发展辽东半岛外向型经济，对于加快辽宁老工业基地改造，甚至对于加速东北地区经济发展，都具有重要的意义。因此，要扎扎实实地推进开发区建设。在开发区建设的过程中，要注意处理好这么几个关系。

第一，要正确处理好发展生产性项目与完善基础工程、基础设施之间的关系。前一段，通过两年的时间，我们创造了一个必备的基础设施、投资环境，投入比较大，当然还有许多方面需要完善。但是另一个方面也遇到国家宏观经济变化带来的一些新情况，特别是由于国家财政支出膨胀，出现了比较大的赤字，因此采取了向各级财力借钱、抽调地方资金的措施，信贷也处于一个比较紧张的状况。由于财政上出现了大的赤字，国家必需的基本建设项目很多都靠信贷解决资金问题，通过各种债券如金融债券、工业债券等来保证国家的建设。外汇方面，国家尽管采取了很多措施，但现在进口仍然大于出口，外汇储备降到了很低的水平。也就是说，宏观经济出现了财政紧缩、信贷收紧和外汇紧张的情况。在这种形势下，开发区建设就要有新的应对措施。一方面，我们自己有了一定的基础，但需要完善；另一方面，要迅速地把建设生产性项目提高到开发区建设的首位，进一步狠抓主项、抓重点、抓投产、抓效益。这就要求我们，从今年开始逐步地向增强开发区自我积累、自我发展能力方面推进。随着大量地依靠国家资金越来越困难，必须从主要依靠国家财政和贷款资金进行开发区建设，转到主要依靠自我积累、自我发展的方针上来。对于基础工程，要分分类、排排队，有的合并考虑，当然首先要把大连市区到开发区的路迅速建设好。在这个基础上，才能够最大限度依靠大连市区的设施来搞生产项目。

1984 年 9 月，李长春出访联邦德国期间向杜塞尔多夫市市长摩顿赠送锦旗。

第二，要进一步处理好内联和外引之间的关系，坚持国家兴办开发区的宗旨，大力发展外向型企业。兴办开发区需要大量的资金，国家给开发区这么多优惠政策，就是要吸引我们四化建设中急需的资金和技术，如果通过优惠政策主要吸引来的是内资，而不是外资，兴办开发区的目标就没有完全达到，因此应把开发区吸引外资的比例、出口创汇的比例，作为衡量开发区工作好坏的主要标准。我们的实际工作方针，是要把兴办“三资”企业作为主攻方向，在此基础上，内联和外引相结合，外引是矛盾的主要方面，内联是为了增强外引的实力，两者是这个关系。在我们这些项目里面，无论是投产的、动工的、签约的，一大批项目比较好地体现了这样一个宗旨，但是也有的项目对此体现得不充分，建议市里统一研究一下。为实现这一方针，要进一步开展大规模的国内外宣传，进一步提高开发区的知名度，进一步增强开发区对外商的吸引力、凝聚力、向心力。为了吸引外商投资，为了使外商有安全感，可以通过吸收我们国家的、省的、市的外贸企业等来投资，用这个办法来吸引外商投资。应该坚持主要利用国外资金，坚持大办“三资”企业，坚持出口创汇，来体现兴办开发区的宗旨。

第三，要处理好开发区的建设和依托老城区、老企业以及依托其他城市发展外向型经济之间的关系。开发区建设的着重点，是要起到窗口的作用，起一个试验田、样板田的作用。而从当前国家经济发展的阶段来看，依托老城区、老企业推进外向型经济的作用是不可忽视的。所以请大连的同志在开发区建设过程中，一定要充分利用大连老市区的实力，搞好外向型经济。根据这样一个原则，我们在安排项目时，需要注意开发区的项目要有样板的作用，要充分理解其发展外向型经济的示范意义。与此同时，要充分利用现有的资金，以老城区、老企业为依托，鼓励有条件的老企业到开发区创办窗口公司，带动老企业大面积发展外向型经济。当然，这要坚持按经济规律办事，通过政策来吸引，通过舆论来宣传，要充分尊重企业自主权，不要搞行政上的干预，否则往往违背经济规律，适得其反。这也就给开发区的工作提出了更高的要求，逼着我们去研究怎样用更有吸引力的政策吸引老企业参与和推动开发区的建设，怎样依托老城区增强开发区的吸引力。

第四，要处理好产业结构和产品结构、当前和长远的关系。一方面，我们希望技术水平高一点，另一方面，希望建设速度快一点，要处理好两者的关系。我们原来想象这块地方在产业结构、产品结构上要更加理想更加完美一些，但通过实践看，现阶段还做不到，还需要循序渐进，随着开发区对外吸引力的不断增强，产业结构和产品结构会逐步优化。所以我想，在引进企业的技术档次上，要分高中低三个档次，长远要以高为主，眼前要高中低结合；产业结构上，长远看当然希望搞一些技术含量高的产品，但眼前也要量力而行，高低结合；关于大中小的问题，长远看应该建设一些有分量的骨干项目，眼前也不排除大中小结合。总之，无论是眼前和长远，都应坚持从实际出发、实事求是，循序渐进、逐步优化，否则就会影响我们的进程。

建设开发区是国家实施对外开放战略的一项重大决策，批准建设大连经济技术开发区体现了中央对我们的信任。建设好大连开发区，不仅对大连而且对全省甚至东北地区都十分重要，因此，怎样在较短的时间内把大连开发区建设成为一个高水平的试验田、样板田，是我们全省的紧迫任务。建设开发区和推进辽东半岛乃至全省外向型经济，是点和面的关系，由点带面，因此一定要全力推动、促进这个点。无论省也好、市也好，都要把开发区建设放到重要议程上来。我的意见，大连要全力抓好开发区的建设，通过开发区高水平的建设来体现我们的投资环境，体现对外开放的形象。省里也要把开发区建设作为推进辽东半岛发展外向型经济的一个重要方面，在我们省内权限和力所能及的范围内，全力帮助大连市和开发区解决问题。对大连市组织的项目，包括省内各市的企业到大连开发区投资，各方都要支持，不得干预，充分尊重各企业的自主权，帮助做好协调和服务。我们还要紧紧依靠东北经济区规划办公室对东北地区的规划、组织、协调作用，广泛发展东北地区的横向联合来增强外引的实力，进一步推进开发区的合作创新，通过加强组织，融通短期和长期资金。要进一步搞好开发区的行政管理，用改革的办法走出一条全新的路子。

积极发展辽东半岛外向型经济*

（1987 年 5 月 12 日）

在抓好引进技术的同时，要大力抓好消化、吸收、创新工作。必须坚持技术引进与消化、吸收、创新密切结合的方针，广泛开展群众性的技术革命、技术革新活动，建立自主经济体系，汇天下之精华、成自家之优势。这是我们缩短与世界发达国家差距的捷径，是赶超世界先进水平的必由之路。

目前世界经济竞争激烈，国内沿海省、市经济发展的势头很猛。我们必须认清国内外形势，增强开放意识，增强发展辽东半岛外向型经济的紧迫感和责任感。

一是要深刻认识发展辽东半岛外向型经济的战略意义。辽东半岛经济区是以大连为前沿，包括丹东、营口、锦州、盘锦等沿海城市和以沈阳为腹地，包括鞍山、抚顺、本溪、辽阳等共 10

---

* 这是李长春同志在加速辽东半岛外向型经济建设工作会议上讲话的一部分。

市 22 个县。这是我省推进外向型经济的重要地区。这一地区土地面积为 6 万平方公里，占全省总面积的 40%；人口 2491 万人，占全省人口的 66.9%，其中城市人口 1207.5 万人，占全省城市人口的 89.3%。1986 年，这个地区工农业总产值 765.1 亿元，占全省的 86.2%。其中，工业总产值 706 亿元，占全省工业总产值的 89.3%；农业总产值 59.1 亿元，占全省农业总产值的 63.2%，粮豆总产量 823.3 万吨，占全省的 67.4%；地区财政收入为 170 亿元，占全省的 96.6%；外贸出口占全省的 90%以上。这里有丰富的矿产资源，有 2000 多公里的海岸线，有发达的交通运输网，有众多的科研机构和庞大的科技队伍，地理位置优越，是连接欧亚大陆桥的要冲，是环太平洋经济区的重要一环。这里的工业基础雄厚、门类齐全，大中型骨干企业多，是为我国发展国民经济提供装备的基地。全国四化，辽东半岛有着“先化”的责任和义务；振兴辽宁，服务全国，必须以辽东半岛为先导来带动。因此，加速发展辽东半岛外向型经济，不仅对加快辽宁老工业基地改造，而且对加速东北地区经济发展，加速我国的四化进程以及巩固和发展我国在亚洲，特别在东北亚地区的经济地位具有重要意义。

二是要深刻认识加速发展辽东半岛外向型经济是一项紧迫的任务。辽宁是我国第一个五年计划时期建设起来的老工业基地，有较强的实力，但也存在明显的弱点，许多大中型企业处于设备老化、技术老化、产品老化和竞争能力差、经济效益差的“三老两差”状况。再加上长期僵化模式的影响，国民经济发展不快，特别是外向型经济发展缓慢。而一些新发展起来的地区，在对外开放的形势下，大规模引进技术、引进外资，取得了超前发展，对在传统技术方面有一定优势的老工业基地形成了新的挑战。如果我们不以拼搏的精神赶上去，不摆脱这种被动局面，老工业基地的传统优势就会逐步丧失。我们必须看清这种趋势，迎接新的挑战，全面开放辽东半岛，发展外向型经济，使老工业基地焕发青春，在新的历史时期对全国作出新的贡献。这是全省经济工作的“牛鼻子”，抓住了这一点，就抓住了全省经济工作的关键。世界各国发展的历史证明，一个国家、一个地区，谁能够实行对外开放，吸收世界各国科技进步和先进管理的成果，谁就能在激烈的国际竞争中迈入先进行列；反之，谁闭关自守、故步自封，谁就不能进步，摆脱不了落后状态。因此，加速辽东半岛外向型经济建设是摆在我们面前的一项十分紧迫的任务。外向型经济发展越快，出口创汇能力越强，老工业基地改造的步子就越大，就越能增添新的活力，对推进全国四化建设发挥重要作用。

三是要充分利用国际经济中的有利因素，大力发展外向型经济。当前世界经济处于低速增长，国际贸易增长缓慢，市场竞争激烈，贸易结构正在发生变化，初级产品贸易量减少，价格下跌，主要发达国家采取贸易保护主义政策。在这种形势下，推进外向型经济、发展出口贸易面临的局面是严峻的。但是，我们必须在国际形势的不利因素中看到有利条件，善于利用有利时机发展外向型经济。首先要看到发达资本主义国家竞相调整产业结构，发展高科技产业，将一些劳动密集型产业向第三世界转移；与此同时，这些国家的经济开始回升，正采取措施扩大国内需求和进口，这就有利于我们扩大出口。我们要利用后发优势，取人之长，补己之短，抓住有利时机，善于利用汇率变化等机遇，做出灵活反应，用较少消耗、较短时间生产出适合国际市场需要的

1988 年 4 月，李长春在深圳出席辽宁—港澳同胞联谊会并讲话。左一为辽宁省省长助理郑斯林，左二为辽宁省政协主席徐少甫，右一为辽宁省政协常务副主席于镜清。

商品，不断扩大出口。其次，苏联正在加速远东地区的开发，为了解决远东地区建设和当地居民生活等实际问题，也需要从对外贸易方面寻找出路。发展辽东半岛外向型经济，有利于加强与苏联的易货贸易，有助于相互间取长补短。还有，西方国家正在进行经济结构调整，出现大量资本过剩。特别是日本、联邦德国，由于贸易顺差，迫切需要国际投资市场。在美元汇率下跌、利率下降、风险增大的情况下，开始出现分散投资的倾向。这又为我们引进外资创造了有利条件。

我国实行独立自主的外交政策，有比较好的国际环境，美国、日本、西欧、北欧、苏联和东欧都将成为我们对外开放的对象。"一国两制"将为我们更好地发展同港澳地区并进一步发展同东南亚国家的经济合作创造条件。我们要取天下之长，补我之短；用五洲之力，振兴辽宁。现在国际市场上有丰富的资金、技术、人才和信息资源，这是世界各国都共同面临的有利条件，大家都可以用，关键就看我们敢不敢用、能不能用和会不会用。所以，要善于抓住有利时机，努力做好工作，提高对外开放的吸引力和辐射力。

发展辽东半岛外向型经济要以党中央关于逐步开放辽东半岛的战略决策为指针，借鉴世界经济发达国家和新兴工业化国家发展外向型经济的经验，充分利用和发挥辽宁重工业基地的优势，以出口为先导，把辽东半岛逐步发展成为外向型、多功能、产业结构和产品结构合理，科学技术先进的现代化经济区，成为服务全国的出口创汇的基地，进口替代的基地，消化、吸收国外先进技术和现代化管理经验并向内地转移的基地，为加速社会主义现代化进程作出更大的贡献。根据这一指导思想，辽东半岛地区要在大力提高经济效益的前提下，到本世纪末提前实现工农业总产值翻两番。为了实现这一战略目标，必须坚持以改革促开放，采取必要的步骤和措施，加快辽东半岛外向型经济的发展步伐。

（一）加速调整出口产品结构，建设出口商品基地，扩大出口创汇。要大幅度增加出口创汇，必须根据国际市场的变化和辽东半岛的优势，积极调整出口产品结构，逐步由主要出口原料和初级产品转变为主要出口制成品，由主要出口初加工制成品转变为主要出口精加工制成品，由主要出口单体设备转变为主要出口成套设备。所有出口商品都要在提高质量上下功夫，“七五”期间要使出口产品质量有个较大变化，后十年要使精、深加工出口比重达到50%以上。各工业企业特别是生产出口商品的企业要积极采用国际标准，强化测试手段，采用现代化的管理方法，不断提高企业素质，为创出更多的优质名牌产品作出努力。要从发展优势产品出发，以国际市场为导向，积极建立出口商品生产体系，增强出口产品的竞争能力。

辽东半岛地处沿海的县区，要按贸工农型调整产品结构，大力发展创汇型农业。要在保证粮食不断增产的前提下，尽快改变生产什么就出口什么的状况，国际市场需要什么就生产什么、种养什么、加工什么。对大宗农产品生产的发展，应制定周密的计划和配套措施，努力抓住出口换汇率较高的品种，增加出口创汇。辽东半岛各市都要瞄准国际市场，建设一批出口创汇的重点行业、骨干企业、拳头产品和创汇农业基地。

（二）积极引进先进技术，加速老企业改造的步伐。要经过“七五”期间的改造，使辽东半岛骨干企业的技术水平、产品水平达到国内先进水平，为后十年的经济振兴打下基础。在抓好引进技术的同时，要大力抓好消化、吸收、创新工作。几年来，我省引进技术取得很大成绩，但“重引进、轻消化”的倾向仍没有得到很好解决。要改变这种状况，必须坚持技术引进与消化、吸收、创新密切结合的方针，广泛开展群众性的技术革命、技术革新活动，建立自主经济体系，汇天下之精华、成自家之优势。这是我们缩短与世界发达国家差距的捷径，是赶超世界先进水平的必由之路。“七五”期间，要对机械、电子、化工、冶金、轻纺等主要行业引进的比较重大的技术，搞好消化吸收工作。今后一定要在引进立项的同时做好消化、吸收和创新的规划，成果实行有偿转让，并制定相应的扶持和奖励办法，推动这项工作向纵深发展。

（三）搞好金融体制改革，扩大国内外金融合作。在加速辽东半岛外向型经济建设中，一个突出问题就是资金短缺以及如何搞活外汇资金。资金是重要的生产要素，金融搞活了，全盘皆活。我省金融部门必须加速体制改革，建立一个适应发展辽东半岛外向型经济的金融体制，完善以中国银行为主体、多种金融机构并存，其他专业银行密切协作的对外金融体系。要进一步发展和扩大对外金融业务，增加同国际金融界的往来与合作，广泛吸收和融通资金，逐步形成以大连为依托的对外金融中心和以沈阳为腹地的内外结合的区域性金融中心。要积极创造条件，试办外资银行和中外合资银行。用多条渠道、多种方式广泛筹集外汇资金，增加资金凝聚力，并把融资的触角伸向全国各地，吸引省内

1989 年 5 月 22 日，李长春会见日本东工物产社长小林隆治和日本兴业银行会长正宗猪早夫。

外资金，善于把外汇用活，为辽东半岛外向型经济建设服务。

（四）适应外向型经济发展的需要，改革外贸体制。目前，外贸体制存在的主要问题是，外贸出口经营权过于集中，政企不分、条块分割，封闭式的经营格局没有真正打开。要积极探索改革，理顺外贸管理体制。首先，要搞好外贸部门自身体制的改革。政企要分开，外贸部门要把主要精力用于搞好宏观调控和宏观管理，面向全行业，及时向基层企业提供国际信息，紧密结合实际制订扩大出口创汇规划，不断研究有利于发展出口的政策，搞好检查监督和服务工作。其次，要抓好外贸企业的改革。大力发展工贸、技贸、农贸联合〔1〕，组织联合体，实行风险共担，利益均沾，把生产企业和外贸企业两个积极性都调动起来，形成强大的联合集团，增强在国际市场上的竞争能力。第三，要进一步扩大企业的外贸自主经营权。积极创造条件，给生产企业以更多的对外贸易自主权，把生产企业推向对外贸易的第一线，让一批大中型企业和企业集团享有直接对外出口的经营权，特别是对生产技术含量高的产品的企业，要允许它们根据国际市场需要，在国外设立销售网、商情网、信息网，扩大出口创汇。

（五）加速培养外向型经济建设人才。要多渠道、多层次、多形式地扩大人才的培养和培训规模，着重安排好直接涉外人才的培养，妥善搞好一般专业人才的培养，为形成外经外贸人员、经济管理干部、科技人员、技术工人、服务人员等相配套的对外开放人才体系奠定基础。还要注意从社会上挖掘一批外向型经济建设的人才，同时要打开引进国外智力的局面。

当前，要加强在职人员的培训，充分发挥现有人才的作用。要把省和大连的经济管理干部学院办成在职经贸干部培训的重要基地，各级科技干部局要组织有条件的高等院校或培训中心举办高级研修班，有计划地培养、提高在职干部的外经外贸素质；组织和人事部门要搞好调查，通过社会招聘和到国家部委选调等办法，把具有外贸专长的干部充实到对外经贸部门里来；加强海关、商检、边防工作，加强涉外公证、律师队伍的建设；充分发挥老干部的作用。

从长远来说，要形成与外向型经济相适应的人才培养体系。要立足省内挖掘潜力，建立综合人才库，发挥其在外向型经济建设中的作用。要在几所大学里开设各种类型的外贸专业，主要培养对外经贸的高级人才，选择几所大学试点，培养具有较高外语水平的科技人才，可从今年开始在新招收的大学生中挑选一批人，先过外语口语关，再学本科，学制增加一年，毕业后参加工作直接转正；要选择有条件的中专、大专学校，对课程设置和教育内容进行调整，重点培养外经、外贸、旅游中级专门人才，在一部分职业高中开设对外服务专业班，着重培养发展外向型经济所需要的高级服务员、涉外商店售货员、厨师等初级人才；还要培养传统的中医人才。

积极引进国外人才和派出进修人员。要充分发挥科技、外事、侨务、统战、经贸、高教等部门的作用，省市两级要着手建立国外人才库，积极引进国外智力，注意聘请国外退休的工程技术人员、华侨和自费留学生。在引进人才的同时，还要积极选派各类专业人员到国外进修。省市两级外办要充分利用同国外建立友好省州、友好城市、友好企业等渠道，委托代培。也要利用各种渠道，到国外企业、金融机构、外贸机构进行岗位培训，加快人才培训的步伐。

1986 年 11 月，李长春陪同国务院副总理李鹏为沈阳桃仙民用机场工程奠基。前排左一为国家民航总局局长胡逸洲，左二为辽宁省委副书记、沈阳市委书记李泽民，右一为辽宁省副省长彭祥松，右三为国家经委副主任叶青，右四为沈阳市市长武迪生。

（六）用好、用活、用足现有政策，推动辽东半岛外向型经济建设。这里有两个方面的工作要做。第一，要把现有政策用好。国家和省有关对外开放工作已经制定了很多政策，大连市已享受了全国 14 个沿海开放城市的优惠政策，营口市也基本上享受了 14 个沿海开放城市老市区的优惠政策，沈阳铁西工业区和大连金县在利用外资、引进技术上也分别享受了某些方面的优惠政策。省里对于出口商品生产基地、专厂也给了一些优惠待遇。这些政策，从实际情况看，有些我们用了，有些我们并没有完全用，特别是没有用活用足。这里既有不会用的问题，也有不敢用、不想用的问题。有的部门不是运用政策为企业搞活创造条件，而是专找一些死规定卡企业。这一点，我们与南方几个沿海省份差距很大，他们不仅注意运用政策，而且特别善于创造性地用活政策，这是他们比我们上得快的一个重要原因。我们这次要很好总结一下，主要是找出有哪些政策没有运用好，研究一些切实可行的办法。要向各级干部讲清楚，现有的政策已经不少了。由于整个财政比较困难，不可能再一下子放宽许多政策，必须立足于把现有政策用好、用活、用足。

第二，为了更好地推动辽东半岛外向型经济的发展，调动生产企业和外贸企业的积极性，我们又制定了一些新的政策。一是关于鼓励扩大出口的政策。“七五”期间，以上年出口收汇实际为基数，超基数部分除国家规定每收汇一美元奖励人民币一角外，再增加奖励一角，纳入生产成本。生产企业开发新产品的出口创汇，除按规定上缴国家外，在两年内不上缴省市，80%归出口生产企业，20%归外贸企业。要改进外汇留成办法，从省外贸局和省直厅局外汇留成中各抽出一半，集中用于奖励深加工、精加工出口创汇企业。今后，凡比上一年多出口的创汇，要给企业增加留成2.5%。省市政府的留成外汇实行有偿使用，申请用汇单位每用汇一美元应加收相当于当年平均换汇成本10%的人民币，将这部分资金作为出口创汇企业的生产发展基金。二是关于鼓励对引进技术消化吸收创新的政策。从地方技术开发性贷款中拿出一定资金，由省财政贴息，并通过各种渠道筹集一部分外汇，用于引进技术的消化吸收项目。各市也要逐步建立起引进消化吸收专项基金。引进技术消化吸收项目的贷款，可在企业新增综合效益中偿还。为消化吸收引进技术所需进口的机器设备和仪器仪表的样机，经有关部门批准后，可以减免进口关税、产品税

1988 年 11 月 3 日，李长春在沈阳桃仙机场竣工试航典礼上致辞。

或增值税。三是关于外汇调剂实施管理的政策。为了把分散的外汇额度由零凑整、融通用活，由省计经委等有关部门组成辽宁外汇调剂中心，在省政府统一领导下，按规定对换汇成本进行有偿调剂使用。四是关于鼓励企业积极与外商兴办合资企业的政策。对合资企业中的中方企业的税收、利润和外汇留成等方面，实行优惠待遇。五是鼓励进口替代和国产化的政策。能够生产替代我省统一组织进口的原材料、元器件等产品的供货企业，产品可以参照国际市场同类产品价格出售，其中一半可收取外汇，其余用人民币结算。供货企业所得外汇两年内全额留用。六是关于培养外经外贸人才的政策。对高、中等院校培养的外经外贸人才，特别是学制延长一年的那部分毕业生，在分配、派遣上要坚持学有所用；涉外部门的服务员、售货员等服务人员，掌握一门外语并经有关部门考核合格发给证书的，可向上浮动一级工资。这些政策凡是指出在辽东半岛地区范围内执行的，适用于辽东半岛地区；没指出范围的，也适用于“三辽”地区。

（七）积极改善投资环境。要加强城市的基础设施建设，优先发展交通和通讯事业。加快大连、营口、丹东、锦州等市的港口建设，逐步形成沿海港口群。配套搞好铁路、公路的改扩建，改善沿海与腹地的联系，并建设地方铁路。沈大公路在一级路基础上分段建成高速公路，同时提高沈抚、沈本公路标准。加快沈阳桃仙机场的建设，完善大连、丹东等市的机场，开辟新的国内外航线。加速邮电通讯建设，“七五”期间总装机量要达到 43 万门，2000 年要达到 80 万门以上。沈阳、大连要实现通过国际通讯卫星进行国际间的直接通话。主要市的计算中心可与国际间的主要计算中心联网。积极开拓信息、咨询、金融、保险等方面的服务。进一步搞好城市供气、供水及排水系统的改造，沈阳、大连等对外开放城市要率先实现煤气化。要进一步整顿市容市貌，实现绿化、美化、净化，进一步改变脏乱差的面貌。还要加强旅游业和商业设施的建设，把辽东半岛分散孤立的旅游景点连接起来，开辟知名度较高的旅游场所。

（八）搞好对内开放，大力发展横向联合。发展外向型经济，既需要对国外开放，也需要对国内开放，这有利于沿海经济的发展，有利于推进腹地经济发展。因此，应该也有必要把发展外向型经济的有关政策运用到国内的横向联合上来。要打破行业、地区的界限，积极发展多层次、多形式的横向联合，一是搞好沿海与内地的联合，二是进一步发展辽东半岛与“三辽”地区的联合，三是大力发展城乡联合，四是实行军民联合。同时，我们也要积极发展与全国各兄弟省、市的联合，特别是与黑龙江、吉林两省和内蒙古自治区的联合，以出口重点企业和重点产品为龙头，组成若干跨省市的企业集团，形成新的更大的生产力，增强在国际市场上的竞争能力。

（九）加强对外窗口建设，广泛开发信息。加强窗口建设，要进一步发挥驻外省办事处和驻国外机构的作用。驻外省、市的办事处要从过去主要是迎来送往转到深入调查研究、推进横向联合和开发信息上来。在这方面，驻上海、北京的办事处前一段做了很好的工作，要总结他们的经验。驻国外机构要实行改革，要把驻外机构办成对外经贸综合性企业，逐步实行自负盈亏。要加强在美国、联邦德国的机构，还要增加在世界各主要国家和地区的驻外机构。努力做到及时了解掌握国际市场的信息，为扩大对外经贸工作服务。要重视同我国驻外使馆、贸易机构的联系，依靠他们的帮助加强对外交往。

要努力办好、用好辽宁经济电台和电视台，充分发挥省对外经贸信息中心的作用，让信息真正为企业生产服务，成为企业了解国际市场、扩大产品出口的一条重要渠道。还要把辽宁工业展览馆办成我省对外经济技术交流的窗口，把科技情报馆办成我省科技情报的交流中心。

加速辽东半岛外向型经济建设，是一项具有重大现实意义与深远意义的任务，各级党委、政府必须从各个方面加强对这项工作的领导，进一步总结经验，突破难点，发挥优势，打开局面。要紧紧依靠全省方方面面的力量，广泛动员工人、农民、知识分子和各民主党派、侨胞、台胞等爱国力量，积极参加辽东半岛外向型经济建设，为推动全省对外开放献计献策、贡献力量。

注　释

〔1〕工贸、技贸、农贸联合，我国原有的外贸公司与生产厂家各自为政，没有责权利各方面的紧密联系。随着经济体制改革不断深入和市场经济不断发展，企业逐步成为自主经营、自负盈亏的市场主体。促使外贸企业同生产出口产品的工业企业及农业企业、科技单位结合起来，大力发展工贸、科贸、农贸联合，共同面对国际市场，共同承担风险、分享利益，是当时外贸体制改革的主要目标和任务。

广播电视要成为辽宁走向世界的媒介*

（1987年12月16日）

推进辽东半岛的对外开放，关键要解决封闭和半封闭状态。现在，许多企业像瞎子摸象一样，外界不了解我们，我们也不了解外界，因此要加强经济宣传。我看了两次省二套电视节目，感到电视台的同志对企业还是不了解。目前的节目，与把大家引向国际市场的要求还有距离，广播电视的经济台要成为领着企业走向世界市场的窗口和钥匙，要与外贸局的信息中心紧密联系起来，多增加国际市场的信息。外贸局的信息中心是咱们自己的，不涉及收费问题，就是个利用问题，要把这些信息传播出去。现在，他们经常整理信息给我们，但问题的关键是要让企业知道这些信息，不能仅让领导知道。经济台的宣传，重点要放在国际市场的行情上，国际经济动态分析上，为出口和引进服务，要让企业知道什么东西市场急需、什么地方企业倒闭处理设备等。在以此为主的前提下，可以报道我们自己的经济新闻，目的一是要让外商知道信息，二是让企业彼此了解，相互之间好合作，但最急需解决的是企业不了解国外信息的问题。要让大家都了解国外市

* 这是李长春同志在辽宁电视台调研时的谈话要点。

场行情，不然封闭状态还是解决不了，因此，宣传时间、方式都要更醒目一些，吸引经济界人士收听收看，让大家养成习惯，像每天收听中央电台六点半“新闻和报纸摘要”节目一样。经济新闻的重点是要办国际经济信息，要主动出击，承揽外商广告，可以主动向外商发布新闻。关于开办经济台的设想，原来是想办商业台，后来大家赞成还是叫经济台好些。现在可以把一台仍然办成综合的，二台可以搞经济台，沟通商业信息。

关于外语广播，主要播辽宁新闻，目的一是促进我们省内听众学习外语，二是驻辽宁的外商越来越多，要通过外语广播使他们了解我们。第二套节目就是要为对外开放服务，使辽东半岛有个对外开放的环境。可以考虑办“外商投资指南”、“对外经济政策咨询”、“如何打入国际市场”等节目，也可请一些

1986 年 3 月 16 日，李长春在辽宁电视台调研时听取工作汇报。

经济学家作深度解读，与经贸部门紧密结合，为开放辽东半岛服务，创造开放的小气候，这是办好经济台的宗旨。要改变传统的观念、方法，增强大家的开放意识，希望你们的思想更解放一些，甚至台湾地区寻亲访友的广告都可以播，使广播电视的经济台成为推进海峡两岸联系、引导辽宁走向世界的综合服务媒介，把辽东半岛开放的气氛搞得浓浓的。能否在星期天开办科技交流节目和教育节目，也要认真研究。我在大洼县开会时就感到，有一些非常好的农业科技经验，如养猪技术，就需要很好地传播出去。

关于用更开放的思想办好广播电视事业，你们可以与省驻深圳的办事处建立联系，那里的经济信息反映很快，还可以同中辽公司（香港）、日本实业公司建立联系，设特邀记者，进一步争取派驻外记者，收集经济信息。新闻也要走向世界，走出一条广播电视发展的新路子。名称也可以改，不一定非叫二套节目，思想解放一点，叫什么百花台、玫瑰台啦，都可以研究，要使它成为国内外有影响的台，主要推进国际间经济联系。而且，你们敢不敢贷款？我看，可以挣外国人的钱，开拓国外名牌产品广告业务，在发展中逐步增强自我发展能力，走出一条事业单位改革的路子来。可以给政策，通过自身改革，创造出小气候。凡是需要政府协调的，可请经贸委联系，争取明年 1 月 1 日就出现新面貌。指导思想要从过去主要靠事业费开支转向主要以业养业，开辟财源，特别是要学会挣外国人的钱发展自己。要从只发国内新闻的封闭型转向开放型，从主要给国内、省内听众观众服务，转到内外结合，还要为外商、外国听众服务，促使他们了解我们，同我们合作。要不断探索，走出一条自力更生、艰苦创业发展广播电视的新路子。对于你们想引进国际电视节目，我在沈阳工作时就有这个想法，可以利用友好城市的关系按相关规定和程序交换节目，只要导向不出问题就可以，路子可以宽一点。

认清形势，学习先进，加快辽东半岛对外开放步伐*

（1988 年 3 月 6 日）

开放，能解放生产力；开放，能带动经济的腾飞；开放，能使科技水平登上一个新台阶。辽宁经济要想腾飞、老工业基地要焕发青春，只有加速辽东半岛的对外开放，才能使这个老工业基地迅速提高科技水平，为国家四化建设作出新的贡献。这是时代的要求，也是历史赋予我们的使命。

党的十三大之后，中央提出了我国沿海地区经济发展战略，这是我国对外开放新的战略决策，为我们对外开放指出了明确的方向。我们要认真学习并深刻理解中央的精神，贯彻运用到辽东半岛对外开放的各项工作中去，进一步加快辽东半岛对外开放的步伐。

我们要紧紧抓住国际的有利机遇。近年来国际经济形势的发展，为我们提供了对外开放的有利时机。由于世界新技术革命

* 这是李长春同志发表在《理论与实践》杂志 1988 年第 3 期上的文章。

的兴起，国际经济正面临第三次产业结构大调整，随着发达国家新兴产业、新兴工业化国家和地区产业结构的升级，劳动密集型产业正向劳动费用低的地区转移；日本、南朝鲜的货币升值，使它们的生产成本上升，急于到国外寻找加工市场；因为股市动荡，国际上有大量的游资在寻找新的投资场所；苏联、东欧各国的改革和发展，为辽东半岛扩大与苏东国家的经济技术合作与交流提供了新的机会；亚太地区经济发展较快，继亚洲“四小龙”[1]腾飞之后，泰国、马来西亚也开始起飞，使发达国家的竞争正向亚太地区集中。党的十三大以后，我国经济稳定发展，改革开放政策在国际上引起了很好的反响，许多国家越来越重视向我国投资。国际经济的这些新动向，是我们发展外向型经济、对外开放辽东半岛的极好机会。辽东半岛地处亚太地区东北部，劳动力资源比较丰富、素质较好，特别是工业力量雄厚、科技开发能力较强、交通便利，应当利用国际上的有利时机，加快开放的步伐，到国际市场上去一显身手，促进辽宁的发展。

我们要积极迎接国内的严峻挑战，迎头赶上。目前，南方沿海各省的对外开放出现了新的形势。中央把广东、福建作为超前改革试验区；厦门、深圳特区要更加开放，实行计划单列；珠江三角洲、长江三角洲将扩大对外开放区的范围，实行新的外向型经济战略；筹建中的海南省要实行比特区更宽的开放政策，成为最大的经济特区。广东、福建两省的对外开放工作搞得有声有色、热火朝天，这几年出现了经济高速发展、出口创汇额大幅度增加、人民生活显著改善的喜人景象。1987 年，广东省国民生产总值、工农业总产值、财政收入都比辽宁高一倍左右。因此，应该清醒地认识到，我省与广东、福建等省相比，思想没有人家那么活，开放的步子迈得没有人家那么大，许多方面都存在很大的差距。尽管我们不如广东、福建那样有一大批华侨、有一大笔侨资、有特殊的地理位置，但我们也有自身优势。关键是主观上的差距，商品经济思想没有树立起来，“奋发图强，振兴辽宁”的精神没有真正振奋起来。我们的对外开放工作还存在不少问题，对外向型人才的培训还跟不上客观的需要，人才不足、结构不合理，现有人才的作用还没有得到充分发挥；信息还不灵敏，国际商情工作薄弱，信息手段落后，还没有摆脱传统的信息传递方式，没有建立起信息网络；投资环境还不理想，对外商吸引力不强，多头对外，手续繁杂，对“三资”企业干预多，乱收费、乱摊派、乱罚款的现象时有发生。总之，还没有形成一个按照国际惯例经营管理企业的环境。存在这些问题的主要原因是，在思想上受僵化经济体制影响还比较深，开放意识不强，许多“禁区”不敢突破；思想不够解放，对中央关于开放的政策研究领会得不深、用得不活，企业发展外向型经济的积极性还没有充分调动起来；作风不扎实，对工作的组织领导不够有力，规划、政策、措施落得不实，缺乏一抓到底的精神。这些都严重阻碍着辽东半岛对外开放的步伐。南方沿海各省市对外开放的大好势头，对于地处北部沿海的辽宁是个严峻的挑战。辽宁这个老工业基地能不能跟上新的发展形势，是一个十分紧迫的问题。要么抓住这个机遇，迎头赶上；要么错过机遇，被南方各省落得更远。

我们要增强辽东半岛对外开放的紧迫感。辽宁具有相当雄厚的工业基础、较强的经济实力，但过去长期以来受统收统支的财政体制影响和主观上忽视企业的技术改造，许多大中型骨干企业设备陈旧、工艺落后、产品性能老化，企业缺乏生机和活力，发

1987 年 8 月，李长春在沈阳会见朝鲜平安北道少年儿童艺术团。

展后劲不足。突出表现是产业结构层次低，产品结构档次低，附加值大的产业比重小，工艺水平落后，缺乏竞争力。据统计，基本原材料结构中，金属材料与合成材料的比例是 68∶1；在黑色金属材料中普通碳素钢占 72%，优质钢只占 28%；在化工产品中，精细化工率仅为 28.7%，低于全国平均水平。1985 年辽宁外贸收入在 1000 万元以上的 55 种产品中，只有 5 种属于高技术产品，在出口 500 万美元以上的 43 种产品中，没有一种是高技术产品。在当今世界新技术革命兴起、技术进步日新月异的形势下，我们现有的技术水平从总体上看远远落后于经济发达国家和某些新兴工业化国家，有的也开始落后于广东、江苏等南方沿海地区。主要有两个不适应：一是与国家四化建设的需要不适应，目前辽宁还不能向国家提供更多的先进技术装备和优质的重要原材料；二是与我国对外开放、参与国际分工和竞争的要求不相适应，出口产品加工深度差、初级产品多，创汇率低、竞争力不强。改变这种不适应的状况，最根本的途径就是大力推动辽东半岛的对外开放，大力发展外向型经济，从而带动辽宁经济的发展。我们一定要进一步增强紧迫感，在机遇和挑战面前奋起直追。

辽东半岛是辽宁的经济命脉所在。开放，能解放生产力；开放，能带动经济的腾飞；开放，能使科技水平登上一个新台阶，这已被广东省对外开放的实践所证明。辽宁经济要想腾飞、老工业基地要焕发青春，只有加速辽东半岛的对外开放，才能使这个老工业基地迅速提高科技水平，为国家四化建设作出新的贡献。这是时代的要求，也是历史赋予我们的使命。

我们要深入研究国际市场的发展趋势，研究国际经济形势，研究辽东半岛地区发展外向型经济的战略，使我们对外开放工作的部署适应客观形势发展的要求。辽东半岛发展外向型经济，参与国际大循环战略的基本点可以概括为一、二、三、四：一个龙头，即以大连为龙头，带动以沈阳等中部城市群为腹地的辽东半岛对外开放。“两个拳头往外打”，一个拳头，是把一大批大中型骨干企业直接推到国际市场第一线，把大中型企业改造纳入国际大循环之中；另一个拳头，是发挥乡镇企业机动灵活、面向市场的优势，把乡镇企业的发展纳入国际大循环，使乡镇企业成为出口创汇的生力军。要抓好辽东半岛对外开放的三个战略支点建设，即大连经济技术开发区、营口鲅鱼圈出口加工区和沈阳铁西工业区。要逐步把辽东半岛建设成为四个基地，即出口创汇基地，进口替代基地，引进、消化、吸收国外先进技术和管理经验并向内地转移的基地，培养外向型人才和提供信息的基地。

当前，国际国内形势逼人。能不能抓住有利时机，关键在于我们的工作。从我们国家来说，现在中央对外开放的基本国策是坚定不移的，那么能不能抓住有利的机遇，就看自己的努力了。我们要奋发向上、自强不息，既要看到差距，又要看到有利条件和优势，增强信心。我们的胆子要大一点，要有敢于冒风险的胆略和气魄，以更加勇敢的姿态参与国际竞争。

注　释

〔1〕亚洲“四小龙”，指新加坡、韩国、中国香港和中国台湾。从 20 世纪 60 年代开始，这些国家和地区实施出口导向战略，大力发展劳动密集型加工产业，在短时间内实现了经济腾飞，成为亚洲的发达富裕地区。

抓紧兴建营口鲅鱼圈出口加工区*

（1988年3月12日）

要在深化改革上做文章，冲破在僵化模式下形成的一些思想观念、管理体制、规章制度、工作作风的束缚，进一步完善市场体系，包括资金市场、劳务市场、技术市场、生产资料市场，使外资企业有一个好的市场环境。要促进政府职能转换，用改革推动开放，用开放促进改革。

继大连之后，营口的开放具有非常重要的意义和地位，营口开放好坏，直接关系到辽东半岛对外开放的形象、进度和深度，希望营口市委、市政府把对外开放当作头等大事来抓，把开放和改革紧密结合起来，通过深化改革加速开放。要在深化改革上做文章，冲破在僵化模式下形成的一些思想观念、管理体制、规章制度、工作作风的束缚，进一步完善市场体系，包括资金市场、劳务市场、技

* 这是根据记录整理的李长春同志在辽宁省委省政府兴建营口鲅鱼圈出口加工区现场办公会上讲话的一部分。

术市场、生产资料市场，使外资企业有一个好的市场环境。长期以来，由于受产品经济模式的影响很深，我们的市场发育不充分，因此，要促进政府职能转换，用改革推动开放，用开放促进改革。

当前，我国改革开放正面临着极好的机遇，这也是我们辽宁经济发展的关键阶段。就营口来讲，鲅鱼圈出口加工区建设也处于一个十分关键的时期，一定要以只争朝夕的精神抓住机遇，加快推进。请营口市会后迅速招聘人才，搭建班子，把工作全面开展起来。今年必须在加工区投产一批项目，在建一批项目，签约

1988 年 7 月 27 日，李长春与辽宁省委书记全树仁（右一）视察营口鲅鱼圈出口加工区建设工地。

一批项目，洽谈一批项目。营口的同志要日夜兼程，在今年起步的基础上，明年实现初具规模的目标。在出口加工区建设上要充分体现这次会议的指导方针，就是投资少、起步快，效益高、滚雪球，或者说是总体规划、分步实施、自我积累、自我发展。总的就是，要走出一条在我国办出口加工区的新路子，这对国家的对外开放也是有重要意义的。

省直机关和政府各部门要大力支持鲅鱼圈出口加工区建设，它不仅仅是简单地增加几个项目的问题，更重要的是，作为辽东半岛对外开放的示范区之一，是继大连经济技术开发区后，在另一方面将对整个辽东半岛开放发挥示范作用的重大工程，特别是鲅鱼圈出口加工区建设对拉动辽宁中部城市群腹地发展具有特殊意义。它同大连经济技术开发区、沈阳铁西工业整体改造区一起，构成了辽东半岛对外开放的三个战略支点。因此，各部门要密切配合，无论如何要把这个示范区搞好。有关鲅鱼圈规划问题，省有关部门要积极帮助市里把规划工作安排好。有关港口建设，也希望政府各个部门大力支持。有关联检部门建设，目前没正式纳入计划，请省口岸办公室帮营口向国家申报，尽快落实下来，与加工区建设同步进行。关于疏港公路问题，请建设厅、交通厅同志抓紧安排，按交通部意见，先把工作搞上去，回头再向交通部汇报，争取能追加资金。关于粮食专用码头，请港务局积极发展与吉林、黑龙江的横向经济联系，把它定下来。关于铁路建设，沈阳铁路局很积极，采取很多措施，请省里、市里密切配合，也请银行、海关等方面继续帮助营口出主意、想办法。在办出口加工区这方面，营口市与大连比还是学生，很多情况还不了解，需要多学习、多借鉴，也需要我们多支持、多帮助。

以改革推动开放，以开放促进改革*

（1988年3月13日）

改革和开放是密不可分的，改革可以为开放奠定好基础，铺平道路，反过来进一步开放也可以促进改革的深入发展，开放本身就是重大的改革，开放将为改革提出更新更紧迫的任务。能不能推进对外开放，能不能适应国际竞争的需要，能不能贯彻好沿海经济发展战略，是检验我们改革成效的标准。

当前，除了思想上不适应对外开放的要求外，现行的管理体制、工作制度、工作作风也不适应沿海经济发展战略的需要。因此，必须以深化改革来推动开放，以对外开放来促进改革，以参与国际竞争的能力来检验改革的成果，不断改善投资的软环境。

在深化改革中，首先，要按照“自负盈亏、放开经营、工贸结合、推行代理制〔1〕、统一对外”的方针，加速外贸体制的改

* 这是李长春同志传达全国沿海地区对外开放工作会议精神时讲话的一部分。

革，从我省的实际情况出发，抓住放开经营这个关键，改变外贸、旅游等部门长期政企不分和独家经营的局面。要坚决实行政企分开和放开经营。政府管理部门要从直接经营转向对全行业实行宏观管理，把对外经营活动从“万马齐喑”变为“万马奔腾”。省委省政府已决定对全省经贸体制进行改革，撤销原经贸委、外贸局，重新组建对外经济贸易委员会和辽宁省外贸进出口总公司，实现政企分开。把对外开放工作办公室纳入对外经济贸易委员会，实行一个机构、两块牌子，把政府的职能加以集中、加以强化。从现在起，各市要对大中型企业，特别是技术含量较高的企业进行一次全面调查，凡是具备进出口经营条件的，或暂时虽不具备，但经过一二年的努力可以具备的，都可以申请直接对外。今年，省政府要给予一批大中型企业和企业集团外贸自主权及一些市的旅游外联权。辽东半岛各市、县要积极创造条件，逐步建立有进出口经营权的综合外贸公司、外贸分公司和外贸支公司。

其次，要以提高效率为中心，简政放权，改革政府对外资项目的审批办法。目标是通过这方面的改革，使我们选中的外资企业做到当年洽谈，当年建设，当年投产。这是检验政府职能转变，检验简政放权，改善宏观管理的最过硬目标。如果是对方的原因，则另当别论了。为了进一步把简政放权的工作做好，省委省政府已明确规定，在辽东半岛各市县及有进出口权的大中型企业，凡生产和建设条件不需要国家平衡，出口不需要国家另拨配额，又能自行偿还或由地方政府统筹还款的利用外资生产型项目，各市人民政府享有 3000 万美元以下的省级审批权限，各县人民政府享有 200 万美元的审批权限，有进出口权的大中型企业

1986 年 6 月 22 日，李长春在锦州港建设现场指导工作。左二为锦州市市长胡占山。

享有 300 万至 500 万美元的审批权限，其中鞍钢、本钢、辽化享有省级审批权限。目前，必须把这个规定落到实处。过去的实践证明，省市在能源、原材料平衡问题上都有困难。要学习南方省市的精神，面对市场经济，大搞横向联合，大胆拼搏，破除“等靠要”思想。要减少层次，限额以内的县区项目，市里要放开，由县区自己管；市里的项目，由市自己管；经济技术开发区的项目，由开发区管委会或由开发总公司全权负责，市里也不要插手。要简化基本建设项目的程序，只保留立项、可行性研究和合同的审批，或者把立项和可行性研究合一，变成两步。各市要用改革的办法，以经贸委为核心，组织一个统一的对外机构，有关部门的处、室可实行双重领导，以经贸委为主。省里由于和国家对口，可把有关部门的处、室集中在一个楼内联合办公。各级政府要下决心从组织上解决适应国际竞争的问题。把外资审批项目的图章加以规范化，能否简化审批手续，下决心改变跑项目要加盖一百多个图章、跑一年的状况，能否采用三五个图章把项目从立项到开工手续全部办完，部门内部的处、室一个也不要盖章，解决以往盖一百多个图章的问题。省计经委、经贸委要调查研究如何减少图章、减少手续，搞一个规范性的办法。各市要用改革的办法、调整机构的办法去解决这个问题。市里有的机构现在就可以按照沿海经济发展战略的要求进行调整，如果不从机构上大刀阔斧改革，盖章子的问题、扯皮的问题是解决不了的。要彻底改变上下对口的旧观念，改变行政部门评价企业的老办法，否则我们检查团、表彰会屡禁不止的根源就难以清除。企业要在市场竞争中比高低，让用户去评价，减少行政部门评比。打入不了国际市场，一切都是零。要通过发展外向型经济，把我们的旧观念、旧做法冲击一下。要严格控制向企业派检查团，非搞不可的要经过市以上政府批准，这样给基层找麻烦的事就可以大大减少。基层政府一定要树立为企业服务的观念，今后街道办事处的行为也要规范，应主要把社会的环境搞好。如果任何部门都可以向企业插手，会使外商感到我们这里投资环境不好，还不如到一个荒地去办，因为那里没有那么多机构。要下决心改变这种状况，否则是不能把对外开放搞好的。

再次，要在完善市场体系和为生产服务的第三产业上下功夫。长期以来的计划经济模式，使我们行政的办法太多，经济的办法太少，为生产服务的第三产业不发达，这也是外商对我们的突出意见。外商讲，辽东半岛的资源很丰富，基础优势也很明显，最大的劣势是服务不行。服务既包括政府宏观管理过程中的各种服务，也包括为生产服务的第三产业和市场体系。我们将随着政府机构的精简把一大批人转向经济组织，大办为生产服务的第三产业，包括尽快建立起国际投资咨询服务公司、外资企业供应公司等组织。要完善劳务市场，使外商办企业用人能进能出。要开辟人才市场，解决外资企业需要人才的问题。要进一步深化企业的改革，外贸企业要完善经营机制，把工业企业改革的好办法引入外贸企业，改变外贸企业长期以来经营机制不完善的状况。对外资企业要坚持按照国际惯例办，在机构设置、劳动工资制度、人事制度等方面都按适应国际竞争的需要大胆改革，以推动我们企业内部的“一包五改”。

国家批准辽东半岛对外开放后，各市、各行业都要在原有规划的基础上，制定出指导实际工作的规划。辽东半岛发展战略的基本点，概括起来是：一个龙头，“两个拳头往外打”，抓好三个开放示范区，实现四个基地，“五口通商”带动中部五城市。一个龙头，就是以大连为辽东半岛的龙头。这个龙头要摆得高，更上一层楼，成为改革开放的先行区，带动沈阳等中部城市群的对外开放，并成为辽宁和东北对外开放的窗口。“两个拳头往外打”，一个拳头是把一大批大中型骨干企业直接推到国际市场第一线，把大中型企业的改造纳入国际经济大循环，在国际市场的竞争中改造、提高自己，改善出口产品结构，提高内循环的水平。另一个拳头是把乡镇企业推向国际市场，以“三来一补”为主，“两头在外”、“大进大出”〔2〕，使乡镇企业成为出口创汇的生力军。三个示范区，是把大连经济技术开发区建成利用外资为主、出口创汇为主、高技术为主的外向型综合工业区；营口鲅鱼圈出口加工区要以“三来一补”和外引内联，搞“大进大出”，建成出口工业区；把沈阳铁西工业区建成利用外资改造老企业的试验区。四个基地，就是把辽东半岛建设成出口创汇的基地，进口替代的基地，引进、吸收、消化国外先进技术和管理经验并向内地转移的基地，培养外向型人才和提供信息的基地。“五口通商”为重点的基础设施建设，包括大连、营口、丹东、锦州、盘锦五市港口，沈大高速公路、沿海高速公路，沈阳、大连两个枢纽机场和几个支线机场等，带动中部五城市，并向深层腹地展开，推动全省的对外开放工作。

在这个发展战略指导下，要把这些基本点进一步具体化，通

1985 年，省委书记李贵鲜率辽宁省代表团赴吉林黑龙江两省考察辽东半岛开放如何为东北地区服务。前排左一为辽宁省农村工作委员会主任李军，左二为李长春、左三为辽宁省委书记李贵鲜，左四为吉林省委书记高狄，左五为辽宁省省长全树仁，左六为吉林省省长高德占，右一为辽宁省委秘书长李启生，右二为大连市委书记毕锡桢。

过地区、行业、综合三个角度来完善规划，使之成为具有指导开放工作作用的具体规划，同时要抓紧规划的实施；要提出一批限额以上的项目，向国家申报，为“八五”、“九五”增加后劲。

在实际工作中，要注意处理好几个关系。一是处理好改革和开放的关系。改革和开放是密不可分的，改革可以为开放奠定好基础，铺平道路，反过来进一步开放也可以促进改革的深入发展，开放本身就是重大的改革，开放将为改革提出更新更紧迫的任务。能不能推进对外开放，能不能适应国际竞争的需要，能不能贯彻好沿海经济发展战略，是检验我们改革成效的标准。二是处理好经济开放区和内地的关系。我们把辽东半岛的对外开放当作头等大事来抓，并不是忽视腹地和“三辽”地区。沿海发展战略不是地区性战略而是全局性战略，是关系我省全局的大问题，它不仅能促进开放地区的发展，也能带动“三辽”地区的发展。由于沿海地区“两头在外”、“大进大出”，可以从原材料、产品的市场上给深层腹地带来更多的机遇。形成“五口通商”的格局，必定能带动我省各个方向的腹地。通过城市之间、企业之间的横向联合，会带动腹地的对外开放。因此，不论是沿海开放地区，还是深层腹地，都要抓住当前的有利机遇，加快商品经济的发展。三是处理好对外开放和稳定经济的关系。从总体上讲，对外开放能加速商品经济的发展，而商品经济的发展，恰恰是稳定经济的基础，但在一些具体问题上需要把两者关系处理好。首先就有个兼顾好两个市场的问题，出口商品中很多是国际市场需要、国内市场也紧缺的东西，要权衡两个市场，既要推动对外开放，又要稳定经济，特别是关系稳定市场的紧俏农副产品，要首先保国内市场。国内为了稳定经济要收紧财政、收紧信贷，而对外开放又需要有配套的资金，两者之间也是有矛盾的，这就需要我们广开财源，大胆利用外资，积极筹集社会闲散资金，充分利用老企业现有的厂房、设备作为中方的配套资本。开放的市县都有一个自费搞开放的问题，由于宏观经济的原因，国家不可能在财政、信贷上拿出很多钱，因此要走出自费搞开放的路子来，靠深化改革、挖掘潜力、搞活资金和市场来解决这些问题。

注　释

〔1〕代理制，是指由外贸公司充当国内客户和供货部门的代理人，代理委托方签订进出口合同，收取一定的佣金或手续费的做法。外贸代理制能够促使外贸企业与生产企业相结合，使生产企业直接参与国际竞争，有利于改善经营管理、提高经济效益，对于推进外贸体制改革发挥了积极作用。2004 年 7 月 1 日，商务部根据新修订的《中华人民共和国对外贸易法》，取消了对所有外贸经营主体外贸经营权的审批，改为备案登记制，有条件的企业可自主从事外贸经营，代理制的使用范围日益缩小。

〔2〕“两头在外”、“大进大出”，是实施沿海地区经济发展战略的一项重要原则，就是把生产经营过程的两头，原材料、零配件和销售市场，都放在国际市场，在大批量进口原材料基础之上，实现产品的大规模出口。

正确认识治理整顿和实施沿海经济发展战略的关系*

（1989年2月17日）

> 国家四化，辽宁应“先化”，而“先化”的最有效途径，就是通过对外开放自觉参与国际分工，进入国际经济大循环，集世界各民族文明成果之大成，为我所用。通过辽东半岛的开放可加速腹地广大地区的发展，带动“三辽”地区的开发，焕发老工业基地的青春，对振兴辽宁的意义非常重大。

当前，我省实施沿海经济发展战略，加速对外开放正处于一个关键时刻，其核心问题是怎样正确认识治理整顿和实施沿海经济发展战略的关系，以及怎样在实践上处理好二者之间的关系。在这个问题上，我们急需统一思想，明确方向。

首先，统一思想，就是要把思想统一到党中央、国务院的路线方针政策上来。对外开放是党的十一届三中全会以来的一项基

---

* 这是李长春同志在辽东半岛对外开放第二次工作会议上讲话的一部分。

本国策，是“一个中心、两个基本点”的重要组成部分，也是党的十三大提出的建设具有中国特色的社会主义理论体系的组成部分。党的十三届三中全会指出，明后两年要把改革和建设的重点放在治理经济环境、整顿经济秩序和全面深化改革上来，并强调治理整顿是在改革、开放总方向不变的前提下进行的。在治理整顿全面展开的关键时刻，去年 12 月 1 日国务院召开了沿海地区对外开放工作会议，明确提出“两个坚定不移”，即坚定不移地治理经济环境、整顿经济秩序；坚定不移地实施沿海经济发展战略。发展外向型经济对保持我国经济的稳定发展、增加有效供给、扩大出口创汇都大有好处，有利于克服治理整顿中碰到的困难。因此，在治理整顿中要对沿海地区发展外向型经济实行“网开一面”的方针。中央的这些指示精神，深刻阐明了治理整顿与贯彻实施沿海经济发展战略的关系，为在治理整顿中进一步贯彻沿海经济发展战略指明了方向。这是我们搞好对外开放的有力思想武器。

其次，统一思想，就是要深刻认识在实践上治理整顿和实施沿海经济发展战略是相辅相成的，而不是相互矛盾的，更不是对立的。治理整顿，可促进沿海经济发展战略的实施。沿海地区发展外向型经济，不仅需要较好的国际环境，而且需要良好的国内环境。治理整顿就是压缩经济过热的空气，遏制通货膨胀、物价上涨，把过高的社会需求降下来，确保重点项目对资金、能源、交通、原材料的需求及外贸出口的需要，这些都是对外开放急需提供的国内环境。所以，治理整顿既是推进改革、稳定国内经济的关键所在，又是贯彻实施沿海经济发展战略的迫切需要。同时，进一步贯彻实施沿海经济发展战略，有利于促进治理整顿目标的实现。沿海地区保持适当的发展速度，生产更多适销对路的商品，既可以改善有效供给，又可以发展对外贸易，为国家多创汇，进口国内经济建设和国内市场紧缺的原材料和人民生活必需品，稳定国内经济。另外，对缓解我省在治理整顿中遇到的困难尤为重要。在压缩基建规模的情况下，全省机电、建筑等行业遇到的困难就更为突出，实行对外开放，面向国际市场，可以扩大我们的回旋余地，推动产品出口，防止经济滞胀。沿海地区开展“两头在外”、“大进大出”，让出国内部分原材料，可以缓解内地与沿海的矛盾，促进内地经济的迅速发展。开展劳务出口、工程承包，使一部分人吃国际市场的饭，可以减轻我省就业压力，增加社会的稳定因素。所以，在治理整顿中坚定不移地搞好对外开放是解决当前我省经济困难的重要对策和途径。

第三，统一思想，就是要认识到只有实施沿海经济发展战略、加速辽东半岛开放，才能实现我省“奋发图强、振兴辽宁、服务全国、走向世界”的目标。辽宁是国家重要的工业基地，担负着为国民经济各部门提供高质量的基础原材料和高水平技术装备的重任，我省科学技术水平的提高和经济的发展关系到为全国服务的水平。因此，国家四化，辽宁应“先化”，而“先化”的最有效途径，就是通过对外开放自觉参与国际分工，进入国际经济大循环，集世界各民族文明成果之大成，为我所用。按照国家的经济发展战略要求，处于东部沿海地区的我省也应该通过对外开放成为国家出口创汇的基地、替代进口的基地、引进消化吸收国外先进科学技术和管理经验并向内地转移的基地，以及培养人才、提供国外技术经济信息的基地，这是国家赋予我们的历史责任。对于我省来说，通过辽东半岛的开放可加速腹地广大地区的发展，带动“三辽”地区的开发，焕发老工业基地的青春，对振兴辽宁的意义非常重大。

第四，统一思想，就是要认识到国际机遇时不我待，对外开放要只争朝夕。当前，国际形势总的趋势是从紧张转向缓和、从对抗转向对话。世界各国经济稳步发展，国际贸易的发展速度已超过经济发展速度，自由贸易的区域越来越大，贸易结构中的初级产品价格稳中有涨。我省所处的亚太地区正是经济蓬勃发展的地区，中苏关系逐步改善，日本、美国等国家和地区新技术革命的浪潮正蓬勃兴起，日元、韩元、台币的升值又加速了这些国家和地区调整产业结构的进程。所有这些，都进一步增强了亚太地区经济发展的活力，使这一地区成为世界上最大的贸易市场和投

1988 年 9 月 1 日，李长春会见吉奥瓦尼·皮埃波里议长率领的意大利艾米利亚—罗马涅大区议会代表团。左三为辽宁省人大常委会主任王光中。

资场所，为我省发展外向型经济提供了一个广阔的舞台和良好的机遇。机遇难逢，稍纵即逝。如果近两年我们抓不住机遇把经济建设搞上去，那就会坐失良机，我省经济不要说走向世界，就是在国内也要落后。我们一定要有强烈的紧迫感和历史责任感，通过治理整顿把该压的压下来，重点保证对外开放基础设施、“三资”企业及出口创汇的需要。

第五，统一思想，还要正确认识目前面临的各种困难，坚定对外开放的信心。在治理整顿中推进辽东半岛开放确实面临着很多困难。一是扩大出口遇到货源不足和换汇成本提高的困难，目前全省尚有 15 亿元的出口货源没有落实。二是由于国内收紧银根，利用外资的配套资金及用于引进的资金和生产流动资金相当困难。三是随着煤、电、运的全面紧张，投资环境有所恶化。我们必须充分估计这些困难及克服困难的艰巨性，进一步振奋精神、坚定信心，提高贯彻实施沿海经济发展战略的自觉性。

不断深化辽宁改革开放事业*

（1989年3月30日）

3月30日下午，七届全国人大二次会议新闻发言人姚广在人民大会堂举行记者招待会，邀请广东省省长叶选平和辽宁省省长李长春，就搞好治理整顿、坚持沿海经济发展战略等问题回答中外记者的提问。

记者：辽宁省与苏联有哪些经济合作，对此您有什么设想？

李长春：辽宁从地理位置上与苏联较为接近，早在50年代就通过156个重点建设项目与苏联有密切的经济交往。辽宁省一大批技术人员熟悉苏联的技术标准，双方发展贸易潜力很大。去年双方原计划成交1.8亿瑞士法郎，但由于交通条件的限制，最后只成交3000万瑞士法郎。贸易采取的是以货易货方式，辽宁以纺织品、轻工产品换取苏联的钢材、木材和化肥。除直接贸易外，辽宁也愿意与苏联开辟经济技术合作新领域，但这有待于交通条件的改善。因此，辽宁希望大连港能早日与海参崴港通航。

记者：辽宁首先实行的“破产法”，能否在全国推广？

---

* 这是李长春同志在七届全国人大二次会议举行的记者招待会上回答中外记者提问时有关辽宁部分的要点。

1989 年 3 月 30 日，李长春在七届全国人大二次会议举行的中外记者招待会上和广东省省长叶选平（右二）一起回答记者提问。

李长春：从沈阳市的实践看，实行“破产法”的效果是好的，有效确立了企业自主经营、自负盈亏的法人地位，建立了企业自我约束的机制，使企业的经营者和劳动者共同对企业负责，也有利于在全社会内重新优化组合生产要素。但在全国推广还有一个过程，需要采取一些相应的配套措施，如完善职工保险制度、建立帮助职工再就业的机构等。

记者：现在物价上涨很快，群众是否留恋过去低物价的时代？

李长春：群众确实对物价意见较大，也有少数人留恋过去低工资、低物价的体制。但是，这个问题要从两方面来看，一方面去年的物价涨幅确实超出了各方面的承受能力；另一方面群众也有一个在思想上怎样从产品经济旧模式中解放出来，适应社会主义有计划的商品经济新观念的问题。在各地采取了一些具体措施后，人心已经比较稳定，群众的意见也大大减少了。

记者：沈阳很多工人戴上了毛主席像章，您怎么看？

李长春：毛主席是全国各族人民的伟大领袖，虽然去世多年，但人民群众一直非常怀念他。大家用自己喜欢的方式表达对伟大领袖的怀念是正常的，我也珍藏了不少毛主席像章。

坚定不移推进辽东半岛对外开放*

（1990 年 4 月 12 日）

对外开放是我国的基本国策，是稳定经济的重要保证，是加速现代化建设的重要条件，也是缓解当前暂时困难的重要途径，这已被 10 年改革开放的成就充分证明。因此，不论国际、国内出现什么样的暂时困难，对外开放的思想都不应滑坡。至于对外开放带来的消极影响，我们要通过加强两手抓来加以清除，克服一手硬、一手软，绝不能因噎废食。

辽东半岛对外开放的实践，大致可分为三个阶段：一是从 1978 年党的十一届三中全会后到 1984 年，是提高思想认识的开放发动阶段；二是从 1984 年到 1987 年，大连作为 14 个沿海城市之一率先开放，营口也先行了一步，它们这几年的实践，特别是大连的实践为迎接辽东半岛全面开放提供了经验；三是从 1988 年国务院批准辽东半岛对外开放到现在，是对外开放的迅速发展阶段，当前正是这

* 这是李长春同志在辽宁省第三次对外开放工作会议上讲话的一部分。

个阶段的关键时期，面临着如何在治理整顿中巩固和发展对外开放的大好形势，把辽东半岛对外开放继续推向前进的问题。

辽东半岛对外开放，给我省各方面都带来了显著的变化：一是进一步促进了我省经济发展，经济实力大大增强。对外开放推动了对外贸易的发展和外汇积累的增加，扩大了国内紧缺物资、短线产品和先进适用技术、设备的进口，有力地促进了工农业生产的发展。二是进一步促进了人们的思想解放、观念更新。对外开放使我们从长期的封闭半封闭的状态中走出来，人们的商品观念、市场观念、信息观念、竞争观念、人才观念等现代社会经济意识大大增强，获得了思想上的巨大解放，向“服务全国、走向世界”的战略目标迈出了一大步。三是进一步促进了经济体制改革，冲击了不适应国际竞争的经济管理体制，鞭策着我们提高效率、改进服务，促进了方方面面管理体制的改革。四是进一步促进了基础设施建设，使投资环境和社会环境有了很大改善，加速了两个文明建设。

辽东半岛对外开放已经取得了令人鼓舞的成绩，但我们还应当看到存在的问题和差距。辽东半岛对外开放虽然进展较快，但与国际经济形势发展的要求，与南方沿海地区各省相比还是落后的；我省的工业制成品和机电产品出口尽管上升幅度较大，但与辽宁的产业结构和产业优势仍不相适应，出口产品结构调整的步伐不大；投资环境建设虽然有很大进步，但硬环境的配套完善工作，特别是软环境的改进措施还需要进一步加强；去年春夏之交政治风波之后出现了一些新情况，一些同志的改革开放意识、开放观念出现了滑坡的苗头。如何全面贯彻党的十三届四中、五中、六中全会精神，坚定信心，进一步增强开放意识，制定对外开放的新战略、新措施，加速辽东半岛对外开放的步伐，还有许多思想认识上的问题和工作中的实际问题需要研究解决。

当前，由于去年春夏之交政治风波之后国际形势的变化以及国内治理整顿中经济环境偏紧遇到的一些新情况，辽东半岛对外开放正处在一个非常关键的时期。在这种形势下，辽东半岛对外开放还要不要继续坚持，还能不能在取得成绩的基础上再上一个新台阶，在干部群众中产生了各种不同的思想反映。如有的对对外开放面临的严峻形势缺乏正确的认识，存在着畏难情绪，对在新形势面前如何加速开放束手无策；有的因东欧发生激烈动荡和我们在对外开放工作中出现的一些缺点、问题，而对对外开放感到担心，甚至产生埋怨情绪，对外开放的坚定性有所动摇；也有少数同志不切实际地过高估计我们对外开放的成绩，缺乏紧迫感，产生了盲目骄傲的情绪。因此，进一步用中央精神和省委省

1987 年 11 月 25 日，李长春在锦州港考察。左二为锦州港务局局长安广惠，右一为辽宁省顾问委员会秘书长李启生，右三为辽宁省副省长左琨，右五为锦州市市长胡占山。

政府的要求，统一干部群众对新形势下搞好对外开放的认识，排除思想上的阻力，是摆在我们全省各级党委和政府面前亟待解决的一项十分重要的任务。

首先，要充分认识对外开放的重要性，严防思想滑坡，坚定不移地搞好改革开放。对外开放是我国的基本国策，是稳定经济的重要保证，是加速现代化建设的重要条件，也是缓解当前暂时困难的重要途径，这已被10年改革开放的成就充分证明。因此，不论国际、国内出现什么样的暂时困难，对外开放的思想都不应滑坡。至于对外开放带来的消极影响，我们要通过加强两手抓来加以清除，克服一手硬、一手软，绝不能因噎废食。要全面地贯彻党的基本路线，一方面要坚定不移地坚持四项基本原则这个立国之本，旗帜鲜明地反对资产阶级自由化，这既是当前稳定的需要，也是保证国家长治久安的长期任务；另一方面，又要坚定不移地改革开放，严防改革开放意识滑坡和僵化思想抬头，否则政治稳定、经济稳定、社会稳定也是谈不上的。

其次，要进一步认识当前对外开放的艰巨性，树立主动出击、冲破封锁的坚定信念。这是我们搞好辽东半岛对外开放的关键。应当看到，我们对外开放的形势是比较严峻的，从国际上看主要有三个方面：一是一些西方国家对我们的制裁和封锁没有根本改变。目前，一些西方国家对我国的经济制裁虽有某些松动，但不会很快全面取消，一些国家疑虑未消，使我们的开放增加了难度。二是贸易保护主义进一步加剧。现在贸易保护主义迅速抬头，欧洲共同体决定加强合作，建立统一大市场；美国与加拿大签订自由贸易协定，决定建立以美国为中心的双边自由贸易区。这种区域集团化[1]趋势，具有较强的排他性、歧视性，使关贸总协定的自由、无差别和多边原则受到破坏，国际多边贸易体制进一步削弱，给世界经济带来消极影响，增加了我国对外开放、走向世界的难度。贸易保护主义的加剧，还使得发达国家和新兴工业化国家（地区）通过区域经济合作得到更多的经济利益，使我国和广大发展中国家在国际竞争中处于不利的地位。三是苏联和东欧出现了新情况，使我们对外开放面临的国际形势更加错综复杂。所有这些，都将是我们进一步开放面临的不容回避的矛盾，必须予以高度重视。

同时，也必须看到，我们进一步搞好对外开放还有许多有利条件，要增强信心，乘胜前进。从国际上看，国际局势的大格局没有变，世界形势的主流仍然是和平与发展。根据各方面预测，近年的世界经济形势和国际市场，总的来说对我们加速开放仍较

1990 年 5 月 29 日，李长春和辽宁省委书记全树仁（右二）会见著名华人华侨代表陈香梅女士。

有利。西方国家经济将保持低速增长，国际贸易活跃，以超过经济发展的速度增长。有相当一部分制成品和初级产品在国际市场的需求见旺，价格趋于涨势。虽然西方有些国家尚未解除对我的经济制裁，但是我国是一个大国，对世界有重大影响，又有着现实的潜在的巨大市场，对外资和贸易的吸引力没有改变，世界上绝大多数国家愿意同我国发展经济贸易关系，即使是对我实行制裁的国家，大多数工商界人士也愿意继续同我国发展经贸合作，就是西方国家的政府从它们自身的政治和经济利益考虑，也不会把事情做绝。这些将给我们进一步发展外向型经济带来可以利用的机会。从国内看，党的十三届四中、五中和六中全会的召开，以江泽民同志为核心的党的第三代中央领导集体的确立，为我们克服困难，促进经济健康发展，巩固安定团结局面奠定了基础；党的对外开放政策的连续性为我们进一步推进辽东半岛的开放创造了十分有利的条件，开发区、开放城市及辽东半岛开放区的政策都不变；香港基本法的通过，使中华民族更加扬眉吐气，对稳定香港、收回澳门和台湾回归祖国都有重大意义，受到各界欢迎，增强了港、澳、台对内地投资的吸引力；合资法的完善，从法律上进一步改善了投资环境；国家最近较大幅度地调整了人民币汇率，同时出口补贴、退税、外汇留成等各项鼓励和扶持出口的政策措施都不变，缓解了制约外贸出口的亏损问题；随着治理整顿的深入，各方面的经济关系将进一步好转，产业结构、产品结构将逐步改善，通货膨胀得到抑制，出口货源相对增加，特别是通过外贸经营体制的改革，使各级各类外贸公司增加了活力，一大批有出口自营权的大中型企业和工贸公司提高了应变能力，将活跃于国际市场；各级政府对做好对外开放工作的认识进一步深化，自觉性进一步增强，都把发展对外经贸工作作为振兴本地区经济的战略措施来抓。只要我们充分利用这些有利条件，克服不利因素，振奋精神，努力拼搏，就一定能够在新的形势下把辽东半岛对外开放继续推向前进。

今年是辽东半岛对外开放的第三年，努力做好今年的对外开放工作，对于我们克服面临的各种困难，稳定经济、稳定全局，具有十分重要的意义。今年辽东半岛对外开放总的指导思想是，要认真贯彻党的十三届四中、五中、六中全会，全国人大三次会议和省委六届九次全委扩大会议、省七届人大三次会议精神，振奋精神，克服困难，主动出击，冲破封锁，以更开放的意识、更坚定的信心、更积极的态度、更有效的措施，创造性地做好各方面的工作，开创辽东半岛进一步开放的新局面。主要抓好六项工作。

第一，以搞好出口产品结构调整为重点，增强出口创汇能力。出口创汇能力的大小，在很大程度上决定我们对外开放的程度和范围，影响我们经济建设的规模和进程，必须把增强出口创汇能力当作辽东半岛开放的第一位任务来抓。要下力量抓好出口产品结构的调整，巩固发展农副土特产品及其加工品出口，重点发展轻纺深加工产品的出口，积极开发机电、重工业产品及技术密集型产品的出口，逐步将出口的重点转到机械、电子、化工、建材等产品上来。努力提高出口产品档次，增加附加值。积极发展适销对路、具有特色、竞争力强的拳头出口产品，认真抓名优特新产品的出口。在调整中要以国际市场为导向，坚持科技进步，努力实现上质量、上品种、上水平，达到提高出口创汇能力，提高经济效益的目的。

第二，积极稳妥、更有成效地利用外资。这是在治理整顿的新形势下加速老企业技术改造的有效途径，是辽东半岛对外开放的重要特征。要突出利用外资的重点，今年的重点是现有的老企业进行技术改造，创办中外合资、合作经营的企业。要切实办好现有“三资”企业，为吸引外商投资树立好榜样。要在利用外资推进成片综合开发方面迈出步子，重点抓好大连经济技术开发区、营口鲅鱼圈出口加工区、沈阳铁西工业整体改造区三个开放示范区的成片开发工作，把成片开发和高技术开发结合起来，以大型项目为基础，以成片开发为手段，把引进外资提高到新水平。

第三，大力开展对外工程承包和劳务出口，努力把对外经济技术合作提高到一个新水平。进一步开拓劳务市场，建立渠道，承揽项目，通过各种渠道向外拓展。同时，要在开拓国际建筑市场上打开新局面。要努力探索为更多劳务打入国际市场的新路子，如实行代理制或股份制，创造条件使一大批企业跻身于国际劳务市场。没有大企业跻身于国际市场，就没有新局面。要积极稳妥地开展民间劳务输出，简化劳务出口手续。

第四，大力发展旅游业，促进对外开放。旅游业是一项综合性事业和新兴的经济产业，具有投资周转快，经济效益高，换汇成本低，基本上不与其他行业争夺原材料和能源的特点。发展国际旅游业，对于增加非贸易外汇收入，改善投资环境，扩大辽宁知名度，促进对外经济贸易交流，加速辽东半岛外向型经济建设都具有十分重要的作用。要千方百计地开发旅游资源。要搞好东北地区和省内的跨省、跨市的旅游线路的建设和推销工作，要进行旅游体制改革，切实把旅游业纳入省市国民经济和社会发展计划，调动各方面发展旅游业的积极性。要扩大旅游商品、纪念品的生产和销售。

第五，努力改善辽东半岛的投资环境，增强外商投资的吸引

1984 年 6 月 24 日，李长春在沈阳与国际友人栽种友谊树。

力。在硬环境建设上重点要抓好两个方面：一要继续抓好大连这个对外开放的龙头和沈阳这个重要腹地的投资环境建设。加速城市绿化美化净化的步伐，提高环境质量。解决好国际通讯问题，特别是要下力量提高海运口岸、空港口岸的服务水平和沈大高速公路的管理水平，并力争在较短的时间内有明显的改善。二要实行环境综合治理，重点治理环境污染，治理脏、乱、差，治理社会治安秩序。在软环境建设上，要进一步完善经济法规，落实合资企业法等涉外法律。要建立外商服务体系，建立为出口创汇企业服务的体系，改变那种出口企业围绕上边管理部门转的现象。今后省、市、县的外贸管理部门及工商、税务、计量和物价等管理部门都要树立为出口企业服务的思想，积极为出口企业扩大出口创汇出主意、想办法，为发展外向型经济服务，形成各部门围绕企业转的局面。

第六，加强领导，把对外开放摆在各级党委和政府的重要议程。各级党委和政府要把对外开放既作为治理整顿中克服困难的重要措施，又作为四化建设的根本大计，主要领导亲自抓，组织干部深入基层、深入群众、深入实际，调查研究，研究和分析影响本地区对外开放中的新问题，提出新对策。要总结本地区的典型经验，同时也要组织干部学习广东、福建等兄弟省的经验，增强改革开放意识。要进一步扩大对外宣传和开拓对外关系的渠道，提高辽东半岛对外开放的国际知名度。要继续扩大与友好城市的交往，为对外开放服务。省直各部门要努力为基层对外开放服务，特别是行业主管部门要在为基层服务中找准自己的位置，积极帮助企业寻找外资，争取项目，把产品打出去。要不断研究新情况、新问题，提高对外开放的领导水平，特别是对对外开放中的重要问题，主要领导要亲自研究，要钻进去。要不断完善对外法规，该试验的要试验，该汇报的汇报，扎扎实实做好开放工作。

注　释

〔1〕区域集团化，即区域经济一体化。指同一地区两个以上国家逐步让渡部分甚至全部经济主权，采取共同经济政策并形成排他性经济集团的过程。按一体化程度由低到高排列的组织形式包括：优惠贸易安排、自由贸易区、关税同盟、共同市场、经济联盟和完全经济一体化。区域经济一体化是当今世界经济发展的一个重要趋势。自 2003 年以来，我国积极参与区域经济合作，坚持多边自贸安排和双边自贸区建设两个轮子一起转，在新形势下拓展了对外开放的广度和深度，提高了开放型经济水平。

加快推动科技进步，使科技和改革成为振兴老工业基地的“两个轮子”

加强技术攻关和科技成果运用，推动工交生产上质量、上品种、上水平*

（1982年12月14日）

要切实端正工交生产的指导思想，主要抓这么五点：一是从过去主要抓产量、产值，切实转到上质量、上品种、上水平上来；二是从过去单纯抓铺摊子、片面追求扩大生产能力，切实转到抓技术改造、设备更新上来；三是从过去只注意抓生产，轻经营管理、不顾市场需求，切实转到既抓生产，又重经营管理，按城市、农村、国际三个市场需求的变化，发展适销对路的产品；四是企业要从围着计划转转向围着市场转，全方位为客户服务；五是克服忽视科技作用和科研、生产“两层皮”的倾向，明确树立发展生产必须依靠科技进步、科技工作必须面向生产的思想，下大力气抓科技工作。

党的十一届三中全会以来，我市在提高企业产品质量和发展品种方面取得了很大成绩，但也应该清醒看到，产品的竞争能力

---

* 这是李长春同志在沈阳市工交工作座谈会上讲话的一部分。

和企业的适应能力差仍然是我市工业生产面临的突出矛盾，也是经济效益不高的重要原因。调查表明，我市工业产品主要存在以下几个问题。

一是产品技术水平不高，更新换代步伐缓慢。二是产品竞争能力差，一些重点企业重点产品的地位下降。在激烈的竞争中，一些企业的技术优势发生动摇，原来的全国排头兵，有的已经从领先地位滑下来。三是部分产品质量不稳定，甚至下降，某些企业甚至整个行业处境困难。我市的电子工业原来无论是产值还是技术水平，在省内都处于领先地位，这几年由于质量、品种没有上去，生产十分被动。四是工业发展速度慢，经济效益差。提高质量、发展品种的步伐不快，导致我市工业发展速度慢、经济效益不高，其余一些技术经济指标与先进地区相比，差距也较大。

对于上述问题的存在，我们绝不能掉以轻心，要认真分析问题产生的原因，下功夫切实解决。原因之一，是长期以来在工交生产中片面追求产值、速度，忽视质量、品种，不注意依靠技术进步和管理进步来提高经济效益，在实际工作中也不注意采取技术进步的措施。我们一些专业科技部门以及企业内部的科研所、室，不同程度地存在着与生产脱节的倾向，“两层皮”的现象仍很突出；我市的不少科研成果“墙内开花墙外红”，被外地拿去推广应用；我市一些出名的专家、学者，被外地长期请去搞技术攻关，而我们自己却发挥其作用不够；我市一些企业的技术难题，本来可以在本市攻克，却因信息不灵而长期得不到解决。产生这些问题的根本原因还是指导思想不端正，这些问题表现在基层，根子在上边。主要是我市对上质量、上品种、上水平，提高经济效益的重要性、紧迫性，缺乏足够的认识，以致在工作指导上对靠技术进步提高效益抓得不够，现在问题已经到了非解决不可的时候了，我们决心从市里做起，和同志们一道，切实把指导思想搞端正。

原因之二，是企业管理水平低，影响企业生产潜力的挖掘和发挥。我们应当清醒地看到，大多数企业包括骨干企业在内，还没有跳出传统管理的圈子，甚至还有些混乱，各项专业管理的水平较低，基础工作比较薄弱，信息反馈系统很不健全，严重影响管理水平的进一步提高。虽然有些先进企业已经迈出了管理科学化的步子，但是，这样的企业不仅为数不多，而且科学管理也需要在实践中不断完善，当务之急是下功夫抓好企业的全面整顿。

原因之三，是有些企业领导干部的精神不振作，缺乏坚定的信念、开创新局面的气魄和务实苦干的劲头。在国民经济调整的过程中，同样遇到能源紧张、任务不足、原料涨价和资金缺乏的难题，但是领导干部的精神状态不同，企业的面貌就会大不一样。市农机汽车工业局遇到了农机产品没有销路、汽车大量积压的困难，全局干部振作精神，上下同心，团结协作，硬是闯出了汽车多品种生产的路子，取得了产值增长 17.1%、扭亏为盈的好成绩。市金属家具厂从乱成一锅粥的困境中走向兴旺，市绒织厂克服化纤布限产的困难，取得了减产增收的成绩，原因就是企业领导干部面对重重困难，不等不推，迎难而上。可是，有的单位却埋怨客观困难多，主观努力不够，以致生产每况愈下；还有的单位稍有进步就沾沾自喜，对落后于同行业、低于本单位历史水平无动于衷。正反两方面经验说明，只有振奋精神，把干劲鼓起来，才能在狠抓“三上”的过程中不断取得新的进展。

为实现 1983 年“三上”的各项规划和后三年改变工交生产

面貌的奋斗目标，加强技术攻关和科技成果运用，推动工交生产上质量、上品种、上水平，不断开创工交生产新局面，必须切实抓好以下几方面工作。

第一，各级领导干部要进一步转变指导思想，加强对科技工作的领导。经验证明，一个部门、一个单位质量、品种能不能上去，金银牌能不能拿到手，经济效益能不能提高，关键在于领导干部指导思想的转变。要结合学习贯彻党的十二大精神，普遍开展一次如何提高产品竞争能力的大讨论，切实端正工交生产的指导思想，主要抓这么五点：一是从过去主要抓产量、产值，切实转到上质量、上品种、上水平上来。二是从过去单纯抓铺摊子、片面追求扩大生产能力，切实转到抓技术改造、设备更新上来。今后技术改造的重点和资金投向主要是用于新技术、新设备、新工艺、新材料，提高产品质量，开发新产品，大力提高产品技术

1982 年，李长春参观沈阳市首届技术成果交流交易会并听取汇报。

水平。三是从过去只注意抓生产，轻经营管理、不顾市场需求，切实转到既抓生产，又重经营管理，按城市、农村、国际三个市场需求的变化，发展适销对路的产品。四是企业要从围着计划转转向围着市场转，在满足社会“共性”需要、组织大批量生产的同时，要从市场需要出发，重视社会“个性”需要，搞好小批量多品种生产，全方位为客户服务，以适应市场瞬息万变的特点，满足各种用户的需要。五是克服忽视科技作用和科研、生产“两层皮”的倾向，明确树立发展生产必须依靠科技进步、科技工作必须面向生产的思想，下大力气抓科技工作。要层层建立厂办科研机构，明年上半年县团级国营企业都要设立总工程师室和以新产品开发为主的研究开发机构，其余中小企业也要设立研究室、组，还要建立科技咨询机构和科技情报网络，聘请厂外专家、学者担任企业技术顾问，形成以总工程师为首的新产品开发工作体系。

第二，要围绕质量升级创优和产品更新换代，组织“一条龙”攻关。要大力推广应用国内已有的科研新成果和新技术。每个工业局、公司都要抓几个重点产品和关键技术，由领导负责组织有关企业协作攻关，明确责任，定期检查考核，抓出成果来。为了把生产企业和科研单位挂起钩来，拟在不打乱原建制，不改变隶属关系的前提下，区分情况，用“科研、设计、生产、服务一条龙”，“科研、设计、生产联合体”，科研合同制等多种形式，和社会上大学、科研机构发展横向联合，建立社会上的科研依托，加快技术攻关和科研成果应用的进度。同时，还要广泛发动企业职工开展群众性的技术革新活动和合理化建议活动，围绕质量升级和新产品开发规划，提出课题，张榜公布，发动职工献计献策，进行技术攻关。

第三，要狠抓各项技术基础工作的整顿，提高技术管理水平。一是要整顿和强化工艺纪律，严格操作规程，在企业中树立工艺操作规程是“法”的观念，教育广大职工特别是青年职工严格遵守，并在每季一次的质量大检查中，同时检查工艺纪律、操作规程和文明生产情况。强化全市质量监督网，健全质量调度、检查与考核的制度，对检查出的不合格品和三类企业，要停产整顿或限期整顿。要认真贯彻市经委关于加强质量检验工作的规定，严格质量检验制度、质量事故报告制度。各级质量检验部门必须严格执行技术标准，认真行使产品质量检验权，严格把好质量关，各级领导必须支持质量检查部门行使职权，不得对质量检查人员进行打击报复。二是整顿与强化标准化工作。工业发达国家的国家标准一般都在 10000 个左右，我国只有 3500 个，而且多数是五六十年代的标准。不改变这种落后的状态，提高产品的技术水平是不可能的。为了把我们现有产品的技术水平大大提高一步，从现在起就要制订规划，对标准进行整顿，凡有国家标准但未达标的产品，要限期达标；凡是没有标准的要立即组织力量制订；对于已落后的标准要有计划地分期分批进行修订；对于批量较大的重点产品、优质产品、出口产品要制订高于国际、部标的企业内控标准。今后，标准工作的重点应放在推行国际标准上。机电产品在采用国际标准上要先行一步，畅销国际市场的出口产品特别是获出口免检信誉的产品，以及关系国民经济全局的一些重点产品，都要尽快积极采用国际标准，力争通过三年的努力，逐步改变我市标准工作的面貌。与此同时，还要相应地加强技术情报工作、理化计量工作、工装设备管理和技术服务等各方面的工作，为加快“三上”的步伐创造必要的条件。

第四，围绕“三上”和节能的技术改造，要有所突破。当前，我市部分产品技术水平低、优质名牌少的现实状况，对现有企业的技术改造提出了更加迫切的要求。过去，技术改造对发展生产、提高质量发挥了一定的作用。今后需要解决的问题，一是过分偏重扩大生产能力，有的企业形成“生产挤辅助，辅助挤仓库，仓库挤马路”的现象，忽视了质量的提高和品种的增加；二是思想不够解放，在引进外国先进技术方面，迈的步子不大；三是前期准备工作安排得不好，建设周期长，投资效益差。为了搞好技术改造，充分挖掘现有企业的潜力，各局、公司和企业要总结经验，针对过去工作中存在的问题，把技术改造抓好。要明确技术改造的重点是上质量、上品种、上水平，实现产品更新换代，节约能源、降低原材料消耗和提高经济效益。今后新安排的项目，一定要突出重点，坚持投资的正确方向。引进先进技术，是通过走捷径促进技术进步的一个重要方面。在这方面，以改进产品、工艺为目标，要着重引进“软件”，即引进样品、资料及设计、工艺、制造、管理等方面的技术，包括许可证贸易，合作生产、技术服务、顾问咨询等方式。已定项目要抓紧与外商接触，尽快成交并抓紧消化、吸收、推广和创新的工作。

为了搞好技术改造和技术引进，在上级补助资金有限的情况下，除了申请使用银行贷款，主要依靠企业自有资金，包括折旧基金、企业利润留成中的生产发展基金等。各工业主管部门要引导企业把这部分资金更多地用于本身的技术改造，有计划地从重点产品抓起，逐步地实现整个行业的技术改造，尽快改变老企业的技术面貌。

技术改造是工交企业的当务之急*

（1983年2月6日）

按照马克思的再生产理论，要想使生产周而复始地进行下去，必须实现资金形态的周而复始转换。这种资金形态的转换必须伴随着四个方面的更新周而复始地进行。第一个是产品的更新，第二个是装备的更新，第三个是工业技术的更新，第四个是从事生产的人本身的知识的更新，前三者的组合就叫技术改造。后者属于技术教育范畴。离开产品的更新，不能叫技术改造。我们应该从再生产理论的高度来认识技术改造的迫切性，来全面理解技术改造工作。技术改造的核心，就是产品的更新。

党的十一届三中全会以来，我市在工交科技工作上，应该说有很大进步。但也应看到，我们在科学技术方面，还很不适应经济发展的需要，很不适应全国经济发展的形势。产品技术水平

* 这是李长春同志在沈阳市工交企业技术进步技术改造工作座谈会上讲话的一部分。

低，竞争能力差，严重阻碍了我们沈阳工业发展的速度，也严重阻碍了经济效益的提高。可见，技术进步这个问题，已经成了当前我们沈阳经济能不能进一步快速发展，能不能焕发老工业基地青春的一个关键所在。技术进步和技术改造有着密切的关系，技术改造是达到技术进步的手段，技术进步是技术改造的最终结果，所以技术改造是当务之急。

从我们面临的形势看，这些年出现了一些新的情况。首先，党的十一届三中全会以来，国家对传统的计划经济体制进行了改革，由过去单一的计划调节，改革为计划调节为主、市场调节为辅。同时随着生产的不断发展，一些产品出现了由过去的供不应求、卖方市场的形势，转为买方市场的形势，事实上是以市场调节为主了，这是一个很大的变化。第二个变化，是财政体制进行了改革，由过去的统收统支，改为分灶吃饭，对企业来讲就是改为利润留成，这样就增加了企业的自主权。第三个变化，就是在对外经济政策上，我们国家改变了过去封闭半封闭的局面，形成了对外开放、对内搞活这样一个大的形势。这就使我们面临着两个市场的竞争，不仅面临着国内市场的竞争，也面临着兄弟省市从国际市场引进资金、引进技术进行改造来和我们竞争。

对这样一个新形势、新情况，总的来看，我们沈阳的工业企业队伍，在适应能力上与南方一些城市特别是沿海一些城市相比，差距还是很大的，还远远不适应新形势。我们的骨干企业大都是国家 50 年代的重点项目，长期以来是在国家计划调节的体制下成长起来的，产品几十年一贯制。因此，在市场上的竞争能力不如先进地区。我们对统调统拨、统收统支、“大锅饭”的体制更习惯一些，长期以来形成了“等靠要”的思想。由于历史的原因，我们有这样一些弊端，所以在新形势下，我们沈阳企业的发展很不平衡：一些企业在指导思想上转得比较快，在原有基础上又有了新的发展；一些企业转得比较慢，在激烈的竞争面前很被动。就全市工业生产来讲，从宏观上目前暴露出两个突出的问题，一个是技术水平低，产品竞争能力差；另一个是管理水平低，经济效益差。这“两差”就决定了我们一些企业发展速度慢，也就是出现“两差一慢”的问题。怎么解决这个被动局面，市委明确提出，一靠科学技术的进步，二靠管理进步，就靠这两条。

从马克思的再生产理论来看，目前我们有些企业这几年竞争失利，实际上是再生产受到了梗阻。按照马克思的再生产理论，要想使生产周而复始地进行下去，必须在生产资料和消费资料两大部类之间实现价值补偿、实物补偿。就每个部类本身，必须实现资金形态的周而复始转换，资金形态转换必须实现销售。现在我们一些企业出现了困难，就是这种资金形态转换不能够继续进行下去。这种资金形态的转换必须伴随着四个方面的更新周而复始地进行。第一个是产品的更新，因为销售的是产品，产品必须在市场上有竞争能力，才能实现销售，才能实现企业资金形态的转换。第二个是装备的更新，如果装备不更新，固定资金的形态就不能发生转换，仍然去用老的落后的技术、落后的设备进行生产，也会造成再生产的梗阻。第三个是工业技术的更新，工业技术是个软件，包括设计、配方、流程等，它本身是无形的东西，它是连接装备和产品的桥梁，没有这个软件也会发生再生产的梗阻。第四个是从事生产的人本身的知识的更新，也就是技术培训、技术教育。没有这四个更新，再生产的过程就不能够持续。

这四个更新，前三者的组合就叫技术改造。不能单纯地理解为光换两台设备就叫技术改造，而应坚持产品的更新、工艺技术的更新和装备的更新，这就是技术改造的过程。后者属于技术教育范畴，是人的知识的更新和素质的提高。技术改造的三个更新，核心是产品更新，它是起主导作用的，其他的更新要为这个服务。离开产品的更新，不能叫技术改造，只能叫外延扩大再生产。所以，我们应该从再生产理论的高度来认识技术改造的迫切性，来全面理解技术改造工作。技术改造的核心，就是产品的更新，因为最终为社会提供的使用价值是要反映在社会总产品的增加上，社会总产品就包括了企业销售的产品，所以最终一定要落在产品水平的提高上。

现在我们要想用很短的时间赶上国内先进水平和国际先进水平，必须充分利用对外开放的条件，从世界各国引进先进技术，凡是先进的东西都要拿来为我们所用。没有这样一个战略眼光，沈阳作为一个老工业基地就会停滞不前。所以，要像50年代那样，大批地、大胆地引进先进技术。前一段我跟经委、外经局的同志商量，能不能每年以100个左右项目的速度引进先进技术，这是个愿望，还得靠落实。市里也准备在分工上采取一些措施，经委、计委和有关综合部门要搞联合办公，明确分工。技术改造工作由经委牵头来抓，规划、计划能不能够拿出来，可行性分析能不能够落实，都由经委负责。提出计划以后，能不能够谈成，能不能真正引进来，这就是外经局的责任。但是基础在企业，企业是技术进步的主体，各个部门要围着企业转，为企业服务。企业要在引进技术上，思想更重视一些，规划更实际一些，措施更得力一些。通过上下共同努力，力争在比较短的时间内打开引进技术的新局面。

技术进步、技术改造涉及方方面面。既涉及到物化劳动，也涉及到活劳动；既涉及到工厂企业，也涉及到职能部门；既涉及到每一个职工，也涉及到领导干部。从市里来看，既涉及到各个工业主管部门，也涉及到市政府的很多综合部门。所以，加强领导是促进技术进步、加速技术改造步伐的一个根本保证。加强领导要抓好这么几条。

第一条，从各级领导班子入手，加强思想领导和组织领导。思想上，就是要克服无所作为、懦夫懒汉的落后观念，树立市场的观念、竞争的观念、力争上游的观念。当前，总的来看，通过机构改革、企业整顿，企业领导班子的精神状态、思想政治素质有了很大提高。但是也应该看到，还有少数企业领导成员的精神状态还不适应新形势的需要，仅仅满足于企业不亏损，职工能得奖。企业不亏损，似乎对上级就能交代过去了；职工能得奖，似乎对职工就能交代过去了。结果，企业始终是老产品、老设备、老工艺，企业的面貌没有变化，正在孕育深刻的危机。对这样的企业就要从思想教育入手，猛击一掌，帮助领导班子振奋精神。

第二条，建立一个具有合理知识结构的企业人才队伍。没有得力的技术人才队伍，技术进步、技术改造、引进技术工作是推不动的。我们的企业究竟应该建立一个什么样的合理的知识结构的人才队伍，大家都可以研究。但是我想，起码对于技术含量比较高的，或者叫作技术密集型的产业，应该有这个要求，逐步做到企业的主要领导是由懂技术的同志来担任，不一定都是专家，但要是行家。当然，作为劳动密集型的企业还可以放宽一些，但对技术密集型的产业，不能仅仅停留在有多年管理经验的领导干部就行这样一个层次，这样不行，会耽误事。市场竞争瞬息万变，产品的生命周期越来越短，在这样的形势下，搞科学技术的同志不处于决策的位置上，是不利于产品竞争的。企业都要搞一个研究机构，搞一个开发新产品的机构，不能用正常的生产技术服务来代替产品的研究开发机构。要建立健全总工程师责任制，总工程师办公室要把全厂的技术工作统起来。对这些措施，要狠抓落实。

第三条，要集中财力、物力、人力，保证技术进步、技术改造工作顺利进行。在技术改造的实际工作中，常常感到财力、物力、人力分散或者不足，要努力解决好这方面的问题。人力，除了调动本单位力量以外，还要广泛动员各方面的力量，包括从社会上招聘，要充分利用沈阳市科技力量雄厚这样一个有利条件，跳出本单位做文章。沈阳各个大学、研究机构科技研发的积极性很高，但是找不到买主，找不到市场，与此同时，我们的企业还在喊自己力量不足，这就构成一个很大的矛盾。要走出去跟高等院校挂钩，跟研究院所挂钩，建立社会的科技依托，充分利用他们的技术力量来搞技术改造。还可以招聘，像其他中小城市那样，企业拿出一些优惠办法，创造条件把真正有真才实学的人才请进来，也像农村那样请“财神”，这是人力上要开绿灯。物力和财力，也有一个统筹安排的问题。现在比较突出的是财力。从国家体制上，已经改变了过去统收统支的局面，所以，如果我们还停留在上级投资我就搞、不投资我也没办法这种观念上就不行了。这就是对变化了的新形势还不认识、不理解。现在已经改革了统收统支的财政体制，是分灶吃饭，是利润留成，所以应该集中企业的财力来重点搞技术改造。只有企业的技术发展了，竞争能力强了，经济效益好了，才能使企业财力越来越雄厚。企业资金不足，也得靠企业的能力去贷款，应该敢于贷款进行技术改造。贷款还不够，就要敢于利用外资来进行技术改造。要通过这些途径，不断扩大企业技改资金的规模，使企业的技术改造建立在雄厚的财力基础上。

总之，要通过这三条，为企业加快技术改造创造良好条件，使沈阳的企业插上先进技术的翅膀，早日实现腾飞。

推荐一个靠引进技术展翅起飞的小型企业*

（1985年1月6日）

只有六百多名职工的集体企业——沈阳市塑料六厂，靠引进国外先进技术和设备，仅用四年时间，就彻底摆脱了半手工业式落后的小生产方式，跻身于全国同行业的先进行列，成为用80年代世界先进技术设备进行生产，产品达到国际先进水平，竞争能力强、盈利水平高的先进企业。1983年，全厂实现工业总产值629万元，实现利润80万元，分别比引进技术前的1980年提高2.2倍和1.4倍，职工年平均奖金达320元。今年，该厂的主要产品聚丙烯编织袋在全国同行业评比中，由过去排不上名次，一举跃居第二名。1984年10月，从联邦德国引进的塑料编织水泥包装袋生产线投入生产，预计明年各种编织袋产量可达2000吨，产值1200万元，利润200万元，均比1983年翻一番还多。现在，该厂专用生产线宏伟气派，生产环境整洁明亮，生产组织井然有序，呈现一派现代化大生产的繁荣景象。人们说，“六塑”靠引进展翅腾飞了。那么，他们引进工作搞得好的诀窍在哪呢？经调查，我们可把他们的经验概括为四个字，即：“破”、“准”、“敢”、“快”。

* 这是李长春同志关于沈阳市塑料六厂引进工作的调查报告。

一、在指导思想上勇于破除小生产观念

所谓“破”，就是把破除小生产观念、端正引进工作的指导思想，作为通过引进实现现代化大生产的前提。这个厂是 1952 年由几个手工业生产合作社合并而成的，多年来一直用手工或半手工的生产方式维持生产，生产效率低，产品大路货，盈利水平低，企业不景气。党的十一届三中全会以后，全厂职工迸发出一种彻底改变工厂落后面貌的强烈愿望。厂领导班子成员在学习党中央关于对内搞活、对外开放一系列指示精神的同时，认真总结企业多年发展不起来的教训。这就是，虽然前些年口号没少喊，劲没少费，钱没少花，但始终没有摆脱小打小闹的狭隘做法，思想上被多年的小生产观念束缚着，只顾眼前，不想长远，结果闹腾了二十多年，工厂却没建上一幢像样的厂房，没置上一台像样的设备，没生产出一种能在国家挂上号、在市场上叫得响的产品。这些教训使厂领导认识到，要想从根本上改变企业面貌，必须摆脱小生产的束缚，气气派派地对企业进行一番大改造，决心瞄准国际目标，生产出一流的产品。领导干部思想的解放为引进工作提供了先决条件，但是要引进国外的先进技术和设备，需要市场预测，进行可行性分析，提报项目建议书，还要同外商面对面谈判，并要经过一道又一道的审批程序。所有这一切，对于一个集体小厂来说，谈何容易。可是，由于厂领导班子认识提高了，目光远大了，所以办法也就有了。没有人才，他们就从国营企业聘用工程技术人员任工程师，还提拔一位专业技术干部任技术副厂长；不懂办事程序，书记、厂长就一次又一次地到轻工部及省市有关部门请教。就是凭着这股闯劲，1981 年，他们成功

地从日本引进一套造丝机。投产后，仅用一年半时间就全部偿还了 90 万元贷款。1983 年，他们又计划从联邦德国引进一条塑料编织水泥包装袋生产线，并准备在 9 月份到大连国际经济技术合作洽谈会上同外商谈判。可是，有关上级业务部门却以国内同类技术已有引进为由不予批准。但他们并不灰心，书记、厂长亲自出马，一次次到国家和省市有关部门反映情况。经过一系列积极争取的工作，在部、省、市有关部门的支持下，最后终于获得以“计划外项目”的身份参加了大连洽谈会。一个默默无闻的集体小厂，凭着改变企业落后面貌的强烈愿望和积极进取的精神，硬是挤进了大连洽谈会，并成功地同外商签约成交。如今，这个企业正源源不断地向社会提供着产品。

二、选择项目要“准”

所谓“准”，就是在调查研究、知己知彼的基础上把项目选准。这个厂的领导同志认为，引进工作切忌盲目性。盲目引进，不仅见不了成效，反而会让债务把企业拖垮。而要避免盲目性，就必须把选准项目作为引进工作的关键环节来抓，在这个环节上要宁可稳点、慢点。稳是为了准，准了就能变慢为快。要在调查研究、深入市场预测上下功夫，舍得花时间搜集国内外有关数据资料，然后进行分析比较。这些是进行项目选择的必备条件。在引进联邦德国这条生产线之前，他们到全国七八家同行业企业做技术考察，到十几家用户搞市场预测，对三个国家、七个不同厂家的技术设备进行了比较，并查阅了大量技术资料。通过调查发现，我国每年用于水泥包装的牛皮纸袋达 20 亿条，合牛皮纸 70

万吨，生产这些纸袋需用木材350多万立方米。我国是一个木材资源贫乏的国家，每年牛皮纸袋供应量缺口达52%。而且牛皮纸袋强度低，防水、防潮性能差，使用时破损率高达15%至30%，仅这一项国家一年就损失4亿多元。而用塑料编织袋包装水泥，破损率仅为8‰，不但可以减少水泥损失，而且还能为国家节约大量木材。在技术性能上，“以塑代木”还有防止水泥标号下降、延长贮存期的作用。经测定，用牛皮纸袋包装水泥，贮存一个月水泥标号下降20%，贮存两个月标号下降54%。而用塑料编织袋包装水泥，贮存一年，标号才下降3.4%。从市场需求量来看，仅辽宁省一年就需要一亿条左右。引进年产1000万条的生产线，如果把生产的产品全部供给本溪市水泥厂还满足不了该厂需要，可见市场需求量之大。正是根据上述预测，该厂才选定了这个前景十分广阔的项目，并择优同联邦德国一家厂商签约成交。实践证明，这个项目起到了左右我市塑料编织行业水平的作用。引进后，传统的小生产方式彻底改变了，产品水平、生产效率、经济效益等都大幅度地提高了，可见这个项目他们选得是准确的。

三、使用贷款要“敢”

所谓“敢”，就是只有敢于利用贷款搞引进，才能使企业在市场上站稳脚跟。搞引进就得花钱，钱从哪里来？企业自有资金有限，国家又不拨款，所以只能贷款搞引进。但是，贷款是要还的，敢不敢贷，贷了能不能还上，这不能不是企业必须认真考虑的问题。开始，他们在这个问题上也有些顾虑，怕贷款一旦还不上，会把企业拖垮。但是，他们算了一笔账：这条生产线年产编织袋 1000 万条（造丝能力合 1400 吨），一年获得利润 150 万元，4 年就可以全部还清 600 万元贷款。而这套设备的使用年限是 10 至 15 年，4 年后所获利润将全部归企业。更重要的是，引进将从根本上改变企业的面貌，使企业立于不败之地。通过这样一算账，他们更加坚信，只要项目选得准，就一定能如期还清贷款，并使企业获得较大利益。而如果不敢利用贷款搞引进，搞所谓“手里有多少钱就干多少事”，势必只能进行小修小补，不仅眼前的日子难过，随着市场竞争的日趋激烈，到头来还要被挤出市场。厂领导班子成员除了这样算、这样想之外，还主动向群众做好宣传解释工作，号召职工不要计较眼前几个奖金，要抛弃眼前利益，树立长远观念，共同坚定利用贷款搞改造的信心，得到了全厂职工的大力支持。

四、项目实施要“快”

所谓“快”，就是只有抓紧快上，才能使引进项目快见效、快还款。该厂引进这条生产线，主要设备达 23 台，1983 年 9 月签约，1984 年 7 月到货，8 月安装，10 月投产。如此规模的成套引进，从签约到投产仅用一年多时间，这在我市是前所未有的。之所以能使引进项目尽快见效，这与他们严肃的科学态度和“时间就是金钱”的观念是分不开的。他们认为，引进国外先进技术，一旦签约，就要讲究项目效益。拖拉一天，就等于白白扔掉几千元利润。因此，他们周密安排每一步的进度计划，严格实行项目承包责任制，在几个主要环节上千方百计往前赶。一是签约前的准备工作要快。可行性分析报告、项目建议书等要抓紧准备，而且要力求准确、充分，避免返工；国内外市场行情、厂内条件要抓紧熟悉，做到有问必答；各个审批渠道抓紧疏通，通过主动汇报，求得各个部门的支持。二是签约后的准备工作要快。他们用承包的方式，仅用3个月的时间就翻建了一幢1000平方米的厂房，并使水、电、气等配套工程同时竣工。三是设备到厂后的安装、调试、培训工作要快。他们通过内部承包的方式，仅用1个月的时间，就使全套设备“安家落户”，德方技术人员十分满意。同时，他们又利用德方人员在厂调试设备的机会，请德方人员讲课，进行技术培训，使操作工人很快熟悉了设备情况。总之，由于该厂在整个投产准备过程中，严格按进度计划行事，层层落实承包责任制，因而使引进的设备如期投产见效。

经过几年的实践，该厂已初步摸索到一些引进工作的经验。因此，他们引进的胆子更大了，信心更足了，步伐也更快了，正以更大的气派，进行第三次引进，拟贷款1500万元，再引进一条年产3000万条塑料编织袋生产线。厂小雄心大，人少贡献多。我们相信，在引进的促进和推动下，这个小企业今后一定会有新的更大飞跃。

依靠科技，振兴沈阳*

（1985 年 7 月 10 日）

要树立技术成果是商品的观念。不承认技术是商品，就是不承认智力劳动的价值，也就是否定了科学技术是生产力。只有承认了智力劳动的价值，承认技术成果可以是商品，才能真正形成尊重知识、尊重人才的社会风气，才能使科研机构和广大科技人员自觉面向社会、面向经济、面向市场。

振兴沈阳，必须振兴沈阳的经济，使沈阳这个老工业基地焕发青春。要做到这一点，没有科学技术的进步是不行的。我们沈阳是老工业基地，一些企业行业技术老化、装备老化、产品老化的“三老”问题十分突出，使产品质量差、经济效益差、竞争能力差的“三差”现象也十分突出。特别是当前又遇到一些新情况新问题，更需要大力发展科学技术。

当前，我们要进一步提高对科技体制改革紧迫性的认识。首

* 这是李长春同志在沈阳市科技体制改革工作会上讲话的一部分。

先，要深刻认识现行科技体制的弊端，增强科技体制改革的紧迫感。现行科技体制最大的问题，就是科技和经济“两层皮”，这是造成我们生产技术长期落后的最基本的根源，越来越不能适应四化建设的新形势，已经拖了经济建设的后腿。

从科技人员分布的情况看，真正在产业系统从事技术工作的人员所占的比重很小。全国有9344个科研机构、120万科技人员，其中厂矿企业所属的科研机构是3645个、22万人，也就是说，游离产业之外，吃国家公粮的这一部分占82%，在产业部门从事企业生产技术研究的仅占18%。这种状况与世界上经济发达国家正好相反。在发达国家，90%的科技人员都是直接在企业从事技术工作，很多研究机构都在大的公司、企业里面。而我们却不是这样。由于长期以来受苏联模式的影响，再加上长期的供给制，很多科研机构变成了吃国家公粮的“二机关”，经费靠国家拨，任务靠国家给，根本没有活力。而我们的经济又不发达，国家不可能拨给很多的经费，这就造成了很多人没有任务。一方面科技人员很缺乏，另一方面这些科研单位中很多科研人员没有事干、虚度年华。即使在企业里从事生产技术的这一部分科技人员，分布也不尽合理，少数大型企业特别是一些军工企业人才济济，相当一部分不能充分发挥作用，造成了人才的浪费，而在多数的中小型企业里，科技人员却很少。这是造成科技与经济脱离的一个根本原因。

从我们的实际工作看，也存在科技与经济脱离的问题。大专院校也好，科研单位也好，在选题时往往愿意选理论性的，不愿选那些实践性强的。你说是基础理论研究，它没有新的发现；你说是应用研究，它不能应用。工厂企业也存在这样的问题，有限的科技人员主要是搞产品本身的研究设计，而对制造产品的技术研究力量很薄弱，很多企业能拿出样机，却不能以比较低的成本大批量地生产出有竞争能力的产品。在对科技成果的评价上，也存在着重理论轻应用、重设计轻工艺、重论文水平轻经济效益的倾向。因此，就使部分科技人员形成了科研工作离实际越远水平越高的错觉。由于体制上“两层皮”，科技成果还要进行二次转化，由于很多科技成果不适销对路，再加上在促进科技成果向生产转化的运行机制上，也缺乏吸引措施和内在动力，所以搞出来的成果，真正应用到生产实际中的很少。有一个研究所，20多年来搞了200多项科研成果，真正推广应用的，仅仅是一到两成。发表了论文、评上了职称，就大功告成，大量的科研成果停留在研究室、实验室里，不能转化为现实生产力。因此，就出现了这样一种局面：一方面生产技术十分落后，另一方面成果论文、高级职称不少；一方面生产第一线需要大量的技术人员，另一方面绝大多数科技人员都远离产业系统。这是我们科技体制一个很大的弊端。前不久，一位日本的科学家到我们国家访问之后，曾经评论说，中国发射了人造卫星，成功地合成了胰岛素，研制成功了30万千瓦双水内冷发电机，中国人有很高的技术开发能力，但是生产技术水平，即大量生产廉价优质产品的技术水平之低，令人感到意外。这是中国落后的最大原因。他认为，这主要是体制上的问题。第一，科技人员对生产技术落后漠不关心；第二，工厂没有竞争意识，缺乏社会性信息交流，技术转移很差，既没有用组织手段进行转移，也没有用市场机制去促进转移；第三，全面铺开，人员分散，许多人是为研究而研究；第四，最优秀的人才往往不到生产现场去工作，工厂企业缺少有效吸收和应用技术的能力。我看这个评价符合实际，科技体制到了非改革不可的时候了，我们要增强紧迫感。

其次，要深入清除科技工作中僵化经济体制的影响和旧的传统观念，提高投身改革的自觉性。在讨论当中，很多同志也谈到一些疑虑。有的是可以理解的，但有的也反映了科技工作中计划经济体制的影响和旧的习惯势力、传统观念还没有肃清，因此必须提出消除传统体制的影响、摆脱旧的传统观念束缚的任务。当前，要特别强调确立几个新的观念：一是要树立技术成果是商品的观念。不承认技术是商品，就是不承认智力劳动的价值，也就是否定了科学技术是生产力。只有承认了智力劳动的价值，承认技术成果可以是商品，才能真正形成尊重知识、尊重人才的社会风气，才能使科研机构和广大科技人员自觉面向社会、面向经济、面向市场，到企业、到社会、到市场去找课题。但是，我们长期以来没有这个观念。对于这个问题，我们要有新认识，做技术工作的综合部门更需要有一个新的认识。

二是要树立从事技术商品经营的机构和中介的劳动也创造价值的观念。技术商品化以后，很多单位都产生了一些经营技术商品的人员，有的研究机构的领导同志就说，你这是不务正业。这个观念也要转变。技术商品经营人员是沟通科研与生产的桥梁，是科技工作的“二传手”，要使科技成果转化为商品化生产、取得经济效益，没有一批善于运用技术成果开发产业的人才不行，没有一批善于经营技术商品的人才也不行。我市技术市场越办越活，技术贸易越来越兴隆，都是和这些从事技术商品流通人员的努力分不开的。他们的地位和作用应当得到尊重，他们的劳动应当得到肯定。不能把他们说成是不务正业，是科技“二道贩子”。

1989 年 3 月，李长春与辽宁省委书记全树仁考察航空工业部第 601 研究所。

要适应技术商品化新形势的需要，大力发展信息产业、咨询产业，这些都是产业部门，都应当得到社会方方面面的承认和支持。中央强调要制定法规，保障买、卖、中介三方的合法权益，我们也应当通过改革，不断完善这方面的政策。

三是要树立在不放松基础研究的同时，着重抓好应用研究和开发研究的观念。对我们市属科技研究所来说，推广应用是一个重点。基础研究、应用研究和开发研究是整个科技活动的三个层次，三者互相衔接、互相促进，都是发展科学技术、发展社会生产力的有机组成部分。基础研究为应用研究和开发研究提供方向，应用研究和开发研究则为基础研究提供更广泛的课题，并创造出经济效益，从而为进一步开展基础研究提供可靠的物质保证和技术条件。因此，不能把三者对立起来。中央从四化建设的实际需要出发，强调在不放松基础研究的同时，重点抓好应用研究和技术开发。作为地方的科研单位，更应当把工作重点放在围绕经济建设、搞好技术开发的应用研究上来。有人担心，都搞“短、平、快”的项目会影响研究所的长远发展。这种担心虽有一定道理，但是也应该看到，科研要走在生产前面，现在搞的“短、平、快”项目，既是当前科技和经济发展的需要，也是科研单位由单纯的科研型向科研经营型转化的必然过程，将为解决经济建设中的重大技术问题蹚路子、打基础、积累经验。也应该看到，搞基础研究也不能遍地开花，应主要集中在国家级科研院所和重点院校，地方的科研机构主要要转向经济建设这个主战场。

只要我们把上述几个认识问题真正解决好了，就一定能够增强紧迫感，提高自觉性，积极投身到改革当中去，把科技体制改革搞好，抓出成效。在这个问题上，我主要强调三点。

第一点，一定要把五路科技大军[1]更好地组织协调起来。目前，大专院校、科研单位的积极性很高，都愿意为振兴沈阳出力气，作出自己的贡献，这是非常可喜的。过去，我们在调动这五路大军的力量振兴沈阳方面，抓得不好，很重要的一个原因，就是整个科技体制改革还没有摸到方向，主要靠行政办法去组织，所以很难冲破条块分割。那么根据改革的新形势，怎样组织好五路大军呢？

一是要以技术市场为纽带，把五路科技大军同生产单位紧密地联结起来，大家都面向市场。各高等院校、科研单位，都可组建经营技术商品的企业，市工商部门发给工商执照。市科委、市科协也要组织综合服务能力比较高的技术贸易中心，为买方、卖方提供综合服务的良好条件。要形成多形式、多层次、星罗棋布的技术市场，形成一批为买方、卖方沟通渠道的产业咨询业、信息业，通过科技市场加速成果的转移，同时也保护各方面的正当权益。

二是用经济手段，通过政府有关部门做“红娘”来结成各种形式的科研、教育、生产联合体。所有的大型骨干企业都要破除小生产的狭隘思想，在互惠互利的前提下，从牢固占领行业技术制高点出发，与全国、市内有关的科研院所、本行业占主导地位的高等院校，建立长期的稳固的联合体。工厂可为高等院校学生在毕业实习、实验、研究等各个方面提供优惠条件，学校可优先转让科技成果和给企业输送人才。现在很多高等院校关着门选模拟课题，搞假课题、假设计，我们可以把他们请进来，把工厂的技术课题作为高等院校的课题，这样对双方都有好处。最近化工研究院和化工系统进行了广泛的合作，这非常好。在化学工业方面，有化工学院、化工研究院，市里面还有化工研究所；在冶金工业方面，有东北工学院、金属研究所；在机电工业方面，有机电学院；在制药工业方面，有药学院；在橡胶工业方面，有橡胶制品研究所。这些都是配套齐全的，只要我们把各方面的力量组织起来，就一定能发挥更大的作用。

三是围绕大型技术项目、大型规划，组织有关专家学者开展咨询、论证、招标、承包，通过一些大型的综合项目，把大家组织起来联合攻关。将来，我们市里面重要的改造规划、引进项目，在立项之前要多一个程序，由市里专业对口的科研单位、高等院校参加论证，经鉴定才能立项。对有些大型项目，像数控机床、电子计算机工程、机器人工程，都可以组织联合攻关。为了鼓励在沈的高等院校、科研院所为振兴沈阳出力，凡是在沈阳转让成果并取得效益的，其成果转让费、咨询服务费的收入在税收上予以优惠。

四是用多种形式引导地方科研院所进入经济建设的主战场。有条件的开发应用研究所可试行转企改制，有的院所可以办企业或收购企业，作为成果转化基地，有的可以和企业组建长期合作联盟等。有关方面可按此思路认真研究。

第二点，要树立企业是技术进步的主体的观念，进一步强化企业的技术开发能力。这是我们今后一段时间科技工作的重点。要彻底改变当前企业只能做一般生产技术服务而不能进行技术开发、几十年一贯制的被动局面。企业要迅速提高技术开发水平，在思想上和工作上也要实现几个转变：一是要牢固树立企业是科技进步的主体的观念。企业是经济运行的基本单元，是技术研发、组织生产、产品交换的中心环节，企业强则国家强，企业弱则国家弱，因此企业要增强技术进步的责任感，大幅度增加科技投入。特别是大中型骨干企业，都要建立完善的技术开发机构，办好研究所等各类开发机构。二是要由单纯围绕产品本身的更新换代转向不仅搞产品的设计而且重视研究产品的制造技术、改进制造工艺、全方位推进技术进步上来。现在我们设计人员和工艺人员的比例严重失调，应当把这个比例颠倒过来。三是要从单纯引进国外先进设备转向以引进带动自身的开发上来。我们这几年一共引进 200 多个项目，将近两亿美元的装备，这是为了把过去丢掉的时间抢过来，走一个捷径。但并不是一次性的经济贸易，如果认为这仅仅是买点设备的一次性经济贸易，那就糟了，过十年以后，我们还得花大量的外汇重新购买设备。因此，要借鉴先进的技术装备，迅速组织力量开发我们自己的技术。四是要从只生产物质商品转向同时也生产“软件”商品即专利、技术上来。

特别是大中型企业，都要做到这一点。将来统计部门也要建立起指标体系，看一看我们大中型企业到底是不是能出两种商品了。所有的大型骨干企业都要成为以自身为龙头、以资本和技术为纽带的企业集团，能够成套开发，输出“硬件”商品和“软件”商品，在国内外具有很强的竞争力。

第三点，要切实加强对科技工作的宣传。首先是各级领导部门、各级领导班子要通过这次会议，明确振兴沈阳的方针就是依靠科技、振兴沈阳。这是市委市政府要解决的一个大政策、大方针。各级党委都要保证把这个大的方针贯彻到每个单位，真正落到实处。各级领导都要提高科学技术的素养，热爱科学技术、重视科学技术、抓好科学技术。没有足够的科学素养，就不具备率领广大群众建设四化的条件。各级领导干部还要不断提高科学决策水平，组织一批专家、科技人员作为自己的思想库、智囊团，提高对科学技术的嗅觉，重视群众性的科学技术活动。要进一步贯彻落实好现行的科学技术政策，过去市里在试点过程中制定的有关科技体制改革的政策，除了个别条款作些调整外，原则上都还有效，要继续执行，还要不断研究制定一些新的政策。要加强对全市五路科技大军的领导，特别是加强对各科研单位、大专院校的协调工作。科技体制改革，不只是科委一家的事情，也是各级党委和政府的事情，市里各个部门都要关心科技体制改革、重视科技体制改革、支持科技体制改革。目前，一些综合部门对科学技术工作还不是很熟悉，要增强紧迫感，深入实际、调查研究，掌握新情况、解决新问题，支持有关部门把科技体制改革工作搞得更好。

注　释

〔1〕五路科技大军，指分布在沈阳市的中央所属科研院所、省属科研院所、市属科研院所、大专院校和企业科技队伍。

推动技术进步，加强企业管理*

（1986年2月17日）

技术进步和管理进步是经济发展的“两个轮子”。我们一定要坚持一手抓技术进步，一手抓管理进步，做到两者相互促进，并驾齐驱。

企业的技术改造，是我市经济发展实行“三改三开”[1]基本方针的一个重要内容，是尽快改变我市工业“三老两差”[2]状况、焕发老工业基地青春、振兴沈阳经济的根本途径，也是保证我市经济持续稳定增长的希望所在。因此，能否把技术改造抓上去，并与体制改革、工业改组相配套，做到“三位一体，同步进行”，对沈阳的发展将产生重大深远的影响。对这个具有重大战略意义的问题，必须予以高度重视。

“七五”期间，我市技术改造的任务非常繁重，一时一刻都不能放松。首先，各个企业和主管部门都要把老企业改造和改建、扩

---

* 这是李长春同志在中共沈阳市委七届三次全委会议上所作报告的一部分。

建的投入作为考核企业和主管部门工作的重要指标，放在重要位置上来抓。各综合部门要创造条件，积极支持，热情服务。要通过扎实的工作，坚决改变我市经济发展后劲不足的状况。其次，要根据宏观经济发展的要求，着眼长远制订好总体规划，并在规划的指导下把企业技术改造与企业结构的改组和专业化协作结合起来。要像汽车工业公司和气压机厂那样，根据社会化大生产的需要，按照专业化分工，在联合体内几十家、上百家企业实行同步改造。这样不仅可以解决技术改造资金普遍缺乏的矛盾，而且可以巩固发展企业之间的联合协作，使分散、独立的企业形成内在联系紧密的社会生产线，达到合理的规模效益。第三，要突出重点，围绕产品的更新换代，把大中型企业、在行业技术进步中起示范带头作用的骨干企业和承担出口任务的企业改造好。对已经列入国家重点改造的23家企业和市“七五”计划确定的20个行业、100种产品、159个企业的改造，有关部门要在财力、物力、人力上给予大力支持，保证应有的进度。铁西工业区总体改造已列为国家区域性改造的试点，这是我市对外开放的窗口，必须当作一件大事来抓，今年要选择好一批起步项目，尽快取得实质性进展。

引进技术是加速技术改造，缩短与世界发达国家技术水平差距的必由之路。当前，外汇比较紧张，要加快我市技术引进的步伐，一是要扩大直接利用外资，二是要增加出口创汇。要把这两个方面作为今年和今后几年我市对外经济工作的重点，采取坚决措施抓紧抓好。在抓紧引进国外先进技术的同时，还要注意引进国内先进技术和开发自己的新技术。要抓住一批对提高技术水平和增强经济发展后劲有重大影响的科技项目，组织五路科技大军联合攻关，尽快取得工业性成果。

技术进步和管理进步，是经济发展的“两个轮子”。在狠抓技术改造、加速技术进步的同时，还必须加强企业管理，推动管理进步。目前，我市有些企业特别是轻纺企业技术落后，管理更落后，产品质量差、物资消耗高、损失浪费大、经济效益低的问题相当严重。只抓技术进步，不抓管理进步，再先进的技术也不能发挥应有的作用。特别是在改革、开放、搞活的新形势下，企业的内部结构和外部环境发生了变化，正在从旧的封闭式的经营模式中解脱出来，逐步形成相对独立的经济实体。新的形势迫切要求企业树立与之相适应的管理理念，形成与之相适应的管理体制、制度和机制。因此，我们一定要坚持一手抓技术进步，一手抓管理进步，做到两者相互促进、并驾齐驱。当前，加强企业管理要紧紧围绕提高产品质量和降低物资消耗这两个重点来进行，制定出具体的质量升级规划和科学的物资消耗定额，向管理要质量、要效益、要后劲。要大力推广决策技术、市场预测、目标管理、价值工程等行之有效的现代化管理方法，建立统一、高效的生产指挥和经营管理系统，努力提高企业的管理素质和管理水平。

注　释

〔1〕“三改三开”，指改革经济管理体制、改造老企业、改组工业组织结构，对外对内开放、开发新产业新产品、开发人才。

〔2〕“三老两差”，指技术老化、产品老化、装备老化，经济效益差、竞争能力差。

一个依靠科技进步走上振兴之路的好典型*

（1989 年 12 月 21 日）

在由单一的指令性计划、产品经济模式向计划经济与市场调节相结合体制转变的过程中，辽宁一些老企业装备陈旧，技术落后，产品老化，竞争乏力的状况日益突出。这是长期以来困扰我省经济健康发展的障碍。如何利用当前的宝贵时机，依靠科技进步，加速调整产品结构，把可贵的社会主义积极性和扎扎实实的科学态度紧密结合起来，摆脱生产经营困境，成为老企业面临的一个重大课题。在一批力图改变面貌、焕发青春、变压力为动力的老企业中，抚顺石油机械厂是一个成功的典型。

这个工厂是一个有 30 年历史的老企业。前 20 年，这个工厂仅能生产一般的弯头、三通、法兰盘等零配件，是个名副其实的炼油设备配件厂。改革开放以来，他们不断加强领导班子建设和职工队伍建设，重视企业的技术进步；以节能降耗为重点，不断加快老产品的更新换代，提高企业竞争能力；以替代进口为目标，开发具有国际先进水平的新产品，不断拓宽服务领域；引进外资与改造老企业相结合，实行“一厂两制”，把优质产品打进

* 这是李长春同志在抚顺石油机械厂调研后撰写的调查报告的一部分。

国际市场；坚持科技开发资金、开发基地、开发规划、开发责任制“四落实”，为企业技术进步提供可靠保障。近年来，这个厂研制并投入生产39种新产品，为国内油田、炼油厂、化工厂提供大量钻采设备、储运设备、加热炉及配件、受压容器和各种管路附件，共5个系列、47种成套专用设备，有的产品远销美、法、日、意、中东和东南亚国家。近几年来，当年投产的新产品产值占全部产值的比例均在50%以上。与1978年相比，1988年工业产值增长3.8倍，实现利税增长18倍。

抚顺石油机械厂依靠科技进步，调整产品结构，使企业由小到大、扭亏为盈，走上了稳步发展的振兴之路，给我们提供了一些具有普遍意义的经验。

第一，以节能降耗为重点，不断加快老产品的更新换代，提高了企业竞争能力。我国工业企业能源消耗量很大，热效率低，浪费惊人，万元产值的耗能量要比发达国家高十几倍甚至几十倍。抚顺石油机械厂看准了这一点，从新产品开发起步，把落脚点放在研制生产节能型产品上，赢得了用户的青睐。1980年全厂在进行恢复性整顿的同时，组织科技人员攻关，研制出新型节能空气冷却器，同样的冷却、冷凝功能，能源消耗可减少40%，用户纷纷订货，使之成了当年那次调整中的“救命产品”。炼油厂加热炉余热利用效率低，如何提高加热炉烟道余热利用效率，是各炼油厂普遍关注而没有解决的难题。1981年该厂的工程技术人员从一份外国画报上看到一种钉头管能解决这个问题，他们便“按图索骥”，研制开发，几经失败，历时半年搞成了。兰州一家炼油厂试用结果，烟道余热利用效率由70%上升到90%，每年节约3万吨标准煤。这些产品深受用户欢迎，至今畅销不衰。

第二，以替代进口为目标，开发具有国际先进水平的新产品，不断拓宽服务领域。石油工业是我国60年代初兴起的行业，许多设备长期依赖进口。抚顺石油机械厂在开发了冷却器和抽油机等新产品、企业有了转机之后，便把新产品开发的着眼点放在了进口石油机械的国产化上。开采稠油需要一种能够注入高温高压蒸汽的隔热油管，过去全部进口。1983年，该厂派人出国考察以后，历经1年制出样品。通过鉴定，达到国外某公司的产品水平，随后自己又设计、制造、安装了一条生产线。从1985年以来，共为各油田生产预应力隔热油管10万米，为国家节约大量外汇，经全国几十位专家鉴定，达到国际标准，受到用户的好评。油田开采过程中所需要的氢烃回收车，一直靠进口，而且车型不适合我国的需要，但由于国内不能生产，只能勉强使用。他们调查了解情况之后，经过攻关，试制成功了适合我国国情的氢烃回收车，受到了油田的欢迎，今年又有大批订货。码头与船舶之间装卸油料等液体介质，在我国只有少数港口设有进口的输油臂，多数是靠临时衔接的橡胶软管，使用寿命短，工人劳动强度大，还容易污染环境。为解决石油装卸机械化、自动化问题，他们开发研制了全自动液压输油机，今年试制4台，外观和性能均可与国外同类产品媲美，并在宁波港码头建设的国际招标中中标，使这种长期依赖进口的产品实现了国产化。

第三，引进外资与改造老企业相结合，实行“一厂两制”，把大量优质产品打进国际市场。技术进步、新产品开发的成功实践，使这个厂进一步开阔了视野，唤起和增强了他们跻身国际机电产品市场的兴趣和信心。去年，他们拿出部分场地和厂房评估作价，与外商创办了合资企业，实行一个工厂两种所有制，即“一厂两制”，取得了外贸自营权并引进部分关键设备，改造了旧的管件生产车间，使之成为能生产各种型号变形弯头和管件的出口基地。他们利用合资伙伴关系把产品销往国外。目前已经出口3000吨，企业创汇收入200多万美元。实行“一厂两制”给该厂带来许多好处：一是利用外资改造老企业，节省了大量国内投资，又使原有的技术装备得到更新改造；二是拓宽了产品出口渠道，增加了创汇收入；三是引进了现代管理方法和手段，缩短了我们同国际市场的距离，确实是一举多得的路子。在当前治理整顿过程中，这种不需要国内大量投资，利用外资改造老企业的办法，值得我们每个企业借鉴。

1989年12月13日，李长春在抚顺石油机械厂调研。前排右一为厂长周有奎，左一为副厂长孔令枢。

第四，坚持科技开发资金、开发基地、开发规划、开发责任制“四落实”，为企业技术进步提供可靠保障。为了实施“科技兴企”计划，他们加强厂办科研机构建设，1987年成立了厂办石油机械设计研究院，集中全厂三分之一的工程技术人员从事设计研究工作。现在能够承担各种石油化工设备、压力容器、油气储运设备、采油设备设计，机械制造工艺的开发研究，使企业科技进步有了可靠的基地和后劲。这个厂的企业留利绝大部分用于技术改造和新产品开发，先后改造和新建了容器分厂、总装分厂、铸铁车间和机械加工厂房。1978年以来，完成13项重大技术改造项目，推广应用了远红外线加热、稀土应用等15项新技术、新工艺、新材料；开展了工装普查、工序质量审核、材料和工时定额的测定、修订等全厂性的工艺管理活动；经过试点和培训，推广采用了16种现代管理方法，获省、市“企业管理优秀奖”。由于加强了技术基础工作，实现科技开发资金、基地、规划和责任制的“四落实”，使企业技术进步工作有了可靠保障，企业产品做到了“三个一代”，即生产一代、研制一代、规划一代，投入和产出实现了良性循环。

增强科技意识，加速科技进步，不仅是顺利完成治理整顿各项任务的重要措施，也是社会主义现代化建设的一个根本途径。每个企业都要从抚顺石油机械厂的实践中得到启迪，希望能有更多的企业做出更大的成绩，创造更丰富的经验，形成全省的科技进步热潮，为实现国民经济持续、稳定、协调发展作出新的贡献。

深化科技体制改革，加快“科技兴辽”步伐*

（1990年1月16日）

科学研究工作要由科研机构内的小循环转到参与社会经济建设的大循环。所有科研单位及科技人员都要强化产业意识，特别是地方科技工作要以产业技术开发为主，用生产力标准评价科技成果。要打破从书本上找课题，关门搞科研，单纯在科研系统内立项、研究、试验、鉴定、上报、评奖等转来转去的小循环。要建立从生产建设中选课题，开门搞科研，产学研相结合，与企业一起进行试验，搞出来的科技成果很快就能在生产建设中应用推广并创造价值的大循环，使科技与经济成为相互依存的有机整体。

从我省在全国社会主义现代化建设中所处的地位看，从科技进步在经济建设和社会发展中的巨大作用上看，从我们面临的世界新技术革命蓬勃兴起的形势看，我省经济工作还存在许多问

* 这是李长春同志在辽宁省科技进步大会上讲话的一部分。

题，有的相当严重，需要认真对待和切实研究解决，主要有：大多数企业装备老化、技术落后的状况没有根本好转；产品技术含量低，竞争能力差；物质消耗高，成本超支越来越严重；劳动生产率低，经济效益差。

为什么会有这些问题呢？除了不可忽视的客观原因外，从主观上看，有两条教训值得很好记取。一是经济工作的指导思想还没有完全从单纯依靠扩大规模、争投资、上项目，转到依靠科技进步走内涵扩大再生产的轨道上来。从1980年到1988年，全省全民所有制企业累计完成更新改造投资304.9亿元，如果这些投资绝大部分用于设备更新改造，那么到1988年底，全民所有制企业的固定资产更新率应达到36.8%，但实际上没有达到这个水平，这里有一部分资金被用到新建、扩建上了。二是经济体制改革和科技体制改革不配套，全社会的科技进步机制没有形成，科技和经济还是“两层皮”。我们原来的经济体制是僵化的，企业没有依靠科技进步的动力，科研机构靠吃“皇粮”过日子，游离于产业之外，没有面向经济建设的动力。现在，我们主要还是靠行政办法推动科技进步，“三个不够”的问题很突出，即对怎样鼓励企业推动科技进步研究得不够，怎样鼓励科研单位参与企业的技术开发研究得不够，怎样动员全社会增加对科技进步投入研究得也不够。解决这些问题，必须把深化经济体制改革和深化科技体制改革结合起来，从深化改革上找出路，建立起全社会依靠科技进步的机制。

当前，要强化全省人民的科技意识，增强“科技兴辽”的紧迫感。党的十三届五中全会通过的《中共中央关于进一步治理整顿和深化改革的决定》指出：“无论是克服当前我国的经济困难还是保证经济的长期稳定发展，实现社会主义现代化的宏伟目标，都必须把促进科技进步放到十分重要的战略位置上来。”这一论断，为我们依靠科技进步实现国民生产总值再翻一番的战略目标指明了方向。建设具有中国特色的社会主义，必须依靠科技进步，四个现代化关键是科技现代化。振兴辽宁经济，使老工业基地焕发青春，更需要依靠科技进步。辽宁是个老工业基地，为全国作出过重要贡献，但作为老工业基地，我们有基础雄厚、技术力量较强等优势，也有“三老两差”的劣势，就是设备老化、工艺老化、产品老化，竞争能力差、经济效益差。怎样发挥优势、克服劣势，根本出路就是用先进的科学技术改造老企业，依靠科技进步使老工业基地焕发青春。同老工业基地相关的另一个问题，就是人口与土地、粮食、能源的矛盾。我省有全国最集中的工业城市群，非农业人口多，近年来工业用地、城市生活用地增加，人口、土地、粮食、能源之间的矛盾越来越突出，特别是遇上像去年那样的灾年，矛盾暴露得就更充分。解决这个问题的根本出路，同样是依靠科技进步。在严峻挑战面前，形势已非常紧迫，借用一句古诗来形容，已是“天时人事日相催”。我们都应有这个紧迫感和责任感，齐心协力推进科技进步，无愧于全国的支援，无愧于辽宁的父老，无愧于我们的子孙。

我们还要清醒认识治理整顿和科技进步的关系。要完成治理整顿的任务，必须依靠科技进步。搞好治理整顿就要调整结构，不论调整产业结构还是产品结构，都需要提高企业的技术层次，更新改造设备，加强现代化管理，开发技术含量高的产品，要达到这些目的，非依靠科技进步不可；搞好治理整顿还要不断提高经济效益，只有依靠科技进步，节能降耗，降低成本，同时提高产品档次和质量，适应市场的需要，才能真正提高效益。另一方面，治理整顿也为科技进步提供了良好的机遇。一是治理整顿已进行一年多了，现在看，以控制经济总量为主，把国民经济从总量失衡、秩序混乱中稳定下来的目标已经基本实现，正进入力避滞胀、稳中求进的关键阶段。这个阶段必须在继续坚持总量控制的前提下，实行控制总量与调整结构并举。为了实现这个目标，国家将启动一部分技术改造资金，完善扶持科技进步的政策，这就把科技进步推上了十分重要的位置。二是控制经济总量，使财政、信贷双紧，迫使企业眼睛向内、革新挖潜，带来了对科技进步的需要，这种需要是推动科技进步的强大动力。正如恩格斯所说："社会一旦有技术上的需要，则这种需要就会比十所大学更能把科学推向前进。"所以，科技进步和治理整顿是相辅相成、完全一致的，统一于保证国民经济长期持续、稳定、协调发展的目标。在治理整顿中抓住科技进步，就抓住了发展经济的"牛鼻子"，谁认识得早、行动得快，谁就掌握了主动权；谁坚定不移地在科技进步上做文章、找出路，谁就能尽快走出困境，开创经济工作的新局面。

深入贯彻"科技兴辽"的方针，首先要在指导思想上有个根本的转变，在工作上突出重点。具体地说，就是在指导思想上强调实现"三个转变"，在实际工作中坚持"三个结合"。

所谓"三个转变"，一是科学研究工作要由科研机构内的小循环转到参与社会经济建设的大循环。所有科研单位及科技人员都要强化产业意识，特别是地方科技工作要以产业技术开发为主，用生产力标准评价科技成果。要打破从书本上找课题，关门搞科研，单纯在科研系统内立项、研究、试验、鉴定、上报、评奖等转来转去的小循环。要建立从生产建设中选课题，开门搞科研，产学研相结合，与企业一起进行试验，搞出来的科技成果很快就能在生产建设中应用推广并创造价值的大循环，使科技与经济成为相互依存的有机整体。二是地方科技开发主体要由单纯的科研机构开发转到以产业为主体的开发。大中型企业要成为科技开发的主体，鼓励它们兼并科研院所，建立自己的科技开发机构

1990 年 1 月，李长春看望中国发明协会副会长、全国劳动模范王崇伦。

或者同科研院所、大专院校建立联合体，鼓励科研院所和大专院校的科技人员到企业从事科技开发，逐步建立以产业为主力军的科技发展新体制。三是科技行政管理部门要由只管科研单位科研项目、科技经费转到同经济综合部门和行业主管部门密切配合，共同抓好全社会的科技进步，由单纯抓项目、拨资金转到给企业

提供信息，制定政策，搞好综合服务，促进科技成果转让。

所谓“三个结合”，一要坚持自主研制开发与引进、消化、吸收外国的先进技术相结合。我们既要依靠本省的科技力量自主研究开发一批科技成果，还要充分利用对外开放的有利条件，采取拿来主义，引进一切适合我们需要的先进东西，这比我们自己从头搞起要省时省力得多。二要坚持专家与群众相结合。一项科技成果从研制成功到推广应用，转化为现实的生产能力，并产生经济效益和社会效益，既离不开科技专家，也离不开基层和工农群众，往往在科技攻关阶段更需要专家，而在推广应用阶段则更需要基层和群众。没有专家进行科技攻关就难于突破技术关键和搞出高水平的科技成果，没有基层和广大群众的推广应用，许多科技成果只能束之高阁，成为样品和展品，所以推动科技进步必须始终坚持专家、基层和群众相结合。三要坚持普及与提高相结合。我们一方面要大力普及先进的科学技术，特别是那些量大面广、经济效益和社会效益好的科技成果，要全力向基层和工农群众普及，提高广大劳动者的科学文化水平；另一方面还要组织力量进行科技攻关，研究高新技术，做好技术储备，增强后劲，提高技术档次。

坚持“两手抓”，夺取改革发展和精神文明建设双丰收

以“三文明”创建活动
努力推动社会风气明显好转*

（1985年6月29日）

社会风气作为精神文明的重要内容，尽管表现在很多方面，但归根到底是人们的思想觉悟、道德水平、法制观念和文化素养的综合反映。随着经济社会的发展，社会风气在不同的历史阶段有不同的反映，与人们思想活动的变化紧密相关，具有长期性、复杂性的特点，有时甚至会有反复，出现社会风气、社会道德下滑的现象。这是经济社会发展过程中产生的客观情况，往往是不以人的意志为转移的。因此，实现社会风气明显好转，必须要有长期作战的思想准备，必须紧紧抓住思想教育这个中心环节，这样，转变社会风气才有坚实基础，才能逐步消除种种不文明现象。

深入开展做文明公民、创文明单位、建文明城市的“三文

* 这是李长春同志在深入开展“做文明公民、创文明单位、建文明城市”活动，尽快实现沈阳市社会风气明显好转动员大会上所作报告的一部分。

明”活动，实现社会风气的明显好转，是一项长期而艰巨的任务，市委市政府研究决定，实现我市社会风气的明显好转，要分两个大的战役来打。第一个战役，从现在开始到年底，重点解决市容卫生和社会秩序问题；第二个战役，从明年初开始，通过两三年或者更长一点时间的努力，巩固和发展第一个战役取得的成果，在此基础上，重点解决劳动态度、工作态度、服务态度问题，推进全民创优，同时狠刹各种歪风邪气。

当前，要集中力量打好第一个战役。具体目标，一是以贯彻落实卫生“五不准”为重点，即不准随地吐痰，不准随地便溺，不准乱扔瓜果皮核、废纸，不准乱倒垃圾、污物，不准乱泼污水，使市容卫生明显好转。二是以贯彻落实骑自行车“五不准”为重点，即不准闯红灯，不准骑反车，不准两人共乘（在不通公共电汽车的马路上带学龄前儿童除外），不准乱停乱放，不准抢行快车道，使交通秩序明显好转。三是以普及十字文明礼貌用语为重点，即“您好”、“请”、“对不起”、“谢谢”、“再见”等，使窗口行业和其他服务行业在服务态度上的冷、硬、顶现象得到明显克服。四是以整顿影剧场、游艺场、体育场“三场”为重点，使文化场所、体育场所、贸易场所、游乐场所、交通场所等公共场所的秩序明显好转。五是以打击严重刑事犯罪活动为重点，使社会治安状况有明显改善。在这五个具体目标中，当前又要以贯彻落实卫生“五不准”为重点，以禁止随地吐痰为突破口，使市容卫生明显好转，进而带动其他各个方面的明显好转。为了实现上述目标，必须采取强有力的措施。

首先要抓好思想教育。这是我们深入开展“三文明”活动，实现社会风气明显好转必须坚持的基本措施。社会风气作为精神

1985 年 12 月，李长春陪同李先念夫人林佳楣（前排左四）参观周恩来少年读书旧址——沈阳东关模范学校。

文明的重要内容，尽管表现在很多方面，但归根到底是人们的思想觉悟、道德水平、法制观念和文化素养的综合反映。随着经济社会的发展，社会风气在不同的历史阶段有不同的反映，与人们思想活动的变化紧密相关，具有长期性、复杂性的特点，有时甚至会有反复，出现社会风气、社会道德下滑的现象。这是经济社会发展过程中产生的客观情况，往往是不以人的意志为转移的。因此，实现社会风气明显好转，必须要有长期作战的思想准备，必须紧紧抓住思想教育这个中心环节，这样，转变社会风气才有坚实基础，才能逐步消除种种不文明现象。

为了把思想教育抓紧抓好、抓出成效，在教育内容上要突出重点。重点就是邓小平同志提出的“四有”，即有理想、有道德、有文化、有纪律，这“四有”中，核心是有理想、有纪律。因此，在开展“三文明”活动过程中，我们一定要把理想、纪律教育贯穿始终，并与爱国主义、革命传统和法制教育有机结合起来。通过教育，帮助人们，首先是共产党员、共青团员和广大干部，进一步坚定共产主义信念，树立全心全意为人民服务的思想，发扬爱国主义、集体主义、社会主义和共产主义精神，正确处理个人与他人、个人与集体、个人与社会的关系，以助人为荣，以损人为耻；以舍己为荣，以损公为耻；以有益于社会为荣，以危害社会为耻，自觉地做一个无愧于我们伟大的社会主义国家、无愧于我们具有数千年文明历史的伟大民族、无愧于我们所处的伟大时代的文明公民。

在教育方法上，要从实际出发，分层次进行。根据教育对象不同的文化结构、年龄结构和思想觉悟基础，提出不同的要求。要注意防止和克服思想教育问题上的片面性，既不能只讲大道理，不讲小道理，也不能只讲小道理，不讲大道理，而要既讲大道理，也讲小道理，最后让小道理服从大道理。教育形式要生动活泼、灵活多样，寓教育于各种活动之中，提高教育的吸引力、感染力、说服力。当前，要运用各条战线英雄模范人物的先进思想、先进事迹教育广大党员和群众，也要通过一些反面典型使大家吸取教训、引以为戒。

在教育结果评价上，要注重实效。应当明确，在深入开展“三文明”活动中，看一个单位教育搞得怎么样，不能单纯看开了几次会，搞了几次活动，而要着重看通过教育，人们的道德观念、法制观念和主人翁精神是否增强，是否做到在单位遵守职业道德，在社会遵守社会公德，在家庭讲究家庭婚姻道德。各级政府及有关部门要根据这个标准，抓紧制订出具体的地方法规、厂规厂纪、乡规民约、道德规范和服务规范，颁布实施。全市各级党组织、各个部门、各个单位，都要自觉地坚持这个标准，把思想教育不断引向深入，促进“三文明”活动健康发展。

其次，要进行综合治理。这是我们深入开展“三文明”活动，实现社会风气明显好转所必须坚持的另一个重要措施。开展“三文明”活动，转变社会风气是一项长期的、巨大的系统工程。从对象来讲，包括每个公民、每个家庭、每个单位，以至整个城市；从范围来讲，涉及市政建设、治安管理、环境保护、园林绿

1986 年 8 月，李长春陪同国务院副总理李鹏出席全国大学生运动会。前排右三为全国人大常委会副委员长楚图南，左五为全国政协副主席马文瑞。

化、公共交通，以及工业、商业、文化教育、卫生体育事业等各个方面。因此，一定要依靠全社会，打好总体战，进行综合治理。这就要求每个方面、每个行业、每个单位，自觉按照“三文明”标准努力争先创优。窗口单位要创优质服务，工厂企业要创优质产品，基建系统要创优质工程，学校要创优良成绩，机关要创优等工作。与此同时，要把创优和整顿结合起来。要整顿文化市场，取缔各种淫秽书刊和音像制品，大力开展健康的文化娱乐活动。要整顿各种贸易市场，取缔无证商贩，打击强买强卖、欺行霸市的不法分子，保护正当合法经营。要整顿工作秩序和劳动秩序，禁止擅自搞第二职业。在实现我市社会风气明显好转的过程中，各个方面还要围绕实现社会风气明显好转这一共同目标，相互支持、相互配合、协同作战。要继续坚持军民共建、街企共建、厂校共建、警民共建，党、政、军、民、学共建文明城。只有这样，才能形成转变社会风气的综合力量，推动社会风气逐步好转。

第三，要严格监督管理。这是深入开展“三文明”活动，实现社会风气明显好转所必须坚持的又一个重要措施。经验证明，转变社会风气，思想教育、综合治理和监督管理是三个基本环节。因此，我们在深入开展“三文明”活动过程中，在抓好思想教育、进行综合治理的同时，还必须严格监督管理，并辅之以必要的处罚措施。为了加强这方面工作，要走专群结合的道路。在专业监督方面，市委市政府决定，要在全市成立三支专业队伍：一支是城市管理监察大队，一支是工商管理监察大队，一支是治安警察大队。这三支专业队伍的主要任务就是在市政府领导下，对市容管理、工商管理和社会治安情况进行监督，依法对违反法规的单位和个人进行处罚。在群众监督方面，要进一步落实门前“三包”责任制。各单位要从实际出发，设门前“三包”监督员，负责本单位“三包”区的管理监督。清洁工中的保洁员，要边保洁边监督。具有高度社会责任感的离退休干部职工，也是一支不可忽视的力量，要采取适当措施组织起来，充分发挥他们的作用。

把社会主义精神文明建设摆在突出位置*

（1985 年 10 月 16 日）

理想教育的实质是解决世界观、人生观的问题。要在调查研究、摸清干部群众思想情况的基础上，有针对性地开展理想、纪律教育和形势政策教育。各级领导干部要深入基层、深入到群众中去作报告，讲形势、讲政策，向群众进行宣传，帮助干部群众正确认识形势、理解党的政策，把思想统一到中央精神上来。

社会主义精神文明建设是一项十分紧迫的任务，要摆在突出的位置上，切实抓紧抓好，尽快实现党风和社会风气根本好转。

第一，要端正党风，以党风促进社会风气的改善。当前我市党风不正的问题还比较多，主要表现在以下几个方面：一部分党员、干部忘记了共产主义远大理想，丢掉了全心全意为人民服务的宗旨，“一切向钱看”，有的甚至贪污受贿，非法致富；有些部

* 这是李长春同志在中共沈阳市委七届二次全委（扩大）会议上总结讲话的一部分。

门、有些行业、有些单位和部分党员干部，凭借手中权力，或互相利用，或敲诈勒索，谋取私利；有些党员干部以考察为名，争相出国，在同外国人交往中不顾国格、人格；有些党员干部官僚主义严重，讲大话、搞浮夸，弄虚作假、做表面文章，有的甚至要官要权要待遇，个人主义恶性膨胀。党内存在的这些不正之风，严重影响了党的形象和党在人民群众中的威信，严重败坏了社会风气。

为了端正党风，一要进一步搞好整党。各级党委的主要领导同志一定要拿出主要精力抓整党，检验整党走没走过场，首先要看党风是否明显好转了。正在整党的单位，要突出抓住党风这个重点，结合学习文件，加强党性教育。只要党风的主要问题没解决，整党就不能结束。整党已经结束的单位，要狠抓整党成果的巩固和发展，要拿出一段时间，结合贯彻党代会精神，进行一次端正党风的补课。尚未开展整党的单位，也要抓住党风这个重点，对党员加强党性教育，未整先改。第二期第二批整党，要根据领导力量的情况，确定开展面，不要抢进度，要克服松劲和厌战情绪，确保通过整党使全市党风有一个明显的好转。二要进一步健全抓党风责任制，层层负责。单位出问题班子负责，班子副手出问题一把手负责，一把手出问题市委主管部负责，主管部部长出问题，市委负责。对本单位党风中存在的突出问题，要限期解决。三要开展党风党纪大检查，通过检查，进行督促，抓出一些典型。市委、市顾委、市人大、市政府、市纪委五个班子都要抽出一批领导同志参加党风党纪大检查，形成各部门、各机关、各级党委都来抓党风的浓厚气氛，通过抓党风带动社会风气好转。年底前要着重对“皮包公司”和以权谋私两股不正之风进行彻底清查，对先进典型要大张旗鼓进行宣传，对违犯党纪国法的，要抓住几个问题严重的严肃处理，通报全市，并组织各级党组织和全体党员干部认真讨论，联系实际，开展批评与自我批评，从中吸取教训，增强党员端正党风的自觉性。

端正党风，关键是各级领导干部要带头。陈云同志指出：“在以身作则、关心党风党纪、发挥监督作用上，没有退居二线和离休、退休的问题。只要是党员，活着就永远处在第一线。”这是对老同志的热切期望。作为新干部，更要身体力行，严格要求。要自觉参加双重组织生活，把自己置于党组织和群众的监督之下。要懂得，接班最重要的是接老同志坚持革命斗争方向英勇精神的班，接坚持四项基本原则和改革开放的班，接党的路线方

1987 年 12 月 6 日，李长春在东北工学院（现东北大学）出席纪念“一二·九”运动 52 周年座谈会。前排右一为辽宁省委原书记李荒，右二为辽宁省委原第一书记郭峰。

针政策连续性的班，而不是接当官的班。

第二，要切实加强和改进思想政治工作，深入进行有理想、有道德、有文化、有纪律的“四有”教育。“四有”教育的核心是理想教育，理想教育的实质是解决世界观、人生观的问题。正如邓小平同志所说，“有了共同的理想，也就有了铁的纪律。无论过去、现在和将来，这都是我们的真正优势”。我们要在调查研究、摸清干部群众思想情况的基础上，有针对性地开展理想、纪律教育和形势政策教育。最近，解放军英雄模范汇报团到我市作报告，各方面反响很强烈，我们要借这股强劲的东风，在全市掀起一个理想、纪律教育的热潮。还要树立一批我市自己的先进典型，包括这次抗洪抢险中涌现出来的先进人物。要通过向英雄模范人物的学习，在全市形成社会正气大上升、共产主义思想和道德大发扬的新风尚，压倒一切歪风邪气，使干部群众逐步树立起正确的世界观和人生观，推动社会风气明显好转。从现在到年底，“四有”教育要以形势和政策教育为主要内容。各级领导干部要深入基层、深入到群众中去作报告，讲形势、讲政策，向群众进行宣传，帮助干部群众正确认识形势、理解党的政策，把思想统一到中央精神上来。

当前，要特别加强对高等学校师生的思想教育工作。我市高校也存在不安定因素，这与学校长期以来思想政治工作薄弱分不开，必须引起我们的重视，不可掉以轻心。当前，高等学校的党委一定要加强对师生思想政治工作的领导，掌握政治上思想上领导的主动权，充实专职思想政治工作队伍。高等学校各级党组织的领导干部要注意防止和纠正党不管党的现象，担任党政领导工作的知识分子，要把主要精力放在党政工作上，努力做好思想政

1987 年 9 月 4 日，李长春到盘锦市实验中学指导工作。右一为盘锦市实验中学校长魏书生。

治工作，带领全校师生把学校精神文明建设搞好。近期，各高等学校要结合传达学习中央精神，集中一段时间进行形势政策教育，特别是对外开放政策的教育。要帮助学生从思想上划清几个界限：一是爱国与狂热的界限，二是爱国主义与狭隘民族主义的界限，三是社会主义民主与极端民主化的界限。要引导学生认清，青年运动的方向要符合历史前进的潮流、符合广大人民的希望，在今天继承青年运动的光荣传统，就是要在党的领导下，为实现四化而勤奋学习、勇于改革、团结奋斗。在对学生进行教育的同时，还要加强对教师的思想教育。要认真调查研究，及时掌握师生的思想动向，做好说服教育和疏导工作，把问题解决在萌芽之中。

第三，新闻、文化、教育、卫生部门和单位，都要以社会效益为自己工作的唯一准则。现在，这些领域的不正之风也助长了社会上的某些不正之风。新闻、文化单位要多出好的精神产品，坚决制止坏产品的生产、进口和传播。有损社会风气的影视剧要严格把关。各种小报要进一步清理。学校、医院也都要纠正“一切向钱看”的倾向，努力在本职工作上作出成绩。

第四，要努力加强思想政治工作队伍建设。当前主要是要狠抓政工队伍素质的提高。一是要把各大企业、大专院校的政工体系充实加强起来，把那些年富力强、适合做思想政治工作、有创新精神的干部选拔到政工岗位上来。二是政工干部要先一步学习好中央精神，武装自己的头脑，并且积极深入到改革的实践中去，深入到群众中去，了解情况、汲取营养，从理论和实践结合上对群众关心的问题作出正确的解释和说明，解开他们心中的“扣子”。三是政工干部要加强自身的修养锻炼，做到严以律己。要教育别人有理想，自己首先要树立远大的共产主义理想；要教育别人有纪律，自己首先要做守纪律的模范。只有自己首先做一个有理想、有道德、有文化、有纪律的人，才能言传身教、说服别人、影响别人，才能赢得群众的信赖和尊敬、树立起政工部门的权威。政工干部还要积极探索大力改进思想政治工作的内容和方法，不断总结积累新鲜经验。四是要发动干部群众都来做思想政治工作，做到专兼结合。在工厂企业，从厂长到班组长，层层都有责任，都应做思想工作。群众之间也要互相关心、互相帮助、互相做思想工作。要教育各级干部和广大群众，尊重政工干部的劳动。至于政工队伍目前在职称上、待遇上存在的实际问题，也确实需要解决，但这是一个全国性的问题，不是一个单位、一个地区能解决得了的，中央也在着手研究。但有一条可以明确，即对同等学力的政工干部、管理干部，要与科技干部在生活待遇上一视同仁。

第五，要加强对精神文明建设工作的领导。各级主要领导干部都要坚持两个文明一起抓、一级抓一级，头头抓、抓头头。各部门、各单位都要制定精神文明建设规划和抓精神文明建设的责任制，哪个单位精神文明建设出了问题，就追究哪个单位主要领导者的责任。今后评选先进单位，不仅要看物质文明建设的成果，还要看精神文明建设的成果。各级党委要把主要精力用于抓社会主义精神文明建设。为了提高我市精神文明建设的水平，最近，市委准备在正阳街道召开一次抓基层打基础、加强社会主义精神文明建设的现场经验交流会，推动全市的街委会抓好社会主义精神文明建设。希望各县区、各部门都努力做好这项工作，认真总结经验，相互启发、相互促进，推动全市精神文明建设不断深入。

抓好计划生育，落实基本国策*

（1988 年 7 月 1 日）

根据国内外专家测算，1988 年下半年亚洲人口将达到 30 亿。这是一个惊人的信息。所以，“亚洲议员人口和发展论坛”倡议今年 7 月 1 日起至年底为开展“亚洲 30 亿人口日”活动时间。

去年世界人口已达到 50 亿，今年亚洲人口将达到 30 亿。到本世纪末，全世界人口将增长到 60 亿。这接连响彻亚洲和全世界的警钟告诫人们，严格控制人类自身的过快增长是摆在亚洲和全世界人民面前的一项紧迫任务。在一个相当长的时期内，世界上每 10 个人中就有 6 个是亚洲人，1985 年世界 9 个 1 亿以上人口的国家中有 6 个在亚洲。亚洲可耕地负担的人口数是世界平均数的 2.5 倍，人均国内生产总值不到世界平均值的三分之一。因而，稳定亚洲人口已经成为稳定世界人口的一个关键因素。在严峻的人口形势面前，亚洲人民必须团结协作，把控制人口增长摆在与发展经济同等重要的地位，以促进经济的繁荣和社会的进步。

我国是世界上人口最多的国家，人口发展的状况如何，对世

---

* 这是李长春同志发表在《辽宁日报》上的文章。

界和亚洲人口的发展有着举足轻重的意义。新中国成立尤其是党的十一届三中全会以来，我国对人口发展进行了有效的控制，人口出生率、自然增长率和妇女总的生育率都明显下降，为控制世界和亚洲人口的增长作出了贡献，充分显示了社会主义制度的优越性。

我们辽宁省的人口控制工作，在各级党委、政府和各单位的积极领导下，由于广大计划生育工作者的辛勤劳动，特别是在广大城乡群众的积极参与和支持下，取得了很大的成绩。全省从1971年至1987年共少生了1200多万人，节省社会抚育费用600多亿元。计划生育工作的开展，对促进我省经济和社会事业的发展，对提高广大群众物质和文化生活水平都起了巨大的作用。我省是经济比较发达的沿海省份，应该提前实现到本世纪末国民生产总值翻两番，人民生活达到小康水平，到下个世纪中期达到中等发达国家水平的奋斗目标。为了实现这个目标，我们一方面要坚持以经济建设为中心，坚持改革开放，大力发展生产力，加速开发辽东半岛，带动全省经济持续稳定发展；另一方面要把控制人口数量、提高人口素质的工作提高到一个新的水平。

进一步提高计划生育工作水平，首先，要进一步加强和改善领导。在加强领导中，首要的是加强各级党委的领导，一切重要的方针政策和必须解决的主要问题，党委要及时研究解决。与此同时，各级政府要组织好管理和落实各项具体工作。企事业单位行政领导要负主要责任，坚持把计划生育工作作为政绩考核的一项主要内容，坚持一票否决，即计划生育工作不合格不能评选为先进单位。其次，广大干部群众必须进一步明确，中央制定的现行计划生育政策是把国家利益和群众利益、国情和民情、长远利益和眼前利益结合起来，把必要性和可能性、严肃性和科学性结合起来的正确政策，必须统一认识，坚决贯彻执行。第三，城乡都要进一步健全和巩固基层工作网，这是完善计划生育体系和落实计划生育任务的主要保证，凡是抓计划生育力量不足和基层工作网不健全的地方都要建立健全起来。第四，要使计划生育进一步走上经常化、规范化和科学化的轨道。计划生育是一项长期的基本国策，各个工作环节都要建立起能适应工作需要的正常的科学的秩序，要保证他们必要的工作条件，要对计划生育干部一视

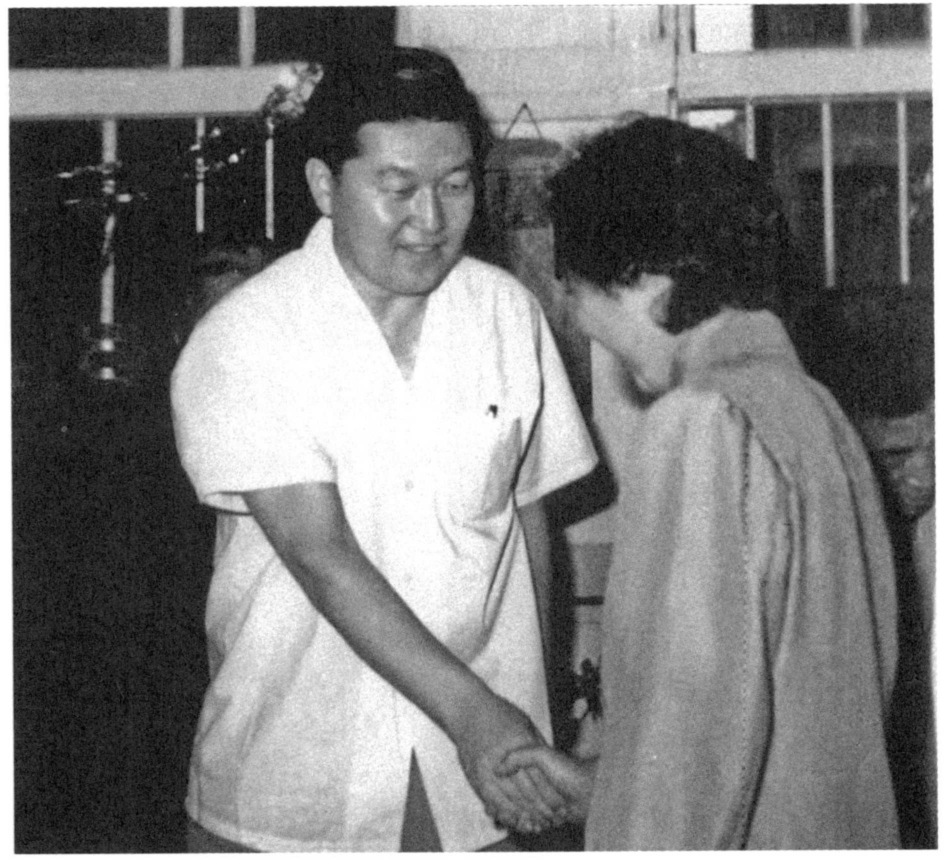

李长春任沈阳市市长期间，参加沈阳开关厂职工婚礼。

同仁。第五，要加强宣传教育工作，当前特别要宣传好《辽宁省计划生育条例》，做到家喻户晓，人人明白，并自觉贯彻执行。要把计划生育宣传和爱国主义教育结合起来，特别是要宣传教育那些执意超生的人，要顾全大局，这是热爱祖国的基本要求和具体体现。中国的今天，是无数革命先烈抛头颅洒热血换来的，我们一些人为什么连一项利国利己的正确政策都不愿执行呢？第六，计划生育是涉及社会各个领域的一项复杂的工作，各有关部门都要履行职责，各司其职，互相配合，努力完成任务。虽然我省人口的自然和社会素质是比较好的，但还远不能适应经济和社会发展的需要，我们必须在人口的健康素质、文化素质、科学素质和改革开放素质等方面有大幅度的提高，这是时代的需要。

在“亚洲30亿人口日”和我国、我省处于生育高峰之际，省委省政府号召全省党政军民认真贯彻中央计划生育政策，以改革开放统揽全局，坚定不移、坚持不懈地抓紧抓好计划生育工作，努力完成“七五”人口控制计划，更好地为实现中央制定的战略目标，为振兴辽宁、振兴中华服务，为我国和世界人口的有效控制作出更大的贡献。

祝贺辽沈战役纪念馆落成*

（1988 年 10 月 31 日）

正当我们满怀喜悦的心情，庆祝东北全境解放和辽沈战役胜利 40 周年之际，具有重要历史意义的辽沈战役纪念馆，今天在锦州宣告落成了。我谨代表中共辽宁省委、辽宁省人民政府和全省各族人民表示热烈的祝贺，并向前来参加辽沈战役纪念馆落成典礼的各位功勋卓著的老同志、各位来宾表示热烈的欢迎和亲切的问候！

辽沈战役纪念馆是在党中央、国务院、中央军委和老一辈革命家的关怀下，在当年组织指挥和参加辽沈战役的老同志的亲自筹划下，在建馆委员会的直接领导下，历经两年多的辛勤努力建设起来的。在纪念馆的筹建过程中，得到了解放军总后勤部、国家计委、物资部和沈阳军区、广州军区、海军总部、空军总部，以及吉林、黑龙江、河北、内蒙古等兄弟省区多方面的大力支持；参加建馆的建筑设计部门和施工单位精心设计，精心施工，当地驻军、各级干部、技术人员、工人群众团结一心，密切配合，发扬 40 年代军民参战支前的光荣传统和 80 年代老山将士的

* 这是李长春同志在辽沈战役纪念馆落成典礼仪式上的讲话。

无私奉献精神，克服了各种困难，使这座雄伟壮观的革命纪念馆落成了。为此，我代表中共辽宁省委、辽宁省人民政府和全省各族人民，向为筹建辽沈战役纪念馆作出贡献的方方面面的同志们表示诚挚的谢意。

40年前，威震中外的辽沈战役，是中国人民解放战争中三大战役的第一个战役，是在党中央和毛泽东同志的英明领导、正确指挥下进行的一场战略决战。这场大决战，共歼灭和争取起义、投降的国民党军队达47万人。它不仅从根本上改变了敌我力量的对比，使东北全境获得解放，而且为整个人民解放战争的顺利发展奠定了牢固的基础，加速了全国解放的进程。辽沈战役这一决定性的胜利，是中国人民解放军将士不畏艰险，不怕牺牲，前赴后继，英勇杀敌，用鲜血和生命换来的；是在土地改革和锄奸反霸斗争中觉醒了的人民群众，开展争取民主运动，奋勇参军参战，全力以赴搞好生产支前赢得的。为辽沈战役的胜利和解放全东北而英勇牺牲的革命先烈，他们的功名将同山河长存，与日月同辉。他们永远活在我们的心中，永远激励我们前进。

纪念馆的陈列，全面系统、形象生动地展示了辽沈战役和东北三年解放战争历史的壮丽图景。这对于宣扬中国人民解放军和广大人民群众在党中央领导下创造的历史功绩，缅怀在人民解放战争中英勇献身的革命先烈，对于激励人民群众以至子孙后代发扬革命英雄主义和爱国主义精神，继承革命先辈的光荣传统，振奋民族精神，都具有重要的现实意义和深远的历史意义。因此，我们一定要运用好纪念馆这个重要阵地，使它充分发挥宣传群众、教育群众的作用。

抚今追昔，继往开来。当前，我省同全国一样，正在认真贯彻落实党的十三届三中全会精神，坚定不移地治理经济环境、整顿经济秩序、全面深化改革，切实解决经济生活中出现的通货膨胀、物价上涨幅度过大等问题，保证我省国民经济的持续稳定发展。我们要把贯彻落实党的十三届三中全会精神同纪念辽沈战役和东北解放 40 周年的活动紧密地结合起来，发扬革命先烈的革命英雄主义和献身精神，继承当年奋勇参战、支前的光荣传统，统一思想，统一步调，服从全局，严守纪律，令行禁止，坚决把各项工作做得更好，努力夺取改革开放和社会主义现代化建设的更大胜利。

行政领导干部也要重视思想政治工作*

（1989年9月15日）

管理本身，既包括组织生产力的职能，也包括协调生产关系的职能。在组织生产力的过程中首先就有人的因素，因为人是生产力诸要素中最活跃的、起主导作用的因素。协调生产关系更离不开人，而我们加强思想政治工作，就是要理顺生产、交换、分配过程中人与人的关系。因此，加强管理本身就包括思想政治工作，思想政治工作本身就是企业管理工作的重要组成部分。

思想政治工作是我们党的传统政治优势，越是改革开放，越要重视思想政治工作。各级党的组织要把思想政治工作作为自己的主要职责，在政治上发挥领导核心作用。各级政府、行政部门也都要坚持两手抓、两手都要硬，进一步做好思想政治工作，担负起两个文明建设的任务。为此，我认为必须弄清这样几个认识问题。

---

* 这是李长春同志发表在《理论与实践》杂志1989年第18期上的文章。

第一，要处理好实行首长负责制和厂长负责制、强化行政领导的指挥，与调动广大群众积极性、确立职工群众在企业中主人翁地位的关系。在行政领导方面，为什么往往忽略思想政治工作？很重要的原因，就是没有把这两者的关系统一起来。按照马克思主义唯物史观，人民群众是创造历史的真正动力，是历史的主人。毛泽东同志也曾讲过，群众是真正的英雄，如果离开人民群众，将一事无成。中国共产党正是根据这样的唯物史观，确立了党的群众路线，并作为我们党的根本的政治路线和组织路线，中国革命才取得了一个又一个的胜利。当前，在进行四化建设的过程中，我们应当坚持党的群众路线。我国社会主义制度的性质决定了人民群众是社会的主人，在新的形势下，应该使党的群众路线有新的发展。依靠群众办好一切事情，既符合马克思主义唯物史观，也是我国社会主义制度的重要标志，又是我们党长期形成的优良传统作风。我们各级干部能不能做好工作，很重要的一条，就是看能不能用党的方针政策宣传群众、发动群众、组织群众。而宣传群众、发动群众、组织群众的过程，就是思想政治工作的过程。不会做思想政治工作，就不能把群众发动起来，也就不能完成党交给我们各级干部的任务。因此，对各级行政干部最基本、最起码的一项要求，就是要有群众观念，善于做群众的思想工作。

第二，要正确处理好加强行政管理与加强思想政治工作的关系。很多行政领导往往比较重视加强行政管理，这是完全对的，但是也不能把行政管理和加强思想政治工作两者对立起来。在各种管理工作当中，对人的管理是最根本的管理。对人的管理当然也有各种办法，经济的办法、行政的办法、法律的办法等。但是，教育的手段、思想政治工作的手段，始终是对人的管理的重要途径之一。特别是在企业工作的行政领导干部，更不要片面理解加强管理的问题。为什么我们经常出现简单的经济处罚、简单的行政处罚而没有取得好的效果呢？这本身也是对管理片面理解的反映。管理本身，既包括组织生产力的职能，也包括协调生产关系的职能。在组织生产力的过程中首先就有人的因素，因为人是生产力诸要素中最活跃的、起主导作用的因素。协调生产关系更离不开人，而我们加强思想政治工作，就是要理顺生产、交换、分配过程中人与人的关系。因此，加强管理本身就包括思想政治工作，思想政治工作本身就是企业管理工作的重要组成部分。

第三，正确认识物质利益原则与思想政治工作的关系。在社会主义社会发展阶段，我们承认物质利益原则是一条重要的原则，坚持社会主义的按劳分配。但是我们不能把物质利益原则看成是万能的、绝对的，也不能把物质利益原则和思想政治工作截然分开，对立起来。而是要看到，两者是统一的。一方面，我们不能一讲思想政治工作，讲思想境界、讲风格、讲觉悟，就不讲物质利益原则，不搞按劳分配，又回到平均主义、“大锅饭”的老路上去。另一方面，我们也不能一讲按劳分配、多劳多得的物质利益原则，就不讲觉悟、不讲道德、不讲理想、不讲奉献精神。社会主义国家实行按劳分配、多劳多得的政策，社会主义的道德观、价值观，要求一个人工作和劳动的动机、出发点，是为国家、为人民作贡献，所以不能把对物质的追求、金钱的追求作为我们社会的价值观。而且，从心理学理论上讲，人的需求也是多方面的，并不是物质需求就可以代替精神需求和其他方面的需求。因此，我们必须把物质利益原则同思想政治工作结合起来。在我们的实践中，也的确感到物质利益原则的作用是有限的，不是无限的、万能的。现在有一些企业奖金搞得很高，再通过增加奖金的办法已经不能调动广大群众的积极性了。这就要求我们的行政领导干部在正确运用物质利益和按劳分配原则的同时，必须重视加强思想政治工作。

与失足青年谈理想和法纪*

（1990年4月14日）

理想之于实践，正像春风之于禾苗。不仅担负领导责任的人要有理想，每个普通的公民，包括犯过错误的人，都应有理想。没有理想的人，就没有灵魂。我们所说的理想，就中华民族而言，其核心是在中国共产党的领导下，把我国建设成为高度文明、高度民主的社会主义现代化国家，即振兴中华。这不仅是党和政府的愿望，也是全体公民的共同理想。就我们每个个人来讲，也要有自己的理想、自己的奋斗目标。而个人的理想只有融入国家和民族的伟大事业之中，才能实现。

朝阳市劳动教养院的学员们：

你们好！你们捐赠给亚运会的203元汇款我已经收到，日前已转给了北京的亚运会集资部。

当我接到你们的汇款单时，久久地凝视着它，心情不能平

* 这是李长春同志写给辽宁省朝阳市劳动教养院76名学员的一封信。

静。它不是普通的汇款通知单，它分明是你们对以往过失表示忏悔的悔过书，是你们用实际行动洗刷心灵创伤的证明书，也是你们痛定思痛之后，强烈的热爱祖国、热爱人民、憧憬未来的决心书。一种强烈的政治和社会责任感，不，一种被汇款通知单所激发的爱心，驱使我提起笔来和你们谈谈心。

的确，能够为举世瞩目的北京亚运会奉献一份心意，这是当今每一个中国人的骄傲。因为亚运会在我国召开，不仅是一件前所未有的体育盛事，也是中华民族在中国共产党的领导下，彻底洗刷“东亚病夫”的民族耻辱，自立于世界民族之林的标志，是展示政治稳定、综合国力日渐雄厚的壮举。为它增添一份力量的人，同时也就获得了一份荣誉。我想，你们已经成为这个荣誉的获得者。

虽然你们过去走错了路，做了对不起人民的事情，但你们仍然有权利爱国，有权利把自己的一瓣心香投入亚运花海之中。因而，我有理由说你们获得了荣誉。这荣誉的获得，来源于你们对国家强盛的渴盼，来源于你们对理想的追求。

所以，我愿意在这里同你们以及其他失足青年，还有更多的青年朋友们谈谈理想和法纪问题。邓小平同志强调要培养“四有”新人，其中就包括有理想、有纪律。

讲理想是句老话，但决不是过时了的空话。我们所说的理想，就中华民族而言，其核心是在中国共产党的领导下，把我国建设成为高度文明、高度民主的社会主义现代化国家，即振兴中华。这不仅是党和政府的愿望，也是全体公民的共同理想。过去，它曾经召唤我们从长夜走向黎明，今天还将指引我们从低谷通往坦途。不管国际上发生了什么样的事情，对饱经忧患的中国人民来说，跟中国共产党走，走社会主义道路，这是在近一个世纪的漫漫长夜中探索找到的唯一的光明大道，是振兴中华的必由之路，是我们永不褪色的旗帜。就我们每个个人来讲，也要有自己的理想、自己的奋斗目标。而个人的理想只有融入国家和民族的伟大事业之中，才能实现。

我还要说，理想并不是专门说给别人听的大话，而是切实的行动和奉献的动力。理想之于实践，正像春风之于禾苗。不仅担负领导责任的人要有理想，每个普通的公民，包括犯过错误的人，都应有理想。没有理想的人，就没有灵魂。雷锋同志之所以能有一分热发一分光，将伟大融于平凡之中，就在于他抱有崇高的理想，把理想化为无私奉献的实际行动。奉献精神的光大足以证明，理想的召唤力是促发一代人以至后代人不懈奋进的源泉。辽宁是雷锋的第二故乡。我深信，你们一旦将崇高理想如同粮食和水一样，视为生存不可或缺的要素时，就能自觉地用雷锋精神启迪自己的心灵，时刻激励自己成为一个高尚的人。

宋代文学家苏轼“刻刻以天地万物为心”，说明他胸襟阔大。如果一名失足者真正能够弃旧图新，其胸襟同样令人赞赏，而社会亦应时时给予鼓励。但要完成这一努力，每时每刻都需要理想的支撑。你们理应为自己的过失痛悔，却不必为自己的际遇沮丧，以至于失掉信心。毛泽东说过：“有许多的东西，只要我们对它们陷入盲目性，缺乏自觉性，就可能成为我们的包袱，成为我们的负担。”犯了错误，固然令人痛心，但由此而自暴自弃，就陷入了盲目性。所谓盲目，是指缺乏对规律性的认识，内心没有理想的路标，因而看不清前进的方向。对于你们，党和政府始终是关心的，时刻关注着你们以及所有失足者的改造和自新的情

朝阳市劳动教养院十二中队

76名学员收

辽宁省人民政府 李长春

沈阳市皇姑区北陵大街四段一号

给朝阳市劳动教养院七十六名学员的

一封信。

你们捐赠给亚运会的203元汇款我已经收到，目前已转给了北京的亚运会集资部。

当我接到你们的汇款单时，久久地凝视着它，心情不能平静。它不是普通的汇款通知单，它分明是你们对以往过失表示忏悔的悔过书，是你们用实际行动洗刷心灵上的创伤的证明书，也是你们痛定思痛之后，强烈的热爱祖国，热爱人民，憧憬未来的决心书。一种强烈的政治、社会责任感，和一种被汇款通知单所激发的爱心，驱使我提起笔来和你们谈谈心。

的确，能够为举世瞩目的亚运会奉献一份心意，这是当今每一个中国人的骄傲。目前亚运会在我国召

50338

1

李长春写给朝阳市劳动教养院76名学员信的信封及首页。

况，并相信你们当中绝大多数的成员最终会成为四化建设中不可缺少的生力军。

在谈到理想的时候，同样不能忘记强调法纪。大至一国一党，小到一家一户，都离不开法制和纪律。法纪不只是约束，更重要的是一种保障。从法律意义上来说，法纪是对自己和他人生命财产安全的保障；从社会意义上说，法纪是国家稳定发展，并走向富强的保障。因此，约束并不是坏事，即使日月星辰的运行，草木稼穑的生长，也都要受自然规律的约束，否则就无法持续。

中国共产党在其将近70年光荣历程中，创造了一个又一个举世公认的辉煌业绩，靠的是什么？除了理想的指引，就是铁的纪律。当前，全党全国人民正在深入贯彻党的基本路线，建设高度文明、高度民主的社会主义现代化国家，就更需要有完备的法律和严明的纪律。当我们处于内有困难、外遇压力的形势之前，只有在理想的指引和法纪的保障下，才能团结凝聚起来，携手步入美好明天。

谈法纪同样离不开理想。一个无所追求的人，就绝无遵守法纪可言，最终必将走向自毁。法纪，正是在理想指引之下的自觉约束。出于理想的光焰，这种约束不仅不会限制人的创造力，反而更能激发全体人民的才智。因此，每个负有宏图大志的人，不仅勇于而且乐于接受法纪的约束，如此方能成就人生。你们过去所犯下的错误，不管有多少种具体原因，最根本的还在于平时忽视了理想的追求和法纪的约束。通过改造，我相信你们会对此刻骨铭心，使自己从悔过自新进而成为有理想、守纪律的好公民。为此，望你们珍重前程。

你们对理想的追求，一个重要目标是选择了亚运会。你们选对了，因为它闪耀着爱国主义、集体主义的星光。当亚运盛会在金秋九月隆重召开之时，关心着你们的亲友，帮助过你们的管教干部，养育了你们的双亲，还有你们本人，都会为之欢欣鼓舞。

党和政府每时每刻都在注视着你们每个人的每一个进步，人民在期待浪子回头，你们的父母、兄弟姐妹在盼望着与你们重新团聚。朋友们！鼓起勇气吧！扬起理想的风帆，告别灰暗的昨日，向着美好的明天迅猛前进！

你们的朋友 李长春

1990 年 4 月 14 日

切实为群众排忧解难，充分调动广大人民投身改革的积极性

建设好南运河带状公园，造福沈阳人民和子孙后代*

（1984 年 7 月 1 日）

今天是中国共产党成立 63 周年纪念日，在这个光辉的节日里，我们在这里庆祝军民共建南运河带状公园〔1〕第一期工程竣工通水，这是我们用实际行动向党的生日献礼！我代表沈阳市委和市政府向在治理南运河、建设带状公园中作出突出贡献的解放军指战员表示衷心的感谢，向参加这项工程建设的工人、机关干部、工程技术人员以及各院校师生致以亲切的慰问！

治理南运河建设带状公园工程，是根据市九届人大二次会议决议〔2〕，从今年 4 月 1 日开工兴建的。经过军民 3 个月的奋战，胜利地完成了第一期工程任务。第一期工程是以全面整治河道为中心，拓宽河道挖土清淤 45 万立方米，护坡砌石 4.2 万立方米，形成了一条底宽 14 米至 34 米、长 14.5 公里的河道，沿河修建橡胶坝 5 处，完成新建万泉桥等两座拱桥。新建和拓宽沿河道路 2700 延长米，铺装面积为 3 万平方米。在清占绿地 37 万平方米的基础上，已有 40 个单位砌筑围墙 7800 延长

* 这是李长春同志在沈阳市庆祝军民共建南运河带状公园第一期工程竣工大会上讲话的一部分。

米。新建游园景点平整土地15万平方米，栽植了部分树木和花草。治理后，可逐步实现雨水、污水分流，形成80公顷的水面，汛期可解决市区南部地区的泄洪排涝，补给地下水资源，这对调节气候，改善和美化城市环境将会发挥重要作用。

南运河工程是今年市政府为民要办的15件好事之一，合民心、顺民意，全市工厂、企业、机关、学校、驻沈单位，积极响应市政府号召，全市有100多万人参加了义务劳动，为治理南运河作出了贡献。沈阳黎明机械公司、沈阳机车车辆厂、沈阳铁路分局等50个局、企业，都积极参加了南运河带状公园的建设。东北机械制造厂5千多名职工在党委书记、厂长带领下，冒雨在工地施工，按时完成了河道清淤任务；省市机关干部、大专院校师生和中学生也参加了治河劳动。他们把工地当课堂，培养爱祖国、爱人民的好思想、好品德。东北工学院、沈阳农学院一些将毕业的研究生、大学生，把修建好南运河作为给母校、故乡留下的最好纪念，有人写诗说："工地是所大学校，流大汗、手打泡，定叫沈阳变新貌。"

南运河工程之所以建设速度快、质量好、投资省，还与沈阳驻军的大力支援是分不开的。子弟兵在南运河第一期建设中发挥了主力军作用。沈阳驻军共出了21.3万多个劳动日，完成了护坡砌石4.2万立方米、河道清淤21万多立方米的艰巨任务。在施工中，人民解放军发扬了共产主义精神，体现了全心全意为人民服务的思想，一不怕苦、二不怕死，劳动不计报酬，作业不怕困难，勇于拼搏，敢于胜利。他们不仅用辛勤的汗水给沈阳人民和子孙后代修好了一条河，建设了物质文明，更重要的是为我市人民留下了共产主义精神，子弟兵这种为四化建设拼搏的精神和

治理后的沈阳南运河皂角园。（摄于 2009 年）

治理前的沈阳南运河。（摄于 20 世纪 80 年代初）

传统，将在我市人民心中产生广泛而深远的影响，也必将在各行各业开花结果。

南运河工程是军民共建、各区各部门通力合作的结果。在这一工程建设中各区发扬全市一盘棋精神，除大东、沈河、和平3个区积极参加外，铁西、皇姑、东陵区也全力出人出车支援。沿河两岸有140多个单位和500多户居民从全市人民利益出发，清出绿地36.2万平方米；为加快工程进度，有100多个单位出动挖掘机、推土机170多台，汽车12000多台班，运输了大量砂石材料。为保证工程顺利进行，铁路、交通、物资、水利、电业、供水、供销、商业服务等部门都做了大量工作。这里还应提到的是，参加这一工程的科技人员发挥了重要作用。他们精心勘察、规划、设计，认真指导施工，把握工程质量，为工程作出了贡献。市、区指挥部的同志认真组织指挥，坚持现场办公，及时解决施工中存在的问题，起到了很好的作用。

沈阳驻军、省委省政府和市委、市人大、市政协的领导都很关心这一工程，听取工程汇报，到施工现场进行指导，并参加义务劳动。在这里我向关心这项工程的各级军政领导表示深切的谢意。

治理南运河建设带状公园第二期工程任务仍然十分艰巨，不仅要进行沿河18个游园景点的建设，并要搞好大东、万柳塘等6大公园的改造、充实、提高，同时，还要进行污水截流、拓宽道路、完善市政设施，使南运河带状公园达到“清水长流、绿树成荫、景点相连、繁花似锦、道路畅通、风光秀丽”的规划目标，今年内要初具规模，明年“十一”要全部建成。二期工程主要靠我们自己的努力。因此，我们希望各单位都要进一步贯彻落

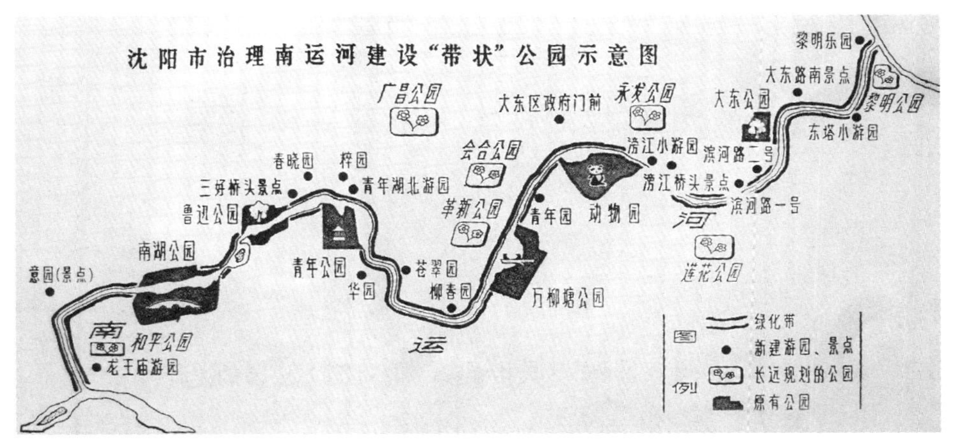

沈阳市治理南运河建设带状公园示意图。

实市九届人大二次会议《关于动员全市人民治理南运河建设带状公园的决议》，响应市委提出的全市各工厂、企事业、机关、学校、驻沈单位和每个职工，都要毫无例外地为沈阳的城市建设作出应有的贡献的号召，贯彻人民城市人民建设的方针和市政府《关于治理南运河建设带状公园有关问题的通知》，连续作战，保证搞好。当前要注意防止两种不正确认识：一是有的单位认为第一期工程已经完成了，该松口气了，产生松劲情绪；二是有些单位把承包游园景点建设当作额外负担，甚至有的人把市人代会通过的方案看成是乱摊派，这显然是不对的，要加以纠正。为了搞好第二期工程建设，要采取依靠社会力量和专业队伍相结合的方法，对游园景点和绿化带建设要分给有实力的局及大厂矿、企事业单位包干，要做到任务、时间、措施、责任四落实，限期完成。让我们全市各方面团结一致，通力合作，发扬解放军的拼搏精神，为全面完成建设带状公园这一造福人民和子孙后代的工程而努力。

沈阳市第九届人民代表大会第二次会议议案

第 1 号

案　　由：关于动员全市人民治理南运河建设带状公园的议案

提议案人：张鸿钧　张荣茂　　选区：大东、皇姑、和平区、辽中县
李　澄　姜德林
高柏金

附 议 人：刘恩惠　哈光秀　张兴让　徐长山　张　起　李茂成
罗守勋　郭余久　张升云　赵成祥　刘　新　许竞贤
高淑清　陈秀兰　孙雅清　郑宝山　佟恒山　吕戈龙
李均明　王本绥　杨世修　姜淑娥　沈光辉　于艳华
赵树楷　万永安　阎华昌　边振海　王路微　孙振阁
宋若男　钱爱兵

理由和办法：

南运河位于市区南部，是一九五二年动员全市人民开挖的一条河道。东起新开河东塔闸门，西止龙王庙水库，流经大东、沈河、和平三个区，全长十四点五公里。多年来，沿河栽植了一些树木，修建了部分道路，开辟了万泉、青年、南湖等六座公园，沿河占地总面积为三百公顷（含公园占地）。对解决市区南部的泄洪排涝、改善环境起到了一定作用。

沈阳市第九届人民代表大会第二次会议议案第 1 号首页影印件。

注 释

〔1〕南运河带状公园，是沈阳市结合南运河治理而修建的一个大型市内公园。南运河是沈阳解放初期为解决市区南部排水而开挖的一条河道。由于历史原因，多年来河道淤积，清水断流，河底污水、污泥臭气熏人，沿岸绿地被占，亟待治理改造。1984 年 2 月，沈阳市第九届人民代表大会第二次会议审议通过《关于动员全市人民治理南运河建设带状公园的决议》。按照这一决议，市政府把该工程作为实施城市总体规划的重点项目，专门成立工程总指挥部，指导工程建设。全市有 2316 个单位参加义务劳动 246 万人次，1720 个单位出动汽车 9.4 万多台班，共挖土清淤 45 万立方米，新建 5 处橡胶拦水坝，沿河规划并建设了 18 个特色各异的游园景点，修建人行路 4.4 万平方米，新植树木 100 余种共 9.2 万多株，栽植护岸绿地草坪 20 万平方米，种花 20 万株。经过全市人民和沈阳驻军的艰苦奋斗、共同努力，1985 年 8 月工程基本完成，昔日脏乱差的南运河变成了“清水长流、绿树成荫、景点相连、繁花似锦、道路畅通、景色秀丽”，水、绿、园、路、街景五个功能融为一体，点线面相结合的带状公园。

〔2〕决议，指《关于动员全市人民治理南运河建设带状公园的决议》，由 1984 年 2 月 29 日沈阳市第九届人民代表大会第二次会议通过。具体内容如下：

沈阳市第九届人民代表大会第二次会议，根据议案审查委员会的意见，审议了边振海、张兴让、罗守勋、张鸿钧、张荣茂、李澄、姜德林等 37 名代表提出的《关于动员全市人民治理南运河，建设带状公园的议案》。会议认为，治理南运河，建设带状公园，是实现城市总体规划的重要组成部分，它对于调节气候，改善和美化环境具有重要作用，是建设现代化城市，造福子孙后代的大事。

会议要求，市人民政府要遵照中央、省、市有关城市建设的方针、政策，依照议案提出的建设原则、步骤和要求，组成强有力的指挥机构，本着勤俭节约的精神，动员方方面面的力量，抓紧组织实施，力争在今年内初具规模，明年基本建成。

会议号召，全市各工厂、企事业、机关、学校、驻沈部队和广大人民群众积极行动起来，团结一致，通力合作，为治理南运河，建设带状公园，改善城市面貌贡献力量！

解决好人民群众切身利益问题*

（1985 年 10 月 16 日）

关心人民群众的疾苦，尽力解决群众的各种实际问题，切实安排好他们的生活，既是巩固和发展安定团结大好形势，为改革和经济建设创造良好的社会环境和群众基础的迫切需要，又是领导机关、领导干部转变作风，克服官僚主义的具体表现。同时，这本身也是生动实在的思想政治工作。各级党委政府一定要高度重视，切不可等闲视之。当前，要特别注意解决好与群众生活密切相关的几个问题。

第一个是城市市场问题。现在城市职工对部分商品特别是副食品价格上涨过多过快意见较大，我们一定要在大力宣传物价改革重大意义的同时，切实加强市场管理。物价、工商、公安、商业等有关部门，要协调一致、密切配合，下大力气把物价管好。凡销售国营批发部门统一购进的商品，都要规定批零差率，严格监督执行。自行购进的议购议销商品和自产自销商品也要规定合理的价格幅度，不准漫天要价。对随意提价、以次充好、掺杂使

* 这是李长春同志在中共沈阳市委七届二次全委（扩大）会议上总结讲话的一部分。

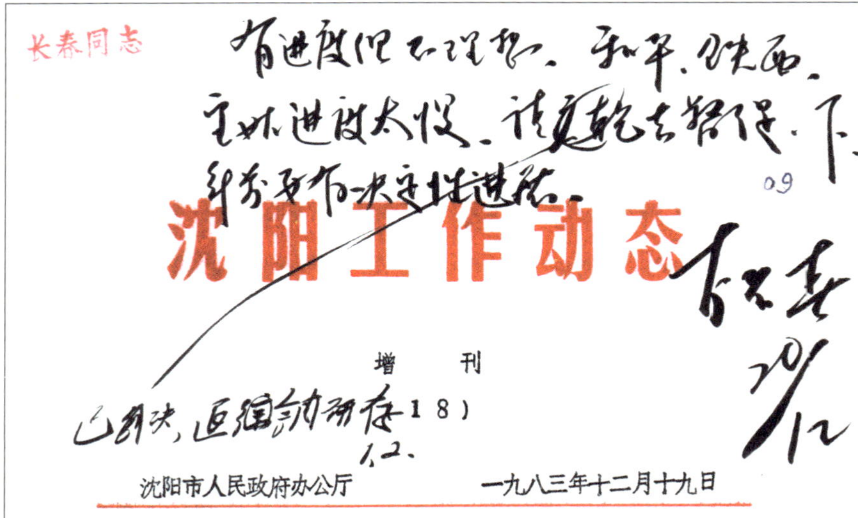

长春同志

沈阳工作动态

增刊

沈阳市人民政府办公厅　　一九八三年十二月十九日

解决市内区人与户口分离

问题需再接再励

近几年来，由于住宅建设与商服网点建设不配套，致使一些迁进新居的居民落不上户口和粮食供应关系，造成人与户口分离，给人民群众日常生活和社会治安管理带来了许多困难和不便。对此，市政府领导同志很重视，责成有关部门进行了调查。十一月十五日，李长春市长、华锋秘书长主持召开了市直有关局和市内各区负责同志会议，听取了汇报，讨论研究了解决措施，决定于今年年底之前，基本解决迁进新居居民人与户口分离的问题，并为此下发了沈政办

—1—

李长春批示影印件。

假、损害消费者利益的，一定要从严处理。对欺行霸市、强买强卖、哄抬物价、扰乱市场的不法分子，要狠狠打击。为了切实加强市场物价管理，要继续采取专群结合的办法，可考虑聘请一批退休的老教师、老干部作义务物价监督员，充实加强群众性的物价监督队伍。当前，做好今年的秋菜供应工作，是摆在全市各级党委和政府面前的一件大事。它直接关系到广大城镇居民大约半年时间的吃菜问题，关系到巩固和发展安定团结的政治局面，关系到继续把蔬菜购销体制改革引向深入。因此，各级党委政府以及农商各有关部门，一定要采取切实有效的措施，千方百计把秋菜供应这一稳定大局的工作做好。各个单位的党组织和工会，都要关心职工的生活问题，如果市场上某些蔬菜短缺，也可以发挥单位的力量，有组织地帮职工采购一些。

第二个是农村的救灾问题。农村的各级党政组织特别是灾区的各级党政组织，要集中力量把生产救灾工作抓好。当前，特别要抢时间、争速度，采取各种办法解决好住房问题，一定要组织力量，加快建房速度，确保大部分灾民在入冬前能住进新房，个别实在建不起新房的，也要妥善安排好住处。因灾倒塌、破损的中小学校舍，要与灾民建房同步进行，这涉及到学生冬天能否上课的问题，要抓紧建好。现在有 29 个企业承担了 22 所中小学倒塌房的修建任务，正在施工，希望各级党委过问一下，抓得快一些、好一些。要安排好灾区群众过冬的口粮问题，有的重灾区今年粮食基本绝收了，群众粮食严重不足，粮食部门要抓紧调查核实，并按国家规定的价格做好返销工作，保证缺粮户有饭吃。同时，还要抓好救灾款物的发放和使用，一定要专款专用，不准挪作他用。要坚持重点照顾，不准平均分配。要严禁利用职权营私舞弊，为个人或亲属谋取私利，发救济财。

第三个是动迁户的安置问题。最近几年，我们加快了老城区的改造。住宅改造是一件好事，但由于有些工作没有跟上，出现了动迁户在社会上过“流浪”生活比重过大的问题。究其原因，主要是住宅竣工的速度慢，配套建设搞得不好，致使有的动迁户四五年了还在外面“流浪”。市委要求，入冬前政府有关部门要组织打一次歼灭仗，多竣工一些住宅，使更多的动迁户能迁进新居，而且要总结经验教训，进一步完善动迁办法。不仅要对动迁户有要求，而且对动迁单位也要有要求，要规定动迁单位在一定时间内保证动迁户住上房，并以经济手段和法律手段确定下来。凡是由于建房单位误期使动迁户不能按时搬入新居的，建房单位要负经济责任，给动迁户加倍赔偿损失费，严重的还要追究责

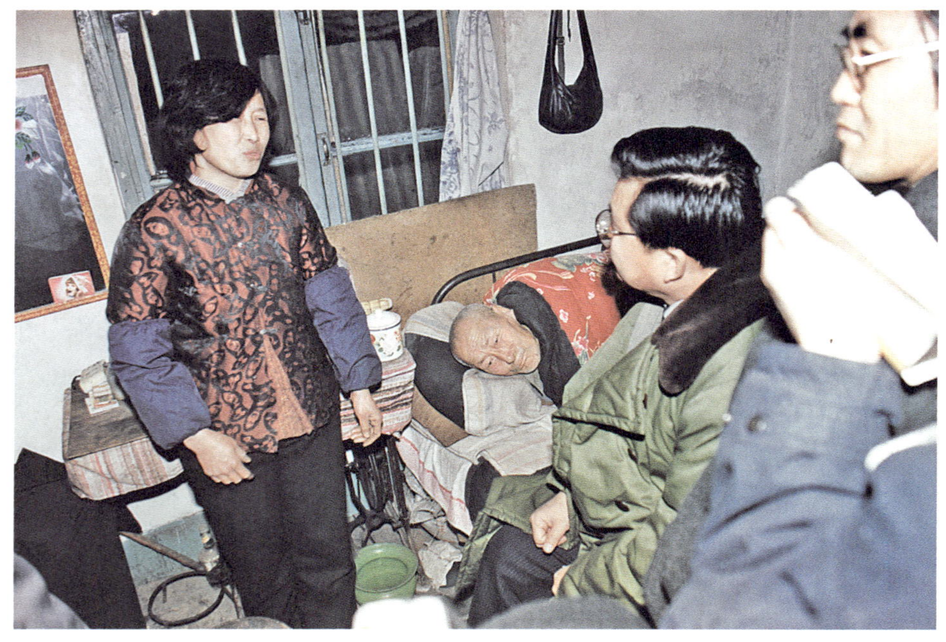

1990 年 1 月，李长春慰问困难群众曲常兰。

任。只有这样，才能把这项工作做好。

第四个是要进一步抓好高等学校后勤工作的问题。今年以来，在物价改革的新形势下，市政府做了不少工作，给学生的补贴大大高于市民，市民是四元八角钱，学生是七元四角钱，副食局还主动到高等学校，研究怎样搞好供应。高校也组织了采购网，想方设法把学生的伙食办好。但是，由于改革在不断深入，这方面工作还显得不够适应。要结合学习贯彻中央精神，把学校后勤工作中的一些实际问题解决得更好一点。现在学校反映还有两个问题，一是煤的问题，煤质不好、煤价比较高；二是电的问题，供电不足。物资部门要主动上门，跟高校研究一下，怎样改善煤的供应。关于电，冬季来临，电又要紧张了，这是全市性问题，但无论如何要保证学生食堂做饭的用电。政府有关部门主动到高校去一下，看其他方面还有些什么实际问题，共同商量，努力帮助学校解决。

对所谓“老大穷、老二富、不三不四暴发户”要做具体分析*

（1985年10月19日）

> 我们国家总结30年来社会主义建设的经验和教训，得出的结论是必须进行改革。不改革国家没有前途，四化大业没有希望，社会主义的优越性也就不能充分发挥。这几年的改革实践表明，改革的政策和方针是完全正确的，已使我们国家出现了欣欣向荣的局面。在改革中，不论农民还是城市职工，生活都得到了改善。

有人说，现在是“老大（指工人）穷、老二（指农民）富、不三不四暴发户”。意思是说社会分配存在不合理的现象。确有这种情况，也有看偏的一面。究竟应该怎样看待这个问题呢？这涉及改革问题。

我们国家总结社会主义建设的经验和教训，得出的结论是必须进行改革。不改革国家没有前途，四化大业没有希望，社会主

* 这是李长春同志在沈阳水泵厂座谈会上谈话的一部分，后发表在1985年10月26日的《沈阳日报》上。

义的优越性也就不能充分发挥。这几年的改革实践表明，改革的政策和方针是完全正确的，已使我们国家出现了欣欣向荣的局面，正像邓小平同志说的那样，改革使我们找到了一条建设有中国特色的社会主义的路子。在改革中，不论农民还是城市职工，生活都得到了改善，不能得出“老大穷”的结论。当然，也不能不承认，这样一场改革，在进行过程中也不可避免地会出现一些新问题，像社会分配不合理等现象。由于改革，在两种体制、两种机制同时运行的情况下，我们的管理工作跟不上，调节手段还不完善，就出现了各种经济成分之间、某些行业之间、企业之间和一部分人之间分配不合理的问题。另一方面，改革的目的是要广大人民群众走上共同富裕的道路。但是，共同富裕不是同步富裕，应该允许少数人先富起来，再带动大家共同富裕。因此，少数善于经营、吃苦耐劳的能人先富起来，这不是分配上的不合理。比如农村中一些农户依靠自己的辛勤劳动先富了，在城市，国家对于一些有突出贡献的科技人员给予优厚的奖励。我们的流通领域长期处于落后状态，国营商业独家经营，市场放开后，一部分善于经营、会管理的人收入增加得多一些。这些人遵守国家法令，按章纳税，富是国家政策允许的。

对农民的富裕程度，要实事求是地分析。这几年农民生活普遍得到了改善，这是事实。但是，真正的“万元户”是少数。一些偏远地区，一些家庭缺少劳动力或缺乏致富门路的农民，还比较穷困，甚至有的连温饱问题都没有解决。我们还得看到，我国农民长期处于比较贫困的境地，让农民在短时间内生活改善的步子大一点，是合乎情理的，也是符合城市居民长远利益的。农业在国民经济中处于基础地位，农业长期落后，农民长期贫困，我们国家也不可能富强。农业是第一产业，每个农民提供的商品量的多少以及购买力的强弱和消费水平的高低，直接决定着第二、第三产业的发展程度。因此，调动农民的生产积极性，对于推动国民经济发展的全局有着重大意义。在这种情况下，国家通过提高农副产品收购价格，通过放开市场，使农民生活改善得大一点，这符合共同富裕的原则。从长远看，也有利于缩小城乡差别、工农差别、脑力劳动和体力劳动的差别，这也是为进一步发展社会主义创造条件。而且，适当提高农副产品的价格，减轻一点农民的负担，缩小“剪刀差”，也符合我们的国情。中国十亿人口，有八亿农民，农民不能富裕起来，中国富裕强盛就是一句空话。还应该看到，实行家庭联产承包责任制后，农民既是生产者又是经营者，他们的收入很大一部分要用于维持简单再生产和扩大再生产，也就是说，他们的收入有很大一块用于生产性投资，用于生活上这一块，首先用在盖房子上，这同城市就有很大不同。城市居民的支出主要用于消费，看病也是公费医疗。另外，农业还是一个很脆弱的行业，农民仍然靠天吃饭，农业生产仍然带有很大的风险性，辛勤劳动一年，可能由于灾害而没有一点收入。今年辽中县、新民县、新城子区的部分村镇，就出现了这个问题，多年积攒的家当被大水一下子冲跑了。城市职工就不担这个风险。我们还有个退休劳保制度，农民就没有。

关于所谓“不三不四”人的问题，也要具体分析。不能把在流通领域跑买卖的人都说成“不三不四”的人。有些青年为了减轻国家负担，自谋职业，领取了工商执照，又善于经营，吃苦耐劳，进行合法经营，富得很快，符合党的政策，国家允许，我们应当支持。我们现在的经济繁荣，市场兴旺，应有他们的功劳。

但是，也确实有不三不四的人。比如，他明明有正当的职业，却泡病号，去跑买卖，或是有班不好好上，业余时间去发大财，这是不允许的，政府是不支持的，而且要进行清理。有的在市场上强买强卖、哄抬物价，这是不允许的。还有些无证商贩无证经营，这也是不允许的。造成这种情况的原因，是我们的管理没有跟上。当然，也有一个认识的过程。有些工厂的人员过剩，就去自找出路，这是个新情况，现在看这个做法有利有弊，也可能弊大于利，需要规范。所以，市政府规定，除了少数亏损企业经过批准外，在职职工不得自谋职业，由企业组织起来广开门路。

还有一个问题，就是大家所说的“高价老头”。这里大家指的是那些退休后搞高补差的老工人。有些人搞高补差，这是事实。现在看，让退休工人到街道和乡镇集体企业搞补差，比让他们待在家里好得多，总的看，利大于弊。

大家知道，“十年内乱”给我们带来一个严重后果，就是积压了大量劳动力后备军无法安排，矛盾十分突出。怎样开辟就业门路呢？靠发展国营企业，需要大量资金，因为企业职工队伍的规模也要跟这个企业的固定资产、经济活动成正比，破坏这个比例，就要违反经济规律。比如，一般情况下，重工行业每增加一个劳动力，就得相应增加五千到一万元的固定资产。这在短时期内是做不到的，就得国家、集体、个体一起上，广开就业门路，发展城镇集体经济就成了迫切任务，因为这样做投资少，见效快，容纳劳动力多，还能促进城市经济结构的合理化。那么发展城镇集体经济所需要的技术力量从哪儿来？就得靠产业大军里退下来的老工人。他们起着种子的作用，用掌握的管理经验、技术专长，把一批批青年带起来，把集体经济逐步发展起来。这

1990 年 1 月，李长春到敬老院看望老人。

些年，就是靠退休的老同志，我们的城镇集体经济才迅速发展起来，不仅安排了大量待业青年就业，而且还促进了国营企业的发展和提高。比如现在我市街道办的服装行业迅速发展起来，就推动了大型服装企业上高档产品，使得全市服装加工的综合能力上去了，最近我市的服装在北京的展销会上取得较好成绩，这与集体经济的发展是分不开的。

随着产业结构调整，农村一部分农民从土地中分离出来，在城市退休工人的帮助下发展第二、第三产业，效果也比较明显。现在，全市农村劳动力中，从事种植业的约占三分之一，从事林、牧、副、渔业的约占三分之一，从事工商业的约占三分之一。而 1980 年以前，农村有 70% 的农民种地。这个变化，如果没有城里的退休工人到农村去，是不可想象的。比如，农村皮鞋行业发展很快，就是因为市里的皮鞋厂在农村挂了十几个加工点生产配件，技术骨干就是皮鞋厂的退休工人。这既促进了农村商品生产，又使城里的企业较好地解决了大而全、小而全的问题。我们提出城市经济改革、企业改造、工业改组，以形成这样一个格局：以国营工业为骨干，以城乡集体经济为两翼，形成一个资本、技术连接起来的城乡结合、军民结合、高中低不同技术层次相结合的合理的工业组织结构网络。没有退休工人参加到集体经济中去，这样的格局就没法形成。所以，从多方面看，退休工人搞补差，对社会是有好处的，必须给予充分的肯定。

当然，对退休工人搞补差应加强管理，因为确实存在补差失控的问题，补差的价码太高。对于这种情况，城里和农村的同志都要求采取措施加以解决，不然，人家就请不起退休工人了。退休职工拿的补差太多，对在职职工也有不好的影响。现在，市里已把这个问题纳入了议事日程，先进行调查研究，相信这个问题一定能够解决得好。对于社会分配问题，还有一点应指出，在既有利于使一部分人先富裕起来，又有利于调动方方面面人的积极性的前提下，采取一些正确的经济政策加以调节，也是必要的，国家已着手考虑这样做。

商业服务群众要多想点新招法*

（1986年12月31日）

> 不引进外地产品，不造成一个竞争的环境，地方产品的水平很难上来，所以要四门敞开，凡是外地的名牌产品，能够引进的都应该积极引进来，这个观念一定要明确。

第一，关于商业网点建设和改造问题。这几年，沈阳的商业网点发展速度很快。但总的看，我们的商业网点数量还是太少，商店里太拥挤，群众购买商品很不方便。“七五”期间，商业网点要有个较大的发展。沈阳市还应该再建几个较大的副食商店，如果能在“七五”期间将现在的六大副食店增加到十二个，群众买东西难的问题就会有很大缓解。现有的商店，特别是副食商店，大多是五六十年代修建的，设备非常陈旧，店堂卫生状况很难改善。卖副食的地方卫生条件应当更好一些，让群众看了心

* 这是李长春同志到沈阳市和平副食商场和铁西副食商场了解节E市场情况同铁西副食商场的干部进行座谈时的谈话要点。

情舒畅，所以，必须有计划地进行改造。要靠多给政策，使商业部门有能力以业养业、以业创业，不要一提新建网点和装修改造就眼睛盯着财政。对于改造任务繁重的副食企业的营业税和所得税，要尽量给予减免照顾，专款专用，用于网点改造。新建网点的资金来源，应通过多种形式筹集。网点建设费的收费标准，可以由 5%提高到 7%，这样也不突破国家规定的限度。将新增的2%统一使用，用于新建一批中型、档次较高的网点，不足部分还可以贷款，装修改造营业场所的资金也完全可以靠贷款解决。和平副食商场装修改造后，营业额增加，利润增加，两年后就可以还清贷款。这个经验可以推广。经过几年的努力，要使商业网点的面貌有一个较大的改观，以适应开放的需要。新建网点和对老网点进行改造时，要注意高中低水平的都要有，以便适应不同层次的消费需要。经营大路货的要有，这是大量的，但不能都是中低水平的。特别是经济发达城市，要考虑建设一批较高水平的、有代表性的，为城市商业网点建设起示范作用。商业网点的建设和改造，要同辽东半岛及沿海地带外向型经济区开发建设联系起来，要从适应开放需要的高度来认识。将来在旅游观光名单上，要开列一批大商场和菜市场，不能光让外国人看工厂。外国人十分重视市场，他们是把市场当作一个国家经济繁荣程度的标志来看的。

今后，我们还要把农贸市场的建设提到重要日程上来。农贸市场要向室内的方向发展，不能总让个体商业者站马路。农贸市场的建设要纳入城建规划中来，所需资金可以从市场罚没款中拿出一部分，也可以由个体户集资一些，还可以从其他渠道筹一部分。总之，各市要把农贸市场建设抓起来。

第二，提高商品质量。我到几个市去，大家都反映现在的熟食品品种是增加了，但质量水平不高。特别是沈阳作为省会城市，全省的政治、经济、文化中心，无论如何要把市场繁荣起来。要尽快地提高以豆制品、熟食品为主的副食品生产水平。以前，我看过沈阳的豆制品加工厂，什么简单干什么，这是应付1960年困难时期的办法。现在群众生活水平提高了，我们就应当考虑增加品种，丰富市场。

商品包装的问题还要下力气解决，我过去专门写过这方面的评论文章。现在的商品包装有了改善，但还远远不够，罐头好吃"口"难开的问题还没有解决。商品包装上不来，群众感到不方便，商品的档次也提不上来。雪花啤酒包装不改进，还是用大玻璃瓶子包装，永远登不了大雅之堂。不解决商品包装问题，自选

1986年11月6日，李长春陪同国务院副总理李鹏视察辽宁大学时合影。

商场也很难办起来，市里要责成有关部门着手研究这个问题。

第三，引进外地名牌商品。沈阳是全省的窗口，在外地人和外国人眼里，沈阳的水平就代表了辽宁的水平。沈阳的市场上应该做到应有尽有，我们省有那么多名牌风味食品，都应该引进来，全国各地的名牌商品，能引进来的都要想办法引进来。过去我们总是怕外地产品引进来后冲击地方产品，后来发现这是保护落后。不引进外地产品，不造成一个竞争的环境，地方产品的水平很难上来，所以要四门敞开，凡是外地的名牌产品，能够引进的都应该积极引进来，这个观念一定要明确。

第四，提高服务水平。服务质量问题喊了多年，有些成效，但还不理想。沈阳是省会城市，要带个头，想点新招法。辽宁大学一些南方籍的老师和我说，来沈阳这么多年，近几年才感到有点热爱沈阳了，市场供应好多了，但和南方比起来，还是不够方便。我们大部分商店基本上都是卖大路货、粗放经营，这种状况必须改变，要探索提高服务质量的新路子，搞好深层次服务。

商业工作是传递党和政府对群众关怀的枢纽，商业工作的好坏，对政府形象关系极大。现在群众对改革开放的大好形势是满意的，对市场供应总的也是满意的，但对有些商品涨价有一些意见，只要我们做好宣传解释工作，群众是会理解的。商业部门一定要严格遵守物价政策，坚决制止乱涨价现象。国营商业要把平抑市场物价作为自己的重要任务，模范地遵守质价政策。

广开门路，安排就业*

（1989 年 12 月 3 日）

目前我省劳动就业形势严峻，面临着双重压力。一方面，70 年代初的生育高峰正在转化为就业高峰，目前有几十万人等待就业；另一方面，由于压缩基建投资规模和调整经济结构，企业待业职工和富余人员又有大幅度增加。组织好劳动就业，平稳渡过新的就业高峰，已经成为稳定社会、稳定人心的一项极为重要的工作。

要认真贯彻统筹安排、社会救济与自谋职业相结合的方针，通过发展集体和个体经济，扩大就业门路。大力开展以自谋职业、自愿组织为主要内容的“光彩杯”竞赛活动，鼓励、引导待业青年走自愿组合、自寻门路、自筹资金、自主经营的创业道路。积极发展商饮服修网点，实行公开招标，吸纳待业青年。对待业职工，有关部门可向他们发放临时营业执照，自谋职业；也可组织待业人员参加城市绿化、卫生、清淤等社会公益劳动，实行以工代赈；对生产任务不饱满的企业富余职工，企业和主管部门要有计划地进行技术培训。进一步完善待业保险制度，安排好破产企业职工和待业职工的社会救济。

---

* 这是李长春同志在中共辽宁省委六届九次全体会议上讲话的一部分。

千方百计为群众排忧解难*

（1990年5月8日）

我们各级干部要牢固树立群众观念，时刻把群众装在心里，把群众利益放在首要位置，把群众情绪作为第一信号，千方百计为群众排忧解难。要积极创造条件，解决直接关系群众生活的各种实际问题。如住房、交通、环境卫生、排水、上厕所、洗澡、自来水、煤气等问题，凡是已经具备条件的一定要积极去办，凡通过创造条件可以办到的要尽力去办，凡是一时不具备条件的要向群众讲明原因，并提出规划努力去办，决不能采取听之任之的官僚主义态度。这是密切党和政府与人民群众联系的重要内容，各级党委和政府一定要高度重视，抓紧抓好。

尽心尽力地安排好城乡市场，满足人民日益增长的物质文化生活需要，是稳定政治、稳定经济、稳定社会的重要措施。由于多年

---

* 这是李长春同志在中共辽宁省委六届十次全体会议上讲话的一部分。

积累的问题和新出现的矛盾相互交织，各方面的困难比较集中，这些都会或多或少地反映到群众生活和思想情绪上。这就要求我们各级干部牢固树立群众观念，时刻把群众装在心里，把群众利益放在首要位置，把群众情绪作为第一信号，千方百计为群众排忧解难。

要继续抓好以粮、油、肉、蛋、菜为主的生活必需品生产和供应。粮食部门要认真抓好城镇居民的粮油供应，在保证口粮、口油的基础上，组织好议价粮油经营，多增加一些小杂粮，尽可能增加品种。要继续搞好“菜篮子工程”建设，积极发展肉、蛋、禽、奶、鱼、菜等副食品生产，进一步丰富居民的“菜篮子”，提高餐桌的质量。当前，全国生猪存栏多于去年，我省生猪存栏总量稳定。现在已进入生猪收购旺季，购销矛盾比较突出，个别地区已出现“卖猪难”。因此，商业部门要充分利用

1990 年 3 月 14 日，李长春在沈阳中兴商业大厦考察工作。

政府现有的储备手段和条件，按购销合同搞好收购；要开辟多渠道搞活购销，防止生猪生产出现滑坡；省内产区和销区都要从大局出发，相互协作；产区要有计划地发展食品加工业，并向深加工、精加工方向发展，努力降低饲养成本，提高竞争能力。在认真整顿肉食市场秩序的前提下，继续鼓励副食商店直接进货，扩大鲜销比重，搞活经营。大宗蔬菜的种植面积继续实行指令性计划管理，用好政策性补贴，稳定市场价格，尤其要注意搞好淡季蔬菜的供应。进一步加强市场建设，实施好集贸市场管理工程。国营商业要改进经营方式，提高服务质量。积极开展半成品加工和经营业务，蔬菜要扩大净菜上市量，强化“窗口”行业职业道德教育，全面提高服务水平。

要积极创造条件，解决直接关系群众生活的各种实际问题。如住房、交通、环境卫生、排水、上厕所、洗澡、自来水、煤气等问题，凡是已经具备条件的一定要积极去办，凡通过创造条件可以办到的要尽力去办，凡是一时不具备条件的要向群众讲明原因，并提出规划努力去办，决不能采取听之任之的官僚主义态度。这是密切党和政府与人民群众联系的重要内容，各级党委和政府一定要高度重视，抓紧抓好。

要努力解决亏损企业职工的生活困难。为解决这些职工的生活困难，各级党委、政府和有关部门已经采取了一些措施，也取得了初步成效。要积极推广沈阳、大连、锦州等市建立扶贫周转金、特困企业救济金的经验和做法，保证亏损企业职工的最低生活需要，特别是对已经停发工资的企业的职工，各地要采取措施，适当发给生活费，决不能撒手不管推向社会。所有企业都要眼睛向内，采取各种有效措施，大力开展生产自救活动。广开就业门路，并逐步完善社会保障措施，使亏损企业和离退休职工生活费用有可靠来源。

要切实安排好灾区群众生活。灾区的党政机关干部要经常深入群众，体察民情，访贫问苦，包村包户，帮助他们搞好生产自救，解决生产生活中的实际困难。要及时安排好救灾粮款的发放。

要采取坚决有力措施，切实加强市场物价管理。今年以来，我省物价涨势趋缓，上升幅度明显回落，总的看形势是好的。但一季度物价上涨幅度仍超过全国平均水平，特别是农村物价上涨幅度较大，高出城市 7.9 个百分点。因此，各级政府要按照物价控制目标和工作重点，建立严格的目标责任制和分工负责制。充分发挥国营商业主渠道作用，掌握货源，增加储备，保证市场商品供应，切实稳定群众生活必需品的价格。

抓好干部队伍建设和廉政建设，为改革开放提供坚强的政治保证和组织保证

建设一个廉洁、实干、高效的人民政府*

（1983 年 9 月 23 日）

廉洁，就是廉洁公正，不以权谋私，不搞不正之风；就是模范遵守党的政治生活准则，与人民群众同甘苦，共奋斗；就是当好人民的公仆，全心全意为人民服务。这是人民政府的性质对我们各级领导干部和每个国家工作人员提出的要求。

根据全心全意为人民服务的宗旨和新时期总任务的要求，我们应当努力把市政府建设成为一个廉洁、实干、高效的人民政府。

廉洁，就是廉洁公正，不以权谋私，不搞不正之风；就是模范遵守党的政治生活准则，与人民群众同甘苦，共奋斗；就是当好人民的公仆，全心全意为人民服务。这是人民政府的性质对我们各级领导干部和每个国家工作人员提出的要求。在新的历史条

* 这是李长春同志在沈阳市新一届政府第一次全体会议上讲话的一部分。

件下，在坚定实行对外开放、对内搞活经济这一正确政策的同时，我们把廉洁作为政府机关建设的重要内容，具有现实意义，这样可以使我们政府机关工作人员增强为人民服务的使命感和反腐蚀的自觉性，有利于四化建设。我们政府机关的绝大多数干部是好的和比较好的，是廉洁公正、遵纪守法、艰苦奋斗、勤勤恳恳为人民服务的，但也确有少数人利用职权搞不正之风，严重脱离群众，甚至违法乱纪，走上犯罪道路。我们强调廉洁，就是要发扬党的优良传统，进一步消除政府机关工作人员的消极现象，同各种经济犯罪活动和其他歪风邪气作斗争，实现党风、政风的根本好转。

实干，就是切忌讲假话、大话、空话，不搞形式主义、花架子，不图虚名，不沽名钓誉，扎扎实实、兢兢业业地工作，讲究工作实效。在今天，我们讲实干，还有新的含义。这就是要精心研究新情况，总结新经验，解决新问题，开创新局面；要自觉适应新时期的客观要求，树立改革的大志，有勇于改革的胆略、善于改革的本领，在政府机关中营造一股实干的好风气；要造就一批有胆有识、敢作敢为的实干家。

高效，就是办事效率高，经济效益好，社会效益好。这是加强政府机关建设的中心问题和根本目的。党的工作着重点转移到社会主义现代化建设上来以后，政府要以主要精力抓好经济工作，同时要切实抓好人民生活，抓好精神文明建设。这就要求政府工作要讲效率、讲效益。政治路线确定之后，看政府工作做得如何，主要看办事效率高不高，所取得的经济效益大不大，社会效益好不好。政府各部门的工作，都要用这个标准来衡量，离开了这个标准，就背离了党和人民的要求和委托。在善始善终搞好机构改革的同时，今后要拿出更多的精力来解决官僚主义、形式主义、文牍主义，以及工作不负责任，办事不讲效率、互相扯皮等思想和工作作风方面的问题。这方面问题不解决，贻误四化建设，对我们事业的危害不亚于搞特殊化等不正之风。上届政府把抓作风问题作为政府机关建设一个重要内容，收到了成效，我们

1984年，李长春等欢送沈阳市副市长彭清源（前排左三）到北京工作。

这一届政府还要继续抓下去，使政府的工作作风和工作效率在今后五年内有一个较大的改善。

为了把市政府建设成廉洁、实干、高效的人民政府，提出以下几项措施和要求：

第一，认真学好《邓小平文选》，坚持实事求是的思想路线。《邓小平文选》是建设有中国特色的社会主义的指导纲领，是制定党的路线方针政策的理论基础，是党在新的历史条件下继承和发展毛泽东思想的新成果。今后在一个相当长的时期内，政府机关特别是各级领导班子中充实的一大批中青年同志要学习好《邓小平文选》，迅速提高思想水平。各部门要按照市委的统一部署，切实把这一学习组织好、领导好，特别是各级领导干部要带头学习好，用《邓小平文选》精神来指导我们的各项工作。

思想路线是确定政治路线的基础，对于中央确定的正确路线，能不能贯彻执行好，关键看我们的思想路线是否对头。要坚持实事求是的思想路线，实现政治上、思想上的拨乱反正，进一步解放思想，摒弃"左"的影响，坚持四项基本原则，坚持改革开放，防止各种自由化倾向。坚持实事求是的思想路线，就要走群众路线，虚心向群众学习，广泛听取群众的意见和呼声，这就要求我们深入实际、深入群众，开展经常性的调查研究。今后几个月下基层调查，要着重抓好以下几件事：一是抓好指导思想的转变，提高经济效益，努力增加财政收入，完成全年国民经济计划。二是要结合本部门的工作，研究改革中出现的新情况、新问题及其解决办法，为今后进一步发展大好形势奠定基础。三是要以极大的热情去发现各方面的新典型、新事物，帮助总结经验，找出规律性的东西，以推动面上的工作。四是既要帮助基层解决生产和经营中当前迫切需要解决的问题，又要调查研究一些事关全市经济和社会事业发展的战略性问题，制定好今后的发展规划。总之，要通过调查研究，使我们的思想、规划、措施、办法更加符合我市的实际情况，取得工作的主动权，争取最佳的社会效益和经济效益。坚持实事求是的思想路线，还要求我们各级领导班子坚持民主集中制的原则，做到集思广益，使我们的认识全面些，处理问题客观些，效果更好些。

第二，善始善终搞好机关机构改革，建立健全责任制。搞好机关的机构改革，是整个改革工作的第一步。机构改革的任务没有完成，还有大量的工作要做。中央领导同志最近提出，国家机关各部门、各单位和各项工作都要建立责任制，这是进一步推动机构改革、转变作风、提高效率，搞好四化建设的重要手段，必须提高认识，抓紧抓好。各委、办、局在今年年底以前，要把各级机构的职责分工和全体工作人员的岗位责任制制订好。建立好岗位责任制，首先要把职责范围搞明确。各委、办的主要职责是：综合情况，调查研究，组织协调，检查指导。各系统内单位之间的问题，有关委要主动组织协调，不把矛盾上交；牵涉几个部门的事，主管部门要主动和有关部门协商，有关部门要积极配合。综合部门协调解决不了的问题，由有关主管副市长解决，副市长解决不了的问题，拿出初步解决方案，提交市长办公会解决。各局不仅要抓好局属单位和企业，更要把主要精力放在管理全社会的行政职能上来。要通过调查研究把工作延伸到县、区，进一步发挥市管县的优越性。还要在明确职责范围过程中，结合县区一级的机构改革，进一步研究和明确市与县区之间的分工。

在明确部门职责的基础上，当前要抓好两个责任制，即建立首长责任制和机关工作人员岗位责任制。新宪法[1]规定，政府各部门实行首长负责制。在政府里，一个科的工作要科长负责，一个局的工作要局长负责，市政府的工作要市长负责，坚决克服遇事无人负责的现象。实行首长负责制，一要负两种责任，既负责把自己职权范围内的事情办好，按时完成上级交办的任务，也要负没有办好的责任，按不同情况给予批评、处分。二要处理好正、副职之间的关系。各委、办、局的正职，是各部门的总负责人，有权决定本部门的事务，并向上级负责。副职是正职的助手，协助正职做好某一方面工作，正职遇事要多同副职商量，注意发扬民主，充分发挥好每个领导成员的作用。三是本部门、本单位的大事，要经过领导班子集体讨论，做到议而有决，决而有行，工作敢于拍板，要勇于负责。四是我们讲首长负责制，是在党的领导下的行政首长负责制，政府要主动向同级党委请示报告工作，争取党委的领导和支持。政府各部门都要重视发挥党组的作用，认真贯彻执行党的路线、方针、政策，坚决服从党的领导，在政治上同党中央保持一致。

第三，树立过硬的作风，“严”字当头，勇于负责，敢抓敢管，敢于碰硬。政府机器要很好地运转起来，担当起党和人民交给的建设四化的重任，各级干部必须勇于负责，敢抓敢管，敢于碰硬。中央一再强调，党风问题是关系党生死存亡的大问题，丢了党的好作风就有亡党亡国的危险。因此，我们政府机关要把抓作风当作大事来抓，坚持不懈地抓下去，要切实抓出成效来，使政府机关作风有一个根本转变。

树立过硬的作风，就要敢于处理各种复杂问题，特别要敢于

1986年6月，李长春与沈阳市局级领导干部培训班学员合影。

处理那些长时间扯皮的棘手问题。近两年来，政府责成办公厅会同有关部门对一些历史遗留的扯皮问题进行了调查研究和协调处理，解决了一批问题，但还有一批问题尚未解决。这些问题请有关部门抓紧研究，尽快解决，有的需报请政府研究的，报市政府审定。今后要严格责任制，属于经济工作方面的，由计委、经委分别牵头处理，属于城建方面的由城乡建委负责处理，属于农村工作方面的由农委牵头处理，属于行政工作方面的由办公厅牵头处理，属于地区性问题的由当地政府解决。

树立过硬的作风，要不讲情面，严格管理，敢于碰硬，敢于揭露矛盾、解决矛盾。因此，对政府机关各级领导干部提出三点要求：一是对机关工作人员要高标准、严要求。要求每个工作人员对工作都要极端负责任，不断提高工作能力和业务水平，要遵纪守法，不搞歪门邪道。二是要讲究工作质量，提高工作效率。对上级决定的问题，要认真负责，坚决办好，保证工作质量。三是对坏人坏事和歪风邪气，要敢抓敢管，敢于斗争。对违反政策的事要敢于制止，不搞“关系学”，处理问题要公正。

第四，提高会议和文件质量。要进一步减少会议，改进会风。开会要有计划，一个会可解决问题的就不开两个会；几个部门能合并召开的会就不单独开；凡上级开了会有文件下达就不再开会层层传达；凡能用书面通知或打电话解决的问题就不召开专门会议。凡召开各局局长和区、县长参加的会议，要经市政府常务会或办公会批准，办公厅统一平衡，并由办公厅通知，各委、办、局不得直接通知各县、区长参加会议。科、处长不得召集局长和区县长开会。凡做具体工作的同志或科、处长能解决问题的会议，就不要请局长或县、区长参加。凡来一个人能解决问题的，就不要来两个人。要讲究会议质量，召开规模较大的会议都要在会前做好认真准备，要议而决、决而行、行必果，不开无准备的会议，提高会议质量。

要减少文件，做到“三不发，三把关”。一是打电话能办的事和下去能解决的问题，就不要发文件；二是用便函可以解决的问题，就不发正式文件；三是会议已印发了文件的，一般不在会后再发“红头”文件。各部门需以市政府名义发文的，要由主要领导同志亲自修改审定；无论文件还是报告、汇报等，主管领导同志要提出基本指导思想和要解决的主要问题，亲自修改审定文件；在处理文件时，要努力做到批阅报告快、答复意见快、解决问题快。在这三个方面都要把好关。过去曾发文规定，办公厅转请有关部门研究提出处理意见的公文，有关部门一般应在三天内作出答复，如问题复杂，需要有一定的调查研究时间，也应在三天内向提报部门和办公厅说明情况。办公厅收到各部门的请示也应迅速处理，并最迟要在十天内给提报单位以回音。

第五，进一步加强政府与人民群众之间的联系，密切政府与群众的关系。政府机关的各级负责干部，都要尽力做到同人民群众包括基层干部保持联系，特别是要搞好同自己分管部门职工群众的联系，根据各自分管工作的不同情况，建立若干联系点，直接听取基层群众反映的情况和意见。市长、副市长和各委、办、局的领导同志，都要按照各自分工，亲自接待重要的群众来访，根据所分管的工作，处理好那些政策性强、带有普遍意义的重大上访案例。要加强同各界人民群众的联系，听取他们的意见，体察民情。要设立一台市长公开电话，以便全市人民和基层干部在必要的情况下直接向政府反映情况、意见和要求。对市政府的一些重要工作进展情况，可用召开新闻发布会的办法，向全市人民报告，以更好地接受人民群众的监督，改进政府的各项工作。

第六，自觉接受市委和省政府的领导，主动争取各方面对政府工作的支持。沈阳市是省会城市，省委省政府机关在这里，沈阳军区、省军区机关也设在这里，还有中央驻沈办事机构以及省、市两级群众团体的办事机构等，这对于我们做好市政府工作是个有利条件。

政府工作必须在党委领导下进行。为了使市委集中精力抓好大事，研究全市一些重大的方针、政策性问题，有关政府的日常工作，特别是经济工作，我们要切实担负起来。对市委作出的各项决定，市政府各部门都要坚决执行。要主动及时向市委请示汇报工作，以保证党的路线、方针、政策在全市得到正确贯彻执行。

为上级机关服务，保证上级机关有一个良好的工作环境，是我们市政府的一项重要任务。要认真对机关全体工作人员进行这方面教育，教育各级干部尊重省和省的有关领导部门意见，正确处理好上下级关系，主动服务好。要多向省政府和有关部门汇报、请示工作，争取省各有关部门对我市各项工作的指导、帮助和支持。如果出现这样或那样的矛盾，我们要从全局出发，多作自我批评，努力改进工作。属于体制方面带来的问题，要通过组织系统反映意见，一经上级政府作出决定，我们就坚决执行。另一方面，各部门也严禁以条条下来的某些指导性意见对市里的决定采取抵制的做法。市里一经决定的问题，要坚决贯彻执行，有意见要在执行中向市里反映，要分清领导关系和指导关系的界限，不得用条条的意见抵制市政府决定的贯彻执行，有关问题由市政府负责向省政府汇报。

要按组织法的要求，向市人大汇报政府工作，接受市人大的监督。要加强同市政协的联系，共商全市大计。要加强与工会、共青团、妇联、科协、文联等群团组织的联系，发挥各群团组织的作用。还要加强军政、军民团结，主动为驻沈部队、省军区和沈阳军区机关服务，为他们的工作提供条件。总之，我们要争取各方面的支持，听取各方面的意见和批评，及时发现和纠正我们工作中的缺点和失误，更好地改进政府工作，把市人民政府建设成一个廉洁、实干、高效的人民政府。

注　释

〔1〕新宪法，指1982年12月第五届全国人大第五次会议通过并颁布的《中华人民共和国宪法》。

坚决纠正新的不正之风*

（1985年3月15日）

> 要认清新的不正之风的极大危害。一是阻碍改革，败坏改革声誉，干扰放开、搞活，冲击有计划的商品经济，破坏社会主义现代化建设；二是严重脱离群众，挫伤职工的社会主义积极性，影响政治上的安定团结；三是腐蚀党的肌体，毒化社会风气，不仅会毁掉一大批干部，而且会掩盖和助长经济犯罪。总之，新的不正之风误国误民，其害无穷，如果任其蔓延发展下去，党的十一届三中全会以来的大好政治经济形势就会得而复失，我们党也有腐败变质的危险。

当前，在经济生活中出现了一些新的不正之风，而且来势很猛，蔓延很快。归纳起来，主要有以下几种：一是党政机关和干部经商、办企业，以权谋私。二是“皮包公司”泛滥，倒买倒卖国家紧缺计划内物资问题严重。三是巧立名目，滥发钱物。四是

---

* 这是李长春同志在沈阳市党政领导干部会议上讲话的一部分。

随意涨价，坑害国家、集体，侵犯消费者利益。五是领导干部利用职权为自己涨工资、分奖金。六是动用公款请客送礼，大肆挥霍。七是乱发彩票、奖券。八是做官样文章、搞浮夸风有所抬头。九是有令不行，有禁不止。出现这些问题，原因是多方面的，有的是缺乏经验，有的是改革的指导思想不够端正、缺乏全局观念，有的是党性不纯、群众观念不强，主要还是认识问题、工作问题，也有一些属于纪律问题。

对改革新形势下出现的新的不正之风，中央早有察觉。去年特别是第四季度以来，党中央、国务院先后发出近20份文件，提醒并要求全党注意防止和认真纠正新的不正之风。在此期间，中央领导同志也反复强调要警惕歪风邪气滋长蔓延，指出当前几股新的不正之风，对改革具有极大危害，如不坚决纠正，改革很难顺利进行。最近，中央在第二期整党工作会议上又对刹住新的不正之风提出了进一步的要求。我们一定要在思想上和行动上同中央保持高度一致，认真贯彻执行中央的有关指示精神，针对存在的问题，采取有效措施，坚决刹住新的不正之风。

一要提高认识，增强纠正新的不正之风的紧迫感。事实表明，新的不正之风在我市蔓延很广，有些问题是十分严重的。对此，我们各级党组织、各级领导干部决不能低估，一定要有清醒的认识。首先，要认清新的不正之风的极大危害。一是阻碍改革，败坏改革声誉，干扰放开、搞活，冲击有计划的商品经济，破坏社会主义现代化建设；二是严重脱离群众，挫伤职工的社会主义积极性，影响政治上的安定团结；三是腐蚀党的肌体，毒化社会风气，不仅会毁掉一批干部，而且会掩盖和助长经济犯罪。总之，新的不正之风误国误民，其害无穷，如果任其蔓延发展下去，党的十一届三中全会以来的大好政治经济形势就会得而复失，我们党也有腐败变质的危险。其次，要认清新的不正之风的实质。尽管新的不正之风的表现形式五花八门，但特点都是打着改革、开放、搞活的幌子，而且还与权力结合，实质只有一个，那就是“只要我能捞一把，哪管你寸草不生”。这种资本主义金钱万能的价值观念和唯利是图的腐朽思想，是同我们共产党人全心全意为人民服务的宗旨背道而驰的。第三，要认清纠正新的不正之风同改革的关系。新的不正之风不是改革本身的产物，也不是放开、搞活的结果，它们之间没有必然联系，相反，二者是格格不入的。纠正新的不正之风，对改革、开放、搞活绝不会带来消极影响，只会为其排除障碍、扫清道路，从而保证改革、促进改革。能否同这种与权力结合的新的不正之风作斗争并取得胜利，直接关系改革成败，同时也是对我们各级党组织，特别是对新的领导班子的党性、党风、党纪和战斗力的一次严峻考验，是对我们全体党员干部特别是各级领导干部的党性党纪和思想政治素质的一次严峻考验。我们一定要把刹住新的不正之风作为一项紧迫的政治任务来抓，旗帜必须鲜明，态度必须坚决，步调必须一致，措施必须有力。

二要全党动手，层层负责，一级抓一级。在近几年端正党风的实践中，全市已层层建立了抓党风责任制，而纠正新的不正之风是当前端正党风的中心任务，因此，要纳入抓党风责任制之中，坚持一级抓一级。各级党政机关和领导干部都要从自身做起，从自己身边做起，特别是市委市政府直属机关更要带头，起表率作用。第一期整党单位，在已经解决了清“左”、端正业务工作指导思想、彻底否定“文化大革命”的基础上，对纠正新出现的不正之风，要结合整党的总结检查进行补课。各县区和大中型企业以及其他第二期整党单位，要从纠正新的不正之风入手进行整党，并把刹住新的不正之风、增强党性、加强纪律作为整党的重点。各级党委要扫除讲面子不讲党性、讲关系不讲原则这种人情大于党纪国法的消极现象，不能姑息养奸，自毁长城。要层层负起责任，并充分发挥工、青、妇等群众团体的作用，坚决刹住新的不正之风。从今往后，哪个地方、哪个部门、哪个单位发生新的不正之风，而又放任不管，不及时纠正，就要唯那里的党委书记是问。

三要查明情况，严肃处理。全市各级党组织要认真查清新的不正之风在本地区、本部门、本单位的具体表现，并将情况如实向上一级党委报告。市财政、审计、劳动、人事、工商、物价、税务、银行等部门要认真履行职责，集中力量，归口摸清新的不正之风的底数和典型案例，及时向市委市政府报告，在纠正新的不正之风中充分发挥作用。各级党组织要在查明事实的基础上，本着惩办少数，挽救、教育一大片的原则，区分不同情况，做出严肃处理。对钻改革空子、违法乱纪、中饱私囊、情节恶劣、危害严重的要案大案，要从严惩处，并选择典型案例，公开登报，以儆效尤。对见利忘义、损公肥私、有禁不止、明知故犯的，要责令其做检查，视问题情节轻重和认错态度给予适当的纪律处分，该开除党籍的开除党籍，该撤职的撤职，经济上占了便宜的要退赔。属于认识不清、界限不明、经验不足而跟着刮风的，只要认真总结经验教训，改了就好。属于上级决定错了的，哪一级决定的由哪一级负责，要共同提高认识，但不搞层层检讨。对于那些坚决抵制、自觉不搞新的不正之风的先进单位或个人，要大力宣传表扬。对于中央和省市已有明确规定的问题，按规定迅速纠正；对有些一时还看不准的新情况新问题，要抓紧调查研究，明确是非界限，按照中央精神，该鼓励的鼓励、该制止的制止、该查处的查处。总之，在纠正新的不正之风的过程中，要避免过去搞政治运动那一套“左”的做法，一定要实事求是，不要刮风，做到既解决问题，又不要搞乱，既刹住新的不正之风，又珍惜和保护真正改革者的积极性。

四要加强教育，严肃纪律。纠正新的不正之风，不能就事论事，要上升到党性、党风、党纪教育上来，既惩戒过去，又防患于未然。要对全体党员干部进行共产主义远大理想和全心全意为人民服务的教育，引导他们自觉克己奉公。还要教育党员干部特别是各级领导干部增强党纪、政纪、法纪观念，坚决做到令行禁止。中央领导同志最近一再强调，我们的改革要取得成功，一靠理想、二靠纪律，党性原则和党的纪律不存在“松绑”问题，党风不正、改革不成。这些指示要求，我们必须牢记。

为了进一步防止和纠正新的不正之风，我们还要约法三章，坚持做到“十个不准”：一是不准党政机关和干部经商、办企业；二是不准滥涨物价，掺杂使假，坑害单位和群众；三是不准转手加价，买空卖空，套购倒卖国家紧缺物资；四是不准巧立名目滥发钱物；五是不准把企业生产发展基金转为消费基金；六是不准挥霍公款公物请客送礼；七是不准各级干部给自己涨工资、定职务津贴；八是不准发各种彩票和擅自搞有奖销售；九是不准用“红包”；十是不准弄虚作假，搞形式主义，骗取名利。

新形势下要增强党性*

（1985 年 5 月 17 日）

> 作为共产党人，应有远大的理想，不能把追求金钱作为目的，在思想上必须同“金钱万能”的错误观念划清界限，增强党性，不能做金钱的奴隶，见利忘义。这就要求每个党员，既要生活在商品、货币之中，践行按劳分配和勤劳致富的政策，又不能够以商品、货币作为自己的理想。否则，就会成为商品和货币的俘虏，丧失党性，玷污国格，丢掉人格。

在发展商品经济的新形势下，商品交换原则可能随时渗入党内政治生活。发展经济必须遵循价值规律，实行等价交换的原则，必须破除一切有碍于商品经济的观念、制度、规章、办法和作风，但是我们又决不能让商品交换的原则侵入到党内政治生活领域和各级政府的肌体，决不能把原则、荣誉、人格都当成商品去交换。

---

* 这是李长春同志在中共沈阳市委第二期整党工作会议上总结讲话的一部分。

如果把党的原则拿来做交易，在党内和国家机关中搞起权钱交易，那么作为工人阶级先锋队的党，同资产阶级各种腐败政党就没有区别了，作为全体人民统一意志、最高利益象征和代表的社会主义国家机器，同用金钱推动国家政治生活的资本主义国家机器也就没区别了。对这样一个尖锐的问题，我们如果不注意，就必然要产生各种新的不正之风，互相利用、彼此贿赂，使党内的政治生活庸俗化，使正常的上下级关系、横向的监督协作关系商品化，毒化整个社会风气。许多事实已经说明了这一点。所以，从我们的实践来看，如何杜绝商品交换原则侵入到党内的政治生活，这是当前加强党的思想建设遇到的一个相当紧迫的新课题。

商品、货币具有很大的诱惑力，容易使某些意志不坚定的党员为之所动而丧失先进的品格。为了发展商品经济，许多共产党员就要同商品、货币打交道；为了提高经济效益，我们就要学会经商，要讲求生财、聚财之道，要讲究投入产出，讲究核算、盈利、挣钱。同时，共产党人也食人间烟火，也需要用货币来生活，但作为共产党人，应有远大的理想，不能把追求金钱作为目的，在思想上必须同“金钱万能”的错误观念划清界限，增强党性，不能做金钱的奴隶，见利忘义。这就要求每个党员，既要生活在商品、货币之中，践行按劳分配和勤劳致富的政策，又不能够以商品、货币作为自己的理想。否则，就会成为商品和货币的俘虏，丧失党性，玷污国格，丢掉人格。前一段，国家对出国人员搞了一个经费包干的办法，这个办法对国家节省外汇有积极的一面，但个别共产党员由于党性不强，在实行这个办法的时候，做出了一些和共产党员的称号很不相称的事情。有的在国外参观学习到中午快要结束了，却故意拉长时间，提一些无关的问题，耗到中午让人家请一顿饭吃，自己省下饭钱来买彩电；也有的为省钱从国外买回高档消费品，千方百计从国内带出大量的米、面，在国外住的旅馆自己做饭吃，造成很坏的政治影响，等等。当然按政策规定节约经费买些东西也是可以的，但凡事都有个“度”，不能不顾国格、不顾人格、不顾共产党员的先进品格。在教育界也有类似情况。在我国的历史上，教师是为人师表、受人尊重的。如今，我们党和国家为提高教师的地位，形成尊师的社会风气，充分发挥教师的作用，采取了一系列措施。但有个别党员教师不能自尊，在新的不正之风面前意志薄弱，把正常的教学任务弃至一边，而热衷于到外面去捞外快，而且讨价还价，议价讲课，钱少了不去。因此，有的学生讲，现在有的教师“不是重视育才，而是重视发财”。这说明，好的政策要有好的思想作基础才能正确执行，否则，就会搞歪。所以，在同商品、货币打交道中，如何既正确执行现行政策，又不忘远大理想，保持共产党员的先进性和纯洁性，是当前党的思想建设、作风建设中遇到的又一个新的课题。

随着对外开放，一些消极的腐朽的东西也会乘虚而入，使党员受到侵蚀。为了大力发展商品经济，引进国外的先进管理经验和科学技术知识是完全必要的。越是封闭，越要落后。商品经济没有国界，我们应自觉在经济上、技术上参与国际分工和国际竞争，扬长补短，这样才能取得最佳的经济效益。所以，对外开放，这无疑是正确的选择。但是，我们在学习国外先进管理经验和技术的同时，决不能学习和引进资本主义制度，决不能学习和引进各种腐朽和反动的东西。现在，在对外开放的新形势下，我市也确实发现有个别党员对腐朽糜烂的东西很欣赏、很崇拜，以致对共产主义信念发生动摇，由生活上的腐化走向了政治上的反动，充当了可耻的特务。事实就是这样鲜明地摆在我们的面前。如何在对外开放的新形势下，增强广大党员的反腐蚀能力，也是党的建设遇到的一个新问题。

在新的历史转折时期，随着新老交替、干部“四化”步伐的加快，有一大批中青年干部进入各级领导班子。这些同志有文化、懂专业、精力充沛，这是很大的优势，也是革命事业所必需的。但是也应该看到，包括我自己在内，我们这个年龄的干部，在党性锻炼上比起上一辈老同志是有差距的。新中国成立以来，我们从学校到社会，虽然接受了一些党的优良传统作风的教育，但是也受到了“左”的错误和“文化大革命”的影响。我们还缺少在各种艰苦复杂条件下的锻炼和考验。所以，我们要自觉把革命化放在首位，通过长期的革命实践锤炼不断地增强党性，坚定理想信念，使自己在思想上更加成熟，在政治上更加坚定。不然的话，就会有负于党，有负于人民，有负于那些为了革命事业主动让贤的老同志的关怀。事实上，这几年确有这样的中青年干部，走上领导岗位以后，首先不是想怎样用好党和人民给的权力，全心全意为国家的富强和人民的富裕而艰苦奋斗，而是搞新的不正之风，千方百计给自己涨工资、捞好处、中饱私囊，严重脱离了群众；也有的中青年干部对组织上的考核不能正确理解，认为考核就得提拔，不提拔就闹情绪；有的中青年干部在外学习一两年，就坐不住阵了，认为现在正是权力再分配、安排“窝”的时候，怕在学校里耽误了自己的“大好时光”，不安心学习。这些问题表明，在推进干部“四化”进程中，要时刻加强对中青年干部的党性教育。所以，当前不断调整班子、实行新老交替的新形势，也给我们提出了增强党性教育的新课题。

不能让摊派者占便宜[*]

（1985 年 8 月 15 日）

迪生同志：

此情况相当严重，究竟是我们各级机关为企业服务，还是我们是企业的老爷，必须从指导思想上明确。我意政府要严肃处理，把此件发给有关部门主要领导，政府加上按语，再开个有分量的会，该退赔的退赔，不能退的用事业费扣回还给企业，不能让摊派者占便宜。市政府没给到经费的，财政局研究采取措施。

---

* 这是李长春同志在沈阳市集体经济办公室《关于乱摊派、滥收费的调查报告》上的批语。

树立一批党风正的好典型，处理一批谋私利的坏典型*

（1985 年 10 月 19 日）

党风问题的实质是党性问题。正因为党性这个根本问题解决得不好，所以，在新的形势下又产生了新的不正之风。全心全意为人民服务的宗旨是党性的核心，从这个意义上讲，党风问题又是党和群众的关系问题。为人民服务的问题没解决好，在处理与群众的关系上就难免搞不正之风。

党风和社会风气是大家关心的一个重要问题，而且，许多同志又是把这个问题与整党联系起来看的，所以我先谈谈怎样看待整党成果。

* 这是李长春同志在沈阳水泵厂座谈会上讲话的一部分，后发表在 1985 年 10 月 27 日的《沈阳日报》上。

如何看待整党成果？

我市第一期整党已经结束，第二期第一批也接近尾声。总的看，成效是显著的。首先，通过整党，端正了业务工作指导思想。沈阳是50年代建设起来的老工业基地，一方面有雄厚的物质技术基础，一方面也是僵化经济模式的典型，存在“三老”(技术、产品、装备老化)、“两差”(经济效益、竞争能力差)的问题。过去看优势多，通过整党，对劣势、对过去长期僵化的经济模式有了较深刻的认识，不仅懂得了方方面面的工作要围绕经济建设这个中心，经济工作要转到有计划的商品经济的轨道，而且看到了不改革沈阳就不能振兴，国家就没有出路，四化大业就不

1985年8月17日，李长春在沈阳军民共建南运河带状公园竣二祝捷大会上向中国人民解放军八一三五六部队赠送锦旗。

能成功，社会主义制度的优越性就不能充分发挥。因此，增强了改革的自觉性，加快了改革步伐，实现了整党促进改革的要求。

其次，在整党中，彻底否定“文化大革命”的问题解决得比较好。过去，许多企业被派性缠身，不可开交。这次，有些同志自觉向在“文化大革命”中受冲击的人赔礼道歉，有的甚至痛哭流涕。过去有人认为，“文化大革命”中犯错误是当时党的路线出了问题，个人没有什么责任，现在认账了。通过整党，军民关系加强了。我们开展了军民共建活动，去年治理的南运河工程，那是军民共建的产物。今年抗灾中，解放军哪里艰苦就到哪里去，老百姓说，关键的时候还得靠共产党、解放军。党和军队在人民中的形象有很大改善。

通过整党，我们进一步清理了“三种人”，加强了第三梯队的建设，调整了各级领导班子。这几项工作是结合在一起做的，在“文革”中犯有严重错误的人，甚至“三种人”，从第三梯队名单中被清理出去了，把一批好的同志充实到第三梯队中来了，并加快了班子“四化”的进程，在组织建设上取得了很大成果。

第三，通过整党，不正之风有所收敛。在整党中，一些老的不正之风得到很大克服，从市里说，我们抓了烂果事件中的官僚主义，抓了金属材料公司的以权谋私的不正之风。现在看，各级班子中的主要问题得到了纠正，不正之风有所收敛，过去明目张胆搞不正之风的人大都改正了错误。现在即使有再搞的也是偷偷摸摸的，不敢那么明火执仗了。这表明，在党内正气抬头，歪风邪气下降。

但是，是不是没有问题了呢？有问题。整党的主要问题就是党风问题解决得不理想。党风问题的实质是党性问题。正因为党性这个根本问题解决得不好，所以，在新的形势下又产生了新的不正之风。全心全意为人民服务的宗旨是党性的核心，从这个意义上讲，党风问题又是党和群众的关系问题。为人民服务的问题没解决好，在处理与群众的关系上就难免搞不正之风。

应当承认，目前我们的党风并没有根本好转，问题还不少，大家有意见，甚至有气，这是自然的，这也是人民群众关心和爱护我们党的表现。我们欢迎并支持大家对党内的各种歪风邪气进行揭露和批评。同时，也要看到我们党的绝大多数组织和绝大多数党员、干部是好的和比较好的，搞不正之风的是极少数。

党内的不正之风，不是主流，而是支流

当前党内的不正之风，不是主流，而是支流，党的整体是健康的。为什么这样讲？我们从解剖一些单位可以看出，党员、干部大多数都是努力为人民服务的，为四化建设出力的，为人民群众谋利益的，真正为个人谋私利的是极少数。市里前一段对市直机关做了普查，能够严格要求、开创新局面的班子是多数，八十几个单位的班子中，只有个别的出现新的不正之风。对大中型企业的领导班子也作了考核，好的和比较好的也是多数。而且，与不正之风作斗争的恰恰是各级党组织本身，这表明各级党组织是有战斗力的，并没有被不正之风腐蚀掉。我们可以同“十年内乱”时作个对比。“四人帮”为小集团谋私利，搞裙带风，一人当官，鸡犬升天。现在，我们选拔干部是层层推荐，群众测评，走群众路线，真正征求群众的意见。但“四人帮”搞的那套裙带风的影响至今没有完全消除，因此，有些人人云亦云，以讹传讹。“四人帮”时期的思想路线是假、大、空，而我们今天是

实事求是。没有这样一条思想路线，我们也不会在短短几年间有这么大的变化。如果不正之风是主流，怎么能想象我们会有这样大的变化，会出现今天这样的大好形势呢？特别是在这次洪水灾害面前，我们的党员、干部表现是好的，群众说，关键时刻，干部、党员和群众就是不一样。

还要看到，在商品经济不断发展的环境中，党内出现不正之风，这将是一个长期的历史现象。问题不在于有没有，而在于对不正之风能否及早预防，出现之后又能否及时发现，敢于正视，并采取得力措施，坚决加以纠正。事实表明，任何一个腐败的党都不会揭露和处理好本身存在的问题。整党恰恰是我们党有力量的表现，恰恰是我们的干部有自信心的表现。

当然，我们端正党风的工作也还有差距，其重要原因之一，就是对党风建设面临的新形势、新情况估计不足。这几年在党的建设上遇到哪些新情况呢？这几年由于我们实行了对外开放政策，引进外资，引进技术，利用世界上人类共同改造世界的科学成果来加速我们的四化建设，这完全是必要的，但同时也带来一些消极的东西，有些人经不起资产阶级思想的腐蚀，搞些歪门邪道。我们又实行了对内搞活的政策，大力发展商品经济，改变了过去那种单一计划调节、不重视价值规律的旧体制，强调按经济规律办事，强调经济效益。党的十二届三中全会明确提出社会主义经济是有计划的商品经济，这是一个重大突破。我们每个干部的周围都有大量的商品交换。在这种情况下，就要求每个党员既要努力工作，努力生产，提高经济效益，讲究经济核算，又不要忘记实现共产主义大目标，不能把经济生活中商品交换的原则搬到党内的政治生活和社会上的精神生活中来。但是，有的党员在新的形势下，经不住金钱的诱惑，便利用职权、利用影响为个人捞好处，甚至走上犯罪道路。同时，由于我们各级党组织、许多同志对于这个新的情况缺乏思想准备，对在新形势下加强社会主义精神文明建设，坚持两个文明建设一起抓，普遍重视不够，研究得不透，办法也不多。因此，尽管中央三令五申，仍有一些党组织和党员干部忽视精神文明建设，放松了思想政治工作。实践证明，人总是要受教育的，入了党也要教育，不进行教育，意志薄弱的人就容易走上邪路。新的不正之风的滋长和蔓延，与改革的目的和措施没有必然的联系，而是在改革的过程中，由于两种体制同时运行，难免出现一些不完善的地方，使意志薄弱者和坏人有了可乘之机，但这些问题可以在改革过程中得到纠正。还有一个情况，就是对搞不正之风的人的处理偏轻，这就不利于端正党风。处分本身也是教育。处理得轻，不足以教育本人，也不足以教育别人。

端正党风是社会主义精神文明建设的核心

为了加强我市的社会主义精神文明建设，首先，要组织全市干部、党员学习好党代会的精神，充分认识社会主义精神文明建设的重要地位，认识到社会主义精神文明是社会主义的重要标志之一，从而自觉地坚持两个文明建设一起抓。其次，要明确社会主义精神文明建设的主攻方向。中央提出，要以党风和社会风气根本好转为目标，加强社会主义精神文明建设。搞好党风是加强社会主义精神文明建设的一个核心问题。党风不好，想有一个好的社会风气是不可能的。党风问题怎么解决？还得充分利用整党这个有效的形式，把党风作为衡量整党是不是走过场的核心问题来抓。因此，对第一期整党单位要进行党风补课，正在整党的单位要以党风为突破口，党风没整好整党不算完。在党风上，市里要树立一批好典型，处理一批坏典型，打击一批违法犯罪的典型。要建立起党风责任制，你单位出现了问题，党委和党委书记要负责，支部书记、党小组长要层层负责。今后在选拔干部时，要全面掌握干部标准，不但要看开创精神怎么样，更要看革命化怎么样，党风不正、党味不浓的人不能提拔，更不能重用。在职工中要进行“四有”教育，核心是理想教育。理想教育的实质是世界观、人生观的教育，就是要解决全心全意为人民服务的宗旨问题，解决树立共产主义远大目标的问题。当前的理想教育，重点是形势和政策教育。要继续深入开展做文明公民、创文明单位、建文明城市的“三文明”活动，加强综合治理，在全社会树新风、破旧俗，杜绝腐败现象，严厉打击经济犯罪和各种刑事犯罪。要加强思想政治工作队伍建设和思想政治工作。思想政治工作人员在新形势下，首先要提高自己的政治素质和业务素质，用以身作则的模范行动，用能够对职工群众中遇到的各种思想政治问题、时事政策问题作出马克思主义的有说服力和感染力的回答的过硬本领，来树立思想政治工作的权威。同时，各级组织和广大职工也要尊重思想政治工作人员和他们的劳动。思想政治工作光靠思想政治工作人员不行，书记、厂长、科长、车间主任、工段长、班组长都要做思想政治工作。

从以上几个问题的分析来看，如何正确看待形势，必须确立辩证唯物主义的观点。这就是要全面地看问题，不要以偏概全；要用发展的观点看到总的发展趋势，不要静止地看问题；要具体问题具体分析，不要概念化、简单化；要看人的因素，实践的因素，看到我们的力量。

农村整党工作要抓住重点*

（1985年12月8日）

刚才，听了东陵区白塔镇党委和小平安村、上深村整党工作的情况汇报，总的感到，东陵区对整党工作很重视，区、乡、村领导亲自抓整党，情况总体是好的，并为沈阳全市面上的整党积累了一些经验。比如，强调通过对党的宗旨的学习、党的农村政策的学习等，来提高认识、提高觉悟，提高对否定“文化大革命”的认识，同时还注意了边整边改、联系实际，党风问题也有好转，使群众看到了希望，看到了变化。还注意解决一些需要解决的重点问题，并有一定深度。在时间安排上，既保证了时间，又兼顾了农村季节性强的特点。

希望东陵区在整党工作上进一步总结经验，当前要特别注意总结怎样搞好村的整党经验，形成一个系统材料，市委予以批转，以便指导好全市面上乡机关的整党工作。下面，我再谈几点意见。

一、进一步加强领导。这次整党涉及面广，情况复杂，并且越到基层越接触群众，搞好搞不好群众的反映最直接，因此，一

* 这是李长春同志在沈阳市东陵区白塔镇视察时讲话的一部分。

定要加强领导。怎样加强领导，一是要加强督促检查指导。有足够力量深入到乡村，请区委研究一下，使每个村都要有一个整党联络员，乡要有一个整党联络组（三人为组），根据这一要求分析一下，还需抽多少力量下乡村，市里拟在巡回检查上再抽点力量。二是要加强干部培训。培训领导整党的骨干力量，把培训的重点放在支部书记身上，这直接关系到整党的质量。目前，支部书记情况不一，各县区委要在培训支部书记上下点力量。

二、抓住重点问题。关于端正党风问题，在这一环节上还应加强。中指委〔1〕下发的通知中没有单独作为一个问题提出来，但在宗旨教育和处理少数有问题的党员上都体现了。党风问题，特别是党员领导干部的作风问题尤为重要，如有的党员干部利用职权谋私利，个人主义严重、搞浮夸风等，因此，每个地方都应把党风方面存在的问题梳理一下，很好地加以解决。

关于否定“文化大革命”问题，作为农村基层面上不一定作为专题，但每个人都检查一番。可以结合正面教育、形势教育进行检查，有什么问题解决什么问题。村里就不搞检查了，重点是乡以上干部，即村一级不把否定“文化大革命”作为整党工作重点。

三、关于政策问题。总的看，东陵区在整党过程中，对政策的把握是好的，既解决了问题，也没有搞乱。特别是对后进党员的转变，没有用“左”的办法。这里，我着重强调一下党员雇工问题。你们作为试点单位，要把党员雇工问题同这次整党分开。因为这是改革中出现的新情况和新问题，将来要专门研究一下，不作为这次整党的一个问题。在雇工问题上，不要把雇了多少工作为一个问题去纠缠，这个问题比较复杂，将来还是建议中央统一研究。

此外，在整党验收时，要找党外群众谈一谈，征求一下群众的意见，让群众帮助我们巩固整党的成果。

注　释

〔1〕中指委，即中共中央整党工作指导委员会。

端正党风要在治本上狠下功夫*

（1985 年 12 月 18 日）

要使广大党员充分认识到，我们进行的经济体制改革是社会主义的经济体制改革，我们搞的四个现代化是社会主义的四个现代化，从而真正明确改革的目的、意义和各项方针政策，分清什么是真正的改革、开放、搞活，什么是不正之风，什么是马克思主义的物质利益原则，什么是资产阶级的“拜金主义”、“金钱万能”。要引导广大党员、干部正确处理国家、集体、个人三者利益关系，坚持正确的政治方向，牢固树立全心全意为人民服务的思想，不断增强抵制资本主义、封建主义腐朽思想侵蚀的能力。

第一，要重点抓住狠刹不正之风，促进党风好转。当前，我市党风不正的问题还比较多，都需要解决，应该抓住重点，一股风一股风地刹。就全市来说，下一步端正党风要抓住两个重点问

---

* 这是李长春同志在沈阳市端正党风工作经验交流会上讲话的一部分。

题，一是各级党员领导干部以权谋私的不正之风，二是行业不正之风。所谓以权谋私，就是一些党员、干部利用手中掌握的一定权力，如人财物的权力以及司法权、行政管理权等，为个人、亲友谋取私利。所谓行业不正之风，指的是一些直接为群众服务的行业或部门，如电业、煤气、自来水、房产、税务、银行、工商管理、交通管理、卫生检疫、公安政法和商业服务等行业和部门，利用行业经营权和工作条件，对用户和群众卡、索、要，进行刁难。这股不正之风，就其实质来说，也是以权谋私，同样具有很大危害。

以权谋私和行业不正之风影响广、危害大，为群众所深恶痛绝。因此，一定要下大气力，把这两种不正之风刹住。各单位在抓这两个重点的同时，根据本单位的具体特点，对其他不正之风也要

1990 年 4 月 19 日，李长春出席全国总工会在沈阳举办的劳模报告会。前排左一为辽宁省委书记全树仁，左二为全国五一劳动奖章获得者、沈阳市鹿鸣春饭店经理刘敬贤。

积极加以解决。党政机关要按照中央有关文件的要求认真解决好机关作风中存在的问题，特别是要认真克服官僚主义作风，解决门难进、脸难看、事难办的问题，要深入实际，调查研究，尽职尽责，真正做到“廉洁、实干、创新、高效”，当好人民的公仆。各行各业要认真分析自己的情况，有什么问题解决什么问题。

第二，要坚持行之有效的方法，在治本上狠下功夫。纠正不正之风，端正党风，不仅要治标，尤其要治本。在这方面，会上交流经验的单位都有许多值得借鉴的好经验、好办法。归纳起来，我看主要有三点。

一是善于抓典型。实践证明，用干部群众身边摸得着、看得见的典型事例去教育党员干部，最生动、最实际，也最有感染力和说服力。各个部门、各个单位在端正党风的工作中，一定要善于抓好本部门、本单位的典型，用群众身边的典型去教育群众。这是行之有效的好方法，必须坚持不懈地抓下去。

二是加强对党员的党性党风党纪教育。要纠正不正之风，端正党风，归根结底必须加强对党员的党性党风党纪教育，提高广大党员的政治素质，这是实现党风根本好转的治本之道，是全党的一项长期任务。要坚持对广大党员深入进行共产主义理想和马克思主义基本理论教育，进行党的基本知识教育，进行四项基本原则和党的路线方针政策特别是党性教育。在进行教育过程中，要注意针对性，防止搞形式主义、摆花架子，要联系实际、解决问题、讲求实效。通过教育，要使广大党员充分认识到，我们进行的经济体制改革是社会主义的经济体制改革，我们搞的四个现代化是社会主义的四个现代化，从而真正明确改革的目的、意义和各项方针政策，分清什么是真正的改革、开放、搞活，什么是不正之风，什么是马克思主义的物质利益原则，什么是资产阶级的“拜金主义”、“金钱万能”。要引导广大党员、干部正确处理国家、集体、个人三者利益关系，坚持正确的政治方向，牢固树立全心全意为人民服务的思想，不断增强抵制资本主义、封建主义腐朽思想侵蚀的能力。

三是抓领导机关、领导干部的带头作用。事实证明，哪个单位或地区领导班子的党风好，哪个单位或地区的党风就好，反之亦然。所以，端正党风一定要首先端正各级领导机关和各级领导干部的党风。当前要注意两条：其一是坚持从严要求。市委要求，全市县团以上单位的领导机关和领导干部党风的突出问题，务必在明年内得到有效解决，实现党风明显好转。各县团以上领导机关和领导干部都要按照这一要求，结合自身实际，制定实现党风明显好转的规划和具体措施，保证按期实现。其二是对领导机关、领导干部的不正之风，一定要从严查处，不得以领导班子共同讨论决定、集体承担责任为由，官官相护，不了了之。今后不管是谁，只要违法乱纪就一定要查处。只有这样，才能首先把领导机关、领导干部的党风搞好，进而带动整个党风和社会风气的好转。还要加强党的组织建设，特别是加强基层组织建设，这也是搞好党风的关键一环。各级党组织要严格过好组织生活，领导干部要过好双重组织生活，认真开展批评与自我批评，进一步增强党的组织纪律观念。

第三，要切实加强对端正党风工作的领导。一是各级党委要真正把端正党风摆到重要议事日程，当作一件大事来抓。从党风搞得好的单位看，很重要的一条经验就是书记动手、党委重视。但是，从目前全市情况看，有些单位的党委还没有做到这一条。

端正党风是全党的任务，各级党委要把党风问题摆在突出位置，真正下功夫去抓，特别是各级党委的一把手要亲自抓党风，以自己的实际行动带动一班人去抓党风。负责行政工作的领导干部也要关心党风，要正确处理好经济建设和加强思想政治工作、端正党风的关系，自觉坚持两个文明建设一起抓。

二是要把端正党风同改革和经济建设结合起来。现阶段，全党工作的中心是改革和经济建设，端正党风必须围绕这个中心来进行，以保证和促进改革，保证和促进经济建设。事实表明，党内不正之风有相当一部分是反映在经济领域内的，经济领域中的不正之风乃至违法犯罪活动很突出，已经成为影响经济体制改革、破坏社会主义建设的一个十分严重的问题。我们要在各项经济活动中抓不正之风，在抓不正之风的过程中保证经济活动沿着正确轨道健康发展，不能搞成“两张皮”。

三是要坚持一级抓一级，进一步完善和落实好抓党风责任制。实践证明，抓党风责任制是一项行之有效的措施，要继续坚持下去，并在原有基础上进一步加以完善，狠抓落实。完善的重点，其一是不仅党委有抓党风的责任制，纪委有抓党风的责任制，各个部门、各个系统都要有抓党风的责任制。要从市委到基层党支部，层层建立起抓党风的责任制，而且责任制之间要环环相扣、衔接配套。其二是要明确分工，责任到人。要把自己管理范围内的单位、部门，一个一个地落实到每个班子成员的头上，各负其责。在此基础上，做到党委书记、行政领导、纪委书记对本单位的党风共同负责，同奖同罚。其三是要加强督促检查。有了分工，有了责任制，就要狠抓落实，不能停留在分工和建立制度上。要一级抓一级、一级带一级，加强经常性的检查督促，发现问题及时解决。

四是要严肃党的纪律，坚持从严治党。这也是加强组织领导的一个重要方面。我们一定要克服那种过分容忍、优柔寡断、畏难手软、息事宁人的情绪，对于那些明目张胆搞不正之风和违法乱纪的人，一定要认真查处，特别是对那些保护层很厚、关系网很密的人，要敢于碰硬，查清事实，严肃处理。对群众意见大、多年没解决的问题要抓紧处理，以增强群众的信心。要注意掌握政策，坚持实事求是的原则。要把改革中出现的失误同钻改革的空子、以权谋私区别开来，把正当的开放、搞活同违法乱纪区别开来，把某些部门、行业、单位搞不正之风的少数人同广大干部群众主流区别开来。在抓党风中，要有具体分析，不能造成干工作越多错误越多、不干事的没错误这样一种混淆是非的局面。

五是要加强纪检队伍的工作。各级党委要注意配备好纪律检查委员会的班子，抽调党性强、作风正派、政策水平高的得力干部，充实加强纪检部门，并给他们创造能够履职尽责的环境和工作条件。特别是在查处案件时，党委要成为纪委的坚强后盾，遇到困难或阻力，党委要出面说话，帮助解决问题。对给纪检工作设置障碍或对纪检干部进行打击报复的，党委要直接组织力量认真调查，严肃处理，以保证纪检干部能够行使维护党规党纪的职权。各级纪委和广大纪检干部要正确认识自己所肩负的责任，敢于坚持原则，积极做好工作，以自己的模范行动和卓有成效的工作来树立纪检机关的权威；要努力学习经济改革的理论和实践经验，努力探索新时期党风建设的特点、规律，围绕中心开展工作，真正做到保证经济改革、促进经济改革，为端正党风、推动两个文明建设作出应有的贡献。

发扬党的三大优良作风，建设高素质的领导班子*

（1986年2月17日）

我们各级领导干部要加强党性锻炼，过好“五关”，即过好“金钱关”，吃苦在前，享受在后，不为金钱所诱困惑；过好“权力关”，时刻牢记权力是人民给的，只能用来为人民服务，而决不能用来为个人或小集团谋私利；过好“子女亲友关”，坚持原则，秉公办事，不徇私情；过好“改革关”，正确对待改革，特别是在涉及个人切身利益时，能够拥护改革，坚持改革；过好“对外开放关”，对外交往中坚持共产党人的信念，保持共产党人的品格。

党在新时期的历史任务，对各级领导班子提出了更高的要求。能不能领导好社会主义物质文明和精神文明建设，关键要看我们各级领导班子的素质如何。

---

* 这是李长春同志在中共沈阳市委七届三次全体会议上所作报告的一部分。

在老同志的帮助下，我市各级领导班子经过几年来的调整，特别是经过去年大规模的调整，基本上完成了组织上新老交替的任务。现在看，大多数领导班子是好的和比较好的，是有战斗力的，在胜利完成去年的各项任务中，发挥了应有的作用。但是也应当看到，有某些领导干部忽视马克思主义基本理论和党的路线方针政策学习，改革意识不强，创新精神不足，以致一些长期落后的单位没有改变被动状态；还有些同志存在着“忙忙碌碌、辛辛苦苦”的官僚主义；也有个别领导干部利用职权搞不正之风。这些问题如不尽快解决，就不可能更好地团结和带领广大干部和群众去继续开创各项工作的新局面。从当前领导班子的实际情况出发，今年领导班子的建设要本着“稳定、完善、提高，重点在提高”的原则进行。要在大多数领导班子和成员保持基本稳定的前提下，除对个别不健全和不适应的领导班子作局部的组织调整外，把重点放到加强各级领导班子的理论、思想和作风建设上来，使每一个领导成员的党性观念、政策观念、群众观念和改革创新意识有一个较大的增强，在新形势下的适应能力、预测能力、决策能力和组织指挥能力有一个较大的提高，使整个领导班子的素质有一个明显的改善。

一要切实加强理论学习。邓小平同志要求全党干部首先是领导干部要重视学习马克思主义理论。这个要求针对性很强，具有十分重大的意义。应当看到，要建设具有中国特色的社会主义，正确回答和解决改革、建设中的问题，要在改革、开放、搞活的新形势下和纷繁复杂的经济、政治、文化、社会生活中不迷失方向，都离不开马克思主义基本理论的指导。而我们各级领导班子中的大多数中青年同志，一般说来，马克思主义理论的根底都比较浅，党的基本知识比较缺乏，这就更需要加强理论学习。就是老同志，也有个在四化建设的实践中重新学习的问题。因此，各级干部特别是领导班子中的中青年干部，一定要增强紧迫感，提高学习的自觉性。在坚持向老同志学习、向实践学习、向群众学习的同时，切实抓紧马克思主义理论的学习。马克思主义理论是个完整的思想体系，内容十分丰富，需要学习的东西很多。当前要首先学好社会主义经济理论，党的十一届三中全会以来中央和中央领导同志关于建设具有中国特色的社会主义的文件和讲话。学习要坚持在职学习和集中轮训相结合，以在职学习为主。市委将继续分期分批轮训部委办局和县区领导干部，但这种学习毕竟是短期的，关键靠平时自学。每个领导干部都要制订出具体的学习计划，做到持之以恒，锲而不舍。对广大干部的学习，各级党委也要作出科学的安排。有关加强理论学习的问题，我们草拟了一个《关于加强马克思主义理论学习的决定》，提请全体委员讨论修改，通过后各级党委要认真贯彻执行。

二要进一步端正业务指导思想，不断增强改革意识。现在我们正处在改革的时代，实践证明，哪个单位领导班子的改革意识强，哪个单位的工作就有新局面、新成就。反之，不是“江山依旧”、面貌未改，就是工作沉闷、起色不大。因此，增强改革意识至关重要。要增强改革意识，必须端正指导思想。党的十一届三中全会以后，我们曾顺利地完成了指导思想上的第一次转变。在当前的新形势下，我们还需要实现指导思想的第二次转变，就是要把思想由产品经济转到有计划的商品经济的轨道上来。我们有些领导班子和领导干部之所以改革意识不强，缺乏市场观念、竞争观念、投入产出观念、科学决策观念、经济杠杆调节观念，关键是指导思想没有转过来，仍然受产品经济观念的束缚，习惯于僵化模式下的思维方式和工作方法，工作拘谨，打不开局面。所以，只有搞好指导思想的转变，才能从根本上提高对改革必要性、重要性和紧迫性的认识，坚定改革的信心和决心，以强烈的改革意识积极投身改革的伟大实践。各级党政主要领导都要认真学习改革的理论和实践经验，亲自抓改革，不管遇到什么困难和曲折，都坚定不移地把改革推向前进。

三要充分发扬党的三大优良传统作风，增强党性。各级领导班子加强自身建设，并在实现党风和社会风气根本好转上作表率，既要“破”又要“立”。也就是说，我们不仅要注意防止和坚决克服不正之风，而且要特别注意发扬党的三大优良传统作

1986 年春节前夕，李长春在《共产党员》杂志社调研，看望编辑人员并听取社领导工作汇报。右二为总编辑汤光武。

风，不断增强党性。毛泽东同志集中全党的智慧，把我党的优良传统作风概括为理论联系实际、密切联系群众、批评与自我批评的三大作风。这是我们党的传家宝，是区别于其他任何政党的显著标志。过去革命和建设的胜利，是靠这三大作风取得的，今天的社会主义现代化建设，仍然需要靠发扬这三大优良传统作风，才能取得胜利。中青年同志接班，就是要接党的事业的班，接党的优良传统的班。

在新的历史时期，发扬理论联系实际的作风，具有重大的现实意义和深远的历史意义。我们正在建设具有中国特色的社会主义，这是前无古人的开创性事业，是一项伟大的系统工程，不仅包括经济领域，而且也包括政治、思想、文化等各个领域。这项伟大工程的实践过程，就是马克思主义的基本理论与中国社会主义现代化建设的实际相结合的过程。因此，各条战线、各行各业、各个部门的工作，都有一个如何走出一条具有中国特色的社会主义新路子的问题，都要注意发扬理论联系实际的好学风。这就要求我们在各自的工作领域，不仅要认真学习和掌握马列主义、毛泽东思想的基本理论，学习和掌握党的方针政策。同时，还要坚持实事求是的思想路线，一切从实际出发，不唯书，不唯上，只唯实，并能经常深入基层、深入实际，了解新情况、研究新问题、总结新经验，创造性地运用马克思主义的基本理论，创造性地贯彻执行党中央的路线、方针和政策。只有这样，才能加强我们工作中的原则性、系统性、预见性和创造性，才能在建设具有中国特色的社会主义征程上有所发现、有所创造、有所作为，把我们的社会主义现代化建设事业和马克思主义理论推向前进。

在社会主义现代化建设的今天，发扬密切联系群众的作风，也具有十分重大的意义。在过去革命战争年代，谁要严重脱离群众，就会遭到灭顶之灾，因此，联系群众的问题在当时比较容易解决，这一点我们许多老同志都有切身感受。可是在和平环境里，我们党处于执政党的地位，就容易忽视密切联系群众的问题，也正因为如此，党中央一再强调党风问题是关系执政党生死存亡的问题。我们之所以强调要坚决纠正不正之风，就是因为它违背了我们党的全心全意为人民服务的根本宗旨，脱离了人民群众。在新的历史时期，如何牢固树立全心全意为人民服务的思想，增强群众观点，保持同群众的密切联系，是我们各级领导班子和领导干部思想作风建设中始终要注意解决的一个重大课题。当前，我们各级领导干部要特别注意以下几点：一要加强党性锻炼，过好“五关”，即过好“金钱关”，吃苦在前，享受在后，不为金钱所诱困惑；过好“权力关”，时刻牢记权力是人民给的，只能用来为人民服务，而决不能用来为个人或小集团谋私利；过好“子女亲友关”，坚持原则，秉公办事，不徇私情；过好“改革关”，正确对待改革，特别是在涉及个人切身利益时，能够拥护改革，坚持改革；过好“对外开放关”，对外交往中坚持共产党人的信念，保持共产党人的品格。所有领导班子成员都要坚持过好双重组织生活，自觉把个人置于党组织和群众的监督之下。二要少说空话、多干实事，防止和克服官僚主义。要从文山会海中解放出来，面向基层、深入群众，把主要精力用在抓调查研究、抓工作落实上。三要扎扎实实、艰苦奋斗，不讲排场、不图虚名，不搞形式主义、不做表面文章。

批评与自我批评的优良作风，是我们党区别于其他政党的显著标志之一，也是推动我们各项工作前进的强大动力。现在，我们各级领导班子中，中青年干部占大多数，年富力强，朝气蓬勃，这个优势要发扬。要勇于探索、大胆创新，也要谦虚谨慎、戒骄戒躁。不能取得一点成绩就沾沾自喜，忘乎所以；不能只报喜不报忧，要重视苗头性问题。应当清醒地看到，我们正面临对外开放、对内搞活、商品经济迅速发展的新形势，正在从事前无古人的事业。在不断解决各种矛盾的前进过程中，思想上难免会沾染上一些政治灰尘或不健康的东西，工作上难免会出现这样或那样的缺点甚至失误。这就要求我们必须拿起批评与自我批评的武器，经常、认真、及时地开展批评与自我批评。要防止和克服那种顺情说好话，明知不对、少说为佳和只愿听奉承话、不愿听批评的庸俗习气。要敢于同不良倾向作斗争。要知无不言，言无不尽，闻过则喜。各级领导班子要坚持民主生活会制度，积极开展党内正常的思想斗争。各级干部特别是领导干部，不仅要习惯于在批评与自我批评的正常气氛中生活，而且要广开言路，主动征求、虚心听取上下左右尤其是广大群众的批评与意见，并在行动上、工作中切实加以改进。只有这样，才能使我们的各级领导班子坚强有力，使我们的各级领导干部健康成长，使我们的工作少走弯路，避免大的失误。在发扬党的优良传统作风中，还要坚持新老合作，发扬尊老敬贤的好传统，加强老干部工作，使他们更好地发挥作用，更好地安度晚年。

建设一支坚强的政法队伍*

（1987 年 8 月 27 日、1988 年 12 月 2 日）

随着商品经济的发展、人民物质文化生活水平的提高，利益关系更趋复杂，诉求更加多元，民主的愿望日益强烈，所以政治体制的改革既要加强社会主义民主政治建设又要加强社会主义法制建设。

一

公安战线的同志要为进一步维护好我省发展的大好形势，再立新功。目前面临的形势更加复杂，给公安工作提出了更高的要求。

一个是面临着深化经济体制改革的新形势。发展商品经济是我们实现四个现代化不能逾越的阶段。但是也应该承认，发展商品经济对公安工作提出了新的考验，由于各项法律的修订来不及跟上改革的新形势，罪与非罪、犯法与合法互相交错，情况相当

* 这是李长春同志关于政法队伍建设两篇讲话的节选。

复杂，经常面临如何把握政策和运用法规的问题。这就给我们公安工作提出了新的要求，就是怎样深入到经济体制改革的实践里面去，学习经济体制改革的理论与实践，才能更好地保护改革、保护合法经营、保护在发展商品经济过程中涌现的先进生产力的代表；怎样能够更好地保护我们农村一些专业大户的劳动成果，保护企业的厂长行使权力，更有效地打击非法经营，打击破坏社会主义经济秩序的坏分子。在保护改革的过程中，既要采取专政的手段，还要采取行政的手段、协调的手段、教育的手段。在这种新的形势下，希望我们公安战线的广大干警能够不断研究新情况、新问题，为发展我省的大好形势作出新的贡献。

再一个是面临加速对外开放的新形势。对内搞活经济、对外实行开放是国家的长期方针，辽宁是一个沿海省份，在对外开放方面担负着更加艰巨的任务。省委省政府作出决策，要加速辽东半岛外向型经济建设。辽东半岛的开放，对我们引进国外的先进技术、管理经验和资金肯定是非常有利的。世界各国和我国的历史都充分证明，闭关锁国必然导致落后，要想迅速赶上世界先进水平，就必须开放，把世界各个民族在物质文明建设、精神文明建设方面好的东西拿来为我所用，集世界各民族之大成，这样才能够走捷径，才能够更快实现现代化。但也必须承认，在开放的过程中，随着国外先进技术、资金和人才的引进，资产阶级腐朽的东西，也必然跟着涌进来。这样就给我们公安战线提出了新的课题，就是怎样使对外开放的方针能够健康地在我们辽宁省得以实施，怎样通过我们涉外部门包括公安、武警、安全等部门的工作既创造一个良好的投资环境，又有效防止敌对势力利用我对外开放进行渗透破坏和各种腐朽的东西的侵蚀。良好的投资环境包括硬环境和软环境，硬环境首先是交通、通讯等基础设施，软环境包括生活条件、服务态度、办事效率、法治环境等。我们公、检、法、司也有外事工作，司法执法都要公正，公安也要保护外来投资者合法权益。因此，我们还要本着内紧外松的原则，一方面创造一个宽松和谐的环境，公正公开、文明执法，使他们感到投资环境很好。另一方面，我们还要绷紧另一根弦，防止形形色色腐朽的东西包括间谍、特务进来。所以说，我们的任务比过去要复杂得多了，这也给我们在座的同志提出了更高的要求，就是怎样使我们这支队伍适应新形势的变化，既把大门打开，创造一个好的环境，让他们愿意来，同时也要防止不健康的东西侵蚀我们社会主义的肌体。

第三个是面临着将要进行的政治体制改革的新形势。政治体制改革很重要的一条，就是要加强民主法制建设，这对我们公安战线也提出了新课题。一方面，怎样对危害社会安全的坏分子给予有力的制裁；另一方面，怎样切实有效地保护人民群众的民主权利。现在跟过去有很大的不同，我们公安战线的同志在新形势下，要进一步增强法制观念，带头学法用法，文明执法，依法办事。新中国成立初期，出于巩固政权的目的，我们主要是专政镇压。现在，社会的主要矛盾不是阶级斗争了，而是人民日益增长的物质文化需要同落后的社会生产之间的矛盾。随着商品经济的发展、人民物质文化生活水平的提高，利益关系更趋复杂，诉求更加多元，民主的愿望日益强烈，所以政治体制的改革既要加强社会主义民主政治建设又要加强社会主义法制建设。这就要求我们更好地加强队伍建设、增强法制观念。像那年沈阳动员拆小房，街道办事处把警察叫来，从民主法制观念的角度看就有毛病。总的说，就是当前新的历史时期，新情况新问题很多，希望大家认真学习、认真研究，适应新形势要求，进一步提高公安工作的水平。

面临新的形势和任务，方方面面都要支持公安部门的工作。支持公安部门的工作，第一条是要爱护、维护公安部门的威信，这是我们整个国家事业的大局。公安机关、武装警察是国家机器的重要组成部分，是保卫人民民主专政的一支重要力量，担负维护社会秩序、对敌对分子实行专政、充分保障人民的民主权利的重要任务。广大人民群众往往是通过人民警察来看党、国家、政府形象的，对这样一支队伍在工作中出现的缺点、错误、毛病，要严格要求、严肃批评，但是批评的方式要考虑公安工作的特殊

1986 年 8 月 11 日，李长春在锦州市南山地区调研时与有关同志合影。前排左四为锦州市委书记周峻山。

性，要考虑我们基层的民警特别是刑警直接跟坏分子斗争这样一个特殊情况。要使这支队伍的整体在人民群众中有威信，除了公安部门加强自身建设以外，我们各级政府、各个方面，都要有这样一个自觉的意识，就是对其存在的问题，既要严肃处理，绝不袒护，也要分清主流和支流、个别和整体以及方式和方法。

第二条是对公安战线特别是第一线民警的实际困难和问题要认真研究解决。当前，我体会基层最大的问题有两个，一是基层派出所用房的建设不适应公安工作的需要。这些年我们新建的住宅发展很快，派出所的负荷量、户籍民警的负荷量也越来越大，但派出所的用房建设跟不上，而且往往还摆不到建设计划里面去。二是我们基层民警包括刑警的住房条件比较差。过去我们机关建房往往只是解决机关人员部分，第一线的民警很多，又算不到机关里面去，这部分同志的住房问题往往得不到应有的注意。因此就出现一些基层派出所利用上户口、转户口的权力去揩建房单位的油，这对我们公安干警的形象就不好，影响声誉。同时，由于基层民警战斗在第一线，直接跟坏分子打交道，容易遭到坏分子的报复，特别是刑警，他们的住房不能妥善解决，就有后顾之忧。所以，要在住房上采取一点措施，对第一线的民警特别是刑警，让他们的住房相对集中，这样机动性也强，有了任务集合速度快，既解除了后顾之忧，也增强了安全感。没有条件集中的，也要想办法帮助他们解决一下住房。一线民警的工作没有白天黑夜，尤其是节假日期间，做其他方面工作的都能跟家人团聚，他们却团聚不了，因为这往往是他们最紧张的时候。他们经常不在家，家里面有些事情也照顾不上，秋季都要打煤坯，也打不上，老婆孩子自然怨气就很大。这些都是实际问题。各地也不是不重视这个问题，但当前各级财政也确实比较紧张，拿不出那么多钱给各条战线的同志们建宿舍，各地能不能克服困难，专门为基层民警开个户头，市、区两家抬一抬。但是我丝毫没有这个意思，说咱们基层民警可以通过办户口的形式卡房子，这绝对不行，得坚决改。总之，要市、区两家抬，开辟一个渠道，一年解决一点。这既是为基层民警开展工作创造了条件，同时也是加强干警队伍建设、在人民群众中挽回影响、树立形象的一个措施。要不然他老卡房子去，形象能好吗？所以得把它作为一个直接影响国徽形象的政治性问题，而不是单纯解决生活条件的措施，否则各条战线都攀比，那就不好办了。关于派出所用房的建设，建议各市研究一下，能不能够纳入城市建设的配套，现在我们的配套费包括垃圾箱、路灯、绿化、自行车棚子、居民委的办公室，是不是把派出所用房也加进去，这样就有了一个渠道的保证，特别是在新建小区能否逐步规划一下，多少户就保证有一个派出所，使我们这项基础工作恢复到50年代末60年代初的水平。

第三条是要使社会方方面面理解公安工作，让我们公安战线上的好人好事成为推动全社会精神文明建设的重要力量、重要动力。咱们公安干警确实有很多先进模范人物和先进事迹，但在全社会宣传得不够。因此，一方面先进模范人物宣传得不够，另一方面出现个违纪违法问题大家又都知道，公安形象就会越来越差。实际上违纪违法的只是极个别的，而先进模范人物、奉公执法的却是大量的。所以我建议，要在公安战线推举出十个标兵，组织先进事迹报告团，给社会方方面面讲一讲，在评比劳动模范、先进工作者中，县、市、省各级也都能够有我们公安、司法战线的同志，让新闻、宣传、创作单位注意宣传总结，使全社会更理解他们的工作，更支持他们的工作。

（1987 年 8 月 27 日在辽宁省公安局长会议上讲话的一部分）

二

近几年来，我省广大政法干警和武装警察，经受了改革开放条件下的各种锻炼和考验，为辽宁的社会安定团结、经济的振兴繁荣作出了重要的贡献。许多同志克服了工作和生活上的种种困难，顶风冒雪，站岗巡逻，甚至冒着生命危险追捕歹徒，为保卫党和人民生命财产的安全，为千百万家庭的幸福，付出了大量的劳动和心血，做出了很大的牺牲。许多同志临危不惧，挺身而出，英勇斗争，有的甚至献出了宝贵的生命。事实证明，我省的政法队伍是顾全大局的，是一支可以信赖的好队伍。同时，我们应该看到，政法队伍也会受社会上的一些阴暗东西的影响，确实存在着一些问题，比较突出的有以下几个方面：一是部分干警政治素质和业务素质偏低，工作责任心不强，不适应政法工作的要求。二是少数干警办人情案，有的甚至执法犯法。三是有的为警不廉、特权思想严重。这些问题的存在，不仅影响了政法队伍甚至党和国家的形象，也直接影响了政法机关保卫和服务改革开放、经济建设的重任。

省委省政府认为，面对政法队伍的现状，集中一段时间突出地抓一抓政法队伍建设，是非常必要的。我们要上下统一思想，下定决心，把政法队伍建设摆到全局的位置上来，作为保障治理经济环境、整顿经济秩序、全面深化改革的一项重要措施来抓，作为整个政法工作的一项带有根本性的基础建设来抓。根据各市同志座谈的意见，我讲这么几点，供大家参考。

一要坚持用改革的办法建设政法队伍。一方面，要服从改革的全局，把政法队伍建设得更加适应改革，更好地服务于改革，特别是在治理经济环境、整顿经济秩序的形势下，要对全体政法干警进行统一思想、坚定改革信心、增强改革意识的形势教育，使他们更加自觉地保卫改革，投身改革。另一方面，对政法队伍中存在的问题，也必须用改革的措施来加以解决。公安战线推广了鞍山市公安机关办理户口、办事公开的经验，我感到这不仅是政法机关，也是党政机关带有方向性的一项改革。现在我们提倡办事公开，增加透明度，接受群众监督，这就从制度上、体制上有效地防止了个别意志薄弱者以权谋私、搞不正之风。再比如增强办案工作透明度问题，既强调分工负责，又使办案人员在组织和人民群众的监督、约束下，增强工作透明度，形成一个秉公执法的机制。还要建立与人民群众对话的制度，同人民群众经常沟通思想、交流意见。要实行政法干警公开考核招聘制度，体现公开、平等、择优、竞争的原则，抵制不正之风。还要建立为警清廉的检查监督制度，既要有内部的监督检查，又要有外部的监督检查；既要加强专门的监督检查机构，还要有必要的社会监督等。

二要坚持突出正面教育。首先是开展形势教育，使干警识大局、顾整体，把自己的工作和行为纳入到改革开放、治理整顿的大局里面去，增强自觉性。其次，要在全体干警中进行热爱人民、忠于人民、依靠人民的教育，也就是全心全意为人民服务的宗旨教育。群众路线历来是政法工作的优良传统，是我们做好政法工作的根本法宝。历史和现实证明，只有依靠人民群众，得到广大群众的支持，我们才能耳聪目明，才能形成强大的震慑力量，才能克敌制胜，无往不胜。反之，我们和人民群众的关系不那么紧密，或者人民群众对我们有看法，我们就很难克敌制胜。因此，在加强政法队伍建设中，一定要把热爱人民、忠于人民、为了人民、依靠人民的教育作为一项基础建设来抓。要让广大干警牢固树立人民卫士为人民、全心全意为人民服务的宗旨，增强人民卫士的光荣感、职业神圣感和社会责任感。要使广大干警做到热忱、文明、廉洁、勇敢。热忱，就是在日常工作中，处处体现出对人民极端负责任，对人民满腔热忱，做人民群众的知心人。文明，就是我们政法干警要带头推进文明礼貌，带头微笑服务，带头严明风纪，带头文明执法。廉洁，就是要秉公执法，刚正不阿，廉洁奉公，一尘不染。勇敢，就是当国家和人民的利益受到危害的时候，必须做到见义勇为、挺身而出，一不怕苦、二不怕死。只有这样，才能在人民群众的心目中，塑造起人民政法干警的高大形象，使政法队伍真正成为受人民群众尊重、信任、拥护的，充满旺盛生机的战斗集体。要在人民群众中广泛宣传政法队伍涌现出来的典型，各市都可以表彰一批模范干警、“当代包公”、爱民派出所，使政法队伍学有榜样，同时进一步密切政法干警和广大群众的联系。

三要坚持在建设中抓整顿。加强政法队伍建设包括整顿，就是把整顿寓于建设之中。整顿主要是对少数违法乱纪现象严重和问题比较多的单位进行坚决的整顿。要坚持从严治警的方针，对于确实违法乱纪严重、造成不好影响的干警，决不能姑息迁就，更不能袒护，对少数“害群之马”必须坚决清除出政法队伍。不这样的话，我们政法队伍的崇高形象就建立不起来，绝大多数政法干警的辛勤劳动就不能得到正确的评价。同时，对那些确实不适合做政法工作的人员要想办法调出去，各级党委的组织部门和政府的人事、劳动部门要积极给予配合，请各市主要领导同志挂帅，把这些部门组织起来，通过多渠道安排好这些人员。

有的同志提出，对少数干警进行整顿，当前电力部门、煤气公司和自来水公司也有很多不正之风，为什么不进行整顿呢？因为我们政法干警是戴国徽的，是人民民主专政的工具，代表国家的形象，应该要求更高、更严，而煤气、自来水、电力等部门存在的不正之风也要整顿，那是属于产业系统的行业不正之风，当然其对整个党和政府的影响程度也不能低估，要在统筹兼顾下坚决纠正。也有的同志担心，这样的话会不会影响政法干警的形象和威信。从过去的实践看是不会的。通过整顿，表明我们有能力解决自身的问题，这正是我们力量之所在。同时，这个整顿是在政法部门内部搞，不登报，不宣传，不在社会上发动群众，而是在党委和政府领导下，依靠政法部门的党委、行政领导，依靠政法干警的自我教育，辅之以必要的群众监督来加以解决。对少数干警和个别单位的整顿，各级党政机关的领导要给予支持，不要说情。今冬明春要突出地抓一抓政法队伍整顿，但是不搞运动，有什么问题解决什么问题。让大家心情舒畅地把注意力放在打击刑事犯罪、搞好社会治安上，在这个过程中使政法队伍自身得到提高、队伍得到加强。

四要坚持思想教育和解决实际问题相结合。现在政法干警工作条件比较艰苦，承担的任务比较繁重，生活困难比较多。各级党委、政府要充分理解他们的难处和苦衷，关心他们的疾苦，要

1989 年 10 月，李长春在辽宁省人民检察院检查工作。左二为辽宁省检察院副检察长杨业勤，左四为辽宁省副省长王文元。

采取多种办法和实际措施逐步提高他们的装备水平、改善他们的生活待遇，为他们创造比较好的工作生活环境。对于这个问题，一方面，要肯定这几年各级政府在帮助政法战线改善工作条件方面确实做了很大努力。据省财政厅介绍，今年一至十月份，全省财政支出增长幅度较高的是政法战线，增长 33.7%，居各项支出第一位，包括人员增加、事业费增加、装备改善等。而今年全省财政只增长 5.7%，这说明各级政府在当前财政比较困难的情况下对政法部门的经费开支都是重视的。但另一方面，目前政法队伍的困难仍然很多，主要有：一是办案经费紧张，尽管政法系统的经费增长了 30%，但由于案子成倍增长，需要的经费自然也成倍增加。二是基层政法干警住房困难，城市基层公安派出所归区公安分局管，市里安排建房是安排市级机关，而区公安分局是上边派出机构，区里不管安排建房，市里也不管，所以派出所基层干警的住房问题长期是空白的。我们要实实在在地拿出办法帮助他们解决住房问题。三是公安派出所规划建设滞后。当前城市公安派出所管辖的范围越来越大，而派出所的建设已经跟不上去。因此，各市要把派出所的建设纳入到城市总体规划中去。派出所的规划设置要放在比较容易震慑犯罪、群众报案方便的地方。四是通讯设施落后。通讯搞上去了，对我们提高破案率、提高工作效率，控制扩编、挖掘潜力，都非常重要。各市要在通讯建设总体安排中，把加强公安通讯工作纳入进去。

各级政府也要教育广大群众理解、信任政法干警，热情支持他们的工作。各个新闻单位要多从正面宣传政法干警的先进事迹，树立和维护政法干警的形象。对极个别在群众中已经造成不良影响的干警，可以有选择地公开报道。如果对这样的人不公开报道，群众会误认为官官相护，更会有意见。在公开报道时，一定要有政法主管部门的处理结果，表明政法主管部门的严肃态度。

（1988 年 12 月 2 日在辽宁省政法队伍建设经验交流会结束时讲话的一部分）

转变政府职能，克服官僚主义*

（1987 年 8 月 29 日）

权力过分集中、政企不分、机构臃肿、人浮于事，是产生官僚主义的总病根。克服政府机关的官僚主义必须坚持改革、转变政府职能，实行简政放权、政企分开。

8 月 15 日省委召开的处级以上干部大会所列举的官僚主义的表现，大部分发生在我们省政府机关，这完全符合实际。我们要虚心接受省委的批评，深入揭露、严肃查处官僚主义问题，认真总结经验教训，大力加强省政府机关的思想作风建设。省政府党组经过讨论，认为我们应吸取的主要教训有五个方面。

第一，克服政府机关的官僚主义必须坚持一手抓好政府各项行政工作，一手抓好机关思想作风建设。从已经揭露出的问题可以看出，我们过去抓政府机关工作在认识上有片面性。政府机关的日常工作大量的是解决和处理全省经济、社会发展中的实际问题和具体业务，这就很容易产生就工作抓工作，就业务抓业务的

* 这是李长春同志在辽宁省政府全体（扩大）会议上讲话的一部分。

倾向，也就是那种重“硬件”轻“软件”、重“实”轻“虚”的倾向，突出的是在抓物质文明建设的同时，注意抓精神文明建设不够；在抓业务工作的同时，注意抓干部的思想政治工作不够；在完成政府各项工作任务的同时，注意抓机关思想作风建设不够。因此，对机关中少数干部存在的全心全意为人民服务的观念淡薄，工作敷衍塞责，甚至唯利是图，以权谋私，违反党纪、政纪、法纪等问题不能及时加以解决，这就必然产生官僚主义。对于经常处理大量实际问题和业务工作的省政府来说，抓好精神文明建设，抓好思想政治工作，加强机关思想作风建设，坚持两手抓，克服片面性是十分重要的。

第二，克服政府机关的官僚主义必须坚持改革、转变政府职能，实行简政放权、政企分开。权力过分集中、政企不分、机构臃肿、人浮于事，是产生官僚主义的总病根。这是邓小平同志早在 1980 年就指出的。近年来，我们在转变政府职能方面做了一些工作，去年省直机关还专门召开了改革务虚会，采取了一些措施，下放了一批企业和权力，撤并了几个机构，试图在这方面再前进一步。但是，由于我们政府党组抓得不够紧，督促检查不够有力，特别是对机构改革还有一些畏难情绪，因而省政府机关改革的步子迈得还不够大。目前，省政府机关仍然存在权力过分集中、政企不分、机构臃肿、人浮于事等问题，这就难免出现政出多门、互相扯皮的现象。最近省政府协调解决的几个问题，如小煤矿安全管理、科技市场管理、水资源管理与收费等，有关部门较长时间各持己见、互不相让，甚至在个别问题上对本部门有利的事都想争，难办的事就想把责任推给别人，基层对此有很多反映。在这种情况下，我们省政府党组没能及时下决心，作出恰当的决定，这就是扯皮问题产生的症结所在。由于政企不分，我们政府一些厅局下边设置了不少的“腿”，这些下属单位往往打着政府的旗号搞经营，厅局是行业主管部门，难以拿出较多的精力去管理这些单位，社会监督又不够有力，久而久之，很容易成为死角，成为“灯下黑”，有的部门把它们当作小金库，助长了不正之风。前一段揭露出的受骗上当、以权谋私等违纪案件，不少是发生在这里。近年来，我们不只一次强调要政企分开，要简政放权，要改造行政性公司，但效果不理想。主要原因是职能转变差，还管着许多不该管、管不好、管不了的事。苏理〔1〕同志前些日子到农村搞调查研究，回来讲过一个问题，就是建设商品粮基地县投资的使用问题。这笔投资怎么使用、安排什么项目，至今仍由省有关部门说了算，县里反映有些项目同发展粮食生产关

1987 年 10 月，参加党的十三大的部分辽宁省代表合影。左三为李长春。

系不大，有的不是当务之急，县里很有意见。类似这种上边掌权、下边负责的事还可以举出一些。这种管理方法，强化了“保姆”体制和供给制，不符合改革的要求，不可能给我们的工作带来生机和活力。这说明我们有些部门在转变职能上还存在不少问题，也说明我们政府党组在抓转变职能上决心还不大，魄力还不足。这种状况如不改变，我们就将成为忙忙碌碌而又经常站在“被告”席上的官僚主义者。我们应当逐步建立起分级决策、分级负责、分级制约、分级管理的机制，把各方面的积极性都调动起来。

第三，克服政府机关的官僚主义必须建立完善的规章制度，改变有章不循、管理混乱的状况。已经揭露出的问题说明，制度不完善、有章不循、管理混乱是产生官僚主义的一个重要原因。例如，为什么有些以权谋私、违反财经纪律和经济法规的问题不能及时发现和纠正？这与一些单位的财务制度不完善、管理混乱有直接关系，教训深刻。最近揭露出这方面的问题比较多，如省司法厅购买录像设备不见实物就报销；省体委《体育天地报》一名副主编动用公款为自己买房，从“金利来杯”足球邀请赛的赞助费中捞取好处，我们过去对各种赞助费的使用过问得不多，这次才了解到还存在带有私分性质的问题；有些杂志、报纸质量不高，靠拉广告、给钱的办法聘请一些企业领导当编辑、顾问来维持，如果这样下去，我们的四化还怎么搞？本来应纵向上缴的税，却从横向跑、冒、滴、漏了，直接影响社会主义建设。还有省审计局和省财政厅在审计和财经检查中发现，省城镇集体工业联社等六个部门动用从所属企业集中上来的统筹金、更新改造基金和留利等 730 多万元，用于机关自身建房，购买小汽车。从这里不难看出，有些部门之所以不愿下放企业，真相是不言而喻的。有些公司滥发奖金，如省包装租赁公司 1986 年按机关规定已经每人发了一份办公经费结余奖，又按小型企业待遇发了一份奖金。还有些单位私设小金库，有的甚至设在下属单位，逃避监督。外贸收购中还有个别人慷国家之慨，收购质次价高的商品，自己从中吃“回扣”捞取好处，坑了国家，肥了个人。最近，外贸部门在自查中发现超购芝麻的问题很严重。本来今年计划出口芝麻 1.5 万吨，却收购了 5.2 万多吨，而且质量和价格都有不少问题。超购这么多，怎么销出去？而且一过夏就要走油，怎么储存？一系列的问题都不好解决。为什么会出现这样的问题，外贸部门要认真查清原因，进行严肃处理。所有这些问题都说明，在财务管理上，包括各种赞助费的使用，制度不严、有章不循、无章可循、管理混乱的情况相当严重。我们省政府党组过去经常过问的是全省的财政问题，而对省直机关内部及其所属企事业单位的财务管理则有所忽视，这就从客观上为少数人以权谋私、化公为私、违反财经纪律提供了可乘之机。此外，干部的考核、奖惩和使用，机关工作人员和领导班子的民主生活，以及整个机关的工作秩序等方面，也都缺乏健全的规章制度和必要的监督检查，这就难免产生官僚主义。通过总结这方面的教训，我们认识到，克服官僚主义，加强机关思想作风建设，必须建立和健全必要的制度和规章，以制度和规章治政。

第四，克服政府机关的官僚主义必须在干部使用上坚持德才兼备的原则，做到选贤任能。用人不当也是产生官僚主义的重要原因，这里有省政府用人不当的问题，也有部门用人不当的问题。如建工局关岛公司的问题主要就是用人不当，建工局玩忽职守，违背主管副省长的意见，自作主张用了一个品行不端、行为不轨的美籍华人掌握公司的实权，怎么能不出问题呢？在对外开放中，我们并不是要求一点问题都不能出，要看是怎么出的。如果认真负责、兢兢业业，因经验不足出了些问题，交点学费也未尝不可，我们还要满腔热情地帮助总结经验教训，保护其积极性。但是不负责任，甚至胡来是决不允许的，这不仅会在经济上造成损失，也给中国人丢脸。今后我们还要加快对外开放的步伐，如果不选好干部是搞不好这项工作的。我们政府党组认为，有必要提醒大家注意，在改革、开放、搞活经济的新形势下，如果在用人上不坚持德才兼备的原则，忽视革命化，不注重干部实绩，甚至不讲原则讲关系，不讲党性讲人情，就不可能跟上时代的步伐。我们政府党组有责任帮助各厅局正确执行德才兼备的原则，从政治上、思想上关怀干部、爱护干部、教育干部。

第五，克服政府机关的官僚主义必须从严治政、赏罚分明。这次揭露出的官僚主义问题，多数不是发生在现在，也不是现在才知道，为什么过去没有认真查处？这同我们治政不严、赏罚不明有关系。过去我们对机关中任劳任怨、全心全意为人民服务的好典型宣传不够，对一些严重官僚主义、以权谋私、违法乱纪案件查处不够及时，有的不够严肃，久拖不决，甚至大事化小、小事化了，不仅使犯错误的干部得不到应有的惩处，也达不到教育别人的目的，这就助长了官僚主义作风。我们应该认真吸取这个教训，对这次揭露出来的和今后再出现的严重官僚主义问题，都要严肃认真按政策查处，决不能搞“官官相护”和“下不为例”。

当然，在改革开放不断深入的情况下，怎样带领大家深入实际调查研究，提高驾驭商品经济的能力，也存在不少问题。如何解决这些问题需要进一步探索，我们不能简单地认为是官僚主义造成的。总之，省政府机关存在的官僚主义，主要责任在我们各级领导，首先是省政府党组。这不仅因为我们处在领导位置上，要负领导责任，更重要的是正像上面检查的，我们本身也存在着官僚主义，特别是对官僚主义的严重性和危害性认识不足，对下面的问题疏于检查，有失查、失职之处。因此，反对官僚主义要从各级领导做起，首先从我们政府党组做起，请同志们监督、批评和帮助。

注　释

〔1〕苏理，即戴苏理，时任辽宁省顾问委员会主任。

尊重老干部，关心老干部*

（1987年9月25日）

尊老敬贤是中华民族的优良传统，在新的形势下，这一优良传统应该有一个新的发展，应该把它作为一个扭转社会风气的重要方面进一步加以重视。

最近几年来，我省的政治生活和全国一样，有一个很大的变化，各级班子比较顺利地实现了新老交替，一大批老同志从领导岗位上退了下来，怎样做好离退休老干部的工作，已成了摆在我们各级党委面前的一项非常重要的任务。从实践看，老干部工作越做越好、越做积累的经验越多，但是也应该看到，有些单位有差距，还很不平衡。这个差距和不平衡，主要原因是我们对离退休干部的地位和作用认识不够，工作的自觉性还不强。加强离退休干部工作，把薄弱环节、后进单位迅速地抓上来，关键要从解决思想认识入手。

* 这是李长春同志在辽宁省离休干部、老干部工作先进集体和个人表彰大会上的讲话。

第一条，离退休干部是我们党的宝贵财富，是社会主义精神文明建设最好的老师。这些老同志，经历了战争年代，是建立新中国的功臣，在社会主义革命和建设阶段立下了汗马功劳，在新的历史时期为推进改革开放、实现新老交替作出了重要的贡献。老同志是党的光辉历史的见证人和实践者，是党的优良传统的载体，是我们对下一代进行革命传统教育、爱国主义教育的最好老师。尊重老同志就是尊重党的历史，尊重党的光荣传统。可以说，对离退休老干部的态度，实质上就是对我们党的历史的态度，对党的优良传统的态度。他们中的很多人在半个多世纪艰苦卓绝的奋斗中，为中华民族谱写了可歌可泣的历史篇章。没有他们的奋斗就没有新中国，就没有我们的今天。所以，必须从党性原则的高度，以深厚的革命感情、阶级感情来对待老同志。特别是最近几年来走上各级领导岗位的广大中青年干部，由于对我们党的历史、民族的历史特别是对新中国成立以前的近现代史没有亲身的经历，很多同志又没有跟老同志在一个班子、一个单位直接共事过，对老同志的感情可能不是很深。因此，在这个问题上尤其要有一个更高的认识，要从内心里更加尊重老同志。

第二条，在新的历史时期，老同志是顺利实现新老交替，保证继续发展政治经济上的大好形势，保证国家长治久安的一支重要力量。对于一个单位、一个企业来说，老同志同样是保证发展大好形势、保证安定团结、保证我们在新老交替形势下顺利实现有效领导的一支重要力量。对这一点，很多中青年干部都有深刻的体会，就我个人而言，从党的十一届三中全会以来，我先后被党组织放在几个关键领导岗位上，也有很深的感受。我们很多老同志秉持立党为公的理念，从一参加革命就宣誓要为党的事业奋

1990 年 1 月，李长春慰问老红军封可涵。

斗终生，把毕生精力投入到革命和建设当中，在新的历史条件下又主动退出领导岗位，并为党选拔各级接班人积极、热情地工作。我们一大批中青年干部走上领导岗位后，这些老同志给予了大力帮助和支持，当我们工作上遇到困难和挫折时，老同志又主动出来担担子、作宣传、作解释，帮助我们出点子。各级领导班子能够在短短的几年时间顺利地实现新老交替，没有老同志作为中坚力量是不可想象的。还必须看到，组织上实现了新老交替之后，在工作上、思想上进一步实现彻底的新老交替还有一个比较长的过程，仍然要靠老同志的支持来稳定大局。国家是这样，地区是这样，一个单位、一个企业也是这样。所以，从发展大好形势、实现长治久安来看，也应该充分认识老同志的地位和作用。

第三条，老同志是新的历史时期一个重要的智力资源，是两个文明建设的重要力量。很多老同志从革命战争年代到社会主义革命和建设一路走来，经历了半个世纪，积累了丰富的经验，而这些经验恰恰是我们中青年同志所欠缺的，也不是上个大学、读几本书所能学到的。老同志既有正面经验，也经历有反面教训，不管正面的经验还是反面的教训，对我们中青年同志都是非常宝贵的财富。除此之外，很多老同志还有各种各样的特长，甚至有的在参加革命前就有一技之长，由于民族危难暂时舍弃了，到晚年又得到了发挥，这次会议表彰的一些老同志的新成果，就是这样。因此，从两个文明建设的智力资源来看，也应该很好地发挥老同志的作用和余热。

第四条，老同志是各级领导班子的好顾问、好参谋，是我们在新的历史时期的重要后盾。这方面的事迹很多很生动，有的老同志跋山涉水到农村系统地进行调查研究，写出调查报告，供我们参考；有的到基层发现我们在一些工作上不实不细甚至有失误的地方，及时向我们反映，并想办法加以完善纠正。在人事安排、落实政策等一些历史问题上，很多老同志勇于负责、敢于承担，帮我们妥善处理，为我们掌舵。我们的老书记郭峰同志说过，新老干部合作是我们辽宁的一大优势。我们要利用这一优势，使蕴藏在老同志中的聪明才智得到充分发挥。

从以上这几个方面来看，我感到各级党委进一步统一广大干部群众的思想，充分认识离退休干部的地位和作用，增强做好老干部工作的自觉性，是非常重要的。下面，我就做好老干部工作特别是从政府层面和行政工作角度上如何加强谈几点想法。

各级政府要积极配合各级党委做好老干部工作。随着改革不断深入，出现了一些新情况、新问题。比如，随着党的领导方式不断改善，党委就从一些具体的事务当中解脱出来，而老干部工作既有党委直接抓的大的方针、政策等一些大的方面问题，也有需要政府认真落实的一些很具体的问题，因此，应该把老干部工作也纳入各级政府的重要议程。如果仅仅把老干部工作看作是党组织的事情，各级政府不去热心地研究，不支持、不配合，这个工作也是做不好的。又比如，虽然现在企业实行厂长负责制，确立了厂长在企业生产经营中的中心地位，但厂长对企业的物质文明建设和精神文明建设责无旁贷，这就决定了企业的行政部门、企业的厂长也要对老干部工作负起责任来，就不能把它仅仅看作是党组织的事情，认为与行政无关。同时，企业内部也在不断深化改革，在承包甚至劳保福利改革等方面也都在探索，老干部工作也要适应形势不断探索完善。可以说，老干部工作做得好坏，厂长和党委书记负有同样重要的责任，出了问题要各打五十大板。所以，各级政府、企业的行政部门都要把老干部工作纳入议事日程，主动与党委密切配合。凡是国家有政策规定又没有落实好的，要主动检查一下，尽快落实；凡是上边没有具体规定又不违反政策的，我们又有条件解决的，就要积极解决；凡是我们没有条件又不符合上边政策的，要积极耐心地做好解释工作，不要简单化。

要在全社会大力倡导尊老敬贤，把它作为社会风气进一步好转的一项内容。随着我们国家各项事业的发展，人民生活水平的提高，离退休老干部、老同志也越来越多，整个社会人口老龄化会越来越突出，所以必须把老干部工作作为重要的社会问题来看待。我们也应该看到，尊老敬贤是中华民族的优良传统，在新的形势下，这一优良传统应该有一个新的发展，应该把它作为一个扭转社会风气的重要方面进一步加以重视。各级党组织、各级政府都要在全社会倡导尊老敬贤，各级工会、妇联、共青团等群团组织也要做好这个工作，用文艺创作、新闻媒体等各种生动活泼的办法，把敬老、爱老这个社会风气搞得浓浓的，使老同志不仅在单位受尊重，在社会上受尊重，在家庭中也受尊重。

做好老干部工作关键在领导。随着时间的推移和干部“四化”进程的不断发展，越来越多的中青年同志走上了领导岗位，他们中的绝大多数是尊重老干部、重视老干部工作的，但也确有少数同志存在一些问题。前一段时间，我经常接到这方面的上访信，有的是老同志本人给我写的，有的是老同志的家属写给我的，总的是反映少数中青年领导同志对老同志没有感情，对老干部政策不重视，对老干部的实际问题不积极解决，使得老同志在这方面心情不舒畅，个别单位由于这个问题解决得不好，甚至于还出现了比较大的事件。所以，今天我要特别跟中青年的领导干部说点共勉的话。要想在全社会倡导尊老敬贤、把老干部工作做好，关键是中青年领导干部要以身作则。一是要带头尊重老同志，这是关系到能不能把老一代开创的事业、把我们党几十年所形成的优良传统和作风接下来、传下去的大问题。二是要带头学习老同志，学习他们为党的事业奉献一辈子的革命精神，这是树立全心全意为人民服务宗旨的根本性问题。三是要带头关心老同志，多和老同志沟通交流，建立深厚感情，在生活、学习、工作等方面为他们扎扎实实地办点事，使老同志老有所养、老有所学、老有所医、老有所为。

从当前看，在关心老同志生活方面，是上级单位比基层好、机关比工厂好、大工厂比小工厂好。老同志生活里最基本的一个问题是住房问题，当然全省住房矛盾一直很突出，解决起来需要有一个过程。尽管有困难，但从全省看还是个决心问题，不是个经济问题。请各级老干部工作部门会同有关经济部门具体问题具体分析，一厂一议，把它解决好。有些抗日战争时期参加革命的老同志是在亏损企业退休的，企业确实解决不了，有关部门就要帮助解决一下。机关干部都是地方财政开支，这个还好办一点，可以分期分批、逐步解决。经济条件好一点的，尽量跟上干部离退休的进度；条件差一点的，也别拖得时间太长，要先把抗日战争时期参加革命的解决好，再逐步解决其他的。再一个突出的问题是老干部看病难，这在机关问题不大，关键还是在企业。当前企业都在深化改革，对医疗费的使用办法也在进行改革，这些探索总的方向是对的。但是，对于企业里离休干部这部分同志，是

1990 年 1 月，李长春看望新中国第一代劳模孟泰的家属。

不是就别“探索”了，就这么多老同志，要给他们创造条件，方便就医、保证就医，不要让他们在看病上又遇到新的困难。再一个就是重视老同志的作用，这个问题也很不平衡。从领导班子里退下来的老同志发挥的作用相对来说好一些，给现在的领导班子当参谋、当顾问，成了各级领导班子离不开的重要智囊、顾问。但大量的还是原来不在领导班子、也已经退下来的老同志，对他们有组织地发挥作用还很不够。希望各级主要领导同志特别是中青年领导同志，要搞点专题调查研究，把这次会议介绍的好经验好做法加以推广，使老同志老有所为。

就我个人来讲，也是一个党的十一届三中全会后走上领导岗位的中青年同志，在成长过程中得到了各级班子中很多老同志的言传身教。所以，我在这里也表个态，要学习老同志全心全意为党的事业奋斗一辈子的革命精神，不是为当官，而是要全心全意为人民服务，为人民办一些实事。在日常工作中，我有些什么缺点、错误，都欢迎老同志监督、批评、帮助，有些什么建议，可用各种方式跟我联系，我也会主动跟大家联系。

最后，祝愿老同志身体健康，阖家欢乐！祝愿老干部工作者取得更大的成绩！

树立依法行政意识，自觉接受人大监督*

（1989年1月26日）

法律是人民和国家意志的集中体现，依法办事就是实现人民和国家的意志。党领导人民制定了宪法和法律，又领导人民实施宪法和法律。政策是依据各个时期的政治、经济形势和总结实践经验制定的，具有很强的针对性和指导性。法律则是正确政策、成熟经验的规范化、具体化，更具稳定性、连续性、权威性和普遍的约束力。政策和法律的一致性，决定了政府既要认真执行政策，更要严格依法办事，不能把两者对立起来，更不能借口执行政策而不严格执行法律。

一、要自觉接受人大的监督

各级政府自觉接受人大的监督，第一点，就是要接受对政府执法的监督，这是各级政府接受人大监督的重点。由于历史原

---

* 这是李长春同志在辽宁省人大工作座谈会上讲话的一部分。

因，我们各级政府的法制观念不够强，以权代法、以言代法的现象还经常发生。十一届三中全会以来，我们党实行了各方面的拨乱反正，国家民主与法制建设的步伐明显加快，以前那种无法可依的状况已经有了根本改变。现在的问题是，作为国家行政机关的各级政府怎样认真带头严格执法，这是我们国家生活走上法制轨道的关键。不论是从当前治理整顿的要求出发，还是从长远的民主与法制建设的目标出发，都要求各级政府把执法作为自己工作的重点，自觉地接受人大的监督。要认真贯彻执行全国人大已经通过的各项法律，同时要认真实施地方人大及其常务委员会颁布的地方性法规。长期以来，我们各级政府习惯于用红头文件指导工作，这当然是必要的。但是，对公开发布的地方性法规，则学习不够、宣传不够，有些甚至也不提出实施的措施和要求，致使一些地方性法规没有得到很好的贯彻执行。各级政府要下决心改变这种不正常的状况。去年，省政府专门给各市政府和省直各部门发了《关于认真实施省人大及其常务委员会颁布的地方性法规的通知》，要继续抓好贯彻落实。在执行国家法律和地方性法规上，省政府诚恳地希望人大进行监督，帮助我们找差距，推动政府逐步把工作转向法制的轨道。

第二点，就是要认真自觉地向人大及其常务委员会报告工作，接受审议。政府向人大报告工作，包括每年在人民代表大会上的政府工作报告，经人民代表的讨论、审议、通过并形成决议，增强其法律效力；还包括在一定时期，就某些重大问题向人大及其常务委员会报告。这是各级政府接受人大监督的一个比较好的形式。自去年本届政府组成以来，省政府和有关部门向省人大及其常务委员会报告工作 17 次，代表和委员们都认真进行审议，提出了许多中肯的意见和建议，对改进政府的工作起到了重要作用。今后，我们要把向人大报告工作进一步制度化，增强自觉性，提高质量，保证向人大报告的都是经过政府事先认真研究的重大问题。过去，对这个环节注意得不够，以后要强化严肃性，认真做好准备。对人大在审议政府报告中提出的批评、意见、建议，要认真研究，加以落实，逐步完善提高。对人大审议以后形成的决议、决定，要认真贯彻执行，及时解决落实中存在的问题。

第三点，就是要在日常工作中密切同人大的工作联系，使人大更多地了解政府的工作情况，求得帮助、支持和监督。各级政府及其办公部门发的文件、电报、会议纪要等，都要发给同级人

1988 年 3 月 30 日，李长春在七届全国人大一次会议审议政府工作报告的联组会上发言。左二为辽宁省人大常委会主任王光中。

大的领导同志。对需要人大立法的规划、计划，政府的法规部门要主动征求人大的意见，主动起草有关法规，跟人大的立法计划有机结合起来。过去，我们政府提出的一些立法建议和其他有关立法的问题，都得到了人大的重视和支持，情况是很好的。

第四点，就是要经常主动热情地邀请人大领导、人民代表视察和检查政府工作，特别是关系广大群众切身利益的问题，更要主动接受人民代表的检查、视察和人大领导机关的帮助、监督。过去，我们在市场物价大检查、大型工程建设等方面，邀请人大领导和人民代表视察、检查，都收到了比较好的效果。今后，我们要继续加强这方面的工作，这样可以面对面、有针对性地听取人大领导和人民代表的意见，来改进政府的工作。

二、要增强法制观念，提高依法办事的自觉性

我们各级政府要善于运用法律手段来组织、领导、管理纷繁的经济生活和社会生活，使政府工作向法制化方向前进。要注意减少行政办法，当然在经济方面新旧体制交替中，必要的行政办法不能缺少，至于行政管理方面，行政办法就更是必需的。但是，我们各级领导一定要心中有数，把一些随机性的行政办法，逐步过渡到法制的办法，减少工作的随意性，实行程序管理。运用法律办法进行管理，除了要认真执行全国人大颁布的法律和国务院制定的行政法规，还要注意加强我们自己的立法工作，把通过实践验证正确可行的政策、制度、规定等，逐步完善并制定成为地方性法规。同时，要认真学法，严格执法，不断增强法制观念，提高依法办事的自觉性。

在工作实践中，我们必须把接受党的领导、执行党的政策同依法办事统一起来。在思想上必须明确，依法办事同接受党的领导、执行党的政策是完全一致的。法律是人民和国家意志的集中体现，依法办事就是实现人民和国家的意志。党领导人民制定了宪法和法律，又领导人民实施宪法和法律。党和国家的政策也是人民和国家意志的体现，与法律在实现人民意志的过程中相辅相成。政策是依据各个时期的政治、经济形势和总结实践经验制定的，具有很强的针对性和指导性。法律则是正确政策、成熟经验的规范化、具体化，更具有稳定性、连续性、权威性和普遍的约束力。政策和法律的一致性，决定了政府既要认真执行政策，更要严格依法办事，不能把两者对立起来，更不能借口执行政策而不严格执行法律。

在我们的实际工作中，还要把执行政策、法律和进一步开拓创新、大胆试验结合起来。当前，我们正处在全面深化改革时期，在新旧体制交替中，遇到了权力、利益的调整，矛盾比较复杂。我们要不断破除旧的束缚生产力发展的各种规定，探索新的有利于发展生产力的各种途径和新的办法。政策、法律是在总结大量实践的基础上形成的，这里面有个时间差。在这种情况下，我们既要认真执行政策、严格依法办事，又要在党的总方针、总政策和国家宪法总的规定范围内，大胆创新、勇于试验。这对我们辽宁尤其如此，因为辽宁实行产品经济管理体制时间较长，又受“左”的影响比较深。怎样鼓励广大干部群众探索创新，怎样从坚持生产力标准出发大胆进行改革试验，这是全面深化改革时期不可缺少的。当然，这种试验要根据其重要程度加以区别对待，有的试验要经过一定程序批准。全国人大正是考虑到改革时

1988 年 3 月，李长春在北京与全国人大常委会委员、辽宁省全国人大代表爱新觉罗·溥杰合影。

期的这一特点，授权国务院可以制定改革过程中一些试验性的行政法规，待成熟以后，再经人大立法，颁布实施，我们地方也有这方面的问题。希望我省各级人大在监督各级政府严格依法办事的同时，鼓励和支持政府进行改革试验，大胆探索创新。

三、要密切同人民代表的联系，认真办理人民代表提出的建议、批评和意见

人民代表是各级政府联系广大群众的重要桥梁，也是代表人民群众监督政府、参加管理国家的主要力量。各级政府要接受人大及其常务委员会的监督，也要接受人民群众的监督。接受人民

群众监督的主要渠道，是接受人民代表的监督。特别是在治理整顿、进行经济调整的新形势下，各方面的情况比较复杂，只有善于倾听人民群众的呼声，认真解决群众关心的问题，才能做好政府的工作。这就要求我们加强同人民代表的联系，接受人民代表的监督。作为省政府来说，今后，我们各位领导同志到基层调查研究，要注意直接听取人民代表的意见，过去我们注意得不够，往往听基层领导干部的意见多，直接听取基层人民代表的意见少。各级政府要以各种形式经常向人民代表通报工作情况；讨论研究一些重大问题，特别是关系到广大群众切身利益的问题，要注意直接听取人民代表的意见；要定期邀请人民代表直接检查和视察各级政府的工作。

1990 年 7 月，李长春在北京与全国人大常委会原委员、辽宁省老干部杨克冰合影。

人民代表提出的建议、批评和意见，对改进政府的工作十分重要，也是人大行使监督政府权力的有效形式，因此，各级政府要十分重视。近年来，各级政府把办理人民代表的建议、批评和意见，作为密切联系群众的重要形式，办理的质量和速度都有明显提高。省政府在去年七届人大一次会议结束后，立即召开了以处理好人民代表建议、批评和意见为内容的省长办公会议，决定在省政府办公厅设提案处，负责人民代表建议、批评、意见和来信来访的办理、协调工作；建立了主管领导、办公厅主任、具体承办人员三级负责制；下发了《辽宁省人民代表建议、政协委员提案处理工作的暂行规定》；还规定每位省长都要亲自阅看、批示和处理人民代表及人民群众的来信来访。从目前看，省七届人大一次会议交由省政府办理的487件建议、批评和意见，已解决了156件，正在着手解决231件，受政策和条件限制、一时难以解决且已向代表作出说明的100件。我们要认真总结过去一年办理代表建议、批评和意见的经验，提高办理质量，在今后的办理中，要注意从建议、批评和意见中抓住带全局性的重大问题，认真研究形成正确的决策，这也是使随机管理进入程序管理的重要方面；要注意办实事，为群众排忧解难；要把办理代表建议、批评和意见作为改进政府工作的重要环节，努力克服官僚主义、形式主义，全心全意为人民服务。

加强政府机关自身改革建设*

（1989年3月7日）

加强政府机关建设，最重要的是加强廉政建设。要把保持政府廉洁作为一项紧迫的任务，从领导做起，建立起严格的廉政建设行政首长负责制，在布置、检查、总结工作的同时，布置、检查、总结廉政建设。

各级政府是各地区行政的首脑机关，是政治生活、生产建设、社会事业、人民生活的组织者。政府的自身建设如何，直接关系到党和政府的形象，关系到能否完成繁重而又艰巨的任务。因此，我们将按照“廉洁、实干、高效、创新”的目标，进一步加强政府机关自身建设，同全省人民一道把各项工作做得更有成效。

加强政府机关建设，当前最重要的是加强廉政建设。应当肯定，各级政府机关绝大多数工作人员是奉公守法、廉洁自律的，

---

* 这是李长春同志在辽宁省第七届人民代表大会第二次会议上所作报告的一部分。

是经得起改革开放考验的。但在某些机关工作人员中，确实存在弄权勒索、贪污受贿等腐败行为。这虽然发生在少数人身上，却严重地玷污了政府的形象，败坏了改革开放的声誉，损害了国家和群众的利益。我们一定要坚定地按照党中央的部署，把保持政府廉洁作为一项紧迫的任务，从领导做起，建立起严格的廉政建设行政首长负责制，在布置、检查、总结工作的同时，布置、检查、总结廉政建设。要强化机关干部的廉政意识，教育干部正确运用人民赋予的权力，全心全意为人民服务，严格执行省政府机关和全体工作人员保持廉洁的规定，特别是领导干部要率先垂范，努力做到严守法纪、不贪污受贿，秉公尽责、不弄权勒索，艰苦奋斗、不铺张浪费。同时，不能止于洁身自好，要以对人民高度负责的精神，敢于同各种腐败现象作斗争。要把加强教育同健全制度、搞好监督、严肃法纪紧密地结合起来，采取综合治理的配套措施。要建立和实行“两公开，一监督”制度，公开政府机关办事制度和办事结果，让人民群众进行监督。建立健全举报制度，设立举报中心，为人民群众监督机关廉政建设创造必要的条件；充分发挥新闻舆论部门的作用，定期通报政府的工作，反映群众的批评意见；加强监察队伍建设，提高监督水平，逐步形成专门机构专职监督、群众广泛监督、社会舆论监督和部门内部自我监督等多层次的监督体系。要抓紧廉政制度建设，减少和消除滋生腐败现象的土壤。要坚持从严治政，按照政纪、法纪严肃惩处违法乱纪者，尤其是对治理整顿中暴露出来的贪污受贿和经济大案要案，要公开、严肃、及时处理。对于人民群众意见较大的少数基层服务部门和执法监督部门存在的吃、拿、卡、要等不正之风，必须引起各级政府的高度重视，要把思想教育、执行纪律和绳之以法结合起来，对于群众的举报，要认真查处。

改进和加强政府机关的思想政治工作。改变目前政府机关普遍存在的只抓业务、不重视思想政治工作的倾向，积极探索社会主义初级阶段思想政治工作的特点和规律，着眼于挖掘人的潜力，调动机关干部的积极性，树立迎着困难上的良好精神状态，激发干部全心全意为人民服务和献身四化的巨大热情，把主要精力引导到治理整顿和改革建设中来。要增强广大干部的全局观念和纪律观念，自觉地服从治理整顿这个大局，凡是党中央和国务院的指示决定，必须坚决执行，做到令行禁止；凡是省委省政府的安排部署，各部门都要积极去办，不得各行其是，自觉维护党和政府的权威，保证政令的畅通无阻。要充分发挥政府机关的整体功能，相互配合，促进各项工作的落实。

加强机关干部队伍建设。重点是抓好政府各部门及其直属单位的班子建设。建立和健全工作目标、班子考核、民主评议领导干部等制度，把政绩作为决定干部升降去留的重要依据。要改革人事制度，逐步引入竞争机制。省直机关试行的处级干部聘任制和录用干部的考任制，有利于优秀人才脱颖而出，有利于冲破论资排辈的陈规陋习，有利于搬掉干部制度的“铁交椅”。要逐步把这种改革办法推广开来，建立起一种公开竞争、择优选拔、能上能下、能进能出的干部管理体制，为实行公务员制度打下良好基础。省直机关要继续开展“公仆杯”竞赛活动，并要适应新形势、新任务的要求，不断修订竞赛条件，使其更具有时代特点。要在机关干部中大力提倡艰苦奋斗、全心全意为人民服务的公仆精神；提倡迎着困难上、说干就干、一干到底的拼搏精神；提倡敢于探索、大胆创新的开拓精神；提倡不甘落后、争创一流工作的进取精神，把“公仆杯”竞赛活动提高到一个新水平。

提倡勤于学习、善于思考、创造性地工作。目前，我国正处于新旧体制交替时期，社会生活的各种关系变得更加错综复杂，治理整顿、改革发展既相互影响又相互促进，给我们各级领导提出了许多新情况新问题。为此，必须加强学习，不断提高思想、理论和政策水平。各级领导干部要尽可能摆脱烦琐的具体事务，认真总结实践经验，努力学习改革和建设中迫切需要的政治、经济理论，运用正确的思维方式和观察分析问题的方法，科学地、正确地分析形势，善于捕捉有利机遇，创造性地工作，不断增强驾驭全局和解决诸种矛盾的能力。我们要进一步转变作风，深入基层、深入实际，调查研究，了解新情况、总结新经验、解决新问题。我们要关心老同志，虚心向老同志学习，注意发挥老同志的作用，提高政府决策的科学化、民主化，重要决策要系统论证，听取各方面的意见，提高决策水平。

进一步转变政府职能。按照“国家调节市场，市场引导企业”的方向，在治理整顿中，继续搞好政府机关的职能转变，清理整顿行政性公司，切实做到党政分开、政企分开，理顺部门之间的关系。努力学会综合运用各种手段，提高宏观调控水平。继续坚持简政放权，凡是适于企业办的事情，都应由企业去办；凡是下放给基层的权力，只要符合国家的方针政策，各有关部门一律不得截留，更不准上收，保护基层和企业克服困难、发展生产的积极性。

发挥政协在改革发展中的参政议政作用*

(1989 年 12 月 6 日)

我们的党是执政党，我们的政府是执政党领导下的人民政府。对各级政府来讲，主要应该完善哪些监督呢？我想最基本的应该有这样一些监督：一是党组织的监督，这也是最重要的监督。二是人大的依法监督，这是依法治国的本质要求。三是政府内部的行政监督。四是司法监督。五是社会监督，包括人民群众个人的监督，也包括体现人民群众意愿的舆论监督等。六是民主监督，这是最广泛的监督，包括民主党派的监督、群众团体的监督等。政协的民主监督就属此类，是政协的基本职能之一。

省委六届九次全体会议刚刚结束，省委就召开政协工作会议，既说明了省委对政协工作很重视，也说明政协工作的重要性。这次会议，对于动员和团结全省人民贯彻党的十三届五中全

---

* 这是李长春同志在辽宁省政协工作会议上讲话的一部分。

会精神，按照省委六届九次全会的部署，坚持以经济建设为中心，坚持四项基本原则，坚定不移地进行治理整顿，坚定不移地深化改革和对外开放，维护安定团结的政治局面，把全省的社会主义物质文明和精神文明建设推向前进，将产生积极的影响。下面我想就政府如何加强同政协的工作联系，自觉接受民主监督和进行政治协商，发挥政协参政议政作用的问题，讲几点意见。

一、各级政府要提高对政协组织地位、作用的认识，自觉加强民主政治建设

今天到会的有政府很多部门的负责同志，对政协工作都不很熟悉。我过去兼任过一段沈阳市政协主席，但没有深入进去，所以今天是跟大家共勉、共同学习。关于政协组织的地位和作用，我想有这么几个方面需要我们进一步统一认识。

第一，要从加强民主建设和不断完善民主政治制度的高度来认识政协的地位和作用。社会主义民主政治，是由我国国体所决定的。《宪法》第一条就明确了我们国家的国体："中华人民共和国是工人阶级领导的、以工农联盟为基础的人民民主专政的社会主义国家。"《宪法》还规定，中华人民共和国的一切权力属于人民，人民有权依照法律的规定，通过各种途径和形式管理国家事务，管理经济和文化事业，管理社会事务。

党在社会主义初级阶段的基本路线，也进一步明确了民主建设是社会主义现代化建设的一个重要目标。党的基本路线是这样阐述的：领导和团结全国各族人民，以经济建设为中心，坚持四项基本原则，坚持改革开放，自力更生，艰苦创业，为把我国建

1984 年 9 月，李长春出席沈阳市政协八届二次会议。

设成为富强、民主、文明的社会主义现代化国家而奋斗。这样，党的基本路线把民主作为社会主义现代化建设的一个基本目标提出来了，社会主义现代化国家一个重要特点就是民主。

社会主义民主政治的本质和核心，是人民当家作主，真正享有公民各项权利，享有管理国家和企事业的权力。那么，社会主义民主政治是通过哪些制度体现出来的呢？过去我们比较熟悉的人民代表大会制度，是我国的根本政治制度，也是我国的政体，在《宪法》中有明确的规定。除此之外，还要坚持“长期共存、互相监督、肝胆相照、荣辱与共”的方针，完善共产党领导的多党合作和政治协商制度。就是要通过人民政协这一爱国统一战线组织，使事关国家大政方针和群众生活重大问题的政治协商和民主监督经常化。这是中共十三大报告所阐述的，应该说这也是社会主义民主政治的重要制度。江泽民同志在今年国庆讲话中又进一步讲了这个问题:“要继续完善我国的人民代表大会制度和共产党领导的多党合作与政治协商制度。”因此，人民政协的政治协商、民主监督是社会主义民主政治的一个重要方面。

人民政协是包括民主党派、各人民团体和社会各方面代表的最广泛的爱国统一战线组织。因此政府加强同政协的工作联系，是政协在我国政治格局中的独特地位所决定的。我国《宪法》在《序言》中明确指出:“中国人民政治协商会议是有广泛代表性的统一战线组织，过去发挥了重要的历史作用，今后在国家政治生活、社会生活和对外友好活动中，在进行社会主义现代化建设、维护国家的统一和团结的斗争中，将进一步发挥它的重要作用。”这就清楚地告诉我们，政协虽然不是国家的政权组织和行政机关，但是它要在国家政治、经济、科技、文化等各个领域和社会生活的各个方面发挥重要作用。特别是从当前国际国内的形势看，发挥政协在国家政治生活中的作用，具有特殊重要的意义。这种具有中国特色的政治格局，要求各级政府在行使宪法和法律赋予的职权，管理本行政区域内的经济、教育、科学、文化、行政等工作时，要主动同政协加强工作联系，密切配合政协的工作，发挥政协参政议政的作用。这既是政府的重要职责，又是加强社会主义民主政治建设的需要。

第二，从政协自身发展的历史来看，政协参政议政是历史的必然。人民政协是全国解放前夕，1949 年 6 月由毛泽东、周恩来等老一辈无产阶级革命家为适应当时革命斗争需要而倡导创立的，同年 9 月，召开了具有历史意义的中国人民政治协商会议第一届全体会议，颁布了具有临时宪法性质的《中国人民政治协商会议共同纲领》，通过了《中华人民共和国中央人民政府组织法》，选举了中央人民政府，向全世界宣告中华人民共和国的诞生。直到 1954 年经过全国普选，召开了第一届全国人民代表大会以后，全国政协才不再执行国家最高权力机关的职能。但是，政协作为中国共产党领导下的统一战线组织，仍然具有“政治协商，民主监督”的职能，发挥参政议政的作用。人民政协中的民主党派、社会团体、各阶层的知名人士，在民主革命时就和我党合作共事，新中国成立以后，在社会主义革命和社会主义建设中，又继续发挥着积极作用。可见，人民政协是在我国民主革命的历史进程中产生的具有独特地位和作用的政治组织，并在社会主义革命和社会主义建设中，继续发挥着重要作用，构成了具有中国特色的社会主义民主政治的一部分。因此，我们应该从建设具有中国特色的社会主义的高度去认识政协参政议政的重要性，这是我国历史所决定的。所以，要自觉尊重政协的工作地位，主动争取政协的帮助和支持，克服和纠正那种认为政协参政议政可有可无、无关大局的认识。

第三，从不断提高政府决策的科学化、民主化水平和让人民群众参政议政，体现人民当家作主的角度看，政协的地位和作用也是非常重要的。政协的两大基本职能之一就是政治协商。政协有着广泛的代表性，还有很多有见地的专家、学者等知名人士，是我们各级政府做好工作的重要力量，也是我们各级政府联系群众的重要渠道。我省各级政协自 1978 年恢复活动以来，紧紧围绕贯彻落实党和国家的大政方针以及解决群众关心的重大问题，积极参政议政，对政府的工作给予了很大支持和帮助。据初步了解，仅 1987 年以来，省政协委员的提案就有 1300 多件，其中

1990 年 6 月 6 日，李长春出席在沈阳举行的张学良将军九十寿辰庆祝活动。前排左一为辽宁省顾问委员会主任戴苏理，左二为中央顾问委员会委员郭峰，左三为辽宁省政协原副主席、张学良将军旧部卢广绩，右一为中央统战部副部长万绍芬，右二为张学良暨东北军史研究会名誉会长郭维城。

80% 以上是对政府工作的建议、意见和批评。这些提案发挥了传递信息、参与决策、实行民主监督的作用，推动了政府各项工作的开展。例如，去年十几位省政协委员就增加教育经费，尽快解决拖欠民办教师工资和抢修中小学危险校舍的问题提出提案，牛平甫副主席还就此进行了专题调查，并写出调查报告。对这个提案和调查报告，当然也包括在人民代表大会上人民代表提出的很多很好的建议和意见，省政府多次进行研究，责成省计经委、教委和财政厅共同调查研究，并经省长办公会议集体讨论，作出了《关于解决中小学教育经费问题的决定》。经过各方面的努力，两年来全省增加教育经费近两亿元，解决了中小学危房等问题。

政协委员关于把辽北建成全省粮食和副食品基地的提案，经过省计经委组织多方论证，争取了国外的政府贷款，在铁岭地区开发粮食生产，建种鸡、肉鸡、蛋鸡场等。政协委员关于搞好小商品生产的提案，被省商业厅和税务局接受，制定了优惠扶植小商品生产的政策，使287种小商品的生产有所回升，进一步活跃了全省小商品市场。除政协提案以外，省政协和各市、县(区)政协还经常组织调查和视察活动，对各级政府的工作提出了有益的意见、建议和批评。

第四，进一步加强同政协的工作联系，也是进一步完善监督机制的需要。我们的党是执政党，我们的政府是执政党领导下的人民政府，其宗旨是全心全意为人民服务，是人民的公仆、勤务员。党和人民依据法律赋予人民政府一定的权力，权力是为人民服务的重要手段，用得不好也是腐败堕落的媒介。没有制约的权力是危险的。

对各级政府来讲，主要应该完善哪些监督呢？我想最基本的应该有这样一些监督：一是党组织的监督，这也是最重要的监督。它包括党委对同级政府的政治领导。政治领导本身就是政治监督，保证党的路线、方针、政策的贯彻落实；也包括对政府内党员干部、全体党员所实行的党内的纪律监督。二是人大的依法监督，这是依法治国的本质要求。因为人大是权力机关，各级政府既是同级人大的执行机关，也是国家的行政机关，担负双重职能。人大的依法监督就要依据法律监督政府是不是依法办事。三是政府内部的行政监督，包括上级政府对下级政府的监督，也包括政府内的监察、审计部门等专业的监督部门开展的监督，以及其他一些业务监督，如财政部门的财务监督等，这些都属于政府内的行政监督。四是司法监督，就是依照国家宪法和法律的规定，既是对司法机关及其工作人员司法活动合法性进行的监督，也是司法机关依法对行政机关及其工作人员行政行为合法性进行的监督。五是社会监督，就是人民群众通过批评、建议、申诉、举报、来信来访等方式对国家机关及其工作人员权力行使行为进行的监督，包括人民群众个人的监督，也包括体现人民群众意愿的舆论监督等，从而更好地维护人民群众的正当权益。六是民主监督，这是最广泛的监督，是政府整个监督体系中的不可缺少的重要监督，也是现代管理体制中特别需要加强和完善的一种监督。它包括民主党派的监督、群众团体的监督等。政协的民主监督就属此类，是政协的基本职能之一。

政协的民主监督有其独特的特点，一是它有广泛的代表性。拿我们省政协来讲，有七个民主党派、十个群众团体、十六个界别的代表，因此，政协的民主监督具有广泛的代表性；二是政协的民主监督是有组织的监督，跟一般的群众来信来访、提意见不一样，更有组织性；三是由于政协本身具有知识密集、人才荟萃、深入社会各个领域的特点，因此，政协的民主监督具有一定的权威性和影响力。它同人大的依法监督是相辅相成的，是必要的补充和支持，绝不是可有可无的。

根据以上四点认识，我们要摒弃那种认为政协参政议政可有可无等错误思想，对政协的地位和作用有一个新的认识，认识到它是加强民主政治建设的重要方面，是人民参政议政、当家作主的重要渠道，是做好政府工作的重要助手，是政府决策科学化、民主化的重要“思想库”、“智囊团”。

二、进一步加强同政协的工作联系，不断提高政府工作的决策水平

政协参政议政既然十分重要，那么，政府应采取什么措施主动配合呢？我想首要的是加强同政协的工作联系，开辟各种渠道让政协知情，政协只有知情才好出力，帮助政府提高工作水平。

最近省政府研究提出一个《关于加强同省政协的工作联系，接受民主监督的意见》，提出今后在贯彻执行党和国家的大政方针和解决群众关心的重大问题中作出的重大决策，采取的重要行政措施，都要同省政协协商、通报；根据工作需要，邀请省政协领导同志参加省政府全体会议和重要的工作会议；支持政协组织的调查研究、服务咨询、视察、检查活动，为他们的工作提供方便；政府有关部门同政协专门委员会建立经常性的工作联系；政府及其有关部门的工作计划、总结、重要信息动态、简报等，要根据工作需要抄送政协或有关专门委员会；全省阶段性的经济形势问题，由政府领导同志同政协进行协商、对话，听取意见和建议。采取这些办法，保证政府与政协联系渠道畅通，使政协知情，为提高政府的工作水平出力。在此基础上，就全省工作的一些重大问题可出一些题目发动政协委员献计献策、参与论证。特别是当前在治理整顿、深化改革期间，应更好地发挥政协的作用。党的十三届五中全会提出用三年或者更长一些时间基本完成治理整顿任务，使我国经济走上持续、稳定、协调发展的健康轨道。我们感到，治理整顿和深化改革的任务艰巨、情况复杂、困难较多，为完成这一艰巨任务，更需要我们各级政府加强同政协的工作联系，接受民主监督，各级政协委员也要多提建议，多谋

良策，发挥政协的参政议政作用，同心协力把全省的治理整顿和深化改革搞好。搞好治理整顿和深化改革，必须维护安定团结，有一个稳定的局面，党的十三届五中全会也特别强调稳定是我们国家的大局，这就需要依靠政协在发动群众、振奋精神、克服困难、稳定大局上多作贡献；完成治理整顿任务，政府必须改进领导作风，克服官僚主义，搞好廉政建设，这也需要依靠政协的民主监督。省委六届九次全会对我省的治理整顿和深化改革特别是明年的工作做了安排。为贯彻治理整顿和深化改革的方针，省委省政府提出，我省发展经济的指导思想要有一个大的转变，这个转变主要表现在三个方面。一是从过去主要依靠扩大规模，争项目、争投资转到真正依靠科技进步，振兴辽宁经济的轨道；二是

1988 年 5 月 9 日，李长春陪同全国政协副主席谷牧视察丹东调谐器厂。右二为丹东市委书记刘仲文，左一为丹东市市长王文谦。

从过去偏重于发展速度转到真正以提高经济效益为中心的轨道；三是从过去那种急于求成、大起大落，转到坚持长期持续、稳定、协调发展的轨道。这样的指导思想，需要方方面面的努力去落实。因此，非常希望省政协组织发动政协委员献计献策。

在具体工作中，也有许多工作希望得到政协的帮助和支持。如：怎样使我省的农业改变目前粮、油矛盾突出的被动局面，有一个新的发展，也包括把生态建设和农业发展结合起来。现在经济结构性的矛盾很尖锐，特别是煤、电、运，已经很不适应经济建设的需要，严重束缚了生产的发展，怎样加速我省的经济结构调整。对电的问题，政协委员过去提出不少好的意见。记得我刚到省里来工作不久，第一次作政府工作报告时，说到 1991 年全省的电力可以缓解。当时，政协委员提出不同意见，后来进行了研究，确实解决不了，省政府制定了七年电力建设发展规划，这个规划就是在政协委员的建议下搞的。还有产品结构调整，怎样把发挥我们的优势和调整产品结构的需要结合起来，难度很大。再如压缩需求，整顿秩序，包括物价管理、整顿公司等等，都希望政协委员同我们一起出主意、想办法。再如，怎样通过对外开放，缓解当前的困难。很多政协委员都跟海外有联系，“三胞”联谊会就联系一大批海外人士，要很好依靠这支力量推进我省的对外开放。还有，在围绕我省经济发展中的一些突出矛盾、重大课题进行系统调查研究的基础上，我在省委全会上提出了一些题目，也都需要政协委员献计献策。

三、自觉接受政协的民主监督，不断改进政府工作

政协对政府的民主监督，首要的是对政府依法办事的监督。

随着民主法制建设的加强，要求各级政府的工作逐步纳入法制的轨道。但由于历史的原因，我们的法治观念不强，除了政府自身要加强法治观念外，还需要人大、政协方方面面加强对政府依法办事的监督。其次是对廉政建设方面的监督。政府的廉政建设十分重要，直接关系到党和政府的形象。目前在廉政建设上也确实存在很多问题，去年省政府作出的廉政建设的十条规定，除政府自身要加强监督检查外，也非常希望政协从多方面进行监督，包括对从政府主要领导到每个工作人员都要进行监督。最近一个时期，通过打击贪污、受贿，设立举报中心，确实暴露出不少问题。为了更好地接受政协的民主监督，各级政府要有组织地、主动地邀请政协委员检查或视察政府的工作，随时听取政协委员的意见、建议和批评；省政府办公厅已专门设立了提案处，要认真办理好政协委员的提案，搞好政协委员来信来访的接待工作。通过这些渠道和办法把政协委员的意见、建议和批评及时吸纳到政府工作中来。

四、加强政府同民主党派的联系，在政府工作中搞好中共党员干部同民主党派和无党派人士的合作

在工作实践中，各级政府要注意处理好独立行使职权、树立政府权威同尊重各个方面行使法律赋予权力进行监督、协商的关系，把两者很好地统一起来。政府依法独立行使职权是国家行政机关的性质、任务所决定的，是责、权统一原则的必然要求。只有保证政府享有必要的行政权力，才能树立高度的权威，使各项工作高效率地运转，才能承担起法律和人民赋予的重任，使权力

机关的意志和各项决定得到贯彻执行。各级党委要摆脱纷繁的行政事务的困扰，集中精力研究和处理全局性的重大问题。因此，在法律规定的职权范围内，政府要敢于大胆负责，要以高度的责任心勇于依法独立行使职权。要善于在多种意见中加以判断，吸取真知灼见，作出正确决策。凡是该政府自己拍板的事情，决不能优柔寡断，该自己承担的责任决不能推诿逃避。但是，政府独立行使职权，有权威、有效率、有作为，绝不是说可以滥用职权，不发扬民主。要充分尊重和依靠人大的依法监督，政协的民主监督，善于听取方方面面的意见，特别是批评意见。重大问题在决策之前，必须广泛听取各方面的意见，在决策之后就要高度集中。一旦决策了，方方面面都要支持政府行使职权，有意见还可以反映，但不能削弱政令的效力。一定要把决策前与决策后分开，决策前应当充分发扬民主，决策后就要维护党和政府的权威，使政令畅通无阻，避免政出多门。这也是民主集中制的具体体现。还有在多种意见中只能按一种意见决策时，也希望方方面面给予支持和理解；有些意见没有被采纳，这是经常会发生的，对其中重要的、有一定代表性的意见，各级政府要耐心解释作出说明，使提意见者能够愉快地接受；有些不是很急迫的问题也可以放一放，不要急于决策，进一步调查研究，听取方方面面的意见。这些具体做法都可以在实践中不断探索、不断完善。我相信，我们的目标是一致的，都是在党委领导下，按照中央统一部署，贯彻执行党的路线、方针、政策，所以，各级政府同政协的工作联系完全能够在实践中更加协调、更加融洽，逐步建立起一个完备的政治协商、民主监督的运行机制。

生产要上来，干部要下去[*]

（1989年12月8日）

调查研究一定要任务明确、重点突出、针对性强，要把面临的形势分析透，并提出解决问题的办法。

为了贯彻好省委六届九次全体会议精神，尽快遏制工业生产滑坡，我们要立即动员和组织省直机关干部下去搞好调查研究，为基层服务，同基层同志一起深入学习和贯彻落实党的十三届五中全会和省委六届九次全会精神，帮助各地特别是企业解决好目前面临的困难和问题。

第一，调查研究的主要任务。根据省委六届九次全会的要求，这次下去主要有两个任务：一方面要抓好当前工作，就是工业要尽快遏制生产滑坡，农村要搞好农田基本建设和春耕生产准备；另一方面要抓中长期规划的准备工作，就是为制定落实五中全会《决定》[1]的实施方案和一系列专题规划搞一些调查研究。

---

* 这是李长春同志在辽宁省政府部分直属委、办、厅、局负责同志会议上讲话的一部分。

1986 年 9 月，李长春在朝阳市调研时，听取农业生产情况介绍。

两方面的调研，要以解决好当前的问题为主。

工业生产调查要紧紧围绕遏制生产滑坡来进行。一是要稳定思想，稳定政策。通过深入实际调查研究，同基层的干部和群众一起学习贯彻五中全会和省委全会精神，进一步统一思想，特别是要做好企业领导者的思想工作，使他们进一步增强党的观念和群众观念，振作精神、鼓舞士气，经受困难的考验。同时，抓好稳定政策的工作，检查省委全会重申的各项政策措施的落实情况，搞好年终承包合同的兑现。二是以搞好销售为突破口，启动市场。目前虽同样面临市场疲软的困难，但有的地区和行业生产下降幅度较大，有的生产却比较正常，其中最重要的原因就是能否主动抓销售、抓市场。我们要认真总结和大力推广强化销售的典型经验，解决目前普遍存在的产品销售不畅问题。三是要抓好重点倾斜的骨干企业，以保证我省工业平稳增长。我们既要为这些企业创造较好的外部生产条件，又要充分调动企业的积极性，千方百计挖掘潜力，提高产品质量，增加花色品种，以优质产品、优质服务占领市场，使生产有新的发展。四是要帮助各市抓好亏损企业。扭亏增盈工作搞好了，既可改善财政状况，又能稳定人心、安定社会，必须下气力抓好。

农业生产调查，要继续贯彻10月份召开的市委书记、市长会议精神，搞好以抗旱为重点的农田基本建设，抓紧春耕生产的各项准备工作，保证明春种上地、插上秧。同时，还要研究经济稳定发展的政治和社会保障问题。公安司法部门要注意发现引起社会不安定的倾向性、苗头性的问题，并提出解决的办法和措施。

关于制定贯彻《决定》的实施方案和专题规划的调查研究问题，可区别不同情况组织落实。一是政府调研室、经济研究中心、农研中心、社会科学院、经济研究所等咨询部门，可先行一步，集中力量搞中长期规划的调研。二是计经委、劳动、物价等综合经济部门，可适当安排力量，合理分工，远近结合，同时进行。行业主管部门主要是抓好当前，为将来深入调查研究做些准备。

第二，调查研究的具体要求。这次调研要分为行业和综合两个组同时进行。行业组由各行业主管部门组成，其中农业口3个组，工业口9个组，建委1个组，共13个行业调查组。综合组由综合管理部门联合组成两个大组。各调查组分别由主要领导同志带队，抽调精干力量组成。

调查研究一定要任务明确、重点突出、针对性强。行业调查组的重点，一是要把本行业面临的形势分析透，当前的问题是什么，明年的主要问题是什么，并提出解决问题的办法。二是各调查组都要针对工农业生产面临的困难和问题，总结和推广一批典型经验和样板，如不同类型的扭亏增盈的典型，启动市场搞活销售的典型，依靠科技进步搞好结构调整的典型，以推动面上的工作。三是实实在在地帮助企业克服困难，由于目前多种生产要素比较短缺，解决实际问题的手段有限，但可以多为企业出主意、想办法，属于省重点倾斜的企业，有困难可通过调查组直接找计经委研究解决。四是通过调查研究，要加强生产调度工作，逐步理顺计经委与行业主管部门的关系，充分发挥行业主管部门在生产调度方面的积极作用，计经委在加强全省生产调度工作的同时，也要搞好行业生产调度的组织协调工作。

综合调查组的工作重点，主要是搞好一些影响当前工交生产的带有全局性和共同性的问题。一是如何搞活销售。当前要狠抓产品的展销活动，“政府搭台子，企业来唱戏”，请综合组提出明年一季度搞几个大型展销活动，可以与兄弟省联合搞，也可以由几个行业、几个市共同搞。要大力组织工业品下乡，今年我省虽然农业遭灾，但农民收入没下降，农村有较广阔的销售市场，潜力很大，国营商业、供销社和生产企业要组织工业品下乡，实行上门推销服务，迎接农村商业购销旺季。要充分利用对外开放的有利条件，外贸部门千方百计多收购一些国内不够畅销的产品打出去，或者采取由外贸代销的方式，尽可能多出口，特别是争取多向苏联出口一些，银行在资金方面要积极给予支持。物资和商业部门要充分发挥“蓄水池”的作用，力争多收购一些，不能过多地强调本部门、本单位的利益，必要时甚至要牺牲一些局部利益保全局。财政厅要同有关部门共同商量，采取贴息的方式，把商业、物资部门多储备商品的利息由财政部门负担，这既可以减少生产企业的产品积压，国家又可以增加税收，搞得好贴息与

1990 年 2 月，李长春在本溪观音阁水库八盘岭隧道指导工作。

税收相抵，可以救活一批企业，至少可以保工人的工资，要在几个大城市先把这件事做起来。二是通过调查研究，拿出一套扭亏增盈的办法。要采取多种措施搞好扭亏工作，财政要采取提前退库，建立有偿使用的扭亏周转金形式，帮助企业扭亏。银行对扭亏有望的企业要给一部分贷款，支持他们走出困境。要开辟多种渠道，扩大劳务输出，解决目前普遍存在的富余人员多的问题，对企业待业职工可实行以工代赈的方式，组织他们参加社会公益性劳动，以保证亏损企业职工有适当的收入和维持最低的生活水平。要鼓励大中型企业兼并亏损企业。三是通过调查研究，制定一些促进经济尽快走上持续、稳定、协调发展轨道的政策措施。

第三，调查研究需注意的几个问题。这次调查研究，一定要按省委提出的要求，以廉洁的作风、高效率的工作，为基层带个好头，树立一个好的形象。调查组的成员要严格执行省政府关于保持廉洁的有关规定，不准大吃大喝，一定要按规定标准交费，不准打麻将，不能给基层添麻烦，也不要市县领导陪同。

当前经济生活很复杂、困难很多，主要领导同志必须亲临第一线，组织精干人员深入基层调查研究，才能真正取得领导工作的主动权。交通厅、水电厅在这方面做得好，我经常在下边遇到这两个厅的主要领导同志，基层也称赞他们，省直各部门都应该这样做。我们这次下去，既是调查研究，也是为基层服务，一定要把两者紧密结合起来，凡是能解决的问题，要千方百计帮助基层解决。要通过调查研究，多做思想政治工作，进一步调动基层广大干部群众的社会主义积极性，振奋精神、克服困难、齐心协力，把工农业生产搞上去。

总之，生产要上来，干部就要下去。省直各部门要认真贯彻党的十三届五中全会和省委全会精神，通过这次组织干部深入基层搞好调研和服务，把精神振奋起来，把士气鼓舞起来，为基层作出表率，奋发努力、艰苦创业，带头过紧日子。在暂时困难面前，是振作精神、锐意进取，争挑重担、争作贡献，还是萎靡不振、怨天尤人，畏缩不前、无所作为，这是对我们的严峻考验。我们诚恳地希望机关干部特别是领导同志，都能经得起考验，成为克服当前困难的好带头人。

注　释

〔1〕《决定》，即党的十三届五中全会通过的《中共中央关于进一步治理整顿和深化改革的决定》。

领导干部要做出样子、拿出样子*

（1989年12月27日）

各级领导同志要做表率。在统一思想认识、振奋革命精神上做出样子，在艰苦奋斗、克服困难、过紧日子上做出样子，在顾全大局、加强组织纪律性上做出样子，在深入基层调查研究、为基层服务和解决困难上做出样子。要坚持实践观点和群众观点，深入到群众中去，总结群众创造的经验，拿出指导面上工作的办法。

当前，治理整顿和深化改革虽然取得了初步成效，但我们面临的经济形势仍然相当严峻，明年经济和社会发展的任务也非常艰巨。需要各级领导干部做的工作千头万绪，需要解决的问题也将层出不穷，抓什么、怎么抓？我非常赞成鞍山市委同志提出的各级领导干部要“做出样子、拿出样子”这句话。

做出样子，就是各级领导同志要做表率。一是要在统一思想认识、振奋革命精神上做出样子。各级领导干部要科学分析当前

---

* 这是李长春同志在辽宁省计划会议上总结讲话的一部分。

的形势，自觉把思想统一到党的十三届五中全会精神上来，这是振奋精神、坚定信心的重要前提。要充分认识当前的困难是多年积累下来的，是前进中的困难，我们在党中央和国务院坚强有力的领导下完全有能力、有办法战胜。一切悲观的论点、无所作为的论点，都是没有根据的。我们需要的是知难而上，找出解决问题的办法，带领群众克服困难、战胜困难。

二是要在艰苦奋斗、克服困难、过紧日子上做出样子。我们的党是无产阶级的先锋队，政府是人民的政府，各级领导干部是人民的公仆，全心全意为人民服务是根本宗旨。在国家有困难的时候，我们更应带头艰苦奋斗，时时处处把群众利益挂在心上，想群众之所想、急群众之所急，想方设法解决我们力所能及而又与群众生活密切相关的问题。这样才能赢得民心，增强党和政府在群众中的凝聚力。尤其是亏损企业和困难较大地区的领导同志更要处处带头过紧日子，与群众同甘苦、共患难。我们要下决心从现在做起，从领导机关做起，特别是从领导干部做起，带出一个艰苦奋斗、过紧日子的风气来。

三是要在顾全大局、加强组织纪律性上做出样子。治理整顿是党中央、国务院根据全局作出的重要战略决策，我们一定要坚决贯彻执行，特别是在调整利益关系中，要坚决服从中央决定、服从大局需要，自觉做到局部利益服从全局利益。辽宁是全国支援建设起来的重工业基地，为国家的社会主义建设作出了重要的贡献，有克服困难、顾全大局的传统。在治理整顿中，要进一步发扬全国一盘棋的好传统，坚决落实中央加强宏观调控的措施，还要树立顾全全省大局的观念，形成加强组织纪律性、坚持民主集中制原则的好风气。十年改革中，利益机制调动了方方面面的积极性，各级干部关心自己单位、部门、地区的利益，这是正当的，关键是这些利益要在政策、纪律、法律的基础上来实现，不能损害全局利益。特别是在局部利益和全局利益、眼前利益和长远利益、个人利益和整体利益发生矛盾时，要自觉地对局部、眼前、个人利益作出必要的牺牲，维护整体、维护全局、维护长远的利益。要把向人民负责同向党和国家负责一致起来，这是无产阶级政党的党性所在。

四是要在深入基层调查研究、为基层服务和解决困难上做出样子。各级领导机关要进一步增强为基层服务的意识，决不能高高在上，不能单靠文件、会议、电话来指挥基层工作。领导机关如果都能带头深入基层调查研究，为基层服务，帮助基层解决问题，就会大大调动广大群众克服困难的积极性，增强战胜困难的

1990 年 2 月 25 日，李长春深入本溪农村了解群众生产生活情况。

决心和信心，局面就会大大改观。目前企业的困难比较多，各级政府特别是企业的主管部门和经济综合部门，要深入下去，一个企业一个企业地帮助解决问题。我们要转变观念，不要认为只有给钱给物才是支持、才是帮助解决问题，下去帮助出主意、想办法也是支持。目前，政府分钱分物的职能虽然不能完全取消，但不能搞个人化、随意性，要转向法制化、程序化、组织化。改进机关作风也是廉政建设的一个重要方面，要学习沈阳市领导干部挂厂服务的有效办法，学习鞍山市政府办公厅“马上就办”的经验，切实把“领导就是服务”的理念落到实处。

在做出样子的同时，各级领导还要拿出样子，就是拿出典型，指导工作。在当前比较困难的形势下，大家都希望找到解决困难的办法，办法从哪里来？毛泽东同志说，“群众是真正的英雄”，“群众中蕴藏了一种极大的社会主义的积极性”。各级领导同志要带头迈开双脚，深入基层，从群众中找出解决问题的办法。各级领导干部特别是省、市政府及其部门的领导同志，要坚持实践观点和群众观点，深入到群众中去，总结群众创造的经验，拿出指导面上工作的办法。今冬明春，各级干部都要用主要精力，通过深入基层调查研究，拿出能够指导本地区、本部门工作并有鲜明特点的典型经验，为基层提供战胜困难、解决问题的办法。

当前需要拿出的样子很多。例如，在农业上，怎么使粮食生产再上新台阶？怎样发动群众自力更生，使广大农民成为农业投入的主体？怎样进一步完善家庭联产承包责任制？怎样搞好适度规模经营？等等。在工业生产上，要拿出依靠科技进步、促进生产发展的典型经验，启动市场、搞活销售的经验，加强管理、挖掘潜力的经验，千方百计扭亏增盈的经验，利用对外开放克服困难的经验，等等。“拿出样子”必须是多层次的。省要有指导全省面上工作的样子，市要有市的样子，各行各业都要有自己的样子。通过一批看得见、摸得着的榜样，增强克服困难的信心，启发大家的思路，推动解决困难和问题。只要全省各级领导干部都能这样做，我们就一定能团结群众渡过难关，走出经济的困境。

切实抓好廉政建设*

（1990 年 4 月 29 日）

廉政建设是党和国家性质所决定的。在发展有计划的商品经济、实行改革开放的新形势下，党的各级组织、党的干部、党员都要过好“两关”，即执政关和改革开放关或者叫发展商品经济关。必须统一思想，坚定不移地把党政机关的廉政建设切实抓好。

第一，抓好廉政建设是省政府贯彻党的十三届六中全会精神的重要措施，我们要把机关的廉政建设作为政府自身建设的当务之急，认真抓好。廉政建设是党和国家性质所决定的。我们的党是工人阶级的先锋队，根本宗旨是全心全意为人民服务；我们的国家是工人阶级领导的、以工农联盟为基础的人民民主专政的国家，核心是人民当家作主。各级政府工作人员的权力是人民赋予的，都是人民的公仆，这在宪法上是有明确规定的。密切联系

* 这是李长春同志在辽宁省政府机关政务公开和纠正行业不正之风经验交流会上的讲话。

群众是我们党的优良传统，群众路线是党的根本工作路线。当前，党中央提出要密切党同人民群众的联系，既是对党的光荣传统的发扬光大，也是新的历史时期我们党能否经受住考验的重大问题。在发展有计划的商品经济、实行改革开放的新形势下，党的各级组织、党的干部、党员都要过好“两关”，即执政关和改革开放关或者叫发展商品经济关。特别是总结东欧一些国家形势变化的教训，在当前提出密切党同人民群众联系的问题更有重大的现实意义和深远的历史意义。它是关系到我们执政党的生死存亡的大问题，关系到党所领导的、亿万人民为之奋斗的社会主义事业最后胜利的大问题，也是关系到当前政治稳定、经济稳定、社会稳定的大问题。东欧一些国家发生的变化，基本教训有两条：一是党的建设没搞好，腐败严重；二是经济没搞上去，困难重重。这就没能实现广大群众的利益，违背了人民的意愿，严重脱离了群众。党的十三届六中全会通过了《中共中央关于加强党同人民群众联系的决定》，其意义十分深远。对我们政府来讲，贯彻全会决定精神，最重要的是抓好廉政建设。在这个问题上，要统一认识，这不是一件小事，不是一般性的机关建设问题。当前，我们强调抓党政机关的廉政建设是不是“左”了呢？不是。大家知道，认识和实践相脱节、主观和客观相背离，是造成“左”或右的根源。“左”就是我们的主观认识超越客观现实。廉政建设已经是广大人民群众强烈要求的一个大问题，是密切党和政府同人民群众联系的关键所在，是我们团结广大群众渡过难关，全面完成治理整顿任务，保证政治稳定、经济稳定、社会稳定的重要措施。我们这些年尽管在廉政方面做出了很大努力，但是问题仍然很多，而且各级领导机关和广大群众的认识差距很大，已经严重地影响了广大群众的积极性。因此，我们必须统一思想，坚定不移地把党政机关的廉政建设切实抓好。

第二，抓政府机关的廉政建设要突出重点。就廉政建设的内容看，当前要着重纠正各级政府机关、干部以权谋私和行业不正之风的问题，这是我们抓好政府廉政建设的两个重点。要抓好这两个重点，关键在于抓住四个方面的工作：一是政府机关党的建设和班子建设。通过党的建设，充分发挥党组织的领导作用、各级领导班子的表率作用和共产党员的模范作用，来保证我们的廉政。只有各级领导班子带头廉政，政府机关在廉政建设上才能有一个好的风气。省政府党组的同志愿意接受大家的监督，认真搞好廉政建设，各厅局的领导班子也要带好这个头。从前一阶段的情况看，各个厅局的班子在廉政建设方面总体是好的，但个别厅局的班子成员也存在一些问题。前不久通报了地震局一名领导干部的处理情况，我们要引以为戒。有这样那样缺点毛病的同志，要抓紧作自我批评，赶快改正，争取领导廉政建设的主动权。自身不廉洁，你怎么能抓廉政建设呢？前几天我还听说，有个副厅长的孩子在中学念书，通过走后门参了军，接着就把参军的手续变成了转业，转业到工厂，然后又到武警部队，并找关系给他孩子任个副班长、获得通令嘉奖，凭着副班长和通令嘉奖这个资格，这个孩子又被送到指挥学院学习去了，人还一直没动地方，都是“飞过海”的。对这样的副厅长，群众怎么能没意见？这件事能办成，说明相关单位搞不正之风的大有人在。若想人不知，除非己莫为。对一些不廉政的现象，群众看在眼里，意见很尖锐。二是抓思想教育，特别是全心全意为人民服务的宗旨教育，这是我们政府机关必须贯彻始终的教育内容。同时，还要抓职业道德教育、遵章守法教育，特别是四项基本原则的教育。三是抓制度建设。今天的会议就是侧重从制度建设上总结了前一段的情况，交流了经验和做法。四是抓监督体系的建设，强化党内监督、行政监督、司法监督、人大依法监督、政协民主监督以及社会监督。

第三，要把廉政和勤政结合起来，开创各项工作的新局面。我们抓廉政建设的目的是要保证全面贯彻党的“一个中心、两个基本点”的基本路线，开创各项工作的新局面，而不能离开党的基本路线为廉政而廉政。当前经济工作的困难还很多，我们各级政府就是要为基层服务，创造性地工作，把国民经济搞上去，这是最大的联系群众。一定要把廉政和勤政结合起来。这几年我们政府机关深入开展的“公仆杯”竞赛活动，就是把廉政和勤政统一起来的好形式。既要廉政，在密切联系群众上做出表率，又要勤政，在工作上开创新局面。过去有的单位工作上政绩很突出，但廉政建设搞得不太好，结果没有被评上“公仆杯”竞赛先进单位；也有的部门廉政挺好，可就是工作一般化、开创不了局面，这也不行。要继续深入开展“公仆杯”竞赛活动，在加强廉政建设的同时把勤政提高到一个新水平，使我们各项工作都有新的起色。当前，基层需要服务的事情很多，遇到的困难比较大，这是我们把廉政和勤政结合起来，发挥作用的很好机会。

结语篇：
心系辽沈　殷殷期望

序《可爱的辽宁》*

（1988 年）

“天行健，君子以自强不息。”这句格言出自古老而充满先哲智慧的《易经》，体现了中华民族刚健、坚毅、奋斗和自强不已的精神。当前中华民族正处在一个伟大复兴的历史进程中，国行健，辽宁正自强不息，励精图治。

了解辽宁，才能热爱辽宁；认识辽宁，才能为振兴辽宁，更好地建设辽宁而奋斗。正是基于这个目的，辽宁人民出版社会同省直、各市的有关部门经过巨大努力，编著出版了这部书。《可爱的辽宁》，是 20 世纪 60 年代到 80 年代辽宁的历史年轮，是我省向辽宁解放 40 周年和新中国成立 40 周年的献礼书，是作为对我省人民进行爱国主义教育、热爱家乡教育，了解辽宁、热爱辽宁的生动教材，也是一部很有价值的工具书。因此，在改革深入发展之际，出版这本书很有意义，可喜可贺。

《可爱的辽宁》以其流畅抒情的文笔、珍贵的资料、精美的图片，描绘了辽宁的历史沿革、自然风光、名胜古迹、物产资源、民族风情，记叙了辽宁的政治、经济、科技、文化等各方面

---

* 这是李长春同志为《可爱的辽宁》一书所作的序。

的状况，特别是党的十一届三中全会以来，辽宁建设事业的新发展、新面貌和新成就。读罢此书，令人不由发出“辽宁可爱、我爱辽宁”的衷心赞叹。

辽宁是国家在第一个五年计划期间重点建设起来的重工业基地之一，被誉为“东方鲁尔”，具有发展经济的诸多优势。新中国成立以来，国家在辽宁投资总额达 555 亿，新增固定资产 426 亿，形成了以钢铁、机械、石油、化工、建材为中心的门类齐全的工业体系，在全国具有举足轻重的位置，拥有丰富的自然资源和人才资源。辽宁位于环太平洋成矿带上，矿种多、储量大，是全国重工业原料的聚宝盆，矿产资源已经探明的有 64 种，占全国探明矿藏总量的 40%。辽宁科技力量雄厚，具有一支宏大的科研队伍，仅自然科学专业人员就有 458000 多人，其中高级科技人员 4000 多人。

《可爱的辽宁》，使人们看到了今天，还展示了未来。经过改革开放，辽宁城乡发生巨变，全省上下同心同德，正在为服务全国、走向世界而积极努力。改革开放使生产力中最活跃的因素——人，最伟大的杠杆——科学技术，像大河开闸一样被解放出来。透过辽宁，看到全国，我们中国的历史，已经来到这样一个重大转折点上——社会生产力和每个人的聪明才智都将得到真正的前所未有的解放，一个光辉灿烂的未来正向我们招手。

《可爱的辽宁》，能够使人们看到几代人的眼泪、欢乐和憧憬，看到我们民族的艰难而又伟大的振兴，看到我们祖国波澜壮阔、多彩多姿的生活。透过它，可以了解过去，珍视今天，追求令人无限向往的明天。

公元 2000 年，已经不再是一个十分遥远的概念。世界经济重心的东移，把中国推上了一个新的历史潮头，辽东半岛被列为经济开发区，历史的机遇和严峻的挑战一起出现，中华能否腾飞，辽宁能否振兴，很大程度上取决于能否抓住国际上出现的有利时机迎头赶上。辽宁省已经确定了辽东半岛发展战略部署，以大连作为辽东半岛的“龙头”，以锦州、营口、丹东、盘锦为两翼，依托以沈阳为中心的中部城市群，发挥沿海地区对中部城市群的辐射作用，把一大批大中型企业和乡镇企业推向国际商品经济的海洋，在竞争中求生存、求发展，千方百计加入国际大循环，大进大出，两头对外，两个拳头一起打，加速发展外向型经济，到国际市场上一显身手。我们这代人，只有切实摆脱贫困，达到小康，走完中华腾飞的第一步，才能无愧于即将到来的下个世纪。我们坚信，再经过几十年的努力，具有中国特色的社会主义必将显示出强大的生机和魅力。

辽宁一定能建设得更加美好*

（1990年6月30日）

树仁、光中并人大常委会各位主任、委员：

首先，我感谢省人大常委会批准了我辞去辽宁省省长的请求。

我到省政府工作4年了，在这4年中，实事求是地讲，确实是按照党中央、国务院的要求和共产党员的标准，严格要求自己，尽心尽力地为辽宁人民努力工作，真心实意地为振兴辽宁作出自己的努力。在这4年中，如果说省政府的工作还有一点成绩的话，除了省委的正确领导、各级干部的支持，也是与人大的支持、监督、帮助分不开的。在我主持省政府工作期间，一直得到了省人大的支持、关心和帮助。我省人大老同志多，熟悉政府工作的同志多，知识界、科技界的同志多，知识面宽、接触面广，有着丰富的经验，为支持、促进省政府的工作出了许多好主意，想了许多好办法，提出了许多切实可行并行之有效的意见和建议，对搞好政府工作起到了十分重要的作用。许多主任、委

---

* 这是李长春同志在赴任河南省代省长的火车上给辽宁省有关领导同志写的一封信。

员、人大代表对我个人都曾给予很多指教，使我们之间建立了深厚的革命情谊。在此，我向各位主任、委员致以最诚挚的谢意和敬意。在我任职期间，由于水平不高、经验不足，没能为辽宁人民办更多的事，还有很多事没办好，还有很多缺点、不足甚至失误，在即将离开辽宁的日子里我也时刻在总结正反两方面的经验，也请各位加以纠正和完善并继续批评、指导和给予谅解。

党中央、国务院决定对省级干部进行交流，这是在新形势下，加强领导干部队伍建设的重大战略措施，不仅对于国家的长治久安，促进社会主义现代化建设具有极其重要的意义，而且有利于干部拓宽视野、增长才干、全面锻炼、全面提高。我作为第一批交流的干部〔1〕，拥护中央的决定，愉快地、坚决地服从中央的决定。党中央、国务院为我提供了一次新的学习和锻炼的机会，我深感任务艰巨，力不胜任。到了河南以后，我一定认真总结、吸取在辽宁正反两方面的经验，发扬成绩、克服不足，在新的环境里更加刻苦学习，向实践学习、向群众学习、向老同志学习，努力工作，与全省人民一道把河南的事情办好，决不辜负党和人民以及家乡父老的期望。

党中央决定派岳岐峰同志到辽宁任职，这是对辽宁的关心和重视。岐峰是一位老同志，政治思想素质和业务素质很强，具有丰富的实践经验和领导才能，岐峰同志一定会把河北的好经验带到辽宁。我完全相信，在他的领导下，省政府的工作一定会干得更好。我恳切希望也完全相信省人大各位主任、委员一定会一如既往地支持省政府的工作，全心全意地支持岐峰同志的工作。

我从大学毕业就来到辽宁沈阳，一晃 22 年，辽宁各级党组织培育了我，是辽宁人民哺育了我，是辽宁一大批立党为公的老同志帮助我成长，是党的十一届三中全会制定的路线把我推到了领导岗位。在奔赴中原的列车上，我思绪万千，我十分留恋着辽宁的改革开放事业，留恋着辽宁的老同志，留恋着辽宁相互支持、团结奋斗的工作环境，留恋着辽宁的山山水水，当然也留恋我美丽的故乡大连，我将把这些化作迎接新的困难的动力，经受新的考验。我深信，在省委省政府的正确领导下，家乡一定能够建设得更加美好。我虽然已经调离辽宁，不能直接地为家乡人民做更多的事情了，但我仍将继续关心家乡的建设和发展，尽可能间接地做些事情。我衷心希望家乡的经济早日腾飞，人民富裕幸福。

我经常想，我是来自基层群众中的普通科技人员，是改革开放大潮把我推到领导岗位的，对党的十三届六中全会的精神更应该身体力行，永做人民的公仆。我也经常想，当前，中国特色社会主义是伟大的探索中的事业，更需要有一大批忠于党、忠于人民的中青年同志努力工作，大胆探索，努力投身到建设有中国特色的社会主义伟大实践。我决不辜负辽宁各级党组织、辽宁人民、辽宁各级老同志的培养教育，努力学习，努力工作。

河南也是我国重要省份之一，无论在历史上，还是在现代都有重要的战略地位，它有着灿烂的历史文化、光荣的革命传统、丰富的资源和优越的交通地理条件，有一大批为中国的解放事业和社会主义革命、建设作出重大贡献的老同志，有以吃苦耐劳、勤劳勇敢而著称的九千万人民。历届班子为改变河南面貌卓有成效的工作，打了一个好基础，我将向老区人民学习、向老同志学习、向实践学习，也向书本学习，提高马列主义水平，把河南作为自己又一家乡，为改变河南面貌，作出自己的最大努力。

河南和辽宁经济有很大的互补性，干部交流可推进省际之间的亲缘关系，辽宁、河南可在很多领域发展经济技术协作。

愿我们在不同的岗位为振兴中华努力奋斗。我再一次向各位主任、委员、人大代表表示衷心的感谢和崇高的敬意。

欢迎同志们来河南。

李长春于赴河南的列车上

1990 年 6 月 30 日

注　释

〔1〕指 1990 年 6 月，中央决定，辽宁省省长李长春调任河南省代省长，河南省省长程维高调任河北省代省长，河北省省长岳岐峰调任辽宁省代省长。

赴中原 *

——答异云[1]并告别辽宁诸同志

（1990 年 7 月 2 日）

学步辽沈得益深，
转战中原增信心。
师长教诲学裕禄[2]，
不才力做后继人。

* 这是李长春同志在离开辽宁省赴河南省工作之际所作的一首诗。

1990 年 6 月 27 日，辽宁省领导班子部分成员在沈阳桃仙机场欢送李长春赴北京转赴河南上任。左一为辽宁省顾问委员会常委葛锡藩，左二为辽宁省顾问委员会常委刘异云，左三为辽宁省委原常委、秘书长罗定枫，右一为辽宁省副省长陈素芝，右二为辽宁省委副书记孙奇，右三为辽宁省委书记全树仁。

附：

送长春赴任河南

刘异云

（1990 年 6 月）

几年辽海友谊新，
转战中原增信心。
河南幸有焦裕禄，
你是当然后继人。

桃仙机场送别李长春

林　声

（1990 年 7 月）

大鹏云翮雄，
喜雨濯蓝空。
半岛潮头立，
中原唱大风。

注　释

〔1〕异云，即刘异云，时任辽宁省顾问委员会常委。

〔2〕裕禄，即焦裕禄（1922—1964 年），山东淄博人。1962 年 12 月起，任河南省兰考县委书记。他带领全县干部群众，同内涝、风沙、盐碱等自然灾害进行顽强斗争，使兰考贫困面貌大为改观。最后身患肝癌，牺牲在工作岗位上，被广大群众誉为“党的好干部”。

附　录

李长春其人其家

周保华　马　义

在沈阳的大街小巷，差不多男女老幼都能脱口唱一句:“沈阳啊，沈阳，我的故乡……”

想得到吗？这首歌词的作者竟是现任辽宁省省长李长春。

其实，沈阳并不是他的故乡。

“祖籍大连，生在吉林，读书在哈尔滨，工作在沈阳，名字叫长春——我是地地道道的关东人。”李长春这样讲。虽然在东北的几个大城市都留下他的足迹，但他最偏爱沈阳。1966 年，22 岁的李长春从哈尔滨工业大学毕业。两年后，他和几个同学一起，扛着行李卷，来到举目无亲的沈阳，一干就是 20 多年。

和他一起来到沈阳的同班同学中，有个贤淑端庄的女生，后来成了他生活中的伴侣。她叫张淑荣，现在是沈阳市一家设计研究院的高级工程师，还担任党委书记兼副院长。

李长春并非名门望族之后，他是吉林市自来水公司一位普通职员的儿子。张淑荣也不是传言中的中央某领导的爱女，她父亲是吉林伊通县一位纯朴、憨厚的庄稼人。她自幼刻苦好学，大学期间表现突出，入党比李长春还早。

长春当了省长，给她生活带来的除了住房比以前宽绰些，剩下的就是数不尽的“苦差事”。用她自己的话来说，就是一身数“职”：省长的炊事员、采购员、接待员。

他们有两个孩子，都在大学读书。儿子随父母学工科，女儿则按自己的兴趣选择了国际金融专业。孩子们的生活、教育，一直由张淑荣“个人承包”。

记者来到他们家，一进门便遇上两手湿漉漉的张淑荣。“入冬了，正忙着腌咸菜——雪里蕻和尖辣椒。”她解释说。

李长春家就在附近的居民粮站买粮，小女儿星期天常去。时间长了，粮站的叔叔阿姨们问：“你们家买粮，怎么不让保姆来？”“保姆？我们家的保姆是我妈！”

的确，身为一名中年知识分子和基层单位的领导，张淑荣在“超负荷”工作。作为一名家庭主妇，她也经常为繁重的家务所累，还要为家里的开支伤脑筋：作为长女，有时给年迈的父亲寄生活费；李长春父亲病故，母亲和妹妹更需救济；供养两个大学生，每月至少要一百五六十元……

多年操劳使张淑荣患有较严重的腰间盘突出症。但她很少抱怨，因为她为无暇顾及家庭的李长春解除了后顾之忧，为李长春的事业插上了翅膀。

作为地道的关东人，李长春身材魁梧，声音洪亮。他给人的印象是朴实、直率，又不乏机警和幽默。

李长春从开始在沈阳一家开关厂当技术员，就“寡言少语，埋头苦干”。这是工人师傅对他的评价。以后，他当过市电器公司副经理、经理、市机电工业局副局长、市委副秘书长、副市长、市长、市委书记。在沈阳市主政之初，他就说过：“我在任期内，一定要为沈阳人民干几件实事，如果干不好，我还回去当我的电器工程师。”

短短 3 年间，沈阳这个历史工业重镇，以一种改革的姿态面对世人。租赁制的试行，破产法的尝试，第一家证券市场的开办，劳动合同制的首次出台……一个个大胆的举动，从沈阳这块“改革试验田”萌生，在全国引起了巨大的反响。沈阳市市长武迪生早就这样说过：“长春同志为沈阳改革立下了汗马功劳。”而不肯谈及自己的李长春总是说：“我只是依靠集体的智慧，在一些具体工作上组织实施罢了。”这并不是一般意义上的谦虚。

改革就是探索，探索也难免存在争议。不管怎么说，沈阳在改革中的成绩是有目共睹的：推行以承包经营为主的企业改革，给沈阳数以万计的工业企业注入了活力；“内引外联”，全方位对外开放，使沈阳向着开放城市迈出了新步伐；以南运河整治开发为代表的城市建设，也取得了巨大的成就……

1985年6月，李长春任辽宁省委副书记，1986年7月，任辽宁省代省长。素以“多做少说”为座右铭的李长春，对自己的要求更为严格。一段时间，李长春似乎从政坛上消失了。一次次的扑空使记者们倍感失望。殊不知，在此期间，他与省委书记全树仁一道跑遍了大半个辽宁，掌握了全省大量的第一手材料。从1987年开始，对外开放的大潮把李长春的视线引到了辽东半岛。两年过去，这个5万多平方公里的对外开放区内已兴建起大连、营口鲅鱼圈和沈阳铁西3个出口加工区；整个辽东半岛1988年出口商品收购额达到61.4亿元，占全省总额的65.2%；地处半岛北端的沈阳桃仙国际机场已建成交付使用；全长375公里的沈大高速公路1990年内也将全线通车……

一段时间以来，社会上流传着种种对李长春“家庭背景”的猜测，尽管不着边际，却让不少人深信不疑，“要不，他那么年轻，能那么敢干?!”确实，他是一个事业上的幸运者：1983年春天，李长春任沈阳市市长时，他是全国大城市市长中最年轻的一个；1986年夏天，42岁的他出任辽宁省代省长，又成为全国最年轻的省长。他不仅执掌着中国最大的重工业基地，而且在改革开放中又推出一系列最早最先的试验。

这一连串的“最”字，对新闻记者们来说，自然产生了难以抗拒的诱惑。因而，无论是出席全国会议，还是在日常工作当中，李长春总是成为记者们最关注的人物。

对记者的追逐，他既有礼貌，又很得体。对提出采访要求的记者，他往往采取一次性“批发”：在适当时候，会同有关部门的领导一起，把各路记者召来，统一介绍各方面情况，回答提问，并借机征询大家对工作的意见。

几年来，李长春曾几次同笔者一起共进“晚餐”：一包“档次”不高的蛋糕。他说：“放心吃吧，这可是专款买的。”原来李长春在报刊发表文章的稿费，有时几乎全部用来购买蛋糕。每当下班后开会或处理紧急文件，就分给在场者每人一份。“稿费买蛋糕请记者吃，这叫专款专用。”李长春风趣地说。

1986 年底，辽宁的一系列改革蜚声海内外，李长春被推举为《半月谈》全国十大新闻人物之一。当笔者询问辽宁省改革开放和经济建设情况时，他胸有成竹，谈吐不凡。论及自己，他却立即声明：“改革是几代人的事业，郭峰、李涛等同志（都曾任沈阳市委书记）为工作打下了一个好底子，我不过是跑完了接力赛中的一棒。”

几句话，封了门。其态度之诚恳，绝不会让你感到这是谦词。

这就是李长春，谦虚、谨慎、诚恳，一贯如此。他是一个普通的人，是时代的潮流把他推上了政治舞台。他很清醒。

去年年初，沈阳下了一场雨雪，路面光滑似镜。一辆公共汽车的司机驾驶不慎，撞上了一辆正常行驶的小轿车。省长李长春正坐在车上。有关部门要对司机予以拘留处分，李长春听说后，马上打电话：“路面太滑，不都是司机的责任，我也是普通的人，千万不能因为是我坐的车子，就对司机处罚。”

作为一省之长，李长春声名鼎鼎，重任在肩。作为一个人，他也和我们许多人一样，在遍尝各种酸甜苦辣之中追求、探索着。

（原载《半月谈》杂志内部版 1990 年第 1 期）

青出于蓝而胜于蓝

刘尊田

1985 年，我在沈阳市委担任秘书长。这年 4 月，中共沈阳市委筹备召开第七届党代会，会前要做好两件大事。一要准备起草一个报告；二要做好换届人选的准备。这次党代会是市委新老交替的换届会议，年过 70 的李涛同志将从第一书记的位置退下来，谁来接班，便成了大家关注的焦点。

选拔培养接班人的问题，早在粉碎“四人帮”后，便提到了日程。当时，大多数老同志在这个问题上的认识是一致的，但是，对其紧迫性的认识，却很不一致。有不少老干部由于受林彪、“四人帮”的迫害，靠边站了多年，如今刚出来工作，椅子还没坐热，又赶上要让位，一时难以转过弯来。还有些老干部担心年轻干部经验少，工作担不起来。

总之，选拔接班人和老干部让路这两个方面的问题，同时提到了全党面前。此前，邓小平同志已于 1979 年 11 月 2 日在中央党、政、军机关副部长以上干部会议上就培养接班人的紧迫性问题，讲了几条意见：

第一，现在我们国家面临的一个严重问题，不是四个现代化路线、方针对不对，而是缺少一大批实现这个路线、方针的人才，缺少年富力强、有专业知识的干部。确定了实现四个现代化的目标还不够，还需要有人干。谁来干？反正靠我们坐在办公室画圈圈不行，没有希望。我们老同志的经验是丰富的，但是在精力这个问题上应该有自知之明。

第二，有少数青年人受“四人帮”的思想体系的毒害很深，至今还不悔悟。1975 年毛泽东要我出来主持中央工作，王洪文就给人说，10 年后再看。10 年后，我们这些人变成什么样子了？从年龄上说，我们斗不过他们，你们能活多久啊？如果现在我们不注意这个问题，将来我们都不在了，或者管不了事了，会有大批受“四人帮”思想体系毒害的人上来接班，会给我们党和国家带来灾难。

第三，老同志现在的责任很多，第一位的责任就是认真选好接班人，其他的日常工作是第二位、第三位、第四位、第五位、第六位的事情。现在的庙很多，每个庙的菩萨也很多，老同志盖住了，年轻人上不来。我们一定要认识到这是一个关系到我们党和国家长远利益的大问题。如果我们在三几年内不解决这个问题，10 年后不晓得会出什么事，我们向党和人民就交不了账。〔1〕

邓小平同志这些讲话，可谓语重心长。从此，选拔接班人的任务便成了全党的第一要务。当时中组部在宋任穷同志主持下刚开过全国组织工作会议，紧接着他又主持专门召开了全国组织工作座谈会，集中研究了选拔接班人的问题。当时沈阳市委第一书记郭峰同志也非常重视，沈阳市委不仅向全市各级党组织传达了中央全国组织工作座谈会精神，而且组织部还制定了一个选拔优秀青年干部的三年规划。

这次选拔接班人的工作与往常有很大的不同。由于“文化大革命”耽误了 10 年，因此，要解决各级领导干部年龄“上下一般粗”的问题，绝不是选拔几个人的问题，而是要由下而上、一批批、一层层地选拔。为了防止“四人帮”那种“火箭式”的突击提干，还要一个台阶一个台阶地上。以李长春同志为例，他 1966 年毕业于哈尔滨工业大学，正赶上“文革”，一直等到 1968 年春才被分配到沈阳开关厂。先到车间工段当工人、技术员，然后被选调到电器工业公司、电器控制工业公司，先任副经理，后任经理，然后才被选调到市机电工业局任副局长、党委副书记。在这个期间，他是经过了14年，先后上了8个台阶。而每上一个台阶，均离不开其曾所在党组织的“伯乐”们的培养和推举。也只有当他们进入到区、局级这一层次时，方能较易进入比较高层次领导的视线之内。恰好，此时李涛同志在郭峰同志之后接任了沈阳市委第一书记，他在原有选拔培养工作的基础上，加快了选拔接班人的步伐。

1981年9月前后，第一批就选了李长春、任殿喜、周勇顺等3位年轻干部，并将他们3位放在市委副秘书长的位置上，以利于近距离地考察和培养。1983年又选拔一批进了市级领导班子，其中有赵金城、李中鲁、刘金增、艾廷隽等。他们都先后经过长期考察培养，是一批政治上可靠，工作上有本事，作风上过得硬，群众信得过的优秀年轻干部。

我于1982年4月到沈阳市委当秘书长时，市委第一书记李涛同志向我交待的一项任务，就是搞好传、帮、带。这话对我来说，就是严格要求自己，以身作则，在政治上多关心年轻干部。于是，我对他们的了解自然要多些。长春、殿喜、勇顺3位同志，确实都很优秀，也各有所长，值得我学习之处甚多。特别是长春同志，由于是中央和省委考核的重点对象，而每次考核，我又是一个重点介绍者，自然对长春同志的情况了解多些，印象深一些，也确有不少感人之处，使人难以忘怀。这是一方面。而另一方面更重要的是，我把他作为当时一批优秀接班人的代表，也是作为当时领导班子集体的代表，实事求是地加以叙述，绝不是为什么人评功摆好，这是市委、市政府领导班子集体活动的重要体现，也是我个人经历中不可缺少的部分。

一、初次见面，耳目一新

我刚到市委机关工作时，长春同志曾约我听他的专题调查汇报。当时他作为市委副秘书长的分工，是协助管工业的书记刘增浩，正在抓企业整顿。他第一次向我汇报的题目，是反浪费问题。他开门见山地说："关于反浪费，我们过去只强调解决跑、冒、滴、漏，注意拣浮财，而浮财拣得差不多了，运动又应如何深入呢？我认为应向深挖底财的方向发展。"不等我问何谓"底财"时，他接着说："所谓底财，既包括产品设计、工艺改进，也包括物化劳动的节约，这方面的浪费，也是很惊人的，其潜力是很大的。"当时，我是边听边想：这若没有专业知识，又不善于思考，是不会想到这一层的。

第二次是谈企业整顿问题，他把沈阳国营企业的现状，概括为"三老两差"，即产品老化、技术老化、设备老化，产品质量差、经济效益差。由此，他便提出了一个新的改革思路。他说："现在就我们企业的现状，就整顿抓整顿不行，必须将沈阳工业企业的调整、改组、联合全面地抓起来，否则将影响整个经济与社会的综合效益。"当时国营工业企业的改革，还处于强调厂长负责制，建立完善责任制和扩大企业自主权的阶段，他却针对我们国营工业企业经济体制和机制上的弊端提出了"调整、改组、联合"的创意，真是令人刮目相看。

对长春同志的上述见解，我还真在意了。根据他的思路，我曾让市委副秘书长刘迎初同志带领研究室对气体压缩机、金杯汽车、机床三厂、标准件厂等，就联合、改组、改造等方面进行了系统的调查研究。我也参与了一部分厂矿的调查。经过反复深入研究，我对沈阳改革开放的总体设想，有了新的思考，终于提出了"三改三开"的方案。所谓"三改"，即对经济体制实行改革；对企业大而全、小而全的组织结构实行改组；对技术设备落后，实行技术改造。所谓"三开"，即对内对外开放，开发新产品，开发人才资源。并将这一改革开放的方案纳入了中共沈阳市委第七次党代会的报告和决议之中。实践证明，"三改三开"的方案，是切合实际、行之有效的。经过几年之后，国家体改委将"三改一加强（加强企业管理）”，作为全国经济体制改革的指导方针确定了下来。

二、胸怀大志，忧国忧民

长春同志任市委副秘书长的时间虽然不长，但显示出他具有较高的理论素养和组织领导才能，经省委考核批准于1982年8月就进入了沈阳市委常委，担任副市长兼市经委主任。他不负众望，在新的岗位不断创造出新的业绩。又经省委考核批准，于1983年4月的市人代会上被选为沈阳市长。从此，在中国的大城市中出现了一位39岁的年轻市长。

长春同志出任市长后，就赶上了市委根据党的十二届二中全会整党决定开展的整党活动。在活动中，他始终坚持高标准、严要求，对照新党章进行检查。为了提高认识，搞好思想检查，主动找我谈心。他说：“尊田啊，有一个问题，还没弄明白，现在总觉得我们社会主义的劳动生产率干不过资本主义。可是，列宁却说过，归根到底社会劳动生产率是决定因素，你怎么看？”当时，我愣了一下，觉得这题目太大，又未曾思考过，只好说：“对这个问题，没研究过，一时说不清，不过有两点我们应该坚信：一是社会主义制度本身的优越性，我们党会千方百计地去充分发挥；二是对资本主义提高劳动生产率的好形式好办法，我们党也结合实际去学习和运用。有了这两条，我想有一天我们会超越的。”

说实话，当时，我对长春同志在整党中能提出那样的大问题，确是又喜又惊。喜的是，他具有共产党人追求真理、光明磊落、不隐瞒自己政治观点的高尚品格。从他提问题的思路看，是直指社会主义与资本主义两种不同制度较量中的一个要害，就是发展社会生产力问题，站得高，想得远。惊的是，在“左”倾思想远没有肃清，而当时整党主题之一又是在思想战线上反精神污染。就是在这种情形下，一位年轻干部竟能直白白地提出那样敏感的问题，着实替他捏一把汗，生怕某些戴有色眼镜的人误解他的本意。一想到1957年反右派、1959年反右倾，有多少好苗子，被扼杀于摇篮之中的情景时，更是不寒而栗。于是当时，我便向他提出建议说："对这个问题的探讨，最好到此为止。"长春同志心领神会地笑了，并说："我这不是向老师请教嘛！"于是，我心中的担忧也随之消除了。

今天想起这件事，还是因为当初"左"倾思想未肃清，我心有余悸，过虑了。当时长春同志提出的劳动生产率问题，归根到底还是我们党一直所关心的"三个代表"重要指导思想中的一个，即先进生产力的代表问题。

三、治理南运河，首举民生工程

长春同志自出任市长后，不断深化对沈阳市情的认识，适应改革和建设新形势的需要，确定新的改革和发展思路，大刀阔斧地带领沈阳人民进行了一系列的重大改革和建设，为改变沈阳面貌和复兴沈阳老工业基地做出了人们难以忘怀的业绩。

在这方面，还是首推综合治理南运河。这是沈阳人民在长春市长领导下，向沈阳最大污染源宣战，开创了民生工程之最。那是长春同志在沈阳市长的岗位上，刚满一年的时候，1984年初一年一届的人代会上，城建界的人大代表就治理南运河提出了一个议案，并获得大会一致通过。长春同志对此议案极为重视，不失时机地与市城建部门一起，经过精心研究，提出一个综合治理方案，并经市政府办公会议讨论通过后，提交市委常委会讨论。常委们认为，这是沈阳市民梦寐以求的大好事，过去的一些老市长也不是不想治理，而是人力、财力和棚户区居民的动迁和安置这三大难题无法解决，就不得不搁置了。现如今虽然已进入了改革开放年代，可是沈阳地方财政收入的状况，仍处于“吃饭财政”的状态。长春同志就是在这样的历史背景和财政拮据的状况下，以超出常人的魄力、胆略和组织领导才能，实行“人民城市人民建，建好城市为人民”的方针，采取军民大会战的形式，按照清理、清淤、绿化、建路、管理五大步一一展开治理工程。

在整个工程建设中，先后组织了两次大会战。一次是从 1984 年 4 月开工到 7 月 1 日的 3 个月中，全市组织了十万劳动大军，一鼓作气将沿线上百万平方米的绿地和棚户区全部清理完毕。接着开凿运河，全市动用了数百万人次的义务劳动，并请驻军出动了一个师的兵力作为清淤、拓宽、开凿运河的主力。到1984年7月1日，共用了3个月的时间，使浑河水源源不断地流进了沈城，从此清水长流。第二次大会战，是从 1984 年秋到 1985 年春，围绕着沿河建带状公园，实施全面绿化，开展全市性的义务劳动，直到 1985 年 7 月全线竣工。

从此，一个从东到西，总长 14.5 公里，总面积 314 万平方米包括万泉、南湖、青年、大东、万柳塘、鲁迅等 6 大公园和黎明、东塔等 19 个游园在内，湖水面积达到 80 万平方米，水陆一体、相互辉映、道路畅通、绿树成荫、鸟语花香、秀丽壮观的带状公园，呈现在沈阳人民面前。它成了沈阳人民休闲的一个好去处，一时间在省内外引起了轰动，人们称之“不设防的公园”，是“人民自己的公园”，并获得国家科技进步三等奖。更使沈阳人民高兴的是，他们有了一位年轻有为的好市长。中央一些领导来辽宁视察工作时，也无不光顾带状公园，而且是人见人夸。宋任穷同志退居二线来辽宁视察兼休养时，我到友谊宾馆去看望他，任穷同志让我带他参观沈阳市容，我领他重点看了带状公园，他一路看，一路赞不绝口。市建委陪同参观的负责同志请任穷同志为带状公园题字，他欣然答应了，并问我：“写什么好？”我便顺口说：“人民城市人民建，建好城市为人民。”并说这是长春同志当初提出的方针。

他立即说："这个提法好。"

四、勇于创新，敢为天下先

1984年初，我在研究沈阳综合改革试点方案时，就曾考虑过如何处置那些严重长年亏损的企业，但因受"关、停、并、转"老框子的束缚，就放下了。当我从中国社会科学院编辑出版的《工业经济管理》丛刊第3期看到《关于企业破产整顿的方案设想》一文后，大开眼界，认为治理长期严重亏损企业，通过实行"破产"是一个新思路。但又担心此举在全国尚无先例，无人敢开这个先河。于是，我想到了勇于改革创新的年轻市长李长春，我便提笔给他写了个便条，并向他推荐了那篇讲"破产法"的文章。不出所料，几天之后，长春同志在一次市委常委会上郑重地提出了这个问题，并胸有成竹地说："我们年年抓扭亏为盈，但是有些企业还是年年亏损，吃财政补贴。所谓'关、停、并、转'，对相当一部分企业来说，往往是关不了、停不起、转不活。最后，只有靠行政命令，让盈利企业吞并它，把一个好企业也拖下水。这种状况不能再继续了，对那些经营不善、长期亏损、整顿无望的企业，就应当宣告破产倒闭。企业有兴有衰、有生有死，方能良性循环。至于破产处理办法，究竟姓'资'还是姓'社'，目前还没有文件依据，大家可以研究。"

我听了长春同志的发言，觉得他讲得既生动又实在，还富有哲理，很有说服力。此时，我手头上正好又有一篇讲企业"破产法"的新文章，刊登于《瞭望》周刊1984年第9期，我从中选了几段，当场宣读，针对一些同志对社会主义搞破产实验，到底姓"社"还是姓"资"的问题，尚有某些疑虑的情况下，我便说："我看它不姓'资'，而本姓'商'，它是商品生产高效率发展的必然结果，是经济发展的客观规律。

社会主义商品经济发展，也不能例外。”于是，常委们纷纷发言表态，一致赞成在沈阳先搞“破产法”试验。

李涛书记最后特别强调，搞“破产法”试验，要从城市集体经济抓起，并责成沈阳市集体经济办公室先搞一个破产试行条例。

会后，长春同志立即召集有关委、办、局开会，先成立了“破产”领导小组，自任组长，亲自挂帅，实行全过程的具体领导，解决了一个又一个的难题。

首先，选试点单位。从沈阳市、区属3000多家集体工业企业中的43家严重亏损企业中，选出经营不善、连年亏损、产不抵债的沈阳防爆器械厂、沈阳五金铸造厂、沈阳农机三厂等3家企业。

1985年8月3日，沈阳市政府举行了新闻发布会，庄严地宣布对上述3家企业发出破产警戒通告，出示了“黄牌”警告。

第二天，中央和省市3家党报都在头版显著位置刊发了沈阳3家企业破产的新闻，引起了国内外的强烈反响。被亮“黄牌”的企业，更是开了锅，五金铸造厂整整一天没有人干活，大家都觉得比别人矮了一截。这“黄牌”警告，使全厂职工震动了，使他们明白了怨天尤人、含羞怕丑都无济于事了，只有迅速行动起来挽救危局，才是唯一正确的选择。在同破产倒闭命运的搏斗中，全厂职工紧紧地团结起来了，对臃肿的机构做了“大手术”，厂级机关干部由40人减为8人，干部分别下车间，层层承包。几名技工提出恢复铸造产品，主动要求承包铸造车间。一些老工人主动出厂揽活，假日也不休息。厂长说：“自亮‘黄牌’以后，生产比以前好指挥了。”由于上下团结一心，积极性、主动性空前提高，该厂1985年当年就结束了连续亏损的历史。农机三厂的干部和职工自从受到“黄牌”警告后，都像变了一个人似的。厂领导说：“职工从来没有像现在有这么高的劳动热情，这才显示出了主人翁的精神。”由于采取了切实整顿措施，自亮“黄牌”还不到5个月，该厂就已走上了复苏之路，当年就实现利润30.9万元。

沈阳防爆器械厂由于各方面素质均很差，整顿无效，只好宣布破产。一些老工人眼泪汪汪地说："这个厂是我们一块砖、一把泥盖起来的，没想到20年后被几个败家子给败了。"

沈阳市政府对3家严重亏损企业亮"黄牌"，也是对所有企业敲警钟，尤其是对那些严重亏损企业的干部和职工震动最大。他们说："市政府这下可动真格的了，如果再亏下去，我们厂也要破产，大锅饭吃不成了。"于是，各厂纷纷采取措施，消除隐患。据有关部门统计，当年年底就有9000多个小型企业摆脱了困境，出现了新的生机和活力。

由此可见，搞"破产法"的实验，不是消极措施，显示了它应有的生命力。当然，一种新事物的出现也绝不会一帆风顺。沈阳"破产法"在诞生过程中，首先遇到的一大难题就是市人民法院提出，只能以立法机关通过的法律为判案依据，地方政府颁布的破产倒闭试行条例，无法执行。经长春同志与各方面研究搞出一个变通办法，决定由市工商行政管理局担任执行部门，当事人如有不服，再向人民法院起诉。这样，解决了这个卡壳问题。总之，《沈阳市关于城市集体所有制工业企业破产倒闭处理试行规定》，是边实验边修改，并于1985年2月作为沈阳市政府法规性的文件正式公布。这是中华人民共和国第一个地方性的"破产法规"。尽管它还很不规范，但已经显示出其应有的生命力，并为国家出台一部《破产法》奠定了基础。

沈阳自从试行了企业"破产法"后，一时名声在外，各地一些新闻记者见到长春同志，出于敬仰，有时不免恭维说："您是我们国家主张实行破产法的第一人。"当听到这样的话时，他都要当众郑重声明："在沈阳主张实行破产法的第一人，不是我，是市委老秘书长尊田同志。"这话是我离休多年后，从原市集体经济办主任高志勋那里听到的。我很感意外，当即向他郑重表示："对长春同志的话，我实在不敢当，在实行《破产法》的问题上，我只是向他介绍了一篇有关文章，只此而已。在沈阳试行‘破产法’的全过程，都是由长春同志亲自挂帅，从决策到组织实施，从选点试验到解决路障，他事必躬亲，一手完成的。”由此可见，长春同志不仅是一位勇于创新、勇于实践、勇于与时俱进的领导者，还是一位见荣誉就让、见困难就上的好带头人，着实令人钦佩。

五、复兴老工业基地，谋划铁西总体改造

1985 年 4 月，长春于李涛之后接任了沈阳市委书记，重任在肩，更加注重调研，多谋善断。他对沈阳重工业基地的认识不断深化，由“三老两差”的认识到确定实施“三改三开”的方案；再由对某一个企业实行单体改造到对铁西工业区实行总体改造设想的应运而生。他当初在市委常委会上提出对铁西工业区实行总体改造的设想时，在座的不少常委刚听到“总体改造”这个词时，都有点发愣，因为当时人们只听说过对某企业实行技术改造，还未听说过对某一地区实行总体改造的。

长春同志向常委们说明，他从计经委和一些大企业管技术改造的同志那里了解到，现在铁西区一些中央部属大企业对技术改造，不仅缺乏技改资金，就是有资金也不愿投。他们怕企业自身改造完了，但城市为企业配套服务的水、电、气等基础设施跟不上，也是枉然。由此，长春同志便提出了对铁西工业区实行总体改造的设想。常委们听到长春这一新论，逐渐加深了认识，统一了思想，最后一致赞成向国家申请批准我们在铁西工业区搞一个“试验田”。

不久，中央领导来辽宁视察工作，长春同志到友谊宾馆做了汇报。回来后，他高兴地对我说：“中央领导当场表态，说这个想法很好，请国家有关部门研究办。”

接着，他让计委先把规划和“沙盘”模型搞出来。1986 年，国家

计委正式批准沈阳铁西区总体改造规划。同时，还划拨了一块“3平方公里左右”镉污染地叫张士异地改造区，并按规定享受辽东半岛开发区的政策。此后，虽然也取得了一些积极成果，但由于当时改革开放的局限性，土地尚不能置换，钱从哪里来的问题仍得不到解决，无法大刀阔斧地进行下去。

随着改革开放的步伐加大和思想的进一步解放，路子是越走越宽。当改革开放的政策发展到可实行以土地置换成资本的时候，就有了今天铁西工业区的脱胎换骨地改造，才有老工业基地改造与城市可持续发展相适应的新局面，才会被国家发改委命名为老工业基地调整改造暨装备制造业发展示范区。这就是历史，也是青出于蓝而胜于蓝，一代胜过一代的历史。

（选自《历久弥新——刘尊田回忆录》）

注　释

〔1〕参见《邓小平文选》第2卷，人民出版社1994年版，第220—227页。

三次不成功的采访

周保华　林 晨　欧阳晓晴　叶奇元

他不愿意接受对他个人的采访，记者虽然见过他三次，但都不能如愿以偿。因此，这里记述的，只能是对他——辽宁省代省长李长春的三次不成功的采访。

去年 12 月，北京香山的红叶尚未褪尽，沈阳已经下了第一场雪。在沈阳南站一下火车，一辆接站的面包车就拉着我们和行李直驶幽静的辽宁省政府大院。

采访李长春是记者此行的主要目的。这位 43 岁的代省长是《半月谈》评选的 1986 年度十位新闻人物之一。

记者还是迟到了。李长春坐在宽大的省长办公桌后，正在向几位记者介绍辽宁明年在改革和开放方面的打算。看来，这次安排得如此神速的会面，并不是要给我们采访他个人“开小灶”。

果然，当他得知记者的意图之后，本来进行得很顺利的谈话，变得艰难起来。

“你们搞‘突然袭击’喽，我可不是什么新闻人物。”原沈阳市委书记，去年 7 月才担任辽宁省代省长的李长春不想做新闻人物。

“本刊选您是有根据的，作为当时的市委书记，您对沈阳改革是做出很大成绩的……”

“改革是几代人的事。郭峰同志、李涛同志（都曾担任过沈阳市委书记）为沈阳改革打了个好底子。我不过是跑完了这个接力赛中的一棒。我没做什么。因此，很遗憾，我不能接受对我个人的采访。”

封口了。显然，记者精心准备的采访提纲成了一张废纸。

他说的是客气话吗？记者不由得想起1985年8月那一次对李长春同样不成功的采访。

当时，沈阳在全国率先进行了小型国营工业企业租赁的试验。第一个租赁企业的厂长凌方遒和第一个出租企业的“老板”——沈阳汽车工业公司经理赵希友，成了这一试验中引人注目的人物。但改革终是难事，租赁也同样受到不少人的非议，赵希友、凌方遒的日子并不好过。然而当时刚刚担任市委书记的李长春却在赵希友组织的一次租赁理论与实践讨论会上撂下了这么几句话：第一，沈阳只有改革才能振兴；第二，市委、市政府支持、鼓励像租赁这样大胆的探索；第三，欢迎全国经济界人士把沈阳作为实践改革方案的试验场。赵希友为市委书记这几句话激动不已，他对记者说：“我们不要市委书记别的，就要他这几句话。”记者当下决定采访李长春，但李长春除了表示欢迎记者到沈阳采访之外，婉言谢绝了记者的几次相邀。

沈阳的改革越搞越出名。股份制的试验推开了，建立破产制度的试验也以对三家企业的“黄牌警告”拉开了序幕。这两项改革与租赁制一并被称为沈阳改革首辟的“三大试验田”，在全国引起了巨大反响。

1986年5月，记者为沈阳改革的突破性进展所吸引，又一次北上沈阳。

虽然间隔只有半年多，可记者又有新的感受，沈阳的改革的气氛更浓了。“三大试验田”长势良好，一系列搞活企业的措施使企业的活力有所增强，市场体系开始形成，一些新的试验又在酝酿之中……采访中，人们除了头头是道地讲起他们的改革，还不时提到他们的市委、市政府，提到李长春。

无论如何也得再访李长春。

这一次，记者接受“教训”，正面攻不上，就采取迂回战术，瞅准一次在市委食堂吃午饭的机会，“抓”住了他。

他果然谈吐不凡，既有领导者的稳健、持重，又不乏机智和胆略。他说到了沈阳改革的一系列进展，说到了在改革中遇到的难题，说到了很多颇有成就的改革者。但给记者印象最深的，还是他对领导改革的灼见：“与中央保持一致，不是要我们只当传达室，而是要做‘变压器’。不敢大胆探索和试验，就谈不上创造，对于改革试点城市来说，这不仅是失职，而且是与中央最大的不保持一致。”

“作为一级党委，要真正搞好改革，我认为最重要的是强化各级领导的改革意识。市委要做的，无非是使方方面面都进入改革角色。”

沈阳的改革之所以有这样的成绩，记者从他的这段话里，似乎悟出了一点道理。

然而李长春还是不肯谈及自己。

三次采访都没有达到预期目的。不过，他的谈话，毕竟为记者提供了一条把采访到的有关他的一些零星材料串起来的“丝线”。

记者想起了采访沈阳市委和市体改办的情景。这些部门的同志谈到，为了强化对改革的领导，李长春在担任沈阳市领导期间，提议成立了由市委、市政府和市总工会三家牵头的市体改指导小组，统一协调指挥全市的体改工作，并强化了市体改办的职能，市里不但赋予其监督、检查各部门改革措施落实的权力，而且还决定：各部门的改革文件必须经过体改办“过滤”之后，才能送上市体改指导小组的办公桌，这叫“一个漏斗出政策”。

去年初，厂长负责制的贯彻曾遇到过一股小小的“寒流”，但沈阳却表现出非同一般的“御寒”能力。虽然也有个别单位“闻风而动”，下文件正式收回厂长对中层干部的任免权，但由于市委稳坐“钓鱼台”，并明确宣布，不经过市体改指导小组的同意，任何回收厂长任免权的文件都不能生效。这一下，不但稳住了全市的阵脚，而且使这一企业领导体制的改革进一步完善和深化了。

强化领导层的改革意识，对李长春来说并不是一句空话。有人告诉记者，市委、市政府每次重要会议，改革是必不可少的议题。李长春还特别重视市体改办，这个部门在他眼里，不但是“过滤”改革文件的“智囊”，也是培养改革人才的地方。沈阳市计经委主任和经济技术协作办公室副主任以及在其他一些主要部门任职的领导干部有不少都是从体改办出来的。近一两年，体改办还轮训了企业各级干部 11 万多人次，使他们了解企业改革的政策和他们应有的自主权。

无怪乎沈阳改革试验多。

当记者向沈阳市市长武迪生提起李长春时，他只讲了一句话：“长春同志为沈阳的改革立了汗马功劳。”记者听得出来，这句话不是一般的奉承。

当然，由于可以理解的原因，人们对李长春的“背景”也有种种猜测。有些人把中央凡是姓李的领导人都给李长春贴上了边，“要不，他能那么敢干？”

其实，他是辽宁省大连市人，父亲是个普通的职员。李长春与中央一些姓李的领导人，只是工作上的关系。他 1966 年毕业于哈尔滨工业大学，在企业里当过工程师、厂长。正因为如此，他知道搞活企业的关键在哪里，知道作为基层干部，最需要上级领导干些什么。要说他有什么“尚方宝剑”的话，那就是中央的改革决定。

一位长期与他一起工作的同志在一次闲谈中对记者说：“长春同志是豁出来搞改革的，他常说干好了是经验，出了差错是教训，不会没用。总怕干坏，恐怕也就永远没有成功。”

1986 年 7 月，李长春调任辽宁省代省长。到省之后，他干了些什么呢？

在他调往省政府工作前夕，有人曾问过他有什么打算。他回答的很特别：“半年之内不讲话。”果然，在此期间，他与省委书记全树仁一道，跑遍了大半个辽宁，掌握了大量第一手材料。

“小智者善于治事，大智者善于治人，睿智者善于治法，我们各级领导同志，要善于抓住改革这件头等大事。”半年以后他开始讲话了，主题还是盯着改革不放。

有两千多名处以上干部参加的省直机关经济体制改革务虚会召开了。目的是增强整体改革意识，推进改革。

省政府颁布了八条规定，放开了企业经营权，受到了全省数以万计的工业企业的欢迎。

辽宁省沈阳改革经验现场交流会由省委、省政府主持召开，沈阳的改革经验即将走向全省。

……

坐在返京的列车上，记者没有感到以往那种完成采访任务后的喜悦。虽然“捞”了不少“旁证”材料，但记者知道由于这位代省长的“不配合”，难以交出令人满意的答卷。但是，记者对李长春更加敬佩了。改革的时代，需要更多李长春这样的领导者。

（原载《半月谈》杂志 1987 年第 1 期）

破产启示录

孟晓云

1985年8月3日，沈阳市政府在新闻发布会上，首次向沈阳市三家工厂发出“破产警戒通告”。根据沈阳市政府制订的《城市集体所有制工业企业破产倒闭处理试行规定》：凡企业资不抵债者，即达到破产倒闭界限。

这一新闻，使工业重镇沈阳广为震动。

“黄牌警告”

1985年8月3日，受到沈阳市政府发出破产警戒通告的三个工厂是：市防爆器械厂、市五金铸造厂和市第三农机厂。对这三家企业从即日起，限期一年进行整顿和拯救；在此期间，政府对他们救而不保，扶持有度，如果企业确实无力再度复苏，即进行破产倒闭处理。

市政府动了真格的，含糊不得了，人们震动了。

被警告的三家工厂掀起了波澜。有的厂长痛哭流涕，感到自己责任重大；有的工人整宿睡不着觉，唯恐自己的厂真有一天倒闭了，自己要去待业吃救济。“黄牌”还真有些威力。8月3日之前，人们还是优哉游哉，“黄牌”一亮，人们一下子有了危机感和紧迫感。这是最后一次机会了，前进或许有出路，后退则无路可走。他们咬咬牙，准备背水一战了。

农机三厂发出了《致全厂职工的一封信》，紧急动员大家献计献策，克服困难，力争在一年内使企业扭亏增盈。不少工人纷纷贴出决心书、保证书，要与厂领导一道，风雨同舟，患难与共，使企业尽快复苏。压力变成了动力，原来因工厂开不了支，一些到街上摆摊做买卖的工人纷纷回厂，有几个要求调动的青年工人也不走了。

工人从来没有像现在这样，关注自己厂的命运。工厂资金短缺，不用动员，群众自愿集资 1.8 万元；八月酷暑，露天作业的工人，不再向厂里伸手要劳动保护，自己花钱买来了草帽；为上新产品加班加点的工人，也没有一个要加班费的，他们把工厂的困难看成了自己的困难。

工人从来没有像现在这样关心民主管理的实现，也从来没有像现在这样计较过上级瞎指挥给自己工厂带来的损失。防爆器械厂的工人开始“议政”：我们这个厂成立二十多年，换了十任领导，厂长和书记的工资关系都不在厂里，说走就走，厂子能办好？往后，不捆在一起干不行，工厂倒闭了，他们也要和我们一起待业！工人们还说，我们厂隶属关系变了六次了，几易厂名，每逢变一次，企业就要乱几个月，今后不能想怎么指挥就怎么指挥了，政企要分开！

过去，应该找什么样的人当厂长，工人觉得与己无关，“大锅饭”体制使职工对于自己的民主管理权利十分淡漠；对于用行政手段瞎指挥给企业造成的损失，他们也并不认真计较，反正有“大锅饭”可吃，何必着急。而如今，一切为之改观，工人变得十分关心，十分认真，从他们的一片议论声中，人们不难体察到，试行破产规定带来了一种前所未有的气象。

被通告的三个工厂中，感到压力最大的是五金铸造厂的厂长周桂英。23.6 万元的资产，三百多工人的前途命运，个人的自尊心，像一块块巨石，向她压来。她的厂在沈阳市已经家喻户晓，听说国外有十几家报纸发了新闻，脸都丢到国外去了！她哭了一场之后，横下一条心：横竖是家喻户晓了，我非要豁出命来干出个样子不可！

周桂英召集了全厂职工大会，把全部责任揽在自己身上："我先后在这个厂干了六七年，厂里长期亏损，没有定型产品，又不了解市场，造成经营决策的失误，全是我的责任。我干得不好，对不起大家了！现在是我们最后的机会，我和你们捆在一起干，一年之内，要让咱厂复苏。"说着，她流下了眼泪，厂里的工人也激动地哭了。

"黄牌警告"似乎是一个无声的动员。全厂职工的精神面貌发生了极大的变化。从 8 月 3 日起，周桂英没有睡过一宿安稳觉，没有歇过一个星期天，四处联系请能人，上新产品，搞技术协作自不必说，工人们也自动提前半小时来上班，厂里上新产品资金不够，他们七八十人筹集了 8300 元。过去大手大脚，现在对原材料谁也舍不得浪费一厘一毫了，大家像居家过日子一样，为厂里计算着，节约着。厂里要换上水道，雇人挖土方，要 600 元，工人们决定自己干。因为要横穿马路挖过去，只有夜里干，傍黑人就凑齐了。寒冬腊月，天寒地冻，又突然下起了大雪，小棉袄能拧出水来。工人没有一句怨言，也没有一个要夜班费的。自来水安装队受感动了，有人挑起大拇指：这个厂的工人不得了！

五金铸造厂的生产上去了，1985 年没有亏损，还盈利 1.5 万元。今年计划完成产值 27 万元，截至今年 4 月，他们已完成了 34.5 万元。谁能想到，破产法规与企业的生命力是如此紧密地联系在一起的呢！

无可挽回

五金铸造厂和农机三厂有了转机，充满复苏的希望，而市防爆器械厂却每况愈下。

防爆器械厂由于企业素质差，技术设备不好，又经营管理不善，致使企业连年亏损，截至 1985 年 7 月底，企业总负债额为 49 万元，而它的全部资产总额才30万挂零，资不抵债，濒临破产。受到“破产警戒通告”后，该厂和它的上级汽车公司均采取了拯救措施，对产品方向、劳动组织和经营管理进行了整顿，该想的办法都想了，但终因企业内在素质太差，无力复兴，拯救没有奏效。债权人三次聚会，一致认为该厂已病入膏肓，不可救药。

濒临破产的防爆器械厂，自然成了思想最为活跃的地方。

工人众说纷纭。有的人对破产有糊涂观念:“干了二十年干出了一个破产规定！”“干了半天倒闭了，我们工人有什么罪？”他们不懂得，破产，乃是企业经营失败的结果，并非由破产规定造成的。

有些人则因为多年吃惯了“大锅饭”，对破产一时想不通，不理解。他们这样议论:“天塌大家死，过河有矮子。别人都兴吃‘大锅饭’，为什么到咱们这儿就不兴吃了呢？”“在沈阳咱们厂是第一个倒闭的，也该给点优惠，照顾一下吧！”“社会主义哪儿来的破产，干了二十年倒成了‘老待业青年’，总得给碗饭吃吧！”“偌大的沈阳城就容纳不了我们这批人？堂堂的沈阳市汽车公司管辖六十多家工厂，把我们分到别的厂去，一个厂才摊几个人？”“这么大个公司，扶我们一把，还能破了产？”

沈阳市汽车公司，这一年多来确实在扶持防爆器械厂，自1985年3月始，它下属的一个经营效益好的厂——轿车三分厂，代管防爆器械厂。然而，“代管”的结果，轿车三分厂背上了沉重的包袱。去年，防爆器械厂调去14名职工到轿车三分厂搞劳务，每人每月劳务费为120元，实际上三分厂并不乏劳力，不过借以维持这14人的开支。仅1985年从三分厂调入防爆器械厂“垫片”等半成品加工任务近20种，加工费达14万余元。说是加工，实际上不过是简单地装配，等于白送加工费，比如“大灯烧焊件”，三分厂自行加工，工本费一角，改由防爆器械厂加工，则付加工费一元，这就叫富厂养穷厂，这分明是用国家的钱去保护落后。

按照传统观念，国家要对这些企业承担无限期的责任，保住一个坐吃山空的厂子，不惜输掉一两个厂子乃至更多的财富，都认为理所当然。保证落后企业永不破产似乎是社会主义的优越性。沈阳市的企业破产规定的实施冲击了这种陈旧的观念，堵住了“大锅饭”的去路，它至少给人们这样几个信号：

一、自负盈亏的企业必须对经营后果承担全部责任，不能只负盈，不负亏。既然企业有自己的经济利益，它就必须承担亏损倒闭的风险。

二、企业的债务必须由企业自身来偿还，当它无力偿还时必须宣告破产，拍卖资产，抵偿债务。

三、宪法所规定的劳动者有劳动的权利，这个权利的实现是有一定条件的。条件是劳动者和生产资料结合。当企业破产时，它的生产资料变卖还债，企业的劳动者就失去一次同生产资料相结合的机会，因此转入待业理所当然，他们必须寻找新的机会。

这样，劳动者将会更加珍惜他的劳动权利得以实现的条件，努力把企业经营好。这样，企业也就真正成为商品生产者和商品经营者的命运共同体，从而焕发出更大的积极性来。

关于破产的种种思考

沈阳市这一重大的改革措施是怎样产生的呢？ 42岁的市委书记李长春，在担任一个工业公司经理和出任沈阳市市长期间，曾经从大量的经济生活实践中，看到这样一个事实：不少职工认为企业经营好坏与己无关，职工的利益和企业的命运挂不起钩来。

郊区有一个直流电机厂连年亏损，职工嫌上班远，工作情绪不高，恨不得工厂早点关门。一个业务员积极跑外承揽任务，工人们却指责他：你那么积极做啥？找不着活儿，厂子快点“黄”了才好呢，那我们就有希望调到市里的厂子去上班了。

其实，这也不能完全怪工人，是吃“大锅饭”的经济体制造成的。企业自负盈亏只负盈，不负亏，工厂办不下去了，就把人分散到其他厂去，结果是穷厂吃富厂；关停并转，对职工无损，工资照发，奖金照拿，干部照当，表面上看，亏损企业少了，实际上从根本上损害了国家的利益。这种体制只能使我们的经济产生恶性循环。

李长春一直在琢磨这个问题，能不能寻找一种办法，使企业的职工真正关心自己的企业，使企业的命运和职工的命运完全联在一起呢？应该是企业经营好了，个人得到利益，经营不好个人也要承担风险。

李长春想到了制订一个“破产法”。地方没有立法权，但是，制订一个企业破产倒闭规定是可以的。

有人说，破产这办法是资本主义的产物，大家一查历史，原来两千多年前的古罗马就有了破产法的雏形，那是奴隶制时代；1909 年的宣统时期，中国曾经公布过《破产律》；而在当今世界，几乎所有国家都有破产法：可见它并非资本主义的专用品。李长春主持市委常委会讨论了好几次，经过热烈的争论，大家取得了一致的认识：破产是商品生产、价值规律的必然产物。

必然的东西，一旦提出来，有时候也会让人大吃一惊的。如果你说社会主义企业有亏损，大家承认；你说可以破产，就不接受了——似乎这中间有什么大是大非的政治界限。辩论是认识真理的手段，辩来辩去，人们看清了破产和亏损的关系，即破产是亏损积累到一定界限的结果。一个企业的亏损额接近或超过了它所拥有的资产，丧失了由自己还债的能力，资不抵债，实际上就破产了。在社会主义的经济生活中，这种现象屡有发生，不过是被国家的补贴和关停并转掩盖着罢了。

沈阳市决心要制定一个关于企业破产倒闭的规定。在法规制订过程中，人们不免有种种担忧。企业破产之后，职工要待业，领取社会救济金，人们能不能适应呢？地方收救济基金是税前列支，是否会影响国家的税收？收救济基金由银行拨款，国家总行规定中没有这一条怎么办？改革还需要配套，先施行破产规定是否妥当？

面对这一系列问题，李长春和市委一班人需要深思熟虑。他们反复讨论，得出如下的看法：

——改革总要面临风险，在我们国家，第一次让一个企业破产倒闭，对社会震动面大，对人们的思想触动大，是毫无疑问的。但是，只要破产企业善后工作跟上，做好舆论工作，提高人们的心理承受能力，问题就不大。要让人们理解，破产是以积极的态度淘汰落后，有利于增强企业和整个经济体制的活力。至于职工个人，由于企业破产倒闭而转入待业，他们可以得到救济金，国家不开“大锅饭”了，但还开“救济饭”，大势所趋，总要有这么一个开头，让人们逐渐适应。

——收了救济金，从账面上看，国家少收了钱，这种税收减少是暂时的，长远看，国家并不吃亏。破产规定将会使更多的企业振作起来，创造出更多的价值。破产规定还会使那些行将破产的企业，发奋自救，直至复苏，重新转亏为盈。为什么不算一算这笔账呢？

——沈阳市是全国城市经济综合改革的试点城市之一，既然允许我们试点，就应该允许我们突破。如果国家规定全部原封不动，如何改革下去呢？

——破产规定办法本身是改革的一环，它和购销体制改革、物价改革、劳动制度改革等一系列改革相互促进，相互制约，相互配套，它既有赖于其他方面的改革，又促进这些方面的改革，不能等所有改革都完成了再施行破产倒闭规定，这也是显而易见的。

于是，经过一段充分的酝酿，1985年2月，沈阳市关于《城市集体所有制工业企业破产倒闭处理试行规定》公诸于众。

（《人民日报》1986年5月11日）

企业改革的探索和深化

——访全国人大代表、辽宁省省长李长春

金 凤

今年3月当选为辽宁省省长的李长春也许是全国最年轻的省长，刚刚43岁，精力饱满。1966年，他毕业于哈尔滨工业大学，在辽宁已工作20年，十分熟悉工业生产。1983年至1985年，他当沈阳市长，积极探索企业改革的路子。租赁制、股份制、转让、破产和经营责任制等纷纷“出笼”，沈阳市成为全国闻名的一个“改革窗口”。

他说：“辽宁是中国的老工业基地，国营企业比重很大，旧的僵化管理模式影响很深。我们紧紧抓住搞活企业作为推进城市经济体制改革的‘牛鼻子’，取得一定成效。”

他谈到辽宁省根据企业的不同情况，正在努力探索企业所有权与经营权分开的各种有效形式，改革企业的经营方式，改进和完善企业的经营机制。

一是在国营大中型企业试行经营承包责任制，使经营者对企业的经营效果对国家承包，将经营者的责权利很好结合起来。这是在厂长负责制的基础上建立起来的，通过厂长任期目标制的方式体现。目前，辽宁省已有400多家企业试行经营承包责任制。厂长和主管部门签订经营承包合同，公证部门公证，同时实行任期终止审计制，使企业经营得到法律保障。

二是在一些小型企业试行租赁经营，全省试行租赁经营的企业已有

827个，经济效果显著。沈阳市32户工业租赁企业1985年产值比1984年增长61.5%，利润增长225%，相当于全市企业平均利润增长幅度的6倍。辽中县17个县属企业长期亏损，试行租赁后全部扭亏为盈。抚顺钢厂钢管分厂今年1月试行企业职工全员租赁，经济效果立竿见影。这个厂去年1月、2月共亏损16万元。今年1月、2月则实现利润111万元，接近去年全年实现的利润。

三是全省已有170户企业试行股份制，其中集体所有制企业50户，原全民所有制企业16户，中外合资企业104户，效果不错。沈阳市机电局216户集体企业1986年上半年比上年同期产值增长12.7%，利润下降1%。试行股份制的18户集体企业产值增长21.38%，利润增长9.1%，对比鲜明。

四是对少数经营不好、濒临破产边缘的小企业进行了资产转让拍卖和宣布破产倒闭的试点。沈阳市皇姑屯建华副食门市部原来连年亏损，国家一年补贴2000多元。招标9000元拍卖后，给国家一年上交税额2000多元。1985年，沈阳市有3户企业受到破产“黄牌警告”，1986年一户破产。现在，这个破产企业的职工都已妥善安置。

在企业内部配套改革方面，李长春同志介绍了辽宁省取得进展的成就。辽宁省已有1400多户全民所有制企业实行厂长负责制，约占企业总数三分之一。他们准备在“七五”期间，全省大中企业普遍实行厂长负责制。企业内部分配制度的改革在继续完善。他们探索了在企业内部落实各种形式经济责任制的办法：开展了以产品开发和产品销售为重点的大包干；推行把奖金同套改工资捆起来使用的办法；85户企业试行工资总额与上缴利税挂钩；部分具备条件的企业、车间或工序试行计件工资或浮动工资；对脏、累岗位试行岗位津贴制等。去年10月起，辽宁普遍实行劳动合同工制，合同制工人数量今年将达到27万人。

为了适应企业的改革，辽宁省各级政府正在探索由过去对企业的直接管理转向间接管理的途径。省市政府下达的指令性计划已大大减少，80%的省直企业已经下放。丹东市已全部撤销各工业局和行政性公司，改为行业办公室，主要面向行业服务。李长春同志说，现在企业的负担太重，干扰过多。辽宁省政府下决心减少不必要的会议和形形色色的检查团、检查组和检查评比，严格禁止乱摊派，给企业创造全力搞生产和进行改革的良好环境。他明确提出，各级人民政府应面向企业，认真为生产单位做好服务工作，不给企业添麻烦。他特别强调，党政领导要一起给社会主义企业家的顺利成长创造适宜的条件，要提高企业家的地位，尊重企业家的复杂劳动，为企业家的开拓、创新铺平道路。他还希望唤起全社会的注意，多为搞活企业服务，不要“刮企业”、“吃企业”和“卡企业”。公检法系统要成为企业家探索改革的强大法律后盾，基层政权和水、煤、电、气等公用事业单位要服务上门，为企业生产、改革提供方便。

李长春同志深思地说，搞活企业的难度很大，企业改革的风险也不小。辽宁省国营企业搞活的不到半数，市场调节机制和以间接管理为主的宏观管理体制还没有真正建立起来。企业改革任重而道远。他希望而且相信，在新的一年里，辽宁省的企业改革将进一步向纵深发展，迈出新的坚实的步伐。

（《人民日报》1987年3月29日）

辽东半岛：开放“列车”将加快速度

——访全国人大代表、辽宁省省长李长春

胡孝汉　孟宪民

七届全国人大代表、辽宁省省长李长春近日向记者谈到，辽东半岛经济开放区的工作规划正在拟订，鼓励外商前来合作的优惠即将公布。在参加沿海经济发展战略中，辽东半岛这列“开放列车”将凭借资源、工业和技术上的优势，在富有“辽东特色”的开放之路上，加速驶向国际市场。

辽东半岛经济开放区包括沈阳、大连、鞍山、盘锦、营口、辽阳、丹东和锦州等8个大中城市及其所属的16个县，总面积5.3万平方公里。李长春说，辽东半岛开放的主体设想可概括为：一个龙头、两手齐抓、三个示范区、四个基地、五口通商。

一个龙头。以大连为开放龙头，使其成为国际金融、旅游、贸易的中心城市，成为东北地区开放的窗口。

两手齐抓。一手抓乡镇企业，使其成为出口创汇的重要力量。另一手抓国营大中型企业参与国际竞争和交换，以期获得改造老企业的技术和设备，进而改善国内经济循环的水平。

三个示范区。建设好大连经济技术开发区；建好营口鲅鱼圈出口加工区，主要搞好三来一补、出口创汇，内资、外资均可；建好沈阳铁西工业区，主要是利用外资改造老企业。这三个示范区都准备划出一块地方，允许外商承租和包片开发，并允许按规定转让使用权。

四个基地。逐步把辽东建设成出口创汇基地、替代进口基地、引进消化吸收转移基地、培养人才和传递信息的基地。

五口通商。进一步加强丹东、大连、营口、锦州、辽滨（盘锦）五个通商港口的建设，带动沈阳、抚顺、本溪、辽阳和鞍山等组成的中部城市群，梯次向内地展开。

李长春说，辽东半岛的对外开放一定要紧密结合辽东半岛的实际，发挥这个半岛具有的资源、工业和技术优势。他把这一总的思路分解为“三个结合”：

一、“两头在外”与“一头在外”相结合。辽东半岛与其他沿海城市不同的是资源丰富，拥有110多种矿产资源，铁、菱镁、滑石、铜、金刚石等矿储量占全国第一位，煤、石油、天然气和有色金属以及水产资源也很丰富。因此，在实施沿海经济发展战略时，辽东半岛不必样样照搬“两头在外”的原则，只要资源情况允许，就可以走提高加工深度，先把产品打入国际市场的路子，实行“一头在外”。

二、出口创汇与替代进口相结合。辽东半岛8市是我国重工业基地，担负着为国民经济提供重大装备和原材料的重任，不能所有大中型企业都参加国际交换竞争。因此，在发展出口创汇的同时，要利用外资或与外商合作生产替代进口产品。

三、劳动密集型与技术密集型相结合。辽东半岛技术力量雄厚，各类科技人员有80万，在全国居先进行列，有各类科研机构300多家、高等院校60多所，为发展技术密集型经济提供了技术人才和劳务大军。

李长春还说，辽东半岛经济开放区目前已着手进行以下几项工作。

——将在100个向外商开放的企业里大力推行“一厂两制”，即在一个工厂划出一个车间或分厂，在国际上招标，与外商合作，这就形成在一个工厂内有两种所有制（全民所有制、中外合资所有制）、两种管理体制（国内管理体制、按国际惯例管理体制）。同时，还赋予100家大中型骨干企业直接对外贸易权。

——省里把利用外资项目的审批权下放给辽东8市，各市将简化审批手续，改各部门盖章流水作业为专门机构盖章，把百十来个章合减为几个章，并相应进行外贸体制改革。

——进一步改善投资环境。

（《瞭望周刊》1989年第16期）

在实践中开拓前进

——李长春同志谈深化农村改革的几个问题

纪和德　李生泰

金秋，东北农村瓜果遍地，秋谷登场，到处显得富饶丰足，绚丽多彩。九年来，党的农村改革、开放、搞活的政策犹如春风化雨，滋润了东北大地，结出了丰硕的成果。在党的十三大召开前夕，我们访问了十三大代表、辽宁省省长李长春同志。他今年43周岁，曾以勇于开拓、锐意改革而被评为1986年全国十大新闻人物之一。

“党的十三大主题是加快改革，请你就如何深化农村改革，谈谈你的看法。”

这位精力充沛、思路敏捷的省长听了我们的提问后，略作思索，就向我们谈了他对农村深化改革的看法和设想。他谦逊地说，农村改革问题，我们刚上点路，正在实践中探索、思考。他接着说，农村九年来的改革实践，存在的问题还不少，我们必须拓宽视野和思路，注意在实践中不断解决改革中出现的新情况、新问题。比如以千家万户为生产单位的生产方式与一部分农民迫切要求分工分业，尽快实现专业化、集约化、社会化生产的致富心理的矛盾；商品生产者生产计划的安排与社会主义市场对农副产品品种、数量和质量要求的矛盾；土地过于分散经营与大面积采取现代化科学技术推动商品生产向更高层次发展的矛盾；农民手里的资金和自身劳动的投向与加强农田水利基础建设，改善农业生产条件的矛盾，等等。这些问题都要求我们在实践中不断探索、开拓。

“你所列举这些矛盾，是当前农村普遍存在的矛盾，它已经或正在成为农村深化改革的障碍，应采取哪些办法加以解决好呢？”

听了我们的提问，李长春同志说，就辽宁省农村当前的实际情况看，应着重做好以下几点：

——发展集约化经营。辽宁省土地资源少，人均占有耕地仅1.5亩，正常年景粮食产量人均只有300多公斤，就是丰产年也不过400公斤。因此，如何使粮食生产长期稳定地发展，是摆在我们面前的一个重要课题。我们既要稳定家庭联产承包责任制，又要加快粮食生产速度，一条重要的途径就是实行粮食生产的集约化经营。根据辽宁省的实际情况，大体可以采取三种类型：一是劳动密集型，二是资金密集型，三是技术密集型。在那些分工分业层次较高，从事二、三产业为主的农户较多的地区，可以在不动摇家庭联产承包责任制的前提下，本着自愿互利的原则，鼓励一部分农户把土地转包给种田能手，实行资金和技术密集型的集约经营，有计划地发展一批实力较强、具有示范作用的粮食专业大户或家庭农场。为了促进这种转化，可以实行土地有偿转让。而在那些目前大多数农户还离不开土地的地区，则以劳动密集型集约经营为主，在改变农业生产条件、提高单产上下功夫，科学利用土地资源，扩大复种指数和间、混、套种面积，实行精耕细作，达到总产的稳步增长。不论采取哪种类型的经营，都应当完善社会化服务手段。沈阳市新城子区财落堡乡大辛二村，由集体经营组织实行统一种植计划、统一机耕、统一集肥施肥、统一播种、统一打药、统一送交征购粮，其余农事活动由农户分散去做，并积极创造条件，使土地逐步向种田能手或专营种植业的农户集中，为大规模发展集约经营打了基础。当然，在实行适度规模和集约化经营中，必须注意因地制宜，不能搞“一刀切”，更不能搞强迫命令。

——完善农业的投入机制。实行家庭联产承包责任制以来，农业投入机制不完善的矛盾日益突出。一是农民向土地的投入减少，白茬地增多，久而久之，土壤板结，地力下降，后劲不足。二是农民的投入与土地承包合同没有紧密挂钩，对投入的多少我们还缺少必要的制约手段。三是乡、村集体公共积累比较单薄，许多地方的公共提留主要用于干部的补贴，没有用到增强农业后劲上，甚至提留量本身就不含有公积金。四是国家提高粮价、对农业减税让利等政策带来的好处，基本上都间接地转入了农民的消费基金，一些县乡热衷于搞楼堂馆所，没有直接往农业上投。要解决这些问题，主要是把农村的投入机制完善起来。首先，要建立各级发展农业的专项基金。国家和省、市要建立这项专项基金，县、乡、村更要建立这项专项基金。县一级除预算内的农业投资外，应当把上级从财政体制上多让给基层的超收分成部分和贫困县减免的税金，集中起来用于建立发展农业的专项基金；乡、村两级要合理利用国家和地方对乡镇企业税收上的照顾，把由此而得到的好处主要用于就地“以工补农”上，建立基层发展农业的专项基金。其次，要认真用好农民的劳务积累。除国家规定的每个农村劳动力每年要出 15 至 20 个义务工用于治理大江大河等农田水利基本建设外，乡、村都应当围绕土地的田间基础设施适当搞一些劳务积累。这个问题省里还要进一步研究，搞点小立法，用行政手段保证实施。第三，要坚持农村公共积累的提留，特别是用好公积金，保证农业投入逐年有所增加，同时又要注意提留比例得当，防止过多增加农民的负担。第四，要把农民向土地的投入纳入承包合同之中，根据承包土地的数量和质量，确定一定的投入比例，按执行的好坏，实行有奖有罚。

——完善农村社会化服务组织的经营机制。农村商品生产的发展，必然要求提供更广泛的产前、产中、产后的社会化服务。社会化服务水平的高低，又是农村第二步改革能否深入下去的关键。有计划地建立健全一批社会化服务组织，比如技术推广站、机耕站、种子站、林业站、水利站、运输专业队、积肥专业队等，可以说是当务之急。农民迫切需要一些这样的服务组织为他们提供服务，但不欢迎把他们办成官办的“衙门”。因此，我们要建立一批富有生机活力的服务组织，使它们成为企业的经济实体，通过有偿服务或承包、租赁，实行自负盈亏，使他们的报酬与劳动成果挂钩，改变过去吃“皇粮”的状况。

——完善农村各业的利益调节机制。农村商品经济的深入发展，农民在比较效益的驱使下，对商品生产还带有一些与宏观经济不相符合的盲目性，继而使农业生产出现了不稳定性。比如沿海地区出现了把水田、盐田改为养对虾池塘，辽南地区出现把平原耕地改建果园，大中城市郊区出现大面积占用耕地发展乡镇企业等一些新情况、新问题。在农民负担上，各业之间明显存在不均衡性。所有这些，都存在一个利益调节问题。这些具体利益仅仅依靠国家、省、市通过经济杠杆来调节是不够的，还必须由乡、县、市从本地实际情况出发，从完善有利于各业发展的调节机制中来寻求出路。比如，凡是占用耕地发展乡镇企业、栽植果树的，可以从其收入中适当征收土地垦复金，用于土地的投入。对滩涂养殖业，可以征收一定数量的资源费，用于补农，等等。

——巩固和完善农村双层次经营体制。如何使家庭联产承包责任制逐步走向社会化大生产，除大力发展社会化服务体系外，一条很重要的途径就是从服务入手，迅速完善乡、村一级集体经营层次。实践证明，凡是双层次经营比较完善的地区，一般都开始进入到农村商品生产的新台阶；凡是没有形成双层次经营体制的地区，一般都是农村商品生产处于徘徊不前的状态。因此，在农村第二步改革中，我们一方面要通过完善农村双层次经营体制，为农民提供优质服务，解决一家一户不易解决的难题，诸如生产资料的供应、农副产品的销售、优良品种的推广、病虫害的防治，以及积肥、机耕、运输等，由集体层次扶持农民发展商品生产，提高经济效益。另一方面，还要以服务为桥梁，把一个一个家庭生产单位与社会化大生产联系起来，组织农民向商品生产的深度和广度进军。

（《农村工作通讯》1987 年第 11 期）

改革要成龙配套

——访沈阳市市长李长春

何珊珍

李长春是沈阳市的第九任市长，今年刚满40岁，向以热心支持改革著称。当前，面对城市经济改革这样一件大事，他又有些什么打算呢？ 6月11日晚，他利用下班后的时间接受我的采访。

李长春同志坐下来，就开门见山地说：要进行城市经济改革，就要认真分析市情。沈阳有许多有利条件：现已探明，我市的南郊、西郊和北郊有丰富的褐煤、焦煤和油气资源；机械工业规模较大，能为国家提供成套的冶金矿山设备、机泵阀等通用设备、高压输变电设备以及车、钻、镗等金属切削机床；有较强的综合开发能力。我们要让全市人民了解市情，振奋精神，共同振兴沈阳。

说到这儿，李长春的脸上现出喜悦的神情。他说：改革的浪潮势不可当，沈阳市的改革形势喜人，也逼人。今年1月到5月，全市工业总产值比去年同期增长12.2%，上缴利润增长46%，出现了多年来少有的好形势。但老工业基地也有它的弊病。沈阳市的经济工作，受旧的模式影响很严重，习惯于搞单一全民所有制结构，搞高度集权，单一的计划调节的习惯势力根深蒂固。谈到这里，李长春情绪激动地讲了一件事情：有位日本朋友要为我们无线电三厂搞一条电容生产线。按制度规定，要得到省、市有关部门批准。于是，一系列烦琐的交涉，各种各样的扯皮开始了，足足扯了两年多时间，也没有办成。这位日本朋友感叹地说："在中国要办成一件事，实在不容易啊！"说到这里，李长春显出有点焦虑和不安，他深有感触地说："解决这类问题的核心是改革，不改革，就没有出路！"

"沈阳市城市经济改革，今后有什么打算？"

"改革要配套进行"，李长春回答我的提问。他举例说明沈阳市在技术老化、设备老化和产品老化方面的问题，以及沈阳市面临的挑战。李长春说：多年来，国家没有在沈阳建设较大的新项目，使我们生产和技术储备不足。面临着世界新技术革命的严重挑战和国内其他地区激烈竞争的挑战，我们怎么办？只有一条，就是要只争朝夕地搞改革，在挑战中取胜。如果我们这一代人不抓紧时机把改革搞好，就要上愧于革命前辈，下愧于子孙后代。

这时，他沉默了片刻，然后着重说了沈阳市正在进行的改革。他说：改革要打总体战、立体战，要深入各行各业，各条战线，深入生产关系的各个领域，也要促进上层建筑领域的改革。这样才能形成一股联合的力量，加速改革的步伐。我们正在进行利改税的第二步准备工作；简政放权，增加企业活力；改革商品流通体制，筹建三个贸易中心；改革科研体制，适应经济建设需要；改革建筑业管理体制，等等。李长春还说：市里成立改革办公室，对各行各业各条战线的改革，正在抓紧组织实施。有些则选择少数单位试行摸索经验，使之逐步完善。

最后，李长春同志严肃认真地告诉我：改革中每前进一步，都会遇到习惯势力的阻碍和"左"的思想干扰。没有上下左右配套进行改革是不行的。我们的干部队伍肩负着执行党的路线、方针、政策的重任，干部工作成绩也要考核。干部的工作成绩和贡献大小，虽不像从事物质生产的工人、农民那样直接和明显，但是他们所管辖的地区，所领导的单位，所分管的工作的成绩大小，也是可以衡量的。所以我们提出要改善和改革各级政府的工作。市政府实行各级负责干部任期制、机关工作人员招聘制，以提高干部的素质，适应改革的需要。

告别李长春市长后，我默默地思考，最近国家赋予沈阳相当于省一级的权限，对 1000 万元以下的技术改造项目和用外汇 500 万美元以下的技术引进，市里就可以审批了。沈阳，这个古老的城市，在热气腾腾的改革中，用不了多久，将以崭新的面貌腾飞，为国家作出新的贡献。

（《辽宁日报》1984 年 6 月 16 日）

抓落实　干实事

——李长春察看桃仙机场等工地纪事

贺修俊

5 月 25 日，李长春同志来到桃仙机场建设工地，尽管刚下过暴雨，满地泥泞，但是工地那热气腾腾的景象，那标志着进度的跑道、候机楼等建筑物，使来访者高兴了。

桃仙机场本是“八五”计划内容，后来出于辽东半岛开放的需要，一再提前，现在已聚集了万人建设大军，昼夜赶班，有可能在辽宁解放40 周年纪念日（11 月 2 日），建设成为能起落大型飞机的机场。工地副总指挥张树远汇报说：“机场跑道 3200 米，能够起落一次航行 12400 公里的大型飞机。在这个航距内的美国旧金山、苏联莫斯科、日本东京，都可以直飞了。”

“国家民航很重视桃仙机场的建设。”吕风昌副总指挥补充说。

李长春说：“我们现在的任务，就是加紧工作，保质保量完成。你们能行吗？”

“省长同志，我今天不说熊话，但是，剩余的工程量太大了，我还不能说准话。请您 8 月 15 日再来，我们争取那时不说熊话。”张总坦诚地说。

“好，那时我再来。”李长春深情地说：“人的价值是什么？就是在他有生之年，能为国家为人民办点实事。而要办点实事，不付辛苦是不行的。不过，人民是不会忘记他们的。”

下午，在铁西新工业开发区，李长春同前来这里开发和考察项目的同志交谈中，敏锐地发现这个开发区宏观没搞活的原因。他明确指出，之所以没有搞活，主要在于思想没有解放，没有摆脱掉旧的兴办工业区的模式。他说：“我们沈阳，较深圳、广州，地理条件就差了一些，如果我们不在投资环境上下功夫，我想外商是很难来的。我们首先要把‘七通一平’搞好，把国家和省给你们的政策用好，一定要学会用经济的办法搞好开发区工作。我们有些同志只干允许干的事，而不是像南方人那样，不干不许干的事，除了不许干的事，其他什么事他们都敢干。这种差距，应该引起我们特别是领导同志的深思。”李长春一席话，说得大家点头称是。

（《辽宁日报》1988年5月29日）

市长跟市民更接近

——沈阳市设市长公开电话之后

何珊珍

沈阳市政府市长公开电话（28011），从9月18日设置至今的两个多月来，每天铃声不绝。到10月末为止，群众共打来电话1227次，反映问题1336条。市政府领导特地抽调政策水平高、对沈阳情况熟悉、对工作认真负责的三名干部，昼夜值班接电话，节假日也不间断。他们对群众来的电话，分类造册登记，把带有普遍意义的建议和要求，直接转给市长。对市长阅批后的问题转达处理，督促落实。此外，对于能直接答复的问题，有关部门或值班同志当即答复。基本做到件件有回声，事事有着落。广大群众对市长设公开电话十分满意，他们说，从这件事上看得出，人民政府在想方设法为人民服务，一根电话线，连接着百万人的心，市长和市民更接近了。

人民群众生活急需解决的一些问题，过去群众曾经来信向市政府反映过，但因层层往下转，信件老在有关单位之间“旅行”，长期得不到解决。现在市长们对群众反映的问题，办与不办，该怎么办，都有比较具体的意见，采取措施保证落实。沈河区小西路四段建华北里十号大院的居民，多年来吃水困难，10月初的一天，他们向市长公开电话反映这个情况，市政府领导立即责成市公用局和自来水公司认真解决。10月25日，这个大院安上供水栓，吃水难的问题得到解决，全院老幼皆大欢喜，并给市长写信表达他们的感激心情。市灯泡厂职工反映，沈阳市现行的从 11 月 15 日到来年 4 月 15 日的供暖期，是新中国成立初期东北地区统一规定的，已不适合沈阳地区气候变化的实际情况，建议提前供暖。市房产部门到住户中征求意见后，决定从今年起，采暖期提前一个星期，即从 11 月 8 日起，到来年 4 月 10 日停止。这一新规定，受到广大居民的欢迎。

在市长设公开电话的推动下，一些跟人民生活直接相关的部门，如房地产局、第一和第二商业局、公用局、粮食局、物价局等，也建立领导同志公开电话。市公用局设立局长公开电话后，已处理和解决煤气供应不足、少数电车和汽车甩站等五个问题。皇姑区北陵大街一带煤气压力不足，群众反映做饭困难，市公用局局长深入现场指挥，将北环高压管线临时改为中压管线，并新建一处调压站，这一带居民用煤气紧张的状况即将得到缓和。

市长们认为，通过设公开电话为群众解决切身利益问题，是自己应尽的责任，而不是额外负担。这条密切联系群众的重要渠道，需要经常保持畅通。目前他们正在对存在的问题研究改进办法，以便把市长公开电话的工作进一步做细做好。

（《辽宁日报》1983 年 12 月 5 日）

省长和咱交朋友

——辽宁省辽阳县农民姚绍家口述

夏阳、张怀京整理

我叫姚绍家，今年 60 岁，是辽宁省辽阳县黄泥洼镇头台子村农民。谁能想到，我这个种了 40 多年地、满脑袋高粱花的庄稼汉，竟和省长交了好几年朋友。

那还是 1987 年刚开春的时候，天上下着毛毛雨，院子里的泥水没过了脚脖子，李长春省长走进了我的家。他坐在东屋的炕沿上，和我唠起了庄稼嗑。我告诉省长，我和 3 个儿子总共承包了 510 亩地，乡亲们都说我的胆子比倭瓜都大。长春同志对我说："老姚啊！种田不能靠胆子，还得靠科技。你得在这方面多动脑筋。"我向他反映了下边"三挂钩"不落实、群众意见大的问题，他说："你告诉乡亲们放心，省政府一定想办法解决。"过了没几天，省里、市里和县里都采取了不少措施，大伙儿气顺了，心劲又足了。

打那以后，省长每隔半年左右就到我家来看看。前年冬天刚打完场，长春同志又来到我家。听了我介绍的生产情况，他笑着告诉我："你光交我这个省长朋友不行，还得和科技人员交朋友。"后来，他还几次从沈阳给我寄来科技资料。按照长春同志的主意，我把农科站的同志请到家，老老实实地当学生。光这还不行，我又花 4000 多元钱打了一口井，扩大了水田面积；花 2500 多元买回播种机和打药机，试验药剂除草免中耕。这一下可好，我地里的庄稼比别人地里的高一头。到了秋天一上秤，55 亩大豆收了 167 麻袋，亩产超过 250 公斤，玉米亩产超过 600 公斤，这在以前连想也不敢想。去年大旱，我家的粮食总产达到 25 万公斤，卖给国家 23.5 万公斤。要是从 1984 年算起，我家卖给国家的粮食超过了 140 万公斤。

3 年工夫，省长到我家来了 6 趟，连我小孙女巧慧的名字都是他给起的，他看过我家的地，看过我家的机器和猪圈，就是没吃过我一口饭。我三儿子早先当过鞋匠，他给省长做了双鞋，可省长说啥也不要。这下我有点火了："咱俩是朋友，我不想给你送礼，是盼着你穿上这双鞋，多踩踩咱庄稼人的门坎儿。"长春同志笑了，临走时还是给我撂下 20 元钱。

听说李长春省长的"农民联系点"不光我一家，还有好几户。要是上头的干部都像他这样，跟咱庄稼汉交上贴心的朋友，那该有多好！

（《人民日报》1990 年 1 月 22 日）

20世纪80年代辽沈地区改革开放大事选编

1982年

2月10日　中央决定，辽宁省除沈阳市已先行对外开放外，又新增加大连、鞍山、抚顺、丹东、辽阳、营口、本溪为对外开放城市。

11月29日至12月3日　中共辽宁省委、省政府召开全省第三次轻工会议和技术改造工作会议，强调技术改造是达到“三上一提高”（上质量、上品种、上水平，提高经济效益）要求的主要手段。

1983年

1月14日　中共辽宁省委、省政府决定，选拔大批技术业务骨干进领导班子。

3月30日　经中共中央和辽宁省委批准，中共沈阳市委和市纪委新的领导班子组成。李涛为市委第一书记，王丹波、李长春、任殿喜、邓仲儒为市委书记。

4月8日　沈阳市九届人大一次会议选举李长春为沈阳市市长，成为当时全国最年轻的省会城市市长。

6月26日　中共辽宁省委、省政府召开全省城镇集体经济工作会议，要求加速城镇集体经济的发展。

8月2日至5日 辽宁省利用外资工作会议在沈阳召开。会议总结交流了全省利用外资工作经验，制定了工作措施。

9月18日 沈阳市政府在全国设置开通首部市长公开电话，畅通联系群众的渠道，为群众解决实际问题。

1984年

1月5日至11日 辽宁省农村扶贫工作会议在沈阳召开。会议交流了在农村实行联产承包责任制的新形势下，做好扶贫工作的经验。

1月5日 中共沈阳市委召开市直机关整党学习动员大会。

1月20日至25日 中共沈阳市委第一书记李涛，市委书记、市长李长春等率队赴大连学习利用外资、引进技术的经验。

2月7日 中共沈阳市委召开常委会议，专门讨论研究利用外资、引进技术问题。

4月1日 沈阳市军民共建南运河带状公园开工典礼大会举行。

4月14日至15日 中共沈阳市委召开经济工作会议，研究如何进一步扩大国营工交基建企业自主权、搞好城市集体经济改革、提高经济效益等问题。市委第一书记李涛在会上作报告。

4月21日 中共沈阳市委、市政府决定在沈阳轧钢厂和中捷友谊厂等30户国营企业试行厂长负责制。

5月15日 中共沈阳市委召开流通体制改革工作会议，讨论研究改革商品流通体制和扩大商业企业自主权问题。

5月16日至17日 中共中央总书记胡耀邦结束访朝后到辽宁视察。在沈阳期间，听取李贵鲜、李长春分别代表辽宁省委和沈阳市委所作的关于经济工作的汇报。

5 月 18 日　国务院批准兴办大连经济技术开发区。

5 月 21 日　沈阳市政府决定，在沈阳市 30 户国营企业中试行厂长负责制。

6 月 20 日　营口港鲅鱼圈港区正式开工建设。

6 月 26 日　国务院批准丹东市为全国经济体制综合改革试点城市。同日，丹东市委、市政府制订了丹东市经济体制改革实施方案，并开始进行改革试点。

6 月 28 日　沈阳汽车汽油泵厂试行租赁经营，这是我国第一家实行租赁经营的国有小型工业企业。

7 月 1 日　沈阳市南运河带状公园第一期工程——整治河道胜利竣工，正式开闸放水。

7 月 12 日　国务院同意沈阳市进行经济体制综合改革试点，实行计划单列，并赋予省级经济管理权限。

7 月 13 日　国务院同意大连市进行经济体制综合改革试点，实行计划单列，并赋予省级经济管理权限。

7 月 26 日　国家交通部和辽宁省政府联合召开丹东大东港区建设可行性研究报告审查会议，决定开始建设丹东大东港。

8 月 3 日　沈阳市政府举行记者招待会，宣布沈阳市对外开放、搞活经济的 10 条措施。沈阳市市长李长春在会上讲话，并回答记者提问。

9 月 1 日　沈阳—大连一级公路工程开始施工，计划建成当时我国最长的一条一级公路。

9 月 5 日　沈阳市国际经济技术合作洽谈会召开，沈阳市市长李长春致辞。

9 月 25 日　中共辽宁省委、省政府作出《关于进一步开放大连、兴办经济技术开发区工作的决定》。

9 月 27 日　中共辽宁省委、省政府发出《关于进一步搞活农村商品流通的通知》。

10 月 9 日 中共辽宁省委、省政府作出《关于加快发展乡镇企业的决定》。

10 月 15 日 大连经济技术开发区破土动工。

10 月 27 日 沈阳市政府决定对市属科研单位体制进行改革，对开发性研究机构试行取消事业费，实行企业化经营。

11 月 27 日 中共辽宁省委制定下发《贯彻执行〈中共中央关于经济体制改革的决定〉的意见》。

12 月 6 日 葫芦岛港对内开放。

12 月 18 日 国务院批准沈阳市经济体制综合改革试点方案。

12 月 22 日至 24 日 沈阳市对外经济技术合作项目介绍会在深圳举行，会上推介了 126 个项目。

1985 年

1 月 17 日至 19 日 中共沈阳市委召开企业思想政治工作会议。

2 月 10 日 沈阳市政府颁布《沈阳市关于城市集体所有制工业企业破产倒闭处理试行规定》。

3 月 5 日至 6 日 沈阳市政府召开对外经济贸易工作会议，提出进一步开放、搞活的措施。

4 月 3 日 中共沈阳市委书记、市长李长春在全市党政领导干部会上就调整有关政策和价格改革问题作报告。

4 月 6 日至 12 日 中共沈阳市第七次代表大会召开。市委七届一次会议选举李长春为沈阳市委书记（不再设第一书记）。

5 月 6 日 沈阳市九届人大常委会举行第十六次会议，接受李长春辞去市长职务请求，决定任命武迪生为沈阳市代市长。

6 月 1 日　中共沈阳市委、市政府召开大中型企业领导干部会议。会议的中心议题是统一思想，坚定改革信心，加快搞活大中型企业的步伐。

6 月 8 日至 14 日　中共辽宁省第六次代表大会在沈阳召开。在省委六届一次会议上，李长春当选为辽宁省委副书记。

7 月 8 日至 10 日　中共沈阳市委、市政府召开科技体制改革工作会议。会议的主要任务是加快沈阳市科技体制改革的进程，使其与经济体制改革相适应。

8 月 3 日　沈阳市政府举行新闻发布会，宣布对沈阳市防爆器械厂、沈阳市五金铸造厂、沈阳市农机三厂 3 家企业发出破产警戒通告。

8 月 13 日　中共沈阳市委作出《关于科学技术体制改革的若干规定》。

9 月 22 日　在中国共产党全国代表会议全体会议上，中共辽宁省委副书记、沈阳市委书记李长春被增选为中央候补委员。

9 月 27 日　我国北方的深水不冻良港——丹东港，正式对外开放。

11 月 19 日　中共沈阳市委、市政府召开对外经济座谈会，提出全市经济工作部门和工贸企业都要把扩大出口、增创外汇作为对外开放的重点任务，采取措施加以落实。

1986 年

1 月 16 日　辽宁省对外开放工作座谈会在大连召开。

1 月 27 日　沈阳被国务院列为全国金融体制改革试点城市。

1 月 31 日　国务院决定，辽宁省沈阳、大连、鞍山、抚顺、本溪、丹东、锦州、营口、阜新、辽阳、铁岭、朝阳、盘锦等 13 个城市为对外开放地区。

2月5日 国务院批准，将沈阳铁西工业区总体改造，作为全国唯一进行老工业基地重大区域性改造工程，列入国家“七五”计划。

3月6日 沈阳市政府颁布全国第一个企业租赁条例——《沈阳市小型国营企业租赁经营试行规定》。全市已有100多户企业试行租赁经营。

3月11日 中共辽宁省委、省政府发出《关于发展乡镇企业若干问题的通知》。

4月28日 中共中央决定，李贵鲜任中共安徽省委委员、常委、书记，免去其中共辽宁省委书记、常委、委员职务；全树仁任中共辽宁省委书记，不再担任辽宁省省长职务；提名李长春为辽宁省省长候选人。

5月24日 辽宁省第一家中外合资兴建的综合服务企业——沈阳友园服务公司（简称友园宾馆）正式开业。

6月5日 丹东市大东港区新建工程开工建设。

7月9日 国内第一个机器人示范工程在沈阳破土动工。

7月18日 辽宁省人大常委会举行全体会议，通过全树仁辞去辽宁省省长职务的请求的决议；决定任命李长春为辽宁省代省长。

8月3日 沈阳市政府举行新闻发布会，宣布沈阳市防爆器械厂破产倒闭，这是新中国成立后第一家正式宣告倒闭的企业。

8月26日 中共辽宁省委、省政府召开省直机关处级以上干部大会，动员省直机关全体干部都要为加速“三辽”地区的经济开发作贡献。

9月9日 国营商店皇姑区小学副食品门市部（后改为建华副食店）成功拍卖，另外两家拍卖的为皇姑区文南副食店、振兴副食店。

10月 锦州港开工建设。

10月17日 中共辽宁省委、省政府作出《关于动员全省力量加速开发建设辽东、辽西、辽北地区若干问题的决定》。

10 月 25 日至 11 月 2 日 中国共产党第十三次全国代表大会在北京召开，大会选举李长春为中央委员。

10 月 31 日 沈阳—大连一级公路沈阳至鞍山段通车典礼在沈阳于洪立交桥隆重举行，全长 93 公里，是当时全国最长的一级公路。

11 月 6 日 国家“七五”期间大型基本建设项目——沈阳北新客站工程举行奠基典礼。

11 月 13 日 沈阳市文化路立交桥竣工通车，这是东北第一座规模大、功能全的立交桥，立交桥体为四层、双环互通式设计。

12 月 13 日至 17 日 中共辽宁省委、省政府召开全省城市经济体制改革现场经验交流会，交流推广了沈阳、大连、营口、丹东四个城市改革开放的经验。

1987 年

2 月 6 日 国务院确定沈阳市为科技体制改革试点城市。

2 月 沈阳市在全国率先试行大中型企业经营者面向社会公开招聘。宋铁瑜、葛厚彦、李正治分别被招聘为沈阳蓄电池厂、沈阳铸造厂、沈阳电工机械厂厂长。

3 月 3 日至 9 日 辽宁省第六届人大六次会议在沈阳召开。会议选举李长春为辽宁省人民政府省长，成为当时全国最年轻的省长。

3 月 9 日 全国第一家合作银行——沈阳合作银行成立并开始营业。

5 月 12 日至 16 日 中共辽宁省委、省政府在营口市召开加速辽东半岛外向型经济建设工作会议。

6 月 16 日 中共辽宁省委、省政府召开搞活大中型企业经验交流电视广播大会。省委副书记、省长李长春在会上讲话。

7 月 29 日 辽宁省第一家集体商业股份集团公司——沈阳市群星商业股份集团公司正式成立。

8 月 27 日 辽宁广播电视塔主体结构工程完工。塔高 305.5 米，是当时全国最高的电视塔。

9 月 辽宁省计委批准，沈大公路沈阳至鞍山段、大连至后盐段建设高速公路，中间为一级公路。

11 月 9 日 沈阳铁西工业区总体改造的主要工程——张士新工业基地动工兴建。

12 月 8 日 由中国工商银行和鞍山钢铁公司合资经营的全民所有制金融企业——鞍山金融钢铁信托投资公司成立。这是我国第一家银行与企业合办的非银行金融机构。

1988 年

1 月 8 日 中共辽宁省委、省政府召开加速辽东半岛外向型经济建设干部大会。省委副书记、省长李长春在会上宣读了辽宁省委《关于加速辽东半岛外向型经济建设的决定》。

2 月 7 日至 10 日 中共辽宁省委、省政府召开辽东半岛对外开放工作会议。省委副书记、省长李长春在会上作了题为《认清形势、大胆探索、加快辽东半岛外向型经济建设步伐》的报告。

3 月 11 日至 12 日 中共辽宁省委、省政府在营口召开现场办公会，提出高效益兴建鲅鱼圈出口加工区。

3 月 18 日 国务院正式批准辽东半岛（沈阳、大连、丹东、营口、盘锦、锦州、鞍山、辽阳 8 市及所属 17 县区）对外开放。

5 月 3 日 全国企业改革试点单位、沈阳市最大的工业企业之一——金杯汽车股份有限公司在沈阳成立。这是我国第一家以发行规范股票集资创办、国有控股的多种经济成分并存的大型股份制企业。

5 月 27 日至 30 日　中共辽宁省委、省政府在大连市召开对外开放研讨会，听取大连、营口、沈阳经验介绍。

6 月 14 日至 17 日　中共辽宁省委、省政府召开全省科技工作会议，提出“科技兴辽”战略思想。

6 月 22 日　沈阳经济技术开发区创建。

7 月 7 日　鞍钢正式实行总经理全面负责、职工民主管理、党委保证监督的新型领导体制。至此，辽宁省大中型国营企业全部实行了厂长(经理)负责制。

8 月 18 日至 22 日　中共辽宁省委、省政府在海城召开全省县级综合改革工作会议。

9 月 9 日　中共辽宁省委、省政府作出《关于依靠科学技术进步振兴辽宁经济的决定》。

9 月　辽宁省政府决定，沈大公路全线建设高速公路。

10 月 26 日　国家“七五”重点工程——大连港和尚岛码头工程全面竣工，通过国家级验收并正式交付使用。

10 月 31 日　辽沈战役纪念馆在锦州隆重举行落成仪式。

11 月 3 日　现代化大型民用一级机场——沈阳桃仙机场竣工试航。该工程是国家“七五”期间重点建设项目，也是东北地区最大的机场。

1989 年

2 月 17 日　中共辽宁省委、省政府召开辽东半岛对外开放第二次工作会议。

2 月 23 日　中共辽宁省委、省政府召开全省“双增双节”运动总结表彰动员电视广播大会。

4 月 30 日　中共辽宁省委、省政府在沈阳隆重举行先进集体、劳动模范表彰大会。

6 月 20 日　省委副书记、省长李长春在辽阳市邀请部分企业家座谈经济发展对策，提出千方百计完成全省经济工作目标任务。

7 月 5 日　中共辽宁省委、省政府召开“双增双节”运动电视广播动员大会。

7 月 29 日　辽宁省政府作出关于成立锦西市的决定。

8 月 18 日至 20 日　中共辽宁省委、省政府召开经济工作座谈会，分析全省经济发展形势，交流丹东、大连、抚顺、鞍山搞活经济的经验。

10 月 6 日至 22 日　沈阳铁西工业区改造国际经济技术合作洽谈会在沈阳市举行。

11 月 18 日　国家“七五”期间重点建设项目，抚顺乙烯工程奠基开工。这项工程是经国务院批准，由辽宁省和中国石化总公司合资兴建的大型石油化工项目。

11 月 19 日　国家科委正式批准沈阳市为全国第一个高技术改造传统产业试点城市，开始实施以开发高新技术产品、改造传统产业为主要内容的“4515”工程。

1990 年

1 月 16 日至 19 日　中共辽宁省委、省政府召开科技进步大会。会上宣布 1990 年为辽宁省“科技进步年”。

2 月 24 日　中共辽宁省委作出《关于在全省城乡进一步开展学雷锋、学先进、树新风活动的决定》。

4 月 12 日至 15 日　中共辽宁省委、省政府召开辽东半岛对外开放第三次工作会议，主要研究解决对外开放工作面临的许多新情况、新问题。

4 月 20 日 中共辽宁省委、省政府发出《关于在全省进一步开展“双增双节”运动的通知》。

5 月 10 日 辽宁省“七五”、“八五”期间重点工程、中日经济技术协作项目——观音阁水库主体工程正式开工。

6 月 3 日至 7 日 沈阳新技术新产品交易会在辽宁工业展览馆举行，全国 22 个大中城市参加。

6 月 17 日至 18 日 中共辽宁省委、省政府召开经验交流会，研究农村深化改革，健全社会化服务体系和完善双层经营体制，以及搞好乡镇企业治理整顿，促进农村经济持续稳定的问题。

6 月 21 日至 22 日 中共辽宁省委、省政府召开现场办公会议，确定开发建设辽东半岛营口出口加工区。

6 月 22 日至 29 日 河南省七届人大常委会第十六次会议在郑州召开，决定任命李长春为河南省代省长。

6 月 30 日 辽宁省七届人大常委会第十六次会议同意李长春辞去省长职务的请求，决定任命岳岐峰为副省长、代省长。

9 月 1 日 我国最长的高速公路沈阳—大连高速公路正式通车，被誉为“神州第一路”。

［资料主要来源：《中国共产党新时期辽宁历史大事记》（辽海出版社）、《中国共产党沈阳历史大事记》（中共党史出版社）、《中国共产党大连历史大事记》（大连出版社）］

后　记

《辽沈大地改革潮》一书选编了李长春同志1982年12月至1990年7月期间的讲话、谈话、文章、批示、书信等共124篇，绝大部分内容为第一次公开发表。有些文稿是讲话和谈话的节选或摘录，少数文稿根据当时的记录整理而成，在题注中均作了说明。全书还使用图片178张。

李长春同志1966年毕业于哈尔滨工业大学电机工程系工业企业自动化专业。毕业后分配到沈阳市开关厂，先在车间工段当工人，后任工厂技术员、企业技术负责人。1975年至1980年，先后任沈阳市电器工业公司革委会副主任、党委常委，沈阳市电气控制设备工业公司副经理、经理、党委副书记。1980年至1981年任沈阳市机电工业局副局长、党委副书记。1981年起，先后任沈阳市委副秘书长，沈阳市副市长兼市经委主任，沈阳市市长、市委书记，辽宁省委副书记兼沈阳市委书记，辽宁省委副书记、代省长，省长。1990年6月，调任河南省委副书记、代省长。李长春同志在辽沈担任领导工作的20世纪80年代，正是我国改革开放披荆斩棘、“摸着石头过河”的阶段。在党中央、国务院的坚强领导下，李长春同志与广大干部群众一道，根据辽沈大地的实际情况，努力解放思想、大胆实践，进行了许多有益的改革探索，大力推动以大连等沿海城市为前沿、以沈阳等中部城市群为腹地的辽东半岛对外开放，将中央关于改革开放的方针政策和决策部署转化为广大干部群众的自觉行动，辽沈大地兴起了改革开放的热潮，在很多方面为全国创造了可资借鉴的新鲜经验。本书选用的讲话、谈话、文章、批示、书信和照片等，真实记录了辽沈大地 20 世纪 80 年代改革开放的峥嵘岁月，全面反映了辽沈大地干部群众改革创新的精神风貌。在收入本书时，李长春同志逐篇作了修改审定，并专程赴辽宁召开本书征求意见座谈会，听取相关部门和曾经共同奋战的老同事老朋友的意见，对本书作了进一步充实完善。

为方便读者深入了解 20 世纪 80 年代改革开放的历史状况，本书对正文中涉及的中央和辽沈的一些方针政策和决策部署，部分人物、事件和专有名词等，在首次出现时作了注释。书中领导同志的职务均为时任职务。同时，本书还附录了部分当时的新闻报道，为读者全面了解时代背景和当时的实际状况提供帮助。

辽宁省委省政府及主要领导同志，沈阳、大连市委市政府对本书的资料搜集和编辑工作高度重视。辽宁省委省政府、党史研究室，省委办公厅、宣传部，省政府办公厅，省档案馆，以及沈阳、大连等地市委市政府及有关部门，李长春同志的一些老同事老朋友，对本书文稿和照片的搜集整理提供了大力支持，对本书编辑工作提出了宝贵意见。中央宣传部对本书编辑工作提供了多方面帮助，雒树刚等同志给予了关心支持。在此，一并表示谢忱。

参加本书编辑工作的有赵奇、张西明、郑伟、王雷鸣、桂本东、夏云海、阮宏波、孙煜华、刘文韬、欧阳辉同志。

人民出版社　辽宁人民出版社

2014 年 11 月

责任编辑：郑　治
封面设计：马淑玲
责任校对：张　彦

图书在版编目（CIP）数据

辽沈大地改革潮：20 世纪 80 年代振兴辽宁的探索与实践 / 李长春 著 .
– 北京：人民出版社，2014.12
ISBN 978 – 7 – 01 – 014310 – 1

I. ①辽…　II. ①李…　III. ①改革开放 – 辽宁省 – 文集　IV. ① D619.31–53

中国版本图书馆 CIP 数据核字（2014）第 290319 号

辽沈大地改革潮
LIAOSHEN DADI GAIGECHAO
20 世纪 80 年代振兴辽宁的探索与实践

李长春　著

人民出版社
辽宁人民出版社 出版发行
（100706　北京市东城区隆福寺街 99 号）

北京中科印刷有限公司印刷　新华书店经销

2014 年 12 月第 1 版　2014 年 12 月北京第 1 次印刷
开本：710 毫米 ×1000 毫米 1/16　印张：56.75
字数：600 千字　插页：18

ISBN 978 – 7 – 01 – 014310 – 1　定价：118.00 元（上、下）

邮购地址 100706　北京市东城区隆福寺街 99 号
人民东方图书销售中心　电话（010）65250042　65289539